Klaus Merten

Einführung in die Kommunikationswissenschaft

Aktuelle Medien- und Kommunikationsforschung

herausgegeben von

Klaus Merten
Institut für Kommunikationswissenschaft,
Westfälische Wilhelms-Universität Münster

Band 1/1

LIT

Klaus Merten

Einführung in die Kommunikationswissenschaft

Band 1/1
Grundlagen der Kommunikationswissenschaft

Dritte Auflage

LIT

Umschlagbild: Klaus Merten

Bibliografische Information der Deutschen Nationalbibliothek
Die Deutsche Nationalbibliothek verzeichnet diese Publikation in der Deutschen Nationalbibliografie; detaillierte bibliografische Daten sind im Internet über http://dnb.d-nb.de abrufbar.

3. Auflage 2007

ISBN 978-3-89473-592-0

Auslieferung/Verlagskontakt:
Fresnostr. 2 48159 Münster
Tel. +49 (0)251–62 03 20 Fax +49 (0)251–23 19 72
e-Mail: lit@lit-verlag.de http://www.lit-verlag.de

INHALT

ZU DIESEM BUCH

Die vorliegende *Einführung in die Kommunikationswissenschaft* ist mehreren Ideen verpflichtet: Zum einen versucht sie, den mittlerweile stark erweiterten Gegenstandsbereich der Kommunikationswissenschaft systematisch abzuhandeln und seine wichtigsten Paradigmen, Methoden, Befunde und Probleme darzustellen.

Zum Zweiten geschieht dies vor dem aktuellen Hintergrund einer evolvierenden Kommunikationswissenschaft, die sich, vereinfacht gesagt, als *Wandel* von einer klassischen zu einer transklassischen Kommunikationswissenschaft beschreiben lässt.

Zum Dritten setzt sie nichts an Vorkenntnissen voraus. Sie will damit einen Weg vorgeben für alle die Leser, die einen ersten Zugang zur Kommunikationswissenschaft suchen. Demgemäß versucht sie, soweit möglich, den abzuhandelnden Stoff durch zahlreiche Beispiele und Abbildungen anschaulich und verständlich zu machen.

Der vorliegende Band ist in sechs Abschnitte gegliedert: In Teil A werden die wichtigsten Elemente der Wissenschaftstheorie vorgestellt, die sodann auf den Gegenstandsbereich der Kommunikation bezogen werden (Teil B). Daran schließt sich eine systematische Kritik an, die überleitet von einem klassischen zu einem transklassischen Verständnis von Kommunikation (Teil C), gefolgt von einem evolutionären Abriss, der die Ausdifferenzierung von Kommunikation nachzeichnet (Teil D). Der systematischen Beschreibung der Positionen des Kommunikationsprozesses und seiner Wirkungen (Teil E) folgt ein Exkurs zum Mediensystem. Teil F fragt nach Vergangenheit und Zukunft der Kommunikation und ihrer wissenschaftlichen Disziplinen. Eine umfangreiche Bibliographie sowie ein Namens- und Sachregister beschließen den Band.

Eine solche Einführung in die Kommunikationswissenschaft kann, sofern sie ihren didaktischen Anspruch erfüllen will, nicht den Charakter einer Enzyklopädie besitzen. Mit Vorbedacht wurde daher manches weggelassen. Wir sagen jedoch auch, WAS wir weggelassen haben und wir sagen – durch die zahlreich eingearbeitete Literatur – auch, WO es zu finden ist.

Für das Zustandekommen dieses Buches habe ich vielen Kolleginnen und Kollegen zu danken, die mich mit Kritik, Rat und Tat, aber auch mit praktischem Verhalten – wissentlich oder unwissentlich – unterstützt haben. Insbesondere bin ich Bernd Blöbaum für die in verschiedenen Diskussionen gewonnene Erkenntnis, dass auch Wissenschaftler nicht nur die Wahrheit suchen, zu großem Dank verpflichtet. Dr. Rainer Ocholt danke ich für den Hinweis auf die elementare Unterscheidung von Rolle und Person bei Storer (1966), die bei der Kritikfunktion von Wissenschaftlern substantiell ist. Mein

Dank gilt auch den Tutoren und Studenten meiner Einführungsveranstaltungen, die mir durch die Artikulation von Zweifeln und Fragen vielfach bewusst gemacht haben, dass das Verstehen von Verstehen die Ausnahme, das Nichtverstehen des Nichtverstehens dagegen eher die Regel ist.

Zu danken habe ich ganz besonders Katja Brickwedde, Petra Gansen, Friederike Uhr und last but not least Edith Wienand, die das Entstehen des Manuskripts mit ebenso skeptischem wie intellektuellem Engagement verfolgt haben und durch substantielle, gelegentlich schonungslose, immer aber viable Kritik wesentlich zum Gelingen beigetragen haben. Ohne sie wäre diese Einführung nicht zustande gekommen. Mein besonderer Dank gilt Silke Fürst und Christina Rentzsch, die diese Auflage kritisch durchgesehen und verbessert haben. Gleichwohl können kognitive Unterstützung und affektive Ermunterung den Verfasser mitnichten von seiner ungeteilten Verantwortung für Validität und Relevanz der dargestellten Inhalte und deren didaktische Zurichtung entbinden.

Fínikas, im August 2007 Klaus Merten

PROLOG: BANALITÄT UND RELEVANZ VON KOMMUNIKATION

Kommunikationsforschung zeichnet sich gegenüber anderen Disziplinen durch zumindest zwei Besonderheiten aus: Zum einen durch die Alltäglichkeit, ja Banalität von Kommunikation, die lange verhindert hat, dass Kommunikation überhaupt als Gegenstand wissenschaftlicher Erkenntnis zugelassen wurde. Zum anderen durch die Relevanz von Kommunikation, die heute, im Zeitalter der 'Mediengesellschaft', längst dazu geführt hat, dass sich das Kommunikationssystem zum führenden Teilsystem der Gesellschaft entwickelt hat: Kein Wahlkampf gegen die öffentliche Meinung, kein Absatz ohne Werbung, kein Sport ohne Medien, kein Haushalt ohne Telefon.

Die Entwicklung zur Kommunikationswissenschaft hat viele Wurzeln. Im Versuch, sie zu ordnen, lässt sie sich als Vierfeldertabelle schematisieren, die nach medialer und informeller Kommunikation einerseits und nach intentionaler und non-intentionaler Kommunikation andererseits differenziert. Dabei wird eine weitere Feindifferenzierung nach Medien einerseits und nach Positionen im Kommunikationsprozess (Kommunikator/Sender (Kr), Inhalt (Text) und Rezipient/Empfänger (Rt)) anderseits vorgegeben (Abb.1).

Abbildung 1: Entwicklung der Kommunikationswissenschaft

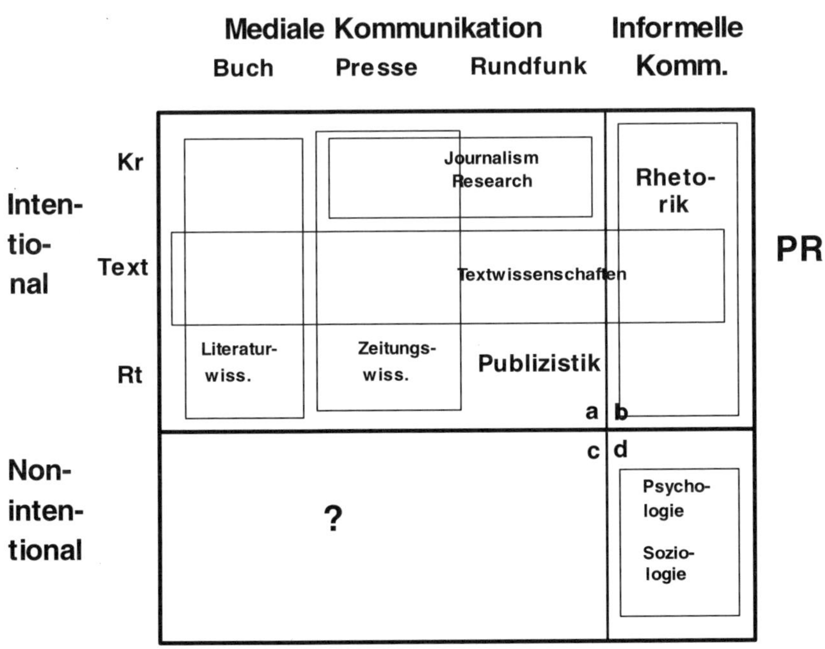

Aristoteles (384-322 v. Chr.) kann mit der von ihm systematisch formulierten, auf kontrollierte Wirkung abzielenden Redekunst, die er **Rhetorik** nannte, als Urvater der Kommunikationswissenschaft gelten, die sich noch vollkommen auf die **informelle Kommunikation** (mündliche, personale, Face-to-face-Kommunikation) beschränkt (Feld b).

Viel später und fast unbeeinflusst von der Rhetorik entwickeln sich – am Medium Buch festzumachen – wissenschaftliche Ansätze zur Beschreibung und Deutung von Literatur (hier abkürzend als **Literaturwissenschaft** bezeichnet). Während sich die Literaturwissenschaften stark kommunikatorbezogen verstehen, machen sich die sich sehr viel später entwickelnden **Textwissenschaften** (Linguistik, Semantik, Pragmatik) an der Position des Inhalts (Text) fest und umgreifen dabei auch die informelle Kommunikation: Text ist alles, was zeichenhaft strukturiert ist (vgl. Bense 1969: 10).

Eine andere Wurzel stellt der amerikanische **Journalism Research** dar, der sich aus der Analyse der Kommunikator-Rolle (Kr) entwickelt hat und sich heute übergreifend auf alle Massenmedien bezieht. In Deutschland entwickeln sich fast zweieinhalb Jahrtausende nach *Aristoteles* und ebenfalls durch das Aufkommen der Massenpresse zu erklären, die ersten wissenschaftlichen Ansätze, die über die Beschreibung der Zeitung (Zeitungskunde) zur **Zeitungswissenschaft** führen (vgl. Bücher 1926; Groth 1948: 25ff.). Die von Jaeger (1926) und Dovifat (1934) geforderte **Publizistikwissenschaft** stellt dann den konsequenten Versuch dar, Strukturen und Gesetze, die man am Medium Presse erkannt hatte, auf alle Medien zu übertragen (Feld a). Fragt man nach einer Disziplin, die übergreifend das gesamte Feld der *intentionalen* Kommunikation (a+b) umfasst, so geraten **Public Relations** (PR) ins Gesichtsfeld.

Alle diese Ansätze gehen (vgl. Abb. 1) jedoch von der **Intentionalität** von Kommunikation aus.[1] Ergebnisse der psychologischen resp. psychiatrischen Forschung (vgl. etwa Ruesch 1955; Ruesch 1961) und der soziologischen Interaktionsforschung (Dewey 1916; Mead 1934) zeigen jedoch, dass Kommunikation keineswegs an die Kategorie der Intentionalität zu binden ist, sondern sich nicht nur unbeabsichtigt, sondern geradezu unvermeidbar einstellt (Watzlawick et al. 1971: 53).

Langsam, gegen viele Widerstände und unter starken Geburtswehen (vgl. statt anderer etwa Wagner 1965; Dröge/Lerg 1965 und Silbermann 1972) entwickelt sich dann eine Kommunikationswissenschaft, die sowohl mediale als auch informelle, intentionale und non-intentionale Kommunikation (Felder a,

---

[1] Die Publizistikwissenschaft formuliert diese Intentionalität beispielsweise mit dem Begriff der „öffentlichen Aufgabe“ (vgl. Dovifat 1962, Bd. I: 20ff.).

b, c und d)[2] umfasst und damit alle vorgenannten wissenschaftlichen Ansätze zu integrieren versucht. Unterstellt wird damit zugleich, dass Kommunikation und Massenkommunikation – wie im Einzelnen auch immer – eine gleiche Struktur aufweisen resp. nach den gleichen Gesetzen funktionieren.

Für die Analyse dessen, was Kommunikation ist, muss man daher logischerweise beim einfachsten Kommunikationsprozess ansetzen, also bei der informellen Kommunikation. Dieses Unterfangen stellt sich bei näherer Betrachtung jedoch als ein ungemein schwierig heraus:

Mit den Begriffen *Profanität*, *Universalität*, *Flüchtigkeit*, *Relationalität* und *Unvermeidbarkeit* sind fünf Eigenschaften benannt, die sämtlich dazu beitragen, dass sich die Kommunikationswissenschaft gegenüber anderen Wissenschaften mit wesentlich größeren theoretischen und methodischen Problemen konfrontiert sieht. Daher zeigt sich in der sich derzeit etablierenden Kommunikationsforschung wie in einem Brennglas eine bunte Fülle von Entwicklungen, die andere Disziplinen längst kanonisiert haben.

Profanität von Kommunikation soll die Tatsache bezeichnen, dass Kommunikationsprozesse jederzeit von jedermann mit geringstem Aufwand initiiert werden können, dass Kommunikation also eine furchtbar banale, gewohnte Alltagserscheinung und -erfahrung darstellt. Das hatte zunächst zur Folge, dass Kommunikation als Erkenntnisgegenstand lange Zeit überhaupt nicht zugelassen wurde, weil man unterstellte, dass das, was alltäglich ist und scheinbar problemlos funktioniert, auch problemlos erklärt werden kann, also wissenschaftlicher Analyse nicht lohnt. Das Problem liegt jedoch genau umgekehrt: Gerade *weil* Kommunikation so einfach und ökonomisch einzusetzen ist, bleibt verdeckt, dass deren Analyse ungemeine Schwierigkeiten mit sich bringt: „[...] offensichtlich ist, daß der Mensch von den ersten Tagen seines Lebens an die Regeln der Kommunikation zu erlernen beginnt, obwohl diese Regeln selbst, dieser Kalkül der menschlichen Kommunikation, ihm kaum jemals bewußt werden“ (Watzlawick et al. 1971: 13).

Noch heute lässt sich bei den Praktikern der Kommunikation – Journalisten, PR-Beratern, Media-Planern – ein tief verwurzeltes Misstrauen gegen die Kommunikationswissenschaft ausmachen, das sich beispielsweise in der Favorisierung eines sogenannten 'Begabungsberufes' gegenüber einer wissenschaftlichen Berufsausbildung festmachen lässt (vgl. so schon Hagemann 1956). Als – über den Umweg der Massenkommunikationsforschung – Kommunikation

[2] Man könnte meinen, dass mediale Kommunikation stets absichtsvoll erfolgen muss, so dass das Feld c leer bleiben müsste. Bei genauerer Hinsicht ist diese Unterstellung jedoch nicht haltbar, denn die mediale Vermittlung informeller Kommunikation umfasst eo ipso bereits intentionale wie auch non-intentionale Aspekte.

als Wissenschaft dennoch hoffähig zu werden begann, stellte sich ein weiteres Mal die gleiche Schwierigkeit ein: Weil jedermann jederzeit kommunizieren muss, hält sich jedermann für kompetent, über Kommunikation mitzureden. Dabei wurde großzügig übersehen, dass Kommunizieren (zu beliebigen Themen) etwas anderes und sehr viel einfacheres ist, als das Kommunizieren über Kommunikation. Kein Wunder also, dass die ersten Schritte der jungen Kommunikationsforschung begleitet wurden von ebenso einfachen wie gutgemeinten Hausrezepten, Merkversen oder Faustformeln, die zur Erklärung des Phänomens beitragen sollten. So ist die Karriere einer *Lasswellformel* (➔ Kap. 4.4.2) nur vor diesem Hintergrund verständlich (vgl. Merten 1973).

Universalität soll die Tatsache bezeichnen, dass Kommunikation in *alle* Bereiche menschlichen Daseins hineinreicht, gewissermaßen die kleinste Scheidemünze sozialen Handelns darstellt. Demgemäß wurden – nachdem dieser Tatbestand einmal bewusst geworden war – von den unterschiedlichsten Disziplinen her theoretische Anstrengungen unternommen, und damit wurden zugleich auch disziplinäre Ansprüche markiert, die bald in ein Gerangel um Kompetenzen und Zuständigkeiten einmündeten und ausarteten. Zeitweilig geriet die Kommunikationsforschung damit eher zum Zankapfel im wechselseitig gepflegten Zwist wissenschaftlicher Disziplinen als zum eigenständigen Erkenntnisobjekt. Es wurden Psychologien, Soziologien, Philosophien und Sozialpsychologien der Kommunikation, insbesondere der 'Massenkommunikation' entwickelt, die mit Vorbedacht den durch die jeweilige Disziplin gesetzten Rahmen an theoretischen und methodischen Arsenalen auch für die Kommunikationsforschung verbindlich zu machen suchten. Oder es wurden Spezialdisziplinen gefordert und begründet, wie etwa Zeitungskunde, Zeitungswissenschaft oder *Journalism Research*, die ihre verengte Perspektive mit überhöhten Ansprüchen zu kompensieren suchten (vgl. statt anderer Wagner 1977). Interdisziplinarität der Kommunikationsforschung war bestenfalls zu erreichen, indem man Vertreter verschiedener Disziplinen um den gemeinsamen Tisch versammelte und reden – und gewähren ließ.

Dass dabei bislang keine allgemein akzeptierte Theorie oder eine Methodologie entwickelt werden konnte, darf nicht überraschen. Stattdessen wird – und das gilt bis auf den heutigen Tag – oft noch mit wohlfeilen Schlagworten Theorie gemacht, indem man bevorzugt der Alltagssprache entlehnte Metaphern wie 'Teilhabe', 'Miteinander', 'Austausch' oder 'Vermittlung' heranzieht und damit den Blick auf theoretische Probleme und Defizite verstellt.

Flüchtigkeit des Erkenntnisgegenstandes 'Kommunikation' ist ein weiteres Hindernis für die Analyse von Kommunikation. Der Kommunikationswissenschaftler kann ihn nicht, wie etwa der Physiker, nach anerkannten Zentimeter-Gramm-Sekunden-Dimensionen vermessen, ihn wiegen, anbohren oder sein spezifisches Gewicht bestimmen. Er kann keine mathematischen Kalküle auf ihn anwenden, ihn in Elemente zersetzen wie der Chemiker, oder eine hinreichende Beschreibung abgeben wie der Geograph, sondern er kommt im Grunde immer rechtzeitig zur Analyse zu spät, muss sie im nachhinein leisten, und auch das ist nur möglich unter der ebenso paradoxen wie prekären Bedingung, dass er dazu weitere und andere Kommunikationsprozesse initiiert.

Mit **Relationalität** ist gemeint, dass Kommunikation als Prozess weder beim Kommunikator noch beim Rezipienten, noch in der Aussage als solcher festzumachen ist, sondern sich als spezifische Relation zwischen diesen und anderen Einflussgrößen konstituiert. Kommunikation lässt sich nicht als Objekt dingfest machen, sondern nur als relationale Größe, als Prozess zwischen Kommunikator und Rezipient, der demgemäß nicht statisch, sondern dynamisch begriffen werden muss. Es liegt auf der Hand, dass schon die Vorstellung von Relationen, nicht zu sprechen vom Denken in Relationen, anspruchsvollere Gedankengebäude erfordert, die zu errichten schwieriger zu sein scheint, als sie zu umgehen. Die Aufzählung von 'Elementen' oder 'Faktoren', vorzugsweise wenn deren drei benannt werden können – etwa: Kommunikator, Aussage, Rezipient oder: Information, Kommentation, Delektation oder: prä-, eigentlich- und postkommunikative Phase des Kommunikationsprozesses – ist ein beliebter Schleichpfad zur Umgehung dieser Schwierigkeiten, dessen häufige Benutzung ihm nichts von seiner Sinnlosigkeit nimmt (vgl. Maletzke 1963: 147ff. oder Prakke 1968: 60ff.).

Schließlich ist eine weitere Eigenschaft, nämlich die **Unvermeidbarkeit** von Kommunikation zu erwähnen. Darunter soll die Tatsache verstanden werden, dass Kommunikationsprozesse – sobald sie einmal angelaufen sind – keine Negation kennen, dass man, wie ein berühmtes Axiom besagt „nicht *nicht* kommunizieren (kann)“ (Watzlawick et al. 1971: 53). Diese Formulierung verweist auf eine weitere Beschränkung, denn der Rückschluss von Bedingungen des Nichtfunktionierens als Ausnahme auf Bedingungen des Funktionierens im Regelfall ist ein wichtiges heuristisches Prinzip in allen anwendungsbezogenen Wissenschaften (vgl. dazu etwa Berelson 1949 und allgemeiner Kendall/Wolf 1949). Weil aber Kommunikation keine Ausnahme besitzt – denn das Nicht-Kommunizieren-Wollen muss ja wieder durch Kommunikation kommuniziert werden – ist auch dieser Weg verstellt.

Schon die bislang genannten Eigenschaften von Kommunikation bilden eine Forschungsbarriere, die nur mühsam überstiegen werden kann: flüchtige Prozesse, von denen man nur dann eine Reproduktion, einen Abdruck erzeugen kann, wenn man erneut Kommunikation initiiert, relationale Prozesse, bei denen man keine Substanzen, keine Elemente dingfest machen kann, Phänomene, bei denen die Regel nicht durch die Ausnahme befestigt werden kann, stellen außergewöhnliche Anforderungen an deren Analyse. Kein Wunder mithin, dass in der Kommunikationsforschung hilfsweise geradezu eine Manie zur Bildung von visuellen und/oder verbalen Modellen zu beobachten ist, die den konsequenten Ausdruck des Dilemmas darstellt, manifest zu machen, was nicht manifestierbar sein kann, zu objektivieren, was nicht in Objekten enthalten ist.

Die Schwierigkeiten der Kommunikationsforschung kulminieren jedoch dort, wo die Struktur der Kommunikation gefasst werden soll:

Üblicherweise wird dazu das **Prinzip der Kausalität** – in die Kommunikationsforschung durch die Reiz-Reaktions-Vorstellungen der frühen Psychologie eingeführt – herangezogen, das durch Angabe einer Ursache und einer Wirkung dem Prozess eine temporale Struktur und damit eine Ordnung geben soll: Der Kommunikator formuliert eine Aussage, 'trifft' damit einen Rezipienten und erzeugt eine von ihm intendierte Wirkung. Doch diese 'Kanonentheorie' (vgl. Schramm/Roberts 1972: 8) versagte als Erklärungsmodell von Anfang an. So zeigen Studien zur Genesis von Kommunikation, dass Intentionalität für die Genesis von Kommunikation nicht notwendig ist, da sie allenfalls unterstellt, aber nicht bewiesen werden kann (vgl. instruktiv hierzu McKay 1972, aber auch schon Dewey 1896). Als besonders bedeutungsvoll erweist sich dagegen die Möglichkeit, die faktische Wirkung von Fiktionalität zu nutzen. In der Kommunikationsforschung zeigen sich zudem *reflexive* Effekte – z.B. alle Arten von Feedback wie Bumerang-Effekt, Spiegelungs-Effekt. Aber auch die Tatsache, dass viele Folgen von Kommunikation, wie etwa Sprache, Sympathie, Konsens oder Verständnis mit gutem Recht auch als deren Voraussetzungen angesprochen werden können, verweist auf die Beschränktheit des Kausalitätskonzeptes und legt es nahe, für Kommunikation eine weit komplexere, systemische Struktur zu fordern, die anstelle von Kausalität *Reflexivität* (Selbstreferenz) als basales Strukturprinzip unterstellt (vgl. Merten 1977).

Damit verweist die Analyse des anscheinend so banalen Kommunikationsprozesses völlig überraschend auf zentrale, zum Teil noch ungelöste Probleme der modernen Wissenschafts- und Erkenntnistheorie. Oder anders: Die Annahme, dass Kommunikation ein banaler, einfach zu erklärender Prozess sei, muss zugunsten der Einsicht aufgegeben werden, dass Kommunikation ein hochkomplexer Prozess darstellt, dessen Analyse ganz neue Theorien und Methoden erfordert.

Dies verweist auf eine weitere, höchst bedeutsame Analogie: Da die Analyse von Kommunikation im herkömmlichen (klassischen) Verständnis mit den Mitteln der klassischen Wissenschaft unbefriedigend bleibt, braucht man Konzepte einer transklassischen Wissenschaft (vgl. Günther 1963: 14) und ein transklassisches Kommunikationsmodell, um zu substantielleren Erklärungen von Kommunikation vorzustoßen (Tabelle 1):

Tabelle 1: **Klassische und Transklassische Wissenschaft**

Disziplin/ Erkenntnisobjekt	Klassisch	Transklassisch
Wissenschafts-theorie	der 2-wertigen Logik verpflichtet	einer mehrwertigen Logik verpflichtet, selbstreferentiell
Kommunikations-theorie	deskriptiv (phänotypisch, an Kausalität und an klassifikatorischen Konzepten orientiert, statisch)	konstruktiv (genotypisch, an Selbstreferenz und funktionalen Konzepten orientiert, dynamisch)
Kommunikations-begriff	statisch	dynamisch
Kommunikations-modell	unimodal (phänotypisch, deskriptiv)	multimodal (genotypisch, konstruktiv)
Wirkungsmodell	Stimulus-Response-Modell (kausal, unimodal, theoriefeindlich)	Kontext-Modell (reflexiv, multimodal, theoriefreundlich)

Dass sich das Kausalitätskonzept dennoch bis auf den heutigen Tag in der Kommunikationsforschung gehalten hat, kann also erneut nur unter Hinweis auf die schon geschilderten fünf Forschungsbarrieren, die sich aus den Eigenschaften von Kommunikationsprozessen ergeben, begründet werden: Der Hang zur Vereinfachung, zur Objektivierung und zur Alltagsdeutung von Kommunikation muss für die Aufrechterhaltung dieses analytischen Anachronismus verantwortlich gemacht werden. Während sich – bedingt durch diese fünf Eigenschaften – die Kommunikationswissenschaft nur mühsam und zögerlich entfaltet hat, entwickelt sich das Kommunikationssystem geradezu explosiv. Man kann dies mit Schramm (1981) wie folgt demonstrieren (Abb. 2):

Rafft man die gesamte Zeit, seit der es Medien gibt, in einer einzigen Stunde zusammen und lässt diese als Countdown ablaufen, so markiert das Jahr 3000 v. Chr., in dem das erste Medium, die **Schrift** gleich mehrfach erfunden wird – im Zweistromland, dem heutigen Irak, aber auch in China – den Beginn.

Abbildung 2: Evolution der Kommunikation im Zeitraffer

Medium	Jahr der Erfindung	Stundenzeit
Schrift	3000 v. Chr.	00'00"
Presse	1609	55'24"
Elektrischer Telegraph	1809	57'48"
Telefon	1872	58'33"
Film	1895	58'51"
Radio	1918	59'07"
Fernsehen	1931	59'17"
Tonband	1951	59'31"
Satellitenfernsehen	1971	59'46"
Fax	1979	59'52"
Btx	1980	59'53"
CD	1983	59'55"
CD ROM	1988	59'57"
Internet (WWW)	1992	59'59"

Danach ereignet sich fast die ganze Stunde hindurch – mehr als 55 Minuten lang – überhaupt nichts. Dann aber überschlägt sich die Entwicklung: Viereinhalb Minuten vor Ablauf der Stunde wird die Zeitung erfunden (1609), zwei Minuten und 24 Sekunden später der Telegraph, 45 Sekunden später das Telefon, 18 Sekunden danach der Film, 16 Sekunden später das Radio, 10 Sekunden später das Fernsehen, 14 Sekunden später das Tonband, 15 Sekunden danach das Satellitenfernsehen, 6 Sekunden später das Fax und dann fast im Sekundentakt Btx, CD, CD ROM und das World Wide Web im Internet. Ein Ende dieser Entwicklung ist überhaupt noch nicht abzusehen, im Gegenteil: Kommunikation boomt wie nie zuvor. Das erkennt man nicht nur an der Vermehrung der *Zahl* der Medien, sondern auch an der Steigerung von Auflagen, der Entstehung neuer Kommunikationsberufe (Werbung, Media-Planung, Public Relations) und insbesondere an der zunehmenden Relevanz des Kommunikationssystems für alle anderen Systeme.

Trägt man die Zahl der Medien in Abhängigkeit vom Jahr der Entstehung des jeweiligen Mediums auf (Abb. 3), so erhält man einen Graph, der geradezu perfekt einer Evolutionskurve folgt. Anzunehmen ist mithin, dass es einen Zwang, ein Gesetz gibt, nach dem sich der Bedarf an Medien nicht nur ständig, sondern ständig akzelerierend erhöht.

Abbildung 3: Evolution der Kommunikation

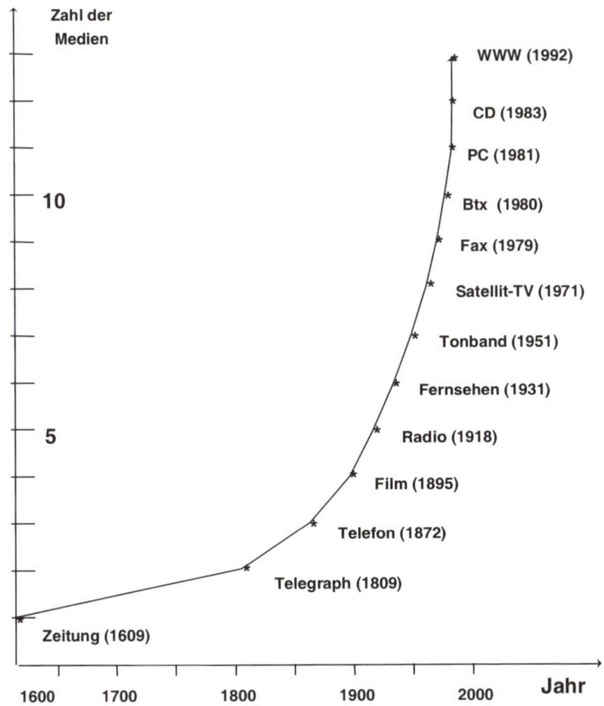

Dieses evolutionär bedingte Gesetz – vorweg als **Megatrend zur Mediengesellschaft** bezeichnet – konfrontiert das Bewusstsein des Menschen mit einem exponentiell gestiegenen Informationsangebot und zwingt den Rezipienten zu immer stärkerer Selektion.

Dies geschieht typischerweise wieder durch Medien: Man braucht Medien, um aus Medien zu selegieren, und diese *Metamedien* sind uns – unter verschiedenen Begriffen – sehr wohl bekannt: Programmzeitschriften, Inhaltsverzeichnisse, Kataloge, Datenbanken, aber auch auf einer anderen Ebene, alle Arten von Bewertungen in der Form von Aussagen über Aussagen. Daraus folgt: Nichts ist wirklich, was nicht in den Medien ist, oder: **Medien konstruieren Wirklichkeit.** Dies ist auch der Grund, weshalb man heute – zu Recht – nicht mehr von einer industriellen, einer modernen oder einer postmodernen, sondern eben von der **Mediengesellschaft** spricht.

Unter dieser Perspektive gewinnt die Kommunikationsforschung einen geradezu strategischen Stellenwert, denn sie hat nun die Aufgabe, Entwicklungen des derzeit wichtigsten gesellschaftlichen Teilsystems zu beschreiben und zu erklären.

Wesentliche Fragen an die Kommunikationsforschung sind daher:

- Wie wird die Medienentwicklung fortschreiten?
- Welche Mechanismen zur verstärkten Informationsraffung (Selektion) werden auftreten oder müssen erfunden werden, um die Informationsüberlastung zu bewältigen?
- Welche Wirkungen haben die Medien kurz- oder langfristig?
- Wie ändern sich die Wirkungen der Medien?
- Welche neuen Abhängigkeiten werden sich dadurch einstellen?
- Hilft Kommunikation, demokratische Strukturen zu stabilisieren oder hilft sie, diese zu labilisieren?

Dies sind Fragen, die die Zukunft von Gesellschaften zentral berühren und bestimmen werden. Und sie signalisieren damit zugleich den Stellenwert, den die **Kommunikationsforschung**, die diese Fragen beantworten soll, haben kann.

Weiterführende Literatur::

Steinbuch (1966); Cherry (1971); Nora/Minc (1979); Merten/Schmidt/Weischenberg (1994); Tauss et al. (1996)

A. WAS IST WISSENSCHAFT?

Kommunikationswissenschaft folgt, wie alle wissenschaftlichen Disziplinen, bestimmten allgemeinen Grundsätzen von Wissenschaftlichkeit. Diese sollen im Folgenden zunächst vorgestellt werden. Umgekehrt lässt sich zeigen, dass die gesamte Wissenschaft als ein spezifischer Kommunikationsprozess verstanden werden kann. Dies macht erneut auf die prominente Rolle von Kommunikation in der Gesellschaft aufmerksam.

1. Einführung in die Wissenschaft

Wissenschaft ist allgemein definiert als das, was „durch Forschung, Lehre und Überlieferung Bestand des Wissens ist, im Gegensatz zum Meinen oder Fürwahrhalten, auch der Prozeß methodisch betriebener, prinzipiell intersubjektiv nachvollziehbarer Forschung und Erkenntnisarbeit" (Brockhaus 1974, Bd. 20: 412, vgl. dazu auch Bochenski 1965: 17ff. sowie Luhmann 1991: 122ff.). Ganz grob kann man darunter vier Elemente rechnen:

1) *Erkenntnisgegenstände*

2) *Regeln* (Normen), wie man mit diesen *wissenschaftlich* umgeht

3) *Menschen*, die sich professionell mit diesen Erkenntnisgegenständen beschäftigen und daher z.B. *Professoren* genannt werden

4) *Einrichtungen*, die sicherstellen, dass das, was gedacht, gefunden und bewiesen wird, nach *intersubjektiv* exakt festgelegten Regeln *authentisch* aufbewahrt und jederzeit *öffentlich*, d.h. für jedermann zugänglich, gemacht werden kann

1.1 Erkenntnisgegenstände

Wissenschaftliche Erkenntnisgegenstände sind – völlig analog etwa kriminalistischen Erkenntnisgegenständen – durch nichts Besonderes ausgezeichnet: Alles kann zum Gegenstand wissenschaftlicher Erkenntnis gemacht werden, sogar die Wissenschaft selbst. So fragt etwa die Erkenntnistheorie nach den Bedingungen, unter denen wissenschaftliche Erkenntnis möglich ist; die Wissenschaftssoziologie fragt nach den gesellschaftlichen Bedingungen, die auf die Formulierung wissenschaftlicher Erkenntnisse und deren Anwendung Einfluss nehmen und die Wissenschaftswissenschaft hat die wissenschaftliche Erforschung von Wissenschaft selbst zum Gegenstand. Die Wissenschaftstheorie definiert dabei den Kanon der Paradigmen, Regeln und Methoden, mit denen wissenschaftliche

Erkenntnis formuliert werden kann. Die Kommunikationswissenschaft spielt auch hier eine besondere, basale Rolle, denn alle Wissenschaft muss kommunikabel sein. Wenn der Satz „Nichts Menschliches ist mir fremd" des *Publius Terentius* (190-159 v. Chr.) eine Berechtigung hat, dann für die Wissenschaft und ganz besonders für die Kommunikationswissenschaft.

Wissenschaftliche Erkenntnis ist also nicht an den Gegenstand, sondern vielmehr an den *Umgang* mit dem Gegenstand gebunden, der nach streng definierten Regeln erfolgen muss.

1.2 Regeln zum Umgang mit wissenschaftlichen Erkenntnisgegenständen

Um es provokativ zu sagen: Wissenschaftlicher Umgang mit Erkenntnisgegenständen liegt nicht dann vor, wenn ein Professor damit umgeht, sondern wenn *Regeln* wissenschaftlichen Umgangs exakt eingehalten werden. Drei Beispiele sollen das verdeutlichen:

Beispiel 1: Kalifornische Kühe

Ein Mensch wie Du und Ich, ein Physiker und ein Mathematiker fahren durch Kalifornien. Auf einer Weide sehen sie eine Herde schwarzweiß gefleckter Kühe, an einen Zaun gedrängt, die sie neugierig beäugen. „Oh, es gibt hier die gleichen Kühe wie bei uns zu Hause", sagt der Mensch. „Nicht doch", sagt der Physiker. „Man kann allenfalls sagen, dass es zumindest *eine* Herde schwarzweiß gefleckter Kühe in Kalifornien gibt." „Moment", sagt der Mathematiker, „wir können streng genommen nur behaupten, dass es in Kalifornien zumindest *eine* Herde von Kühen gibt, die zumindest auf **der uns sichtbaren** Seite schwarzweiß gefleckt ist."

Beispiel 2: Alltags-/Verschwörungstheorien

Sie stehen morgens auf und verknacksen sich den Fuß (1); Sie gehen aus dem Haus und stellen fest, dass sich Ihr Fahrrad über Nacht selbständig gemacht hat und nicht mehr da ist (2); im Seminar gießt Ihnen jemand ein Fuder heißen Kaffee über Ihre Seminarunterlagen (3) und beim Mittagessen treffen Sie einen Menschen, dessen giftiger Blick Sie ebenso unangenehm wie nachdrücklich daran erinnert, dass Sie selbigem seit Jahren noch ein Buch schuldig sind (4). Spätestens jetzt fängt Ihr Kopf an, Erkenntnisse wie „Das Unglück verfolgt mich" oder „Heute habe ich aber meinen schwarzen Tag" zu produzieren.

Man nennt solche Interpretationen auch *Verschwörungstheorie* oder allgemeiner *Alltagstheorie* und mehrere Berufsstände – man denke nur an Wahrsager oder an die Horoskopindustrie – leben einträglich von solchen Alltagstheorien.

Der Unterschied nun zwischen einer Alltagstheorie und einer wissenschaftlichen Theorie liegt darin, dass wissenschaftliche Theorien (Behauptungen) nach bestimmten Regeln *bewiesen* werden müssen. Wissenschaftlich kann man –

bezogen auf Beispiel 2 – nur sagen: Es handelt sich um vier vollkommen unabhängige Ereignisse, von denen jedes mit einer gewissen Wahrscheinlichkeit eintreten kann und demgemäß lässt sich auch die Tatsache, dass alle am gleichen Tage eintreten, mit Regeln der Wahrscheinlichkeit zufriedenstellend berechnen. Und es ist bekannt: Wenn Ereignisse hoher Unwahrscheinlichkeit eintreten, beginnt der normale Mensch an Magie und nicht an den Verstand zu glauben, er 'mag' keine Ereignisse hoher Unwahrscheinlichkeit: Wenn der Satz „Das Unglück verfolgt mich" also ein wissenschaftlicher Satz sein soll, dann müsste zunächst nachgewiesen werden, dass die Ereignisse (1) (2) (3) (4) zusammenhängen oder dass das erste Ereignis kausal das zweite bewirkt, das zweite das dritte etc. Es gibt aber – jedenfalls bislang – keine Theorie, die das Verknacksen von Füßen oder das Vergießen von Kaffee als Ursache des Zusammentreffens mit unangenehmen Menschen voraussagen könnte.

Beispiel 3: Der Begriff 'System'

- Jemand spielt seit Jahren im Lotto und er gewinnt tatsächlich einmal. Er sagt: Ich habe mein eigenes *System*.
- Der Professor sagt: „Sie müssen lernen, *systematisch* zu arbeiten."
- Der Computer hat ein *System*, das aus einer Reihe von Dateien besteht und das zusammenbricht, wenn man eine oder mehrere davon löscht.
- Das politische *System* der Bundesrepublik Deutschland ist demokratisch verfasst.

Dies sind vier Aussagen, die den Begriff 'System' verwenden. Aber es sind keine wissenschaftlichen Sätze, u. a. weil der Begriff des Systems nicht definiert ist und daher in völlig unterschiedlicher Weise gebraucht wird:

1) beim Lotto: System als geheimgehaltener *Trick*
2) beim systematischen Arbeiten: Arbeiten nach einer gewissen *Ordnung*
3) beim Betriebssystem des Computers: Struktur von Handlungsabläufen, die aufeinander abgestimmt sind und aufeinander zugreifen, also *relationiert* sind
4) beim politischen System: Soziales Teilsystem der Gesellschaft, mit der Funktion, bindende Entscheidungen für die Gesellschaft zu produzieren

Wollte man wissenschaftlich mit diesen Aussagen umgehen, dann müsste man die verwendeten Begriffe – in diesem Fall: System – zunächst *definieren*, d.h. wieder nach gewissen Regeln genau angeben, was darunter zu verstehen ist.

Der Unterschied zwischen wissenschaftlichen und nichtwissenschaftlichen Begriffen bzw. Aussagen (Behauptungen, Sätzen) liegt also prinzipiell nur darin, dass bei wissenschaftlicher Vorgehensweise eine logisch begründbare und sozial nachvollziehbare Transparenz hergestellt wird: Begriffe müssen vor ihrer Verwendung eindeutig definiert sein, Sätze müssen bewiesen werden können.

Die Verwendung der *Alltagssprache*, d.h. der Sprache, die im Alltag verwendet wird, ist für die Wissenschaft daher oft ein Problem, weil viele Begriffe, z.B. der Kommunikationsbegriff, alltagssprachlich besetzt sind und bei wissenschaftlicher Verwendung laufend eine störende Alltagsbedeutung mitaktualisieren. So bedeuten z.B. die Begriffe 'Kriminalität', 'Status', 'Rolle' oder 'Kommunikation' alltagssprachlich und wissenschaftlich nicht das Gleiche, so dass Missverständnisse auftreten können. Daher verwenden die Sozialwissenschaftler – was für den Außenstehenden manchmal übertrieben erscheinen mag – vergleichsweise häufiger Fremdwörter als die Physiker (indem sie z.B. 'Devianz' statt Kriminalität sagen etc.).

An den gerade genannten Beispielen kann man drei Grundelemente aller Wissenschaft erkennen, nämlich die Verwendung von **Begriffen, Sätzen und Regeln.**

Im klassischen, naturwissenschaftlich orientierten Verständnis, das sich auf *Gottfried Wilhelm Leibniz* (1677) zurückführen lässt, besteht eine Wissenschaft im Idealfall aus einer *axiomatischen* Theorie, die folgende Bedingungen erfüllen soll:

1) Die *Bedeutung* der auftretenden *Begriffe* ist durch *Definitionen* eindeutig und vollständig festzulegen. Nichtdefinierbare Begriffe – die sog. Grundbegriffe – sind durch Explikation zu erläutern. Einen Begriff zu definieren heißt, seine Bedeutung mit Hilfe anderer, bereits definierter Begriffe festzulegen. Dies verweist auf einen unendlichen Regress, also im Prinzip wieder auf eine rekursive Struktur. Daher wird ersatzweise gefordert, Begriffe soweit wie möglich zu *definieren*, so dass nur die Grundbegriffe undefiniert bleiben müssen.

Die praktische Definitionslehre kennt verschiedene Typen und Prozesse von Definitionen:

a) *Nominaldefinition (synthetische Definition)*: Sie ist weder wahr noch falsch, sondern hat nur eine *abkürzende*, namengebende Funktion. Das Definiendum wird durch ein Definiens ersetzt, das selbst nicht definiert sein muss. Eine Nominaldefinition ist also inhaltsleer und macht keine Aussagen über Merkmale oder Zusammenhänge des zu definierenden Begriffs. Deshalb kann sie auch weder wahr noch falsch sein.

Beispiel 4:

Die Definition lautet: „Kommunikation ist X." Dabei ist der Begriff 'Kommunikation' (das Definiendum) durch den Begriff 'X' (das Definiens) zu definieren.

b) *Realdefinition (analytische Definition):* Sie führt einen Begriff auf bereits bekannte Begriffe zurück und kann wegen dieser inhaltlichen Bindung wahr oder falsch sein.

Beispiel 5:

Der Begriff 'Auto' lässt sich durch mehrere Angaben präzisieren: Ein Auto ist ein a) sich aus eigener Kraft b) bewegen könnendes c) Landfahrzeug d) auf Rädern. Das Definiendum ist also definiert durch ein Definiens mit 4 Angaben [Eigene Kraft, bewegen, Land, Räder]. Aber eine Realdefinition ist nicht erschöpfend, sondern aufzählend.

Ein sehr seltener Sonderfall der Realdefinition ist die *Wesensdefinition*, die definitiv alle notwendigen, aber auch hinreichenden Aussagen enthält.

Beispiel 6:

Ein Kreis ist definiert als Linie, deren Punkte von einem bestimmten Punkt (Kreismittelpunkt) sämtlich den gleichen Abstand haben.

c) *Begriffsexplikation:* In der Regel lässt sich jedoch eine Realdefinition nur selten erstellen, so dass man hilfsweise empirisch vorgeht: Man sammelt und sichtet alle Elemente des Definiens, die für das Definiendum genutzt werden. Zugleich wird die Bedeutung der Begriffe des Definiens ermittelt. Auf diese Weise lassen sich auch komplexe und abstrakte Begriffe, wie sie in den Sozialwissenschaften üblich sind, präzisieren. Das Definiendum heißt hier Explikandum, das Definiens wird als Explikans bezeichnet.

2) Die Wahrheit der auftretenden *Sätze* ist durch *Beweise* allgemeingültig nachzuweisen. Als nicht bewiesene/beweisbare Sätze (die sogenannten *Axiome*, etwa: „Die kürzeste Verbindung zwischen zwei Punkten ist eine Gerade") sind nur unmittelbar einsichtige (evidente) Sätze zulässig.

3) Was als *Definition* oder als *Beweis* gilt, ist durch eine Menge von *Regeln* explizit anzugeben.

4) Die Unabhängigkeit der vorausgesetzten Grundbegriffe und die der Axiome ist nachzuweisen.

5) Die Vollständigkeit und

6) die *Widerspruchsfreiheit* des Systems (Axiome und abgeleitete Theoreme) sind nachzuweisen (vgl. Maser 1971: 18).

Begriffsbestimmungen (Explikationen und Definitionen) und die Axiome sind die Voraussetzung einer Wissenschaft und die Grundlagen einer Theorie. Sie sichern durch sprachliche Festlegung des Erkenntnisgegenstandes die Identität und zugleich die Intersubjektivität des Wissens. Damit zeigt sich eine weitere, wichtige Eigenheit von Wissenschaft: Wissenschaft beruht in einem elementaren Sinn gleich dreifach auf Kommunikation:

- formal: durch die *sprachliche* Formulierung
- inhaltlich: durch den nur kommunikativ auszuhandelnden *Konsens* über Regeln
- methodisch: durch den Prozess des Messens, der einen Typus von *Vergleich* darstellt und damit erneut auf Kommunikation beruht (vgl. Rothstein 1958: 9ff.)

Die Verwendung von Begriffen in einer Wissenschaft ist sehr aufschlussreich: Je weniger sie konsentiert sind, desto stärker ist der Dissens einer Wissenschaft und/oder desto weniger entwickelt ist sie. Beides trifft auf die Kommunikationswissenschaft zu: Für zentrale Begriffe gibt es hier ganze Begriffssammlungen. So wurden 22 Definitionen für den Begriff der *Bedeutung* gezählt (vgl. Ogden/Richards 1974: 218f.) und Allport (1935) führt über 100 Definitionen des Begriffs *Einstellung* auf. Für den Kommunikationsbegriff wurden 160 Definitionen gezählt (Merten 1977) und für den Begriff *Public Relations* sogar 472 Definitionen (vgl. Harlow 1976). Dagegen gibt es für den Begriff des Kreises eine einzige, aber erschöpfende Definition – die Geometrie ist eine reife Wissenschaft. Neben die *Begriffe* als Bausteine von Wissenschaft treten die *Sätze*. Was ist ein Satz? Um diese Frage zu klären, definieren wir vorweg wie folgt:

Definition: Eine **Variable** ist ein Merkmal, das mindestens zwei Zustände annehmen kann.

Definition: Eine **Hypothese** (Allsatz) ist ein Satz, der mindestens zwei Variablen samt Verknüpfungsvorschrift umfasst.

Abbildung 4: Struktur einer Hypothese

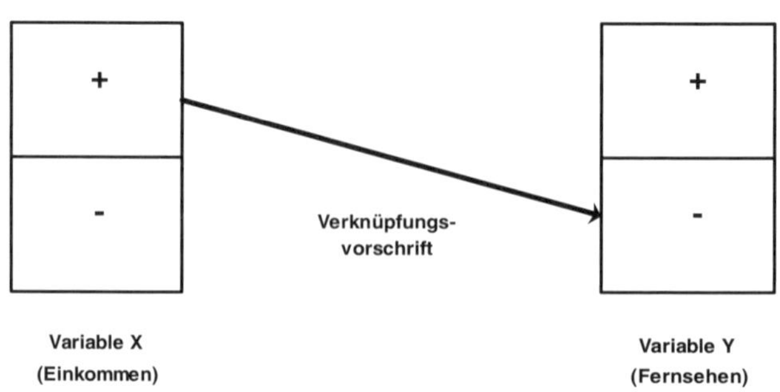

Die Hypothese in Abb. 4 besagt demnach: Je höher das Einkommen (X), desto weniger Fernsehen (Y). Die Variable 'Einkommen' lässt sich präzise in Mark und Pfennig, die Variable 'Fernsehen' präzise in Stunden und Minuten pro Tag messen. Hingegen ist der Satz „Es gibt einen Gott!“ demnach keine Hypothese, denn er besitzt weder eine Variable ('Gott' ist keine Variable) und demnach auch keine Verknüpfung der Variablen. Er wird als *Existenzsatz* bezeichnet, weil er nur die Existenz von etwas behauptet. Hypothesen können unterschiedlich *informativ* sein. Man unterscheidet ganz grob drei Klassen von Hypothesen, die sich als Mengenmodell ordnen lassen (Abb. 5):

Abbildung 5: Mengenmodell verschiedener Hypothesentypen

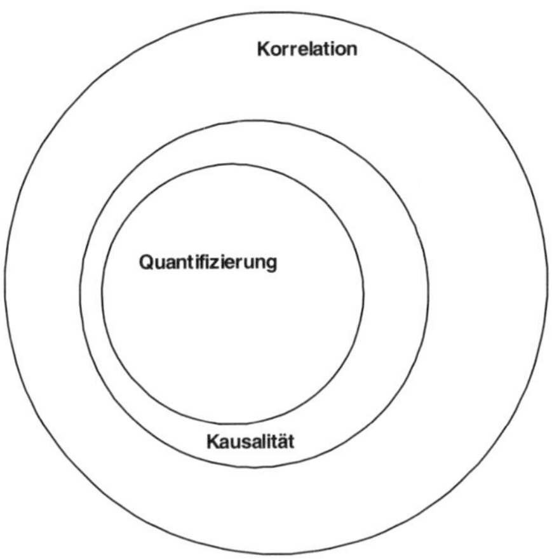

a) **Ungerichtete Hypothesen (Korrelation)**: behaupten nur einen Zusammenhang

Beispiel 7:

„Der Medienkonsum hängt mit dem Alter zusammen“ Diese Hypothese ist ungerichtet, d.h. sie sagt weder, welche Variable als verursachend angesehen wird noch sagt sie, wie der Zusammenhang (die Hypothesenstruktur) beschaffen ist (Je älter, desto mehr oder desto weniger Medienkonsum?).

b) **Gerichtete Hypothesen (Kausalität)**

Die *Wenn-Dann-Hypothese:* spezifiziert neben der Korrelation eine temporale Richtung zwischen den Variablen (*Kausalität*).

Beispiel 8:

Wenn Zeitungsstreik, dann höhere Einschaltquoten beim Rundfunk.

c) **Gerichtete Hypothesen (Quantifizierung)**

Die *Je-Desto-Hypothese:* spezifiziert eine Richtung und zusätzlich eine monoton steigende quantitative Abhängigkeit zwischen den Variablen (*Quantifizierung*)

Beispiel 9:

Je mehr Kinder fernsehen (x), desto mehr lässt die Konzentration in der Schule (y) nach.

Zetterberg (1973: 128f.) hat die Struktur solcher Hypothesen nach verschiedenen Gesichtspunkten analysiert. Danach kann die Verknüpfung von zwei Variablen *deterministisch* sein (Wenn X, dann immer auch Y), sie kann aber auch *probabilistisch* sein (Wenn X, dann [unter angebbarem Grad von Wahrscheinlichkeit] auch Y). Deterministische Hypothesen sind sehr selten, denn sie setzen eine perfekte *Kausalität* voraus. Probabilistische Hypothesen hingegen sind eher die Regel. Etwa: „Wenn Wolken am Himmel aufziehen, dann wird es in 70 von 100 Fällen (d.h.: Mit einer Wahrscheinlichkeit von 0.7) regnen."

Die Verknüpfung mehrerer Hypothesen unter entsprechender Verallgemeinerung (Abstraktion) der Aussage wird als **Theorie** bezeichnet. Die Funktion der Abstraktion vom konkreten Einzelfall liegt ja gerade darin, dass sehr unterschiedliche Phänomene der gleichen Theorie zugeordnet werden können.

Theorie und Modell sind Begriffe, die erkenntnistheoretisch synonym sind. Praktisch versteht man unter einem Modell mehrere zusammenhängende Sätze (man legt ein Modell zugrunde etc.). Kann man das Modell in strengen, mathematischen Termen formulieren, so spricht man von einem *formalisierten Modell.*

Beispiel 10:

Die Fläche F eines Rechtecks ist direkt proportional zu Länge l und Breite b. Die Fläche F lässt sich also streng formalisieren als $F = l*b$.

Allerdings: Wenn man ein solches Modell übernimmt, so akzeptiert man damit bindend *alle* Annahmen, die das Modell enthält, d.h. man kann nicht selektiv einige akzeptieren, andere aber einfach ignorieren. Diese Bedingung wird bei Modellkonstruktionen oft ignoriert, so dass häufig Modelle benutzt werden, die Widersprüche aufweisen.

Beispiel 11: Das 'Austauschmodell' der Kommunikation

Eine von vielen Erklärungen des Kommunikationsprozesses wird durch das sogenannte Austauschmodell beigesteuert (Abb. 6). Dieses Modell besagt: Akte der Kommunikation werden als Zeichenaustausch verstanden. Kommunikation setzt gemäß diesem Modell voraus, dass Kommunikator und Rezipient an einem für beide gemeinsamen Zeichensystem teilhaben, so dass sie sich 'verstehen' können. Man 'gibt und nimmt', d.h. man lässt die Reziprozität (Wechselseitigkeit) des Austauschs, z.B. für Information, auch für den Kommunikationsprozess gelten. Der gesamte Prozess ist in das soziokulturelle

System (SkS) eingebettet (Prakke 1968: 87). So einleuchtend dieses Modell auf den ersten Blick aus der Perspektive des Alltagswissens erscheint, so falsch ist es, wenn man seine Implikationen prüft: Das Austauschmodell setzt z.B. voraus, dass etwas weggegeben wird (Transitivität).

Die Kommunikanten im Kommunikationsprozess machen zwar wechselseitig Informationsangebote, aber sie geben die Information damit keinesfalls 'weg', sondern die Kommunikanten bleiben allemal selbst im Besitz dieser Information. Das Modell macht also definitiv zumindest eine falsche Annahme, es kann daher gerade *nicht* als Modell zur Erklärung des Kommunikationsprozesses dienen (➔ Kap. 4.2.2).

Abbildung 6: Das Austauschmodell der Kommunikation (nach Prakke 1968: 101)

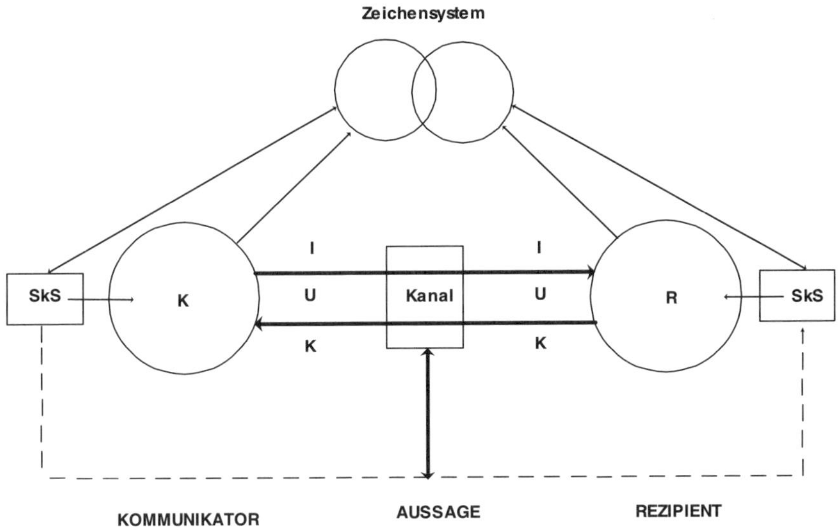

Sigle: I = Information; U = Unterhaltung; K = Kommentar; SkS = Soziokulturelles System

Weiterführende Literatur:

Maser (1971); Topitsch (1968)

1.3 Zur Funktion von Theorien

„Nichts ist so praktisch wie eine gute Theorie!“ Dieser berühmte Satz von *Kurt Lewin* (vgl. Marrow 1977: 145) definiert die Funktion von Theorien zutreffend in ihrer Anwendbarkeit für die Lösung praktischer Probleme. Diese Anwendbarkeit lässt sich an vier Funktionen festmachen: 1) **Ordnung** (Beschreibung), 2) **Abstraktion** und dadurch Eröffnung von Vergleichsebenen, 3) **Erklärung** und 4) **Prognose**.

Was versteht man unter einer Theorie? Hierzu führt Lazarsfeld (1973a: 63) aus:

> „Eine recht klar gefaßte Vorstellung von Theorie hat sich aus den Praktiken der Naturwissenschaften entwickelt. Zunächst wird eine Anzahl von Grundbegriffen aufgestellt. Mit einigen von ihnen werden Maßsysteme in Verbindung gebracht; andere sind Gebilde, deren Gültigkeit zu Anfang unentschieden gelassen wird. Dann werden Operationen zwischen diesen Grundeinheiten definiert, was die Ableitung neuer Schlußfolgerungen erlaubt. Schließlich können diese an konkreten Beobachtungen getestet werden. In ihrer am höchsten entwickelten Form haben diese Theorien wahrscheinlich zwei weitere Merkmale. Das eine ist, daß die Operationen und Ableitungen normalerweise in mathematischer Form gegeben werden; das andere ist die Tendenz zur ‚Reduktion‘ [...] Keiner glaubt, daß es diese Art von Theorie zur Zeit in der Soziologie gibt oder daß sie sich in der nahen Zukunft voraussichtlich entwickeln wird. Wenn Autoren von ‚sozialer Theorie‘ sprechen, beziehen sie sich gewöhnlich auf die eine oder andere der folgenden Operationen:
>
> - sorgfältige Klassifikationsschemata,
> - komplexe Begriffe, die den Beobachter zu interessanten Fakten führen,
> - die Formulierung von Forschungshypothesen hoher sozialer Signifikanz,
> - allgemeine Ideen über den Weg, auf dem sozialer Wandel stattfindet oder herbeigeführt werden könnte,
> - Erwartungen von empirischen Ergebnissen, die noch nicht bestätigt sind (Hypothesen),
> - die Verbindung von empirischen Ergebnissen mit anderen, entweder bestätigten oder hypothetischen (Interpretation).
>
> Dies alles sind wichtige intellektuelle Aktivitäten und ohne sie kann keine wissenschaftliche Arbeit durchgeführt werden.“

Ordnung ist sicherlich die wichtigste theoretische Funktion. Sie setzt bei der Definition von Begriffen an und grenzt damit nicht zum Erkenntnisobjekt gehörende Phänomene aus. Ordnende Funktion besitzen aber weiterhin auch alle Verfahren der Typenbildung oder der Klassifikation oder der Vergleich der Erkenntnisgegenstände in Bezug auf bestimmte Eigenschaften (etwa: Größe, Alter, Herkunft) oder nach Ähnlichkeit oder Unähnlichkeit, insbesondere, wenn diese Klassifikation auch hierarchisch angeordnet ist (z.B. nach dem Prinzip des *genus proximum* und der *differentia spezifica*, das sich in der Artenkunde der Biologie als brauchbar erwiesen hat). Insgesamt gelangt man so zu einer Beschreibung (*Deskription*) des Erkenntnisobjektes.

Beschreibung heißt, Eigenheiten eines einzelnen, ganz bestimmten Sachverhalts (etwa: eines Kommunikationsprozesses) so exakt wie möglich vorzunehmen. Beschreibungen machen auf Einzelheiten aufmerksam oder geben, wenn sie abstrakter vorgenommen werden, eine *Struktur* (Muster, Anordnung, Charakteristik) wieder. Beschreibungen führen oft auf neue Begriffe, die für weitere Beschreibung notwendig sein können (vgl. Zetterberg 1973: 104ff.). Beschreibungen sind in der Regel *phänotypisch*, d.h. sie erfassen absolute, nicht relationale Größen und dies nur gültig für das jeweilige Objekt der Beschreibung.

Ist die **Klassifikation** und eine daran festgemachte Beschreibung für *statische* Objekte (etwa für die Typisierung archäologischer Fundstücke oder auch die von Säugetieren) durchaus sinnvoll, so versagt die Logik der Klassifikation bei *dynamischen* Erkenntnisgegenständen, namentlich Prozessen, weil diesen anforderungsreichere Strukturen zugrunde liegen. Lewin, der mit der Formulierung einer ganzheitlichen operierenden 'Feldtheorie' auf die Unfruchtbarkeit klassifikatorischer Vorgehensweise bei der Beschreibung dynamischer Prozesse gestoßen war, hat dieses Problem als „Übergang von der aristotelischen zur galileischen Denkweise“ bezeichnet (Lewin 1931).

Für die Analyse von Prozessen hat sich dagegen in den Sozialwissenschaften die *Funktionale Analyse* bewährt: Oft ist es nicht wichtig zu wissen, *was* ein Erkenntnisgegenstand nun genau ist, sondern *wozu* er dient bzw. was er bewirkt (vgl. hierzu Lazarsfeld 1973a: 91ff. sowie Merton 1967). Dies gilt insbesondere für solche Prozesse, die nicht nur durch ihre Elemente, sondern viel mehr durch die Relationen zwischen diesen Elementen charakterisiert werden können: für *Systeme*.

Beispiel 12: Die Analyse von Gerüchten

Die klassische, vorwiegend historisch orientierte Kommunikationsforschung versuchte, auf dem Wege der Klassifikation zu einer Klärung zu gelangen, indem sie Gerüchte nach Anlass (etwa: Angstgerücht, Wunschgerücht), Thema (etwa: Kriegsgerücht, Erdbebengerücht) oder Situation/Ort der Mitteilung (etwa: Klatsch, Latrinenparole, Börsengerücht) klassifizierte und damit letztlich eine rein deskriptive Katalogisierung vornahm (vgl. Lerg 1970: 148ff.). Sehr viel interessanter ist aber die Frage nach der *Funktion* von Gerüchten, denn sie führt auf gemeinsame Merkmale von Gerüchten: Dass sie z.B. stets in Situationen von Informationsmangel entstehen resp. ihnen die regulären Informationskanäle nicht offen stehen oder dass sie – besonders der Klatsch – eine Funktion der sozialen Kontrolle besitzen (vgl. Shibutani 1966).

Abstraktion ist eine weitere Funktion von Theorien. Wenn es gelingt, ein bestimmtes, konkretes Phänomen auf eine abstraktere Ebene zu beziehen, dann wird dieses Phänomen einer von vielen Fällen, die alle mit dem gleichen, abstrakteren Begriff belegt werden können und dann wird die abstrakte Ebene zugleich zum Bezugspunkt, unter dem viele verschiedene Phänomene einander ähnlich werden und der gleichen Theorie zugeordnet werden können. Zetterberg (1973: 132f.) gibt dazu ein sehr schönes Beispiel. Er zitiert zunächst drei Einzelbefunde:

Beispiel 13:

1) „Jene Studentinnen des Bennington College, die in den dreißiger Jahren von ihren Kommilitoninnen ausgewählt wurden, die Schule bei einem Treffen [...] zu vertreten, waren von den liberalen Werten ihres College stärker beeinflußt als andere Studentinnen."

2) „[...] Arbeiter einer [...] Arbeitsgruppe, die (wie sie glaubten) einander sympathisch waren, kamen den Anweisungen ihrer Arbeitskameraden zur Beschleunigung oder Verringerung des Arbeitstempos eher nach als andere."

3) „[...] Personen [...] in einem Experiment, denen man mitteilte, daß der Experimentator sie als Modellgruppe ausgewählt habe, beeinflußten sich untereinander stärker als andere [...]."

Die abstraktere Hypothese, unter die diese Ergebnisse gefasst werden können, stammt aus der sozialpsychologischen Gruppendynamik und lautet: Je günstiger die Mitglieder von ihrer Gruppe bewertet werden, desto offener sind sie gegenüber Einflüssen von Seiten der Gruppe.

Erklärung und Prognose sind zwei weitere Funktionen von Theorien, die zueinander reziprok sind. In Abb. 7 ist die Hypothese „Je mehr X, desto mehr Y" symbolisiert. Wenn diese Hypothese – durch empirischen Test zu prüfen – zutrifft, so kann man das Eintreten von Y zurückverfolgen und findet die erklärende Variable X, die für die jeweilige Ausprägung von Y verantwortlich ist. Dies ist eine *Erklärung*. Geht man jedoch von X aus und projiziert nach Y, so kann man das Eintreten von Y voraussagen (Wenn X dann Y) – dies ist die *Prognose*.

Abbildung 7: Erklärung und Prognose

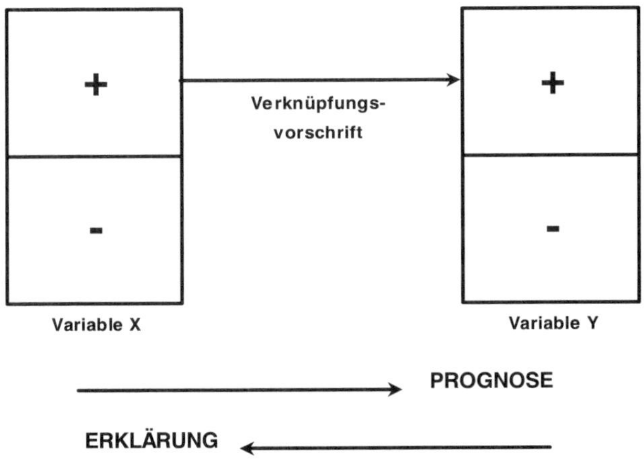

Beispiel 14:

Im Alltagsleben beobachten wir oft das Verhalten von Personen und fragen uns gelegentlich, was eine solche Person 'im Schilde führt', d.h. wir suchen nach Erklärungen, warum ein Verhalten stattfindet oder wozu es gut ist. Wir unterstellen dann eine Hypothese, die nun ganz entscheidende Erklärungen bzw. Prognosen liefern kann: Wenn wir etwa unterstellen, dass jemand einen Mord begangen hat, dann erlaubt uns dies, nach einem Motiv zu suchen, also: Wenn Mord, dann Motiv bzw. wenn Mord, dann Vorteil aus diesem Verhalten. Diese Unterstellung vermag dann unsere weitere Erkenntnis hervorragend zu lenken dadurch, dass wir nun wieder – empirisch, konkret – suchen und prüfen können, ob es für diese These handfeste Hinweise gibt etc. Analytisch gesehen ist eine Theorie ein Verfahren, um bestimmte Eigenschaften eines Erkenntnisgegenstandes X in Bezug auf damit verbundene Phänomene zu relationieren. Man muss sich dabei klar machen, dass Relationierung a priori a) einen Konnex herstellt zum Universum sozialer Variablen und b) gerade durch diese Relationierung – man könnte auch sagen Kontextualisierung – die Wirkung oder den Beitrag von X in Bezug auf dieses Universum sichtbar macht.

Beispiel 15: Prognose der Einschaltquote einer Sendung

Die Einschaltquote einer bestimmten Sendung hängt ab von a) der Attraktivität der Sendung selbst, b) von der vom Sender erreichbaren Zahl möglicher Rezipienten, c) von der Tageszeit, d) vom konkurrierenden Programmangebot anderer Sender, e) von der erfolgreichen vorherigen Ankündigung dieser Sendung (z.B. in Programmzeitschriften) und f) von der Glaubwürdigkeit des Senders (d.h., dass der Sender erwartbar in der Sendung das an Spannung, Attraktivität etc. einlöst, was er in der Vorankündigung versprochen hat). Als Hypothese formuliert:

- **Je** attraktiver das Programm,
- **Je** größer der Einzugsbereich des Senders,
- **Je** günstiger die Tageszeit (so dass möglichst viele Rezipienten überhaupt einschalten können),
- **Je** weniger konkurrierende Programmangebote anderer Sender,
- **Je** erfolgreicher (umfassender, zeitgerechter) die Vorankündigung,
- **Je** glaubwürdiger der Sender in Bezug auf seine Ankündigungen,

  ... desto größer die Einschaltquote (Abb. 8).

Abbildung 8: Ein Modell der Einschaltquote mit sieben Variablen

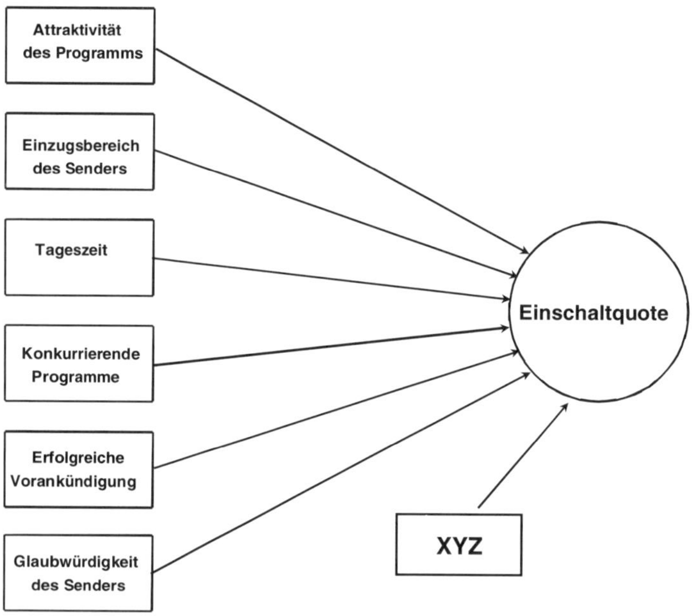

Die Größe der Einschaltquote lässt sich – nach diesem *Regressionsmodell* – auf insgesamt sieben Variablen zurückführen (regredieren) und damit durch diese Variablen erklären.[3] Da nur sechs Variablen explizit genannt sind, aber noch viel mehr Variablen wirken könnten, wird die Restvariable (XYZ) auch als *Residuumsvariable* bezeichnet. Das Modell verdeutlicht z.B., dass nur eine einzige Variable durch die Aussage (das Programm) determiniert wird, während fünf

---

[3] Die statistische Prozedur für die Berechnung eines solchen Modells wird als multiple Regressionsanalyse bezeichnet. Vgl. dazu Opp/Schmidt (1976: 13ff.).

Variablen aussagenfremde Variablen sind. Allerdings ist damit über die Stärke, mit der diese Variablen die Größe der Einschaltquote determinieren, nichts gesagt.

Erklärungen jedoch haben eine *relationale Struktur*: Das zu erklärende Phänomen wird in bezug gesetzt (relationiert) zu einem anderen Phänomen (zu einer anderen Variablen), und genau dafür ist eine Theorie (Hypothese) geeignet, weil sie von ihrer Struktur her ja stets die Verknüpfung (Relationierung) von zwei Variablen vorsieht.

Kennt man *alle* Variablen explizit, so kann man die Größe der Zielvariablen (hier: Einschaltquote) perfekt aus den erklärenden Variablen prognostizieren. Zugleich abstrahiert die Theorie vom Einzelfall und besitzt damit Gültigkeit für alle entsprechenden Fälle. Gilt diese Verallgemeinerbarkeit unabhängig von Person, Zeit und Raum, so spricht man von einer **nomologischen Theorie**.

Regeln (Postulate) sind Vorschriften, also *normative* Sätze, die etwas vorschreiben oder verbieten, wobei diese Vorschriften an der *Logik* orientiert sind. Für Variablen einer Hypothese gilt z.B. das Postulat der **Unabhängigkeit**. Für zwei Hypothesen eines Modells gilt neben der *Unabhängigkeit* auch deren **Widerspruchsfreiheit** und **Notwendigkeit**.

Mit diesen Begriffen haben wir nun zunächst ein Instrument zur verbalen Beschreibung uns interessierender Phänomene gewonnen: Wir können Begriffe definieren und Hypothesen bilden und dies nach vorgeschriebenen Regeln gemäß dem schon skizzierten *klassischen System* der Wissenschaften.

1.4 Das Ziel der Wissenschaft: Bewährung statt Wahrheit

Das Ziel der Wissenschaft wird, alltagswissenschaftlich, in der Regel mit der Suche nach Wahrheit umschrieben. Diese unscharfe Formulierung suggeriert unglücklicherweise die Vorstellung, dass es im System der Wissenschaft so etwas wie 'Wahrheit' überhaupt geben könne – ein schwerwiegender Irrtum.

Die luzide Widerlegung dieses Wissenschaftsideals verdanken wir *Karl Raimund Popper*, dem führenden Kopf der *Kritischer Rationalismus* genannten Richtung einer positivistischen Wissenschaftstheorie. Popper entwickelte seine Ansicht über das Ziel der Wissenschaft konsequent aus der Unterscheidung von *Allsätzen* und *Existenzsätzen.* Ein Existenzsatz stellt eine Behauptung über die Richtigkeit eines einzigen, singulären Sachverhaltes auf, ein Allsatz dagegen stellt eine Behauptung auf, die für sehr viele Sachverhalte – und dies im Idealfall unabhängig von Person, Zeit und Raum – Geltung haben soll.

Für die Prüfung des Existenzsatzes „Es gibt goldene Schwäne." auf Wahrheit (Verifikation) reicht es aus, wenn man ein einziges Exemplar findet. Der Satz lässt sich also verifizieren. Aber selbst wenn man 100 000 Jahre vergeblich sucht, ist der Satz damit nicht falsifiziert, denn: Es könnte ja sein, dass man nicht sorgfältig genug gesucht hat etc.

Ganz anders verhält es sich mit Allsätzen, die Aussagen über eine (personenmäßig, räumlich, zeitlich) unbegrenzte Vielzahl von Phänomenen machen.

Beispiel 16:

Der Satz „Je attraktiver ein Programm, desto mehr Zuschauer schalten es ein" ist ein theoretischer Satz (er besitzt zwei Variablen, nämlich a) Attraktivität eines Programms und b) Zahl von Zuschauern) und er ist ein Allsatz, weil er unabhängig von der Beschaffenheit der Personen, des Ortes und der Zeit formuliert ist. Dieser Allsatz lässt sich nicht verifizieren, denn selbst wenn man diesen Satz (anhand einer Korrelation etwa) beweisen könnte, so würde ein einziger Fall, in dem er *nicht* zutrifft, diesen Satz diskreditieren: Er wäre dann falsifiziert.

Die Richtigkeit von Allsätzen kann daher – paradoxerweise – ausschließlich durch die doppelte Negation erzielt werden (Falsifikationsversuch mit negativem Ausgang: Der Satz kann nicht *nicht* verifiziert werden). Übersteht ein Allsatz also einen Falsifikationsversuch, so ist er nicht 'wahr' (verifiziert), sondern man sagt, er habe sich 'bewährt'. Diese logische Asymmetrie zwischen Existenzsatz und Allsatz (vgl. Abb. 9) hat weitreichende Folgen. *Popper* folgert daraus für die Wissenschaft, dass sie nicht die Richtigkeit (Wahrheit) einer Theorie behaupten darf, sondern nur deren Richtigkeit in Frage stellen darf:

> „Die bloße Tatsache, daß eine Theorie nicht falsifiziert ist, kann noch nicht als eine positive Bewährung gewertet werden" (Popper 1966: 212). Und weiter: „Das alte Wissenschaftsideal, das absolut gesicherte Wissen (episteme) hat sich als Idol erwiesen [...] Mit dem Idol der Sicherheit fällt eines der schwersten Hemmnisse auf dem Weg der Forschung; hemmend nicht nur für die Kühnheit der Fragestellung, hemmend auch oft für die Strenge und Ehrlichkeit der Nachprüfung. Der Ehrgeiz, recht zu behalten, verrät ein Mißverständnis: nicht der *Besitz* von Wissen, von unumstößlichen Wahrheiten macht den Wissenschaftler, sondern das rücksichtslos kritische, das unablässige *Suchen* nach Wahrheit" (Popper 1966: 225).

Abbildung 9: Logische Asymmetrie zwischen Existenzsatz und Allsatz

		VERIFIKATION: JA	VERIFIKATION: NEIN
FALSIFIKATION:	JA		ALLSATZ
FALSIFIKATION:	NEIN	EXISTENZSATZ	

Mit diesem Verständnis lässt sich auch das Kriterium des 'organisierten Skeptizismus' (*Organized Sscepticism*) gut verbinden, das der Wissenschaftssoziologe *Robert K. Merton* als einen von vier institutionellen Imperativen für das Ethos des Wissenschaftlers nachdrücklich gefordert hat (vgl. Merton 1968: 604ff.).

Nach diesem, mittlerweile von der *Scientific Community* akzeptierten Verständnis vom Ziel der Wissenschaft ist es unvertretbar, Wahrheiten zu behaupten, denn dies würde – unter anderem – den Stillstand und damit den Tod für die Wissenschaft bedeuten.

Beispiel 17: Stillstand der Wissenschaft

Fast erwartbar wird gegen dieses Prinzip des Nichtbehauptens von Wahrheiten gerade in jungen Wissenschaften wie der Kommunikationswissenschaft häufig verstoßen. Das liest sich in Vorworten etwa so: „Doch was rechtens von einem Lehrbuch erwartet werden kann, will es uneingeschränkt anbieten: Den Erkenntnisstand über Soziale-Zeit-Kommunikation, der als Wahrheitserkenntnis Bestand hat über den Tag hinaus und jenseits der subjektiven Lehrmeinung eines Einzelnen; er mag im Laufe der Zeit sich anreichern und kann vervollkommnet werden; aber er wird, sofern er dem Kriterium wissenschaftlich erkennbarer Wahrheit gerecht wird, durch eine Neuerscheinung von morgen nicht gleich überholt" (Wagner 1978: 15).

1.5 Personen im Wissenschaftssystem

Kommunikabilität heißt, dass wissenschaftliche Erkenntnis grundsätzlich öffentlich, genauer: frei zugänglich aufbewahrt werden soll. Dies wird durch *Medien* wie Vortrag, Tagung, Zeitschrift, Buch garantiert, insbesondere aber durch wissenschaftliche Bibliotheken, wie sie eine Universität ja haben muss. Damit ist das gesellschaftliche Teilsystem Wissenschaft angesprochen, vor allem die Personen, die *Wissenschaft als Beruf* betreiben und die in der Regel *Professoren* genannt werden.

Von Professoren wird erwartet, dass sie besonders intelligent sind, über besonders tiefe Kenntnisse auf ihrem Arbeitsgebiet verfügen und Kreativität besitzen und auch umsetzen. Dies wird offenbar gefördert dadurch, dass man Professoren an bestimmten Orten, die Hochschule oder Universität oder Akademie genannt werden, gehäuft versammelt. Theoretisch müsste eine Universität also ein Mekka des Geistes, ein Ort der Erkenntnis, ein Zentrum der Kreativität sein, weil dort sehr viele Professoren arbeiten. Das Ansehen des einzelnen Wissenschaftlers (seine *Reputation)*, hängt dabei u.a. von folgenden Größen ab:

1) Umfang seines Publikationsvolumens pro Zeiteinheit
2) Umfang seines Publikationsvolumens insgesamt (kumulativ)
3) Zahl seiner durchgeführten Forschungsprojekte
4) Relevanz der behandelten Probleme
5) Intelligenz der entwickelten Gedanken
6) Brillanz der Formulierung
7) *Image,* das sich die Öffentlichkeit von ihm erzeugt

Praktisch ist dies jedoch nicht oder nur eingeschränkt der Fall, was einfach daran liegt, dass *Wissenschaftler auch nur Menschen* sind. Und da man Kreativität nicht befehlen („Seien Sie spontan!") oder wie eine Arznei verordnen kann, sind Wissenschaftler sehr unterschiedlich kreativ, was aber auch mit der jeweiligen Disziplin zusammenhängt.

Der Göttinger Philosoph *G.C. Lichtenberg* (1742-1799) hat für die verschiedenen Typen von Wissenschaft eine höchst interessante doppelte Differenzierung eingeführt, indem er alle Wissenschaften nach zwei Variablen differenziert hat (Abb. 10):

1) danach, ob man damit Geld verdienen kann – *Lichtenberg* spricht mit vornehmer Zurückhaltung von *Brod*
2) danach, ob man damit Sozialprestige gewinnt – *Lichtenberg* nennt dies *Ehre*

Abbildung 10: Differenzierung von Wissenschaft nach *Lichtenberg*

EHRE \ BROD	+	-
+	Jurisprudentia Medicina Theologia Analysis infin.	Poesia belles lettres Philosophia Mathesis
-	Advocatia Oeconomia Anatomia Rechnen und Schreiben	Metaphysica Logica Critica

Man erkennt, dass diese Differenzierung in gewisser Weise auch heute noch Sinn macht: Reich, aber nicht unbedingt angesehen ist, wer Anwalt (*advocatia*) wird oder als Arzt Menschen kuriert (*anatomia*). Ehre gewinnt, wer Philosoph, Mathematiker oder Poet ist, jedoch sind diese Disziplinen eher als 'brotlose Künste' aufzufassen. Weder reich noch angesehen wird der sein - so *Lichtenberg* -, der Kritik übt.

Das System der Wissenschaft besteht nicht nur aus Publikationen, wissenschaftlichen Abhandlungen, Theorien etc., sondern auch aus 'kreativen', 'denkenden', aber auch sich irrenden Menschen und aus Institutionen, die z.B. Geld für Forschung bereitstellen, Stellen besetzen und Einrichtungen wie Bibliotheken und Labors unterhalten. Idealtypisch lassen sich vier Typen von Wissenschaftlern unterscheiden:

1) Der '*Eierkopf*'

Er ist das kreative Idealbild des Wissenschaftlers, der mit seinem bloßen Verstand zu hantieren versteht und allein durch seine Forschungen und Entdeckungen Reputation gewinnt. Er wirkt eher bescheiden und freundlich, ist hochkreativ und hat Erfolg: Man liest und zitiert ihn, vor allem: man kann ihn lesen, weil er tatsächlich auch schreibt. Seine *Reputation* gründet ausschließlich auf seiner persönlichen Kreativität und nicht auf der seines Apparates oder etwa seines Strebens, Macht auszuüben. Albert Einstein steht hier als Prototyp.

2) Der *Wissenschaftsmanager*

Er forscht nicht oder nicht nur, sondern er organisiert Forschung, er lässt auch forschen, er schaut über den Tellerrand der Wissenschaft hinaus. Er schreibt auch selbst, und dies nicht schlecht. Aber er beschafft auch Großprojekte, geht beim Minister aus und ein, verfasst Memoranden oder berät ggf. auch die Regierung. Er hat erkannt, dass Forschen als Einzelkämpfer von der Gesellschaft in der Regel nicht honoriert wird.

3) Der *Geldbeschaffer*

Er forscht nicht oder nicht nur, sondern pflegt intensive Kontakte mit allen solchen Kreisen, die gegebenenfalls Geld für Forschung zu geben imstande sind. Man erkennt ihn u.a. am maßgeschneiderten Anzug. Er wird als erster das Bundesverdienstkreuz tragen.

4) Der *Akademische Lehrer*

Er sieht den Schwerpunkt seiner akademischen Verpflichtung nicht in der Forschung, sondern vor allem in der Lehre. Er wird bei den Studenten mit Abstand der Beliebteste sein, weil er sich mit Engagement ihrer Nöte annimmt, sie berät und sich für sie verantwortlich fühlt. Man erkennt ihn u.a. am fehlenden maßgeschneiderten Anzug.

Selbstverständlich ist es auch für einen Professor erfreulich, dass er geliebt oder verehrt wird (weil er z.B. hervorragende Vorlesungen abhält oder sich intensiv um seine Studenten kümmert). Selbstverständlich muss er für die von ihm beabsichtigten Projekte Geld beschaffen können und natürlich soll er auch Macht – vorzugsweise in Form von Autorität – demonstrieren können. Diese idealtypisch begrüßenswerten Erweiterungen können sich allerdings verselbständigen, so dass Professoren dann eben nicht mehr vordringlich im Bereich der Wahrheitssuche aktiv sind.

Diese Kehrseite der 'akademischen Freiheit' erzeugt daher – in der Bundesrepublik geradezu systembedingt und vorzugsweise an alten Universitäten – ein oft erheblich deviantes Selbstverständnis des Hochschullehrers, das von der akademischen 'Null' (weil der wissenschaftliche Output bei Null liegt) bis hin zum akademischen Tunichtgut (der z.B. bei weiblichen Kandidatinnen am Abend vor der Prüfung ausgedehnte Sprechstunden – privatissime et gratis – ansetzt, deren Qualität am anderen Tage mit dem Bestehen der Prüfung korreliert wird) reicht.

Was besagt dies nun für das Wissenschaftssystem? Es besagt zunächst: *Wissenschaftler sind auch nur Menschen*, und nicht immer ist jeder der Klügsten einer. Die Folge ist, dass irrationale Elemente, z.B. Eitelkeit, Denkfaulheit oder die Orientierung an einer Gruppe verbreiteter Mittelmäßigkeit, die Entwicklung besserer Theorien, besserer Methoden hindern können und stattdessen jeweils den *Mainstream* bzw. das *Paradigma* (vgl. Kuhn 1967) begünstigen.

Beispiel 18:

So reichte etwa *Max Planck*, einer der größten deutschen Naturwissenschaftler, seine Dissertation bei einem Göttinger Professor ein, der sie ihm jedoch kommentarlos zurückschickte. Er sei ganz entmutigt gewesen, schreibt Planck später in seinen Erinnerungen, weil er davon ausgehen musste, dass der Professor es nicht einmal für wert befand, seine Arbeit zu lesen (vgl. Barber 1972: 206f.). Dergleichen Fälle sind nicht selten und die Wissenschaftssoziologie enthält viele, zum Teil noch groteskere Beispiele (vgl. instruktiv Weingart 1974 sowie Luhmann 1990: 243ff.).

Als Student steht man solchen Strukturen nicht völlig hilflos gegenüber, weil man durch eine ganz besonders heuristische Form der Kommunikation, nämlich durch *Fragen*, allemal weiterkommt. Fragen sind ein geniales Werkzeug: Sie selegieren durch ihre Negations-Provokation falsche Antworten aus und verdichten den Bereich des Zutreffenden, des Verbürgten, des Relevanten. Und umgekehrt erkennt man durch Fragen sehr schnell die Grenzen des Wissenschaftssystems: Dort, wo man Fragen nicht beantworten *will*, ist das Terrain der Wissenschaft zu Ende.

Weiterführende Literatur::

Luhmann (1990); Schwanitz (1995); Wunderlich (1993)

1.6 Einrichtungen zum Speichern und Verarbeiten von Wissen

Die zentrale Frage nach dem *Fortschritt der Wissenschaft* lautet: Was ist die Bedingung der Möglichkeit, dass der Kumulus verbürgten Wissens immer größer wird? Oder: Wie entsteht *neue* Erkenntnis? Hier gibt es zumindest zwei Typen von Prozessen. Der eine ist subjektbezogen und wird als **Kreativität** bezeichnet. Kreativität ist aber nicht nur personenabhängig, sondern kann durch entsprechende Strukturen gefördert werden, die von der *Freiheit des Denkens* Gebrauch machen: Brainstorming, Denken in Alternativen, die seit *Nietzsche* berühmte Verwechselungstechnik (das Schüttelreimprinzip) sind Strukturen und Prozesse, die **Heuristik**, also das Prinzip der Entdeckung von Neuem, fördern können. Ganz typisch hierfür ist das absichtslose Ausprobieren, das *Spiel*, wie es Kinder noch sehr unbefangen betreiben. Nicht zu vergessen ist in diesem Zusammenhang auch der *Zufall*, der als solcher sehr kreativ sein kann: Die Theorie des Meinungsführers etwa wurde 'zufällig' erfunden, ebenso der Benzolring oder das Duraluminium.

Wo Freiheit des Denkens unterdrückt wird, wird die Kreativität schnell zum Erliegen kommen. Den Beweis für diese These kann man z.B. in totalitären Ländern suchen, die hinsichtlich der dort gemachten Erfindungen und Entdeckungen hinter liberalen Ländern grundsätzlich zurückbleiben – das aktuelle Beispiel der Auflösung des Kommunismus spielt sich ja gerade vor unseren Augen ab: Der Kommunismus hat nicht deshalb versagt, weil er sich wirtschaftlich gegenüber dem Kapitalismus als weniger adäquat erwiesen hat, sondern vielmehr deshalb, weil seine Durchsetzung nur totalitär möglich ist und damit die Freiheit des Denkens kategorisch beschränken muss.

Daneben gibt es aber mittlerweile auch *institutionelle*, personenunabhängige Strukturen, die Heuristik fördern. Dazu gehören alle Einrichtungen, die Wissen *vernetzen* können, also alle *Schlagwortkarteien, Datenbanken* etc., die – typisch – besonders in akademischen Einrichtungen zu finden sind. Dabei zeigt sich, dass eine solche Einrichtung, sofern ein genügend großer Bestand von Wissenselementen (Büchern) einmal vorhanden ist und mit genügend vielen Schlagwörtern ausgestattet ist, sozusagen seine kritische Masse überschritten hat, Heuristik ungeheuer befördern kann. Man kann dies anhand der Anlage einer Schlagwortkartei leicht nachprüfen (vgl. Luhmann 1981a: 226f.). Kreativität lässt sich, mit anderen Worten, auch organisieren. Das Internet ist der aktuelle Beweis.

Weiterführende Literatur::

Luhmann (1990); Nora/Minc (1979); Rescher (1982); Weingart (1974)

2. Wissenschaft als Kommunikationsprozess

Wissenschaft beruht in einem elementaren Sinn gleich dreifach auf Kommunikation: Formal durch die *sprachliche* Formulierung, inhaltlich durch den nur kommunikativ auszuhandelnden *Konsens* über Regeln und methodisch durch den Prozess des Messens, der einen Typus von *Vergleich* darstellt und damit erneut auf Kommunikation beruht (vgl. Rothstein 1958: 9ff.). Die Grundlagen zum Verständnis dieses Sachverhaltes und die daraus entstehenden Konsequenzen, insbesondere für die Kommunikationswissenschaft, werden in diesem Kapitel verhandelt.

2.1 Semiotische Grundlagen

Die Semiotik (Wissenschaft von den Zeichen) unterscheidet nach Charles Morris (1946: 345ff.) zumindest drei semiotische Ebenen: die syntaktische, semantische und pragmatische Ebene.

1) **Syntaktik** heißt die Lehre von den Zeichen und den Mitteln ihrer Darstellung (Mittelbezug). Das Zeichen Z wird als Funktion ihrer Mittel der Darstellung (und nur dieser) gesehen, d.h. es gibt nur eine **einstellige Zeichenrelation,** die nur die Mittel, nicht die Bedeutung noch die Wirkung der Zeichen berücksichtigt: **Z = f (M).**

Beispiel 19:

Die Buchstaben A, E, K, R, T sind *Mittel* der Darstellung. Die Wörter KARTE, KATER oder KRETA bestehen jeweils aus den gleichen syntaktischen Einheiten (in anderer Anordnung).

2) Die **Semantik** fragt zusätzlich zum Mittelbezug eines Zeichens auch nach dessen Referenz (Bedeutung), die als Relation R zwischen dem Mittel M und dem Objekt O besteht: **Z = f (M,O).**

   Das Zeichen wird hier als **zweistellige Relation** begriffen, die mittel- und objektbedingt ist: Eine Karte 'bedeutet' daher etwas anderes als ein Kater (obwohl sie aus den gleichen syntaktischen Einheiten bestehen. Die neuere Semantik unterscheidet hier zwischen **denotativer** und **konnotativer** Bedeutung. Die denotative Bedeutung liegt fest (z.B. durch ein Lexikon), während die konnotative Bedeutung **situationsabhängig** ist.

3) Die **Pragmatik** stellt neben dem Mittel- und Objektbezug zusätzlich einen Bezug zum Benutzer I (Interpretanten) des Zeichens her, so dass eine dreistellige (triadische) Relation vorliegt: **Z = f (M,O,I).**

   Die Pragmatik fragt, mit anderen Worten, wie das Zeichen auf den Interpretanten I wirkt.

Beispiel 20:

Das Wort 'Feuer' ist syntaktisch genau festgelegt. Würde man die Abfolge ändern in 'Freue', so wäre das etwas ganz anderes (z.B. „Du sollst dich freuen!"). Der Lexikoneintrag (in: Brockhaus 1988, Bd. 7: 248) definiert Feuer als „äußere, sichtbare Begleiterscheinung einer Verbrennung". Die Wirkung auf der pragmatischen Ebene hängt stark vom Kontext ab: Ertönt das Wort Feuer als höfliche Frage vom Nachbartisch, während man sich eine Zigarette steckt, so 'bedeutet' das, dass jemand Feuer durch ein Feuerzeug oder Streichhölzer geben will (Funktion der Höflichkeit). Spricht jemand, der vielleicht eine Sonnenbrille trägt und die FAZ unter dem linken Arm hält, jemand anderen ganz beiläufig mit dem Wort 'Feuer' an, so kann das ein Code sein, an dem sich zwei Geheimdienstler erkennen (identifizierende Funktion). Rennt jemand während einer Opernaufführung mit allen Zeichen des Schreckens und der Eile auf die Bühne und brüllt laut zum Publikum hin 'Feuer', so kann das eine Warnung vor einem Brand sein (Funktion der Warnung/Aufforderung). Demgemäß fallen die Wirkungen, die das *gleiche* Wort 'Feuer' in drei verschiedenen Situationen bei den Interpretanten (Rezipienten) erzeugt, völlig unterschiedlich aus.

Synoptisch kann man diese Relationen wie folgt darstellen (Abb. 11):

Abbildung 11: Das Semiotische Dreieck

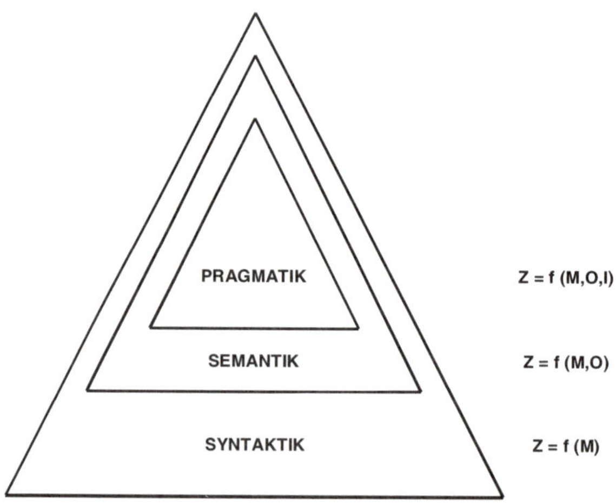

2.2 Wissenschaft als Sprachspiel

Wenn das Produkt wissenschaftlicher Arbeit nur kommunikativ zu greifen ist, dann verlangt dies zunächst einige Garantien für dessen Unbedenklichkeit, genauer: für **Kommunikabilität**, **Intersubjektivität** und **Authentizität** der Ergebnisse.

Kommunikabilität heißt: Nichts ist wissenschaftlich verbürgt, was nicht veröffentlicht ist. Dies weist bereits auf die besondere Rolle der Kommunikation für die Wissenschaft hin (vgl. instruktiv Luhmann 1990: 296f. und 587ff.). Zumindest muss eine wissenschaftliche Untersuchung so angelegt sein, dass die dort mitgeteilten Sachverhalte für Sachkundige verständlich und kommunikabel sind. Diese Forderung umfasst damit alle formalen Regeln wie: Verwendung grammatikalisch richtiger und verständlich konsentierter Schriftsprache, aber auch Seiten- und Tabellennumerierung, die Anlage eines Inhaltsverzeichnisses und andere formale Mittel, die eine Untersuchung kommunikabel machen.

Intersubjektivität heißt hier: Die Erzeugung wissenschaftlicher Ergebnisse und die korrekte Wiedergabe derselben soll sicherstellen, dass für alle am wissenschaftlichen Kommunikationsprozess Beteiligten relevante, zur Diskussion stehende Sachverhalte, in Form von Texten präsentiert, gleich und rückverfolgbar zutreffend sind. Die basale Regel zur Garantie dieses Sachverhalts ist zum einen gegeben durch die strikte Normierung wissenschaftlichen Handelns. Dazu zählen a) logische, d.h. nach richtig oder falsch sortierende Argumentation, b) notwendige, c) widerspruchsfreie, d) vollständige und e) wertfreie Argumentation – etwa bei der Bildung von Begriffen und der Prüfung von Sätzen.

Zum anderen findet die Intersubjektivität in den Regeln korrekter Wiedergabe, also in der *Zitation* ihren sichtbaren Ausdruck: Die Verletzung von Zitationsregeln gilt daher zu Recht als Indikator für Unwissenschaftlichkeit.

Zugleich heißt dies aber auch, dass wissenschaftliche Argumentation grundsätzlich **historisch** verfährt, also bei der wissenschaftlichen Diskussion eines Sachverhalts alle bereits verfügbaren Aussagen zu diesem Problem sorgfältig hinzuzieht. Diese zweite Regel baut auf der ersten Regel auf: Kennzeichen wissenschaftlicher Untersuchungen ist es daher auch, dass dort nach strengen formalen Regeln, die gleichfalls **Authentizität** und Identifizierbarkeit garantieren, zitiert wird.[4]

Wesentlich bedeutsamer, als dies in formalen Regeln zum Ausdruck kommt, ist jedoch die Abhängigkeit der Wissenschaft von dem Medium der Kommunikation: Wissenschaft kann nur durch das Medium der Sprache (bzw. der Schrift) existieren. Man muss also auch danach fragen, ob dieses einen Einfluss hat: Hier liegen große erkenntnistheoretische Probleme, für die die Wissenschaft, vor allem die Sprachphilosophie, die Logik und die Wissenschaftstheorie/Erkenntnistheorie noch nach Klärungen suchen (vgl. etwa Whorf 1963; Wittgenstein 1969; Luhmann 1991: 47ff.) und die keinen geringeren als Feyerabend

---

4 Die Prüfung neu verfasster wissenschaftlicher Texte erfolgt in der *Scientific Community* mithin stets skeptisch in Bezug auf die Evidenz und Stichhaltigkeit der Argumentation und dabei fällt der formale Aspekt unvermeidlich zuerst ins Auge. Student/Innen, die ihre Abschlussarbeit verfassen, tun also gut daran, zumindest die formalen Regeln – und dies zumindest am Anfang ihrer Ausführungen – peinlichst einzuhalten.

(1978: 293ff.) zu einem Beitrag mit dem verheißungsvollen Titel *Die Wissenschaftstheorie – eine bisher unerforschte Art des Irrsinns?* inspiriert haben. In diesem Zusammenhang sind schließlich noch zwei Begriffe vorzustellen, die im unbefangenen Umgang oft miteinander vertauscht werden, nämlich *Erkenntnistheorie* und *Wissenschaftstheorie.*

Wissenschaftstheorie ist im weiteren Sinn eine Sammelbezeichnung für alle *metawissenschaftliche* Beschäftigung mit Wissenschaft (Wissenschaft als Erkenntnisobjekt). Sie umfasst insbesondere die Methodologie (den engeren Bereich) und alle Erörterung über Ziele der Wissenschaft (*Philosophy of Science*), also einen weiteren Bereich der Wissenschaftstheorie. Neben der Philosophie ist hier insbesondere die Wissenschaftssoziologie zu nennen. Neuerdings spricht man zusammenfassend auch von *Wissenschaftswissenschaft* (*Science of Science*), also der Wissenschaft, die sich – kommunikationstheoretisch höchst aufregend – selbst thematisiert und generell interdisziplinär angelegt ist.

Erkenntnistheorie ist dagegen die Lehre vom Prozess des Erkennens oder des Erkennen-Könnens, wozu die bereits diskutierte Heuristik gehört. Vertreter sind vor allem *Parmenides, Platon, Aristoteles* und *Immanuel Kant*. Letzterem verdanken wir dabei die These, dass unsere Erkenntnis im Grunde niemals objektiv sein kann, weil wir nur das beschreiben können, was in unserer Wahrnehmung und sprachlichen Formulierung bereits durch unsere Subjektivität gefiltert ist – eine Idee, der wir an späterer Stelle (➔ Kap. 5.3) noch wiederbegegnen werden. In Anlehnung an Max Bense (1967) kann man aber Erkenntnistheorie in einem weiteren Sinne verstehen:

- Die *Ontologie* fragt: WAS ist?
- Die *Erkenntnistheorie* fragt: WIE ist erkennbar, was ist?
- Die *Logik* fragt: WIE ist logisch begründbar, was ist?
- Die klassische *Wissenschaftstheorie* fragt: WIE ist wissenschaftlich darstellbar, was logisch begründbar ist? (vgl. Maser 1971: 29f.).

Weiterführende Literatur::

Feyerabend (1978); Kuhn (1967); Luhmann (1990); Maser (1971); Topitsch (1968); Weingart (1974)

3. Klassische und transklassische Wissenschaft

Die bisher dargestellten Strukturen von Wissenschaft sind die des konventionellen, klassischen Wissenschaftsverständnisses. Sie sind jedoch, aus verschiedenen Gründen und in unterschiedlicher Perspektive, in den letzten Jahrzehnten gleichsam in Verdacht geraten, weil sie – verkürzt gesagt – selbst Verkürzungen darstellen. Dies rächt sich, wie noch zu zeigen sein wird, ganz besonders für eine bestimmte Disziplin, nämlich die Kommunikationswissenschaft, die gegenüber anderen Wissenschaften mit besonderen Schwierigkeiten zu kämpfen hat.

3.1 Kommunikation als Gegenstand der Wissenschaft

Kommunikation besitzt, verglichen mit anderen Professionen oder anderen Teilsystemen von Gesellschaft, mehrere Besonderheiten. Im Vergleich zu anderen Wissenschaften – etwa der Physik und den Wirtschaftswissenschaften – muss die Kommunikationswissenschaft als unterentwickelte bzw. deprivilegierte Wissenschaft bezeichnet werden. Physik und Wirtschaftswissenschaften sind schon deshalb als entwickelt zu bezeichnen, weil sie ein eigenes System von *Dimensionen* elaboriert haben, das aus dem jeweiligen Erkenntnisobjekt a) abgeleitet werden kann und b) Messung (Quantifizierung) auf höchstem Skalenniveau erlaubt. So definieren die Physiker ihr Dimensionensystem (cm, g, sec, erg) exakt nach den Begriffen der Physik: Masse und Energie. Ähnlich die Wirtschaftswissenschaftler: Ihr Erkenntnisobjekt ist wirtschaftliches Handeln, ihr Dimensionensystem daher Preis und Leistung (Mark, Produktivität, Mannstunde etc.).

Die Kommunikationswissenschaft hingegen, die sich aus verschiedenen Wurzeln – der Zeitungskunde, der Journalismusforschung oder der Theorie symbolischer Interaktion entwickelt hat, verfügt nicht über ein solches Dimensionensystem. Zwar hat Walter Hagemann den sehr beachtenswerten Versuch unternommen, mit der Definition *„Publizistikwissenschaft ist die Lehre von der öffentlichen Aussage aktueller Bewußtseinsinhalte“* (Hagemann/Prakke 1966: 37) zwei Dimensionen, nämlich Aktualität und Publizität einzuführen. Man kann jedoch zeigen (Merten 1973), dass damit der Bereich der Kommunikationswissenschaft, der *alle* kommunikativen Phänomene umfassen muss, unzulässig eingeschränkt wird, so dass dieser Versuch letztlich als untauglich gelten muss.

Des Weiteren besitzt Kommunikation zwei spezifische Besonderheiten: Zum einen ist jegliches Handeln *zeichenbewehrt* und besitzt daher eine kommunikative Referenz (dies ist die Unvermeidlichkeit aller Kommunikation). Zum Zweiten: Da Kommunikation überall als billiges Mittel der Verständigung dient ('Aschenputtelfunktion'), spiegelt sich im kommunikativen Handeln alles andere Handeln wider.

Diese Besonderheiten schlagen auch auf die Wissenschaft, sofern ihr Gegenstand der der Kommunikation ist, durch: Die Kommunikationswissenschaft ist eine Wissenschaft, die – im Gegensatz zu allen anderen Wissenschaften – das Funktionieren dessen, was sie erklären will, bereits voraussetzt, sie ist *selbstreferentiell* strukturiert.

Genauer: Da die Formulierung von kommunikationswissenschaftlichen Sachverhalten nur durch Kommunikation selbst möglich ist, besitzt die Kommunikationswissenschaft den Status einer **Metawissenschaft**. Dies markiert gleicherweise einen Anspruch, aber auch eine Bürde.

Man kann daraus – mit aller Vorsicht – ableiten, dass diese Selbstreferenz sowohl auf die theoretische als auf die methodische Ebene durchschlagen *muss*. Für die *theoretische* Ebene gilt: Theorien – und damit deren Begrifflichkeit – müssen, im Gegensatz möglicherweise zu herkömmlichen Theorien, so konstruiert werden, dass sie dieser Selbstreferenz Rechnung tragen können. Wir werden sehen, dass und wie dies möglich ist (➔ Kap. 5).

Auf der *methodischen* Ebene taucht diese Bedingung z.B. unter dem Stichwort *Reaktivität* auf: Der Zugriff auf eine soziale – also kommunikative Wirklichkeit – gelingt nur dann, wenn man dafür mit der Initiierung eben von Prozessen der Kommunikation 'bezahlt'. Cicourel (1974: 63) formuliert dies wie folgt:

> „Die Forscher in den Sozialwissenschaften werden mit einem einmaligen Problem konfrontiert: eben die Bedingungen ihrer Forschung konstituieren eine wichtige komplexe Variable für das, was als Ergebnis ihrer Erhebung gilt" (vgl. dazu umfassend Scholl 1993).

Das gleiche Problem stellt sich auch bei Messoperationen[5], erst recht aber bei der Erhebung sozialwissenschaftlicher (kommunikationswissenschaftlicher) Wirklichkeit: Diese gelingt niemals pur, sondern immer nur durch eine andere soziale Wirklichkeit der Erhebung gebrochen (vgl. Merten/Teipen 1991: 37ff.).

Weiterführende Literatur::

Cicourel (1974); Maser (1971); Topitsch (1968)

---

[5] Dies ist allerdings kein spezifisch sozialwissenschaftliches Problem, denn es tritt – auf anderen Aggregatebenen – auch in anderen Wissenschaften auf. Als Beispiel siehe hierzu die Überlegungen *Heisenbergs* bei der Formulierung seiner Unschärferelation. Vgl. Heisenberg (1927).

3.2 Entwicklungen zur transklassischen Erkenntnistheorie

Die klassische Wissenschaftstheorie baut erkenntnistheoretisch auf der *zweiwertigen* Logik auf, die kategorisch nur 'Wahr' bzw. 'Falsch' (Ja und Nein) zulässt. Diese rigorose Beschränkung (*tertium non datur*) hat sich, insbesondere in den Naturwissenschaften, sowohl für die strenge Formulierung von Gesetzen als auch für die Prüfung an der Realität (Verifikation und Falsifikation) als höchst sinnvoll erwiesen.

Unglücklicherweise aber hat diese Beschränkung zu der weit verbreiteten Ansicht geführt, dass unser Denken *generell* in den Kategorien 'wahr' oder 'falsch' verläuft, was eine Fülle von unlösbaren Problemen gerade bei komplexeren wissenschaftlichen Problemen, insbesondere beim Studium von dynamischen *Prozessen* erzeugt hat, die sich quer durch alle Disziplinen verfolgen lassen:

Historisch tauchte dieses Problem zuerst in der *Logik* auf, wo es mit dem Begriff 'Paradoxie' etikettiert wurde und damit, statt gelöst zu sein, als Typ pathologischer Logik diffamiert wurde.

In der *Wissenschaftstheorie* zeigte sich das Problem bei der Definition von Begriffen und Regeln: Wenn man Regeln braucht, um Begriffe und Sätze (Hypothesen) bilden zu können, dann müssen die Regeln zuvor gebildet werden. Dies erfordert aber, wenn auch auf einer *Metaebene*, ebenfalls Begriffe, Definitionen etc. Es gibt mithin einen infiniten Zirkel, also eine *reflexive Struktur an der Basis der Erkenntnis* (vgl. instruktiv Stegmüller 1974: 63ff.). Und es gibt eine *Hierarchie*: Sätze werden angewendet, um Regeln zu formulieren, Regeln werden benötigt, um Sätze zu bilden:

> „In der Logik ist die Objektsprache der Kalkül; seine Regeln werden in der Metasprache formuliert, d.h. über ihn wird in der Metasprache gesprochen. Diese Metasprache mag in der Umgangssprache formuliert sein – doch sie kann natürlich ebenfalls kalkülisiert werden. Dazu benötigt man dann allerdings Regeln in einer Meta-Metasprache usf. Letztlich benötigt man also immer einen Rest von Umgangssprache, d.h. es bleibt ein nicht kalkülisierbarer Rest, für den an schlichtes Verständnis appelliert werden muß. Das führt auf das Problem: Wie kann man Logik stringent aufbauen, ohne schon die Logik, die doch für Stringenz unerläßlich ist, bereits zu besitzen? Nun, wie das gelingen kann, kann hier nicht im einzelnen dargetan werden – daß es aber gelingen kann, mag plausibel gemacht werden durch den Hinweis auf den paradoxen Vorgang, daß man in schmutzigem Wasser mit einem schmutzigen Tuch schmutzige Tassen säubern kann“ (Menne 1966: 51).

In der *Mathematik* stellte sich dieses Problem z.B. bei der Lösung rekursiver Integralgleichungen, später in der Physik bei allen Arten von selbstregelnden oder selbststeuernden Prozessen, für die schon 1788 *James Watt* gezeigt hatte, dass sie lösbar waren. Dazu in der Rückschau Norbert Wiener (1968: 10):

> „Tatsächlich reichten in den ersten Anfängen der elektrischen Schaltungstheorie die mathematischen Hilfsmittel für die systematische Behandlung von Netzwerken nicht über das lineare Aneinanderreihen von Widerständen, Kapazitäten und Induktivitäten hinaus [...] Lange vor der Veröffentlichung der ‚Cybernetics' begann man sich darüber klar zu werden, daß das Studium nichtlinearer Netzwerke sich nicht ohne weiteres in diesen Rahmen fügte. Dennoch wurden, in Ermangelung besserer Methoden, viele Versuche unternommen, die linearen Begriffe der älteren Elektrotechnik weiter auszudehnen [...] als ich etwa 1920 zum M.I.T kam, war es üblich, die Fragen nach dem Verhalten nichtlinearer Schaltungen so zu stellen daß man versuchte, den Begriff [...] so weit zu fassen, daß er lineare und nichtlineare Systeme umfaßte. Das Ergebnis war, daß die Theorie der nichtlinearen Schaltungen allmählich in einen Zustand geriet, vergleichbar dem der letzten Stadien des Ptolemäischen Systems der Astronomie, in dem Planetenkreis auf Planetenkreis getürmt wurde, Korrektur auf Korrektur, bis dieses ungeheure Flickwerk unter seinem eigenen Gewicht zusammenbrach."

In den Geisteswissenschaften zeigten sich die Beschränkungen binären Denkens an vielen Stellen, etwa beim infiniten Regress des definitorischen Zirkels, bei der letzten Begründung von Kausalität (populär: die Frage nach Ei oder Henne), insbesondere aber bei der Anwendung klassifikatorischer Schemata.

Lösbar erscheinen diese und andere Probleme, wenn man die Beschränkungen des zweiwertigen Denkens als *Sonderfall* des mehrwertigen Denkens anerkennt und insbesondere die entscheidende *reflexive* (zirkuläre) Grundstruktur allen Denkens in Rechnung stellt. Das führt zu unterschiedlichen Lösungen: In der Mathematik z.B. zur Formulierung einer mehrwertigen Logik, in den Sozialwissenschaften dagegen zur ganzheitlichen Analyse dynamischer Prozesse und damit verbunden zu einer Ablösung von kausalem zugunsten von systemischem Denken.

Die Möglichkeiten mehrwertigen Denkens über die Kategorien 'Wahr' und 'Falsch' hinaus wurde erst durch die Formulierung der *transklassischen Erkenntnistheorie* Ende der vierziger Jahre neu 'entdeckt', die, wiederum nicht zufällig, anlässlich der Formulierung einer Theorie der Selbststeuerung (Kybernetik) als zentrales Problem erkannt wurde. Die Wieder- oder Neuentdeckung nichtlinearer Strukturen sollte für eine Disziplin ganz besonders folgenreich werden – für die Kommunikationswissenschaft:

> „Wenn das 17. und das frühe 18. Jahrhundert das Zeitalter der Uhren war und das späte 18. und das frühe 19. Jahrhundert das Zeitalter der Dampfmaschinen, so ist die gegenwärtige Zeit das Zeitalter der Kommunikation und der Regelung" (vgl. Wiener 1968: 63)

schreibt *Norbert Wiener*, der 'Vater der Kybernetik'. Das Frappierende an der Kybernetik, die uns als vor allem naturwissenschaftlich bestimmter Typus der *Systemtheorie* noch ausführlich beschäftigen wird (➔ Kap. 5.1), liegt darin, dass die Annahme von *zirkulären, nicht linearen* Strukturen sich verallgemeinern und auf die Ebene der Theorie übertragen lässt.

Die zugrundeliegende Idee hierfür ist allerdings nicht neu, sondern geradezu von ehrwürdigem Alter, denn sie stammt aus dem antiken Griechenland und wurde von keinem Geringeren als von Aristoteles als *dialektisches Prinzip*, das durch Formulierung von *Thesis, Antithesis* und *Synthesis* neue Erkenntnisse provoziert, bekannt (Abb. 12):

Abbildung 12: Das dialektische Prinzip (nach Maser 1971: 29)

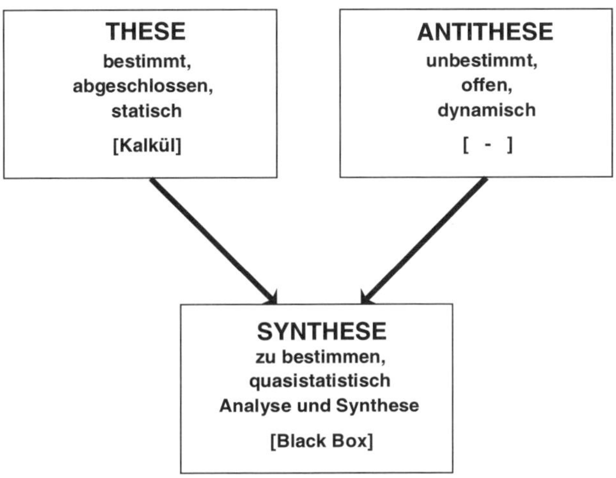

Dieses Prinzip wurde jedoch seitdem allenfalls in der Philosophie gepflegt[6] und verlor zudem durch seine ideologische Pervertierung unter kommunistischen Rahmenbedingungen seine Glaubwürdigkeit. Es gehört zu den großen Überra-

6 Offenbar als tradiertes Prinzip lässt sich die Verwendung des dialektischen Prinzips bis auf den heutigen Tag für das diskursive Aushandeln von Wahrheitsfeststellungen auf Kreta nachweisen: Fragt man etwa in einem Kafenion nach dem richtigen Weg, so wird sofort jemand aufstehen und sagen „So und so musst Du gehen." Er wird dies kaum gesprochen haben, da wird ein anderer aufstehen und diese Beschreibung als falsch und eine ganz andere als richtig darstellen. Nun entwickelt sich ein heftiger Diskurs, in dem sich, mit erheblicher Lautstärke, eine Ansicht über richtige Wege durchsetzt. Was aber wirklich geschieht ist: Es gehört zum Stolz eines Kreters, gegenüber einer vorgegebenen Meinung (über die Richtigkeit von etwas) sofort eine Gegenposition zu beziehen, wobei völlig unerheblich ist, ob derjenige, der diese Gegenposition bezieht, selbst an die Richtigkeit oder Nicht-Richtigkeit dieser Meinung glaubt: Da ist es wieder, das dialektische Prinzip, das die Köpfe in der Argumentation und damit in der Wahrheitssuche schult, *ohne* diese durch Glauben an die Richtigkeit von Wahrheit zu beschränken.

schungen der Wissenschaftsgeschichte, dass dieses Prinzip anlässlich der Diskussion ganz anderer als philosophischer, nämlich technischer Probleme seine Wiedergeburt erlebte: Der Kreis um *Norbert Wiener* am *Massachusetts Institute of Technology*, zu dem auch *Kurt Lewin*, einer der 'Väter der Kommunikationsforschung' gehörte (Wiener 1963: 40), hatte, gleichsam nichtsahnend, die Diskussion wiederaufgenommen, ohne die volle Tragweite dieser Diskussion für Natur- und Geisteswissenschaften gleich erkennen zu können. Gotthardt Günther (1963: 14) hat diese Entwicklung später als Entwicklung zu einer 'Transklassischen Wissenschaft' bezeichnet und damit einer wissenschaftlichen Revolution ungeahnten Ausmaßes einen programmatischen Namen gegeben.

In Anlehnung an Francisco Varela (1990) kann man eine transklassische Wissenschaftstheorie als *Kognitionswissenschaft/Kognitionstechnik (KWT)* bezeichnen, die sich unter dem Einfluss vor allem von *Norbert Wiener*, von *John von Neumann*, *Alan Turing* und *Warren McCulloch* entwickelt hat.

Die Konsequenzen dieser neuen Wissenschaft sind radikal, denn: Das Prinzip der Kausalität wird durch kybernetische, also reflexive Strukturen abgelöst. Das zwingt auch zur Entwicklung einer zunächst paradox erscheinenden neuen, **mehrwertigen Logik**, die nicht mehr auf zwei Zustände (wahr und falsch) beschränkt sein muss und komplexer und daher leistungsfähiger ist. Eine wichtige Entdeckung war zunächst die mathematische Darstellung einer logischen Denkoperation durch McCulloch/Pitts (1943). Das hieß nämlich: Denken, also eine durch und durch humane Aktivität, lässt sich prinzipiell auch formalisieren und durch Maschinen vornehmen. Zugleich war dies der erste Schritt zur Analyse jener Mikro-Prozesse im menschlichen Hirn, die wir eben als Denken begreifen.

Diese Idee war zentraler Gegenstand von zwei berühmten Tagungen im Jahr 1956, die damit den Anstoss zur Formulierung der Idee von der **künstlichen Intelligenz** einerseits und der intensiveren Analyse neuronaler Prozesse andererseits gaben und auf der für diese Art neuer Erkenntnistheorie der Begriff *Kognitivismus* geprägt wurde. Zentrale Idee war, dass im Kopf – repräsentiert durch das Bewusstsein – bestimmte Symbole oder Codes in physikalischer Form eine Repräsentation dessen leisten, was in der Wirklichkeit stattfindet.

Wir werden sehen, dass diese Ideen aufs engste mit der Erklärung von Kommunikation verknüpft sind.

Weiterführende Literatur:

Feyerabend (1978); Popper (1966); Topitsch (1968); Varela (1990); Foerster (1985)

B. WAS IST KOMMUNIKATION?

In diesem Teil wird eine umfassende Bestandsaufnahme der wesentlichen Begriffe, Modelle und Paradigmen von Kommunikation und Massenkommunikation versucht. Daran schließt sich jeweils eine systematische Kritik an, die heuristisch genutzt wird, um ein komplexeres und daher angemesseneres Verständnis von Kommunikation und Massenkommunikation zu gewinnen.

4. Das klassische Paradigma: Kommunikation als Stimulus-Response

4.1 Das Stimulus-Response-Modell

Das Stimulus-Response-Modell ist das einfachste und vermutlich deshalb auch das meist gebrauchte Modell zur Beschreibung des Kommunikationsprozesses (Abb. 13).

Abbildung 13: Klassisches Stimulus-Response-Modell

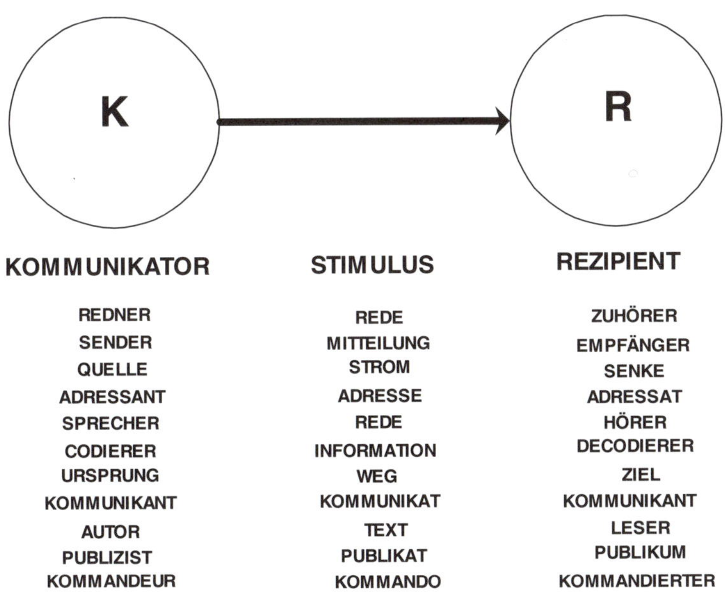

Es besteht aus drei Elementen (Kommunikator, 'Stimulus', Rezipient), für die es im Alltag eine Fülle von Metaphern gibt. Diese lassen sich entweder als *Transport* von irgendetwas von einem Punkt K zu einem Punkt R beschreiben – dies ist das sogenannte *Containermodell* (vgl. Krippendorff 1994: 86) – oder sie verweisen direkt auf Kommunikation, indem sie Rollen oder Positionen im Kommunikationsprozess bezeichnen (Sender, Sprecher, Rede, Decodierer etc.). Von 160 zusammengetragenen wissenschaftlichen Definitionen nennt die Mehrzahl (50,6%) diese drei Elemente und der größte Teil davon (39,3%) benutzt die Metapher des Transports bzw. die der Kommunikationsrollen (vgl. Merten 1977: 37ff.). Dieses einfache Modell dominiert mithin noch immer das Verständnis von Kommunikation.

Ebenfalls aus dem Alltagsverständnis von Kommunikation heraus erkennt man sofort, dass dieses Modell ergänzungsfähig ist und zumindest folgende Zusatzannahmen provoziert:

1) Der Kommunikationsprozess verläuft symmetrisch: Kommunikator *und* Rezipient sind gleichberechtigte Kommunikanten.

2) Der Kommunikationsprozess versorgt Kommunikator und Rezipient mit Informationsangeboten.

3) Es gibt ein Feedback.

4) Der Kommunikationsprozess findet nicht im luftleeren Raum, sondern in einem definierten Rahmen (soziales Umfeld) statt.

5) Die 'Stimuli' haben eine von Kommunikator und Rezipient gemeinsam geteilte 'Bedeutung'.

6) Kommunikation kann nicht nur face-to-face (interpersonale Kommunikation), sondern auch durch Medien erfolgen (Kanalmodalität).

7) Kommunikation ist ein Prozess und bewirkt etwas.

Nimmt man diese Gedanken auf und fügt sie in das Modell ein, so erhält man recht exakt das in Abbildung 6 bereits vorgestellte Modell, das von der funktionalpublizistischen Münsteraner Schule entwickelt worden ist (vgl. Prakke 1968: 101). Dieses Modell enthält folgende Annahmen (vgl. Abb. 14):

1) Sowohl Kommunikator als auch Rezipient können als Kommunikanten auftreten (Symmetrie der Rollen).

2) Inhalte werden wechselseitig ausgetauscht (Motto: „Alle Publizistik ist Zwiegespräch", vgl. Prakke 1968: 157).

3) Reiz und Reaktion sind tendenziell symmetrisch strukturiert, so dass Feedbackprozesse erfasst werden können (das Modell ist 'geschlossen').

4) Der Kommunikationsprozess insgesamt ist eingebettet in das soziokulturelle System (SkS).

5) Kommunikator (K) und Rezipient (R) steht ein Zeichensystem zur Verfügung, das eine gemeinsame Schnittmenge hat; diese garantiert, dass die verwendeten Zeichen für beide Kommunikanten (Kommunikator, Rezipient) auch die gleiche 'Bedeutung' haben.

6) Aussagen können auch massenmedial durch einen Kanal vermittelt und funktional unterschieden werden als Information (I), Kommentation (K) und Delektation (Unterhaltung U).

7) „Über den Kanal läuft die Kommunikation ab“ (Prakke 1968: 101) und erzeugt Wirkungen (vgl. Prakke 1968: 144ff.).

Abbildung 14: Das Austauschmodell der Kommunikation (nach Prakke 1968: 101)

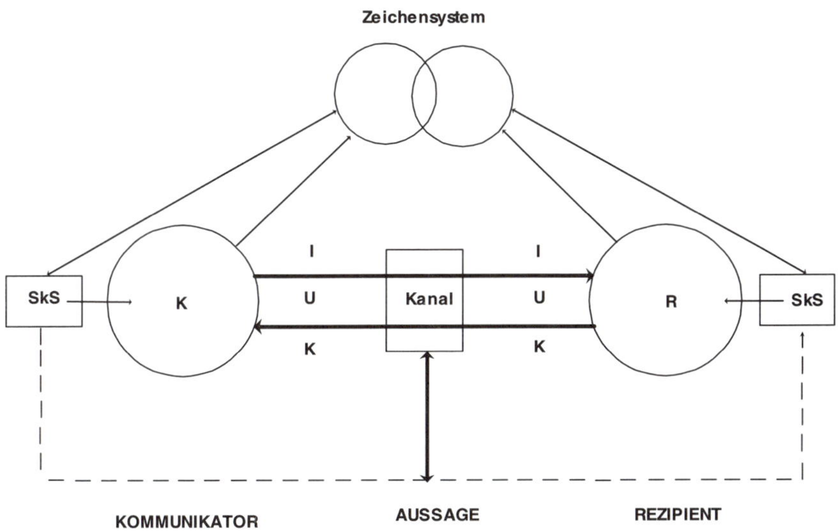

Sigle: I = Information; U = Unterhaltung; K = Kommentar; SkS = Soziokulturelles System

Der Fortschritt, der mit diesem erweiterten Modell gegenüber dem Stimulus-Response-Modell erreicht ist, erscheint auf den ersten Blick erheblich. Die umgangssprachliche Metapher, dass man kommuniziert, indem man sich austauscht, scheint exakt das Wesen von Kommunikation zu treffen: „Austausch unter Menschen, öffentliche und aktuelle Kommunikation ist ein Humanum“ (Prakke 1968: 9). Wegen der Berücksichtigung vieler relevanter Variablen und Relationen erscheint das Modell zudem stimmig und daher fruchtbar zu sein, wie dies bereits anlässlich der Formulierung dieses Modells von den Autoren gemutmaßt wurde: „Im gemeinsamen Diskutieren und Formulieren (wurde) eine Reihe von Konzepten und Anregungen entwickelt, an denen die Publizistik- und Kommunikationswissenschaft künftig nicht wird vorbeigehen wollen" (Prakke 1968: 11).

Nun gibt es zwei Möglichkeiten. Die erste ist: Wir begnügen uns mit dem hier erreichten Fortschritt gegenüber dem Stimulus-Response-Modell und begreifen (deuten) Kommunikation als eine spezifische Form des Austauschs. Dies ist im Verständnis der Urheber des Modells nicht nur angemessen, sondern stellt einen erheblichen Fortschritt dar.

Die zweite und sicherlich sehr viel unbequemere Möglichkeit besteht darin, Argumente zu finden, die die Validität dieses Modells in Frage stellen. Im Sinne der oben (vgl. ➔ Kap. 1.4) aufgestellten Forderungen von Popper nach Falsifikation hieße dies:

1) Suche so viele Argumente wie möglich, um Annahmen dieses Modells zu widerlegen.
2) Finden sich keine Argumente oder lässt sich das Modell nicht widerlegen, so soll das Modell als bewährt – bewährt bis auf weiteres – gelten.

4.2 Kritik des klassischen Kommunikationsmodells

Wir entscheiden uns für die unbequemere Lösung und werden – um es vorwegzunehmen – feststellen müssen, dass so gut wie alle Annahmen dieses Modells unhaltbar oder gar logisch falsch sind, weil auch das Austauschmodell Annahmen des Stimulus-Response-Modells ungeprüft übernimmt und damit gegenüber dem Stimulus-Response-Modell letztlich eher einen Rückschritt als einen Fortschritt bedeutet: Durch strenge logische Prüfung und unter Anzug wissenschaftlicher und nicht alltagswissenschaftlicher Kriterien lässt sich zeigen – dies soll im Folgenden sukzessive geschehen –, dass viele Annahmen dieses Modells nicht haltbar sind und sich für das Verständnis von Kommunikation eher hinderlich als förderlich erweisen (vgl. Krippendorff 1994).

Wir beginnen mit der Prüfung dieses Modells, indem wir zunächst nach Argumenten, die etwas über Probleme bei der Konstruktion von Modellen aussagen, suchen.

4.2.1 Exkurs: Modellkonstruktion

Bei der Suche nach relevanten Aussagen über die Funktion von Modellen stößt man auf zwei prominente Autoren, die gerade in der Kommunikationswissenschaft sehr gut bekannt sind: *Karl W. Deutsch* und *Kurt Lewin*.

Karl W. Deutsch hat sich schon 1952 Gedanken über die Funktion von Kommunikationsmodellen gemacht und dabei folgende Funktionen von Modellen besonders betont:

1) die heuristische (dem Erkennen neuer Zusammenhänge dienende) Funktion (*Fruitfulness*)
2) die Prognosefunktion (*Predictive Power*)
3) die Organisationsfunktion (*Organizing Power*), i.e. die Fähigkeit eines Modells, einzelne Aspekte zu ordnen und zu integrieren
4) die Messfunktion (*Accuracy*), i.e. die Fähigkeit eines Modells, von der qualitativen Beschreibung zu einer quantifizierenden Beschreibung vorzustoßen
5) die Ökonomiefunktion (*Economy*), i. e. die Fähigkeit eines Modells, verwickelte Zusammenhänge deutlich zu machen

Diese letzte Funktion deckt sich mit dem Kriterium der Einfachheit (*Simplicity*) eines Modells und gerade dies ist ein reichlich kompliziertes Kriterium. Es impliziert, dass man Unwesentliches weglässt, das Wesentliche aber im Modell abbildet, mithin bei der Vereinfachung (der Beschreibung eines Erkenntnisgegenstandes) bereits definitive Annahmen über das 'Wesen' desselben machen muss (vgl. Deutsch 1952; Deutsch 1966).

Der zweite Modelltheoretiker, *Kurt Lewin* (1890-1947), zählt neben *Harold D. Lasswell* (1902-1971), *Paul F. Lazarsfeld* (1901-1976) und *Carl Iver Hovland* (1912-1961) zu den vier 'Vätern der Kommunikationsforschung' und ist wohl als deren theoretisch luzidester Kopf anzusprechen. *Lewin* hat im Rahmen der Entwicklung seiner berühmten 'Feldtheorie' auf wesentliche Unterschiede zwischen **Objekt** und **Relation** und den daraus folgenden Implikationen aufmerksam gemacht. Daraus ergeben sich für die Modellbildung wichtige Einsichten, die insbesondere für den Prozesscharakter von Kommunikation wesentlich sind.

> „Ebenso wie die Veranschaulichung kann auch das Ausdenken eines Modells einen gewissen Wert haben. Dem stehen jedoch große und [...] akute Gefahren gegenüber. Ein Modell pflegt sehr viel Willkürliches zu enthalten. Ebenso wie ein Anschauungsbild pflegt man es nur so weit zu benutzen, als die ‚Analogie' reicht, d.h. in Wirklichkeit, solange es einem bequem ist. Sobald sich Konsequenzen ergeben, die mit den realen Sachverhalten nicht mehr übereinstimmen, pflegt man daraufhinzuweisen, daß es sich eben ‚nur' um ein Modell oder einen ‚Vergleich' handelt [...] In welchen Punkten man das Modell als ‚Erklärung' heranzieht und wo man es nicht mehr als verbindlich ansieht, das ist durchaus Sache der Willkür" (Lewin 1969: 95f.).

Lewin hat für das Modelldenken darüber hinaus gerade die Frage nach dem 'Wesen' von Erkenntnisgegenständen gestellt und in der Diskussion dieser Frage seine berühmte Unterscheidung von *Phänotypen* und *Genotypen* entwickelt. Um diese intellektuelle Leistung voll würdigen zu können, muss zunächst etwas über das Standardverfahren wissenschaftlicher Beschreibung und Ordnung, nämlich die **Klassifikation** ausgeführt werden:

Seit *Linné* wird der *Erkenntnisgegenstand* der Biologie geordnet, indem man das Prinzip der *Klassifikation* benutzt, jeweils abstrahiert und dadurch die Fülle der *Objekte* (hier: Pflanzen) anhand eines Stammbaums ordnet. Das Klassifikationsprinzip lautet:

1) Suche das allgemeinere Prinzip (*genus proximum*)
2) Suche den spezifischen Unterschied (*differentia specifica*)
3) Konstruiere daraus einen Stammbaum

Abbildung 15: Logik der Klassifikation

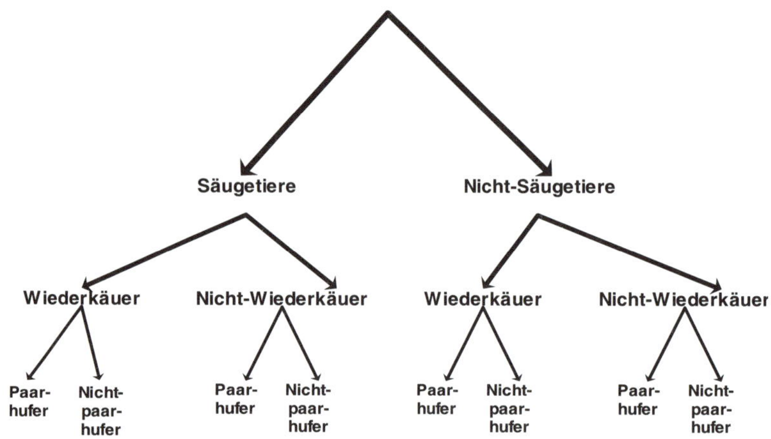

Dieses System ist einfach und praktisch. Aber es taugt nur dort, wo man es mit *absoluten Größen* bzw. *Objekten* – Pflanzen*arten*, Tier*gattungen*, Typen von Automobilen, Gerichtsentscheidungen, Schwimmbädern etc. zu tun hat.

In der Sozialforschung hingegen hat man es in den meisten Fällen nicht mit absoluten *Objekten*, sondern mit *relationalen Größen zu tun:* Jeder *Prozess*, so zeigt Lewin (1931), aber auch fast alle sozialen Aggregate, sind nicht absolut, sondern relational strukturiert. Und wie man sehr einfach zeigen kann, wächst die Zahl der *Relationen* R zwischen n Objekten mit dem Quadrat dieser Zahl:

$$R = n(n-1)/2$$

Demgemäß gibt es mit n > 3 stets mehr Relationen r als Objekte n (vgl. Abb. 22).

Dass diese Zahl der Relationen im Vergleich zu den zugrundeliegenden absoluten Größen sehr groß werden kann, gibt dann einen ersten wichtigen Fingerzeig für die Vergrößerung von Strukturreichtum (Komplexität): Komplexität wird grundsätzlich über Relationen und nicht durch die Zahl der Objekte gesteigert.

Lewins Leistung liegt im Nachweis der Tatsache, dass die Logik der Klassifikation für die Modellierung von Prozessen nicht zureichend ist, ja geradezu in die Irre führt, weil sie auf der Ebene des *Phänotyps* verbleibt und nicht zu – analytisch viel komplexeren – *Genotypen* vorstößt:

> „Meiner Ansicht nach ist es hoffnungslos, die verschiedenen in der Sozialpsychologie enthaltenen Probleme angemessen miteinander zu verbinden, indem man klassifikatorische Begriffe vom Typ des Linnéschen Systems in der Botanik verwendet. Statt dessen hat die Sozialpsychologie 'Konstrukte' als Bezugsrahmen zu benutzen. Diese Konstrukte drücken keine 'phänotypischen' Ähnlichkeiten, sondern sogenannte dynamische Eigenschaften aus" (Lewin 1963: 182). „Die Betonung von Ähnlichkeit und Unähnlichkeit, statt der Interdependenz ist für die beschreibende 'klassifikatorische' Epoche typisch. Sie kann in einem verhältnismäßig frühen Stadium der Entwicklung praktisch jeder Wissenschaft beobachtet werden" (Lewin 1963: 184). Und weiter: „Obwohl dieser Schritt am Anfang üblich ist, beginnt der Holzweg in dem Augenblick, da die Phänomene aus der Deskription in die Begriffe der abstrahierenden Klassenlogik überführt werden [...] Stehendes und Bewegtes, beziehungsweise Leichtes, nach oben Strebendes und Schweres, nach unten fallendes wird in entgegengesetzte Klassen eingeordnet [...] Damit besteht die Gefahr, daß seiner Struktur nach Zusammengehöriges getrennt und Getrenntes als zusammengehörig behauptet wird" (Lewin 1963: 17).

Beispiel 21:

Eine Gruppe von Hausfrauen lässt sich demographisch nach Alter A, verfügbarer Geldmenge M und Bildung B differenzieren: Bei drei Variablen ergibt dies bereits eine Achtfelder-Tabelle. Dennoch ergibt diese dreidimensionale Klassifikation keinerlei Erklärung etwa für das Gruppenverhalten von Hausfrauen oder deren selektives Einkaufsverhalten, für das *Lewin* den Begriff **Gatekeeper** prägte. Der Kauf bestimmter Waren (und nicht anderer) lässt sich nur funktional – bezogen etwa auf den Vergleich von Preisen und Leistungen des Warenangebots, auf Empfehlungen anderer etc. – und damit *relational zum Umfeld* bestimmen.

> „Es mag den Anschein haben, daß die Betonung der Interdependenz das Problem der Beschreibung noch schwieriger macht, weil es gemeinhin schwieriger ist, ein Faktum in Ausdrücken der Wirkung auf andere und seines Bewirktseins durch andere (also seine konditionalgenetischen Eigenschaften) statt in Ausdrücken seiner Erscheinungsweise (phänotypische Eigenschaften) zu beschreiben" (Lewin 1963: 184f.).

Lewin benutzt als Beispiel für diese 'galileische' Denkweise den Begriff der sozialen Gruppe: Geht man phänotypisch vor, sieht man nur die *Ähnlichkeit* der Mitglieder untereinander, des Ziels etc. Geht man aber interdependent vor, sieht man die wechselseitige Abhängigkeit, also eine *dynamische Größe*. Mit anderen Worten: Durch klassifikatorische Vorgehensweise gewinnt man nur ein statisches Epi-Verständnis, aber kein tieferes (genotypisches) Verständnis von sozialen oder prozessualen Sachverhalten.

Fruchtbarer sind daher, so Lewin, gerade für die Beschreibung dynamischer Prozesse nicht deskriptive, sondern *konstruktive* Konzepte. Diese erfassen Relationen, sind daher theoriefreundlich und basieren auf funktionalen und ganzheitlichen (also: relationalen) Konzepten (vgl. Tab. 2).

Tabelle 2: Vergleich deskriptiver und konstruktiver Konzepte (Lewin 1936: 9ff.)

Begriff	Deskriptives Konzept	Konstruktives Konzept
Typus	descriptive classification by abstraction	constructive system based on a group of interrelated concepts
General Characteristic of concept formation	hostile to theories	friendly to theories (empirical type)
Dynamics	---	Causes are directed factors. Only relations between several facts can be causes of events. Every event depends upon the *totality of the contemporary* situation

Bei der nun folgenden Kritik von Kommunikationsmodellen werden wir auf einschlägige Überlegungen von *Karl W. Deutsch* und *Kurt Lewin* zurückgreifen.

4.2.2 Modellkritik

Die vorzunehmende Kritik des o.a. funktionalpublizistischen Austauschmodells setzt an den oben genannten sieben Feststellungen an:

Die erste zu prüfende Annahme lautet: Inhalte werden wechselseitig ausgetauscht (Motto: „Alle Publizistik ist Zwiegespräch", vgl. Prakke 1968: 157). Bereits beim Stimulus-Response-Modell wurde dies durch einen Pfeil symbolisiert. An diesem Punkt zeigt sich eine erste, und, wie wir sehen werden, folgenreiche Unschärfe, denn dieser Pfeil symbolisiert gleich mehreres: a) eine Richtung, b) 'Transport' vom Kommunikator zum Rezipienten, c) einen bestimmten 'Inhalt', der vom Kommunikator zum Rezipienten transportiert wird und d) einen Prozess, also eine dynamische Größe. Diese Mehrdeutigkeit (Polysemie) ist verdächtig, denn sie verletzt die Regeln wissenschaftlicher Begriffsbildung (➔ Kap. 1.2), weil sie dazu verführt, bestimmte, damit implizierte Eigenschaften nach Belieben zu betonen und andere, damit ebenfalls implizierte Eigenschaften sozusagen zu unterschlagen (vgl. Lewin 1963: 95f.).

Zwei durch den Pfeil symbolisierte Eigenschaften bedürfen der weiteren Diskussion, nämlich 1) der 'Inhalt', der da 'transportiert' werden soll und 2) die Implikation eines 'Prozesses'. Zunächst:

Der alltagssprachliche Begriff **Inhalt** wird auch wissenschaftlich – etwa im Begriff der 'Inhaltsanalyse' – verwendet, um auf *Texte*, also Mengen von strukturierten *Zeichen*, zu verweisen (vgl. Merten 1995). Zeichen aber unterscheiden sich von 'Stimuli' grundlegend dadurch, dass sie in Bezug auf den Rezipienten *selektiv* operieren.

Dieser Sachverhalt gehört zu den theoretisch wie 'empirisch' harten Wissensbeständen, die sowohl von der Sprachwissenschaft, der Kommunikationswissenschaft, von der Neurophysiologie und von anderen Wissenschaften herausgearbeitet und immer wieder bestätigt wurden (vgl. statt anderer etwa Bruner/Goodman 1947; Hebb 1967; Sanders 1963; Luhmann 1975: 195ff.; Sperber/Wilson 1986). Schon 1946 unterstellt *Charles Morris*, Behaviorist und damit Anhänger des Reiz-Reaktionsmodells, die selektive Funktion aller Zeichen, indem er sagt, „sie *wählten* Reaktionen in der sie interpretierenden Person aus."[7]

Völlig unabhängig davon weiß man aus der Neurophysiologie, dass der Mensch pro Sekunde bis zu 10^9 Bit des laufend einkommenden Informationsangebotes rezipieren, dass er aber in der gleichen Zeit nur etwa 10^2 Bit von dieser Menge *bewusst* verarbeiten kann. Das heißt: Nur eins von 100 000 einkommenden Bits kann bewusst verarbeitet werden. Da man ausschließen kann, dass unsere Wahrnehmung von einer Art *Maxwell'schem Daimon* (vgl. Wiener 1968: 83f.) oder einem Zufallsgenerator gesteuert wird,[8] sondern im Gegenteil

---

7 Siehe Charles Morris (1946), hier zitiert nach Cherry (1967: 158).

8 Wäre dies der Fall, könnte es logischerweise keine sinnvolle Wahrnehmung geben, sondern immer nur zufällig aneinandergereihte Bits. Umgekehrt heißt das: Das kognitive System ist so leistungsfähig (hochselektiv), dass es in der Lage ist, aus der riesigen Menge des laufenden Informationsangebotes jeweils gerade die (verschwindend geringe) Menge an relevanter Information herauszufiltern.

sinnvoll zustande kommt, muss es mithin im kognitiven System des Menschen eine Selektionsinstanz geben, die nach *sinnvollen* Kriterien selegiert (vgl. Luhmann 1971: 25ff.) und die – wie im Einzelnen auch immer – im Bewusstsein verankert ist.

Abbildung 16: Selektivität der Wahrnehmung

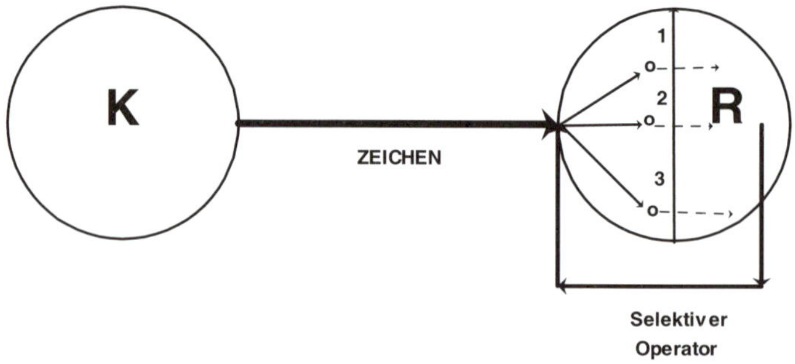

Sigle: 0 = Rezipient selegiert (rezipiert) das Zeichen; 1, 2, 3 = Rezipient selegiert nicht

Dies führt (vgl. Abb. 16) sofort auf eine weitere Besonderheit aller humanen Informationsverarbeitung, nämlich auf eine **reflexive** (zirkuläre) Struktur: Auswählen ist ein Typ von Entscheidungshandeln und als solcher ein Behandeln von Handlungen, besitzt also eine reflexive Struktur. Daraus folgt: selektives Verhalten setzt reflexive Struktur bindend voraus. Doch damit nicht genug: Der hier als selektiver Operator bezeichnete Selektionsmechanismus impliziert durch seine reflexive Struktur[9] zugleich einen ersten Hinweis auf die **Selbstorganisation** des Bewusstseins. Das Bewusstsein muss im Lauf der Ontogenese durch einkommende Informationsangebote einerseits erst aufgebaut werden und lernen, sinnvoll zu selegieren, filtert andererseits dann alle weiteren einkommenden Informationsangebote nach Kriterien der Nützlichkeit, des Interesses etc. Oder anders gesagt: Selektivität wird durch Selektivität erzeugt. Dieses kognitionstheoretische Paradoxon, auf das wir später systematisch zurückgreifen werden (vgl. ➔ Kap. 5.3), stellt uns vor ein unerwartetes Problem: Wir können Kommunikation offenbar nicht **kausal**, sondern nurmehr durch **reflexive Struktur** erklären (vgl. Merten 1977: 86ff.). Damit

[9] Dass Bewusstsein auf reflexiver Strukturbildung einfacher und höherer Art bestehen muss, hat Walter (1961: 143) bereits anhand des Verhaltens von Maschinen festgestellt: „[...] Hier zeigt sich wieder [...] daß jede psychologische oder ökologische Lage, in der ein [...] reflexiver Mechanismus auftritt, ein Verhalten ergibt, das Selbstbewußtsein oder Sozialbewußtsein zumindest anzudeuten scheint."

haben wir einen ersten definitiven Beleg dafür, dass im Prozess der Kommunikation keine 'Stimuli' (deren 'Bedeutung' ja festliegt und die kausal zurechenbar sind) vom Kommunikator zum Rezipienten gesendet oder identische Inhalte vom Kommunikator zum Rezipienten transportiert oder vom Rezipienten rezipiert werden können.

Mit dieser Feststellung ist aber auch die Annahme Nr. 5 (Kommunikator (K) und Rezipient (R) steht ein Zeichensystem zur Verfügung, das eine gemeinsame Schnittmenge hat; diese garantiert, dass die verwendeten Zeichen für beide Kommunikanten (Kommunikator, Rezipient) auch die gleiche 'Bedeutung' haben) in Frage gestellt. Schärfer formuliert: Die Annahme, dass Zeichen (im klassischen Kommunikationsmodell: 'Stimuli') eine 'Bedeutung' haben, die für Kommunikator und Rezipient identisch sein kann, stellt keine wissenschaftliche Annahme dar, sondern entspringt einem vorwissenschaftlichen Alltagswissen. Um zu verstehen, warum das so ist, müssen wir nochmals das semiotische Dreieck betrachten (vgl. Abb. 11):

Die Kritik am dreistufigen semiotischen Modell setzt auf der schon genannten semantischen Ebene an: Konnotationen sind kontextabhängig und damit bereits Teil der Situation, die der Rezipient erlebt, während denotative Bezüge fixiert und damit *kontextunabhängig* sind. Der Bereich der Konnotation ist also situations- und damit personenabhängig und müsste somit, streng genommen, der Pragmatik zugerechnet werden. Das semiotische Modell mit seiner klassifikatorischen Differenzierung fügt also auf der semantischen Ebene etwas zusammen, was nicht zusammengehört, nämlich die denotative und die konnotative Semantik. Das demgemäß korrigierte Modell müsste also zumindest wie folgt differenzieren (Abb. 17):

Abbildung 17: Erweitertes **semiotisches** Drei-Ebenenmodell

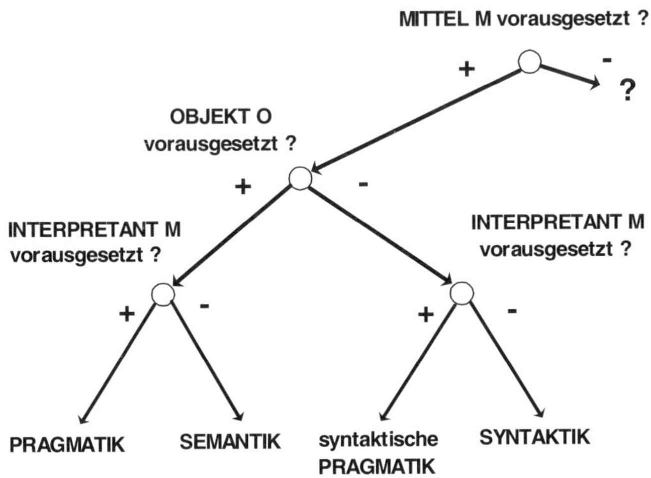

Es unterstellt zunächst, dass alle Zeichen zumindest eine syntaktische Struktur haben: Zeichen ohne eine zumindest syntaktische Struktur sind keine Zeichen. Abbildung 17 zeigt, dass es dann statt drei semiotischer Ebenen, wie noch in Abbildung 11, insgesamt vier semiotische Ebenen geben muss. Die konnotative Semantik fällt in Abbildung 17 unter die Pragmatik, und dies aus gutem Grunde: Wenn situationsabhängig (konnotativ) assoziiert wird, dann setzt dies den Interpretanten und damit notwendig die Pragmatik bereits voraus. Andererseits tritt hier die logische Möglichkeit auf, *ohne* semantische Referenz pragmatisch zu wirken, auf, die hier als syntaktische Pragmatik bezeichnet wird. Diese logische Möglichkeit macht empirisch Sinn, wenn man nach der Wirkung syntaktischer Strukturen fragt: Satzlänge, Wortlänge etc. sind z.B. Eigenschaften von Texten, die auf die Verständlichkeit eines Textes Einfluss und damit Wirkung auf den Rezipienten haben.

Nach diesen Vorklärungen wenden wir uns wieder der 'Bedeutung' eines Begriffes zu. Es ist einsichtig, dass man die 'Bedeutung' eines Begriffes denotativ festschreiben kann - z.B. als Lexikoneintrag. Das Wort 'Saxophon' bedeutet laut Fremdwörterduden etwas ganz Bestimmtes, Festliegendes.[10] Die 'Bedeutung' von 'Saxophon' ist damit eindeutig festgelegt. Das Wort 'Bank' hingegen ist polysem, es hat *mehrere* festliegende 'Bedeutungen': a) eine Sitzgelegenheit, b) ein Geldinstitut, c) eine einheitliche, parallel verlaufende Gesteinsschicht und d) eine Kühltruhe für die Aufbewahrung von Blut. Im Kommunikationsprozess unterliegen alle benutzten Zeichen durch den Kontext einer mehr oder minder starken Sinnverschiebung und nur im Prozess der technischen Nachrichtenübertragung (vgl. Shannon/Weaver 1949) bleibt die syntaktische Struktur identisch, ein Fakt, dessen andauernde Missachtung durch die Kommunikationsforschung sich geradezu verhängnisvoll ausgewirkt hat (➔ Kap. 4.3).

Denn im Kommunikationsprozess können alle feststehenden 'Bedeutungen' grundsätzlich aufgehoben werden, weil der Rezipient allemal frei und, wie wir gesehen haben, sogar gezwungen ist, Informationsangebote hochselektiv zu behandeln. Er interpretiert daher nicht nur fortlaufend die Informationsangebote nach Kriterien der Relevanz etc., sondern er kann auch auf die Referenz eines Zeichens (eben die 'Bedeutung') selektiv zugreifen.

Daraus folgt unmittelbar, dass die 'Bedeutung' eines Inhalts, die der Kommunikator dem Inhalt zumisst, nur im Ausnahmefall identisch sein wird mit der

---

[10] „Saxophon [...] mit Klarinettenschnabel anzublasendes Instrument aus Messing in 4 bis 6 Tonhöhen mit nach oben gerichtetem Schalltrichter“ (Duden 1990: 701).

'Bedeutung', die der Rezipient aufgrund der selektiven Operationen, mit der er auf die Aussage zugreift, der Aussage zuerkennt.

Mit diesen Vorkenntnissen lässt sich eine präzise Unterscheidung von **Zeichen** resp. **Symbol**[11] und **Signal** vornehmen. Wir unterstellen zunächst, dass die Bedeutung[12] nicht am Zeichen selbst festgemacht werden kann, sondern sich aus dem selektiven Zugriff auf das Zeichen, aus dessen Interpretation, ergibt. Demgemäß ist es schlicht unmöglich, „Bedeutungen miteinander zu teilen" (vgl. so Burkart 1995: 38) oder „Kongruenz der Zeichenvorräte" als Basis für Kommunikation zu behaupten (vgl. so Prakke 1968: 87), sondern man kann allenfalls unterstellen, dass die von Rezipienten vorgenommenen Selektionen mehr oder minder (sozial) angemessen (viabel) sind. Ein Symbol bzw. ein Zeichen ist dann alles, was Freiheitsgrade der Interpretation zulässt. Ein Signal hingegen ist eindeutig, d.h. es erlaubt keine Interpretation.

Beispiel 22: Die rote Straßenverkehrsampel

Eine rote Ampel ist ein Signal, dessen Interpretation ('Halt!') *ein*deutig festgelegt ist und keinerlei Spielraum erlaubt, weil hierfür eine verbindliche Norm (die Straßenverkehrsordnung) besteht. Wenn jemand bei 'Rot' dennoch über die Ampel fährt, so gibt es zwei Möglichkeiten: a) Er hat sich – aus welchen Gründen auch immer – in der Farbe 'Rot' geirrt oder b) er hat das Signal 'rote Ampel' bewusst ignoriert.

Die Unterscheidung zwischen Signal und Symbol führt auf ein interessantes Paradoxon: Könnte man nicht mit Signalen viel präziser kommunizieren als mit Symbolen, weil diese gerade wegen der fehlenden (selektiven) Interpretationsmöglichkeit doch eine eindeutige und daher präzise 'Bedeutung' besitzen, die Missverständnisse unmöglich machen würde? Die Antwort auf diese Frage ist einfach: Das Aufgeben des selektiven Zugriffs würde die mit Symbolen geführte Kommunikation ersetzen durch Signale oder 'Stimuli' und käme damit einem Rückschritt auf die animalische Ebene von Kommunikation (wo ja in der Tat jeder Reiz eine eindeutige Reaktion auslöst) gleich. Und wenn nur Signale zur Verfügung stehen würden, dann wäre zu fürchten, dass derjenige, der *zuerst* 'kommuniziert', dies missbrauchen könnte, indem er genau die Signale sendet, die sein Gegenüber in eine prekäre Position bringen würden ('Spring aus dem Fenster!').

---

11 Die Begriffe Zeichen und Symbol werden hier ausdrücklich als identisch behandelt.

12 Im Sinne des Stimulus-Response-Modells muss ein 'Stimulus' eine Bedeutung haben, die für alle Rezipienten gleich ist, denn gleiche 'Stimuli' sollen ja gleiche Wirkungen besitzen. Diese Vorstellung ist jedoch unhaltbar. Eco (1972: 70) rät aus gleichem Grunde dazu „die schädliche Auffassung von ‚Bedeutung' [...] aus jeder semiotischen Untersuchung kurz und bündig zu eliminieren."

Die Kommunikation mit Symbolen dagegen verhindert zwar die Eindeutigkeit, das präzise Verstehen, aber nur um diesen Preis ist Kommunikation überhaupt möglich. Die notwendige Präzision lässt sich auf ganz andere Weise beliebig steigern, nämlich durch weitere, selektivitätsverstärkende Kommunikation, üblicherweise in Form der Frage-Antwort-Kommunikation.

Das Prinzip des selektiven Zugriffs im Kommunikationsprozess reicht jedoch viel weiter und umfasst mehrere Stufen (Abb. 18):

1) Die vom Kommunikator formulierte Aussage erreicht den Rezipienten als Informationsangebot aufgrund der organisatorischen Bedingungen (Verfügbarkeit von Medien, Erreichbarkeit des Kommunikators etc.) – oder sie erreicht ihn nicht.

2) Die verbale Formulierung der Informationsangebote erlaubt eine Selektion nach Themen.

3) In der Aussage enthaltene *Bewertungen* signalisieren Intentionen des Kommunikators und können als taktische Instanzen zur Selektion eingesetzt werden.

4) Die Rezeptionssituation, vor allem die Gegenwart anderer Personen leistet eine zusätzliche **kontextuelle Selektion**.

5) *Aufmerksamkeit* selegiert das Informationsangebot nach Kriterien der Überraschung und der Relevanz. Aufmerksamkeit ist ganz offensichtlich ein basaler Prozess, dessen Funktion geradezu in seiner Selektivität zu liegen scheint. Dies gilt sowohl für die rein informationstheoretische Perspektive als auch für die sozial gesteuerte Aufmerksamkeit resp. die darauf aufbauende **Wahrnehmung**, die ihrerseits hochgradig von Interessenstrukturen durchsetzt ist.

6) Einstellungen selegieren das Informationsangebot nach subjektiven Präferenzen.

7) Die Auswahl des Informationsangebots, die durch die bislang operierenden Instanzen erfolgt, wird nun in Bezug gesetzt zu intern vorhandenen Erfahrungen, Wissensbeständen etc., die ebenfalls nur selektiv zum Zuge kommen. Auch hier ist anzunehmen, dass Instanzen wie Einstellungen, Normen und Werte die interne Auswahl von Erfahrung mit dem jeweilig vorliegenden externen Informationsangebot derart abgleichen, dass internes und externes Informationsangebot zueinander passen und Sinn stiften.

Abbildung 18: Selektivität im Kommunikationsprozess

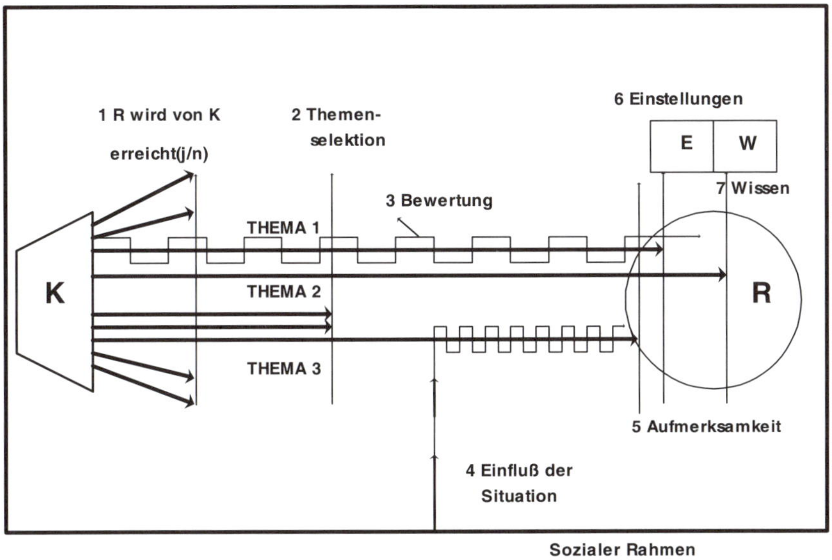

Nun kann man einwenden, dass das obige funktionalpublizistische Modell ja nicht mehr von 'Stimuli', sondern von Aussagen spricht. Dieser Einwand ist jedoch vordergründig, denn wenn eben in Annahme Nr. 5 von einem gemeinsam geteilten Zeichenvorrat die Rede ist, dann ist nach wie vor die (statische) Bedeutungsgleichheit impliziert. Dazu aufschlussreich die Autoren dieses Modells:

> „Kommunikation ist Zeichenaustausch [...] Um die Verständigungsbasis zu verbreitern, ist es nötig, den von beiden Partnern im Kommunikationsprozeß eingesetzten Zeichenvorrat möglichst zur Deckungsgleichheit zu bringen. Kommunikationsprozesse implizieren die Kongruenz der Zeichenvorräte als Ideal" (Prakke 1968: 87).

Die Fähigkeit zu selektivem Verhalten, die gegen dieses statische Verständnis von Bedeutung spricht, kann auch als Argument gegen Annahme Nr. 2 verwendet werden:

2) Inhalte werden wechselseitig ausgetauscht (Motto: „Alle Publizistik ist Zwiegespräch", vgl. Prakke 1968: 157).

Diese Annahme erscheint auf den ersten Blick ungemein plausibel: Im Kommunikationsprozess 'tauscht man sich aus' – eine Vorstellung, die uns von unserem Alltagswissen her sehr entgegenkommt. Gleichwohl stellt diese Annahme eine der gefährlichsten Annahmen für den Prozess der Kommunikation überhaupt dar, weil deren Plausibilität zugleich einen Indikator für deren Richtigkeit abzugeben scheint. Dennoch ist sie definitiv falsch und dies gleich aus zwei Gründen:

a) Weil **Selektivität** subjektabhängig und mithin von Subjekt zu Subjekt verschieden aufgebracht wird, ist ausgeschlossen, dass Inhalte (Aussagen) *identisch* ins Bewusstsein verschiedener Personen eingeführt werden können, wie dies die Metapher vom Containermodell suggeriert.

b) **Austausch** setzt ja die Hergabe von etwas voraus im Tausch gegen etwas anderes. Im Prozess der Kommunikation werden jedoch Inhalte (Wissensbestände) nicht vom Kommunikator weggegeben, sondern sie werden sozusagen nur kopiert, so dass Kommunikator *und* Rezipient – wenn auch nach unterschiedlichen Kriterien der Selektivität – darüber verfügen können.[13]

Der Verweis auf die prominente Theorie von *George C. Homans*, der soziales Verhalten generell als Austausch deutet (Homans 1967), ist hier zulässig. Wenn Homans (1967: 173) sagt „[...] die Interaktion zwischen Personen kann als Austausch von materiellen und nichtmateriellen Gütern betrachtet werden [...]", dann werden dort nicht Handlungen getauscht, sondern es wird – unter abstrakterer Prämisse – der *Wert* solcher Handlungen gegeneinander verrechnet. Soziale Interaktion funktioniert – so Homans – vereinfacht gesagt als Austausch immer dann, wenn der Saldo der Werte der wechselseitig beigesteuerten Handlungen (wozu auch Kommunikationsakte zählen können) beider Interaktionspartner ausgeglichen ist. Dagegen ist das Verständnis von Kommunikation als Austausch im Sinne des funktionalpublizistischen Modells materialistisch, d.h. es wird, wie oben ausgeführt, de facto von der Annahme ausgegangen, dass im Kommunikationsprozess Wissensbestände, die als Information aktualisiert werden, getauscht werden können.

Der zweite, wesentliche Kritikpunkt sowohl am Stimulus-Response-Modell als auch am funktionalpublizistischen Modell betrifft die Tatsache, dass Kommunikation ein *Prozess* ist. Hier sind die Annahmen Nr. 3, 6 und 7 angesprochen:

3) Reiz und Reaktion sind tendenziell symmetrisch strukturiert, so dass Feedbackprozesse erfasst werden können (das Modell ist 'geschlossen').

---

[13] Diese Tatsache zeigt sich auch an ganz anderer Stelle, nämlich unter kriminalistischer Perspektive, was *Erving Goffman* wie folgt formuliert: „Von allen Dingen dieser Welt ist Information am schwersten zu schützen, denn sie kann gestohlen werden, ohne sie zu entfernen" (Goffman zitiert nach Meyrowitz 1990: 5).

6) Aussagen können auch massenmedial durch einen Kanal vermittelt und funktional unterschieden werden als Information (I), Kommentation (K) und Delektation (Unterhaltung U).

7) „Über den Kanal läuft die Kommunikation ab" (Prakke 1968: 101) und erzeugt Wirkungen (vgl. Prakke 1968: 144ff.).

Dieser Prozess wird – sowohl im Stimulus-Response-Modell als auch im funktionalpublizistischen Modell – jedoch quasi unterschlagen dadurch, dass ein dynamischer Vorgang auf drei (Kommunikator, 'Stimulus', Rezipient) oder mehr statische Größen reduziert wird. Auch die Tatsache, dass in beiden Modellen der Verbindungspfeil zwischen Kommunikator und Rezipient möglicherweise für Dynamik stehen könnte, ist irreführend – schon deshalb, weil, wie bereits angemerkt, dieser Pfeil polysem definiert ist.

Der entscheidende Einwand ergibt sich jedoch durch den untauglichen Versuch, Dynamik durch statische Größen affin abbilden zu können. Dazu nochmals Lewin (1963: 9ff.):

> „Viele Definitionen (von Prozessen) benutzen als konstituierenden Faktor die Ähnlichkeit anstatt ihre dynamische Interdependenz. Sie reißen so Zusammengehöriges auseinander und fügen Nichtzusammengehöriges zusammen."

Folge dieser Reduktion von Dynamik auf Statik ist, dass der Prozess der Kommunikation insgesamt durch positionale Vorstellungen 'erstarrt' und substituiert wird, die exemplarisch in der sogenannten *Lasswellformel* („WHO says WHAT in WHICH channel to WHOM with WHAT effect?") zum Ausdruck kommen (vgl. Abb. 19):

Abbildung 19: Positionen der Lasswellformel (Lasswell 1948)

Kommunikator	**Aussage**	**Medium**	**Rezipient**	**Wirkung**
WHO says	*WHAT*	in *WHICH* channel	to *WHOM*	with *WHAT* effect?

Die *Lasswellformel* stellt – wie ausgeführt – nun gerade den Prototyp des klassifikatorischen Kommunikationsmodells dar: Es ist zwar richtig, dass jede dieser fünf Positionen einen eigenen Forschungsbereich markiert (vgl. Dröge/Lerg 1965: 257f.), aber sie reduziert den Prozess der Kommunikation auf fünf absolute Positionen und damit Dynamik auf Statik (vgl. Merten 1974). Die Folge ist, dass die Interdependenz des Kommunikationsprozesses, vor allem die Wirkung, vollkommen außer Sicht gerät. Das äußert sich an verschiedenen Stellen: Etwa daran, dass zwar Symmetrie zwischen Kommunikator und Rezipient und damit implizit ein Feedback behauptet wird (Annahme Nr. 3 des funktionalpublizistischen Modells), aber völlig offen gelassen wird, wie nun genau sich diese strukturelle Eigenschaft auf Kommunikation auswirkt. Präziser: Der Prozess der Kommunikation, der sich als sinnvolle Abfolge gestufter **Selektivität** begreifen lässt und, wie wir ansatzweise gesehen haben, eine höchst komplexe Struktur besitzt, wird durch dieses Modell eben gerade *nicht* abgebildet. Damit bleibt das Wesen von Kommunikation sozusagen im Dunkeln.[14]

An dieser Stelle muss das von *Karl W. Deutsch* aufgestellte, oben erwähnte Kriterium der Einfachheit (*Simplicity*) von Modellen bemüht werden: Die Reduktion von Dynamik auf Statik, von Relation auf Position, ist eine Vereinfachung, die damit bezahlt wird, dass der Prozess von Kommunikation, insbesondere die Selektivität aller Kommunikation, die ja geradezu ein Kriterium für Kommunikation abgibt, im Modell nicht abgebildet werden kann und somit verloren geht. Genauer: Die Modellierung durch Pfeile in beiden Richtungen suggeriert ein 'Feedback', eine Geschlossenheit des Prozesses, aber sie erklärt diese nicht. Der Rezipient erhält sozusagen nur ein vom Kommunikator abgesendetes Paket – den 'Inhalt' – vor die Tür gelegt. Was er damit macht, ob und wie er es öffnet und warum und wie er darauf reagiert, bleibt völlig offen.

Mit anderen Worten: Durch klassifikatorische Vorgehensweise gewinnt man nur ein oberflächliches (epiphänomenales) Verständnis von sozialen oder prozessualen Sachverhalten, das allenfalls zur Beschreibung, aber nicht zur Theoriebildung taugt. Was hier für die *Lasswellformel* gesagt wurde, gilt genau so für das klassische Stimulus-Response-Modell und für das funktionalpublizistische Modell.

Nochmals ist Annahme Nr. 1 in Bezug auf die Tatsache zu kritisieren, dass das funktionalpublizistische Modell den Anspruch erhebt, sowohl für informelle Kommunikation als auch für Massenkommunikation zu gelten (vgl. Prakke 1968: 100). In der informellen Kommunikation (interpersonale Kommunikation, Face-to-face-Kommunikation) sind Rezipient und Kommunikator theoretisch gleichberechtigt, sie sind simultan sowohl Kommunikator als auch Rezipient. Dies gilt jedoch nicht für die sogenannte 'Massenkommunikation'. Mit anderen Worten: dieses Modell überträgt unzulässig die Bedingungen informeller Kommunikation auf die asymmetrische Massenkommunikation, wo Kommunikator und Rezipient *mitnichten* gleichberechtigt sind. Auch die in diesem Zusammenhang formulierte **Intentionalität** von Kommunikation (vgl. Prakke 1968: 64f.) ist weder notwendig noch wesentlich für das Verständnis von Kommunikation: Kommunikation ist – insbesondere etwa im nonverbalen Bereich –

---

[14] Wie stark hier Modell-Ideologie resp. vorwissenschaftlicher Aberglaube an die Leistung vorwissenschaftlicher Kommunikationsmodelle im Spiel sein kann, erkennt man z.B., wenn dieses banale Wortmodell als „zweifellos methodisch der leistungsfähigste Ansatz einer empirischen Publizistikwissenschaft" (Dröge 1967: 190f.) etikettiert wird. Zur Kritik der *Lasswellformel* siehe Merten (1974).

nicht auf Intentionalität zu verpflichten, sie stellt sich auch absichtslos oder gar *gegen* die Intention eines Kommunikators ein: Wenn man jemanden trifft, den man an sich nicht treffen möchte und man tapfer aneinander vorbei schaut, dann ist auch dies Kommunikation. Genau deshalb sagen ja Watzlawick et al. (1971: 53) „Man kann nicht *nicht* kommunizieren". Allerdings gilt dies nicht für die Massenkommunikation: Wenn ein Sender sendet, ein Verlag druckt, dann geschieht dies sicher mit Absichten – etwa mit der, Geld zu verdienen.

Annahme Nr. 6, wonach Information, Kommentation und Unterhaltung als sich wechselseitig ausschließende Kategorien im Kommunikationsprozess zu betrachten sind, ist ebenfalls fragwürdig. Zum einen, weil alles, was der Rezipient aufnimmt, zunächst kategorisch als Informationsangebot zu verstehen ist. Auch Unterhaltung kann informieren, auch Information kann unterhalten, wie z.B. der derzeitige Trend zum 'Infotainment' in den Funkmedien deutlich zeigt.

Zum anderen wird die Funktion eines Inhalts (Aussage) nicht vom Kommunikator, sondern ausschließlich vom Rezipient definiert, indem dieser das Informationsangebot nach subjektiven Kriterien des Interesses, der Relevanz oder der affektiven Befindlichkeit interpretiert: Wie versteht er die Aussage, was 'sagt' sie ihm?

Schließlich kann eine Aussage sehr viel mehr (latente oder manifeste) Funktionen haben als die drei genannten. Darüber hinaus bleibt der spezifische Zusammenhang zwischen Information und Kommentar unerwähnt: Ein **Kommentar** fordert bindend eine Information, auf die er sich bezieht, er stellt damit logisch einen Typus von Information *über* Information, also eine **Metainformation** dar.

Soweit die Kritik am Stimulus-Response-Modell und seiner Erweiterung durch das funktionalpublizistische Modell. Andere Modelle von Kommunikation haben prinzipiell ähnliche Schwierigkeiten, den Schritt von der vorwissenschaftlichen Metapher zu einem theoretischen Modell zu vollziehen. Einige dieser Modelle sollen im nächsten Kapitel vorgestellt werden.

4.3 Weitere Kommunikationsmodelle

Die Unzufriedenheit mit und die Kritik am Stimulus-Response-Modell hat offenbar dazu geführt, dass in der Kommunikationswissenschaft eine Fülle von Modellen entwickelt worden ist, die teils als Wortmodelle, teils als Bildmodelle konzipiert worden sind (vgl. etwa Prakke 1968; Baacke 1973: 89 ff; Merten 1974; Merten 1977: 14-89; Burkart 1983: 242ff.; Schreiber 1990: 51ff.; Burkart/Hömberg 1992: 11ff.; Krippendorff 1994).

Bei den gängigen Wortmodellen – für die die *Lasswellformel* den Prototyp abgibt – ist die Kritik besonders einfach anzubringen, weil diese, meist in der Abfolge von Fragepronomina – jeweils nur Positionen oder Randbedingungen formulieren, die letztlich der klassischen Rhetorik entstammen und klassifikatorisch angelegt sind: Der Kommunikationsprozess wird in Positionen ('Elemente', Rubriken) zerschnitten (vgl. Tab. 3), mit dem Effekt, dass der dynamische Prozess der Kommunikation ersetzt wird durch wechselseitig exklusive statische Positionen.

Zudem lassen die frühen Modelle der Rhetorik den Rezipienten nicht zufällig unberücksichtigt. Dies hat, historisch gesehen, seinen Grund darin, dass gemäß der auf *Aristoteles* zurückgehenden klassischen Rhetorik (vgl. Aristoteles 1959) der Rezipient nur als passiver Empfänger gedacht wurde, da ja die Rede, sofern sie nur gemäß der rhetorischen Lehre sorgfältig genug verfasst und vorgetragen wurde, bindend Wirkungen beim Rezipienten erzielen musste – die Allgegenwart des Stimulus-Response-Modells ist auch hier unverkennbar.

Tabelle 3: Synopsis analytischer Wortmodelle

Element der Analyse	**Aristoteles** (384-322 v. Chr.)	**Quintilian** (35-86 n. Chr.)	**Victorinus** (400 n. Chr.)	**Waples** (1942)	**Lasswell** (1948)	**Forschungsgebiet**
Kommunikator	Redner	Persona	Quis	Who	Who	Kommunikatoranalyse
Situation	-	Locus, Tempus	Ubi, Quando	Under What conditions	-	Situationsanalyse
Motivation	-	Occasio	Cur	-	-	Motivationsanalyse
Aussage	Rede	Factum	Quid	communicates What	says What	Inhaltsanalyse
Medium	-	-	Quem ad modum	-	in Which channel	Medienanalyse
Wirkung	-	-	-	with What effect	with What effect	Wirkungsanalyse
Rezipient	Zuhörer	-	-	to Whom	to Whom	Rezipienten/ Publikumsanalyse

Noch sehr viel größer ist die Zahl der Bildmodelle, die wegen ihrer Anschaulichkeit ja geradezu einladen zur Modellierung von Kommunikation. Für die informelle Kommunikation (face-to-face) sind vor allem das Ko-Orientierungsmodell von Newcomb (1953), das aus der sozialpsychologische-n Konsistenztheorie abgeleitet wurde, und das von Westley/Mc Lean (1954) entworfene interaktionistische Prozessmodell bekannt geworden. Ein weiteres, dem symbolischen Interaktionismus verpflichtetes Modell hat Hulett (1966: 14) vorgestellt.

Noch umfangreicher sind die Modellentwicklungen für die sogenannte 'Massenkommunikation'. Hier ist zunächst ein Modell aus der Nachrichtentechnik vorzustellen, dessen Einfluss auf die Kommunikationsforschung ebenso gross wie verheerend ausgefallen ist: Das von Shannon/Weaver entwickelte nachrichtentechnische Modell der Kommunikation (Abb. 20):

Abbildung 20: Das Modell der mathematischen Kommunikationstheorie nach Shannon/Weaver (1949: 5)

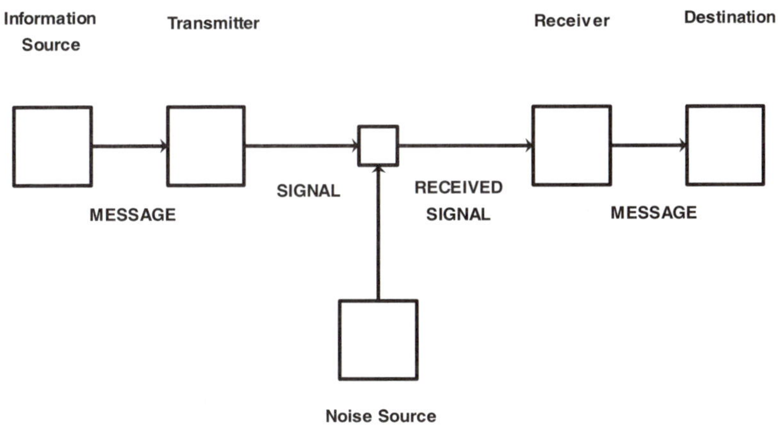

Es beschreibt als perfekt formalisiertes Modell in mathematischen Termini die Probleme, die die korrekte *syntaktische* Übertragung von elektronisch verschlüsselten Aussagen ('Messages') erzeugt: Wieviel Bits können pro Zeiteinheit durch elektrische Impulse vor einer Quelle (*Source*) zu einem Ziel (*Destination*) übertragen werden? Diese mathematische Formulierung eines technischen Prozesses war eine naturwissenschaftliche Sensation. Unglücklicherweise übertrug Wilbur Schramm (1954: 4ff.) dieses Modell leichtfertig – als Sender-Empfänger-Modell – auf die Kommunikationswissenschaft und legte damit den Grundstein für ein Jahrzehnte andauerndes und gleich doppeltes Missverständnis von Kommunikation:

Einmal, weil 'Bedeutungen', die der Kommunikator einer Information zuschreibt, nicht übertragen werden können und mithin niemals identisch zu denen des Rezipienten sein können. Dieser Fehlgriff ist umso erstaunlicher, als Shannon/Weaver ausdrücklich feststellten, dass „semantic aspects of communication are irrelevant to the engineering problem" (Shannon/Weaver 1949: 31). Zum anderen, weil hier auch die Idee des Containers übernommen wurde und damit suggeriert wird, dass man etwas Identisches vom Kommunikator zum Rezipienten transferieren könne.

Ein weiteres bekanntes soziologisches Modell der Massenkommunikation wurde von Riley/Riley (1959) vorgestellt, das vor allem den Bezug zur interpersonalen Kommunikation und zur sozialen Einbettung aller Kommunikation betont. Gleichwohl macht auch dieses Modell keinerlei Aussagen über den wichtigsten Aspekt, nämlich darüber, was sich genau zwischen den Kommunikanten im Prozess der Kommunikation ereignet.

Diese und weitere Modelle haben in das von Maletzke (1963) entwickelte „Feldschema der Massenkommunikation" Eingang gefunden (Abb. 21):

Abbildung 21: Das Feldschema der Massenkommunikation nach Maletzke (1963: 41)

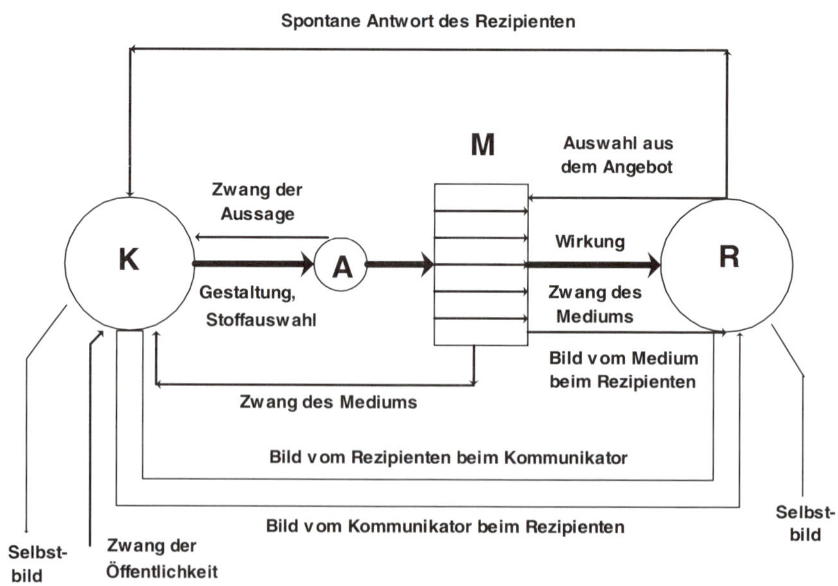

Dieses Schema beschreibt vier Positionen: Kommunikator, Aussage, Medium und Rezipient sowie – und hier liegt zweifellos der große Fortschritt – die Beziehungen zwischen diesen Positionen: Wesentlich für das Verständnis von Kommunikation – so Maletzke – sind die wechselseitigen Rückwirkungen im gesamten Prozess, die nicht nur als kommunikatives Feedback wirksam sind, sondern auch als Zwänge, die Aussage und Medium auf Kommunikator und Rezipient ausüben und deren Rollenerwartungen resp. das daraus ableitbare Kommunikationsverhalten mitsteuern. Zumindest kategorial ist auch der Einfluss von Öffentlichkeit (➔ Kap. 10.4) auf den Kommunikationsprozess im Modell berücksichtigt. Gleichwohl verstellt die Logik der Klassifikation, die auch diesem Schema zugrundeliegt, eine prozessbezogene Heuristik. Dazu Maletzke (1963: 35) selbst:

> „So wertvoll derartige Ausgliederungen von Teilaspekten des *Kommunikationsprozesses* (Hervorhebung K.M.!) sind [...], ist doch daran festzuhalten, daß das Feld der Massenkommunikation in seiner Grundstruktur aus *vier* Faktoren (gemeint sind: Kommunikator, Aussage, Medium und Rezipient, K.M.!) besteht, so daß alle weiteren Ausgliederungen nur durch Subordination, nicht durch Koordination von Teilkomplexen geschehen dürfen. Wir ersparen uns hier im einzelnen den Nachweis, daß [...] alle über die vier Grundfaktoren hinausgehenden Aspekte sich ohne jede Schwierigkeit einem dieser vier Faktoren als subordinierte Teilprobleme zuordnen lassen."

Der wichtigste Aspekt, nämlich die Klärung, was sich genau zwischen Kommunikator und Rezipient im Kommunikationsprozess ereignet, bleibt auch hier ausgeblendet. Auch die stillschweigende Gleichsetzung von Kommunikation und Massenkommunikation, die uns bislang bei so gut wie allen Modellen der 'Massenkommunikation' begegnet ist, wird nicht thematisiert oder begründet. Damit bleiben wesentliche Fragen zur Beantwortung der Frage 'Was ist Kommunikation?' auch durch dieses Modell nach wie vor ungeklärt. Dies gilt allerdings ebenso für spätere Modellierungen von Kommunikation (vgl. etwa Reimann 1968: 88ff. sowie Baacke 1973: 190ff.)

Spätestens jetzt müssen wir uns fragen, ob der Zugriff auf das Verständnis von Kommunikationsprozessen nicht an ganz anderer Stelle, nämlich bei der Definition des Kommunikationsbegriffs, möglich ist. Diese Frage soll das folgende Kapitel beantworten.

4.4 Zur Definition des Kommunikationsbegriffs

Das Wort Kommunikation stellt die latinisierte Form der griechischen Wörter 'ανακοινωσησ' bzw. 'κοινωνια' dar, die soviel wie Verkehr, Verbindung oder Mitteilung heißen (vgl. Merten 1977: 14).

Der Begriff war durch die Jahrhunderte lange Zeit eher ungebräuchlich und noch 1905 wird er nur als „(lat.) Mitteilung; auch soviel wie Verbindung, Verkehr" (Meyers großes Konversationslexikon [6]1906: 331), nicht aber im Zusammenhang von Interaktion oder Medien aufgeführt. Vermutlich wird der Begriff der Kommunikation erst nach dem Zweiten Weltkrieg hoffähig[15] – letztlich wohl als Folge der Tatsache, dass gerade im Zweiten Weltkrieg kommunikative Forschung aller Art – sei es auf dem Gebiet der Propaganda, der Massenmedien oder der Kybernetik – aus bekannten Interessen heraus stark gefördert worden sind.

Zählt man die im Jahr 1977 als erschöpfend anzusehende Menge von 160 Definitionen oder definitoiden Aussagen über Kommunikation (vgl. Merten 1977) nach dem Jahr ihrer Entstehung aus, so erhält man als Mittelwert das Jahr 1959. Dieser Wert verweist damit zunächst auf die Tatsache, dass die wissenschaftliche Beschäftigung mit Kommunikation – weltweit – erst nach dem Zweiten Weltkrieg umfassend eingesetzt hat. Die früheste Definition aus dem Jahre 1909 muss, statistisch gesehen, als Ausreißer betrachtet werden und stammt von einem der Väter des symbolischen Interaktionismus, nämlich von *Charles H. Cooley* (s.u.).

Die im Folgenden vorgestellten 21 Definitionen sind nicht wegen ihrer wissenschaftlichen Fruchtbarkeit ausgewählt worden, sondern nur, um die Bandbreite des Kommunikationsbegriffs zu demonstrieren:

> „Communication is a transmission of information. Every instance of human communication includes both aspects which have been separated in various ways as denotation and connotation, discursive and representational language, or descriptive and emotive meaning" (Back 1962: 83).

> „(Communication is) [...] The transmission of information, ideas, emotions, skills etc. by the use of symbols [...] It is the act or process of transmission that is usually called communication" (Berelson/Steiner 1964: 527).

> „Kommunikation ist eine spezifische [...] Form sozialer Interaktion" (Bernsdorf 1969: 577.).

> „By communication is here meant the mechanism through which *human relations* exist and develop – all the *symbols* of the mind, together with the *means of conveying* them through *space* and preserving them in *time*" (Cooley 1909: 61).

---

[15] Dafür gibt es amüsante Hinweise: Als der amerikanische Linguist *Kenneth Burke* 1935 ein Buch unter dem Titel *Treatise on Communication* veröffentlichen will, rät ihm sein Verleger davon ab, weil man – so der Verleger – darunter eine Anleitung zum Telefonieren vermuten würde. *Burke* versteht diesen Wink und wählt den Titel *Permanence and Chance* (vgl. Newman 1960: 123).

„Communication is the basic process of stimulation and response" (Bogardus 1942: 192).

„Communication means conveying thoughts and feelings to others, and receiving them from others" (Dean/Bryson 1961: 5).

„[...] Kommunikation wird [...] als Prozeß der Verbreitung und des Empfanges sinnvoller Mitteilungen, Anforderungen und Kulturgehalte zwischen Einzelmenschen und Gruppen im Vollzuge ihrer Beziehungen bestimmt werden können" (Feldmann 1962: 160).

„Kommunikation bezeichnet das Miteinander von Mensch zu Mensch" (Jaspers 1948: 338).

„Communication is [...] the transfer of information" (Johnson 1961: 13).

„An *act of communication* between *two persons* is complete when they *understand* the same *sign* in the same way [...]" (Lasswell 1946: 83).

„Kommunikation ist Macht" (Langenbucher 1974: 7).

„Unter Kommunikation im weitesten Sinne ist die fundamentale Tatsache zu verstehen, daß *Lebewesen* mit der Welt in *Verbindung* stehen" (Maletzke 1963: 16).

„Communication [...] is, if not identical with, at least indispensible to, the cultural process" (Park 1939: 191).

„Kommunikation [...] (fasst) alle Äußerungen zusammen, die dem Zweck einer gegenseitigen Verständigung dienen" (Revesz 1946: 27).

„Communication is an *organizing* principle of nature" (Ruesch 1953: 238).

„Kommunikation [...] ist eine Bedingung des menschlichen Lebens" (Schnabl 1972: 13).

„Communication is a circular and not a linear process" (Sondel 1958: 220).

Kommunikation wird verstanden „als Prozeß des Austauschs von Nachrichten, Fakten, Meinungen, Botschaften zwischen Einzelpersonen und Völkern" (U-NESCO 1981: 352).

„Communication (is) [...] what [...] people do by means of signals given and received" (Vickers 1954: 71).

Kommunikation ist „[...] das Medium [interpersonaler] Beziehungen" (Watzlawick et al. 1971: 239).

„Kommunikation ist die Übertragung von Zuständen des internen Außenweltmodells zwischen kommunikationsfähigen Systemen" (Wersig 1971: 100).

Die wissenschaftliche Würdigung von Definitionen zur Kommunikation fällt (was bereits diese Auswahl zeigt), gemessen an den Regeln zur Definition von Begriffen (➔ Kap. 1.2), stark ernüchternd aus: Die Analyse der vorgenannten

160 Definitionen bzw. definitoiden Sätze[16] (vgl. Merten 1977: 68ff.) führt auf neun Typen von Explikaten, die sich nach der Häufigkeit ihres Vorkommens wie folgt ordnen lassen: Kommunikation wird definiert durch: 1) Transmission (26,9%), 2) Reiz-Reaktion (12,5%), 3) Austausch (11,3%), 4) Interaktion (8,8%), 5) Interpretation (7,5%), 6) Verhalten (6,3%), 7) Teilhabe (5,6%), 8) Beziehung (5,0%) und 9) Verständigung (3,1%).[17]

Damit stellt sich, verkürzt gesagt, folgendes Bild dar: Das Gros (50,6%) der Explikate (nämlich: Transmission, Reiz-Reaktion und Austausch) führt auf logische Widersprüche: Kommunikation stellt, wie wir gesehen haben, weder die Übertragung von irgendetwas dar noch kann sie kausal resp. semiotisch durch 'Stimuli' erklärt werden noch findet ein Austausch statt. Die Explikate 'Interaktion' und 'Verhalten' sind Synonyme für Kommunikation, das Explikat 'Beziehung' stellt nur eine formale Relationierung von Kommunikator und Rezipient her und die restlichen Explikate (Interpretation, Teilhabe, Verständigung) sind als Folgen des Kommunikationsprozesses zu verstehen.

Oder anders gesagt: Die Schwierigkeiten und die Kritik, die wir bereits in der Diskussion der vorgestellten Kommunikationsmodelle vorgefunden haben, reproduzieren sich fast spiegelbildlich in den Definitionen zur Kommunikation. Die Erklärung dafür ist – nach all dem Gesagten – auf drei Gründe zurückzuführen: a) die Kommunikationswissenschaft ist eine sehr junge Wissenschaft, b) die Kommunikationswissenschaft ist zugleich die Wissenschaft, auf der alle anderen Wissenschaften ruhen und c) die faktische Banalität aller Kommunikation täuscht erfolgreich darüber hinweg, dass sie sich theoretisch keinesfalls banal erklären lässt.

Die Folgen dieser Konstellation kommentiert *Lee Thayer*, einer der Senioren der amerikanischen Kommunikationsforschung, wie folgt:

> „Ein so allgegenwärtiges Phänomen wie Kommunikation jedoch, das so viele traditionale Grenzen sprengt, verflacht: Kommunikation muß – jederzeit willkommen als Gemeinplatz, aber heimatlos, für jeden und für keinen da, ein Bankert vieler Disziplinen – mit ihrer eigenen Unbestimmtheit eins werden. Ihre Universalität macht zugleich ihre Dubiosität aus" (Thayer 1967: V).

---

[16] Schon die hier präsentierte Auswahl zeigt – exemplarisch etwa in der Definition von Wersig (1971: 100), welch schillerndes Verständnis von Kommunikation und welches Unverständnis für die Regeln ihrer Definition auch unter Wissenschaftlern vorhanden ist.

[17] 21 weitere Definitionen lassen sich keinem dieser Explikate zuordnen und sind daher als Residuen anzusehen.

4.5 Resümee

Wir haben bislang einen ersten Gang durch die theoretischen Bestände der Kommunikationswissenschaft gemacht, indem wir vorherrschende Modelle und Begriffe von Kommunikation nach den strengen Regeln der Wissenschaftstheorie auf Widersprüche, Notwendiges und Hinreichendes untersucht haben.

Das Ergebnis ist, noch wohlwollend ausgedrückt, entmutigend: Die Diskussion der wichtigsten Definitionen als auch der Modelle der kontemporären Kommunikationsforschung hat unmissverständlich gezeigt, dass weder Definitionen noch Modelle einer ernsthaften Prüfung an dem Inventarium der Wissenschaftstheorie standhalten. Noch bedenklicher: Gerade das Gros der Definitionen und die verbreitetsten Paradigmen beruhen, wie wir durch systematische Prüfung festgestellt haben, auf falschen und daher unzulässigen Voraussetzungen.

Ehe daher Theorien der Kommunikation vorgestellt werden, muss hier zunächst eine Art wissenschaftlicher Kassensturz vorgenommen werden. Wir müssen – wohl oder übel – zur Kenntnis nehmen, dass die Kommunikationswissenschaft sich, wissenschaftssoziologisch gesehen, noch in einem sehr unfertigen Zustand befindet.

Die Gründe für diese Unfertigkeit liegen, so scheint es, gleich aus mehreren Gründen im Erkenntnisgegenstand 'Kommunikation' selbst: Fehlende Reife und Anciennität, ein 'Aschenputtel-Image' sowohl bei den etablierten wissenschaftlichen Disziplinen als auch gerade bei den Praktikern der Kommunikation und nicht zuletzt große theoretische Defizite geben allemal eine gute Erklärung für die übergroße Varianz von Ansätzen und die geringen Anstrengungen für deren Prüfung ab.

Aber selbst wenn diese Erkenntnis schmerzt, muss man zugute halten, dass auch andere Wissenschaften dieses Schicksal in der Frühphase ihrer Entwicklung gelegentlich geteilt haben. So glaubten beispielsweise die Physiker im 17. und noch im 18. Jahrhundert an die Phlogiston-Theorie, der zufolge Schwefel das Element alles Brennbaren sei (vgl. White 1932). Von den Biologen ist bekannt, dass sie für die Vermehrung von Mäusen lange Zeit ursächlich das Vorhandensein von Mehl verantwortlich machten. Und Theologen beweisen ihren Glauben, indem sie an die Beweisbarkeit des Glaubens glauben.

Warum sollten dann Kommunikationswissenschaftler nicht an Transfer, Austausch oder Teilhabe von bedeutungshaltigem Material glauben dürfen, wenn sie von Kommunikation sprechen? Warum sollten sie nicht über einen Begriff, der – statistisch gesehen – erst im Jahre 1959 hoffähig geworden ist, einige Jahrzehnte nachdenken dürfen, ehe sie ihn valide definieren können?

Zugleich aber lässt sich die hier geführte Diskussion produktiv zur Auflistung vorfindlicher Probleme nutzen und ggf. heuristisch wenden für die Suche solcher Ansätze, die auf die festgestellten Probleme eine Antwort bereithalten. Die hier festgestellten Defizite lassen sich an fünf Punkten festmachen:

1) Analytisch gesehen, ist Kommunikation ein unerhört flüchtiger Prozess, der keine Spuren hinterlässt und daher seiner Analyse erhebliche Schwierigkeiten entgegenbringt.

   „Insgesamt ist die Erforschung [...] von Kommunikation noch immer im Pionierstadium, und daher ist wenig über (ihre) Entwicklung bekannt. Verhalten versteinert nicht, und daher haben wir keine Zeugnisse, wie sie etwa Knochen und Zähne darstellen, um einen Eindruck von den Verhaltensweisen in der Vergangenheit zu gewinnen" (Frings/Frings 1964: 149).

2) Unglücklicherweise setzt die Beschreibung von Kommunikationsprozessen bereits das voraus, was erklärt werden soll: Kommunikation. Dies ist vermutlich auch der Grund dafür, weshalb für die Erklärung von Kommunikation so auffällig häufig Metaphern aus dem Alltag bemüht werden.

   „Offensichtlich ist, daß der Mensch von den ersten Tagen seines Lebens an die Regeln der Kommunikation zu erlernen beginnt, obwohl diese Regeln selbst, dieser Kalkül der menschlichen Kommunikation, ihm kaum jemals bewußt werden" (Watzlawick et al. 1971: 13).

3) Metaphern des Alltags führen auf Widersprüche: Gängige Explikate für Kommunikation – etwa: Transfer, Austausch oder Mitteilung – enthalten Annahmen über Kommunikation, die sich empirisch als falsch erweisen.

4) Die Beschreibung eines Prozesses erfordert die Relationierung von Eigenschaften, die weder am Kommunikator noch an der Aussage noch am Rezipienten festgemacht werden können.

5) Die Analyse von Kommunikationsprozessen führt an mehreren Punkten – z.B. bei der Steigerung von Selektivität durch Selektivität – zwangsläufig auf Paradoxien, die, weil sie selbstreferente Strukturen (z.B. Feedback) aufweisen, sich logischer Prüfung widersetzen.

Wenn diese hier vorgetragenen Monita zutreffen, dann müssen wir zunächst Abschied nehmen von der Hoffnung, einen als so einfach angesehenen Prozess wie Kommunikation auch durch eine einfache, einfältige Theorie erklären zu können.

Wenden wir diese hier vorgetragene Kritik sodann konstruktiv, so heißt dies: Wir benötigen für die Erklärung von Kommunikation eine Theorie, die sehr viel anspruchsvoller strukturiert sein muss und insbesondere drei Bedingungen zu erfüllen hat:

1) Sie muss statt mit absoluten Größen (Objekten, Elementen, Faktoren) mit relationalen Größen hantieren können.

2) Sie muss genügend komplex sein um Prozesse, also *dynamische* Vorgänge, erfassen und erklären zu können und

3) Sie muss auf die Analyse selbstreferentieller Struktur vorbereitet sein.

Diese Bedingungen erfüllt – soweit absehbar – gerade die Theorie, deren erklärtes Ziel die Analyse von *Prozessen* ist: die **Systemtheorie**.

Weiterführende Literatur:

Schramm (1954); Maletzke (1963); Reimann (1968); Baacke (1973); Watzlawick et al. (1971); Merten (1977); Krippendorff (1994)

5. Systemtheoretischer Exkurs

Die *Systemtheorie* ist ein neuer Typus von Theorie, der seit 1947 durch den Kreis um *Norbert Wiener* für die (Selbst-)Steuerung von technischen Prozessen entwickelt wurde (vgl. Wiener 1968: 32ff.). Wiener bezeichnete sie – in Anlehnung an das griechische Wort κυβερνητησ (Steuermann) – als *Kybernetik*. Die große Bedeutung dieser Theorie wurde zum ersten Mal sichtbar, als man nur wenig später entdeckte, dass man mit diesem Typus von Theorie nicht nur die Steuerung technischer, sondern auch die organischer Prozesse ('*Living Systems*') beschreiben konnte (vgl. McCulloch 1965; Neumann 1966; Walter 1961). Die Relevanz der Systemtheorie wurde aber erst in vollem Umfang deutlich, als man die Konsequenzen dieser Theorie ernst nahm: Die Möglichkeit, Prozesse nicht mehr kausal, sondern reflexiv zu analysieren, erforderte die Vorstellung und Entwicklung einer mehrwertigen Logik, die nicht mehr auf zwei Zustände (wahr/falsch) beschränkt sein durfte, so dass die Erkenntnistheorie ganz neue Impulse erhielt (dies führte u.a. 1956 zur Gründung von 'General Systems', der ersten interdisziplinär angelegten Zeitschrift für Systemtheorie). Die weiteren Entdeckungen schließlich, die seit 1979 unter dem Rubrum 'Konstruktivismus' bekannt geworden sind, haben wegen ihrer durchschlagenden Konsequenzen die gesamte Wissenschaftstheorie und Philosophie in Aufregung versetzt.

Kennzeichen der Systemtheorie ist a) die Betonung der wechselseitigen Beziehungen eines Ganzen zu seinen Teilen und insbesondere b) die sich daraus ergebende Möglichkeit, diese Beziehungen *rekursiv* zu strukturieren. Dazu Watzlawick et al. (1971: 33):

> „Das Prinzip der Rückkopplung ist nicht zu Unrecht als das Geheimnis aller natürlichen Vorgänge genannt worden. Systeme mit Rückkopplung zeichnen sich

> nicht nur [...] durch höhere Komplexität aus [...] ihr Studium erfordert neue Grundbegriffe; ihre Logik und ihre Epistemologie weichen in vielem [...] von dem herkömmlichen Verfahren wissenschaftlicher Analyse ab [...] Die Erforschung dieser Systeme ist, wenigstens zur Zeit, durch die Tatsache sehr behindert, daß wir noch nicht einmal eine wissenschaftliche Sprache besitzen, die komplex genug wäre, um der Beschreibung dieser Systeme zu dienen."

Dass darunter nicht nur die technische Rückkopplung (Feedback) selbststeuernder Systeme fällt, sondern organisch resp. mental alle Erscheinungen bzw. Prozesse von *Selbstreferenz*, die auf Identität resp. Bewusstsein verweisen und dass es dabei vor allem um Prozesse der Information geht, verhalf der Systemtheorie nicht nur in der Technik (Kybernetik), sondern auch in den Wirtschafts- und Sozialwissenschaften und in der Psychologie zum Durchbruch (vgl. Wiener 1948; Foerster 1950; Tustin 1953; Parsons 1951; Deutsch 1963; Simon 1964).

Mittlerweile gibt es eine Fülle systemtheoretischer Ansätze, von denen die strukturell-funktionale Theorie sozialer Systeme von *Talcott Parsons*, die funktional-strukturelle Theorie sozialer Systeme von *Niklas Luhmann* und die kognitionstheoretische Systemtheorie von *Humberto Maturana*, die später zur Basis des Konstruktivismus wird, besonders hervorzuheben sind (vgl. Parsons 1951; Luhmann 1969; Luhmann 1970: 113ff.; Maturana/Varela 1979 sowie in der Übersicht Schmidt 1987: 11ff.). Die verschiedenen Systemtheorien haben jedoch eine Reihe von Grundbegriffen und Basisannahmen gemeinsam. Bevor wir daher beginnen, Kommunikation systemtheoretisch zu fassen, wollen wir uns mit den Grundlagen dieser Theorien vertraut machen.

5.1 Grundbegriffe der Systemtheorie

Das Wort **System** stammt aus dem Griechischen und bedeutet „ganzheitlicher Zusammenhang von Dingen, Vorgängen, Teilen, der entweder von der Natur vorgegeben oder vom Menschen hergestellt ist" (Brockhaus 1973, Bd. 18: 406). System bedeutet weiterhin aber auch Ordnung, Methode, Gewohnheit und Prinzip.

Wissenschaftlich ist ein System definiert als eine Menge von untereinander abhängigen Elementen und Beziehungen. Ein Element ist dabei objekthaft/absolut, ggf. dinghaft; eine Relation bezeichnet die Beziehung (Verbindung) zwischen zwei Elementen, die sich auf unterschiedliche Weise ausdrücken lässt (z.B.: als Vergleich, als Differenz etc.). Eine Relation ist also nicht dinghaft.

Beispiel 23:

Ich nehme 4 Elemente (z.B. Kugeln) und sage: Dies ist ein System. Per Definition habe ich damit einen Satz (eine Menge) von 4 Kugeln als **Einheit** definiert; ich ordne sozusagen in 4er-Mengen. Es handelt sich jedoch dabei nur um eine Ansammlung von Elementen, nicht jedoch um Beziehungen **zwischen** Elementen, es handelt sich sozusagen um ein sehr einfaches, klassifikatorisches System, eine Art Ordnungsprinzip ('Nimm 4'). Abhängigkeiten, d.h. Relationen zwischen diesen Elementen sind nicht vorgegeben. Ich nenne dies ein System vom allereinfachsten Level, nämlich rein ordnend (**Level-0-System**).

Man kann das Beispiel aber komplizieren, indem man jeweils 4 Kugeln in einen Sack füllt und die **Regel** aufstellt „In einem Sack sollen jeweils 4 Kugeln sein!" Diese Regel bewirkt, dass alle Säcke, die weniger oder mehr als vier Kugeln enthalten, eine Regelverletzung (Normverletzung) darstellen: Wir erzeugen damit neben der Menge der Elemente eine **Relation**, die besagt, dass vier und nur vier Elemente das System bilden sollen. Dies ist ein Fortschritt (**Level-1-System**).

Diese Regel ist bedeutsam. Etwa, wenn ich vier Reifen als einen 'Satz' definiere. Vier Reifen braucht man, weil ein Auto in der Regel vier Räder hat. Hat man weniger als vier Reifen, so kann das Auto nicht fahren – die Systemregel ist verletzt. Hat man mehr als vier Reifen, ist die *Regel* ebenfalls verletzt – auch wenn sich das *praktisch* allenfalls redundant auswirkt.

Systeme müssen also Elemente haben, die untereinander ein bestimmtes Mindestmaß an Verknüpfung und damit an Ordnung aufweisen. Die Summe aller solcher nichtzufälligen Verknüpfungen wird **Struktur** genannt. Der Reichtum an Struktur wird im einfachsten Fall als Zahl der Elemente E und als maximale Zahl R der Relationen zwischen den Elementen eines Systems definiert und kann als ein Maß für die strukturelle **Komplexität** dieses Systems gelten (Abb. 22).

Abbildung 22: Strukturelle Komplexität als Zahl der Elemente E und als Zahl R der Relationen zwischen den Elementen eines Systems

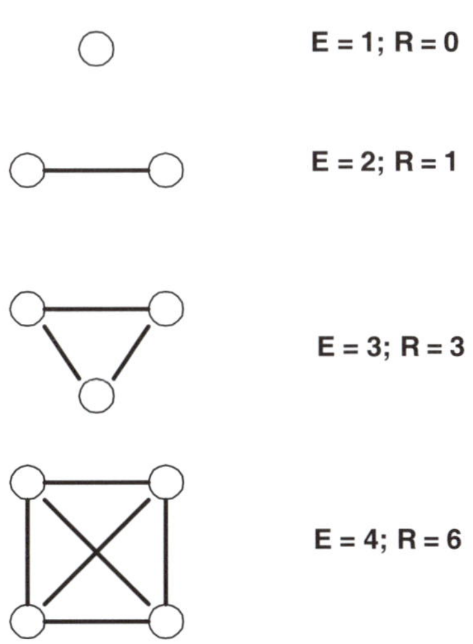

Die Zahl möglicher Relationen von E Elementen mit k Dimensionen ist als Term wie folgt definiert:

$$\binom{E}{k} = \frac{E(E-1)(E-2)..(E-k+1)}{k!}$$

Das Beispiel '4 Elemente sind ein Satz' in Abbildung 22 hat nur eine Relation, nämlich die in der Regel formulierte Angabe 'alle vier', d.h. die Angabe, dass alle Elemente (A, B, C, D) dazugehören (E = 4, R = 1).

Systeme sind jedoch in der Regel nicht so strukturiert, dass alle Elemente mit allen Elementen verbunden sind. Vielmehr gibt es Elemente, die mit vielen (allen) Elementen vernetzt sind und andere, die nur mit wenigen oder gar nur einem Element vernetzt sind. Beispielsweise kann man die Einwohner eines Dorfes als Elemente eines Systems begreifen. Alle Einwohner haben möglicherweise Kontakt zum Bürgermeister, Lehrer oder Pfarrer, aber nicht auch zu *allen* anderen Einwohnern, so dass nicht die gesamte maximale Vernetzung vorliegt, sondern nur eine **selektive** Struktur. Demgemäß ist strukturelle Komplexität nicht nur durch die Zahl der Elemente (E) und deren vollständige (maximale) Verknüpfung (R) definiert, sondern darüber hinaus durch die Unwahrscheinlichkeit (Selektivität) der jeweiligen aktuellen Vernetzung (S). Luhmann (1975: 207) definiert Komplexität analog als „nicht einfach nur die Menge der strukturell ermöglichten Relationen, sondern deren Selektivität; auch nicht nur ein (empirisch gesicherter) Erkenntniszusammenhang zwischen den Variablen Größe und Strukturiertheit, sondern die Relation zwischen positiver Bestimmung der Größe und negativer Bestimmung des Ausscheidungseffektes der Struktur."

In Abbildung 23 ist beispielsweise eine Struktur mit sechs Elementen – einmal als Vollstruktur (jedes Element ist mit jedem Element verbunden) dargestellt, zum anderen aber in einer spezifischen, also selektiven Realisation – skizziert.

Abbildung 23: Selektive Systemstruktur mit sechs Elementen

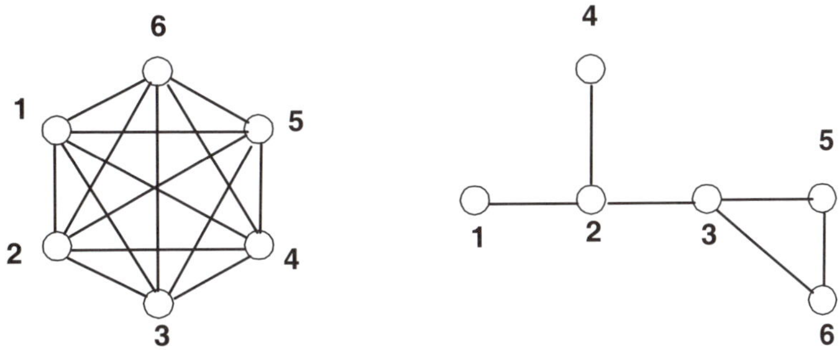

Man erkennt z.B., dass Element 1 und 4 nur eine, Element 5 und 6 zwei und die Elemente 2 und 3 jeweils drei (von maximal 5) Relationen besitzen. Die Selektivität (S) dieser Struktur[18] ist ein weiteres Maß für die strukturelle Komplexität K des Systems, die sich dann insgesamt formulieren lässt als K = f(E, R, S).

Kontingenz ist ein Begriff, der auf Komplexität aufbaut. Er bezeichnet in einfacher Form den Zusammenhang (die Korrelation) zweier Variablen. Während Komplexität jedoch den Reaktionszwang eines Systems auf eine komplexe Umwelt bezeichnet (was natürlich eine möglichst hohe Eigenkomplexität des Systems voraussetzt), bezieht sich Kontingenz immer auf das System selbst, genauer: so oder auch *anders* zu handeln. Kontingenz bedeutet also systemtheoretisch den Grad von frei wählbaren Alternativen, der einem System zur Verfügung steht resp. mit dem es rechnen muss.

Ein weiteres wesentliches Strukturmerkmal ist die **Reflexivität** der Systemstruktur, also die Art und Weise, wie die Relationen zueinander rückgekoppelt sind. Der 'Bauplan' *aller* dynamischen Systeme enthält grundsätzlich dieses leistungsfähige Strukturelement, das auf der Prozessebene (technischer Systeme) prinzipiell wie folgt entsteht:

Das System entfaltet eine Aktivität (Output); diese Aktivität wird auf geeignete Weise an einer bestimmten Stelle angezapft, d.h. derart registriert und gemessen, dass ein Bruchteil der Aktivität benutzt und zurückgeführt wird in das System (Input), um die Steuerung der Aktivität selbst zu leisten, z.B. um einen bestimmten Zustand (Gleichgewicht) zu erzielen. Abstrakter gesagt: Das System enthält eine *Feedback-Schleife*, die für die Steuerung des Systems genutzt werden kann (**Level-2-System**).

[18] Sie lässt sich statistisch als Unwahrscheinlichkeit einer bestimmten Permutation resp. Kombination berechnen und beträgt, wie hier nicht vorgerechnet werden kann, 0.000007.

Beispiel 24: Der Thermostat

Je nachdem, wie weit ein Drehknopf an einer Heizung aufgedreht wird, wird mehr oder weniger Wärme in eine Heizung geleitet. Befestigt man einen Bimetallstreifen an dem Drehknopf, so bewirkt die Veränderung von Wärme, dass sich der Streifen ausdehnt (sozusagen eine eigene, sekundäre Aktivität entfaltet). Nutzt man diese sekundäre Aktivität derart, dass sie (ab einer bestimmten Temperatur) zur Gegendrehung des Heizungsknopfes führt, so hat man eine Feedback-Schleife erzeugt, die die Begrenzung der Obermenge der zugeführten Wärme garantieren kann. Gelingt es zudem, den Bimetallstreifen variabel zu gestalten (also den Sollwert z.B. durch einen Drehknopf zu variieren), dann kann man einen bestimmten Parameter vorgeben, den das System *selbständig* einregelt. Dieser Typus von Level-2-System ist in der Technik vielfältig im Einsatz; zum ersten Mal wurde er von *James Watt* (1788) als Fliehkraftregler zur Selbstregelung von Dampfmaschinen verwendet.

Soziale Systeme verfügen jedoch über andere Typen von Reflexivität, die man nach Luhmann (1970: 121ff.) differenzieren kann in *zeitliche, sachliche* und *soziale* Reflexivität. Typisch für die Entwicklung von Systemen ist, dass immer dann, wenn diese wachsen oder eine Ausdifferenzierung in Subsysteme erforderlich ist, deren Leistung gesteigert werden muss. Dies erfolgt durch Installation *reflexiver Strukturen* (reflexiver Mechanismen). Reflexive Mechanismen sind also generell dadurch zu kennzeichnen, dass sie einen Leistungsschub, eine Potenzierung von Selektivität und Komplexität erzeugen können, der basal für die Genesis sozialer Systeme ist. So setzt, wie wir noch sehen werden, Kommunikation bereits im einfachsten Fall Reflexivität voraus, indem Wahrnehmungen reflexiv werden. Dazu Luhmann (1970: 101): „Es scheint sich bei den reflexiven Mechanismen gerade um den Prozeß zu handeln, mit dem aus kleinen Systemen große gebildet werden“ (vgl. auch Luhmann 1966).

Anzumerken ist hier, dass bereits die **Dialektik** als Theorie zum ersten Mal reflexive Strukturen verwendet, indem sie nicht mit einem binären Schema nach *wahr* oder *falsch* fragt und auf Verifikation resp. Falsifikation sinnt, sondern zu einer Annahme (Thesis) die Gegenannahme (Antithesis) formuliert, um daraus eine Synthesis zu gewinnen, die dann wieder als These für weitere Dialoge zugrunde gelegt wird.

Bei der Analyse von reflexiven Strukturen zeigt sich auch, dass die Installation von Feedback allemal zu irgendwelchen 'Selbst'-Definitionen führt, die stets darauf verweisen, dass Systeme **selbst** handeln, sozusagen eine Art Eigenständigkeit, eine Art Bewusstsein entwickeln.

Beispiel 25:

Der Physiker *Grey Walter* konstruierte eine Maschine, die folgende Eigenschaften hatte: sie besaß a) einen Motor, der diese auf Rädern vorwärts bewegen konnte (Mobilität), sie besaß b) einen Lenkmechanismus: fuhr die Maschine gegen eine Wand, so schaltete sich der Lenkmechanismus ein, so dass sich die Maschine von dem Hindernis entfernen konnte. Aus praktischen Gründen hatte *Walter* zusätzlich ein Signallämpchen und einen Signalton installiert, so dass immer dann, wenn die Drehbewegung erfolgte, das Lämpchen aufleuchtete und der Signalton ertönte. Sie besaß c) eine Selenzelle, so dass sie auf Helligkeit reagieren konnte, sozusagen in einem ganz eingeschränkten Sinn wahrnehmen konnte: Immer, wenn sich Helligkeiten änderten, wurde der Lenkmechanismus eingeschaltet, so dass sich diese Maschine – von *Walter 'machina speculatrix'* genannt – anhand sich verändernder Helligkeiten durch bestimmte Räumlichkeiten sinnvoll hindurchbewegen konnte.

Walter erprobte nun die Reaktionen dieses technischen Systems, indem er sie stundenlang allein herumfahren ließ und die dabei vollführten Reaktionen (vor allem: Stoßen auf ein Hindernis) aufzeichnete. Die Maschine bewegte sich mit anderen Worten nach einem eigenen 'Plan' durch eine Reihe von Räumen hindurch. Eines Tages stieß die Maschine wie üblich gegen eine Wand, an der aber – worauf die Wissenschaftler nicht geachtet hatten – ein Spiegel hing. Die Maschine fuhr zunächst gegen den Spiegel und gemäß Programm änderte die Maschine durch Drehung ihre Fahrtrichtung. Die Drehung war, wie oben beschrieben, von einem Lichtsignal begleitet. Das Lichtsignal spiegelte sich im Spiegel, was die Selenzellen als Änderung der Helligkeit registrierten und wieder eine Gegendrehung vollführten, der von einem Signalton begleitet wurde, so dass die Maschine erneut vor den Spiegel fuhr, wieder aufleuchtete etc., so dass die Signaltöne in ein fortwährendes 'Quäken' einmündeten – als ob die Maschine von ihrem Spiegelbild angezogen resp. sich über dieses ärgern würde.

Mit anderen Worten: Durch Zufall war hier eine Selbstreferenz (reflexive Struktur) erzeugt worden: Der Input an Helligkeit auf der Wahrnehmungsseite wurde über die motorische Drehung und das dabei aufleuchtende Licht durch den Spiegel wieder an die Selenzelle zurückgeleitet: Die Maschine stieß also – gleichsam ohnmächtig – fortwährend vor den Spiegel, als ob sie sich **selbst** erkennen würde und erzeugte fortlaufend eigenartig getaktete Signaltöne. Dazu Walter (1961: 143):

> „Die Fähigkeiten des Sich-Selbst-Erkennens und des gegenseitigen Erkennens ergaben sich zufällig, da das Kopflicht ursprünglich nur anzeigen sollte, ob der Steuerungsmechanismus in Tätigkeit war [...] Hier zeigt sich wieder, daß jede psychologische oder ökologische Lage, in der ein solcher reflexiver Mechanismus auftritt, ein Verhalten ergibt, das Selbstbewußtsein oder Sozialbewußtsein zumindestens anzudeuten scheint."

Reflexive Mechanismen stellen sich im Lauf der Zivilisation ein und erbringen immer dann, wenn sie erfunden oder installiert werden, einen gewaltigen Leistungsschub. Beispielsweise ist die Negation (Nein, '*das* nicht', nie) ein basaler reflexiver Mechanismus, der Entscheidungen, also eine hochanforderungsreiche erste *sprachliche* Selektionsleistung erlaubt. Wenn irgendwo das Schild 'Nicht Rauchen!' steht, dann ist das Rauchen zwar ausgeschlossen, aber *alles andere* ist noch möglich. Die Position ('Ja, Sie dürfen hier rauchen') erlaubt *nur* das Rauchen. Insofern verfügt die Negation über ein viel größeres Potential als die Position. Dies ist eine hochanforderungsreiche Abstraktionsleistung, die die ersten Menschen irgendwann einmal gemacht haben und die erkenntlich eine Metaaussage, also eine reflexive Struktur in der Sachdimension aufweist. Der damit verbundene Leistungssprung war die Voraussetzung für die Entwicklung von *Sprache.*

Eine andere Leistung ist das Reflexiv-Werden von *Lernen*, die sich erst in hochzivilisierten Gesellschaften dadurch einstellt, dass man Rollen institutionalisiert, die diesen Prozess standardisieren: *Lehrer lehren das Lernen*. Die später erfolgte Einführung des Lehrerstudiums stellt dann eine Reflexivität zweiter Ordnung des Lernens dar.

Eine andere, sofort einsichtige Leistung ist *Macht* als hierarchische Struktur. Diese liegt immer dann vor, wenn jemand fremde Verhaltensprämissen als seine eigenen übernimmt. Die Ersetzbarkeit der Hierarchiespitze, also die Übermächtigung der Machthaber als geregelter Prozess stellt ebenso eine wesentliche Leistung dar, die zuerst als *Demokratie* bekannt und berühmt geworden ist: Macht wird einem Verfahren unterworfen, dass z.B. als *Parlamentswahl* bezeichnet wird und in dem temporär die Macht nicht an der Spitze ist – 'Alle Gewalt geht vom Volke aus!'. *Entscheidungen* gründen auf der Behandlung von Handlungen, und auch hier lässt sich in der Konstruktion reflexiver Entscheidungen eine weitere moderne Struktur, nämlich die *Planung*, ausmachen (vgl. Luhmann 1970: 92ff.).

Ebenso ist eine weitere Errungenschaft des Wirtschaftssystems, nämlich *Geld* als funktionales Äquivalent für Beliebigkeit, als reflexive Struktur zu erkennen, die dadurch zustande kommt, dass das Äquivalent generalisiert wird: Mit Geld kann man *alles* kaufen. Und nicht nur das: Der Geldmechanismus ist mittlerweile bereits im dritten Grad reflexiv, denn: Die Anwendung von Geld auf Geld erzeugt einen weiteren, ungemein wichtigen Mechanismus, den wir als *Zins* kennen, und selbst dieser ist erneut wieder reflexiv geworden – als *Zinseszins.*

Charakteristisches Merkmal dynamischer Systeme ist weiterhin deren Möglichkeit der Veränderung in Bezug auf ihre Umwelt. Genauer: Dynamische Systeme können eine Veränderung in gewissem Umfang selbst einleiten resp. bestimmen und dies in der Regel in Bezug auf ihre Funktion.

Für dynamische Systeme hat sich, neben dem Strukturbegriff, der Begriff der **Funktion** zu einem der wichtigsten theoretischen Begriffe, insbesondere in den Sozialwissenschaften, entwickelt. Er wurde von *Leibniz* eingeführt und lässt sich im einfachen Verständnis als Aufgabe oder Leistung beschreiben, die ein System bzw. ein Mechanismus erbringen soll (Soll: Aufgabe) oder erbringt (Ist: Leistung). Aber auch Zweck, Ziel, Konsequenzen, Motive werden synonym gebraucht (vgl. Merton 1967: 123), wobei verschiedene Wissenschaftsdisziplinen ein unterschiedliches Verständnis von Funktion artikulieren: In der Mathematik bedeutet Funktion die Relationierung einer Variablen in Bezug auf eine andere. Dies lässt sich als Term formalisieren: y = f (x).

In der Technik und in den Sozialwissenschaften ist dagegen mit Funktion die Erbringung einer Leistung in Bezug auf eine bestimmte Dimension gemeint: So haben Gesetze die Funktion, ein geordnetes Leben der Mitglieder einer Gesellschaft zu ermöglichen. Eine Schraube hat die Funktion der Befestigung zweier Bauteile, Gerüchte haben die Funktion sozialer Kontrolle. Eine Person hat eine Funktion in einer Organisation, indem sie dort eine Rolle übernimmt etc.

Mit dem Strukturbegriff hat der Funktionsbegriff gemeinsam, dass er ein *relationaler* Begriff ist, denn Funktion bezieht sich stets auf irgendetwas. Während Struktur den Charakter von etwas Statischem hat, wird Funktion als variabel verstanden. Doch dies ist eher ein Vorurteil, denn man kann beide relationalen Begriffe mühelos aufeinander beziehen, indem man etwa nach der Funktion einer gewissen Struktur (etwa: Funktion des Rechts) oder aber nach der Struktur einer Funktion (etwa: wie ist es möglich, dass Gesellschaften ihre Funktion der Selbsterhaltung erfüllen?) fragt.

Robert K. Merton versteht unter Funktion eine objektivierbare Folge: „Funktionen sind diejenigen beobachtbaren Folgen, die die Anpassung eines Systems fördern" (Merton 1967: 140). Merton hat für die Sozialwissenschaften dann die wesentliche Unterscheidung in **manifeste** und **latente Funktionen** vorgenommen, um neben den beabsichtigten Folgen der Handlung eines Systems auch die unbeabsichtigten und unauffälligen Funktionen zu erfassen. Zugleich legte er ein grundlegendes Paradigma der funktionalen Analyse vor (Merton 1967).

Der Begriff der Funktion hat zum anderen Eingang in die Diskussion gefunden durch den sogenannten *Funktionalismus*, der sich zuerst an der Ablösung segmentärer durch funktionale Differenzierung festgemacht hat. In der älteren Systemtheorie ist der Begriff der Funktion als 'adaptive Funktion' ins Bewusstsein getreten – also als Leistung, durch die sich Systeme an eine Umwelt anpassen und dadurch ihren Fortbestand sichern können. Dieses Verständnis von Funktion wurde von *Talcott Parsons* eingeführt, der damit seine **strukturell-funktionale Systemtheorie** wesentlich abstützt.

Parsons versteht Funktion immer in Bezug auf die Ziele eines Systems und hat als wesentliche Systemziele vier Ziele in einem sogenannten **AGIL-Schema** spezifiziert, nämlich **A**daptation, **G**oal Attainment, **I**ntegration und **L**atent Pattern Maintenance (Abb. 24).

Abbildung 24: AGIL-Schema (Parsons 1959: 7)

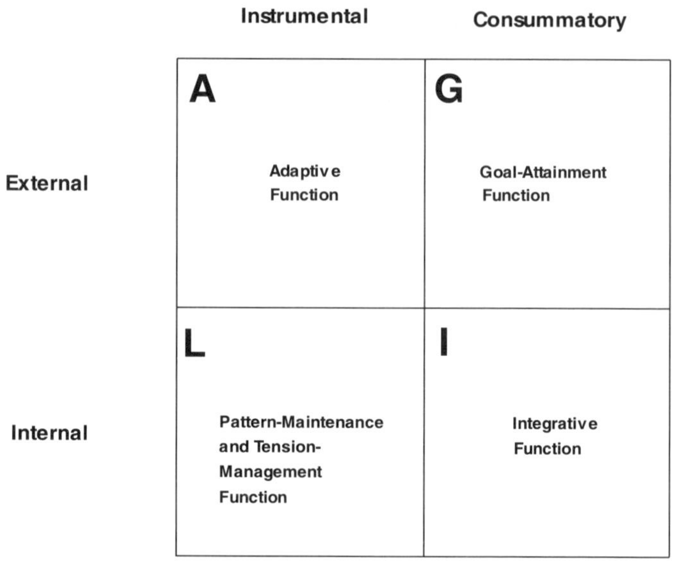

Dabei bedeutet

1) **A**daptation = Anpassung des Systems an die Umwelt
2) **G**oal Attainment = Zielverwirklichung, Zielerreichung
3) **I**ntegration = Integrationsleistung des Systems und
4) **L**atent Pattern Maintenance = Erhaltung der Systemstruktur (Selbsterhaltung des Systems)

Parsons ordnet diese Systembedürfnisse nach zwei großen Dimensionen, entlang derer sich Gesellschaften als soziale Systeme ausdifferenzieren. Diese Dimensionen sind extern-intern und instrumental (*Means*) versus konsummatorisch (*Ends*). Demgemäß ist etwa die adaptive Funktion external (auf Umwelt gerichtet) und instrumental (anwendungsbezogen), während Zielerreichung zwar extern ist, aber konsummatorisch, d.h. sich laufend verbraucht (und darum laufend neu zu erbringen ist).

Der Begriff der Funktion wird später durch *Niklas Luhmann* – der seine Theorie genau aus diesem Grunde nicht als strukturell-funktional, sondern als **funktional-strukturelle Systemtheorie** versteht, radikalisiert. Er begreift Funktionen grundsätzlich als eine „Klasse funktionaler Äquivalente, mit denen ein Vergleichsbereich von Systemleistungen erzeugt werden kann“ (vgl. Luhmann 1970: 36ff.). Entscheidend ist die Feststellung, dass Funktionen als „regulatives Prinzip für die Feststellung von Äquivalenzen im Rahmen funktionaler Variablen“ (Luhmann 1970: 15) zu verstehen sind (Äquivalenzfunktionalismus). Dadurch wird es möglich, **Kausalität** als Sonderfall funktionaler Ordnung zu definieren, nämlich dann, wenn für eine bestimmte Leistung ein und nur ein funktionaler Gesichtspunkt existiert.

Luhmann (1970) definiert Funktion damit in Anlehnung an *Kant* und in Abgrenzung zu einem ontologischen Kausalitätsverständnis neu, indem er auf höherer Abstraktionsebene feststellt, dass „die Funktion [...] nicht eine Sonderart der Kausalbeziehung (ist), *sondern die Kausalbeziehung ist ein Anwendungsfall funktionaler Ordnung*“ (Luhmann 1970: 16). Funktionen werden verstanden als Vergleichsgesichtspunkte für die Erbringung äquivalenter Leistungen. Damit gewinnt die Feststellung von kausalen Beziehungen zwischen Ursache und Wirkung einen anderen Stellenwert:

> „Dabei beruht die Eröffnung einer Vergleichsmöglichkeit unter den Ursachen darauf, daß man im Bereich der Wirkungen eine einzige als Bezugspunkt herausgreift und abstrahiert. Diese Abstraktion hat einen eigenen Stil, der sich von der klassifikatorischen Abstraktion auf Art- und Gattungsbegriffe deutlich unterscheidet: Man sieht nicht von individuell charakteristischen Merkmalen des Einzelstücks ab, sondern von Nebenwirkungen. Wollte man alle Nebenwirkungen mitberücksichtigen, gäbe es unter den Ursachen keine Wahl mehr [...] Denn die einzelnen Ursachen haben zwar oft eine Wirkung, nie aber alle Wirkungen gemein. Mit anderen Worten: Eine Wirkung gewinnt jene Mehrdeutigkeit, die für einen funktionalen Bezugsgesichtspunkt wesentlich ist“ (Luhmann 1970: 17).

Wie wir sehen werden, ist dieser Ansatz gerade im Hinblick auf die Feststellung von Kausalität in Kommunikationsprozessen, insbesondere bei der Feststellung von Wirkungen von Kommunikation, relevant (➔ Kap. 13).

Dieses Verständnis von Funktion ist dem normativen Verständnis von Funktionen, wie wir es bereits im funktionalpublizistischen Modell kennengelernt haben (➔ Kap. 4.1), weit überlegen, weil es die Variabilität von Funktionen als Regel und nicht als Ausnahme begreift. Das normative Verständnis von Funktion schrieb dem System Massenkommunikation a priori Funktionen zu, insbesondere die der **Information** (Unterrichtung), **Kommentation** (Meinungsbildung), **Unterhaltung** (Delektation, daraus ableitend auch: Belehrung etc.). Damit wurden drei gravierende Fehlschlüsse begangen:

1) Funktionen wurden wechselseitig exklusiv gesetzt. Das hatte zur Folge, dass Unterhaltung dann nicht informativ, Information nicht meinungsbildend und Meinungsbildung nicht unterhaltend sein durfte: Wenn eine vom Kommunikator K als informativ intendierte Aussage nicht auch als

Information beim Rezipienten R rezipiert wird, wird dies als Fehlleistung (kommunikative Inkongruenz) bewertet.

2) Es wurden alle anderen Funktionen, die Massenkommunikation ansonsten – latent oder manifest – haben kann, eliminiert.

3) Es wurde übersehen, dass auch die Hauptfunktionen Kommentar und Unterhaltung bedingen, dass sie zunächst als Inhalte rezipiert werden und damit grundsätzlich als Informationsangebote zur Verfügung gestellt werden müssen.

5.2 Soziale Systeme

Soziale Systeme im Verständnis der funktional-strukturellen Systemtheorie von *Luhmann* sind *umweltoffene Systeme*, die nicht aus konkreten Menschen oder Materialien bestehen, sondern nur aus Handlungen (Kommunikationsakten). Sie definieren sich durch Bildung einer Systemgrenze, also durch Unterscheidung von Handlungen, die dem System zugerechnet werden können (im Gegensatz zu Handlungen, die der Umwelt zugerechnet werden) und werden genau dadurch von der Umwelt unterscheidbar und gegen diese abgrenzbar. Die Grenzen zwischen einem System und seiner Umwelt sind dabei nicht materialistisch zu verstehen, sondern *sinnspezifisch* definiert. Damit ist gemeint, dass die Unterscheidung von dem System zurechenbaren Handlungen von einem Selektionsmechanismus zu leisten ist, der diese Handlungen systemrelevant auswählt und zuordnet. Dieser wird von Luhmann (1987: 92ff.) als **Sinn** bezeichnet und stellt damit für das System Kriterien für Selektion von Handeln und Erleben bereit. Die Grenzen des Systems werden durch die Systemzurechenbarkeit – also den Sinn – der Handlungen definiert, d.h. solche Handlungen sind eben nicht als Handlungen (Prozesse) *zwischen* System und Umwelt zu verstehen.[19]

Beispiel 26: Gründung eines Unternehmens

X gründet ein Unternehmen, das ein Produkt P herstellt. Die Identität des Unternehmens U wird zunächst in dem von X gewählten Namen sichtbar. X handelt nun in seiner *Rolle* als Unternehmer und die Umwelt registriert die Bildung des Systems 'Unternehmen' z.B. dadurch, dass sie bei allen Handlungen, die X nun begeht, (Anmietung von Räumen,

[19] „Eine Theorie, die behauptet, es sei möglich, Systeme und Umwelten durch Prozesse zu verbinden (die dann streckenweise interne und streckenweise externe Prozesse sein müßten), wird gut beraten sein, wenn sie es vermeidet genau anzugeben, um was für Prozesse es sich handelt" (Luhmann 1987a: 313).

Einrichtung von Telefon etc.) die Unterschrift von X *im Namen* des Unternehmens fordert. Diese Anfangsgeschichte selegiert eine Struktur, die nun nicht mehr alle, sondern nur noch bestimmte Handlungen zulässt: Wenn X ein Unternehmen gegründet hat, das z.B. Brote am Ort A herstellen will, dann kann X jetzt *sinnvollerweise* nur noch eine Backstube, aber keine Molkerei oder ein Büro für Medienforschung einrichten, d.h. die Anschlusshandlungen vergrößern die Selektivität und damit auch die Innenkomplexität des Systems. Ausgehende Korrespondenz ist dann eine z.B. Handlung, die dem System zugerechnet wird – unabhängig davon, ob ein Brief sich noch innerhalb der Räume des Unternehmens oder schon im Briefkasten oder beim Kunden befindet.

Auf Umweltanforderungen (die sich z.B. in der eingehenden Korrespondenz niederschlagen), muss das System reagieren: Wenn das Finanzamt Zahlungen verlangt, Kunden Wünsche äußern oder nicht bezahlen. Dabei hat das System Freiheitsgrade: Auf Forderungen des Finanzamts hin kann es bezahlen oder aber die Zahlung verweigern, einen Steuerberater anheuern etc. Wenn das System wächst, muss es sich intern ausdifferenzieren: Produkte werden auf verschiedene Zielgruppen hin unterschiedlich erstellt und während X am Anfang noch alles allein gemacht hat, werden Mitarbeiter nur für bestimmte und nicht mehr für alle Tätigkeiten eingestellt, d.h. auch sie agieren im Rahmen bestimmter Rollen, für die sie Kompetenz aufbieten müssen etc. X muss daher auch auf interne Konflikte hin handeln und Mitarbeiter motivieren – etwa durch täglich bereitgestelltes Naschwerk in Form von Gummibärchen. Das System 'Unternehmen' verfestigt seine Struktur umso mehr, je mehr eigene Handlungen es im Verlauf seiner Geschichte zueinander intern und extern sinnvoll ordnen kann.

Ein System handelt also sinnvoll, was Freiheitsgrade des Handelns und Erlebens voraussetzt. Was das heißt, kann man im Vergleich etwa zum Handeln eines Tieres, dass nicht sinnspezifisch, sondern instinktspezifisch wahrnimmt und handelt, verdeutlichen (vgl. Willke 1991: 28): Ein Tier wird durch seine Instinkte (die das Überleben sichern sollen) gelenkt, d.h. es selegiert nur nach bestimmten, fixierten Schlüsselreizen, auf die ebenso fixierte Reaktionen erfolgen (*fixed action pattern*). Ein soziales System reagiert dagegen sinnspezifisch, d.h. es ist nicht mehr nur auf Überleben, sondern auf Steigerung der Eigenkomplexität programmiert. Es besitzt dafür Freiheitsgrade, Wahrnehmungen und Handlungen *so* oder aber auch *anders* anzustellen und kann gerade deshalb sein Handeln in Bezug auf die jeweilige Umwelt optimieren.

Die **Funktion** sozialer Systeme liegt in der Reduktion von Komplexität (der Umwelt) auf ein vom System handhabbares Maß von Systemkomplexität. Dazu Luhmann:

> „Systeme (dienen) der Reduktion von Komplexität [...], und zwar durch Stabilisierung einer Innen/Außendifferenz. *Alles*, was über Systeme ausgesagt wird – Differenzierung in Teile, Hierarchiebildung, Grenzerhaltung, Differenzierung von Struktur und Prozeß, selektive Umweltentwürfe usw. –, läßt sich [...] funktional analysieren als Reduktion von Komplexität" (Luhmann 1969: 256).

Soziale Systeme lösen ihre Probleme durch Strukturbildung. Nach Luhmann bedingt dies Invarianz von Struktur, die durch Generalisierungsleistungen in drei analytischen Dimensionen erreicht wird, nämlich in **zeitlicher, sachlicher und sozialer Dimension** (vgl. Luhmann 1970: 42). Das zeigt sich zum Beispiel in jeder Gesellschaft darin, dass in allen Gesellschaften Normen (zeitlich generalisierte Strukturen), Rollen (sachlich generalisierte Strukturen) und Institutionen (sozial generalisierte Strukturen) zur Strukturbildung verwendet werden.

Wie klein oder wie groß kann ein soziales System sein? Hier gilt, dass **Kommunikation** das kleinste und flüchtigste Sozialsystem darstellt, das alle anderen größeren Systeme erzeugt und zugleich integratives Element dieser größeren Systeme (z.B. Gruppen, Organisationen, Wirtschafts- und Wissenschaftssystem) ist. Dazu Wiener (1968: 191): „Die Vorstellung einer Organisation, deren Elemente selbst kleine Organisationen sind, ist weder ungewöhnlich noch neu." Gesellschaften repräsentieren die größten sozialen Systeme, die, wie alle größeren sozialen Systeme, von Kommunikation hervorgebracht und durch Kommunikation kontrolliert werden – was erneut auf die besondere Rolle von Kommunikation hinweist.

Beispiel 27: Steuerung des politischen Systems

Am Beispiel des politischen Systems lässt sich die These, dass die flüchtigeren Systeme die weniger flüchtigen Systeme steuern, exemplarisch belegen. Das flüchtigste System stellt die Face-to-face-Kommunikation dar, die im Hinblick auf das politische System als Wahlkampf inszeniert wird und auf der informellen Ebene die meinungsbildenden Gespräche vor Wahlen steuert: Nicht umsonst ist hier die Rolle des Meinungsführers angesiedelt (vgl. Merten 1988). Das flüchtige Face-to-face-Kommunikationssystem steuert das nächst höhere, schon weniger flüchtige System, nämlich die öffentliche Meinung. Dieses System ist bereits deshalb stabiler und zugleich weniger flüchtig, weil Medien ständig darauf einwirken oder darüber berichten – sei es dadurch, dass man 'dem Volk aufs Maul schaut' oder dadurch, dass häufig Umfrageergebnisse mitgeteilt werden. Die öffentliche Meinung steuert das nächst höhere System, nämlich das Parlament, durch die Wahlentscheidung. Mitglieder des Parlaments sind in der Regel für eine garantierte Zeit gewählt und für diese Zeit prinzipiell indifferent gegen Wahlkämpfe und öffentliche Meinung. Das Parlament wiederum steuert die Regierung als das nächst höhere, aber zugleich weniger flüchtige System: Regierungen können über die Dauer von Legislaturperioden hinaus bestehen, bleiben aber abhängig von allfälligen Mehrheitsentscheidungen des Parlaments. Die Regierung ihrerseits steuert das starrste aller Systeme, nämlich die Verwaltung.

5.3 Konstruktivistische Annahmen: Autopoiesis, Selbstreferenz und Selbstorganisation

Die erste Anwendung der Systemtheorie war technischer Art (Wiener 1968: 25ff.) Die spätere Anwendung der Systemtheorie auf die Humanwissenschaften (*Second Cybernetics*) wurde provoziert durch die Entdeckung von McCulloch/Pitts (1943), dass *logische* Denkoperationen sich *mathematisch* darstellen lassen. Das hieß nämlich: Denken, also eine durch und durch *humane* Aktivität, lässt sich prinzipiell formalisieren und durch Maschinen vornehmen. Zugleich war dies der erste Schritt zur Analyse jener Mikro-Prozesse im menschlichen Hirn, die wir eben als Denken begreifen.

Die neurophysiologischen Entdeckungen von *Maturana* und *Varela* (Maturana/Varela 1979), wonach der kognitive Apparat des Menschen als geschlossenes System begriffen werden muss, leiten eine *dritte Epoche* der Systemtheorie ein, die als **Konstruktivismus** bezeichnet wird: *Maturana* stellte aufgrund neurophysiologischer Forschungen fest, dass das kognitive System des Menschen – neurophysiologisch – ein völlig geschlossenes System ist, das folgende Eigenschaften hat:

1) Es hantiert nur mit elektrischen Strömen an den Synapsen.

2) Es führt Information nur in Form elektrischer Ströme ein.

Daraus folgerte *Maturana*: „Menschen können über Gegenstände sprechen, da sie die Gegenstände, über die sie sprechen, eben dadurch erzeugen, daß sie über sie sprechen" (Maturana 1982: 264). Genauer:

1) Aus der Erkenntnis der Geschlossenheit des kognitiven Apparats ist bindend abzuleiten, dass – worauf bereits Kant (1781) verwiesen hat – die Wirklichkeit, in der Menschen leben, eine Wirklichkeit ist, die sich der Mensch selbst erzeugt und weiter, dass die Vorstellung von **Objektivität** nurmehr den Rang einer operativen Fiktion besitzen kann. Diese Feststellung stellt das **Basistheorem des Konstruktivismus** dar.

2) Daraus folgt die fundamentale Überlegung, dass soziale Wirklichkeit durch Kommunikationsprozesse konstruiert wird. Für diese in der Kommunikationsforschung längst partiell eingeführten Fragen – sichtbar z.B. in der Frage „Was machen die Medien mit den Menschen?" (vgl. Katz/Foulkes 1962) – liefert der Konstruktivismus die generelle Erklärung dafür, dass und warum relationale und mit Fiktionen durchsetzte Strukturen sachlicher, zeitlicher und sozialer Art wie etwa Images, Erwartungen und Einstellungen für die Konstruktion von Wirklichkeit so effizient sind.

3) Der Konstruktivismus erlaubt den Einbezug von Personen, verstanden als psychische Systeme, in den Kommunikationsprozess, derart, dass eine

Interpenetration psychischer und sozialer Systeme sichtbar und begreifbar wird.

Der Konstruktivismus geht von der Autonomie (nicht: Autarkie!) kognitiver Systeme aus: Im Kopf – repräsentiert durch das *Bewusstsein* – erzeugen bestimmte Symbole oder Codes in physikalischer Form kein Abbild, aber eine Repräsentation dessen, was in der Wirklichkeit stattfindet. Genauer: Humane Zustände (Wissen, Meinungen, Wollen, Wertungen etc.) korrelieren mit physikalischen Prozessen. Dies impliziert u. a. *Kausalität* und Symbolverrechnung (also: Repräsentation), denn: jede Aktivität auf der physikalischen Ebene 'bedeutet' etwas. Nun rechnet ein Rechner ausschließlich mit syntaktischen Strukturen, vorzugsweise mit Nullen und Einsen. Aber die Veränderung solcher Strukturen ergibt dann einen *semantischen* Sinn: Wenn der Zustand '0' 'AUS' bedeutet und der Zustand '1' 'EIN', dann 'bedeutet' die Veränderung von 0 nach 1 exakt, dass irgendetwas eingeschaltet worden ist. Varela (1990: 43f.) fasst diese Überlegungen für ein kognitivistisches System in drei Fragen zusammen:

Frage 1: Was ist Kognition?

Antwort: Informationsverarbeitung, regelgeleitete Symbolmanipulation

Frage 2: Wie funktioniert Kognition?

Antwort: Jede Apparatur, die diskrete physikalische Elemente, also Symbole, darstellen und manipulieren kann, arbeitet kognitiv. Das System interagiert ausschließlich mit der Form der Symbole (mit ihren physikalischen Merkmalen), nicht mit ihrer Bedeutung.

Frage 3: Wie weiß ich, ob ein kognitives System adäquat funktioniert?

Antwort: Wenn die Symbole einen bestimmten Aspekt der wirklichen Welt angemessen repräsentieren, und wenn die Informationsverarbeitung zu einer erfolgreichen Lösung des Problems führt, die dem System gestellt wurde.

Während also soziale Systeme grundsätzlich als umweltoffen definiert sind, sind kognitive Systeme – dies hat vor allem *Maturana* gezeigt – geschlossene, *autopoietische* Systeme, die sich selbst reproduzieren. Nicht nur der Mensch als psychisches System ist so strukturiert, sondern auch sein kognitives System (vgl. Maturana 1982). Aber auch soziale Systeme wie Kommunikation weisen solche Eigenschaften auf: Sie reproduzieren die Elemente, aus denen sie bestehen mit Hilfe der Elemente, aus denen sie bestehen (vgl. Willke 1991: 43).

Weil Systeme nur ausschnitthaft auf Umwelt reagieren können – dies gilt sowohl für psychische als auch soziale Systeme – weil Umwelt stets komplexer als die Systeme ist, müssen sie Strategien des selektiven Verhaltens entwickeln. Übernahme fremder Selektionsleistungen ist eine solche Möglichkeit, und genau diese wird z.B. im Kommunikationsprozess aktualisiert. Man kann dies an einem Beispiel demonstrieren, das wir später nochmals diskutieren werden, nämlich am Beispiel der *Selektivität der menschlichen Wahrnehmung.* Wir wissen aufgrund vieler Untersuchungen (vgl. Keidel 1963: 44ff.), dass der Mensch *selektiv*, also nur ausschnitthaft wahrnehmen kann. Das liegt vor allem daran, dass die menschliche Kapazität zur Informationsaufnahme durch die Wahrnehmungsorgane bei etwa 10^9 Bit pro Sekunde liegt – eine ungeheure Leistung. Von diesen 10^9 Bit kann das *Bewusstsein* jedoch in der gleichen Zeit nur 10^2 Bit verarbeiten, so dass sich ein Selektionsfaktor von 10^7 ergibt. Würde der Mensch nun diese Auswahl rein zufallsgesteuert vornehmen – also etwa immer 10^7 Bit abzählen und immer dann ein Bit in das Bewusstsein einführen, so würde die Wahrnehmung völlig zusammenhanglos, hochkonfus, sinnlos ausfallen – wir würden schlichtweg nichts erkennen oder wiedererkennen können. Dass wir aber unsere Wahrnehmungen *sinnvoll* organisieren, ist mithin ein Zeichen dafür, dass selektives Verhalten nach gewissen Kriterien *Sinn* macht. Nicht zufällig definiert Luhmann daher Sinn als „Verweisungsstruktur", die den „nächsten Schritt zur Selektion" definiert (Luhmann (1987: 94), also als Struktur, die den Einbezug einer Handlung oder Wahrnehmung[20] im Hinblick auf frühere oder folgende Handlungen relationiert, kompatibel, also *sinnvoll* macht.

Drei Beispiele sollen diese Heuristik des Konstruktivismus verdeutlichen: Ausgangspunkt ist jeweils das *Basistheorem des Konstruktivismus*: Menschen konstruieren ihre Wirklichkeit subjektiv und eigenverantwortlich. Es gibt demnach so viele Wirklichkeiten, wie es Menschen resp. kognitive Systeme gibt. Objektivität hat den Rang einer operativen Fiktion, freilich mit strategischen sozialen Funktionen. Wenn dem aber so ist, dann wird – und damit sind wir beim ersten Beispiel – sofort begreiflich, dass Menschen diese Freiheit auch als Risiko begreifen können, als Risiko, auch unangemessen zu konstruieren und dass sie sich dessen bewusst sind.

Die ethnomethodologischen Krisenexperimente von *Harold D. Garfinkel* (Garfinkel 1967) etwa verweisen exakt in diese Richtung: Wenn man jemandem signalisiert, dass man dessen Wirklichkeitskonstruktion nicht akzeptiert – *Garfinkel* ist ja durch seine herrlich drastischen Beispiele hierzu berühmt geworden – dann reagieren Menschen aggressiv – aggressiv, wie jeder, der fundamental verunsichert ist. Allgemeiner: Menschen werden sich gegen solche Wirklichkeitsverluste zu schützen versuchen, indem sie sich an *anderen* orientieren, denn – so *Tocqueville* – „sie (fürchten) die Absonderung mehr als den Irrthum" (zit. nach Noelle-Neumann 1980: 62). Aus der konstruktivistischen

[20] Im Verständnis moderner Psychologie sind Wahrnehmungen aktive Prozesse menschlichen Erlebens und sind daher – entgegen dem Alltagsverständnis – als **Handlung** zu begreifen.

Perspektive lässt sich mithin begründen und erklären, dass und warum Menschen z.B. ihr Meinen von der Meinung anderer abhängig machen. Insofern beschreibt die Theorie der Schweigespirale (➔ Kap. 13.5.5) die Folgen eines Sachverhalts, dessen Ursache und dessen Lösung der Konstruktivismus erst sichtbar und begreifbar macht.

Das zweite Beispiel geht ebenfalls vom Basistheorem aus: Menschen brauchen Gewissheit, abstrakter: sie brauchen Strukturen zur Ordnung ihres Handelns und Erlebens. *Weil* dies so ist – darauf verweisen etwa Experimente aus der sensorischen Deprivation, die berühmten *Asch*-Experimente (vgl. Beispiel 28) über Gruppenkonsens, aber auch die Theorie der Gerüchtverbreitung, um nur ein paar Beispiele aus der Kommunikationsforschung zu nennen – greifen sie buchstäblich nach jedem Strohhalm. Nicht, weil ein Strohhalm de facto Struktur gibt, sondern weil Menschen supponieren, dass er Struktur geben *könnte* (vgl. Merten 1990b: 104f.). Abstrakter gedacht: Weil Wirklichkeiten immer konstruiert werden, ist deren Authentizität unerheblich: Wirklichkeitskonstruktionen sind daher nicht auf Wahrheit, sondern nur auf Effizienz (Viabilität) zu hinterfragen. Dass Massenkommunikation als fiktive resp. 'parasoziale' Kommunikation bezeichnet wird, dass kommunikative Fiktionen Fakten mühelos als unwirklich, sicher aber als unwirksam deklassieren können, findet so seine Erklärung.

Beispiel 28:

Eine Versuchsperson soll an einem Experiment teilnehmen. Sie soll in einem Versuchsraum die Länge einer gezeigten Strecke mit der einer vorher gezeigten Strecke vergleichen und das Ergebnis laut aussprechen. Als die Versuchsperson in den Raum kommt, sitzen dort schon weitere sieben Versuchspersonen. Was die Versuchsperson allerdings nicht weiß: Diese Personen sind Mitarbeiter des Versuchsleiters, die folgenden Auftrag haben: Bei den ersten Schätzungen schätzen diese Mitarbeiter richtig. Nach einigen Versuchen sagen sie aber genau das Falsche an. Die Versuchsperson gerät als in einen heftigen Konflikt mit ihren eigenen (richtigen) Wahrnehmungen und den falschen, aber von den Mitarbeitern artikulierten Wahrnehmungen. Die meisten Einzelperson trauten ab einem bestimmten Zeitpunkt ihren eigenen Wahrnehmungen nicht mehr, sondern übernahmen die der anderen – sie taten das, was die *anderen* taten (soziale Reflexivität). Werden die Wahrnehmungen aber nicht laut ausgesprochen, sondern auf einem Blatt Papier niedergeschrieben, so verschwindet dieser Effekt sofort (vgl. Asch 1951).

Das dritte Beispiel setzt am Begriff der **Bedeutung** an. Die klassische Kommunikationstheorie des Stimulus-Response unterstellt, dass *gleiche* 'Stimuli' *gleiche* Wirkungen haben. Sie musste also notwendig davon ausgehen, dass Bedeutungen für Menschen hochauflösend konsentiert sind. Es ist zu vermuten, dass dies der Grund dafür war, dass die Behavioristen so beharrlich alle Hinweise auf die Varianz von Bedeutungen leugnen *mussten*. Wenn jedoch die Annahme gleicher Bedeutungen zutreffen würde, gäbe es keine kommunikationsfähigen Individuen, sondern nur bewusstlose, im Rhythmus von

'Stimuli' massenhaft zuckende Automaten, die ein allmächtiger Kommunikator abfeuert. Der Konstruktivismus behauptet: Erst wenn wir *verschieden* auf Gleiches und gleichartig auf Verschiedenes reagieren können, also Freiheitsgrade des Denkens und Handelns in Anspruch nehmen – wenn wir also *konstruieren* können – wird Kommunikation überhaupt möglich.

Abstrakter: Menschen sind nicht nur in der Lage, sondern sie sind sogar darauf *angewiesen*, die sogenannten 'Stimuli' kontingent selektiv zu behandeln. Von daher muss es Mechanismen oder Strukturen geben, die dieses auch leisten können. Und unter dieser Prämisse ist nicht nur verständlich, sondern sogar *erwartbar*, dass Wirkungen der Massenkommunikation keinerlei Homogenität besitzen können, sondern ebenso verschieden ausfallen müssen, wie der Rezipient den sogenannten 'Stimuli' Sinn, Bedeutung, Meaning zuschreibt. Die unbefriedigende Lage der Wirkungsforschung ist ja gerade dadurch gekennzeichnet, dass die Varianz von Wirkungsfeststellungen nicht Null ist, sondern hochgradig mit der *Situation* korrespondiert. Genauer: Der Rezipient *muss* im Verständnis des Konstruktivismus aus den Informationsangeboten personen- und situationsspezifisch auswählen.

Definiert man in einem ersten Anlauf Situation als *externen* und *internen* Kontext – eine Überlegung, die schon durch die von *Lewin* aufgestellte Formel V = f(P, U) (Das Verhalten ist eine Funktion personaler und umweltbezogener Variablen) angedeutet ist (Lewin 1947), so kann man das Zustandekommen von Wirkungen trimodal begreifen: Wirkungen sind keinesfalls mehr am 'Stimulus' allein festzumachen, sondern an der Konstruktion von Bedeutung, die diesem 'Stimulus' durch Einwirken der subjektiven Erfahrung des Rezipienten (dem internen Kontext) einerseits und durch Einwirken des externen Kontext (Situation, soziale Normen, Medienvariablen) zugesprochen wird.

Weiterführende Literatur:

Luhmann (1970); Luhmann (1987); Luhmann (1990); Maturana (1982); Schmidt (1987); Schmidt (1994); Varela (1990); Foerster (1985); Watzlawick et al. (1971); Wiener (1968); Willke (1991); Merten/Schmidt/Weischenberg (1994)

6. Kommunikation als System

Die Vorstellung systemtheoretischer Argumentation hat bereits an mehreren Punkten auf Kommunikation verwiesen:

1) Kommunikation kann als kleinstes soziales System begriffen werden.

2) Soziale Systeme bestehen aus Kommunikation bzw. werden durch Kommunikation zusammengehalten.

Gerade im Hinblick auf den Anspruch, Kommunikation zu begreifen und zu erklären, verfügt die Systemtheorie – gegenüber allen anderen bekannten Paradigmen – über erhebliche Vorzüge:

1) Gegenstand der Systemtheorie sind *dynamische* Prozesse.

2) Die Systemtheorie geht von einer Ganzheit des Prozesses und also von einer Ganzheit der Analyse aus.

3) Die Systemtheorie ist nicht auf *Kausalität* verpflichtet.

4) Die Chance, Kommunikation als System zu begreifen, wird noch erheblich attraktiver, wenn man nach den Funktionen von Kommunikation für die Gesellschaft fragt: Spätestens hier versagen die herkömmlichen Kommunikationstheorien, während die Systemtheorie souverän die These aufstellt, dass aus kleinen Systemen große werden und damit auf der Ebene von Systemen die Beziehung zwischen Kommunikationssystemen und größeren Systemen, insbesondere dem sozialen System 'Gesellschaft', in den Griff bekommt.

Die Systemtheorie ist eine *Supertheorie* (Luhmann 1987: 19). Sie ist daher u. a. in der Lage, sowohl Kommunikation als auch Gesellschaften als *Systeme* zu begreifen und kann genau deshalb auch die Leistungen von Kommunikation *für* komplexere Systeme erfassen und zureichend analysieren.

Der systemtheoretische Zugriff auf Kommunikation muss als eine so bedeutsame Entwicklung gewertet werden, dass sein Auftreten eine neue Epoche der Kommunikationsforschung einleitet. Man könnte daher die Geschichte der Kommunikationsforschung in drei Epochen gliedern:

- Die **klassische**, auf *Aristoteles* gründende Epoche (330 v. Chr.-1940) der Kommunikationswissenschaft begreift Kommunikation als einen kausal, transitiv und proportional strukturierten, von einem Kommunikator intendierten Prozess, dessen Leistung in der Übermittlung von Information gesehen wird (vgl. Merten 1991: 41ff.). Dieser Ansatz vertritt ein ontologisches, an Positionen orientiertes Verständnis von Kommunikation, wie es sich z.B. noch heute in der *Lasswellformel* (Lasswell 1948), die diesen Prozess an fünf Positionen festmacht, nachweisen lässt.

- Die **nachklassische Epoche** (1940-1970) wird eingeleitet durch die berühmte Wahluntersuchung von *Paul F. Lazarsfeld*, bei der zum ersten Mal die Selektivität des Rezipienten – und dies gleich doppelt – massiv nachgewiesen werden konnte. Damit war das Stimulus-Response-Modell widerlegt, allerdings ohne dass eine gültige Theorie an dessen Stelle trat.[21]

- Die **transklassische Epoche** (1970ff.) wurde durch die Arbeiten vor allem von Norbert Wiener (1948) vorbereitet, der die universelle Geltung und die spezifische Leistung des Rückkopplungsprinzips entdeckte. Die Anwendung systemtheoretischer Erkenntnisse auf Kommunikation wurde aber insbesondere durch *Maturanas* 'Biologie der Kognition' bekannt, in der er die Folgen der Selbstreferentialität aller Kognition wie folgt beschreibt (Maturana 1982: 79):

> „Viele der Folgerungen für Bewußtsein und Erkenntnis, die sich aus dieser Art der Analyse ergeben, sind bisher von Naturwissenschaftlern und Philosophen auf die eine oder andere Art in intuitivem Verständnis vorgelegt worden, niemals jedoch auf adäquater biologischer oder epistemologischer Grundlage. Ich habe dies mit der Unterscheidung zwischen dem, was zum Bereich des Beobachters gehört und dem, was zum Bereich des Organismus gehört, getan und außerdem dadurch, daß ich die entsprechend radikalen Schlüsse aus den sich aus der zirkulären selbstreferentiellen Organisation der lebenden System ergebenden Konsequenzen gezogen habe [...] Erst nach dieser Analyse kann die funktionale Komplexität der lebenden und sprachlich interagierenden Systeme angemessen erfaßt werden, ohne daß sie durch solche magischen Wörter wie Bewußtsein, Symbolisierung oder Information verschleiert wird. Der größte Teil der Einzelarbeit muß natürlich noch geleistet werden, der grundlegende erste Schritt, die Definition der Perspektive, aus der die Beobachtung erfolgen muß, ist jedoch getan."

Dieser konstruktivistische Ansatz hat mittlerweile nicht nur die Kommunikationswissenschaft, sondern die gesamte Erkenntnistheorie in eine fruchtbare Unruhe versetzt (vgl. Schmidt 1987).

---

21 Die von *Lazarsfeld* und späteren Autoren vorgestellten Theorieentwürfe sind nicht zentral als Theorien der Kommunikation, sondern als Theorien der Wirkung der Massenmedien anzusprechen.

6.1 Informelle Kommunikation

Die bisherigen systemtheoretischen Überlegungen sollen nun auf die Darstellung und Erklärung der einfachen Face-to-face-Kommunikation (informelle Kommunikation) angewendet werden. Hier sind die Studien von *Erving Goffman* (Goffman 1971) eine wahre Fundgrube: Goffman ist es auch, der als erster das berühmte Paradox des Nichtkommunizieren-Könnens wie folgt beschreibt:

> „Ein Mensch kann aufhören zu sprechen, er kann aber nicht aufhören, mit seinem Körper zu kommunizieren; er muß damit entweder das Richtige oder das Falsche sagen; aber er kann nicht gar nichts sagen" (Goffman 1971: 43).

Luhmann (1972) beschreibt den Beginn von Kommunikation als einfachstes Sozialsystem durch doppelt kontingentes Reflexiv-Werden der Wahrnehmung von zwei Personen:

> „Gesetzt den Fall, zwei oder mehr Personen geraten einander in das Feld wechselseitiger Wahrnehmung, dann führt allein diese Tatsache schon zwangsläufig zur Systembildung [...] Diese Selektivität [...] potenziert sich, wenn man andere Personen wahrnimmt und deren Erleben miterlebt. Tritt dasselbe auch bei der anderen Person ein, entsteht [...] die *Nichtbbeliebigkeit* von Systemstrukturen [...] ist Anwesenheit im reziproken Wahrnehmungsfeld immer schon Kommunikation" (Luhmann 1972: 52f.).

In Abbildung 25 ist dieser Prozess nochmals schematisiert dargestellt: Wenn zwei psychische Systeme (= Menschen, Lebewesen) einander wechselseitig in das Feld der Wahrnehmung geraten[22], katalysiert sich *zwischen* diesen psychischen Systemen unausweichlich das kleinste bzw. einfachste Sozialsystem, nämlich **Kommunikation**, wie folgt:

Erste Sequenz:	Person A nimmt Person B wahr *und* Person B nimmt Person A wahr
Zweite Sequenz:	Person A nimmt Person B wahr *und* nimmt zugleich wahr, dass Person B die Person A wahrnimmt (dass A von Person B wahrgenommen wird) *und* Person B nimmt Person A wahr *und* nimmt zugleich wahr, dass Person A die Person B wahrnimmt (dass B von Person A wahrgenommen wird) etc.

[22] Es ist aufschlussreich, dass antike und auch noch mittelalterliche Marktplätze gerade so groß gebaut waren, dass zwei Personen, die sich diagonal, in maximaler Entfernung auf dem Markt gegenüberstehen, sich gerade noch erkennen können.

Abbildung 25: Genesis von Kommunikation

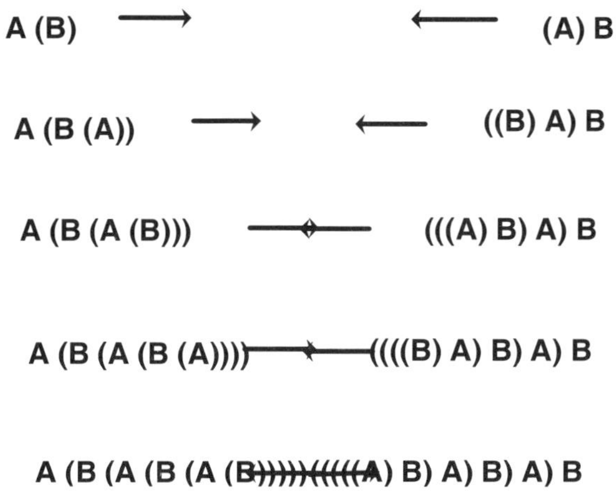

Sigle:

A (B) = Person A nimmt die Person B wahr.

B (A) = Person B nimmt die Person A wahr.

A (B (A)) = Person A nimmt wahr, dass Person B die Person A wahrnimmt.

B (A (B)) = Person B nimmt wahr, dass Person A die Person B wahrnimmt etc.

Diese Wahrnehmungen und alle weiteren Wahrnehmungen von Wahrnehmungen laufen bei beiden Personen sehr schnell an und aufeinander zu, so dass beide Kommunikanten *unterstellen* müssen, dass sie wahrnehmen und dass ihre Wahrnehmung durch die des anderen Kommunikanten bereits kontrolliert wird: Aus diesem Dilemma reflexiver Wahrnehmung katalysiert sich das Kommunikationssystem und entfaltet bindende Kraft: Beide Kommunikanten registrieren, dass sie gesehen werden (erkannt sind), so dass z.B. ein Weglaufen dies nicht mehr verhindern könnte. Menschen sind sich dieser Struktur sehr bewusst, wie ein von *Erving Goffman* beschriebenes Beispiel zeigt:

Beispiel 29: Reflexiv-Werden von Wahrnehmung

In Neuengland liegen die Bauernhöfe nicht direkt an der Landstraße, sondern weit zurück von der Straße. Wer mit dem Bus ankommt, muss also von der Haltestelle an der Landstraße noch ein gutes Stück von der Straße zum Hof laufen. Daher benutzen die Bauern, wenn sie sehen wollen, ob jemand kommt, Ferngläser. Das ist allerdings überall bekannt, so dass Besucher sich entsprechend darauf eingerichtet haben: Wenn sie aussteigen und dann auf den Bauernhof zulaufen – so Goffman – beginnen sie von einem bestimmten Punkt an zu lächeln und eine heitere Miene aufzusetzen – weil sie unterstellen, dass man sie mit dem Fernglas beobachtet und von diesem Punkt aus schon ihr Gesicht erkennen könnte (vgl. Goffman 1973: 163).

Alle Kommunikationssysteme setzen *doppelte Kontingenz* der beteiligten Wahrnehmungen der Kommunikanten voraus: Jeder kann so oder auch anders wahrnehmen, Wahrnehmung arbeitet *selektiv*. Übernimmt ein Kommunikant zusätzlich die Wahrnehmung des anderen, d.h. die Wahrnehmung, dass er selbst wahrgenommen wird, so steigert sich die Möglichkeit seines Wahrnehmens erheblich. Tritt diese Wahrnehmung der Wahrnehmung jedoch auch beim anderen Kommunikanten ein, so liegt nicht nur *doppelte* Kontingenz vor, sondern es katalysiert sich ein System heraus, das sofort seine eigene Struktur *selektiv* erzeugt: Kommunikation beginnt. Kontingenz bzw. reziproke Kontingenz reflexiver Wahrnehmung ist also eine Chance bzw. eine Bedingung, die, wenn sie erfüllt ist, unweigerlich zur Systembildung auf dieser Ebene führt. Genau dies formulieren Watzlawick et al. (1971: 53) dann als kommunikationswissenschaftliches Axiom „*Man kann nicht* nicht *kommunizieren.*"

Das allereinfachste System nonverbaler Kommunikation ist allerdings anfällig, weil es nur geringe Struktur besitzt (man kann sich jederzeit abwenden). Die *Grenzen* dieses Systems fallen noch mit den Grenzen des Wahrnehmungsraumes zusammen: Was nicht im Feld wechselseitiger Wahrnehmung liegt, gehört nicht zum System. Genauer: Das Kommunikationssystem besteht aus Wahrnehmungen und Handlungen, die aufeinander bezogen werden und dadurch das System konstituieren. Die beiden psychischen Systeme (Menschen) sind die Umwelt des Systems; sie sind nur insofern von Relevanz, als das Kommunikationssystem dieser 'Umwelt' immer weitere Handlungen entlockt.

Da die Struktur dieses (nonverbalen) Prozesses schwach ist – denn Wahrnehmungen sind diffus und nicht zurechenbar! – braucht das System zu seiner **Selbsterhaltung** mehr an Struktur und entwickelt daher neben dem nonverbalen Kanal einen sprachlichen Kanal. Dabei ist der sprachliche Kanal[23] wegen seiner höheren Selektivität nicht nur leistungsfähiger, sondern er lässt sich binär ausdifferenzieren in zwei Kanäle, die zueinander *reflexiv* strukturiert sind (Abb. 26): Verbale Aussagen können jederzeit durch verbale Metaaussagen (z.B. Bewertungen, Kommentare) überstrukturiert werden. Das System sprachlicher Kommunikation verfügt demnach bereits über drei Informationsmodi: sprachliche Information (I), sprachliche Metainformation (MI) und den nonverbalen Kanal (NV), der separat agieren kann und daher – vor allem über den Blickkontakt – prädestiniert ist für solche Metainformationen, die

[23] Sprachentstehung ist an zwei evolutionäre Errungenschaften gebunden: a) Die arbiträre (von der Handlung vollkommen abgelöste) Codierung der Sprache und b) die Fähigkeit zur Negation (vgl. Merten 1994: 143ff.).

die Steuerung des gesamten Kommunikationsprozesses leisten können (vgl. Argyle et al. 1968; Cranach 1971).

Abbildung 26: Sprachliche Kommunikation

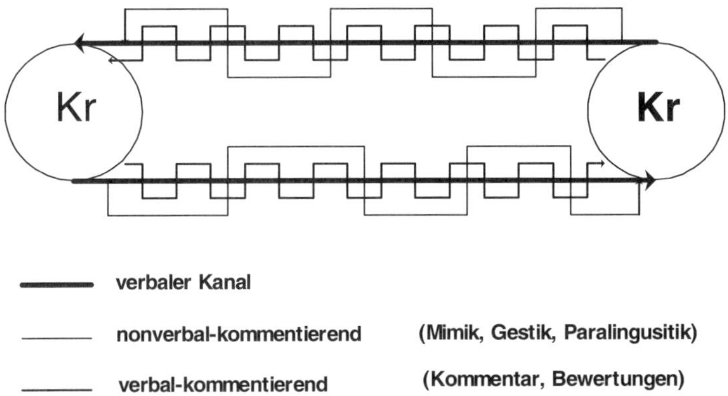

Sprachlich geführte Kommunikation verfügt zudem über eine höchst anspruchsvolle Struktur in Form von zwei Typen von Prozessen: *Wahrnehmungen* und *Sprechakte,* deren Aufeinanderbezug den Kommunikationsprozess sowohl inhaltlich als auch steuernd definiert. Die Ausdifferenzierung des Systems verläuft ebenfalls temporal, also durch die Geschichte des Systems: Kommunizieren zwei Unbekannte miteinander, so ist der zwischen ihnen sich einstellende Kommunikationsprozess noch riskant, denn noch ist alles möglich.

Bekannte hingegen, die sich treffen, generieren bereits ausdifferenzierte Systeme von Kommunikation, weil ihr Wissen aus der Vergangenheit eine wesentliche Strukturhilfe für die laufende Steuerung des Kommunikationssystems bereitstellt, die sich vor allem an dem zu behandelnden *Thema* festmachen lässt: Flüchtige Bekannte können allenfalls über Themen wie das Wetter sprechen oder dieses als Anknüpfungspunkt wählen, gute Bekannte können ihr wechselseitiges Wissen einbringen – sowohl inhaltlich als Thema und zugleich übereinander, als vertrauenswürdige Personen, mit denen vertrauliche Themen überhaupt erst erörtert werden können. Umgekehrt lässt sich ein dem anderen bekannter Kommunikationspartner gerade deshalb nicht einfach durch 'irgendeinen' Partner 'ersetzen'.

Wenn man umgangssprachlich also sagt, dass man bestimmte Sachen 'nur mit guten Freunden' bereden kann, so ist das nur die Umschreibung für die abstrakte Tatsache, dass die Struktur von Kommunikationsprozessen festlegt, welche Themen als Struktur genutzt werden können und welche nicht. Mithin stellt auch die Geschichte eines Kommunikationssystems eine Struktur bereit, die – wie die verbale Sprache – dem System Stabilität gibt. Oder anders: Verbaler Kanal und temporale Ordnung sind in Bezug auf die Strukturkatalyse für das Kommunikationssystem *funktional äquivalent*.

Von besonderem Interesse ist jedoch die Tatsache, dass bereits dieses noch sehr einfache Kommunikationssystem über drei Typen *reflexiver* Struktur verfügt (vgl. Merten 1977: 129ff.):

1) *Reflexivität in der Sachdimension* soll die Tatsache bezeichnen, dass in allen Kommunikationsprozessen nicht nur Aussagen, sondern zugleich auch immer Metaaussagen erzeugt werden müssen, um die Kommunikation verständlich und adressierbar zu machen. Im Alltag ist dieses Phänomen sichtbar etwa in der Unterscheidung von Information und Meinung, von Nachricht und Kommentar, im Verhältnis von nonverbaler und verbaler Kommunikation, aber auch in der Tatsache, dass Menschen Aussagen nicht einfach empfangen, wie man beispielsweise ein Päckchen empfängt, sondern sie immer interpretieren, also in bestimmte Relevanzkontexte einordnen müssen; dazu müssen Metaaussagen gesucht, notfalls konstruiert werden, indem die Form der Aussage (Stil, Präsentation) oder die Glaubwürdigkeit des Kommunikators oder alle möglichen anderen Informationen als Metaaussagen für die eigentliche Aussage herangezogen werden.

2) *Reflexivität in der Sozialdimension*: Sie ist die basale Struktur für alle informelle (interaktive) Kommunikation und zeigt sich in der Reflexivität von Wahrnehmung und Handeln. Sie liegt auch allen kollektiven Erscheinungen wie Öffentlichkeit, öffentliche Meinung oder der Gerüchtbildung zugrunde. Ihre starke soziale Bindewirkung wurde im dem Experiment von Asch (1951) bereits demonstriert (➔ Beispiel 28).

3) *Reflexivität in zeitlicher Dimension* soll die genetische Eigenschaft aller Kommunikation bezeichnen, die dadurch zustande kommt, dass Kommunikationsprozesse direkt und unmittelbar auf sich selbst zurückwirken. Dass man mit neuen Worten neue Wort bilden kann, dass die Glaubwürdigkeit eines Gerüchts dessen Verbreitung rückstabilisiert, dass die Art und Weise wie man Informationen verarbeitet, durch die schon bearbeitete Information bestimmt wird, sind alltägliche Beispiele für diese Leistung. (vgl. Merten 1977: 129ff.).

Darüber hinaus lassen sich gerade an diesem einfachen sozialen System die Systemprobleme, die im AGIL-Schema und in der Ausbildung von Eigenkomplexität des Systems genannt wurden, nachvollziehen. Beispielsweise sind hier zu nennen:

a1) Sprachliche, d.h. verbale Mitteilung zur Steigerung von Komplexität.

a2) Wechselseitig aufeinanderbezogene Sprechakte, die damit ein *Thema* ausgrenzen und die Selektivität des Systems nochmals steigern, indem sie dem System eine temporale Struktur geben: Das was noch gesagt werden kann, wird durch das, was schon gesagt ist, vorstrukturiert.

b) Die Selbsterhaltung des Systems äußert sich aber auch anders – zum Beispiel darin, dass *Schweigen* 'peinlich' ist. Genau deshalb entwickelt das Kommunikationssystem raffinierte Strukturen, z.B. die *gezielte Unterbrechung* eines Kommunikationssystems durch *Verabredung* von *Pausen* oder andere fiktionale Prolongationen ('Auf Wiedersehen'). Das System beschafft sich also „Kontinuität [...] durch Unterbrechung der Kontinuität" (Luhmann 1972: 62) – was im Übrigen wiederum einen Typus *reflexiver* Struktur voraussetzt.

Es erscheint unter dieser Perspektive daher möglich, den Begriff der Kommunikation gerade durch seine systemische, sprich: reflexive Struktur zu definieren:

> „**Kommunikation** ist das kleinste soziale System mit zeitlich-sozialer-sachlicher Reflexivität, das durch Interaktion der Kommunikanten die Behandlung von Handlungen erlaubt und soziale Strukturen ausdifferenziert" (Merten 1977: 163).

Was bedeutet dies nun genau? Diese Definition verzichtet bewusst auf die Angabe von Elementen und geht stattdessen von einem Gesamtzusammenhang von Relationen aus, der vom Typ her wesentlich anforderungsreicher ist als die einfache, lineare Struktur, die den Ansätzen der klassischen Kommunikationstheorie resp. ihren Modelle zugrundeliegt.

Systemische Struktur ist, wie hier deutlich wird, sehr viel komplexer und umfasst u.a. folgende strukturelle Möglichkeiten:

a) Reflexive Wahrnehmungen aller Art

b) Verbale Formulierung

c) Selektivität durch Thematisierung und Systemgeschichte

d) Sicherung von Kontinuität durch

  d1) Grad der Kenntnis der Kommunikanten untereinander

  d2) Dauer des Kommunikationsprozesses und

  d3) Institutionalisierungsversuche aller Art, vorzugsweise solcher reflexiver Art (z.B. Kontinuität durch Unterbrechung). Eine institutionelle Struktur kann bereits von Anwesenheit abstrahieren: Man gründet einen Verein und stimmt auf Sitzungen jeweils mehrheitlich ab, was garantiert, dass auch dann, wenn nicht alle Mitglieder anwesend sind, das soziale System 'Verein' überleben kann.

e) Zahl verabredeter Regelungen, die, wie alle reflexive Strukturierung (Regelung) in der Sachdimension, grundsätzlich Metacharakter haben *müssen*

Innerhalb dieser hier keineswegs erschöpfend genannten fünf Möglichkeiten lässt sich darüber hinaus eine Quantifizierung vornehmen: Zahl der Kommunikanten, Zahl der verbalen Akte, Zahl der behandelten Themen oder Themenwechsel, Zahl der verstrichenen Minuten oder der im Kommunikationsprozess vereinbarten Regeln und Ausnahmen etc. Kommunikation als kleinstes und zugleich flüchtigstes System spielt aber noch eine weit größere Rolle: Sie erzeugt (katalysiert) alle weiteren, beständigeren sozialen Systeme, insbesondere Gesellschaft – wiederum ein reflexiver Prozess, bei dem die Anwendung von etwas auf sich selbst zu neuen, leistungsfähigeren Lösungen führt. Insofern zeigt die systemische Perspektive, dass Kommunikation eben nicht, wie man früher noch denken konnte, ein problemloses Werkzeug darstellt, das man gleichsam als Schmiermittel der Gesellschaft bezeichnen könnte, sondern dass es sich genau umgekehrt verhält: Kommunikation ist (mittlerweile) zum wichtigsten Teilsystem der Gesellschaft geworden, in dem sich die Probleme aller anderen Teilsysteme 'abbilden' und – genau dadurch – erst lösen lassen.

6.2 Massenkommunikation

Der Begriff der Kommunikation ist in den letzten Jahren alltagssprachlich in vielfältiger Hinsicht hoffähig geworden; er ist daher als wissenschaftlicher Begriff aber unzulässig mit alltagswissenschaftlichen Annahmen verknüpft und dadurch entwertet worden (vgl. Merten 1994). Das prominenteste Beispiel dafür ist der Begriff der **Massenkommunikation**, der gleich in doppelter Hinsicht falsche Annahmen impliziert: Zum einen handelt es sich bei der Massenkommunikation nicht um Kommunikation im oben beschriebenen Sinne, bei der die Kommunikanten grundsätzlich gleichberechtigt sind; zum anderen sind daran gerade nicht Massen, sondern anonyme und disperse Publika beteiligt (vgl. Maletzke 1963: 24ff.). Die klassische Publizistikwissenschaft ist über diese Unvereinbarkeit in der Regel mit jenem höflichen Stillschweigen hinweggegangen, mit dem man im gesellschaftlichen Umgang über Peinlichkeiten hinweggeht oder hat – ebenso bedenklich – Massenkommunikation und informelle Kommunikation gleichgesetzt. Stellvertretend dafür Prakke (1968: 59):

> „Zwischenmenschliche Kommunikation (wird) als elementares Geschehen in der Gesellschaft verstanden. Findet diese soziale Kommunikation öffentlich statt und weist sie aktuelle Bezüge auf, dann gewinnt sie publizistische Bedeutung."

Der hier vorgestellte systemtheoretische Ansatz zur Analyse von Kommunikation erlaubt es, auch den Begriff der **Massenkommunikation** zu beleuchten und nach der systemtheoretischen Auflösung von dessen Unvereinbarkeit zu fragen. Wir erinnern uns: Im klassischen Verständnis des Reiz-Reaktionsmodells waren zwei Kommunikanten die Voraussetzung, die wechselseitig miteinander kommunizieren konnten. Diese Bedingung kann die Situation der Massenkommunikation niemals erfüllen, so dass folgerichtig zu bezweifeln ist, ob Massenkommunikation – vom Begriff der 'Masse' einmal ganz abgesehen – überhaupt Kommunikation sein kann.

Abbildung 27: Massenkommunikation als virtuelles Kommunikationssystem

A (M)

A (M) + A'(X (M))

A (M) + A'(Y (M))

A (M) + A'(X (M)) + A'(X'(A (M)))

A (M) + A'(Y (M)) + A'(Y'(A (M)))

Sigle:	A (M)	=	Der Rezipient A rezipiert das Medium M.
	A'(X (M))	=	Der Rezipient A unterstellt, dass der Rezipient X das Medium M rezipiert.
	A'(Y (M))	=	Der Rezipient A unterstellt, dass der Rezipient Y das Medium M rezipiert.
	A'(X' (A (M)))	=	Der Rezipient A unterstellt, dass der Rezipient X unterstellt, dass der Rezipient A das Medium M rezipiert.

Die Lösung dieses Problems gelingt, wenn wir wieder von dem konstituierenden Merkmal, nämlich der *Reflexivität* ausgehen; dieses Merkmal ist im Massenkommunikationsprozess nicht über die *Anwesenheit* der Kommunikanten, sondern über die Struktur des Wissens und Meinens erfüllt, so dass man in diesem Sinne von einem *virtuellen* Kommunikationssystem sprechen kann. In Abbildung 27 ist symbolisch die Rezeption eines Mediums M in mehreren Schritten dargestellt:

1) Rezipient A rezipiert das Medium M.

2) Da ein Medium von sehr vielen Rezipienten rezipiert wird, *unterstellt* der Rezipient A, dass auch andere Rezipienten (X, Y) das Medium M rezipieren.

3) Der Rezipient A unterstellt, dass auch andere Rezipienten (X,Y) unterstellen, dass A das Medium M rezipiert.

Dadurch stellt sich, analog zur informellen Kommunikation, eine reflexive Struktur ein, die jedoch nicht auf der Wahrnehmungsebene, sondern auf der *Unterstellbarkeit wechselseitiger Wahrnehmung* aufbaut, gleichwohl aber in diffuser Form ein Kommunikationssystem erzeugt. Nicht zwischen Kommunikator und Rezipient besteht nun ein vergleichsweise diffuses, gleichwohl aber bindendes Kommunikationssystem, sondern zwischen *all* den Rezipienten, die das Medium M rezipieren und unterstellen, dass andere, dass *man* wahrnimmt, was andere wahrnehmen. Die Reflexivität der Wahrnehmung ist daher nicht real wahrnehmbar, sondern kann nur unterstellt werden; sie ist sozusagen parasozial (vgl. Horton/Wohl 1956), entfaltet jedoch – z.B. über die Unterstellung gemeinsamen Wissens – konsentierende Wirkungen[24]. Gegenüber der informellen Kommunikation hat dieses System zwar eine wesentlich diffusere Struktur, die eine direkte soziale Kontrolle wie in der Interaktion ausschließt. Über die Unterstellbarkeit der Richtigkeit, der Relevanz der rezipierten Inhalte stellt sich gleichwohl eine stark bindende Struktur ein, die *identisch* ist mit der Struktur, die den Prozess des öffentlichen Meinens mit der Unterstellbarkeit starker Wirkungen ausstattet (vgl. ➔ Kap. 10.5).

Der Kommunikator fungiert nicht als Kommunikant, sondern als *Brennpunkt* bzw. Bezugspunkt aller Rezipienten: Man nimmt nicht nur den Kommunikator wahr, sondern man unterstellt, man *meint*, dass auch andere den Kommunikator wahrnehmen. Das ergibt sich z.B. aus der bekannten Tatsache, dass man einem Nachrichtensprecher vertraut: Würde er die Unwahrheit sagen, wüsste *man*, dass dies alle anderen Rezipienten auch wahrnehmen würden (so dass dies zwangsläufig aufgedeckt würde etc.). Der Rezipient der Massenkommunikation ersetzt also die unmittelbare Wahrnehmung durch die kognitive Bewältigung der Situation: Er *weiß*, dass nicht nur er, sondern, dass *man* zugleich die Aussagen des Kommunikators rezipiert, jeder weiß also, dass jeder andere weiß oder wissen kann, jeder *erwartet, dass auch die anderen erwarten*. Auf diese Weise konstituiert sich ein diffuser, aber nichtsdestotrotz hochwirksamer Kommunikationsprozess durch *soziale Reflexivität* höherer Ordnung.

Die *sachliche Reflexivität* ergibt sich aus der auch hier nachweisbaren Differenzierung zwischen *Wissen und Meinen:* Rezipienten wissen nicht nur, sondern sie meinen zu wissen, was andere zu wissen meinen etc. Demgemäß setzt die Entwicklung von Meinungen zu Themen die Themen wieder voraus. Meinungen aber – und das ist ein neuzeitliches Kennzeichen der Massenkommunikation – können selbst wieder als *Thema* eingeführt werden und selbst dazu

---

[24] Genau besehen wird unterstellt, dass auch *andere* unterstellen, dass *man* unterstellt.

können Meinungen gebildet werden: „Das politische Magazin 'X' ist unerträglich!"

Daneben kann die eigentliche Aussage im Prozess der Massenkommunikation gleichfalls – wie im Prozess informeller Kommunikation – sowohl verbal-nonverbal als auch in der Differenzierung zwischen Information und Kommentar *reflexiv* strukturiert werden.

Die *temporale Reflexivität* von Massenkommunikation ist – analog zur informellen Kommunikation – sehr diffus wirksam: Jeder massenkommunikative Akt lässt sich auf sich selbst zurückbeziehen und stabilisiert das System erneut, genauer: Er stabilisiert Wissen und Erwartungen in Bezug auf weitere Massenkommunikation schon dadurch, dass über die Thematisierung, ja sogar über die Häufigkeit der Thematisierung, Meinungen über *Meinungen* mitthematisiert werden können.

Mit anderen Worten: Dass im Prozess der Massenkommunikation ebenfalls Typen reflexiver Struktur auftreten, ist der Beleg für die Behauptung, dass gerade die Systemperspektive genau das leistet, was *Lewin* vorhergesagt hatte: Vergleichbarmachung bzw. Zusammenführung von Phänomenen, die auf der Erscheinungsebene distinkt sind, auf der Analyse-Ebene jedoch zueinander affin erscheinen!

Im Gegensatz zum realen Face-to-face-Kommunikationssystem kann man daher die Massenkommunikation auch als *virtuelles Kommunikationssystem* bezeichnen, das zwar sehr diffus, aber dafür sozial flächendeckend konsentierende Funktionen in Bezug auf Vorstellungen, Erwartungen und Meinungen ausübt.

Das systemtheoretische Verständnis von Kommunikation erlaubt es darüber hinaus, informelle Face-to-face-Kommunikation und Medienkommunikation miteinander zu verbinden und dabei auch die *organisatorische Struktur* der Massenkommunikation als System, nämlich als *organisiertes Mediensystem* zu begreifen. Ein *weltgesellschaftliches Modell* von Kommunikation lässt sich dann als Zusammenwirken eines organisiertes Mediensystems, eines reellen und eines virtuellen Kommunikationssystems begreifen, die miteinander mehrfach verschränkt sind: Alle interaktiv geführte Kommunikation bestärkt das virtuelle Kommunikationssystem, alle Leistungen des virtuellen Kommunikationssystems können vom interaktiven Kommunikationssystem schon vorausgesetzt werden (vgl. Merten 1977: 153ff.).

Das *virtuelle System* bedarf zu seiner organisatorischen Absicherung einer Struktur, die vom Mediensystem garantiert wird. Dazu gehört insbesondere die Beschaffung, Auswahl und Verbreitung aktueller Informationsangebote.

In dem am organisierten Kommunikator gespiegelten Wissen und Meinen konstituiert sich das virtuelle Kommunikationssystem, das die durch das organisierte Mediensystem beschafften Selektionsleistungen übernimmt und Folgeselektionen vornimmt. Es leistet die Erzeugung reflexiver Wissens- und Meinungsstrukturen für Teilnehmer, die füreinander weder *anwesend noch bekannt* sein müssen und bildet durch die wechselseitige Ausrichtung an einer im Grunde fiktiven Struktur grobe und diffuse, aber nichtsdestoweniger wirksame *Konsensbestände* aus.

Das reale Face-to-face-Kommunikationssystem setzt diese Selektionsleistungen voraus: Es kann sich mit den bereitgestellten Aussagen *reflexiv* überlagern, wie am Beispiel des Meinungsführers sichtbar, und leistet somit nicht nur eine schärfere Selektion, sondern zugleich auch eine Abstützung des virtuellen Kommunikationssystems: Reales und virtuelles Kommunikationssystem setzen sich wechselseitig voraus und sind zueinander komplementär: Sie sind soziale Systeme und als Kommunikationssysteme durch die Existenz von zumindest drei zeitlich-sachlich-sozial definierte Typen von Reflexivität definiert.

Ähnliche Strukturen finden sich, wenn man die Figur des 1940 von *Paul Lazarsfeld* entdeckten *Meinungsführers* als Mittler zwischen medialer und informeller Kommunikation betrachtet (vgl. Merten 1988).

Von besonderer Bedeutung ist an dieser Verknüpfung, dass hier zwei *unterschiedliche* Systeme miteinander gekoppelt sind: ein reales und ein fiktives Kommunikationssystem. Das fiktional strukturierte, virtuelle System – eben die Massenkommunikation – wirkt dennoch schon dadurch, dass Faktizität *unterstellt* wird. Dies ist ein prominenter Anwendungsfall der Strukturkatalyse sozialer Systeme: Es kommt überhaupt nicht darauf an, ob eine Struktur *faktisch* vorhanden ist oder nicht, sondern nur, ob sie faktisch *wirkt*. Wir werden später sehen (➔ Kap 10.5), dass diese virtuelle Struktur basal für die Wirksamkeit der öffentlichen Meinung, aber auch für die von Public Relations ist.

6.3 Resümee

Die simple Deutung von Kommunikation als etwas, das sich zwischen zwei Menschen – wie immer auch – ereignet oder abläuft, kann konstruktivistisch nochmals tiefenschärfer gefasst werden:

Kommunikation ist ein soziales System, das mindestens zwei psychische Systeme verkoppelt. Die Konstruktion von Wirklichkeit, die das Kommunikationssystem für die psychischen Systeme leistet, ist dessen wichtigste Funktion. So gut wie alle Kommunikationsmodelle beschreiben den Kommunikationsprozess, indem sie dessen *Elemente* aufzählen, ggf. *klassifizieren*, wobei eine klassifikatorische Dreiteilung offenbar besonders beliebt ist. Vergleichsweise wenig Aufmerksamkeit wurde dagegen den *Relationen* geschenkt, die sich zwischen diesen Elementen (Objekten) einstellen – dies ist, verkürzt gesagt, der Kardinalfehler der klassischen Theorieansätze.

Die hier vorgetragene systemische Analyse hat jedoch gezeigt, dass *Relationen* die eigentlich relevanten Strukturen von Kommunikation abgeben. Luhmann (1971) beschreibt Systeme definitiv als Relationen, nämlich als einen 'Sinnzusammenhang von Handlungen', womit gleich eine doppelte Relationierung ausgesprochen ist: Handlung als Relation zwischen Handelnden (oder auf diese hin) und Relationierung von Handlungen aufeinander unter dem Sinnkriterium. Auch die Kategorie der *Reflexivität* weist bereits eine doppelte Relationierung aus: Bezug einer Relation (Handlung, Aussage, Zeitgröße) auf sich selbst.

Demgemäß kann die oben formulierte Kritik nun in einer Synopsis von Kommunikationsmodellen (Abb. 28) zusammengefasst werden, bei dem die strukturelle Komplexität der Modelle als Kriterium für deren Fruchtbarkeit zugrundegelegt wird. Abbildung 28 zeigt exemplarisch vier Modelle der Kommunikation:

1) die *Lasswellformel* als Wortmodell
2) das *Stimulus-Response-Modell*
3) das *Austauschmodell* und
4) das *systemische Kommunikationsmodell*

Das einfachste Modell ist die klassische *Lasswellformel* (vgl. Lasswell 1948). Sie besitzt fünf Elemente, also absolute Größen, jedoch keine Relationen. Ihre strukturelle Komplexität S besteht daher nur aus diesen fünf Elementen: S = 5E. Ähnlich einfach sind andere Wortmodelle, die bis auf den römischen Rhetoriker Quintilian (*persona, locus, tempus, occasio, instrumentum, factum,* vgl. Prakke 1965) zurückgeführt werden können: Die schiere Aufzählung von Elementen kann den Prozess, den jede Kommunikation darstellt, überhaupt nicht abbilden.[25]

[25] Analog unbefriedigend wäre die Angabe 'Stahl, Gummi, Glas, Öl, Baumwollstoff und Plastik' als Beschreibung für ein Auto.

Abbildung 28: Synopsis von Kommunikationsmodellen

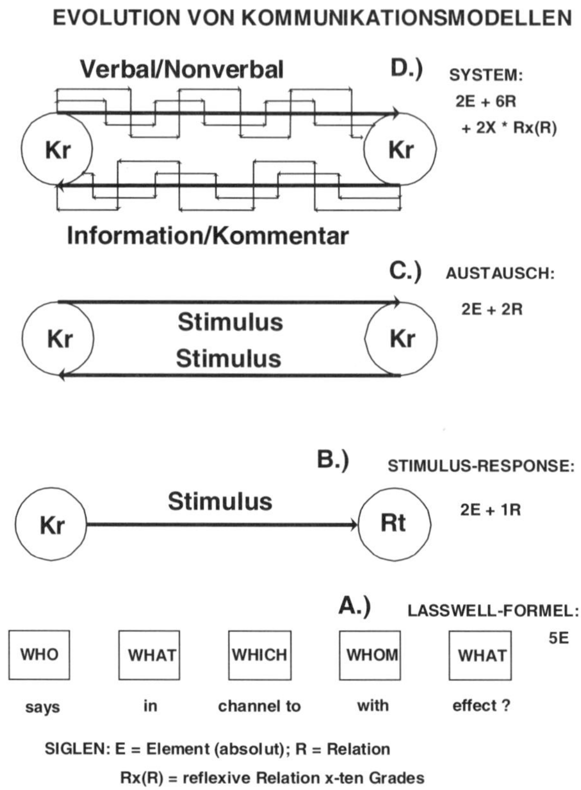

Das zweite Modell ist das klassische *Stimulus-Response-Modell.* Es beschreibt den Kommunikationsprozess mit zwei absoluten und einer relationalen Größe, so dass dessen strukturelle Komplexität S = 2E + R beträgt. Die hierauf aufbauenden Modelle sind zahlreich und lassen sich, mehr oder minder exakt, als Variationen dieses Modells begreifen.

Das *Austauschmodell* ist im Grunde nur eine fehlgedachte Komplettierung des fehlgedachten Stimulus-Response Modells: Wie bereits ausgeführt, wird im Prozess der Kommunikation nicht getauscht. Darüber hinaus lenkt es durch Betonung der Symmetrie auch deshalb den Blick und das Verständnis in eine falsche Richtung, weil nicht die Symmetrie als solche, sondern die dadurch mögliche *Zirkularität* der Relationen und die daraus sich einstellende Reflexivität relevant ist. Somit bleibt das Modell hinsichtlich seiner Komplexität stehen bei S = 2E + 2R. Gleiches gilt für alle solche Bildmodelle, die eine reziproke Struktur auch mit dem Begriff 'Feedback' belegen *ohne* aber auf die dadurch installierbare Reflexivität einzugehen.

Das *Systemmodell* von Kommunikation ist sicherlich das aufwendigste, denn es fordert neben den beiden Positionen der Kommunikanten (2E) zunächst weitere 6 Relationen: Nonverbaler Kanal und verbaler Kanal, dieser differenziert in Information und Metainformation (Wertung, Meinung, Kommentar), so dass die strukturelle Komplexität S den Wert S = 2E + 6R umfasst. Darüber hinaus lässt sich das Reflexiv-Werden von Informationen, aber auch von Wahrnehmungen einfacher und höherer Art und die temporale Zurückbindung des gesamten Prozesses als komplexe *Relationierung von Relationen* (R x (R)) begreifen, so dass hier ein völlig neuer und sehr viel aufwendigerer Typus von Modellkomplexität auftritt, über den die vorher beschriebenen Modelle gar nicht verfügen.

Abb. 28 macht die Überlegenheit des Systemmodells bereits anhand von dessen struktureller Komplexität deutlich. Der Erkenntnisgewinn der Systemtheorie für die Kommunikationswissenschaft geht freilich entschieden weiter. Ein wesentlicher Grund dafür ist, wie hier deutlich gemacht wurde, die Tatsache, dass Systeme sowohl ganz klein als auch ganz groß und in Bezug auf ihre Systemizität zueinander vergleichbar und füreinander funktional sein können. Ein weiterer Vorteil systemischer Theorie liegt im vom 'Basistheorem des Konstruktivismus' charakterisierten Zusammenhang zwischen Kommunikation und gesellschaftlicher Wirklichkeit. Vier Folgerungen lassen sich daraus ableiten:

1) Kausalität ist eine unzulässig vereinfachende Strukturannahme des Kommunikationsprozesses und kann daher von den heuristischen Möglichkeiten mehrwertiger Logik keinen Gebrauch machen, 2) Einfache Prozesse mit selbstreferentiellen (reflexiven) Strukturen (Systeme) vermögen Prozesse höherer Komplexität zu generieren, 3) Systeme treten auf unterschiedlichen Aggregatebenen auf (organisch, technisch, psychisch, sozial) und können zueinander relationiert werden und 4) Kommunikation ist das basale soziale System, das für die daran beteiligten Kommunikanten Wirklichkeit konstruiert. Teiltheorien der Kommunikation oder *Theorien mittlerer Reichweite* werden jedoch vermutlich nur dann erfolgreich und für eine spätere Integration tauglich sein, wenn sie in der Lage sind, reflexive Strukturen zu erfassen und zu berücksichtigen. Als Hinweis auf solche Teiltheorien kann man – stellvertretend – eine Theorie der öffentlichen Meinung, nämlich die Theorie der Schweigespirale von Elisabeth Noelle-Neumann (1980, ➔ Kap. 13.5.5) und die Theorie der wachsenden Wissenskluft von Tichenor et al. (1970, ➔ Kap. 13.5.6) nennen. Die reflexive Struktur von Kommunikation, die von so unterschiedlichen Vertretern wie *Mead*, *Watzlawick*, *Goffman*, *Habermas*, *Luhmann* oder *Maturana* gefordert wird, bedarf nicht nur einer selbst reflexiv strukturierten Theorie, sondern noch mehr: diese Theorie schlägt sogar noch auf die Methoden der Kommunikationsforschung durch.

Weiterführende Literatur:

Deutsch (1952); Luhmann (1970); Luhmann (1987); Maletzke (1963); Maturana (1982); Merten (1977); Merten/Schmidt/Weischenberg (1994); Prakke (1968); Schmidt (1987); Schmidt (1994); Watzlawick et al. (1971)

C. FUNKTION UND STRUKTUR VON KOMMUNIKATION

In diesem Abschnitt werden Typen, Funktionen und Strukturen von Kommunikation sowie dazu vorfindliche theoretische Ansätze vorgestellt. In Kapitel 7 werden speziell Typen informeller Kommunikation vorgestellt. Die Frage nach deren Struktur und Funktion leitet sodann über zu entsprechenden theoretischen Ansätzen informeller Kommunikation. Analog werden in Kapitel 8 Typen von Massenkommunikation vorgestellt, wobei dem Begriff des Mediums einerseits und der Verschränkung informeller und medialer Kommunikation andererseits eine besondere Aufmerksamkeit gilt.

7. Informelle Kommunikation

Der Begriff *informelle Kommunikation* (auch: unvermittelte Kommunikation, dyadische Kommunikation, Face-to-face-Kommunikation) umfasst alle Prozesse, in denen die Kommunikanten a) füreinander wechselseitig und b) unvermittelt wahrnehmbar sind. Er schließt daher die Verwendung von Medien aus, so dass z.B. ein Telefonat (selbst mit Bildschirm) nicht hierunter fällt.

Überwiegend wird informelle Kommunikation *sprachlich* geführt; gleichwohl ist sie nicht an Sprache gebunden, denn auch nonverbale Kommunikation fällt nach den genannten Kriterien unter diesen Begriff.

Eine Typisierung informeller Kommunikation kann nach sehr unterschiedlichen Gesichtspunkten erfolgen. Differenziert man nach der Zahl der Kommunikanten, nach der Modalität des Inhalts (nonverbal oder verbal-nonverbal) und nach der Intention der Kommunikation[26], so erhält man eine Achtfelder-Matrix (Abb. 29), die die wesentlichen Typen informeller Kommunikation abbildet:

[26] Selbstverständlich lässt sich auch eine Typisierung nach anderen Kriterien, z.B. nach der Funktion (etwa: Information, Kommentar, Unterhaltung) oder der Relevanz der Mitteilung oder nach der Symmetrie der Kommunikation (Dialog versus Redner-Zuhörer) vornehmen.

Abbildung 29: Typisierung informeller Kommunikation

Kommunikator		Rezipient: Dyadische Kommunikation n = 1	Rezipient: Öffentliche Kommunikation n > 1
nonverbal	non-intentional	Mimik, Gestik (Verhalten) 1	Mimik, Gestik (Verhalten) 5
nonverbal	intentional	Meta-Kommunikation 2	Meta-Kommunikation Pantomime 6
verbal-nonverbal	non-intentional	Small talk 3	(Gerücht) 7
verbal-nonverbal	intentional	Gespräch, Klatsch 4	Rede (Gerücht) 8

Zunächst lässt sich der gesamte Bereich, in dem ein Kommunikator mit einem Rezipienten kommuniziert (Felder 1-4), als *dyadische Kommunikation* (Interaktion) typisieren, während die weiteren Felder (5-8) Bereiche umfassen, die als Team- resp. Gruppenkommunikation oder als öffentliche Kommunikation (*ein* Kommunikator, aber eine prinzipiell unbegrenzte Zahl von Rezipienten) zu typisieren sind.

7.1 Nonverbale Kommunikation

Feld 1 beschreibt nonverbale dyadische Kommunikation, die durch Mimik (Gesichtsausdruck, vor allem: Augen- und Mundbewegung) und Gestik (Körperbewegung, besonders mit den Händen) geführt wird, also vor allem mit eben jenen Organen, die als Kommunikations- bzw. Rezeptionsorgan dienen. Dabei genießt das Auge eine ganz besondere Bedeutung, weil es sowohl als Rezeptions- als auch als Emissionsorgan dienen kann (vgl. Goffman 1971: 95ff.; Merten 1977: 99ff.) – nicht zufällig beruht die Katalyse informeller Kommunikation, wie bereits gezeigt (➔ Kap. 6.1), auf dem wechselseitigen Blickkontakt.

Die Rolle nonverbaler Kommunikation ist keineswegs als marginal anzusehen. Zwar hat sie ihre zentrale Informationsfunktion, die sie auf der Ebene der animalischen Kommunikation besitzt, durch Entwicklung der Sprache eingebüßt; aber eben durch die Entwicklung der Sprache hat sie eine neue, *metakommunikative* Funktion gewonnen, weil nonverbale Kommunikation nun strategisch für die Steuerung der verbalen Kommunikation eingesetzt wird: Veränderungen etwa des Blickkontakts können genutzt werden, um die Vorbereitung oder den Abbruch verbaler Kommunikation, nachlassendes Interesse oder anderes zu signalisieren (vgl. dazu Argyle 1972: 91ff.).

Aber auch das gesamte *Verhalten* einer Person (Haltung, Bewegungen etc.) fungiert als nonverbale Kommunikation. Dies erfolgt großenteils nonintentional, aber indikativ, d.h. nonverbales Verhalten verweist auf bestimmte Zustände des Kommunikators dieses Verhaltens. Dieser Verweis ist so stark, dass Ekman/Friesen (1969) von 'nonverbalem Durchsickern' (*nonverbal leakage*) sprechen: Wenn ein Kommunikator die Unwahrheit sagen will, so ist dies auf dem verbalen Kanal sehr viel leichter als auf den nonverbalen Kanal zu realisieren, weil man Unwahrheiten auf dem verbalen Kanal besser kaschieren kann. Auf dem nonverbalen Kanal hingegen gelingt eine Verstellung viel schwerer, weil die Darstellung an die gesamte Person gebunden erscheint und demgemäß die eigentliche Wahrheit viel eher 'durchsickern' kann. Ein weiterer Vorteil nonverbaler Kommunikation liegt darin, dass

> „Wahrnehmen, anders als Sprechen, nicht als Handlung zugerechnet wird. Jeder Teilnehmer ist in sozialen Systemen für das, was er sagt, nicht aber für das, was er wahrnimmt, verantwortlich zu machen [...] Man kann jederzeit leugnen, eine Kommunikation gemeint zu haben" (Luhmann 1972: 55).

Hinzu kommen bei der sprachlich geführten Kommunikation paralinguistische Inhalte, die durch Betonung, Dehnung der Aussprache, Absenken oder Anheben der Stimme etc. erzeugt werden und deren Funktion vor allem darin liegt, den Kommunikationsprozess zu steuern und damit die zugrunde liegende verbale Aussage in Bezug auf die vom Kommunikator gesetzte Intention und Relevanz letztlich verständlicher zu machen.

7.2 Verbal-nonverbale dyadische Kommunikation

Verbal geführte dyadische Kommunikation ist der Prototyp informeller Kommunikation, insbesondere deshalb, weil bei diesem Typ beide Kommunikanten prinzipiell gleichberechtigt sind (Dialog). Dieser Typus verfügt ex definitione über einen nonverbalen *und* verbalen Kanal, so dass Kommunikation dadurch im Hinblick auf Information, Beeinflussung etc. über eine besondere Effizienz verfügt.

Man kann diesen Typ als kommunikative Gattung (vgl. Bergmann 1987: 35ff.) in verschiedene Typen differenzieren (vgl. etwa Jolles 1958). Gemäß Abbildung 29 wird hier weiter differenziert in drei Typen, nämlich in Small Talk, Gespräch und Klatsch, zu denen später Gerücht und Rede hinzutreten (➔ Kap. 7.3).

Von **Small Talk** spricht man, wenn informelle Kommunikation ohne definitive Absichten geführt wird (z.B. Alltagskommunikation, Unterhaltung) und sich in der unverbindlichen Erörterung alltäglicher Probleme erschöpft. Demgemäß ist die Auswahl von Anlass, Kommunikationspartner und Thema einer hohen Beliebigkeit unterworfen.

Auch **Klatsch** stellt eine spezifische Form von Kommunikation dar, bei der a) die Kommunikanten einander bekannt sind, b) über eine dritte, beiden bekannte, aber nicht anwesende Person (oder deren Verhalten) Indiskretionen verbreitet werden und dies c) unter dem Siegel der Verschwiegenheit. Bergmann (1987: 73f.) definiert daher Klatsch auch als *diskrete Indiskretion* mit dem Merkmal der Abwesenheit, Bekanntheit und Privatheit des Klatschobjekts.[27] Typisch dafür die von Bergmann (1987: 229) beschriebene Situation:

> „Drei Frauen klatschen und machen Späße über eine vierte Person, später wird diese vierte Person sich mit zwei der drei Frauen treffen und über die dritte klatschen usw. Als ich in Gegenwart von Mrs. Brown ein Gruppentreffen mit Mrs. Young arrangierte, fragte eine von ihnen ‚Worüber werden wir denn reden?', worauf die andere sofort mit lautem Lachen sagte ‚Natürlich über diejenigen, die nicht da sind'."

Das **Gespräch** setzt dagegen eine Absicht voraus. Es wird von daher – sowohl in Bezug auf den Anlass, die Kommunikanten, als auch auf das Thema hin – vorsätzlich und gezielt geführt und besitzt eine starke Informations- und Problematisierungsfunktion, die für die beteiligten Kommunikanten eine hohe Bindewirkung erzeugt und daher z.B. im therapeutischen Bereich ein wichtiges Instrument darstellt[28] (vgl. Ruesch 1961).

7.3 Öffentliche informelle Kommunikation

Der Begriff öffentliche Kommunikation wird hier verwendet, weil dieser Typus informeller Kommunikation grundsätzlich eine Mehrzahl – simultan oder subsequent – anwesender Kommunikanten voraussetzt. Zu diesem Typ zählt das Gerücht, die Rede und der Klatsch.

Ein **Gerücht** ist ein Typus kollektiver Kommunikation, das – mit oder ohne Vorsatz – an einem Ereignis (und nicht an einer Person) festgemacht wird. Im

---

[27] Dyadische Kommunikation ist wegen ihrer Privatheit ein prädestiniertes Vehikel für Indiskretionen. Gleichwohl wird Klatsch auch in der Anwesenheit von Cliquen oder Gruppen kommuniziert, wobei der Grad der Indiskretion jedoch vergleichsweise geringer ausfällt.

[28] In diesem Sinn spricht man von einem 'klärenden Gespräch' oder einem 'Gespräch unter vier Augen'. Anders dagegen Lerg (1970), der Gespräch als Oberbegriff für informelle Kommunikation benutzt und besonders auf die ungesicherte Wahrheit der im Gespräch aktualisierten Information abhebt.

ersten Fall dient ein Gerücht zur „Definition der Situation" (vgl. Thomas 1965: 19ff.), insbesondere dann, wenn andere Möglichkeiten der Information nicht zur Verfügung stehen, also bei Zensur, in Kriegszeiten etc., wo das Gerücht eine Ersatzfunktion für Informationsbeschaffung übernimmt. Im zweiten Fall entsteht ein Gerücht auch ohne Vorsatz immer dann, wenn z.B. im Rahmen von Small Talk ausgefallene, extreme Sachverhalte mit hohem Informationsgehalt weitergegeben werden, die von den Rezipienten a) mit Zeitverzögerung und b) unter Assimilation des zugrunde liegenden Ereignisses an *locus* und *situatio* der Weitergabe c) an eine prinzipiell nicht begrenzte Zahl von Rezipienten weitergegeben werden. Wegen der fehlenden Verbürgtheit von Ereignis und Quelle des Ereignisses wird die Glaubwürdigkeit eines Gerüchtes oft dadurch gesteigert, dass dessen Kommunikator sich d) auf eine persönliche Beziehung zum ersten Erzähler beruft (etwa: 'Der Freund meines Bekannten', 'der Bekannte meiner Schwester' etc.) (vgl. Shibutani 1966), also, theoretisch gesprochen, Gebrauch von einer reflexiven Struktur in der Sozialdimension macht. Solche Strukturen zur Erhöhung der Glaubwürdigkeit von Gerüchten bewirken, dass sich Gerüchte über Jahre, ja sogar über Jahrhunderte hinweg – unter situationaler Anpassung – halten können, wie das folgende Gerücht, das am 22. Januar 1932 in der *Deutschen Allgemeinen Zeitung* erschien, belegt:

Beispiel 30: Das Gerücht vom Mord im Böhmerwald

„Passau, 22.I. (Eigenbericht). In dem Böhmerwald-Grenzstädtchen Neuern kehrte unverhofft ein verschollener und längst in der Totenliste stehender österreichischer Soldat aus russischer Kriegsgefangenenschaft in Sibirien zurück. Niemand erkannte hin; nur einem Gastwirt, bei dem er schon vor dem Kriege verkehrt hatte, gab er sich zu erkennen. Um seine Eltern nicht allzusehr zu überraschen, erbat er sich im Vaterhause ein Nachtquartier. Auch die Eltern erkannten den Sohn nicht und wiesen ihm den Stall als Schlafstelle an. Die Mutter, eine habgierige Person, durchsuchte das Gepäck des Fremden und fand einen großen Geldbetrag vor. Sie redete nun auf ihren Mann ein, er solle den Unbekannten wegen dieser Summe ermorden. Im Entschluß noch zögernd, trank sich der Mann in dem Wirtshaus, in dem sich der Sohn zu erkennen gegeben hatte, Mut an. Der Wirt teilte ihm das Geheimnis des Fremden mit. Der Vater eilte nach Hause, aber er fand den heimgekehrten Sohn im Stall tot auf. Die Mutter hatte bereits den eigenen Sohn ermordet [...]"

„Für den Zeitungsleser lag kein Anlaß vor, an der Wahrheit dieser Nachricht, die durchaus den Eindruck der Glaubwürdigkeit machte, zu zweifeln, und doch handelte es sich hier um ein Gerücht, dem kein wirklicher Tatbestand zugrunde lag. Bei genauerer Hinsicht entpuppte sich hingegen der Bericht vom ermordeten Sohn in Neuern als eine uralte Wandergeschichte, die sich bis ins Jahr 1618 zurückverfolgen läßt [...] Mehrfach wurde diese Erzählung zum Thema dichterischer Gestaltung gewählt, beispielsweise von Clemens Brentano in dem ‚Die Mordwirtin' betitelten Lied aus ‚Des Knaben Wunderhorn' (1807) und von Zacharias Werner in dem Schicksalsdrama ‚Der vierundzwanzigste Februar' (1809). Das Gerücht begegnet uns auch wieder in abgewandelter Form unter dem Titel ‚Die Mordwirtin' als 120. Stück in den Kinder- und Hausmärchen der Gebrüder Grimm" (Brinkmann 1943: 203).

Die **Rede** ist der prominenteste Fall informeller Kommunikation. Nicht nur, weil sie bereits in Bezug auf Anlass und Publikum öffentliches Interesse erfährt, sondern weil sie Informations- und Persuasionspotentiale mobilisieren kann, ja soll, die *Wirkungen* hinterlassen. Diese Bedeutung der Rede erklärt, dass bereits *Aristoteles* (384-322 v. Chr.) eine Theorie der Rede entwickelt hat. Er beschreibt damit zum ersten Mal einen Kommunikationsprozess wie folgt: „Dreierlei braucht man nämlich für eine Rede, einen Redner, einen Gegenstand und eine Zuhörerschaft, und dieser letzte, der Zuhörer, ist richtunggebend" (Aristoteles 1959: 41). *Aristoteles* nannte diese Theorie *Rhetorik* (ρητορικη) und unterscheidet drei Typen:

> „Es gibt drei Gattungen öffentlicher Reden, die Volksrede, Festrede und Gerichtsrede. Abarten dieser Reden gibt es sieben, die empfehlende und warnende, preisende und scheltende, anklagende, verteidigende und prüfende Rede, sei es an sich oder vergleichsweise. Das also ist die Zahl der Abarten aller Reden. Man wird sich ihrer bedienen in öffentlichen Auseinandersetzungen, in Gerichtsverhandlungen über Verträge und im persönlichen Verkehr. Die beste Bereitschaft in diesen Arten werden wir erzielen, wenn wir für jede einzelne die Möglichkeiten, Anwendungen und Wirkungen aufzählen" (Aristoteles 1959a: 21).

Die Differenzierung dieser drei Redetypen nach relevanten Kriterien zeigt Tabelle 4:

Tabelle 4: Grundstruktur der Rhetorik (nach Aristoteles 1959: 41ff.)

Typ der Rede	Tempus	Binärer Modus	Funktion
Gerichtsrede	Vergangenheit	Anklage/ Verteidigung	Wahrheitsfindung durch Urteil
Lobrede	Gegenwart	Lob/Tadel	Stärkung der Tugend
Ratsrede	Zukunft	Zuraten/ Abraten	Nutzenmaximierung durch Entscheidung

Nicht zufällig ist diese Theorie eine Theorie, die nach der *Wirkung* auf den Rezipienten fragt: Ziel der Rede ist die **Überzeugung**, die sowohl kognitiv (argumentativ), z.B. durch glaubhafte Information und logische Überlegung, aber auch emotiv vorgehen kann und in der Regel beide Modi anwendet. Von besonderem Interesse sind dabei Strukturen, die starke Wirkungen erzeugen, also solche, die – theoretisch gesprochen – über reflexive Strukturen verfügen. Zumindest drei Typen lassen sich hier nennen:

- *Bewertungen*, z.B. Lobpreisung und Tadel (Reflexivität in der Sachdimension)
- Verweis auf *Erfolg* (Reflexivität in der Zeitdimension)
- Orientierung an *anderen* (Reflexivität in der Sozialdimension)

Beispiel 31: Wahlreden

Redner, die bei ihren Wählern Wirkungen erzielen wollen, beginnen ihre Rede (ganz im Sinn von *Aristoteles*) damit, dass sie dem Publikum schmeicheln („Hochverehrtes Publikum...“), d.h. sie versuchen zunächst, sich die Gunst des Publikums zu beschaffen (*captatio benevolentiae*), damit es ihnen möglichst bereitwillig in der weiteren Argumentation folgt. Typisch werden gerade hier massiv Wertungen benutzt. Eine parallel dazu einzusetzende Strategie ist die Betonung von Gemeinsamkeiten („Wir sind uns einig...“, „Lassen Sie uns gemeinsam...“)

In der Argumentation (*argumentatio*) wird dann eher kognitiv verfahren. Da dies bei Wahlkämpfen schwierig ist (weil die Materie komplex ist), wird eine Identifikation zu positiv besetzten Werten und Tatbeständen gesucht, während zugleich dem politischen Gegner positive Züge, Handlungen oder Assoziationen abgesprochen werden müssen – es wird polarisiert.

Der Einsatz zeitlich reflexiver Strukturen findet immer dann statt, wenn der Redner auf beschleunigende Effekte verweist („Immer häufiger geschieht es...“). Von besonderer Kraft sind schließlich Argumente, die soziale Reflexivität nutzen („Immer mehr Bürger merken...“), weil damit der Einzelne mit der Überlegung konfrontiert wird, ob er den Anschluss an die richtigen Mehrheiten, die da suggeriert werden, nicht verpasst – eine äußerst wirksame Struktur, die – nicht zufällig – auch grundlegend für die *öffentliche Meinung* ist (➔ Kap. 10.5).

Zum Schluss wird ein Redner durch geschicktes Zusammenfassen und *Generalisieren* seine Botschaft nochmals 'griffig' gestalten: Slogans, Schlagworte und zukunftsträchtige, positiv besetzte Begriffe werden jetzt genutzt.

Die Rhetorik zählt zwar im gewissen Sinn nur als 'ars bene dicendi', also als Kunst. Gleichwohl kann man bei *Aristoteles* selbst schon erkennen, dass ihn auch die Theorie dieser Kunst beschäftigt. Zudem betont er, dass die Rhetorik nicht Poesie sei, sondern ein Instrument zur Persuasion und er formuliert erstmalig auch die grundlegenden Positionen des Kommunikators (Redners), der Kommunikation (Rede) und des Rezipienten (Zuhörerschaft) (vgl. Hagemann/Prakke 1966: 278). Zugleich formuliert er für die Rede auch als erster die Funktionen der Information (Unterrichtung), Meinungsbildung und Unterhaltung, die uns später als basale Funktionen der Massenkommunikation wiederbegegnen.

Die Rhetorik des *Aristoteles* wird später von *Quintilian* und *Cicero* aufgegriffen und später im Mittelalter von der Scholastik und von den Humanisten literarisch verfeinert (vgl. Lausberg 1990: 40ff.).

Aristoteles hat mit der Rhetorik zugleich den Grundstein für eine Theorie der Wirkung von Kommunikation gelegt, denn *Aristoteles* ging davon aus, dass jede Rede, wenn sie denn nur die Mittel der Rhetorik richtig einsetzte, in ihrer Wirkung vorhersagbar sei – eine Annahme, die allerdings problematisch ist.

Gleichwohl kann *Aristoteles* zu Recht als Urvater der Kommunikationswissenschaft angesehen werden und Hagemann/Prakke (1966: 183) würdigten dessen Leistung mit der Feststellung „Die klassische Rhetorik kann als Mutter der Publizistik gelten."

7.4 Theoretische Ansätze der informellen Kommunikation

Die bisher beschriebenen Typen informeller Kommunikation orientierten sich an den benutzten Kommunikationskanälen (nonverbale Kommunikation, verbale Kommunikation etc.). Theorien zu diesen Typen informeller Kommunikation sind jedoch nur ansatzweise vorhanden und dies aus zwei Gründen: Der Anspruch an das, was eine Theorie ist oder leisten soll, ist nach wie vor umstritten. Theoretische Ansätze lassen sich zumindest in folgender Hinsicht unterscheiden:

a) nach dem theoretischen *Anspruch*, also danach, ob ein Ansatz nur deskriptiv vorgeht (im einfachsten Fall: Definitionen oder Kriterien bereitstellt) oder ob er Hypothesen spezifiziert

b) nach der theoretischen Reichweite, d.h. ob sie auf einem Mikro-Level (der Prozess informeller Kommunikation in Bezug auf das einzelne Individuum), auf einem Meso-Level (der Prozess informeller Kommunikation in Bezug zu größeren sozialen Einheiten) oder dem Makro-Level (der Prozess informeller Kommunikation in bezug zu Gesellschaft) ansetzen und

c) nach dem Typ von Theorie (**K**ritisch-rational/**D**ialektisch/**F**unktionalistisch)

d) nach dem Grad resp. der Möglichkeit *empirischer Überprüfung*

Diese Kriterien markieren zugleich das Dilemma zwischen Ansätzen des kritischen Rationalismus, dialektischer und systemtheoretischer Vorgehensweise, das sich nochmals bei der Durchmusterung theoretischer Ansätze der Massenkommunikation zeigen wird (➔ Kap. 8.2).

Ein zweiter Grund für theoretische Defizite liegt in der Frage, für welche Aspekte von Kommunikation Theorien gebraucht werden. Ganz grob kann man hier folgende Aspekte unterscheiden a) Entstehung und Funktionieren von Kommunikation, b) Leistungen von Kommunikation und c) Wirkungen von Kommunikation.

7.4.1 Entstehung und Funktionieren von Kommunikation

Eine Theorie der Entstehung (Genesis, Katalyse) von Kommunikation stellt zweifellos die größten Ansprüche und es ist sicher kein Zufall, das hierzu bislang nur ein umfassender systemischer Ansatz von Luhmann (1972) vorliegt, der die Katalyse von Kommunikation am Reflexiv-Werden von Wahrnehmungen festmacht (➔ Kap. 6.1).

Theorien des Funktionierens von Kommunikation sind vor allem von der Soziologie als *Theorie sozialer Interaktion* oder *Theorie sozialen Verhaltens* als Handlungs- oder Systemtheorie entworfen worden. Psychologisch lassen sie sich als motivationstheoretische Ansätze bzw. als Theorien des sozialen Vergleichs (*social comparison theory*) begreifen. Kommunikationstheoretisch ist die von *George C. Homans* vorgestellte Handlungstheorie von besonderem Interesse, die Bedingungen dafür formuliert, *dass* Kommunikation zwischen zwei Kommunikanten besteht. Homans (1967) bindet die Motivation, Kommunikation einzugehen bzw. aufrechtzuerhalten, an ein *ökonomisches* Nutzenkalkül:

> „[...] Die Interaktion zwischen Personen kann als Austausch von materiellen und nichtmateriellen Gütern betrachtet werden. In dieser Feststellung begegnen wir einer der ältesten Theorien über soziales Verhalten – einer Theorie, die wir jedoch noch heute täglich anwenden, wenn wir unser Verhalten erklären wollen. So sagen wir etwa: ‚Der Umgang mit ihm hat sich gelohnt' oder ‚ich habe von ihm eine Menge mitbekommen', oder gar ‚ein Gespräch mit ihm verlangt mir sehr viel ab' (Homans 1967: 173).

Homans begreift soziales Verhalten als Austausch[29], d.h. er behauptet, dass Kommunikation zwischen zwei Personen nur dann aufrechterhalten wird, wenn beide Kommunikanten davon profitieren:

> „Wer anderen vieles gibt, wird viel von ihnen zu bekommen suchen, wer viel von anderen erhält, muß viel hergeben. Dieser Prozeß gegenseitiger Beeinflussung pendelt sich im allgemeinen bei einem Gleichgewicht von Tauschgütern ein. Was jemand hergibt, kann als seine Kosten betrachtet werden, was er bekommt, als Belohnung. Je mehr sein Gewinn, d.h. der Unterschied von Kosten und Belohnung dem Maximum zustrebt, umso weniger ändert der Teilnehmer an einem Austausch sein Verhalten" (Homans 1967: 184f., vgl. auch Piontkowski 1976: 12f.).

---

[29] Der von *Homans* entwickelte Ansatz, soziales Verhalten als Austausch zu begreifen, darf nicht verwechselt werden mit der Typisierung von 'Kommunikation als Austausch'. Die Gleichsetzung von Kommunikation und Austausch ist logisch unzulässig, weil die wechselseitig adressierten Informationsangebote zwischen zwei Kommunikanten gar nicht getauscht werden (➔ Kap.4.2.2). Der Ansatz von *Homans* ist völlig anders gelagert: Er behauptet keinen Austausch auf der Ebene der *Information*, sondern auf der Ebene des durch wechselseitige Informationsangebote erzeugten *Nutzens* für beide Kommunikanten.

Homans' Ansatz wurde schließlich von Ziegler (1972) aufgegriffen, der die darin enthaltenen Annahmen als Hypothesen formalisiert und diese geprüft hat (vgl. Ziegler 1972: 207ff.).

Sozialpsychologische Ansätze, etwa der von Newcomb (1953), erklären das Funktionieren von Kommunikation als Typ von Attraktion zwischen zwei Personen, die auf dem Grad gemeinsamer Einstellungen gegenüber einem Objekt X beruhen. Ähnlich argumentieren auch Ansätze der *Theorie der kognitiven Dissonanz* (vgl. etwa Festinger 1957).

7.4.2 Die Theorie des kommunikativen Handelns

Jürgen Habermas hat eine Theorie kommunikativen Handelns entwickelt, die die Unzulänglichkeiten zweier anderer Theorien überwinden will, nämlich a) die Theorie des sozialen Handelns, der ein rationaler Nutzenkalkül zugrundeliegt (instrumentelle Vernunft) und b) die Systemtheorie (funktionalistische Vernunft).

Habermas stützt sich beim Entwurf seiner Theorie des kommunikativen Handelns zunächst auf eine Unterscheidung von vier Handlungsmodellen:

a) das Modell zielgerichteten (teleologischen, objektiven) Handelns, das in der Soziologie von Max Weber eingeführt wurde,

b) das Modell des normengestützten (sozialen) Handelns und

c) das Modell des dramaturgischen (expressiven, subjektiven) Handelns (Selbstdarstellung) (vgl. Habermas 1981: 126ff.).

Diesen drei genannten Modellen entsprechen drei Modelle von „Welt":

> „Die objektive Welt wird gemeinsam als die Gesamtheit der Tatsachen unterstellt, wobei Tatsache bedeutet, daß die Aussage über die Existenz eines entsprechenden Sachverhalts ‚p' als wahr gelten darf. Und eine soziale Welt wird gemeinsam als die Gesamtheit aller interpersonalen Beziehungen unterstellt, die von den Angehörigen als legitim anerkannt werden. Demgegenüber gilt die subjektive Welt als die Gesamtheit der Erlebnisse, zu denen jeweils nur ein Individuum einen privilegierten Zugang hat" (Habermas 1981: 84).

Habermas (1981: 128) unterstellt nun, dass das *kommunikative* Handeln einen vierten und erfolgreicheren Handlungstyp darstellt:

> „Der Begriff des *kommunikativen* Handelns schließlich bezieht sich auf die Interaktion von mindestens zwei sprach- und handlungsfähigen Subjekten, die (sei es mit verbalen oder extraverbalen Mitteln) eine interpersonale Beziehung eingehen. Die Aktoren suchen eine Verständigung über die Handlungssituation, um ihre Handlungspläne und damit ihre Handlungen einvernehmlich zu koordinieren".

Aktoren, die den vierten Modus kommunikativen Handels anwenden, referieren dabei auf alle drei Welten zugleich und – so Habermas – auch die erstgenannten Handlungstypen sind nichts weiter als Sonderfälle kommunikativen Handelns:

> „Allein das kommunikative Handlungsmodell setzt Sprache als ein Medium unverkürzter Verständigung voraus, wobei sich Sprecher und Hörer aus dem Horizont ihrer vorinterpretierten Lebenswelt gleichzeitig auf etwas in der objektiven, sozialen und subjektiven Welt beziehen, um gemeinsame Situationsdefinitionen auszuhandeln [...] Die Einseitigkeit der drei anderen Sprachkonzepte zeigt sich daran, daß sich die von ihnen jeweils ausgezeichneten Typen der Kommunikation als Grenzfälle kommunikativen Handelns erweisen, nämlich *erstens* als die indirekte Verständigung [...] *zweitens* als das konsensuelle Handeln [...] und *drittens* als zuschauerbezogene Selbstinszenierung" [...] Hingegen berücksichtigt das kommunikative Handlungsmodell, das die an Meads symbolischen Interaktionismus, Wittgensteins Konzept der Sprachspiele, Austins Sprechakttheorie und Gadamers Hermeneutik anschließenden sozialwissenschaftlichen Traditionen bestimmt, alle Sprachfunktionen gleichermaßen" (Habermas 1981: 142f.).

Unter Bezug auf die *Sprechakttheorie*[30] differenziert Habermas sodann weiter in *erfolgsorientierte* (strategische) Kommunikation und *verständnisorientierte* Kommunikation (Habermas 1981: 386f. und 444ff.). *Erfolgsorientierte Kommunikation* ist intentional und auf Durchsetzung eigener Interessen fixiert, wozu sie offen oder täuschend (verdeckt) – und dies sogar manipulativ – vorgehen darf. *Verständnisorientierte Kommunikation* erfolgt vorbehaltlos (Habermas 1981: 395); ihr Gelingen ist an die Akzeptanz von drei Geltungsansprüchen unter den Beteiligten gebunden (vgl. Habermas 1981: 413):

a) die *Richtigkeit* (Angemessenheit) der jeweils artikulierten Sprechhandlung im Hinblick auf den gegebenen normativen Kontext

b) die *Wahrheit* kommunizierter Aussagen bzw. das Zutreffen von Existenzvoraussetzungen und

c) die *Wahrhaftigkeit* seiner Absichten, ohne die sein Kommunikationspartner kein Vertrauen entwickeln kann

Die Theorie kommunikativen Handelns hat vielfältige Beachtung, aber auch Kritik erfahren, die sich vor allem auf die Trennschärfe kommunikativer und

---

[30] Die Sprechakttheorie nach Austin (1979: 117) unterscheidet a) den lokutionären Akt (Modus: Ausdruck eines Sachverhalts (etwas sagen)), b) den illokutionären Akt (Modus: Ausdruck einer Handlung (ich verspreche Dir, dass... bzw. handeln, *indem* man etwas sagt)) ausdrücken soll und c) den perlokutionären Akt (= Vollzug einer Handlung, die dazu dient, beim Rezipienten eine bestimmte Wirkung herbeizuführen, etwas bewirken *dadurch, dass* man etwas sagt). Vgl. dazu Habermas (1981: 389).

strategischer Handlungstypen bezieht (vgl. neuerdings Greve 1999). Die Theorie des kommunikativen Handelns wurde von Burkart (1995) für Public Relations adaptiert und als Ansatz *verständnisorientierter Öffentlichkeitsarbeit* vorgestellt[31] (vgl. Burkart 1995).

7.4.3 Funktionen (Leistungen) von Kommunikation

Der Funktionsbegriff wurde bereits als einer der Grundbegriffe der Systemtheorie vorgestellt (➔ Kap. 5.1). Unter funktionaler Perspektive kann man fragen, welche manifesten oder latenten Leistungen von Kommunikation erbracht werden.

Funktionalistische Theorien haben sich in den Sozialwissenschaften bewährt (vgl. Merton 1967), insbesondere dann, wenn man nach dem Sinn oder Zweck bestimmter Verhaltensweisen (z.B. dem von Ritualen in primitiven Gesellschaften) fragt. Für die Kommunikationswissenschaft gilt analog, dass die Erbringung bestimmter Leistungen – etwa: Information, Unterhaltung, Meinungsbildung als Erfüllung erwartbarer Funktionen der Massenmedien angesehen wird.[32] Funktionale Erklärungen sind in der Regel sehr abstrakt, was den Vorteil hat, dass viele unterschiedliche Phänomene einer Funktion zugeordnet werden können. Analysiert man z.B. Gerüchte auf ihren Wahrheitsgehalt hin, so wird man feststellen, dass dieser relativ gering ist, so dass man annehmen könnte, dass man Gerüchte ignorieren sollte. Unter funktionaler Perspektive kommt man zu einem ganz anderen Schluss: Gerüchte beseitigen Informationsmangel bzw. leisten eine *Definition der Situation* immer dann, wenn die üblichen Informationsquellen fehlen – sei es, dass Zensur herrscht, sei es, dass Situationen sich so schnell ändern, dass reguläre Information nicht rechtzeitig verfügbar ist, sei es, dass *zu wenig* Information zur Verfügung steht. Gerüchte entstehen in solchen Situationen geradezu zwangsläufig, sozusagen als Informationsersatz. Abstrakter gesprochen: In Situationen, die

---

[31] Burkart (1995) hat dabei allerdings die von Habermas (1981: 385ff.) ausdrücklich geforderte Unterscheidung von strategischer und verständnisorientierter Kommunikation eskamotiert; von daher ist es auch illegitim, statt Vorbehaltlosigkeit (wie bei Habermas) nun Interessen zu unterstellen (die PR selbstredend haben muss), dann aber zu meinen, Interessen ließen sich unter Akzeptanz der Geltungsansprüche *Richtigkeit, Wahrheit und Wahrhaftigkeit* durch einen verständnisorientierten Kompromiss aus der Welt schaffen.

[32] Zur Aufdeckung von Funktionen kann man dabei heuristischen Gebrauch von dem Prinzip, wonach man die Regel an der Ausnahme erkennt, machen. So wurde z.B. die wichtige *Informationsfunktion* von Werbung in vollem Umfang erst bewusst, als in New York (1949) ein Zeitungsstreik stattfand, so dass keine Anzeigen erschienen: Geschäfte und Kaufhäuser blieben reihenweise auf ihrer Ware sitzen, weil niemand *wusste*, dass es sie gab. Vgl. Berelson (1949).

wegen mangelnder Information unterdefiniert sind, werden Gerüchte zur (Wieder)Herstellung einer definierten Situation generiert. Dabei ist nicht primär relevant, dass die Gerüchte wahr sind, sondern vielmehr, dass sie eine Situation – wie immer auch – definieren bzw. einen situativ angemessenen Wirklichkeitsentwurf ermöglichen können.

> „Rumor will be regarded as a recurrent form of communication through which men caught together in an ambigious situation attempt to construct a meaningful interpretation of it by polling their intellectual ressources" (Shibutani 1966: 17).

Beispiel 32: Konstruktion von Wirklichkeit durch Gerüchte (Krug 1993)

Im Sommer 1990 wurde für eine bestimmte Region im Staat Arkansas in den USA für den 5.12.90 ein Erdbeben prophezeit. Es war also genügend Zeit, sich auf dieses Ereignis und seine möglichen Folgen vorzubereiten – vor allem kommunikativ: Die Medien griffen diese Prognose auf und „constructed a series of stories out of the prediction and the resident's reactions" (: 273). In den vier hierzu vom Autor durch teilnehmende Beobachtung untersuchten Kleinstädten in dieser Region stellte sich folgende Kommunikationssituation ein: Die Medien – Zeitung, Hörfunk und lokales Fernsehen – berichteten, völlig korrekt, auf die eine oder andere Weise, fast täglich über die Sorgen der möglicherweise betroffenen Personen. Dabei wurde von den Medien jedoch zu keinem Zeitpunkt behauptet, dass das Erdbeben *wirklich* eintreten würde. Die betroffenen Personen, die angesichts dieser Prognose ihre Sorgen verbalisiert hatten, sahen sich durch die Medienberichterstattung tendenziell bestätigt, so dass die Gerüchte, die angesichts dieser für Gerüchte idealen Konstellation sowieso im Umlauf waren, dadurch weiter angefacht wurden. Der Autor: „Kaum war ich da, trat ich ein in den Zyklus der Medienbeobachtung der Menschen vor Ort, die beobachteten, daß die Medien sie beobachteten [...] Ich merkte, daß die Konstruktion eines Erdbebens (das in Bezug auf Zeit, Ort, Ausmaß des Schadens völlig unbestimmt war, K.M.), die als Prognose durch die Gemeinden geisterte, so diffus war, daß sie eine Fülle von Themen erzeugte, die überhaupt nichts mit dem Erdbeben zu tun hatten" (Krug 1993: 273).

Die Berichterstattung der Medien bewirkte, dass, je mehr der Termin des vorhergesagten Erdbebens näherrückte, die Gerüchte immer heftiger wurden: Die Menschen vor Ort verschoben ihren Urlaub, veränderten ihre Reisepläne, um dem Erdbeben zu entgehen, Geschäfte führten nun einschlägige Artikel (z.B. Erste-Hilfe-Decken) und plazierten diese sichtbar im Geschäft. Kommunikative Strategie, um mit der Prognose zu leben, war einerseits der Vergleich mit anderen Gefahren („Hell, I know more people who will be dead of cancer in a year than will die in any earthquake") oder aber die Entfaltung von Humor: Man erzählte von einem Mann, der – exakt nach Rat der Behörden – seine Überlebensausrüstung in einer Mülltonne deponiert hatte – die aber am anderen Tag von der Müllabfuhr geleert wurde.

Als kurz vor dem Termin das Gerücht ventiliert wurde, dass mehr als 3000 Journalisten ins (vermutete) Epizentrum des Erdbebens angereist seien und dass keine Zimmer mehr verfügbar wären, wurde dies als *Beweis* für die Validität der Prognose angesehen. Man fürchtete (nun), dass Diebe die Gegend plündern würden und die offizielle Ankündigung, dass alle Beamten rund um die Uhr erreichbar sein würden, wirkte dieser Furcht nicht entgegen, sondern vergrößerte sie nur noch. Fatalismus auf der einen Seite und das Rückbesinnen auf göttliche Macht andererseits nahmen zu: Man wollte auf einer Straße wiederholt einen Engel gesehen haben, der die Vorbeifahrenden davor warnte, zu fliehen („dem Herrgott entkommt man nicht"). Als eine (sich ebenfalls kontraproduktiv auswirkende) amtliche Katastrophensimulation angeordnet wurde, wurde – statt vieler viel wichtigerer Details – das Fußballfeld als vorläufiger Ort für die Aufbahrung der getöteten Kinder definiert etc. Der Hof um den Mond, Schwefeldampf über einem See, warmes Wetter wurden nun systematisch als Menetekel kommenden Unheils interpretiert. „Above all, the media create and set into social exchange rumors of events, tales about reality. Anonymous in origin, ubiquitous in appearance, media tales are impossible to verify or to refute. They challenge the supererogatory meanings laid down throughout the domains of lived experience, and as such provide new bases for common narratives, new twists to old stories. These stories, based in the literacy of the media, threaten the sense of local reality and test the bonds which hold it together [...] What happened in Arkansas is an exaggerated example of what happens every day when the modulation of reality transforms human interaction" (Krug 1993: 283).

Ebenfalls unter funktionalen Gesichtspunkten kann man zeigen, dass Klatsch und Gerücht eine Funktion der sozialen Kontrolle besitzen: Je weniger sich ein Mitglied der Gesellschaft an vorgegebene Werte und Normen hält, umso mehr muss es damit rechnen, dass Klatsch und Gerüchte verbreitet werden. Das Mitglied kann dies nur dadurch unterbinden, dass es – in der Öffentlichkeit wahrnehmbar – Regeln und Normen befolgt. Analog liegt die Funktion informeller Kommunikation nicht nur in der (vertraulichen) Information, sondern z.B. in der Herstellung von Konsens, in der Vertrauensbildung etc.

7.4.4 Wirkungen informeller Kommunikation

Wirkungen von Kommunikation sind im Grunde ein Sonderfall der Funktionen von Kommunikation, die als Veränderung von Wissen, Einstellungen und/oder Verhalten bei den jeweiligen Individuen festgemacht werden.

Für die *Rhetorik,* die erste wissenschaftlich beschriebene Form der informellen Kommunikation, wurde von *Aristoteles* unterstellt, dass sie *die* Wirkung hat, die der Redner intendiert. Heute hat diese Unterstellung Ansätzen überredender (persuasiver) Kommunikation Platz gemacht, die untersuchen, welchen Einfluss die Gestaltung der Aussage, der Argumente und der Kontexte, in der diese Aussagen placiert werden, auf die Wirkung hat. Diese Untersuchungen wurden aber mit Massenmedien (z.B. Anzeigen, Werbespots) durchgeführt (vgl. statt anderer Kroeber-Riel 1984: 273ff.). Aus dem Zweistufenfluss der Kommunikation (➔ Kap. 13.5.2) ist jedoch bekannt, dass die Wirkung von persuasiver Face-to-face-Kommunikation erheblich stärker ist als die von persuasiver Massenkommunikation, vor allem, wenn der Kommunikator sachlich als kompetent, temporal als glaubwürdig und sozial als akzeptiert gilt. Im Resümee bleibt festzuhalten, dass die theoretischen Ansätze informeller Kommunikation bislang wenig konsistent ausfallen und sich auf einzelne Aspekte beschränken.

Weiterführende Literatur:

Argyle (1972); Greve (1999); Habermas (1981, 1981a); Hartmann (1967); Luhmann (1972); Piontkowski (1976); Shibutani (1966)

8. Massenkommunikation

Wie bereits angemerkt, ist der Begriff der Massenkommunikation gleich in doppelter Hinsicht irreführend. Wenn er hier dennoch weiter benutzt wird, so nur deshalb, weil es sich um einen eingeführten Begriff handelt und dazu konkurrierende Begriffe (etwa: Vermittelte Kommunikation, mediale Kommunikation, Medienkommunikation) sich nicht durchgesetzt haben. Im vorliegenden Kapitel wird zunächst der schillernde Begriff *Medium* diskutiert, der sehr unterschiedlich und mit unterschiedlichem theoretischem Anspruch verwendet wird. Daran schließt sich eine Durchmusterung der vorliegenden Theorien der Massenkommunikation an, die, ganz grob, bei der Informationsfunktion der Massenkommunikation ansetzt, dann erweiternd Theorien aus politischer, wirtschaftlicher und kultureller Perspektive einbezieht und schließlich das Verhältnis von Medien und Gesellschaft in den Blickkreis zieht.

8.1 Begriff und Theorie des Mediums

8.1.1 Zum Begriff des Mediums

Der Begriff des Mediums[33] ist ein zentraler Grundbegriff der Kommunikationswissenschaft und, wie viele andere Grundbegriffe, bislang nicht zufriedenstellend definiert. Er erweist sich jedoch in ganz unterschiedlichen kommunikativen Perspektiven als notwendig und hat, was die Klärung keinesfalls einfacher macht, zu sehr unterschiedlichen Theorieentwürfen geführt.

Der Begriff des Mediums wird umgangssprachlich als 'Mittel' bzw. als vermittelnde Instanz oder vermittelndes Element zwischen zwei Positionen (Personen, Angelegenheiten, Welten) verstanden, die eine Vermittlung bzw. Kopplung zwischen diesen leistet (etwa: Heiratsvermittler, Ombudsman, Adapter, Prophet etc.).

Im kommunikationswissenschaftlichen Sinn ist ein Medium „jedes Mittel der Publizistik oder Kommunikation, im übertragenen Sinn auch der Übermittlungsweg oder -kanal, oder aber auch jede Organisation von Presse, Film,

---

[33] Ein Medium kann sein 1) Träger von Information, 2) Überträger, 3) Endprodukt, 4) Vehikel, 5) (Technisches) Instrument zur Verbreitung von Kommunikation, 6) Mittel, vermittelndes Element 7) Träger physikalischer oder chemischer Vorgänge, 8) *okkultistisch*: mit Geistern in Verbindung tretende Person, 9) *grammatikalisch* (griech.: μαξεσταη) Reziprozität anzeigend (*miteinander* kämpfen, sprechen), 10) *physikalisch*: ein den Raum kontinuierlich erfüllendes Mittel im Sinne der Vermittlung von Wirkungen.

Funk oder Fernsehen" (Brockhaus 1971, Bd. 12: 322). In diesem Sinn spricht man vom Buch als einem *Medium* oder von den *Massenmedien* („die Medien berichten übereinstimmend...") und versteht darunter die von den Medienorganisationen laufend hervorgebrachten aktuellen Inhalte bzw. Informationsangebote. Die auch kommunikationswissenschaftlich mehrdeutige (polyseme) Verwendung des Begriffs *Medium* macht unübersehbar auf einen unzulässigen Umgang mit diesem Begriff aufmerksam. Um nicht vorschnell einer zu eng an technischen Standards orientierte Definition zu verfallen, soll die Definition des Mediums nicht phänotypisch, sondern genotypisch erfolgen, indem exemplarisch die Entwicklung des ersten Mediums, nämlich der *Sprache*, beschrieben[34] wird, um daran prinzipielle Eigenheiten zu verdeutlichen, die bei späteren Medien nicht (mehr) wahrnehmbar sind. Darüber hinaus ist der besondere Fortschritt, den die Verfügbarkeit von Medien gegenüber Nicht-Medien ausmacht, besonders deutlich zu sehen. Daher beginnt die Diskussion von Medien am Beispiel der Sprachentstehung bereits auf der Ebene animalischer Kommunikation.

Sprache hat sich, verkürzt gesagt, entwicklungsgeschichtlich aus dem realen Verhalten entwickelt (➔ Kap. 9.2). Dies war möglich, weil das instinkthafte 'reale' Verhalten auf der animalischen Ebene bei den höheren Lebewesen immer stärker durch Verwendung von auf Distanz akustisch wahrnehmbaren Lauten und optisch wahrnehmbaren Ausdrücken begleitet wurde. Diese optischen und akustischen Modalitäten waren zunächst selbst *reales*, aber besonders auf die Wahrnehmung *auf Distanz* ausgelegtes Verhalten, das dann immer stärker eine zweite Funktion (Stellvertreterfunktion) erhielt dadurch, dass es als temporale Vorwegnahme des eigentlichen Verhaltens als *Ausdruck*, als Anzeichen für etwas genutzt werden konnte (Knurren, Fletschen von Zähnen als Anzeichen für nachfolgendes aggressives Verhalten etc.). Damit gewann es eine zweite, eigene Modalität, die – semantisch gesehen – verweisenden Charakter entwickelt und sich vermutlich wegen ihrer Ökonomie (Drohverhalten ist z.B. für beide Seiten, den Drohenden und den Bedrohten, ökonomischer als das Ausfechten eines Kampfes bis aufs Blut) evolutionär ausdifferenziert hat. Es hat etwa 10 Millionen Jahre gedauert, bis diese sekundäre Modalität sich von ihrer primären Funktion vollständig emanzipiert hat und das heißt: Sprechen ist eine *eigene* Modalität, die gerade deswegen *andere* Modalitäten zum Gegenstand haben kann (man kann über Verhalten sprechen, Gegenwart und Vergangenheit, Wirklichkeit von Möglichkeit unterscheiden etc., aber auch über Sprache selbst). Genau besehen, erlangt Sprache ihre Leistung als eigene Modalität neben und über dem eigentlichen Verhalten da-

[34] Die Formulierung '*Beschreibung* der Sprache' ist instruktiv, weil sie auf ein weiteres, jüngeres Medium verweist und stellt die Frage in den Raum: Wie hat man wohl diesen Sachverhalt *vor* der Erfindung der Schrift formuliert?

durch, dass sie durch Einführung der *Negation* eine reflexive Relation installiert (*'Das* nicht'). Sprache ist eine neue Modalität – und damit zugleich das erste kommunikative Medium.

Betrachtet man Sprache unter diesem Aspekt, so erscheinen folgende Eigenheiten wichtig:

1) Sprache lässt sich in kleinste (syntaktische) Einheiten quanteln und garantiert dadurch ein fast beliebig steigerbares *Auflösungsvermögen*

2) Sprache verbraucht sich nicht

3) Sprache verweist auf etwas anderes als auf sich selbst (*Relationalität*)

Diese drei Eigenschaften gelten als theoretische Kriterien für alle weiteren Medien.[35] Kommunikationswissenschaftlich sind schließlich weitere Kriterien, die in analoger Weise auch für andere Medien gelten können, bedeutsam:

4) Sprache ist auf ein *Trägermedium* angewiesen, nämlich die Luft (ohne die der Schall nicht transportiert werden könnte). Evolutionär hat sich also die Sprache genau dieser Eigenschaft von Luft bedient und damit die *Fungibilität* (Übertragbarkeit) der zu vermittelnden Inhalte ermöglicht.

5) Die sprachliche Formulierung eines Sachverhalts ist *ökonomisch*, d.h. sie ist ungleich einfacher und schneller möglich als die (verhaltensmäßige) Darstellung des Sachverhalts.[36]

6) Die Möglichkeit der sprachlichen Formulierung eines Sachverhaltes eröffnet *Erlebenswelten* (des Gedachten, Vorgestellten), die für die praktische Lebensführung als Modell genutzt werden können.[37]

7) Die sprachliche Formulierung eines Sachverhaltes erfolgt *selektiv*, d.h. das Medium Sprache überformt *eigengesetzlich* den Gegenstand des sprachlich Darzustellenden. Genau in diesem Sinn etwa spricht Maletzke (1963: 39) bei der Diskussion der Massenmedien vom 'Zwang des Mediums'.

---

[35] Talcott Parsons (1980: 31ff.) begreift genau in diesem Sinne *Geld* als generalisiertes Medium: Auch Geld lässt sich in beliebig kleine Einheiten quanteln, auch Geld verbraucht sich nicht (es wechselt nur jeweils den Besitzer) und Geld verweist bei seiner Anwendung nicht auf sich selbst, sondern auf den Gegenstand des damit Eingetauschten.

[36] Welche gewaltige ökonomische Abkürzungsleistung damit verbunden ist, erkennt man in Gesellschaftsspielen, wo von einer Person nonverbal z.B. ein Beruf 'vorgespielt' werden muss, der von den anderen Personen dann zu erraten ist.

[37] Dieses Argument reicht allerdings wesentlich weiter, denn Sprache gestattet es auch, über Objekte zu sprechen (z.B. die Idee des 'Ewigen Friedens'), die *überhaupt keine* physikalische Referenz haben.

8) Sprache ist auf erhebliche *Distanz* wahrnehmbar.

9) Sprachliche Artikulation und deren Rezeption erfolgen simultan, also *ohne Zeitverlust*, aber auch ohne Fossilierung.

10) Sprache leistet eine *Kopplung* von (psychischen) Systemen.[38]

11) Sprachliche Artikulation eines Senders kann von mehreren Empfängern zugleich rezipiert werden, d.h. Sprache hat eine *Multiplikatorfunktion*.

Abstrahiert man diese Eigenschaften, so wären für ein Kommunikationsmedium als wesentliche Kriterien insbesondere Quantelung (und dadurch erreichbares Auflösungsvermögen), Nichtverbrauch, Relationalität, Distanzwahrnehmung, Fungibilität der prozessierten Inhalte, Kopplung und Multiplikatorfunktion zu nennen. Trägt man die Kanäle menschlicher Wahrnehmung einerseits und die zur Verfügung stehenden Trägermedien andererseits als zweidimensionale Matrix auf (Tab. 5), dann erkennt man sofort, dass das Kriterium der Distanzwahrnehmung und das der Multiplikatorfunktion nur vom optischen und akustischen Wahrnehmungskanal erfüllt werden kann. Und wie Sprache sich die medialen Eigenschaften von Schall zunutze gemacht hat, so machen sich die Massenmedien einerseits fossilierende Trägermedien (z.B. Papier) für den optischen Kanal, dann später auch elektronische Trägermedien, die sowohl den akustischen Kanal (über elektromagnetische Tonspur) als auch den optischen Kanal repräsentieren können, zunutze.

---

[38] Das kann man am Ausnahmefall besonders gut beobachten: Wenn zwei Menschen, die *keine* gleiche Sprache sprechen, sich verständigen wollen, dann geschieht dies stets dadurch, dass auf relevante Gegenstände gezeigt wird oder relevante Verhaltensweisen (etwa: Essen) simuliert werden und jeder der Beteiligten dann die entsprechenden Worte seiner Sprache artikuliert.

Tabelle 5: Klassifikation von 'Medien' nach zwei Dimensionen

Art der Codierung/ Wahrnehmungskanal	*Humane Codierung:* Ton, Holz, Wachs, Pergament	*Technische Codierung:* Papier, Zelluloid, Magnetband	Elektromagnet. Wellen, Laser
optisch	Graffiti, Malerei, Bildhauerei, Plakat, Bild D+, M-	Presse, Photographie, Stummfilm, Film* D+, M+	Fernsehen*, Video*, CD*, Telex, Fax, Btx, Internet* D+, M+
akustisch		Film*, Schallplatte, Tonband, Walkman D+, M+	Video*, CD*,Fernsehen*, Radio, Telefon, (Internet*) D+, M+
taktil	?	Blindenschrift	
olfaktorisch	?		
gustatorisch	?		

Sigle: * = mehrkanaliges Medium, D = Distanzwahrnehmung (ja = +/nein = -), M = Multiplikatorfunktion (ja = +, nein = -)

Die Geschichte der Medien (vgl. Faßler/Halbach 1998) zeigt, dass bei den publizistischen Verbreitungsmedien die Frage nach der Leistung des Trägermediums jeweils ausschlaggebend war: Weil Höhlenmalereien sowohl vom Thema als auch vom Ort her fixiert sind, wird man sie zwar als religiöse Botschaft akzeptieren, aber den Fels, auf dem sie aufgemalt sind, nicht als Medium.

Das Interesse an Medien ist jedoch vor allem durch ihre Funktion der *Kopplung* von informationsverarbeitenden Systemen (Personen, Organisationen, gesellschaftlichen Teilsystemen) bedingt. Harry Pross (1970: 129) hat hierzu eine Klassifikation in primäre, sekundäre und tertiäre Medien vorgeschlagen (Abb. 30).

Primäre Medien sind nach Pross „die personalen Formen der Kommunikation", also „Rede, Gestik, Mimik, Tanz" (Pross 1970: 129). *Sekundärmedien* „sollen Übermittlungstechniken heißen, die [seitens des Kommunikators, KM!] auf physikalisches Gerät angewiesen sind (Schrift, Musik, Druck, Graphik)" (ebd.). *Tertiärmedien* „nennen wir Transporttechniken, die zur Produktion *und* zum Konsum Geräte erfordern (Telegraph, Telefon, Fernschreiber, Radio, Television, Film)" (ebd.).

Abbildung 30: Medienklassifikation nach Pross (1970: 129)

		Kommunikator verwendet Technik: Nein	Kommunikator verwendet Technik: Ja
Rezipient verwendet Technik	Nein	Primäres Medium	Sekundäres Medium
	Ja	??	Tertiäres Medium

Diese Klassifikation benutzt als einziges Unterscheidungskriterium für Kommunikator *und* Rezipient Körperlichkeit bzw. Künstlichkeit der Medien und damit ein Kriterium, das etwas über den Grad der Verfügbarkeit von Kommunikation durch den einzelnen Menschen aussagt. Medien werden vergleichsweise banal als 'Transporttechnik' definiert – eine Vorstellung, die wegen des Einbezugs körperlicher Kommunikation zu kritisieren wäre.[39]

Kittler (1993: 8) hingegen definiert Medien aus einer eher materialistischen Perspektive als technische Einrichtungen, deren Funktion im Speichern, Verarbeiten und Übertragen von Information besteht. Demnach sind alle Techniken der Humancodierung von Information ausgeschlossen, aber auch der Sozialbezug generell, den alle Medien schon deshalb aufweisen, weil sie ihre Existenz sozialer Techniken verdanken und auf soziale Prozesse angewendet werden, also eine *mediale* Reaktivität aufweisen (müssen), die z.B. als 'Zwang des Mediums' bezeichnet wird.

Niklas Luhmann (1996: 10) definiert schließlich ebenfalls restriktiv als Massenmedien „alle Einrichtungen einer Gesellschaft [...], die sich zur Verbrei-

[39] Damit drückt *Pross* etwas unglücklich aus, dass jedes Verhalten auch eine kommunikative Dimension bzw. eine kommunikative Modalität besitzt. Nach *Pross* gibt es daher so viele primäre und sekundäre Medien, wie dem Menschen selbst personale oder technische Darstellungstechniken zur Verfügung stehen. Dass diese Klassifikation nicht befriedigen kann, ergibt sich schon daraus, dass sie nicht für alle Zellen der obigen Vierfeldertabelle reale (vorkommende) Ausprägungen vorsieht.

tung von Kommunikation technischer Mittel der Vervielfältigung bedienen [...] sofern sie Produkte in großer Zahl mit noch unbestimmten Adressaten erzeugen." Damit fallen alle primären und sekundären Medien im Sinne von Pross nicht mehr unter den Begriff der Massenmedien.

Schließlich hat Talcott Parsons (1963) den Begriff der „generalisierten Medien" (*Generalized Media*) geprägt, worunter er abstrakte Tauschmedien (Geld, Macht, Wahrheit, Einfluss) versteht. Sie stellen Integration von Gesellschaft dadurch sicher, dass sie *Kopplungen* leisten. Sie sind insofern Medien, als sie Motivation zur Akzeptanz bzw. zum Handeln sicherstellen, jeweils ausgestattet mit einem spezifischen binären *Mediencode*, der z.B. für das Medium Geld als Haben/ Nichthaben definiert ist. *Parsons* hat damit eine wissenschaftliche Diskussion ausgelöst, die in die Überlegung einmündet, dass spezifische Medien (*Generalized Media*) als Spezialsprachen zu verstehen sind, die die Übertragung von spezifisch codiertem Sinn leisten können (vgl. Parsons 1963: 38ff.).

Welche Folgen diese Diskussion um den Medienbegriff hat, soll in mehreren Theorieentwürfen beschrieben werden.

8.1.2 Medientheorie nach Heider

Der erste, der eine theoretische Klärung zum Begriff des Mediums versucht hat, ist *Fritz Heider*. Bereits 1926 formulierte er, unter dem Titel *Ding und Medium*, einen ersten theoretischen Entwurf. Bezeichnend ist für *Heider*, dass er dieses Traktat mit dem heuristischen Prinzip, dass man die Regel nur an der Ausnahme erkennen könne, beginnt: „Um dieses Merkwürdige anschaulich und lebendig zu sehen, müssen wir das Gewohnte unter irgendeiner ungewohnten Perspektive betrachten" (Heider 1926: 111).

Heider verwendet eine Reihe heute etwas antiquiert anmutender Begriffe, die kurz zu klären sind: Fernwahrnehmung, falsche und richtige Einheiten, Wellengeschehen, Kleingeschehen, Kollektivgeschehen, Grobdinglichkeit, Dingidentität und Geschehensidentität, Vielheitsgeschehen.

Trotz dieser eher verwirrenden Fülle von neu eingeführten Begriffen kann man an den Überlegungen von *Heider* etwas Fundamentales herausdestillieren, nämlich die ganz zentrale Erkenntnis, dass *Kommunikation* ohne Medium völlig unmöglich wäre. Die Argumentation hierzu lautet wie folgt:

1) Auf der animalischen Ebene wird die Evolution des Tastsinns zur *Fernwahrnehmung*, also die Entwicklung des optischen und akustischen Kanals, nur dadurch möglich, dass die Evolution klugen Gebrauch von

Schall und Lichtwellen macht, deren physikalische Trägereigenschaften von *Heider* als 'Medium' bezeichnet werden:

> „Die Luftwellen sind psychisch nicht in diesem Sinne repräsentiert, sie gehen in ihrer Vermittlung auf, so daß wir davon überzeugt sind, das Ticken (einer Uhr, KM!) unmittelbar zu hören. Es kommt uns nicht zum Bewußtsein, daß auch hier eine Vermittlung stattfindet. Ebensolche Vermittlung bieten die Lichtwellen. Auch sie sehen wir nicht als etwas, das unser Auge berührt und hinweist auf Anderes; wir sehen vielmehr unmittelbar den Gegenstand" (Heider 1926: 110).

2) Ein Medium muss aus *sehr kleinen Einheiten* bestehen, die *flexibel*, d.h. gegeneinander verschiebbar sind und erst dadurch sich dem wahrzunehmenden *Objekt* sozusagen anschmiegen können. Dazu wieder *Heider*:

> „Ein genaues Abbilden, Aufzwingen, Aufdrücken einer Gestaltung ist ganz allgemein nur möglich, wenn das Aufgezwungene [...] aus vielen voneinander unabhängigen Teilchen besteht [...]" (Heider 1926: 118).

3) Wir nehmen also nicht *Dinge an sich* wahr, sondern nur durch ein Medium vermittelt. Wäre kein Medium vorhanden (kein Schall, kein Licht) gäbe es keine Wahrnehmung bzw. es herrschte absolute Stille bzw. Dunkelheit:

> „Die Lichtstrahlen, die mein Auge treffen, sind nur Boten vom Ding, sind Zeichen für das Ding" (Heider 1926: 120).

4) Die *Vielheit der Bedeutungen* von Zeichen kann durch zwei Prinzipien zustande kommen: a) dadurch, dass es so viele Zeichen gibt wie es Bedeutungen gibt – man denke nur an das chinesische Alphabet, das schon in der Standardform etwa 5000 Zeichen kennt. Oder aber b) die Vielheit der Zeichen wird durch eine sehr viel geringere Zahl von Zeichenträgern (syntaktischen Mitteln) dadurch erzeugt, dass sich diese beliebig und beliebig komplex rekombinieren lassen – das griechische *Alphabet* mit nur 24 Zeichen, nämlich den Buchstaben, die *voneinander völlig unabhängig* und daher auch beliebig miteinander kombinierbar sind, ist hierfür das Paradebeispiel.

Es ist sofort einsichtig, dass die zweite Lösung sehr viel eleganter ist, weil sie *emergent* verfährt, also konstruieren kann und daher keinen Riesenkatalog der Zeichen braucht. Im Zweifelsfall kann man ein *neues Zeichen* – darin liegt der Genius der Sprache – durch schon bekannte Zeichen beschreiben resp. erzeugen (*bomba atomii*). Ein noch einfacheres Beispiel ist die *Morseschrift*, die exakt mit der Minimalzahl verschiedener syntaktischer Einheiten arbeitet. Wir erkennen darüber hinaus auch, dass die Syntaktik gleichsam als Variable zu verstehen ist, daher also mindestens zwei Zustände besitzen muss (wäre dies nicht so, müsste eine zusätzliche Zeitstruktur benutzt werden, die die notwendigen Unterscheidungen temporal garantieren könnte). Dazu wieder *Heider*:

„Die Morseschrift stellt das Ideal dieser Kombinationszuordnung dar. Die Verschiedenheit der Zeichen wird erreicht durch verschiedene Anordnung bloß zweier Elemente" (Heider 1926: 121f.).

5) *Medien für sich stellen ein Nichts dar* – und genau deshalb verbrauchen sie sich nicht, deshalb lassen sie sich für andere – höhere – Einheiten gebrauchen. *Luft* hat hier zwei Eigenschaften: Sie tönt nicht aus sich heraus (akustischer Modus), aber sie ist zugleich durchsichtig (optischer Modus), Lichtwellen sind unsichtbar. *Heider*:

„Nur insofern Mediumvorgänge an etwas Wichtiges gekettet sind, haben sie Wichtigkeit (wir würden sagen: Bedeutung! KM!), für sich selbst sind sie meist ‚Nichts'" (Heider 1926: 130).

6) *Medien erzeugen ihr Abbild, ihre Wirkung relational.* Denken wir z.B. an Massenversammlungen oder Massenaufmärsche, wo Menschen zu bestimmten Zeiten – unterschiedlich zeitversetzt oder unterschiedlich in der Haltung – Flaggen schwingen etc. und dadurch *relational* Zeichen erzeugen. Heider: „ Die Moleküle bleiben am Platz, der Stoß eilt fort" (Heider 1926: 131).

7) Durch *Relationierung* ist es möglich, dass Elemente eines Mediums (Laute, Phoneme, Buchstaben) auf etwas anderes als sich selbst hinweisen, also *Bedeutung* erlangen können. *Heider*:

„[...] hier gibt es Boten, die kleinen in die Luft diffundierten Teilchen, die auf etwas anderes hinweisen, die Anzeichen für etwas anderes sind" (Heider 1926: 136).

8) Der menschliche Wahrnehmungsapparat muss in der Lage sein, viele einzelne Informationen, die das Medium ihm zuträgt, wieder zu synthetisieren: Er konstruiert Wirklichkeit.

Soweit die Medientheorie von Heider (1926). Ganz grob lassen sich folgende Medientypen differenzieren:

Die ersten Medien sind **physikalische Medien der Wahrnehmung**. Weil Medien aber Dinge und Dinge miteinander relationieren können und genau dadurch unsere Wahrnehmung erzeugen, passiert irgendwann die Katastrophe, die immer dann passiert, wenn man Information mit Information, Wahrnehmung mit Wahrnehmung, Medien mit Medien in Verbindung bringt: Durch Reflexivisierung bildet sich etwas völlig Neues, sehr viel Leistungsfähigeres, eine Innovation mit bislang unbekannten Potentialen. Der Griff nach dem Medium, den die Evolution so listenreich vorbereitet hat, ist wie der Korken zu einer Flasche, aus der nun Medium für Medium aufsteigt. Genauer: Die hochauflösende Leistung des akustischen Kanals ist die Bedingung dafür, dass als erstes Medium die **Sprache** entstehen kann. Sie entsteht dadurch, dass sich der akustische Kanal, auf der animalischen Ebene noch als genuines Verhalten zurechenbar – das Knurren eines Hundes etwa ist ein Akt originären Verhaltens – aus dem Verhaltensrepertoire mit dessen Reflexstruktur (*Fixed Action Pattern*) ausdifferenziert. Sprache tritt nun nicht nur gleichberechtigt *neben* das Verhalten, sondern schiebt sich durch ihre Referenzfunktion auf eine Metaebene des Verhaltens: Man kann nun über das eigentliche Verhalten reflektieren, über die Sprache sprechen, über Kommunikation kommunizieren (➔ Kap. 9.2).

Es entwickeln sich also **symbolische Medien** (Sprache und Schrift), die die Kommunikation erst ermöglichen genau dadurch, dass sie sie in einem eigenen Medium strukturieren: Durch phonemische oder syntaktische Mittel von Sprache und Schrift. Sprechen über Sprechen, Schreiben über Schreiben sind Leistungen, die eine weitere Reflexivisierung anzeigen. Doch nicht nur das: Sprache und Schrift sind in Bezug auf die Diffusion der Kommunikation emergent, sie sind die großen *Vervielfältiger*. Taktile Kommunikation gelingt bestenfalls als Nahwahrnehmung, also immer nur zwischen zwei Personen. Wenn also in Urzeiten eine Siedlung sich durch taktile Kommunikation hätte verständigen müssen, wenn also der Dorfälteste – oder wie auch immer der ausgezeichnet war, der die Macht vertrat in den Zeiten des Neandertalers – sein Dutzend Artgenossen hätte informieren wollen, so wäre dies nur eine lange Kette gewesen – so etwa wie *stille* Post, ohne multiplikative, sondern nur durch rein additive Wirkung.

Benutzt man dagegen Sprache oder Schrift, so kann man nicht eine einzige Person, sondern im ersten Glied etwa 20, im zweiten Glied etwa 400, im dritten Glied etwa 8000 Personen erreichen: Sprache ist ein multiplikatives, emergentes Medium, dessen Leistung durch Schrift garantiert wird. Schrift ist unabhängig a) *temporal* von der Anwesenheit des Kommunikators und b) *sozial* von der Kenntnis der Kommunikanten voneinander. Sie manifestiert aber c) *sachlich* im fixierten Inhalt die *Identität* des Kommunikationsangebotes: Beide Medien setzen also bereits basale physikalische Medien voraus. Oder anders: Sprache als symbolisches Medium *emergiert als Metamedium*.

Und nicht nur dies: Bei der 1:1-Weitergabe taktiler Kommunikation dürften wegen der hohen Unschärfe taktiler Wahrnehmung von Kommunikant zu Kommunikant erhebliche Abweichungen auftreten – wir kennen dies etwa als 'stille Post'. Wenn der Häuptling seine Mannen taktil zur Jagd aufrufen würde, so würde es nicht nur sehr lange dauern, bis alle diese Botschaft empfangen hätten, sondern es wäre hochwahrscheinlich, dass der letzte eine ganz andere Botschaft herausselegiert hätte.

Bei der sprachlich geführten und erst recht bei der schriftlich geführten Kommunikation hingegen wird nicht nur ein riesiger *Multiplikationseffekt*, sondern durch die Steigerung von Selektivität zugleich eine hohe *Wiedergabetreue* erzielt.

Was das heißt, erkennt man sofort, wenn man weiter in Rechnung stellt, dass nur sprachlich basierte Kommunikation *Kommunikation* sein kann. Sprache erfüllt die Bedingungen für ein 'echtes' Medium, nämlich:

1) Beliebige Kombinierbarkeit identifizierbarer einzelner Elemente

2) Verweis auf anderes als auf sich selbst (Bedeutung)

3) Bestandserhaltung, weil nur relational 'verbraucht' wird (Man kann beliebig viele Wörter bilden, beliebig viele Wörter sprechen oder schreiben ohne dadurch Sprache oder Schrift zu verbrauchen!!)

Man muss nun einen riesigen Schritt tun, um zu erkennen, wie in einem geschachtelten System, die gleichen Strukturen nochmals auftauchen: Kommunikation kann sich nur im Medium der Sprache oder der Schrift entfalten – und natürlich ruhen alle technischen Medien auf Sprache oder Schrift auf. *Kommunikation* stellt nun ihrerseits ein weiteres Medium insofern dar, als nun alles, was in der Welt ist, als Kommunikation quasi abgebildet, in Einzelheiten zerlegt und neu rekombiniert werden kann. Während das Medium Sprache noch durch die Freiheit beliebiger formaler Rekombination ausgezeichnet ist, gilt dies für Kommunikation als Meta-Metamedium, d.h. als *Metamedium 2. Art* ebenfalls, aber auf einer inhaltlichen Ebene: Man kann beliebig oft und von beliebiger Perspektive einen Gegenstand, ein Problem *thematisieren*, ohne dass sich dadurch die Kommunikation dazu verbrauchen würde. Sie kann beliebig oft wiederholt werden, mit neuen Argumenten oder Informationen kombiniert und dekombiniert werden, sie ist sozusagen ein hochkontingentes Sinn-Medium, von dem man gerade deshalb sagen kann, dass es durch Wiederholung nur seine Überraschung, aber nicht seinen Sinn verlieren würde.

Aus dieser Perspektive ergibt sich die *Dominanz aller Kommunikation*, die sie vor allen anderen sozialen Teilsystemen allemal auszeichnet und die – nebenbei gesagt – der Kommunikationswissenschaft den führenden Platz unter allen anderen Wissenschaften deshalb einräumt, weil auch diese sich der Kommunikation bedienen müssen, sich in ihr und durch sie entfalten müssen. Daraus folgt eine weitere, wesentliche Bedingung für Kommunikation: Wenn sie über alles handeln kann, so muss sie auch über sich selbst handeln können, d.h. Kommunikation ist reflexiv.

Von diesem Metamedium 2. Art lassen sich nun zumindest zwei Mutationen bilden. Das eine sind die **generalisierten Medien**, die thematisch gebunden, dennoch für bestimmte Funktionen zur Verfügung stehen. Etwa *Geld* als generalisiertes Tauschmedium im Subsystem Wirtschaft.

Das zweite sind die **technischen Medien**, sozusagen nur '*unechte Medien*', die auf Kommunikation in Sprache oder Schrift zurückgreifen müssen, ohne ein weiteres Medium darzustellen. Ihr sozialer Vorteil liegt in der weiteren Akzeleration und Multiplikationsleistung sowie der daraus erwachsenden sozialen und flächendeckenden Sofortbindung. Was die Inhalte angeht, so holen die Massenmedien nun das nach, was die Evolution in den Köpfen der Menschheit sozusagen schon Tausende von Jahren zuvor angelegt hat: Die fast beliebige Aufnahme und Speicherung von Information.

Weil die technischen Medien jedoch, wie Meyrowitz (1990, Bd. I: 10ff.) sehr deutlich macht, von Ort und Zeit entbinden und stattdessen nur Abbilder von Orten und Zeiten liefern (der Präsident im weißen Haus wird nicht als Präsident im weißen Haus, sondern als Substrat auf dem Bildschirm beobachtet), transponieren sie die Realitäten dieser Welt in ein anderes Medium, das von Fakten abstrahieren kann und somit über die Fiktion ein neues Medium eröffnet. Wenn *McLuhan* seine berühmte Aussage macht „Das Medium ist die Botschaft", dann ist genau dieser Punkt gemeint: Die Vermittlung von Welt durch einen Code, der in der Differenz zwischen Fakt und Fiktion operiert und daraus seine alloplastische, sein wirklichkeitskonstruierende Funktion bezieht, die bei der informellen Kommunikation allenfalls in Ausnahmefällen und auch dann nur im Ansatz beobachtbar war.

Zusammenfassend heißt dies: Wir können eine vierstufige Hierarchie von Medien unterscheiden:

a) physikalische Medien für Wahrnehmung

b) symbolische Medien für Kommunikation

c) ein kommunikatives Medium für Sinn und

d) ein Medium zur Wirklichkeitskonstruktion, das durch technische Medien verfügbar wird. Auch dieses Medium verbraucht sich nicht bei der Konstruktion von Wirklichkeiten – Sendungen können beliebig oft wiederholt, aus beliebigen Perspektiven kommentiert werden etc.

Das Frappante an dieser Evolution von Medien ist dabei, dass sie aufeinander aufbaut, sich sozusagen als Medienhierarchie entwickelt.

Eine **Theorie der Medien** ist also etwas sehr viel abstrakteres als das, was man im publizistischen Sinn unter 'Medientheorie' versteht und auch etwas völlig anderes als das, was etwa *Enzensberger* aus seinem *Baukasten zu einer Theorie der Medien* hervorzaubert.

Offensichtlich aber ist, dass Sprache als (erstes) Medium unbestritten das wichtigste Medium ist und als Kriterium des Übergangs vom Tier zum Menschen gelten kann. Von daher gewinnt man sehr viel bessere Aufschlüsse über die Struktur bzw. das Wesen eines Mediums, wenn man diesen Übergang sorgfältig analysiert.

Sprache entwickelt sich *evolutionär*, also stufenweise, wobei jede Stufe durch eine innovative Veränderung markiert ist, die dem Fortschritt des Gesamtsystems (sowohl dem einzelnen Exemplar als auch der Art insgesamt) zugute kommt. Für die Entwicklung von Sprache notwendige Elemente (deren jedes die Evolution weiterer Elemente begünstigt) sind:

- Die Entwicklung *mehrerer* leistungsfähiger Wahrnehmungskanäle und eines Emissionskanals, die sich aufeinander beziehen lassen (Sehen des Hörens, Hören des Sprechens etc.).
- Die Herausbildung einer *Verhaltenskopie* durch zeitlich voreilendes Signalhandeln, das als Prognose für das eigentliche Verhalten genutzt werden kann und sich in dem Maß vom eigentlichen Verhalten ablöst, wie es nicht mehr *intrinsisch* oder *ikonisch*, sondern *arbiträr*, also perfekt indifferent gegen das ursprüngliche Verhalten codiert werden kann.
- Die Entwicklung von *Freiheitsgraden (selektives Verhalten)*, die die Entwicklung des *Denkens* und die Ablösung starrer Verhaltensprogramme (Reflexe) anstößt.
- Die Entwicklung der Hand als *Werkzeug* durch Förderung der *Bipedalität*, die ihrerseits die Entwicklung weiterer präziser und zugleich arbiträrer Zeichen wesentlich fördert und die die Reflexivität des taktilen Kanals auf einer neuen, evolutionären Stufe erneut fruchtbar machten (Hand als Werkzeug zur Erzeugung von Werkzeugen!).
- Die Rückbezüglichkeit (Reflexivität) der Sinnesmodalitäten, die dem neuronalen Referenzprinzip von seiner Struktur identisch ist (Einsatz von Aufmerksamkeit, Wahrnehmen des Wahrnehmens etc.).

Man muss die *Evolution der Sprache* als Prozess begreifen, bei dem die Entwicklung *einer* Modalität (z.B. Art der Codierung, Negationspotential, Freiheitsgrade des Denkens (Selektivität des Verhaltens), Mehrkanaligkeit und darauf aufbauender Bezug der Kanäle aufeinander) sich vorteilhaft für die weitere Entwicklung der übrigen Modalitäten auswirkt. Abstrakter: *Die Evolution der Sprache ist ein sich selbst rückstabilisierender Prozess.*

8.2 Theoretische Ansätze der Massenkommunikation

Es gibt eine große Zahl theoretischer Ansätze der Massenkommunikation, die aus sehr unterschiedlicher Perspektive und mit unterschiedlichem theoretischen Anspruch hantieren.

Zum einen gibt es Ansätze aus der Publizistikwissenschaft, *Kriterien* zu definieren und so das 'Wesen' der Publizistik zu bestimmen (vgl. vor allem: Groth 1960ff., Bd. I). Fruchtbarer erwies sich der Ansatz von *Walter Hagemann*, eine

Theorie der Massenmedien an der 'publizistischen Aussage' festzumachen (vgl. Hagemann/Prakke 1966: 23). Ebenfalls von der Aussage (Information) geht die mathematische Informationstheorie aus, die jedoch ausschließlich die technische Optimierung der Übertragung von Information im Blick hat (vgl. Shannon/Weaver 1949).

Des Weiteren gibt es Ansätze, die vor allem von der Funktion der Massenkommunikation ausgehen und – neben der basalen Informationsfunktion – Aufgaben und Leistungen der Massenkommunikation im Blick haben. Damit gerät nicht nur die Leistung einzelner Medien ins Blickfeld, sondern die Leistung des gesamten Mediensystems, die später – nicht zufällig – die Systemtheorie auf den Plan ruft.

Abbildung 31: Modell zur Ordnung von theoretischen Ansätzen

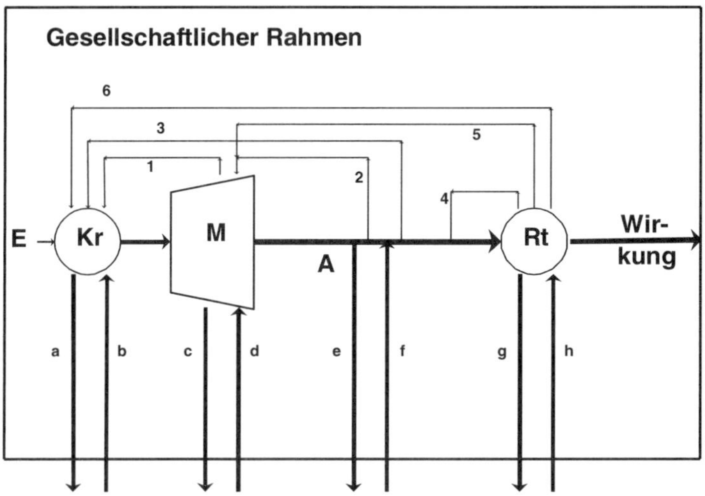

Der Versuch, diese Ansätze zu beschreiben, sie an einzelnen Positionen des Kommunikationsprozesses festzumachen und dadurch insgesamt zu ordnen, wird mit Hilfe eines deskriptiven Kommunikationsmodells vorgenommen, das die fünf Positionen der *Lasswellformel* in einen gesellschaftlichen Kontext einbettet und zum anderen alle Relationen 1-6 zwischen den Positionen bzw. zwischen diesen und der Gesellschaft (a - h) erfasst[40] (Abb. 31). Die im Folgenden vorzustellenden Ansätze der Publizistikwissenschaft, der Informations-

[40] Man kann dieses Modell auch als theoretisches Modell betrachten; für diesen Fall wäre aber *systematisch* anzugeben, was die einzelnen Beziehungen (1-6) bzw. (a-h) implizieren; die daraus abzuleitenden Hypothesen müssten vollständig formuliert sein.

theorie und der Nachrichtentheorie sind an der Position der *Aussage* (A) festgemacht.

8.2.1 Publizistikwissenschaftliche Ansätze

Theoretische Ansätze der Publizistikwissenschaft entstanden in Deutschland zunächst im Rahmen der *Zeitungswissenschaft: Otto Groth* suchte auf ontologischer Basis das '*Wesen*' der Zeitung und spezifizierte dafür vier Wesensmerkmale (Kriterien) für das Medium Zeitung, die er als konstitutiv ansah (Groth 1960ff., Bd. I): 1) **Aktualität**, 2) **Publizität** 3) **Universalität** und 4) **Periodizität**.

Aktualität bezeichnet dabei im Sinne von Groth (1960ff., Bd. I: 102ff.) und Dovifat (1962, Bd. I: 8ff.) noch eine *absolute* Eigenschaft („Jüngstes Gegenwartsgeschehen"), während Prakke (1968: 121ff.) diese temporale Distanz relationiert und zugleich um eine geistige und räumliche Distanz erweitert. Diese dreifache Relation wird damit zur *relationalen* Eigenschaft, die ein Verhältnis zwischen Ereignis und Rezipient beschreibt und zwei Dimensionen besitzt: Relevanz (Interesse) und Neuigkeit (Unerwartetheit) (vgl. Prakke 1968: 124).

Publizität bezeichnet die grundsätzliche Zugänglichkeit der Aussage für jedermann, die bei Dovifat (1962, Bd. I: 11f.) als „breiteste Öffentlichkeit" definiert wird.

Universalität bezeichnet die prinzipiell unbegrenzte Vielseitigkeit der publizierten Inhalte[41] der Zeitung, während **Periodizität** die Publikation in regelmäßigen zeitlichen Abständen bezeichnet.

Die Formulierung wissenschaftlicher Kriterien ist für jede wissenschaftliche Disziplin notwendig, um „Dimensionen der Wirklichkeit" (Zetterberg 1973: 105) festzulegen und damit den Gegenstand der wissenschaftlichen Erkenntnis einer Disziplin zu definieren: Geographen haben es z.B. mit der Beschreibung von Räumen zu tun, während Geologen die gleichen Räume nach Alter und Gestein analysieren etc.

Allerdings müssen solche theoretischen Kriterien u.a. die Bedingung der Unabhängigkeit voneinander erfüllen (➔ Kap. 1.2). Man kann jedoch zeigen (Merten 1973), dass diese Bedingung etwa für Aktualität und Publizität nicht erfüllt ist, so dass sie den Rang von theoretischen Kriterien nicht beanspruchen können: *Aktualität* hat auf alle anderen Kriterien Einfluss und ist diesen mithin vorgeordnet: Eine aktuelle Aussage (Nachricht, Mitteilung) wird in dem Maß die Regeln der Periodizität (z.B. als 'Extra-Ausgabe'), der Universa-

---

[41] Sie gilt für die Zeitung, aber nicht unbedingt für die Zeitschrift (die auf spezielle Inhalte beschränkt sein darf) und kann daher auch als Abgrenzungskriterium für Zeitung und Zeitschrift angesehen werden. (vgl. dazu Rolf 1995: 23ff.)

lität (Bericht nur über ein einziges Ereignis) und der Publizität (Extra-Ausgaben haben z.B. eine besonders große Publizität) tangieren.

Davon unangetastet bleibt jedoch die Möglichkeit, Aktualität als Kriterium beizubehalten und diese theoretisch als Beziehung zwischen Ereignis und Rezipient zu definieren, derart, dass eine bestimmte (überdurchschnittliche) Aktualität eines Ereignisses – ceteris paribus – eine entsprechende Veröffentlichung wahrscheinlich macht. In diesem Sinne verwendete Hagemann diesen Begriff zur Definition der **Publizistikwissenschaft**: „Publizistik ist die Lehre von der öffentlichen Aussage aktueller Bewußtseinsinhalte" (Hagemann/Prakke 1966: 37). Beachtenswert an dieser Definition ist die Bindung der Publizistikwissenschaft an die Kategorie der Aussage und zugleich an Qualitäten dieser Aussage: *Neuigkeit* (Information, Überraschung) und *Relevanz* (Wichtigkeit, Interesse). Diese beiden Variablen finden sich – in veränderter Form – bei den informationstheoretischen Ansätzen wieder.

Der theoretische Ansatz eines besonderen Typus der Publizistikwissenschaft, nämlich der bis heute gepflegten **Zeitungswissenschaft**, wird hier nicht verhandelt, weil dieser ein ausgesprochen begrenztes, längst überholtes und obendrein normativ unterlegtes Verständnis von Kommunikationstheorie entwickelt hat, das schon von der Terminologie her ein wissenschaftliches Eigenleben führt.[42]

Weiterführende Literatur:

Dovifat (1962); Groth (1960ff.); Hagemann/Prakke (1966); Merten (1973); Wagner (1978)

8.2.2 Informationstheoretische Ansätze

Dass Medientheorien am Begriff der Information ansetzen, ist verständlich, denn Medien 'übertragen' – im landläufigen Sinne – Information und insofern ist der Begriff der Information – neben dem der Kommunikation – einer der Grundbegriffe der Kommunikationswissenschaft und wie dieser von schillernder Vielfalt. Die meisten kommunikationswissenschaftlichen Lehrbücher vermeiden daher vorsorglich die Definition dieses Begriffs oder verweisen auf den der **Nachricht**. Information wird beispielsweise definiert als „Kommunikation von Inhalten, die dem Rezipienten vor der Rezeption nicht bekannt waren"

---

[42] Dazu die Zeitungswissenschaft über sich selbst: „Die hier vertretene zeitungswissenschaftliche Theorie erhebt den Anspruch fortschrittlich zu sein; d.h. die ganze Wirklichkeit der Sozialen Zeit-Kommunikation, insbesondere die Erscheinungsformen der Massenkommunikation, besser, sach- und wirklichkeitsentsprechender, als die überholten Modelle und Paradigmata der meisten anderen Theorieansätze dies zu leisten vermögen" (Wagner 1978, I: 13).

(Prakke 1968: 156), als „Verringerung von Ungewißheit, soweit sie auf Grund eines Kommunikationsprozesses bewirkt wurde" (Wersig 1973: 44) oder als „Selektion aus einem Repertoire von (bekannten oder unbekannten) Möglichkeiten" (Luhmann 1987: 195).

Man ist sich mittlerweile klar darüber, dass **Information** weder mit **Materie** noch mit **Energie** etwas zu tun hat (Wiener 1968: 166), sondern eine davon völlig verschiedene Qualität besitzt. Gleichwohl wird Information noch immer als eine „Eigenschaft der materiellen Dinge" (vgl. Wersig 1973: 36) bezeichnet, während andererseits längst Konsens ist, dass Information keine absolute, sondern nur eine relationale Eigenschaft darstellt (vgl. Cherry 1967: 287), die eine Veränderung impliziert, während Shands (1967) Information definiert als „anything that makes a difference." Des Weiteren ist festzuhalten, dass *alle* Aussagetypen – entgegen dem herkömmlichen Alltagsverständnis und gleichgültig, ob informierend, meinungsbildend, belehrend oder unterhaltend – zunächst und vor allem anderen den Charakter von Information besitzen.

Zur weiteren Klärung hilfreich ist eine Differenzierung des Informationsbegriffs in Bezug auf die drei semiotischen Ebenen (➔ Kap. 2.1), nämlich in syntaktische, semantische und pragmatische Information (Tab. 6):

Tabelle 6: Syntaktischer, semantischer und pragmatischer Informationsbegriff

Syntaktisch:	**Semantisch:**	**Pragmatisch:**
Statistischer Informationsbegriff: Unwahrscheinlichkeit eines Ereignisses, gemessen in Bit (Hartley 1928; Shannon/Weaver 1949)	Semantischer Informationsgehalt, gemessen als logische Wahrscheinlichkeit (Carnap 1946; Bar-Hillel/Carnap 1953; MacKay 1969)	Interpretation (selektive Behandlung) eines Informationsangebots (Nachricht, Mitteilung) durch einen Rezipienten (Cherry 1967: 290; Luhmann 1987: 115ff.)

Der syntaktische Informationsbegriff wurde maßgeblich durch die von *Shannon* entwickelte *Mathematical Theory of Communication* geprägt, die den Grundstein für eine *mathematische* Informationstheorie legte (vgl. Shannon/Weaver 1949). Vorausgegangen waren mehrere Entdeckungen: *Francis Bacon* hatte bereits 1605 den Beweis geführt, dass man beliebig komplexe Entscheidungen auf binäre Entscheidungen (etwa: Ja (1) - Null (0)) reduzieren kann.

1928 hatte *Hartley* eine erste Präzisierung vorgenommen, indem er Information als Maß für die damit verbundene Selektivität (Auswahlfreiheit, Unwahrscheinlichkeit) definiert. Wenn beispielsweise in einer Urne nur eine einzige Kugel liegt, von der man *weiß*, dass sie schwarz ist und man zieht diese schwarze Kugel heraus, so ist die Farbe 'schwarz', d.h. es ist keine Entscheidung möglich/nötig und die Information 'die Kugel ist schwarz' ist demgemäß gleich Null. Liegen in der Urne jedoch eine rote und eine schwarze Kugel, so muss eine Entscheidung gefällt werden: rot *oder* schwarz. Diese Entscheidung repräsentiert die gegebene Unsicherheit bzw. bei Ziehung der Kugel die mögliche Information. Bezeichnet man diese binäre Entscheidung als **Bit** (**Bi**nary Digi**t**), so gewinnt man damit ein Maß für Information. Liegen in der Urne jedoch acht Kugeln mit der Zahl 1 bis 8 (vgl. Abb. 32), so gibt es 8 verschiedene Alternativen, von denen jede durch drei Entscheidungen realisierbar ist, so dass hier die notwendige Information 3 Bit beträgt. Mit anderen Worten: Die Information bei der Auswahl von n Alternativen ist gegeben durch den dualen Logarithmus (ld) der n Alternativen, gemessen in der Einheit [Bit]. Da dieses Maß von Hartley (1928) entwickelt worden ist, wird es als **Hartleysches Informationsmaß** H bezeichnet und ist definiert als:

$H = \text{ld } n[\text{Bit}]$

Abbildung 32: Statistische Information

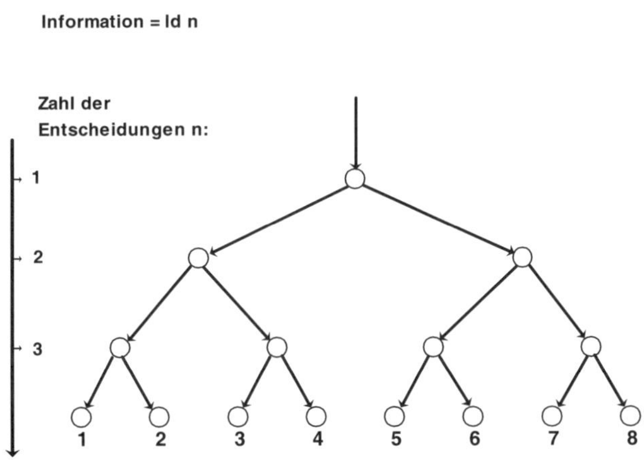

Die Anwendung dieses Maßes setzt jedoch voraus, dass die Zahl der Alternativen n endlich und konstant ist (stationäres Repertoire). Damit ist jedoch die Anwendung etwa auf die Information in Texten nicht möglich, weil die Grundgesamtheit aller Wörter nicht endlich ist und daher auch nicht konstant sein kann.

Die Begrenzungen dieses Maßes hebt Shannon auf, indem er nicht von einem stationären Repertoire ausgeht, sondern ereignisalgebraisch ansetzt, d.h. ein Repertoire von A_i Ereignissen mit unterschiedlichen Eintrittswahrscheinlichkeiten $p(A_i)$ annimmt. Die Information für das Eintreten eines Ereignisses A_i wird als Maß für die *Unwahrscheinlichkeit* des Eintretens eines zufälligen Ereignisses definiert. Behält man die binäre Darstellung bei, so ist das **Shannonsche Informationsmaß** $I(A_i)$ demgemäß als

$$I(A_i) = - \text{ld}\ p(A_i)\ [\text{Bit}]$$

definiert (vgl. Shannon/Weaver 1949). Das Hartleysche Informationsmaß ist damit ein Sonderfall des *Shannonschen* Informationsmaßes für den Fall, dass die möglichen Ereignisse sämtlich die gleiche Eintrittswahrscheinlichkeit besitzen.

Aus der *Shannonschen* Informationstheorie lassen sich zusätzlich weitere Größen gewinnen, insbesondere die mittlere Information (Entropie H) und die maximale Information (maximale Entropie H_{max} oder auch Kanalkapazität) einer Nachrichtenquelle. Die Differenz zwischen maximaler und mittlerer Information (Entropie) heißt **Redundanz** R mit

$$R = H_{max} - H$$

und ist zugleich ein Maß dafür, wie optimal ein Kanal ausgenutzt wird bzw. wie *redundant* (weitschweifig) ein Text verfasst ist. Mit diesem Maß kann man z.B. errechnen, dass die Wörter der deutschen Sprache zu mehr als 70% redundant (überflüssig) sind, so dass man im Durchschnitt von drei Worten zwei weglassen könnte, ohne dass ein Text (eine Rede) dadurch prinzipiell unverständlich würde.

Mit dieser mathematischen Informationstheorie, die ausschließlich auf der *syntaktischen Ebene* operiert, lassen sich technische Aspekte (etwa: notwendige technische Kanalkapazitäten, Redundanz der Informationsübermittlung etc.) präzise beschreiben, hier hat sie einen wichtigen Stellenwert. Unglücklicherweise aber wurde sie – vermutlich wegen ihrer formalen Brillanz und obwohl ihre Erfinder dies ausdrücklich ausgeschlossen hatten – sogleich von der damals noch sehr jungen Kommunikationswissenschaft adaptiert (vgl. etwa Schramm 1954: 3ff.; Schramm 1955) und auf semantische und pragmatische Aspekte übertragen. Sie wurde damit auf eine Disziplin angewendet, für die sie keine Erklärungskraft besaß – mit der bekannten Folge, dass die daran angelehnten Modelle a priori von falschen Voraussetzungen ausgingen und so die Kommunikationswissenschaft nicht vorwärts, sondern in eine Sackgasse gelenkt haben (➔ Kap. 4.2.1).

Eine semantische Erweiterung von Bar-Hillel/Carnap (1953), die auf einer von Carnap (1950) entwickelten Wahrscheinlichkeitstheorie basiert, ist über ihre Anfänge nicht hinausgekommen und auf der pragmatischen Ebene gibt es – aus erklärlichen Gründen[43] – bislang gar keinen formalisierten Ansatz. Stattdessen gibt es jedoch Ansätze, die von der Funktion von Information für den Rezipienten ausgehen und unter dem Begriff der Nachrichtentheorie bekannt geworden sind. Sie sollen im folgenden Kapitel vorgestellt werden.

Weiterführende Literatur:

Shannon/Weaver (1949); Maser (1971)

8.2.3 Nachrichtentheorie

Das schon genannte, von der Publizistikwissenschaft aufgestellte Kriterium der **Aktualität** wird vor allem den Nachrichten abverlangt. Es beschreibt eine Eigenschaft von Ereignissen, die diese besitzen müssen um a) von Journalisten berichtet zu werden und b) das Interesse der Rezipienten zu treffen. Ganz grob kann man daher im Begriff der Aktualität (A) zumindest zwei Größen dingfest machen:

1) *Information* (I) (Neuigkeit, Überraschung) und

2) *Relevanz* (R) (differenzierbar nach Zahl der Betroffenen, Dauer und Fristigkeit des Ereignisses, Grad der Betroffenheit, räumliche/geistige/zeitliche Entfernung des Ereignisses von den Betroffenen etc.)

Formalisiert heißt das (Merten 1973):

$A = f(I \times R)$

Aktualität kann also nur dann vorhanden sein, wenn *beide* Variablen positiv (größer Null) ausgeprägt sind.

Beispiel 33:

Dass in einer Vorlesung an einem ganz bestimmten Tage ganz bestimmte Personen zu ganz bestimmter Zeit einen ganz bestimmten Stoff so und gerade so rezipieren, dabei die und die Kleidung tragen, in der und gerade der Verfassung sind etc. etc. ist im Sinne der Informationstheorie ein hochinformatives (hochunwahrscheinliches) Ereignis, das sich so nie wiederholen wird.

Dennoch taugt dieses Ereignis nicht zur Nachricht – denn es gibt täglich Tausende von Vorlesungen, die an der Bevölkerung spurlos vorübergehen, d.h. darin steckt keine

[43] Eine solche pragmatische Informationstheorie müsste definitiv die Informationsverarbeitung des Rezipienten erfassen, so dass z.B. Wert, Nutzen oder die Bedeutung einer Information *für* einen Rezipienten berücksichtigt werden; da das Verhalten des Rezipienten jedoch nicht normiert, sondern im besten Sinne des Wortes *subjektiv* ist, könnte eine solche Theorie allenfalls mit hier vergleichsweise uninteressanten, empirisch zu erhebenden Mittelwerten operieren.

besondere Relevanz. Umgekehrt ist die Tatsache, dass 98% aller Bundesbürger täglich eine warme Mahlzeit zu sich nehmen können, von maximaler gesamtgesellschaftlicher Relevanz: In Deutschland gibt es keinen Hunger. Dennoch taugt auch diese Feststellung nicht zur Nachricht, denn wir sind an diesen Zustand 'gewöhnt', d.h. seine Feststellung enthält keinen Neuigkeitswert (Information).

Ein dezidierterer Entwurf einer Nachrichtentheorie liegt von *Galtung* und *Ruge* vor, die dafür 12 *Nachrichtenfaktoren* entwickelt haben (Galtung/Ruge 1965). Danach hat ein Ereignis umso eher eine Chance, als Nachricht publiziert zu werden, je mehr und je stärker diese Faktoren ausgeprägt sind.

Diese sind:

1) Ereignisentwicklung (*Frequency*)

2) Außergewöhnlichkeit (*Threshold*) in Bezug auf Relevanz, Überraschung

3) Eindeutigkeit (*Unambiguity*)

4) Bedeutsamkeit (*Meaningfulness*)

5) Erwartungstreue (*Consonance*)

6) Überraschung (*Unexpectedness*)

7) Themenkarriere (*Continuity*)

8) Relative Themenvarianz (*Composition*)

9) Bezug auf Elitenationen

10) Bezug auf Elitepersonen

11) Personenbezug generell

12) Negativität

Diese Faktoren wurden empirisch überprüft (vgl. Schulz 1976; Staab 1990) und – mit Einschränkungen – als Selektivitätskriterien bestätigt. **Selektivität** ist damit als Kriterium für die Definition pragmatischer Information, hier überprüft an Nachrichten, als hartes Kriterium anzusehen.

Anzumerken ist, dass die *Erzeugung einer Mitteilung* über ein Ereignis, deren Publikation als *Nachricht* und schließlich deren *Rezeption* durch den Rezipienten insgesamt als mehrfach gestufter Prozess der Selektion verläuft und dies in zeitlicher, sachlicher und sozialer Dimension (vgl. Ruhrmann 1989: 30ff.). Es ist daher geradezu erwartbar, dass in diesem Prozess die Rolle des Redakteurs eben durch seine aufzubringende Selektivität definiert wird, nämlich als **Gatekeeper**[44].

Dabei wählen die jeweiligen Instanzen nach unterschiedlichen Kriterien (Merten 1985) aus: Journalisten selegieren vor allem nach *Neuigkeit*, Rezipienten hingegen eher nach *Relevanz* aus (was gerade deshalb Sinn macht), d.h. sie übernehmen die Selektion der Journalisten.

Im Sinn des Konstruktivismus kann man gerade den Prozess der Nachrichtenrezeption als Prototyp für die (subjektive!) Konstruktion von Relevanz begreifen, denn: Rezipienten übernehmen Informationsangebote aus den Medien und setzen auf diese *je subjektiv* ihre eigene weitere Selektion, d.h. sie *konstruieren* ihre Relevanzen, ihre Wirklichkeit in der Tat selbst. Das kann man u.a. daran sehen, dass die verbale Reproduktion von Nachrichtensendungen deutlich zeigt, dass erinnerte Nachrichten in subjektive Kontexte eingebettet werden und überdies mit künstlichen, nicht in den Nachrichten berichteten Fakten angereichert werden (Merten 1985, Ruhrmann 1989: 59).

Weiterführende Literatur:

Ruhrmann (1989); Schulz (1976); Staab (1990)

8.2.4 Funktionalistische Ansätze

Unter dieser Bezeichnung sollen im Folgenden eine Reihe von theoretischen Ansätzen vorgestellt werden, die sich – mehr oder minder explizit – an den **Funktionen** (Leistungen, Aufgaben, Folgen) von Massenkommunikation festmachen.

Die Publizistikwissenschaft verwendete den Funktionsbegriff noch sehr normativ, d.h. sie schrieb dem System Massenkommunikation a priori Funktionen zu, insbesondere die der **Information** (Unterrichtung), **Kommentation** (Meinungsbildung) und **Unterhaltung** (Delektation, daraus ableitend auch: Belehrung etc.).

Heutzutage versteht man *Funktionen der Massenmedien* etwa wie folgt: *Medien* stellen Informationsangebote bereit, die der Rezipient nach eigenen Kriterien

---

[44] Der Begriff des 'Gatekeepers' stammt von *Kurt Lewin*, der ihn (1943) für das (selektive) Einkaufsverhaltens von Hausfrauen geprägt hat. Seitdem hat man diesen Begriff vor allem für die selegierende Funktion entsprechender Rollen vor allem im Journalismus verwendet. Vgl. Lewin (1943) sowie White (1950) und Abbott/Brassfield (1989).

verarbeitet und ihnen dabei gewisse Funktionen zuschreibt, die weder exklusiv noch bewusst sein müssen.

Hauptfunktionen sind **Information**, **Kommentation** und **Unterhaltung**, wobei die *Informationsfunktion* natürlich in allen drei Fällen vorhanden ist und als basal anzusehen ist. Neben diesen Hauptfunktionen wird auch eine Funktion der Persuasion (Überredung, Werbung, Überzeugung, Beeinflussung) oder der Belehrung benannt, daneben wichtige latente Funktionen wie Wert- und Normvermittlung oder Stabilisierung der Gesellschaft. Juristen schreiben den Medien durch ihre Arbeit zudem eine 'öffentliche Aufgabe' zu etc. Empirische Analysen fördern noch immer weitere Funktionen der Massenmedien zutage: Etwa eine kathartische (reinigende) oder narkotisierende Funktion wird der Darstellung von *Gewalt* im Fernsehen zugesprochen, eine entlastende (eskapistische) Funktion der Unterhaltung etc.

Dennoch ist der Begriff der Funktion[45] nicht voll konsentiert: Ronneberger/Rühl (1992) sprechen von Funktionen, wenn es um den gesamtgesellschaftlichen Bereich geht, aber von Leistungen, wenn es um Teilsysteme (d.h.: Leistung des Kommunikationssystems für andere Teilsysteme) geht. Der Zusammenhang zwischen Funktion, Folge und Wirkung von Massenkommunikation harrt allerdings noch immer einer soliden Klärung – Indiz dafür, dass eine allgemeine Theorie der Massenkommunikation mittlerer oder großer Reichweite bzw. eine Theorie der Wirkungen der Massenkommunikation noch nicht in geschlossener Form vorliegt.

8.2.5 Politische Theorien der Massenmedien

Die Frage nach der Funktion von Medien ist nur theoretisch zu beantworten. Ganz grob kann man hier unterscheiden in selbstbezogene (molekulare) und integrierte (molare) Ansätze:

- Unter *selbstbezogenen* Ansätzen sollen solche verstanden werden, die von einem oder mehreren Medien ausgehen und nach deren Wesen fragen.

---

[45] Luhmann (1962) hat gezeigt, dass Funktionen, die einem Objekt zugeschrieben werden, als Perspektiven begriffen werden müssen, unter denen ein Objekt eine Leistung erbringt bzw. eine Aufgabe erfüllt: Ein Schuh hat normalerweise die Funktion, einen Fuß zu schützen und zu wärmen. Aber man kann seinen Schuh natürlich auch ausziehen und damit das Rednerpult der Vereinten Nationen zerhacken – was ein *Nikita Chrustschow* am 13.10.1960 in New York empirisch realisierte. Da es so viele Funktionen wie Perspektiven gibt, ist deren Zahl unbegrenzt. Wenn man mithin in der Kommunikationswissenschaft von Funktionen spricht, dann ist dies nicht als erschöpfende Aufzählung, sondern nur als Beschreibung der relevantesten Funktionen zu verstehen.

- *Integrierte* Ansätze hingegen gehen von der Funktion von Medien für größere Systeme aus und entwickeln von dort aus ihre Theorie. Ganz anders dagegen sowohl der *systemische* als auch der *kritische* Ansatz der Medientheorie: Beide stellen umfassendere und wirklichkeitsbezogene Ansätze dar.

Mediensysteme können zunächst nach *juristischen, ökonomischen, technischen und politischen Aspekten* voneinander unterschieden werden. Baacke (1973: 191) verdeutlicht die Rolle des Mediensystems als Teilsystem der Gesellschaft, das Informationsangebote *aus* anderen Teilsystemen *für* die Gesellschaft (deren Mitglieder) und andere Teilsysteme verfügbar macht.

8.2.6 Kritische Medientheorie

Gegenüber den bislang vorgestellten Medientheorien gehen die kritische und auch die materialistische Medientheorie (➔ Kap. 8.2.7) von einem völlig anderen, *molaren* Ansatz aus. Die Analyse und Erklärung von Massenkommunikation, so der Grundgedanke, greift notwendig zu kurz und erfasst dabei allenfalls ein Epiphänomen, wenn sie einfach als Analyse und Erklärung des Prozesses der Massenkommunikation erfolgt und nicht stets vor dem Hintergrund einer Theorie der gesellschaftlichen Entwicklung betrieben wird:

> „Von kritischer Kommunikationsforschung kann sinnvoll nur gesprochen werden, wenn ihre Fragestellungen aus dem Zusammenhang einer *Theorie der Gesellschaft* gewonnen sind, die allein imstande ist, den geschichtlichen Zusammenhang der Gesellschaft zu diagnostizieren und die Gegenwart als ein geschichtliches Problem zu behandeln [...] Die ‚kritische Theorie' ist die Form der marxistischen Theorie, die den Faschismus, den hochzivilisierten Rückfall in die Barbarei, zu ihrem bestimmenden Erfahrungsgehalt hat und die bis hin zur Formulierung einer negativen Dialektik an dem Gedanken festhält, daß der Spätkapitalismus in seinem Bewegungsgesetz potentieller Faschismus ist" (Negt 1973: XIV).

Der Ansatz einer solchen Theorie steht damit in einer interessanten Entsprechung zu Ansätzen der späteren Systemtheorie, die ebenfalls bestimmte Prozesse, z.B. auch Kommunikation, als System begreift und damit in einen Gesamtzusammenhang stellt (vgl. Heinze 1990: 17). Die Produktion von Medienaussagen ist, verkürzt gesagt, stets im Rahmen kapitalistischer Verwertungszusammenhänge zu begreifen und zu analysieren (Abb. 33):

Abbildung 33: Kritische und materialistische Medientheorie

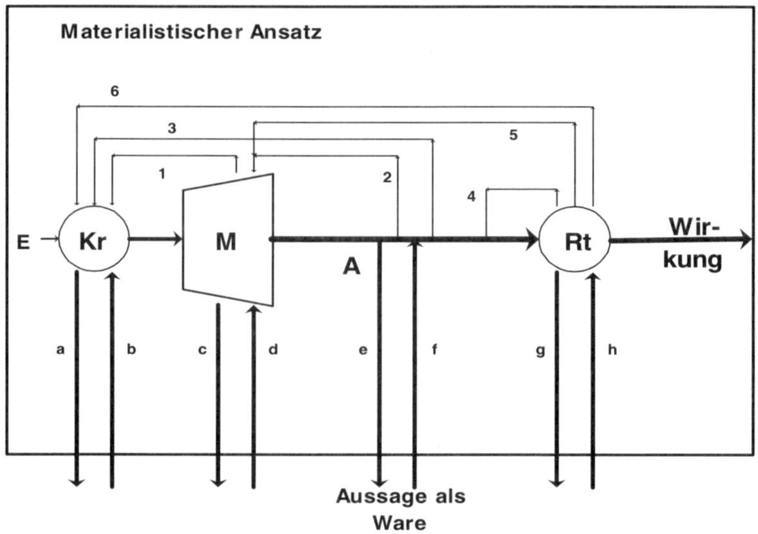

Der Anspruch dieser Theorie ist umfassend und sie versucht, diesen Anspruch mit einer entsprechend anspruchsvollen *dialektischen,* also prinzipiell selbstreferenten Struktur einzulösen.

Exkurs zur **Dialektik**: Das Prinzip der Dialektik stammt aus der Philosophie. Wir haben es z.B. bei *Aristoteles* in seiner Trias von These, Antithese und Synthese kennengelernt. Die Dialektik wurde weiterentwickelt von *Kant,* der sie zur Logik hinzurechnet, und von *Hegel,* der darin nicht mehr nur eine (heuristische) Methode der Erkenntnis sieht, sondern die dem Sein zugrundeliegende, auf das Absolute (als abstraktes Allgemeines) zielende *Gesetzmäßigkeit der Selbsterfahrung*:

Die *Negation* eines Dings hebt zwar das Positive auf, jedoch ist Negation und Position ungleich Null: Die Aufhebung des Positiven durch seine Negation ist nur die *Negation des je Spezifischen,* d.h. des besonderen Inhalts oder der besonderen Sache. Die Negation der gegenwärtigen Gesellschaft ist also nicht überhaupt, sondern nur in der Form oder nach dem Inhalt möglich. *Hegel* behauptet, dass der dialektische Prozess durch das den Dingen innewohnende Bedürfnis nach *Aufhebung von Widersprüchlichkeit* vorangetrieben wird.

Wenn man mit *Hegel* sagen kann, dass das Bewusstsein (der kognitive Apparat) bestimmt, wie das Sein erlebt wird, dann stellen *Karl Marx* und *Friedrich Engels* diese These radikal auf den Kopf: Das Sein bestimmt das Bewusstsein, der dialektische Widerspruch entzündet sich am Verhältnis von Arbeit und Kapital, also an der Struktur der kapitalistischen Gesellschaft. Der heutige Begriff der

Dialektik (vgl. Bernsdorf 1969: 156ff.) zeigt innerhalb einer marxistischen Soziologie vier unterschiedliche Bedeutungen:

1) Dialektik als Ausdruck der gesetzmäßigen Notwendigkeit geschichtlicher Veränderung

2) Dialektik als Einzelwissenschaft von den allgemeinsten Gesetzen der Bewegung und Entwicklung in Natur, Gesellschaft und menschlichem Denken als Lehre von der Negation der Negation

3) Dialektik als Theorie und Methode der menschlichen Erkenntnis

4) Dialektik als Anleitung zum praktisch-umgestaltenden Handeln

Die Ansätze einer kritischen Theorie wurden von den Vertretern der 'Frankfurter Schule' (*Theodor W. Adorno, Max Horkheimer, Walter Benjamin, Leo Löwenthal, Herbert Marcuse*) aber auch anderen Autoren wie *Paul F. Lazarsfeld* in der seit 1932 erschienenen *Zeitschrift für Sozialforschung* formuliert.[46]

Bemerkenswert ist, dass der Anspruch der kritischen Theorie, Aufklärung zu leisten, nicht mehr, wie der der materialistischen Theorie, in konkrete Anweisungen zu politischem Handeln oder gar zu politischer Veränderung mündet, sondern die Möglichkeiten der Kommunikation als geeigneten Ansatz begreift. Kausch (1988: 3) weist in diesem Zusammenhang daraufhin, dass „die interessantesten Weiterentwicklungen der kritischen Theorie heute in Kommunikationsmodelle münden. Die ‚Theorie des kommunikativen Handelns' von Jürgen Habermas ist wohl die prominenteste unter ihnen, keineswegs aber die einzige." Kein Geringerer als *Paul F. Lazarsfeld* formulierte dazu bereits (1941), in Anlehnung an die kritische Gesellschaftstheorie von Max Horkheimer (1937) den Zugriff kritischer Medientheorie wie folgt:

> „Wer heute kritische Analyse der modernen Kommunikationsmedien betreibt, wird Rundfunk, Film und Presse betrachten und folgende Fragen stellen: Wie sind diese Medien organisiert und wie werden sie kontrolliert? Wie stark sind innerhalb ihres institutionellen Gefüges die Tendenzen zu Konzentration, Standardisierung und Druck durch Werbung ausgeprägt? In welcher Form und wie versteckt auch immer bedrohen sie menschliche Werte?" (Lazarsfeld 1973: 18).

---

[46] Der erste Band dieser Zeitschrift erschien (1932) noch in Leipzig; nach der nationalsozialistischen Machtergreifung wurde die Redaktion nach Paris verlegt (1932-1939). 1941 erschien die Zeitschrift als *Studies in Philosophy and Science* in New York. Der vollständige Reprint der *Zeitschrift für Sozialforschung* erschien 1970 im Kösel-Verlag.

Theodor W. Adorno sah in der Entwicklung von Medien nicht mehr, wie noch Brecht (1927) in seiner Radiotheorie[47], ein geniales Instrument der Volksbildung, sondern ein Instrument der Pazifierung, ja der Nivellierung des Volksgeschmacks – und dies nicht zufällig, sondern bedingt durch die vom Kapitalismus notwendig vorausgesetzte ständige Erzeugung von *Konsum*:

> „Das Wort *Kulturindustrie* dürfte zum ersten Mal in dem Buch ‚Dialektik der Aufklärung' verwendet worden sein, das Horkheimer und ich 1947 in Amsterdam veröffentlichten. In unseren Entwürfen war von Massenkultur die Rede. Wir ersetzten den Ausdruck durch ‚Kulturindustrie', um von vornherein die Deutung auszuschalten, die den Anwälten der Sache genehm ist: daß es sich um etwas wie spontan aus den Massen selbst aufsteigende Kultur handele, um die gegenwärtige Gestalt von Volkskunst. Von einer solchen unterscheidet Kulturindustrie sich aufs äußerste. Sie fügt Altgewohntes zu einer neuen Qualität zusammen. In all ihren Sparten werden Produkte mehr oder minder planvoll hergestellt, die auf den *Konsum durch Massen* zugeschnitten sind und in weitem Maß diesen Konsum von sich aus bestimmen [...] Kulturindustrie ist willentliche Integration ihrer Abnehmer von oben. Sie zwingt auch die jahrtausendelang getrennten Bereiche hoher und niedriger Kunst zusammen. Zu ihrer beider Schaden. Die hohe wird durch die Spekulation auf den Effekt um ihren Ernst gebracht; die niedrige durch ihre zivilisatorische Bändigung um das ungebärdig Widerstehende, das ihr innewohnte, solange die gesellschaftliche Kontrolle nicht total war. Während die Kulturindustrie dabei unleugbar auf den Bewußtseins- und Unbewußtseinsstand der Millionen spekuliert, denen sie sich zuwendet, sind die Massen nicht das Primäre sondern ein Sekundäres, Einkalkuliertes; Anhängsel der Maschinerie. *Der Kunde ist nicht, wie die Kulturindustrie glauben machen möchte, König, nicht ihr Subjekt, sondern ihr Objekt*. Das Wort Massenmedien, das für die Kulturindustrie sich eingeschliffen hat, verschiebt bereits den Akzent ins Harmlose. Weder geht es um die Massen an erster Stelle, noch um die Techniken der Kommunikation als solche, sondern um den Geist, der ihnen eingeblasen wird, die Stimme ihres Herrn. Kulturindustrie mißbraucht die Rücksicht auf die Massen dazu, ihre als gegeben und unabänderlich vorausgesetzte Mentalität zu verdoppeln, zu befestigen, zu verstärken. Durchweg ist ausgeschlossen, wodurch diese Mentalität verändert werden könnte. Die Massen sind nicht das Maß, sondern die Ideologie der Kultur-

[47] „Der Rundfunk ist aus einem Distributionsapparat in einen Kommunikationsapparat zu verwandeln. Der Rundfunk wäre der denkbar großartigste Kommunikationsapparat des öffentlichen Lebens, ein ungeheures Kanalsystem, das heißt, er wäre es, wenn er es verstünde, nicht nur auszusenden, sondern auch zu empfangen, also den Zuhörer nicht nur hören, sondern auch sprechen zu machen und ihn nicht zu isolieren, sondern ihn in Beziehung zu setzen [...] Undurchführbar in dieser Gesellschaftsordnung, durchführbar in einer anderen, dienen die Vorschläge, welche doch nur die natürliche Konsequenz der technischen Entwicklung bilden, der Propagierung und Formung dieser anderen Ordnung" (Brecht 1967, Bd. 18: 134).

industrie, so wenig diese auch existieren könnte, wofern sie nicht den Massen sich anpaßte.

Die Kulturwaren der Industrie richten sich, wie Brecht und Suhrkamp schon vor dreissig Jahren aussprachen, *nach dem Prinzip ihrer Verwertung*, nicht nach dem eigenen Gehalt und seiner stimmigen Gestaltung. Die gesamte Praxis der Kulturindustrie überträgt das Profitmotiv blank auf die geistigen Gebilde [...] Kulturindustrie geht über in *public relations*, die Herstellung eines good will schlechthin, ohne Rücksicht auf besondere Firmen oder Verkaufsobjekte. An den Mann gebracht wird allgemeines unkritisches Einverständnis, Reklame gemacht für die Welt, so wie ein jedes kulturindustrielles Produkt seine eigene Reklame ist [...] Was an der Kulturindustrie als Fortschritt auftritt, das unablässig Neue, das sie offeriert, bleibt die Umkleidung eines immergleichen; überall verhüllt die Abwechslung ein Skelett, an dem so wenig sich änderte wie am *Profitmotiv* selber, seit es über Kultur die Vorherrschaft gewann [...] Jedes Produkt gibt sich als individuell; die Individualität selber taugt zur Verstärkung der Ideologie, indem der Anschein erweckt wird, das ganz Verdinglichte und Vermittelte sei eine Zufluchtsstätte von Unmittelbarkeit und Leben.

[...] Wohl hat man einstweilen nicht, durch exakte Forschung, die regressive Wirkung an einzelnen kulturindustriellen Produkten hieb- und stichfest bewiesen; phantasievolle Versuchsanordnungen könnten das gewiß besser leisten, als den finanzkräftigen Interessenten angenehm wäre. Ohne Bedenken jedenfalls darf man annehmen, daß steter Tropfen den Stein höhlt, vollends, da das System der Kulturindustrie die Massen umstellt, kaum ein Ausweichen duldet und unablässig die gleichen Verhaltensschemata einübt [...] Die Ersatzbefriedigung, die die Kulturindustrie den Menschen bereitet, indem sie das Wohlgefühl erweckt, die Welt sei in eben der Ordnung, die sie ihnen suggerieren will, betrügt sie um das Glück, das sie ihnen vorschwindelt. Der Gesamteffekt der Kulturindustrie ist der einer Anti-Aufklärung; in ihr wird, wie Horkheimer und ich es nannten, Aufklärung, nämlich die fortschreitende technische Naturbeherrschung, zum Massenbetrug, zum Mittel der Fesselung des Bewußtseins. Sie verhindert die Bildung autonomer, selbständiger, bewußt urteilender und sich entscheidender Individuen. Die aber wären die *Voraussetzung einer demokratischen Gesellschaft*, die nur in Mündigen sich erhalten und entfalten kann. Werden die Massen, zu Unrecht, von oben her als Massen geschmäht, so ist es nicht zum letzten die Kulturindustrie, die *sie zu den Massen macht*, die sie dann verachtet, und sie an der Emanzipation verhindert, zu der die Menschen selbst so reif wären, wie die produktiven Kräfte des Zeitalters sie erlaubten" (Adorno 1972: 347ff.).

Adorno umreißt hier den Anspruch der kritischen Theorie. Die darin enthaltenen Feststellungen lassen sich wie folgt zusammenfassen:

1) Inhalte der Massenmedien werden gezielt für den Konsum der Massen erzeugt.

2) Die Verbreitung der Inhalte hat die Funktion a) der Schaffung oder Garantie von massenhaften Konsumbedürfnissen und b) der Verhinderung der Be-

wusstseinsbildung, die die Massen in den Stand versetzen könnte, diese Situation zu reflektieren.

Die kritische Theorie geht darüber noch hinaus, indem sie die Anti-Aufklärung, die die kapitalgesteuerten Massenmedien bieten, durch eine echte Aufklärung ersetzen will.

Dieser Anspruch der kritischen Theorie wurde bereits in den 30er Jahren formuliert, also zu einer Zeit, in der sich soeben das Radio als neues Massenmedium etabliert hatte. Eine zeitgemäße Adaption der kritischen Theorie hat *Enzensberger* mit seinem *Baukasten zu einer Theorie der Medien* (Enzensberger 1972) vorgelegt. *Enzensberger* beginnt bei der von *Bert Brecht* formulierten Forderung, der „Rundfunk ist aus einem Distributionsapparat in einen Kommunikationsapparat zu verwandeln“ (Brecht 1967: 134) und stellt fest:

> „Zum ersten Mal in der Geschichte machen die Medien die massenhafte Teilnahme an einem gesellschaftlichen und vergesellschafteten produktiven Prozeß möglich, dessen praktische Mittel sich in der Hand der Massen selbst befinden. Ein solcher Gebrauch brächte die Kommunikationsmedien, die diesen Namen bisher zu Unrecht tragen, zu sich selbst. In ihrer heutigen Gestalt dienen Apparate wie das Fernsehen oder der Film nämlich nicht der Kommunikation sondern ihrer Verhinderung. Sie lassen keine Wechselwirkung zwischen Sender und Empfänger zu: technisch gesprochen, reduzieren sie den feedback auf das systemtheoretisch mögliche Minimum“ (Enzensberger 1972: 420).

Enzensberger begnügt sich allerdings nicht damit, Kritik zu üben. Er verwirft die Thesen von der Manipulation durch die Massenmedien bzw. vom durch die Massenmedien angefachten Konsumterror (wiewohl seiner Ansicht nach inhaltlich gerechtfertigt, vgl. Enzensberger 1972: 423f. u. 430) als wenig hilfreich. Stattdessen erhebt er die Forderung, den repressiven Mediengebrauch in einen emanzipatorischen Mediengebrauch zu überführen (Enzensberger 1972: 432).

Kritik:

Die Kritik der kritischen Kommunikationstheorie muss zunächst die geforderte molare Einbindung der Erklärung von Kommunikation in einen umfassenden sozialen Zusammenhang positiv hervorheben. Sie muss sich zugleich aber fragen, ob die Anbindung nicht an eine Theorie der Gesellschaft, sondern an eine Theorie der Gesellschaftsveränderung, die eine historische Dimension allemal voraussetzt, überhaupt möglich ist. Konkret heißt dies: Wenn die von der kritischen Theorie vorgelegten Analysen zum Zeitpunkt t_1 vielleicht zutreffend gewesen sein mögen, so bedeutet dies keinesfalls, dass sie auch für eine andere Epoche ungeprüft Gültigkeit haben können.

Interessanterweise hat *Enzensberger* den Beweis für diese These praktisch selbst geliefert, indem er 1988 dem Fernsehen, dem er vordem (1972) vor allem die Narkotisierung und die Verhinderung von Selbstaufklärung vorgeworfen hatte, nun attestiert, es sei ein „Nullmedium" und „alle Klagen über das Fernsehen [seien] gegenstandslos" (Enzensberger 1988). Darüber hinaus ist sein Vorschlag, aus dem Rezeptionsapparat einen Distributionsapparat zu machen und damit den emanzipatorischen Mediengebrauch zu ermöglichen, mittlerweile an ganz anderer Stelle eingelöst worden, nämlich durch das Internet.

Des Weiteren sind bereits im Entwurf dieser Theorie zwei Annahmen enthalten, die erst recht im Licht heutiger Kommunikationstheorie nicht mehr haltbar sind: Die Vorstellung vom Menschen als Masse und die Annahme, diese Massen ließen sich gezielt durch 'Stimuli' im gewünschten Sinne beeinflussen.

Ganz offenbar geht *Adorno* noch davon aus, dass der Rezipient den allmächtigen Medien so gut wie hilflos ausgeliefert ist, weil diese als 'Stimulus-Kanonen' fungieren, die den Rezipienten, wenn er sich ihnen denn aussetzt, auch treffen. *Adorno* lässt damit die für Kommunikation ganz wesentliche Erkenntnis außer acht, dass der Rezipient als aktiver Rezipient eigenverantwortlich zu selegieren imstande ist und, daraus folgend, jeweils eigene Wirklichkeitsbezüge herstellt. Der zweite Irrtum besteht in der Annahme, Menschen vor den Medien seien Massen, deren Mitglieder also füreinander wahrnehmbar sein müssten. Da dies nicht der Fall ist, spricht man heute – in Anlehnung an Maletzke (1963) von dispersen Publika. Das hat allerdings erhebliche Folgen, die auf ein ganz anderes Bild vom Rezipienten führen.

Weiterführende Literatur:

Prokop (1972); Prokop (1973); Heinze (1990); Kausch (1988)

8.2.7 Materialistische Medientheorie

Wie die kritische Medientheorie, so geht auch die materialistische Medientheorie, die sich in der Bundesrepublik unter dem Einfluss vor allem der Studentenrevolution von 1968 entwickelt hat, von einem historisch gewachsenen gesellschaftlichen Gesamtzusammenhang und damit ebenfalls von einem *historisch-dialektischen Ansatz* marxistischen Zuschnitts aus. Die materialistische Medientheorie hat die gleichen Wurzeln wie die kritische Medientheorie; aber sie verwahrt sich entschieden gegen diese, weil sie ihr, verkürzt gesagt, zu wenig radikal, weil zu wenig praktisch erscheint.

> „Die Praxis als ‚der sich historisch entwickelnde gesellschaftliche Gesamtprozeß der Umgestaltung der objektiven Realität durch die Menschen' [...] ist Grundlage aller Erkenntnis unter vier Gesichtspunkten: sie ist die Quelle des Erkennens, weil die Menschen nur in der materiellen Tätigkeit die objektive Realität erkenntnismäßig erschließen können; sie ist die Triebkraft des Erkennens, weil es letztlich die Entwicklung der materiellen Produktion bzw. die in ihr hervorgebrachten Bedürfnisse sind, die für den Erkenntnisfortschritt verantwortlich zeich-

> nen; sie ist das Ziel des Erkennens, weil die Menschen in ihr die ideell vorweggenommenen Zwecke ihres Handelns umsetzen, also über Handlungsanweisungen vermittelt die Vergegenständlichung ihrer Erkenntnisse betreiben; sie ist das (Wahrheits-)Kriterium des Erkennens, weil nur die Praxis als ein vom Bewußtsein geleiteter materieller Prozeß den Vergleich der Erkenntnisse mit den objektivrealen Gegenständen erlaubt" (Robes 1990: 23).

Noch deutlicher Kreimeier (1974: 215):

> „Ein materialistisches Verständnis aktueller Erscheinungsformen der Massenkommunikation setzt somit die Beschäftigung mit der Klassenwirklichkeit voraus, und Einsicht in die politischen Aspekte jener Bewußtseinsfesselung, die von den Informationssystemen intendiert wird, erschließt sich nur im Kontext der historischen Erkenntnisse, die das Proletariat über das Wesen des bürgerlichen Staates gewonnen hat."

In den frühen 70er Jahren entstanden dann – ebenfalls als Reflex auf die Studentenrevolution von 1968 – in rascher Folge mehrere, sehr unterschiedliche materialistische Ansätze, die vor allem den Zusammenhang zwischen Aussagenproduktion, ökonomischen Verhältnissen und Bewusstsein der Rezipienten thematisierten und die Produktion von Kommunikationsinhalten gleichsetzten mit kapitalistischer Warenproduktion: „Die Aussageinhalte werden als Ware produziert, die, da sie in ihrer ökonomischen Bedingtheit der Verbreitung durch Medien an das Kapital gebunden sind, ihre Wertungen von der herrschenden Klasse erhalten" (Dröge 1972: 29). Hund (1970: 13) spricht analog vom „Warencharakter der Nachricht", während Holzer (1973: 137) hierzu ausführt:

> „Die Institutionalisierung von Massenkommunikation kann nicht nur, sie *muß* – aufgrund der zuvor dargestellten Entwicklung der kapitalistischen Produktionsweise und des Verhältnisses von Ökonomie zu Staat – sowohl in formeller wie reeller Subsumption unter Kapitalinteressen erfolgen."

Unterlegt man die *Lasswellformel* als ordnende Größe, so hat materialistische Kommunikationsforschung folgende Anliegen:

Sie analysiert den *Kommunikator* (Who) als Produzent von Aussagen unter den Bedingungen der Kapitalverwertung, sie begreift *Aussagen* (What) als Ware, die als Ware unter den Bedingungen der Kapitalverwertung und des Profits zu produzieren ist und daher manipulativ ausfällt, sie begreift das *Medium* (Which Channel) als eingesetzte kommunikative Produktivkraft zur massenhaften Produktion und Distribution von Aussagen und sie begreift den *Rezipienten* (Whom) als in seiner Klasse befindlich und das heißt als überwiegend (lohn)abhängige Zielgruppe und sie analysiert *Wirkungen* (What Effect) im Gesamtzusammenhang der unter kapitalistischen Verwertungsinteressen zu erwartenden manipulativen Strategien zur Schaffung kapitalistisch viabler Bewusstseine (vgl. Robes 1990: 62ff.).

Materialistische Medienforschung untersucht demnach Felder wie Kapitalkonzentration bei Medienunternehmen, politische und vor allem werbliche Strategien der Persuasion bei der Aussagegestaltung und insbesondere daraus abzuleitende Bewusstseinsstrukturen des Rezipienten. Dazu Müller-Doohm (1974: 55):

> „Eine Medientheorie als gesamtgesellschaftliche Theorie [...] muß erklären, weshalb die Klasse der Lohnabhängigen Tag für Tag Zeitung lesen, Radiosendungen hören, Fernsehprogramme verfolgen, also paradoxerweise Medienprodukte konsumieren, die wegen ihrer kapitalistischen Formbestimmung und Funktionalisierung innerhalb des kapitalistischen Verwertungs- und Herrschaftsprozesses objektiv gegen das Erfahrungsinteresse der Mehrheit gerichtet sind."

Die von der materialistischen Medientheorie bereitgestellten Hypothesen beziehen sich demgemäß vor allem auf die Erklärung, dass und wie Medien im Rahmen des Kapitalismus agieren, insbesondere um die Bewusstseine der Massen zu steuern und zum anderen auf Thesen, wie eben diese Massen sich von dieser Steuerung emanzipieren können (vgl. Holzer 1973: 172ff.; Hund/Kirchhoff-Hund 1980: 311ff.). Dabei gibt es – typisch für emergente Paradigmen – im einzelnen unterschiedliche Auslegungen eines unterschiedlich gesehenen theoretischen Anspruchs:

Unter dieser materialistischen Prämisse haben sich verschiedene, oft bruchstückhaft gebliebene und oft miteinander nicht kompatible[48] Ansätze entwickelt:

1) Nachricht als Ware, Warenästhetik (Hund 1976; Haug 1971)

Basis der Theorie der Aussagenproduktion ist die marxistische Kategorie des Gebrauchswerts, seine Nützlichkeit. Daran macht sich das kapitalistische Verwertungsinteresse fest. Unter dem Zwang der Profitmaximierung muss die Ware möglichst schnell konsumiert werden, damit neuer Bedarf entsteht.

Haug übersetzt dies in der Entwicklung einer Wahrenästhetik: „Das Kapital [stößt sich] jetzt an der zu großen Haltbarkeit der Produkte" (Haug 1971: 48). Waren werden daher im Kapitalismus mit einer „Erscheinung des Gebrauchswerts" ausgestattet, womit deren werblicher Appeal gemeint ist. Um den Konsum anzufachen, werden Mechanismen der laufenden Entwertung erfunden, vor allem die Mode oder die unablässige Betonung des Neuen, des „Besseren." Noch deutlicher formuliert Hund (1973; 1976) den Anspruch materia-

---

[48] Diese Inkompatibilität verdankt sich dabei oft nur marxistisch unterschiedlichen Lagermentalitäten. Vgl. dazu exemplarisch die Kritik an *Habermas* durch Holzer (1973: 93ff.), die Kritik an Holzer durch Dröge (1972: 45ff.) oder die Kritik an *Dröge* durch Hund (1976: 98-105).

listischer Theorie. Er unterstellt, dass die laufende Produktion von Aussagen, die von der „bürgerlichen" Kommunikationstheorie mit der Notwendigkeit der Aktualität begründet wird, im Sinn des Kapitalismus nichts anderes sei, als die notwendige Aufrechterhaltung von Konsum. Hund (1973: 10) entwickelt dazu ein entsprechendes Modell (Abb. 34):

> „Bei der Modellierung des Kommunikationsprozesses stellt sich die Aufgabe, sowohl dessen stoffliche Charakteristika wie auch seine ökonomische Formbestimmung einzubeziehen. Schwerpunkt der stofflichen Seite ist bei massenkommunikativen Prozessen der einseitig verlaufende, technischmedial vermittelte Informationsfluß. Schwerpunkt der formbestimmten Seite ist die kapitalistische Warenproduktion [...] Die Verbindung Kommunikator – Aussage – Rezipient stellt sich so unter zwei Aspekten: technische Informationsvermittlung und kapitalverwertend betriebene Warenproduktion [...] Die Notwendigkeit zu einer doppelschichtigen Analyse ist von daher gesetzt. Ihre Möglichkeit ergibt sich aus dem spezifischen Charakter der Aussage, wo sie als Ware produziert wird. Wie alle Waren, so zeigt auch sie ein durch den Doppelcharakter der Arbeit gezeichnetes Gesicht. Sie ist Einheit zweier Seiten, sowohl Gebrauchswert als auch Tauschwert" (Hund 1973: 9ff.).

Abbildung 34: Kapitalistisches Modell der Aussagenkommunikation (nach Hund 1973: 10)

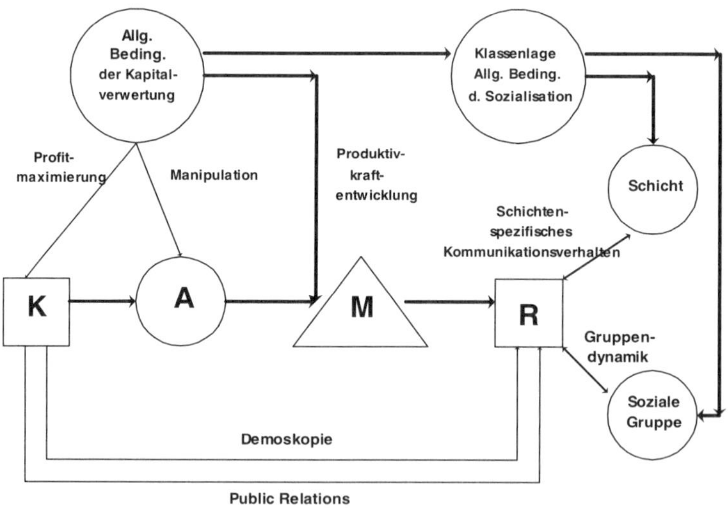

Sigle: K = Kommunikator; A = Aussage; M = Medium; R = Rezipient

2) Vertreter des polit-ökonomischen Ansatzes materialistischer Theorie

Der von Dröge (1972 bzw. 1973) vorgestellte Ansatz einer materialistischen Theorie lässt sich als polit-ökonomische Variante materialistischer Medientheorie charakterisieren. Dazu Dröge (1973: 181ff.):

> „Eine [materialistische Kommunikationstheorie, K.M.] kann auf zwei Weisen bestimmt werden, die nicht alternativ, sondern kontinuierlich zu sehen sind:
>
> a) Sie ist aus der Marxschen Kritik der Politischen Ökonomie heraus begrifflich zu entwickeln. Das Verfahren ist, bleibt es auf dieser Ebene stehen, exegetisch. Ihr Wahrheitsanspruch ist aus der innertheoretischen Konsistenz abgeleitet. Ihr Wirklichkeitsgehalt ist unüberprüfbar. Der Ausgangspunkt der logischen Rekonstruktion des Wesenszusammenhangs bürgerlicher Gesellschaft ist nämlich die *objektive Stellung des Proletariates*, weil es die notwendig gesetzte *Negation des gesellschaftlichen Widerspruchs* ist. Und die Erkenntnis der Realität ist nur aus ihrer Negation möglich, weil sonst der Oberflächenschein den Zugang zum Wesen verdeckt.
>
> b) Dieser Ausgangspunkt macht es notwendig, die jeweilige Entwicklung der Stellung des Proletariates zu bestimmen, und damit die Theorie so weit zu konkretisieren, daß sie wirklich, d.h. praktisch wird. Ein notwendiges Moment im Prozeß der Konkretisierung ist die empirische Überprüfung [...]
>
> Das empirische Bewußtsein der gesellschaftlichen Subjekte ist doppelt konstituiert. Diese Doppelkonstitution des Bewußtsein – zum einen durch subjektive Aneignung (jeweils klassen- und schichtenmäßig unterschiedlich, darin wieder kollektiv und individuell unterschiedlich) des Kapitalverhältnisses in seinen mystifizierten Erscheinungsformen, zum anderen durch Aneignung der ideologischen Verallgemeinerung [...]
>
> In diesen objektiv vermittelten, aber im objektiven Schein unvermittelten Momenten wird Wirklichkeit als Erfahrungswissen subjektiv angeeignet. [...] Diese wissensmäßige Vermittlung der Lebensbereiche wird also von den Institutionen der Verallgemeinerung geleistet (z.B. Staat, Organisationen, Verbände, Wissenschaft, Familie, Schule, Medien etc.) [...]
>
> Dieser Widerspruch zwischen der ersten Aneignung und der Form der Verallgemeinerung – und darin die nicht verallgemeinerten Widerspruchserfahrungen – ist inhaltlich der *Ansatzpunkt kommunistischer Agitation und Propaganda*. Positiv formuliert heißt das, sie muß an diesen Widerspruchserfahrungen, die die marxistische Theorie konkret zu benennen hat, ansetzen, um sie organisiert zu verallgemeinern, d.h. auf die gesellschaftliche Totalität als Klassenverhältnis zu beziehen, um es aufzuheben. Hieraus abgeleitet muß die Aufgabe der Medienpädagogik bestimmt werden."

3) Radikaldemokratisch-empirische Forschung (Zoll/Hennig 1970)

Diese Richtung von Medienanalyse arbeitete – wie die positivistische Medienforschung – streng *empirisch*, wollte durch Bereitstellung exakter Daten über Besitzverhältnisse, Inhalte und Organisation der Medien den Anspruch auf 'freie Information' kritisch sichten. Marxistische Wissenschaftler, vor allem *Holzer*, kritisierten diesen Ansatz, weil er den grundsätzlichen Widerspruch zwischen kapitalistischem Verwertungszusammenhang und der Veränderung bzw. Formung des Bewusstsein der Rezipienten verschleiere:

> „[...] eine Analyse der über Massenkommunikation hergestellten, in Massenmedien artikulierten Interpretation von Gesellschaft (vermag) sehr gut am grundgesetzlich fixierten Selbstverständnis der bundesrepublikanischen Theorie anzusetzen" (Holzer, zit. nach Buselmeier 1974: 13).

4) Ansatz der Bild-Semiotik (Knilli 1971)

Eine Variante der kritischen Theorie war die *Bild-Semiotik*, die vor allem von Knilli betrieben wurde. *Knilli* entwickelte eine *linguistische Methodik*, sozusagen ein syntaktisch/lexikalisches Raster, die er auf die Darstellung *bildlicher Texte* übertrug, um damit in gesellschaftlichem Kontext zu analysieren: „Wer die Sprache des Films nicht beherrscht, der ist sich der ideologischen Implikate des Films nicht bewusst, er kann Ideologien nicht erkennen." Unter *Ideologie* ist die nur scheinbare Losgelöstheit der Kommunikate von der gesellschaftlichen Wirklichkeit zu verstehen, woraus später auch Begriffe wie *Verschleierung* etc. entwickelt wurden.

Kritik:

Die materialistischen Medientheorien begreifen in ihrem Rückgriff auf marxistische Theorie den Kommunikationsprozess notwendig als doppelten Prozess, der nicht einfach nur passiert, sondern sich in einem historisch-gesellschaftlichen Rahmen ereignet. Dabei wird der marxistische Ansatz, der in einer historischen Epoche und für eine historische Epoche verfasst wurde, zu einer allgemeinen nomologischen (d.h. unabhängig von Zeit und Raum gültigen) Theorie erklärt und damit ersichtlich überstrapaziert.

Es fällt auf, dass der materialistische Ansatz sich – wissenschaftlich gesehen – sehr einseitig präsentiert: Analysen und Feststellungen des theoretischen Ahnherrn *Karl Marx* werden kritik- und bedenkenlos übernommen und ungeprüft auf die Gegenwart bezogen, obwohl doch gerade materialistische Analyse fordern müsste, dass *Marx's* Analysen auf ihre historische Situation bezogen sein sollten. Beispielsweise adaptiert Dröge (1972), ersichtlich unreflektiert, die Lehren von *Marx* auf die Kommunikationswissenschaft: „Was

Marx für die Ökonomie sagt, gilt auch für die Kommunikation" (Dröge 1972: 32).

Die Autoren der einzelnen Ansätze materialistischer Medientheorie (vor allem *Buselmeier, Dröge, Holzer, Hund, Kreimeier*) übersetzen kommunikationswissenschaftliche Termini in marxistische Termini – dies gelegentlich auch unter dem direkten Eindruck der Studentenrevolution von 1968 (vgl. Robes 1990: 54f.) – und vernachlässigen dabei – mehr oder minder deutlich – die Tatsache, dass die Erkenntnisgegenstände Kommunikation und Kognition (Bewusstsein) sich nicht einfach einer ökonomischen Theorie fügen.[49]

Kritik an diesem Ansatz kam – erwartbar – auch aus den linken Reihen selbst, weil er – nach dem Scheitern der eher spontan-kritisch-aktionsmäßig verfahrenden Studentenbewegung nun alte dogmatische Marxismen bemühte, die - analog etwa zu den Kehren des Marxismus in der DDR – eine versteinerte Scholastik erzeugten, die nicht zu verstehen, sondern nur zu glauben waren: *Vulgärmarxismus* ist denn auch das Stichwort, das die Kritik dieses Ansatzes beherrscht:

> „Unter dem Vorwand, die Medien ‚materialistisch' zu untersuchen, flüchtet man sich in die Aussagen über den kapitalistischen Charakter der ökonomischen Verhältnisse und meint damit auch die kapitalistische Qualität der MEDIEN nachgewiesen zu haben" (Held 1973: 143).

Was die Methodik materialistischer Medienanalyse (vgl. etwa Knilli 1971) anbetrifft, so wurde sie – verkürzt gesagt – immer nur exemplarisch und nicht systematisch angewendet (vgl. etwa Hund 1973). Freilich waren die Begriffe weder intersubjektiv geprüft noch wurde bei der Codierung methodisch kontrolliert, so dass diese *materialistische Semiotik* im schlechtesten Sinne trivial geriet: Es handelt sich mehr um subjektive Deutung als objektivierbare Analyse, sozusagen 'materialistische Kaffeesatzanalyse' von Bildern.

Des Weiteren gehen sie – mehr oder minder explizit – von Annahmen aus, die im Licht neuerer Forschung heute definitiv nicht mehr haltbar sind. Dazu zählen insbesondere:

---

[49] Diese Kritik soll als Kritik und nicht als Fall von Polemik verstanden werden, der sich diese Ansätze häufig von positivistischer Seite ausgesetzt sahen. Dazu als Beispiel: „Auf Autoren, die ohne irgendwelche Bezugnahme auf empirische Befunde, ihre mehr oder weniger mit Zitaten von Marx und Engels, die bekanntlich weder Radio noch Fernsehen hatten, 'abgesicherten' Vorurteile als Medientheorie verstanden wissen wollen, wird im folgenden nicht weiter eingegangen" (Kunczik 1984: 124).

1) *Die marxistische Widerspiegelungstheorie*

Sie unterstellt, dass die Realität sich, so wie sie ist, im Bewusstsein des Menschen für die Angehörigen einer Klasse als identisch widerspiegelt. Sie unterstellt damit eine definitive Abbildrelation, die durch den Konstruktivismus (➔ Kap. 5.3) ebenso definitiv widerlegt worden ist. Kommunikationstheoretisch folgt daraus, dass Angehörige der gleichen Klasse keinesfalls identisch wahrnehmen, identisch kommunizieren oder identisch handeln müssen (vgl. hierzu auch Robes 1990: 245f.)

2) *Der Materialismus*

Der (dialektische) Materialismus behauptet, dass Information entweder Energie oder Masse besitzen müsse. Dabei ist mittlerweile aber längst geklärt, dass Information als eine relationale Größe weder Masse noch Energie sein kann (vgl. Wiener 1968: 166).

3) *Kommunikation als Versendung von 'Stimuli'*

Schon bei der Diskussion der kritischen Kommunikationstheorie war aufgefallen, dass das Verständnis des Kommunikationsprozesses über die Stimulus-Response-Ebene nicht hinausreichte. Das Gleiche gilt erst recht auch für den materialistischen Ansatz. Da der materialistische Ansatz am 'Manipulationsverdacht' festhält, ist es nur logisch, bei gleicher Ursache auch gleiche Wirkung zu unterstellen – wie dies das Stimulus-Response-Modelle ja auch tut.

4) *Der Begriff der Masse*

Auch der Begriff der Masse erfährt in den Ansätzen zur materialistischen Medientheorie keinen Ersatz, er wird beibehalten. Das ist insofern plausibel, als ja gerade dieser Ansatz von 'massenhaft kommunizierten Nachrichten' oder einer 'massenhaft hergestellten Öffentlichkeit' ausgeht, für den der Begriff der Masse passt.

Damit wird insgesamt ein erstaunlich konservatives Moment der materialistischen Medientheorie sichtbar, was aber für marxistische Theorien generell wiederum nicht untypisch ist: Sie beharrt, wie hier exemplarisch an vier Konzepten bzw. Begriffen beschrieben, auf überholten Erkenntnissen, weil diese auf eine wissenschaftstheoretisch überholte Medientheorie passen.

Weiterführende Literatur:

Baacke (1973); Heinze (1990); Kausch (1988); Robes (1990)

8.2.8 Systemische Theorie der Massenkommunikation

Systemische Theorien der Massenkommunikation haben sich gleichsam im Schatten der Entwicklung der Systemtheorie selbst entwickelt. Diese Entwicklung hat in der Folge eine ganze Reihe von theoretischen Ansätzen hervorgebracht, die sich in Bezug auf zwei Dimensionen unterscheiden. Zum einen ist dies der analytische Grad, in dem der Systembegriff überhaupt verwendet wird. Ganz grob wird er hier unterschieden in nominale, deskriptive oder theoretisch fundierte (analytische) Ebene, wobei die nominale Ebene häufig über ein vorwissenschaftliches Verständnis nicht hinausgeht.

Zum anderen unterscheiden sich die theoretischen Ansätze hinsichtlich der Analyse-Ebene, auf der eine Theorie der Massenkommunikation (bzw. ein Kommunikationssystem) angesiedelt ist. Im Folgenden werden drei Ebenen unterschieden:

1) *Die gesamtgesellschaftliche Ebene*

Die *gesamtgesellschaftliche* Funktion des Kommunikationssystems lässt sich auf dieser Ebene am ehesten als Herstellung von Konsens durch laufende Verbreitung gleicher Inhalte bzw. Themen beschreiben.[50]

2) *Die Ebene der Teilsysteme*

Hier liegt die Funktion des Kommunikationssystems in der Integration der Teilsysteme, denn sie verbindet – vereinfacht gesagt – kommunikativ alle Teilsysteme mit allen Teilsystemen.

3) *Die Ebene der Organisation*

Auf dieser Ebene wird das Handeln kommunikativer Einrichtungen (z.B. das von Redaktionen, PR-Abteilungen etc.) untersucht. Die Funktion dieser Organisationen liegt in der Anfertigung und Bereitstellung von Themen

Tabelle 7 stellt exemplarisch einige solcher Ansätze, die nach Analysetiefe und Systemebene differenziert sind, vor.

---

[50] Analog besitzt das politische System auf dieser Ebene die Funktion der Erzeugung bindender Entscheidungen, das Wirtschaftssystem die Verwaltung des Mangels und das Wissenschaftssystem die Funktion der Definition von Akzeptanz (Wahrheit) von Wissen.

Tabelle 7: Systemtheoretische Ansätze nach Systemebene und Analysetiefe

Theorien nach Analysetiefe und Systemebene	Nominal	Deskriptiv	Analytisch
1) Gesamtgesell. Ebene	Prakke 1968	Baacke 1973	
2) Ebene der Teilsysteme	Reimann 1968	Baacke 1973	Marcinkowski 1993/ Luhmann 1996
3) Organisationsebene		Rühl 1969	

Dabei markieren nominale Ansätze systemischer Massenkommunikationstheorie stets den Beginn systemischen Denkens, das sich vor allem aus der Rezeption der Ansätze zur Theorie sozialer Systeme bei *Talcott Parsons*[51] speiste, der eine Theorie ausarbeitete, die sowohl die Gesellschaft (bei *Parsons* definiert als *„cultural system"*), aber auch das Handeln von Gruppen (*„social system"*) und schließlich auch Personen als soziale Systeme begreift, die sich in ihren Bedingungen und Leistungen aufeinander beziehen lassen und so der Analyse zugänglich gemacht werden können (vgl. Parsons 1951).

Nominelle systemische Theorie der Massenkommunikation

Exemplarisch für die Nominalebene ist beispielsweise der Ansatz von Prakke (1968)[52]. Dort wird der Begriff des Kommunikationssystems ohne jedwede Voraussetzung eingeführt mit der Annahme, dass jedes (übergeordnete) soziokulturelle System ein untergeordnetes Kommunikationssystem besitze, auf das Einfluss genommen wird (vgl. Prakke 1968: 45f. u. 81ff.); dabei wird das Kommunikationssystem differenziert in das System informeller und formaler Kommunikation (Massenkommunikation), wobei dem letzteren in Bezug auf

---

51 *Parsons* erhielt seine Anstöße zur Entwicklung einer Theorie sozialer Systeme u.a. aus der Biologie, in der am Begriff des Organismus – unabhängig von der späteren Kybernetik – zum ersten Mal die Idee des Systems entwickelt wurde. Doch bereits *Comte* (1798-1857) stellte die Analogie zwischen Organismus und Gesellschaft auf. Vgl. Parsons (1968: 47ff.) sowie Luhmann (1969).

52 Der hier vorgestellte funktionalpublizistische Ansatz war bereits unter anderen Gesichtspunkten kritisiert worden (➔ Kap. 4.2.2). An dieser Stelle ist anzufügen, dass unter analytischen Gesichtspunkten weitere Ungereimtheiten zu monieren sind, die schon forschungslogisch nicht haltbar sind. Beispielsweise ist die Unterscheidung in funktionale und strukturelle Begriffe, wie sie dort vorgenommen wird, logisch ebensowenig haltbar wie die Bezeichnung einer trigonometrischen Funktion als 'cos(ð)', die de facto jedoch einen 'sin(ð)' darstellt.

die Gesellschaft die Funktionen der Information, Kommentation und Unterhaltung zugesprochen werden (vgl. Prakke 1968: 110ff.).

Rafft man diese und andere Ausführungen, so wird hier Massenkommunikation als Kommunikationssystem begriffen, das für die Gesellschaft die Funktion der Information, Meinungsbildung und Unterhaltung erfüllt, Teil des gesamten Kommunikationssystems und Teilsystem der Gesellschaft (soziokulturelles System) insgesamt ist.

Zeitgleich hat auch Reimann (1968) einen Entwurf zu einer systemischen Kommunikationstheorie vorgelegt. Er leitet seinen systemtheoretischen Ansatz aus der Durchmusterung kybernetisch-technischer Systemtheorien und aus der strukturell-funktionalen Systemtheorie von *Talcott Parsons* ab (vgl. Reimann 1968: 37ff.) und entwickelt anschließend ein „Stufenschema der Kommunikation", das jedoch systemisches Denken gleichwohl weitgehend unberücksichtigt lässt (vgl. Reimann 1968: 87ff.). Deutlich wird der (negative) Einfluss des technischen Übertragungsmodells, das Reimann implizit übernimmt.[53] Die Verwendung des Signalbegriffs[54] zum einen und die Forderung selektiver Instanzen zum anderen ist widersprüchlich; doch genau deshalb ist es für *Reimann* dann möglich, Kommunikation mit „Bedeutungsvermittlung" gleichzusetzen. Vor allem aber fällt auf, dass die Selektivität des gesamten Prozesses noch nicht ausgearbeitet wird und nicht auf Umwelt bezogen wird, womit der eigentliche Vorteil von Systembildung und Systemperspektive ausgeblendet bleibt.

Zusammenfassend kann man sagen, dass Reimann (1968) den Kommunikationsprozess zwar systemisch zu beschreiben versucht, aber diesen Anspruch, ebenso wie Prakke (1968), allenfalls marginal einlöst.

Deskriptive Theorie der Massenkommunikation

Einen anspruchsvolleren systemischen Zugriff, der bereits auf der deskriptiven Ebene, aber auf der untersten Ebene der Organisation anzusiedeln ist, wird – ebenfalls fast zeitgleich zu *Prakke* und *Reimann* – von Rühl (1969) vorgelegt. Dieser Ansatz stützt sich auf die funktional-strukturelle Theorie sozialer Systeme, die Luhmann (1964a) für die Beschreibung und Erklärung von

---

53 In direkter Anlehnung an Shannon/Weaver (1949) verwendet Reimann (1968: 88) in seinem Modell statt des Begriffes der En- bzw. Decodierung den Begriff der Chiffrierung bzw. Dechiffrierung. Analog spricht er von Signaltransfer und führt auch das Rauschen (*noise*) durch den Begriff der 'Störfaktoren' ein.

54 Der Signalbegriff – exakt im technischen Sinne von *Shannon* – impliziert ja, dass das Signal so ankommt, wie es abgesendet worden ist, d.h. Selektivität ist in diesem Sinne nicht nur überflüssig, sondern auch schädlich.

Organisationen ausgearbeitet hatte. Rühl (1969) wendet diesen organisationssoziologischen Ansatz konsequent auf die Beschreibung einer Redaktion an. Dabei berücksichtigt er vor allem das System/Umweltproblem, das die funktional-strukturelle Systemtheorie zu Recht besonders betont, und das Rühl am Beispiel der konkreten Rollenerwartungen nachzeichnet (vgl. Rühl 1969: 154ff.). Die Untersuchung macht – anders als die vorgenannten Untersuchungen – zum ersten Mal auch den Anwendungsvorteil systemischer Theorie deutlich.[55]

Ebenfalls einen anspruchsvolleren systemischen Zugriff, der bereits auf der deskriptiven Ebene anzusiedeln ist, wählt Baacke (1973). Er greift, wie Reimann, Erkenntnisse der kybernetischen Systemtheorie auf, stützt sich aber zusätzlich auf die funktional-strukturelle Systemtheorie von Luhmann (1970) und auf Überlegungen, die bereits Maletzke (1963) zum Prozess der Massenkommunikation ausgearbeitet hat und entwickelt ein Modell der Massenkommunikation, das als allgemeines Kommunikationssystem zugleich Subsystem der Gesellschaft ist. Im Modell von Baacke (1973: 191) findet die selektive Leistung der Medien ebenso Berücksichtigung wie der Zweistufenfluss der Kommunikation (Two-step flow of Communication, ➔ Kap. 13.5.2):

> „Neben die schon vorhandenen, sich fortwährend differenzierenden Systeme war also die Massenkommunikation als ein neues getreten [...] Ihre Hauptleistung war [.] Nachrichten auszuwählen und ihre Verteilung zu gewährleisten [...] Der im 19. Jahrhundert begonnene Prozeß der Systembildung setzt sich in der Massenkommunikation inzwischen in allen Industrienationen fort, und zwar, indem sich das System der Massenkommunikation mehr und mehr untergliedert" (Baacke 1973: 184f.).

Das Modell von Baacke (Abb. 35) bettet das System der Massenkommunikation bereits in ein Mediensystem ein, das als Subsystem der Gesellschaft verstanden wird. Es formuliert als Funktion des Mediensystems die Sammlung und Auswahl von Aussagen – sozusagen den selektiven Zugriff auf 'Welt' – und die Bereitstellung von Information unabhängig von Zeit und Raum.

---

[55] Sie zeigt implizit aber auch auf, dass das relativ feste, weil organisierte soziale System 'Redaktion' vor allem durch situationsadäquate, flüchtige Kommunikationssysteme gestützt wird, nämlich durch die Redaktionskonferenzen. Vgl. Rühl (1969: 101ff.).

Abbildung 35: Das Mediensystem als Teilsystem der Gesellschaft (Baacke 1973: 191)

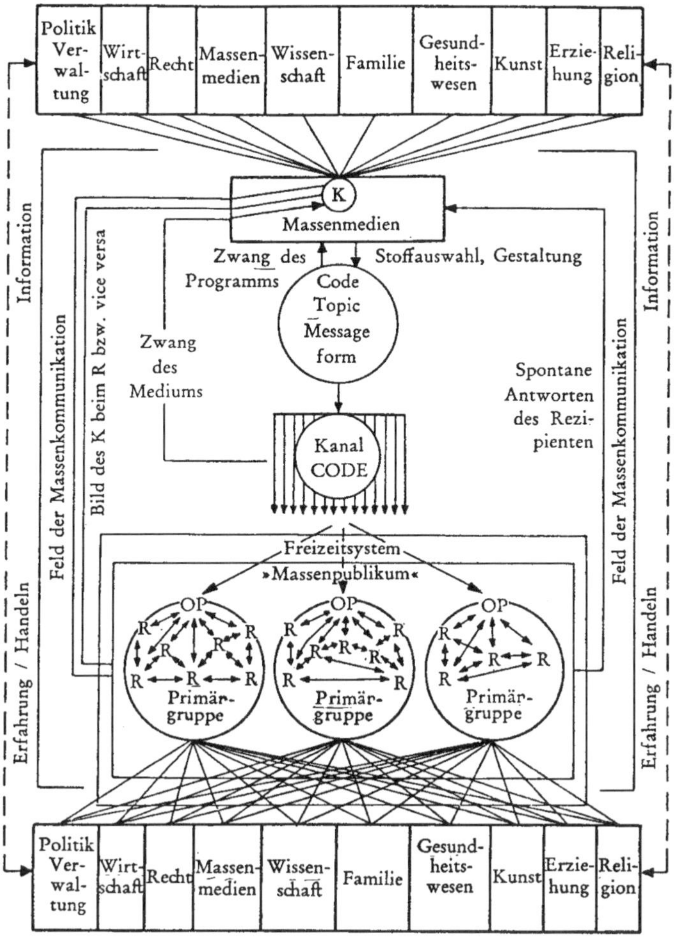

Soziale Systeme des Erlebens und Handelns

OP = opinion leader R = Rezipient K = Kommunikator

Figur 17: System der Massenkommunikation und System der Gesamt-Gesellschaft

Analytische Theorie der Massenmedien

Als analytisch werden hier – im Unterschied zu deskriptiven oder gar nur nominell systemtheoretischen Entwürfen – solche Entwürfe bezeichnet, die den Begriff des Systems nicht nur in seiner Relation zu einer Umwelt begreifen, sondern die Mechanismen hierfür beschreiben und explizieren. Niklas Luhmann (1996) hat hier einen Entwurf zu einer Theorie der Massenmedien vorgelegt, der sich von den vorherigen in verschiedener Hinsicht erheblich unterscheidet und wegen seiner hochabstrakten Formulierung zugleich vielerlei Schwierigkeiten erzeugt.[56]

Der erste Unterschied besteht darin, dass Luhmann nicht mehr von Massenkommunikation, sondern von Massenmedien als System spricht und damit die letztlich überflüssige (oder unselige) Gleichsetzung von Kommunikation und Massenkommunikation umgeht.

Der weitere Unterschied besteht darin, dass Luhmann (1996) Massenmedien als autopoietische Systeme begreift, also als Systeme, die als solche immer eine Umwelt besitzen, aber sich gegen diese in bestimmter Weise indifferent (unabhängig) verhalten können, weil sie sich selbst (autonom) erzeugen: Soziale Systeme sind autopoietische (geschlossene) Systeme, wenn und sofern sie nicht nur Strukturen und Prozesse, sondern auch ihre Elemente selbst organisieren (vgl. Luhmann 1987: 59ff.).

Diese Bedingung ist konstitutiv für alle autopoietischen Systeme[57] und soll hier an einem einfachen Beispiel erläutert werden, das zugleich den selektiven Zugriff auf Selektion zeigt, den Luhmann ebenfalls für Kommunikation voraussetzt:

> „Kommunikation greift aus dem je aktuellen Verweisungshorizont, den sie selbst erst konstituiert, *etwas* heraus und läßt *anderes* beiseite. Kommunikation ist Prozessieren von Selektion. Sie seligiert freilich nicht so, wie man aus einem Vorrat das eine oder das andere herausgreift [...] Die Selektion, die in der Kommunikation aktualisiert wird, konstituiert ihren eigenen Horizont; sie konstituiert das, was sie wählt, schon als Selektion, nämlich als Information" (Luhmann 1987: 194).

Dieses Prinzip lässt sich z.B. am Beispiel der Genese von Wahrnehmung (also dem Aufbau des autopoietischen kognitiven Systems des Menschen) aufzeigen. Der Mensch entwickelt im Lauf seiner Ontogenese seine subjektiven Einstellungen und Präferenzen nach eigenen Kriterien (z.B. durch Übernahme

---

[56] Beispielsweise führt *Luhmann* den Begriff der Paradoxie an vielen Stellen ein, der im Sinn nach Forderung einer mindestens dreistelligen Logik gerechtfertigt erscheint, aber in seiner Formulierung hochunvereinbar mit empirisch geschulten Bewusstseinen umgeht, weil er z.B. sowohl die Existenz (Wirksamkeit) einer Relation (Struktur) zulässt als auch deren genaues Gegenteil. Exemplarisch hierfür etwa der Begriff der „Unterscheidung" oder der der „Transparenz" bei Luhmann (1996: 26ff. und 188f.). Vgl. dazu auch Krause (1996: 71ff.).

[57] Um Missverständnissen, denen gerade die Systemtheorie häufig ausgesetzt ist, von vornherein zu begegnen: Der von *Luhmann* für die Massenmedien unterstellte Systembegriff als 'geschlossenes' System ist ein anderer Begriff als der von Weischenberg (1992: 104ff.) für die Beschreibung von Massenmedien verwendete Begriff.

von Verhalten, das er bei anderen lernt, durch normative Vorschriften bedingt etc.). Aber dies ist nur dadurch möglich, dass er bereits Informationsangebote (Informationsinput) aufnimmt. Daraus folgt aber, dass Art und Weise des prozessierten Input (bzw. der darauf erstmals angesetzten Selektivität) die Ausbildung von Einstellungen determiniert. Einstellungen aber wirken wiederum als Filter für alle weitere Information, d.h. die Selektion wird notwendig reflexiv (Abb. 36).

Abbildung 36: Wahrnehmung als Selektion aus Selektion

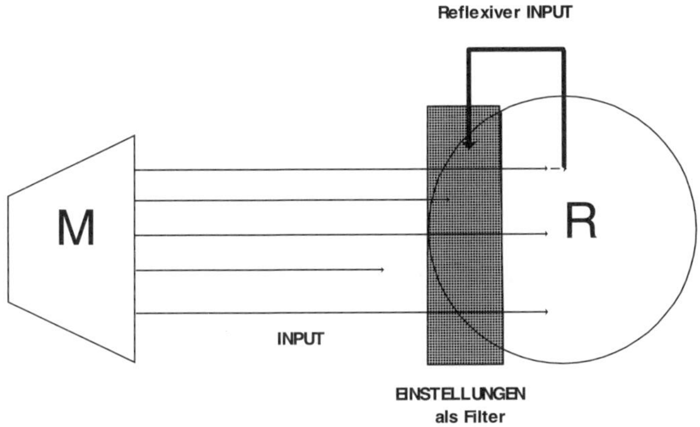

Des Weiteren schreibt Luhmann (1996) Massenmedien als autopoietischen Systemen[58] eine Reihe von Besonderheiten zu:

a) Für das System der Massenmedien „muß daher eindeutige Präsenz (der Rezipienten, KM!) durch Unterstellung ersetzt werden" (Luhmann 1996: 14).

[58] Auch Marcinkowski (1993) begreift 'Publizistik' auf der Ebene der Teilsysteme als *autopoietisches* System. Damit ist gemeint, dass das Mediensystem als geschlossenes System fungiert, das autonom seine Regeln und Bedingungen, nach denen es funktioniert, festsetzt (➔ Kap. 5.3). Auch hier steht die funktional-strukturelle Systemtheorie von *Niklas Luhmann* Pate. Allerdings unterstellt Marcinkowski (1993: 51ff.) als spezifischen binären Code die Differenzierung von Veröffentlichen und Nicht-Veröffentlichen bzw. als generalisiertes Medium Publizität, also *Zugänglichkeit*. Das kann schon deshalb nicht tragfähig sein, weil Zugänglichkeit ein Element von Öffentlichkeit (Wahrnehmbarkeit aller für alle) ist, das längst vor den Massenmedien, nämlich bereits auf der Ebene animalischer Kommunikation, Gültigkeit besitzt.

b) „Themen dienen deshalb der strukturellen Kopplung der Massenmedien mit anderen Gesellschaftsbereichen [...] Massenmedien [können] über ihre Themen alle Gesellschaftsbereiche erreichen" (Luhmann 1996: 29).

c) „Der Code des Systems Massenkommunikation ist die Unterscheidung von Information und Nichtinformation" (Luhmann 1996: 36). Diese Annahme, die Luhmann letztlich am formalen Informationsbegriff festmacht (vgl. Luhmann 1987: 193ff.), ist für die Massenmedien allerdings zu einfach, weil Massenmedien nicht einfach nach Information selegieren, sondern nach *Aktualität*, was zusätzlich das Kriterium der *Relevanz* einfordert.[59]

d) „Massenmedien [bewirken] gesellschaftsweite Redundanz, also den unmittelbar anschließenden Bedarf für neue Information" (Luhmann 1996: 43).

e) Die Funktion der Massenmedien liegt damit in der Institutionalisierung von Aufmerksamkeit, in der Erzeugung einer generellen Erwartung für Unerwartetes:

> „Massenmedien halten, könnte man deshalb auch sagen, die Gesellschaft wach. Sie erzeugen eine ständig erneuerte Bereitschaft, mit Überraschungen, ja mit Störungen zu rechnen" (Luhmann 1996: 47).

f) „Die Funktion der Massenmedien liegt [...] im Dirigieren der Selbstbeobachtung des Gesellschaftssystems" (Luhmann 1996: 173).

g) Die Massenmedien „leisten einen Beitrag zur Realitätskonstruktion von Gesellschaft" (Luhmann 1996: 183).

Aus den hier festgehaltenen Besonderheiten des Systems der Massenmedien lassen sich folgende Annahmen[60] ableiten:

---

[59] Dabei ist Relevanz hier nach verschiedenen Dimensionen zu skalieren: In *sozialer* Hinsicht, indem sie z.B. die Größe der für die Information empfänglichen Zielgruppe ausweist ('Alle Jugendlichen'); in *sachlicher* Hinsicht, indem die Information nach Graden des Konflikts, der Bedrohung von Leib und Leben, also *thematisch* skaliert wird und in *temporaler* Hinsicht durch die Geschwindigkeit (oder gar Beschleunigung), mit der sich das berichtete Ereignis verändert bzw. mit der auf ein solches zu reagieren ist. Vgl. zum Aktualitätsbegriff Merten (1973).

[60] Bewusst wird hier nicht von Hypothesen gesprochen, weil systemtheoretische Annahmen eine andere Struktur besitzen und sich keineswegs passgenau für die Benennung von Variablen eignen – von anderen Schwierigkeiten, z.B. dem Fehlen einer mehrwertigen Logik – einmal ganz abgesehen. Vgl. Luhmann (1996: 25).

H_a Massenkommunikation impliziert, dass Rezipienten die Vorstellung entwickeln, dass auch andere Rezipienten diese Vorstellung entwickeln[61]

H_b Massenmedien erreichen alle anderen Teilsysteme durch ihre thematische Struktur (oder: nur Massenmedien können alle anderen Systeme/Teilsysteme beobachten)

H_c Massenmedien konstruieren Information nach dem Kriterium der Aktualität (Information)

H_d Massenmedien erzeugen durch ihre Informationsangebote den Bedarf für weitere Informationsangebote[62]

H_e Massenmedien haben die Funktion der Aufmerksamkeitslenkung

H_f Selbstbeobachtung der Gesellschaft erfolgt durch Massenmedien

H_g Massenmedien konstruieren Realität

Auch an dieser Stelle wird nochmals der Vorteil des systemischen Ansatzes deutlich, der in Bezug auf Kommunikation, verkürzt gesprochen, drei Punkte betrifft:

1) Systemtheorie kann auf den Begriff der Kausalität zur Erklärung von Kommunikation verzichten.

2) Systemtheorie macht nicht nur strukturaffine Beziehungen zwischen Systemen unterschiedlicher Aggregatebene sichtbar (z.B. Person, Gruppe, Organisation, Gesellschaft), sondern kann auch erklären, wie aus kleinen Systemen große Systeme entstehen.

3) Systemtheorie kann die Beziehungen zwischen Systemen unterschiedlicher Aggregatebenen (etwa: Die Beziehung zwischen einer Person und dem Kommunikationsprozess, den sie mit einer anderen Personen katalysiert) erklären.

Dass innerhalb der Systemtheorie noch viele Probleme (vor allem: Die Entwicklung einer viablen mehrwertigen Logik) ungeklärt sind, dass es nicht nur eine, sondern mehrere systemtheoretische Ansätze zur Analyse von Kommunikation gibt (vor allem: Die strukturell-funktionale Systemtheorie von *Talcott*

---

61 Das wurde bereits bei der formalen Strukturanalyse von Massenkommunikation behauptet (➔ Kap. 6.2) und wird erneut bei der Diskussion des damit verschwägerten Begriffs der *Öffentlichkeit* zum Problem (➔ Kap. 10.4).

62 Diese systemtheoretische Deutung ist im Übrigen bereits von der kritischen Theorie gesehen worden, wurde dort aber unter dem Begriff der 'Manipulation' oder 'Konsum' abgehandelt. Vgl. etwa Adorno (1972: 347ff.).

Parsons, die funktional-strukturelle Systemtheorie von *Niklas Luhmann*, die konstruktivistische Systemtheorie von *Humberto Maturana* und die radikal-konstruktivistische Systemtheorie von *Ernst von Glasersfeld* und *Siegfried J. Schmidt*), die sich zum Teil heftig widersprechen (vgl. etwa Schmidt 1994: 604ff.) kann dabei nicht überraschen, im Gegenteil: Vielfalt und vielfältige Widersprüche spiegeln Facetten einer Art wissenschaftlicher Goldgräberstimmung wider, die durch die Möglichkeiten systemtheoretischer Analyse im Lager der Kommunikationstheorie (und nicht nur dort) entfacht worden ist.

Weiterführende Literatur:

Luhmann (1987); Maturana (1982); Parsons (1959); Schmidt (1994); Glasersfeld (1996)

8.2.9 Weitere Theorien der Massenkommunikation

Die ungestüme Entwicklung der Kommunikationswissenschaft bringt es mit sich, dass nicht nur neue Theorien, sondern auch neue Aspekte im Rahmen von Kommunikationstheorien bzw. Medientheorien auftauchen und in entsprechende Ansätze einfließen. Solche Theorien entwickeln sich derzeit in dem Maße, wie Kommunikation an Bedeutung zunimmt und nun einzelne Aspekte neu in den Brennpunkt wissenschaftlicher Aufmerksamkeit geraten (etwa: Zeit und Geschwindigkeit, Fiktionalität und Technizität).

Dazu gehören zum Beispiel die teilweise skurril anmutenden Ansätze von McLuhan (McLuhan/Fiore 1969), der die seinerzeitige Kommunikationswissenschaft in den 60er Jahren mit dem Schlagwort „Das Medium ist Massage" in einen heilvollen Schrecken versetzte. Dazu gehören aber auch die „Dromologie" von *Paul Virilio*, die Überlegungen zur Telematik von *Vílem Flusser* und die eher dem Poststrukturalismus verpflichteten Gedanken von *Friedrich A. Kittler* zur Rolle der Perfektionierung durch Technizität (vgl. im Überblick Kloock/Spahr 1997).

Allerdings: Wenn schon bei der Diskussion der systemtheoretischen Ansätze die Formulierung empirisch prüfbarer Hypothesen Schwierigkeiten bereitet, dann erst recht für die hier exemplarisch genannten weiteren theoretischen Ansätze (➔ Kap. 17.1).

Weiterführende Literatur:

Kloock/Spahr (1997)

8.2.10 Verknüpfung informeller und medialer Kommunikation

Die erste systematische Verknüpfung zwischen informeller und Massenkommunikation wurde von *Paul F. Lazarsfeld* und seinen Mitarbeitern 1940 sozusagen zufällig entdeckt:

Zum damaligen Zeitpunkt galten die Massenmedien als allmächtige 'Stimulus-Kanonen'. Zwei Jahre zuvor, im Herbst 1938, hatte das von *Orson Welles* gesendete Hörspiel *The war of the Worlds* eine Panik unter Millionen Amerikanern hervorgerufen. *Lazarsfeld* ging daher von der Annahme aus, dass die Massenmedien aufgrund ihrer starken Wirkungen auch entsprechenden Einfluss auf Wahlentscheidungen haben müssten. Um dies zu prüfen, unterstellte er, dass Leser bzw. Hörer von republikanisch eingestimmten Medien[63] für den republikanischen Präsidentschaftskandidaten und analog Leser und Hörer von demokratisch eingestimmten Medien für den demokratischen Präsidentschaftskandidaten votieren würden.

Lazarsfeld stellte aber fest, dass nicht – wie ursprünglich angenommen – die Massenmedien die starken Wirkungen auf die Wahlentscheidung ausüben, sondern bestimmte Personen, die er als **Opinion-Leader** bezeichnete. Diese Personen finden sich a) unabhängig von formalen Positionen in allen sozialen Schichten, sie sind b) dem einzelnen Rezipienten (Opinion-Follower) innerhalb der Zugehörigkeit zu einer sozialen Gruppe persönlich bekannt und genießen hohe Glaubwürdigkeit, sie sind c) sachverständig für das jeweilige Thema und zugleich d) kommunikativ kompetent, haben e) einen überdurchschnittlichen Medienkonsum und geben f) ihre Meinung ohne persönliche Absichten zu erkennen bzw. lassen sich um Rat fragen. *Lazarsfeld* begriff die Opinion-Leader als Mittler zwischen den Medien und dem Gros der Rezipienten und formulierte dies als *Zweistufenfluss der Kommunikation* (Two-step flow of Communication, ➔ Kap. 13.5.2): „Ideas often flow from radio and print to the opinion leaders and from them to the less active sections of the population" (Lazarsfeld et al. 1944: 151). *Lazarsfeld* und seine Mitarbeiter unterstellten damit, dass die Meinungsbildung durch Personen stärker wirksam sei als die durch die Massenmedien direkt und dass diese in einem zweistufigen Prozess gebildet werden (Abb. 37).

63 Die amerikanischen Medien ergreifen während der Wahlkämpfe in der Regel Partei. In der Vorwahlphase prüfen sie die Kandidaten und entscheiden sich dann für einen davon, den sie während der ganzen Wahl hindurch publizistisch unterstützen.

Abbildung 37: Das klassische Konzept des Meinungsführers

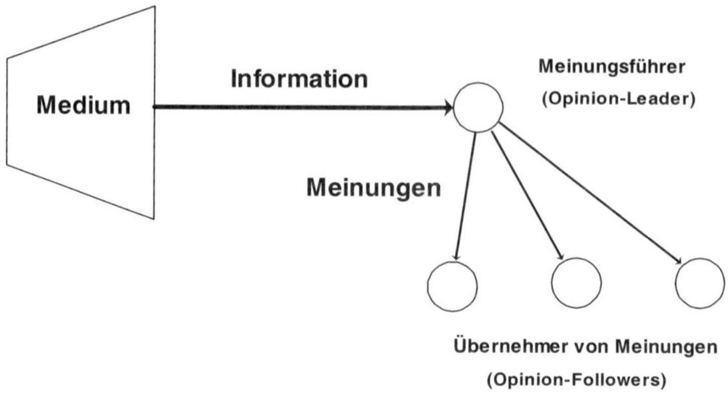

Damit war eine Hypothese über die Wirkungen[64] der Massenmedien formuliert, die aus mindestens vier Gründen über Jahrzehnte hinweg das Interesse prominenter Sozialforscher fand, weil sie

1) kommunikationswissenschaftlich das Ende der Theorie der allmächtigen Massenmedien einläutete, 2) politikwissenschaftlich eine Struktur zwischen öffentlicher Meinung und individuellem Wahlhandeln sichtbar macht, 3) sozialwissenschaftlich eine Schnittstelle zwischen Kommunikationssystem und dem System Öffentlichkeit aufzeigt und 4) einen wichtigen Fingerzeig auf den sich abzeichnenden Primat kommunikativer Rollen enthält.

Systemtheoretisch interessant ist dabei, dass auch die Struktur des Meinungsführerkonzepts auf der Verknüpfung von sachlicher und sozialer Reflexivität basiert – was zugleich den Einfluss des Meinungsführers erklären kann.

Die Annahme, dass Opinion-Follower sich ihre Informationen durch den Meinungsführer beschaffen, ist allerdings nicht zutreffend. Ebenso trifft nicht zu, dass jeder Opinion-Follower in einer sozialen Gruppe integriert ist, zu der auch ein Meinungsführer gehört (vgl. Merten 1988). Dennoch muss man davon ausgehen, dass Kommunikation face-to-face nicht überflüssig ist, sondern umgekehrt strategisch wirksam ist, weil sie seit Erfindung der Medien für die Verbreitung von Meinungen genutzt werden kann: Der Meinungsführer steuert Meinungen als Aussagen über die zugrundeliegenden Aussagen bei, die Bewertungen darstellen und als solche besonders wirksam sind.

---

[64] Die Hypothese vom Zweistufenfluss der Kommunikation wird daher auch als Ansatz zur Medienwirkungsforschung verstanden. Sie wird aber an dieser Stelle vorgestellt, weil sie ihre spezifische Funktion gerade für die Bildung von Meinungen bzw. von öffentlicher Meinung nach wie vor besitzt.

In modernen Gesellschaften muss man folgerichtig auch Opinion-Leader, die nicht face-to-face, sondern nur aus den Medien bekannt sind, in Rechnung stellen. Diese virtuellen Opinion-Leader treten als Personen mit hoher Glaubwürdigkeit in den Medien auf. Vor allem sind dies herausragende Politiker oder Journalisten (etwa: *Helmut Schmidt, Hanns Joachim Friedrichs, Richard von Weizsäcker* etc.) (vgl. Eisenstein 1994). Theoretisch – gerade vor dem Hintergrund von Mediengesellschaft – ist zudem interessant, dass nicht nur die Bildung öffentlicher Meinung immer stärker an die Medien abgetreten wird, sondern dass – analog zur Veränderung realer zu virtueller Publika – nun reale durch virtuelle Meinungsführer ersetzt werden (Abb. 38).

Abbildung 38: Virtuelle Meinungsführer (Merten 1988)

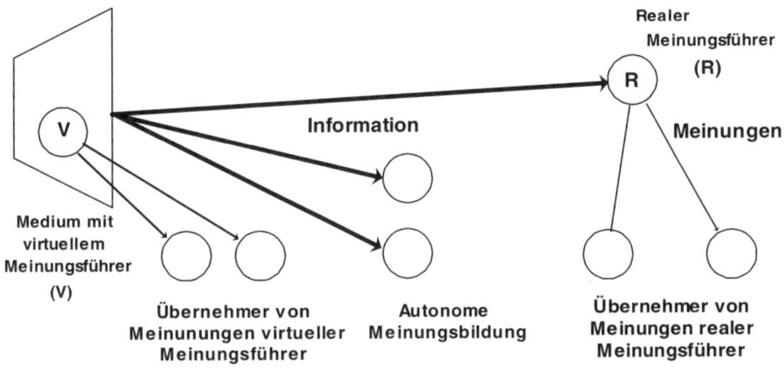

Damit zeigt sich in der Veränderung dieses Theorieansatzes bereits eine Struktur, die uns später noch vielfältig begegnen wird: Die Veränderung der öffentlichen Meinung, die Veränderung von Öffentlichkeit, ja selbst die Entwicklung von Medien parallel und später über die informelle Kommunikation hinaus, verlief stets nach dem gleichen Muster: Vom Konkreten zum Abstrakten, vom Realen zum Fiktiven, vom Festen zum Flexiblen, von der Wirklichkeit zur Vorstellung von Wirklichkeit.

Weiterführende Literatur:

Lazarsfeld et al. (1944); Merten (1988); Eisenstein (1994)

D. AUSDIFFERENZIERUNG DES KOMMUNIKATIONSSYSTEMS

Die Beschreibung von Kommunikation und Medien, in ihren Theorien und ihrer realen Ausprägung wäre nicht vollständig, wenn man ihre rasche Veränderung in der Zeit nicht berücksichtigen würde. Gerade in ihrer Veränderung nämlich zeigt sich unabweisbar eine Entwicklung zur **Mediengesellschaft**, die ihrerseits immer stärker auf den sozialen Wandel Einfluss nimmt und hier mittlerweile eine strategische Größe darstellt. In diesem Kapitel wird daher die Veränderung von Kommunikation in der Zeit beschrieben: Zuerst theoretisch, unter Rückgriff auf Ansätze der Evolutionstheorie, sodann in medienspezifischen Epochen und an Einzelfällen.

In Kapitel 11 wird die Entwicklung von Öffentlichkeit und öffentlicher Meinung – theoretisch und in historischer Perspektive – beschrieben, gefolgt von einer Diskussion des Konzepts des Meinungsführers und des Imagebegriffs, an denen sich die besondere Bedeutung der Evolution kommunikativ erzeugter und verbreiteter Fiktionen ablesen lässt.

In Kapitel 12 wird schließlich der Versuch unternommen, Public Relations als sich rasch ausdifferenzierendes neues kommunikatives Subsystem auf der Ebene der **Metakommunikation** zu beschreiben, insbesondere im Hinblick auf seine Funktion, Interessenausgleich über den Markt der öffentlichen Meinung zu betreiben und dies vorzugsweise durch Konstruktion von Wirklichkeitsentwürfen mit Hilfe fiktionaler Elemente.

9. Evolution der Kommunikation

9.1 Zur Theorie

Als **Evolution** kann man all solche Prozesse bezeichnen, bei denen vier Bedingungen erfüllt sind: a) Veränderung (*variation*) einer Struktur in gewissem Umfang, die b) über eine gewisse Zeit hinweg durchgehalten wird (*retention*) und bei der c) eine *positive* Referenz auf die Systeme, deren Struktur verändert wird, selegiert wird (*selectivity*) (vgl. Campbell 1969; Luhmann 1975: 194ff.). Dies gilt für biologische Systeme (Lebewesen)[65], wo solche Veränderungen als „Vorteil für die Art" bezeichnet werden, als auch für soziale Systeme, für die gilt: „[T]he gene has been replaced by the symbol" (Parsons 1964: 341). Dabei ist Evolution aber d) nur in dem Maß erwartbar, wie der zugrundeliegende Prozess von genereller Relevanz für die Systeme ist und nicht auf evolutionäre Nischen verwiesen bleibt. Unter diesem Aspekt ist zu erwarten, dass die Evolution von Kommunikation ein durchgreifender und hochrelevanter Prozess sowohl für die daran profitierenden psychischen Systeme ist, die durch Kommunikation verkoppelt werden als auch für die sozialen Systeme, insbesondere für das übergreifende System der Gesellschaft. Denn wenn es zutrifft, dass „Gesellschaft nicht nur aufrechterhalten wird durch Kommunikation, sondern [...] überhaupt (erst) durch Kommunikation existiert", wie dies bereits John Dewey (1916: 5) behauptet hat, dann muss der Zustand von Gesellschaften in enger Abhängigkeit von ihren Möglichkeiten und Mitteln der Kommunikation gesehen werden. Oder anders gesagt: Die Evolution von Kommunikation ist notwendige Voraussetzung für die Evolution von Gesellschaften.[66]

Unterstellt man weiterhin, dass die Entfaltung von Kommunikationsmöglichkeiten K in der Zeit T wegen der Selbstreferenz aller Kommunikation vom Potential der bereits möglichen Kommunikation K zum Zeitpunkt T abhängig sein muss, so lässt sich diese Beziehung formalisieren als Gleichung

$$\Delta K = a \cdot K \cdot \Delta T$$

und, wenn man die Konstante A als $A = e^a$ einführt, als

$$K = A \cdot e^T + C$$

Diese Beziehung zwischen dem Kommunikationspotential K und der Zeit T stellt nun genau eine Evolutionsfunktion dar. Sie besagt: Die Möglichkeiten von Kommunikation vergrößern sich evolutionär in der Zeit. Den Beweis für

---

65 Als Beispiel: Die natürliche Genmutation bei Lebewesen erzeugt die geforderte Varianz. So ist es z.B. möglich, dass eine bestimmte Art von Huftieren unterschiedliche Geschwindigkeiten der Fortbewegung ausbilden (selegieren) kann. Leben diese Tiere in der Steppe, so leistet eine solche Entwicklung einen *positiven* Beitrag für die Erhaltung der Art, weil die Gefahr, von Raubtieren erlegt zu werden, abnimmt. Damit sich aber eine solche Selektion durchsetzen kann, braucht sie eine gewisse Zeit, um Störfehler (Zufallsereignisse) ausschließen zu können. Etwas anderes wäre es natürlich, wenn solche Tiere, statt schneller laufen zu lernen, ihr Abwehrverhalten durch die Entwicklung von geeigneten Waffen (etwa: Hörner) verbessern und deshalb überleben können – dies wäre dann eine *viable* Lösung im Sinne von Glasersfeld (1996: 129).

66 Genau besehen ist die Evolution von Kommunikation darüber hinaus aber auch die Bedingung für die *weitere* Evolution von Kommunikation. Das folgt unmittelbar daraus, dass Kommunikation ein selbstreferentieller Prozess ist.

die Richtigkeit dieser Entwicklung kann man anhand vieler Trends von Kommunikator-, Medien-, Kommunikat- oder Rezipientenvariablen führen, z.B. anhand der Steigerung des täglichen Kommunikationsangebots, an der Zahl der Neuerscheinungen von Büchern pro Jahr, am Gewicht von Telefonbüchern oder an der Zahl verfügbarer Massenmedien.

Evolution von Kommunikation lässt sich nicht nur an der *Zahl* der Medien, sondern auch an der Entwicklung der externen und internen Medien (Mitgliederzeitschriften) eines *einzelnen* großen Wirtschaftsunternehmens von 1955 bis heute zeigen (Abb. 39).

Abbildung 39: Entwicklung von internen/externen Zeitschriften bei der Deutschen Lufthansa (1955-1988)

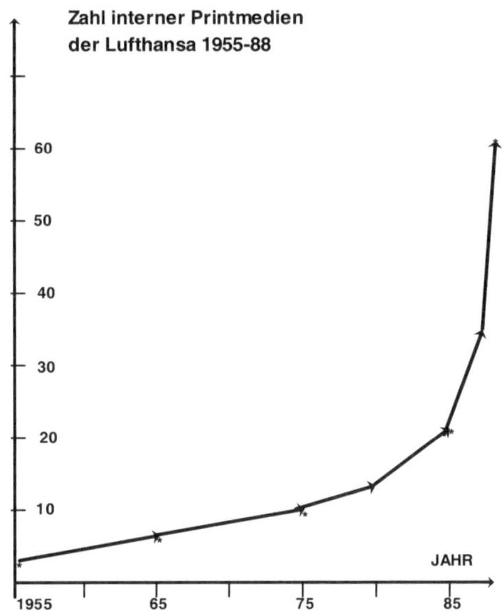

Aber auch an der Entwicklung auf der Ebene von Metamedien lässt sich der evolutionäre Druck auf das Kommunikationssystem ablesen: Zählt man beispielsweise die Veränderung des Umfangs von Verzeichnissen über Presseorgane aus, so reproduziert sich eine tendenziell ähnliche Entwicklung (Abb. 40). Diese und andere Trends (vgl. etwa Steinbuch 1966; Cherry 1971: 59ff.; UNESCO 1981: 75; Schramm 1981) signalisieren, dass und wie sich die Gesellschaft als Ganzes unter dem Einfluss von Kommunikation verändert und welche Folgen dies hat.

Abbildung 40: Zahl der Zeichen eines Verzeichnisses über erscheinende Zeitschriften (Stamm: Leitfaden für Presse und Werbung, 1950-1995)

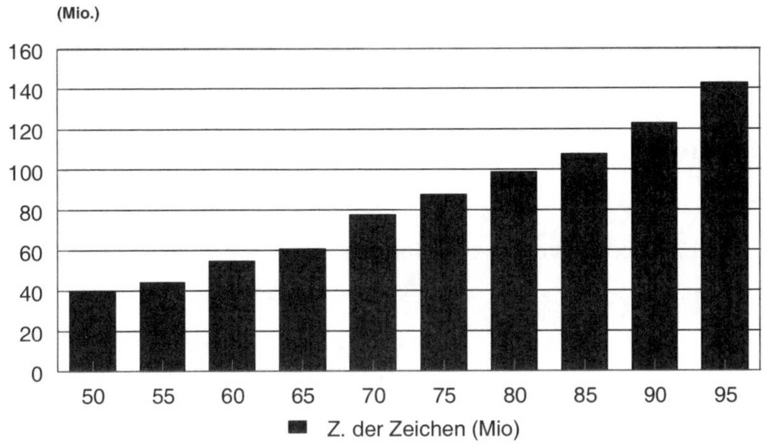

Man kann diese Entwicklung der Medien aber auch problemlos auf die Kommunikation insgesamt übertragen und bereits bei der Entwicklung der Schrift ansetzen, die sich vor etwa 3000 Jahren parallel, aber unabhängig voneinander in China und im Zweistromland (Mesopotamien) entwickelt hat.

Offensichtlich gibt es irgendein Gesetz, das die Möglichkeiten resp. den Bedarf für Kommunikation fördert – und zwar eigenartiger Weise so, dass eine Vergrößerung des Bedarfs zugleich eine Vergrößerung des *Zuwachses* für Bedarf erzeugt.[67]

Was heißt das zunächst theoretisch? Wir sehen uns einer Entwicklung gegenüber, die bereits seit Jahrtausenden angelegt ist, die aber nun plötzlich, sozusagen ohne Vorwarnung, über die Menschheit hereinbricht und die hier als **Megatrend zur Mediengesellschaft** bezeichnet werden soll. Welche theoretischen Erklärungen für dieses Phänomen lassen sich hier anführen? Erneut kann man bei der Systemtheorie (vgl. Luhmann 1971: 44; An der Heiden 1992: 58ff.) fündig werden: Gesellschaften differenzieren sich aus. Diese Differenzierung erfolgt – in *allen* uns bekannten Gesellschaften – *irreversibel* und stellt damit zugleich eines der ganz wenigen *ehernen* Gesetze der Sozialwissenschaften dar.

---

[67] Die Vergrößerung von Kommunikation wirkt also auf die *Veränderung* von Kommunikation positiv zurück. Mathematisch gesprochen ist genau dies die Formulierung einer Differentialgleichung, die als Lösung eine E-Kurve besitzt.

Wenn aber eine Gesellschaft sich in n Teilsysteme ausdifferenziert, so ist dies nur dann möglich, wenn zugleich entsprechende Vorkehrungen der Integration dafür getroffen werden, dass die Gesellschaft gleichwohl als Ganzes nicht auseinanderbricht. Integrativ wirkt jede Verbindung (Relation) zwischen den Teilsystemen. Definiert man diese mit der Zahl der jetzt möglichen oder notwendigen Verbindungen als **relationale** Struktur, so kann man zeigen, dass die Zahl R der Verbindungen nicht linear, sondern mindestens quadratisch mit der Zahl der Teilsysteme zunimmt:

$$R = n(n-1)/2$$

In Abb. 41 ist symbolisch eine sehr einfache Gesellschaft mit n = 3 Teilsystemen dargestellt.

Abbildung 41: Differenzierung und Integration bei 3 Elementen

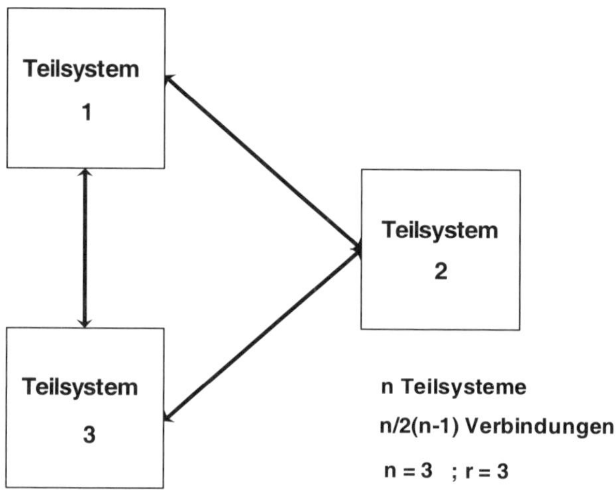

Sie benötigt nur drei Relationen (r = 3) zwischen den Teilsystemen, um ihren Zusammenhalt zu gewährleisten. In Abbildung 42 hat sich die Zahl der Teilsysteme verdoppelt; damit aber verfünffacht sich gleichzeitig die Zahl der Relationen.

Was sind nun diese integrativen Relationen? Nach dem Gesagten liegt auf der Hand, dass diese letztendlich nichts anderes als *kommunikative* Leistungen sein können. Natürlich lassen sich auch andere als kommunikative Strukturen für den Zusammenhalt von Gesellschaften verantwortlich machen, z.B. die Entwicklung von Institutionen, die Ausbildung von Rollen etc. Allerdings wird damit der Bedarf für Kommunikation nicht geringer, sondern allenfalls strukturell anders verteilt.[68]

Abbildung 42: Differenzierung und Integration bei 6 Elementen

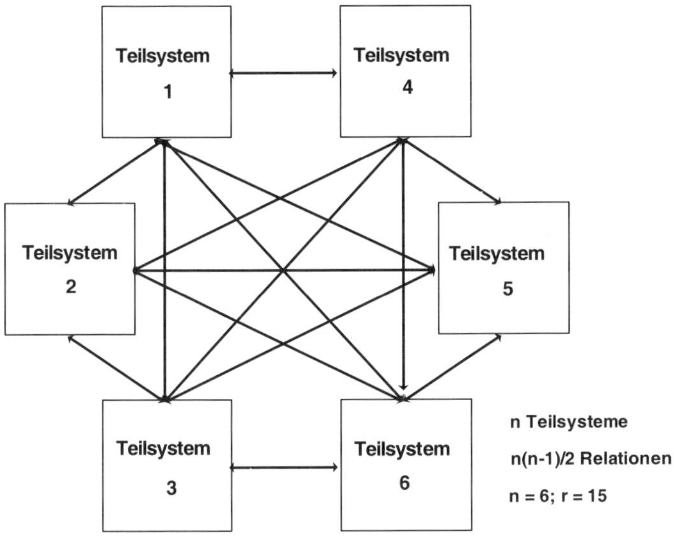

Dass die Zahl der Relationen – im Vergleich zu der Zahl der Teilsysteme – sehr groß wird, gibt einen wichtigen Fingerzeig für die Vergrößerung von Strukturreichtum. Wenn Systeme ihre *Komplexität* steigern wollen, müssen sie Komplexität grundsätzlich über Relationierung steigern. Dies macht zugleich auf eine hochrelevante Entwicklung aufmerksam: Das Kommunikationssystem als Subsystem der Gesellschaft wächst – wenn auch mit starker Verzögerung – prinzipiell *schneller* als alle anderen gesellschaftlichen Teilsysteme. Diese neue Bedeutung des Kommunikationssystems lässt sich nicht nur wirtschaftlich ausweisen, sondern vor allem darin, dass das Kommunikationssystem sich längst anschickt, zum führenden Teilsystem der Gesellschaft zu werden: Kein Absatz ohne Werbung, kein Wahlsieg gegen die öffentliche Meinung, keine Kultur ohne das Fernsehen, kein öffentliches Vertrauen ohne Public Relati-

---

[68] Hinzukommt eine Binnendifferenzierung der einzelnen Teilsysteme, die erneut einen Bedarf für Kommunikation erzeugt. Beispielsweise erfolgt die Binnendifferenzierung eines Teilsystems wie des Rechts auf der Sachebene, indem sich unterschiedliche Typen von Recht ausbilden (Bürgerliches Recht, Strafrecht, Verwaltungsrecht etc.). Parallel dazu kann eine Differenzierung auf Rollenebene eintreten (z.B. Richter, Anwalt, Staatsanwalt) und/oder eine hierarchische Differenzierung (z.B. in Amtsgericht, Landgericht, Oberlandesgericht etc.) erfolgen.

ons.[69] Schon von daher ist es gerechtfertigt, heute von **Mediengesellschaft** zu sprechen.

Im Folgenden soll diese Entwicklung der Kommunikation chronologisch verfolgt werden, indem auf den verschiedenen Evolutionsstufen von Kommunikation die Leistung von Kommunikation für die Stabilisierung von Gesellschaften jeweils aufgezeigt wird, insbesondere aber auch, wie verbesserte Strukturen von Kommunikation ihrerseits eine *weitere* Verbesserung begünstigen. Dabei wird zugleich deutlich, dass und wie weltgesellschaftliche Kommunikation nur um den Preis möglich ist, dass immer stärker Strukturen genutzt werden, die, obwohl ihrem Typus nach *fiktional*, gleichwohl *faktische* Wirkungen entfalten.

9.2 Vom animalischen Signalverhalten zur Kommunikation

Bereits auf der animalischen Ebene lässt sich zeigen (vgl. Klix 1993: 100ff.), dass und wie der Einsatz kommunikativer Leistungen, die umgangssprachlich, aber im strengen Sinne irreführend, als 'animalische Kommunikation' bezeichnet werden, einen unmittelbaren Vorteil für die Ausbildung von Sozialverhalten und sozialen Gruppen (Rudel, Verbände, Stämme) und damit für die Erhaltung der Art besitzen.[70]

Denn spätestens auf der animalischen Ebene gibt es unter den Mitgliedern einer Art eine sich immer stärker ausprägende Möglichkeit der Verständigung, die eine wechselseitige Interaktion erlaubt und die ebenfalls, wie Humankommunikation, über die wechselseitige Wahrnehmung gesteuert wird. Dabei spielen die Kanäle der Wahrnehmung eine besondere Rolle.

Man muss die *Evolution der Sprache* als Prozess begreifen, bei dem die Entwicklung *einer* Modalität (z.B. Art der Codierung, Negationspotential, Freiheitsgrade des Denkens (Selektivität des Verhaltens), Mehrkanaligkeit und darauf aufbauender Bezug der Kanäle aufeinander) sich vorteilhaft für die weitere Entwicklung der übrigen Modalitäten auswirkt und auf diesem Umweg sich selbst wieder rückstabilisiert. Abstrakter: *Evolution der Sprache ist ein sich selbst rückstabilisierender Prozess.*

---

69 In diesem Zusammenhang ist anzumerken, dass in der Bundesrepublik im Jahr 1995 das durch die Kommunikations- und Medienbranche erwirtschaftete Bruttosozialprodukt zum ersten Mal größer war als das der Automobilindustrie, der seit fast 50 Jahren ununterbrochen größten Branche.

70 Verbesserte Möglichkeiten der Verständigung, die sich im Verlauf der Phylogenese herausselegieren, erlauben Kooperation und Arbeitsteilung (z.B. bei der Jagd in Rudeln), bieten mehr Schutz (z.B. durch Entwicklung von Warnsignalen) und leisten damit einen positiven Beitrag zur Erhaltung der Art.

In diesem Zusammenhang muss auch die Unterschiedlichkeit der Wahrnehmungskanäle noch als Vorteil aufgezeigt werden, indem man neue, wesentliche Dimensionen für Wahrnehmungskanäle betont. *Wesentlich* kann hier nur heißen: Dimensionen, die für die Evolution der Sprache und damit für die Spezies Homo sapiens von Vorteil sind (Vorteil für den Einzelnen und für die Art). Solche Dimensionen sind etwa: 1) Nah-/Fernwahrnehmung, 2) Tag-/Nachtwahrnehmung, 3) gerichtete und ungerichtete Wahrnehmung, 4) laute und leise Emission, 5) flüchtige und fixierte Emission, 6) Wahrnehmbarkeit/Nichtwahrnehmbarkeit des Wahrnehmungskanals und 7) Eigenwahrnehmbarkeit des Kanals.

Tabelle 8 zeigt die Leistungsfähigkeit von taktiler, olfaktorischer, akustischer und optischer Wahrnehmung im Vergleich:

Tabelle 8: Leistungsfähigkeit der Wahrnehmung (vgl. Merten 1977: 100)

Organe nach Kanal	**Charakteristische Merkmale**	**Auflösung (Reizschwelle)**	**Emissionsorgan**	**Wahrnehmungsorgan**	**Modi der Wahrnehmung**
taktil $0{,}2*10^6$ Bit/sec.	gerichtet, begrenzt (ein Rezipient), stationär, wenig selektiv, fossiliert	$2.6*10^{-2}$	Haut	Haut	diffus (Haut)
olfaktorisch 30 Bit/sec.	gerichtet/ungerichtet, unbegrenzt (viele Rezipienten), lokomobil, hochselektiv, fossiliert	1mg/m^3	Körper	Nase	diffus
akustisch $1{,}5*10^6$ Bit/sec.	ungerichtet, unbegrenzt (viele Rezipienten), lokomobil, hochselektiv, fossiliert nicht	10^{-9} (cm^{-2})	Mund	Ohr	lokalisiert (Mund)
optisch 10^7 Bit/sec.	gerichtet, unbegrenzt (viele Rezipienten), lokomobil, höchstselektiv, fossiliert nicht, Emission und Rezeption wahrnehmbar, *reflexiv*	$2{,}2*10^{-10}$ (erg)	Auge	Auge	lokalisiert (Auge, Ohr, Haut, Hand, Mund)

Der älteste **Wahrnehmungskanal** ist der *taktile* Kanal. In Bezug auf Kommunikation setzt er die intime Nähe und damit eine *stationäre* Relation zu einem einzigen Kommunikanten voraus. Seine Informationsleistung ist ausgesprochen gering ($0{,}2*10^6$ Bit/sec), ebenso sein Auflösungsvermögen (Selektivität). Seine Lokalisierbarkeit ist diffus. Er ist für leistungsfähige Kommunikation wenig brauchbar. Andererseits kann er in bestimmten Situationen fossilieren (z.B. Fußspuren), was Vor- und Nachteil sein kann.

Der *olfaktorische* Wahrnehmungskanal (Geruch) ist hinsichtlich seiner Informationsleistung (30 Bit/sec) der schwächste Kanal. Die Wahrnehmungsleistung ist jedoch hoch und sie kann sowohl gerichtet (identifizierend, also von einem spezifischen Lebewesen ausgehend) als auch ungerichtet (fossilierend) erfolgen, d.h. sie setzt nicht die wechselseitige Anwesenheit von Kommunikanten voraus.

Der *akustische* Wahrnehmungskanal verfügt im Vergleich mit dem taktilen Kanal über eine mehr als siebenfache Informationsleistung ($1{,}5*10^6$ Bit/sec), die über *große* Distanz und für *viele* Rezipienten nutzbar eingesetzt werden kann. Die Auflösung ist hochselektiv, was für die Emission spezifischer Signale von großem Vorteil ist. Emissions- und Rezeptionsorgan sind getrennt, wobei die Duplizität der Rezeptionsorgane Stereowahrnehmung und damit eine gerichtete Wahrnehmung erlaubt. Die notwendige Energie ist gering und wird vom Kommunikator aufgebracht, so dass eine Nutzung unabhängig von der Tageszeit möglich ist. Die emittierten Inhalte fossilieren nicht, so dass eine Verfolgung, wie sie beim olfaktorischen und gegebenenfalls beim taktilen Kanal noch möglich ist, unmöglich wird.

Der *optische* Wahrnehmungskanal verfügt über die größte Informationsleistung (10^7 Bit/sec) und auch über das größte Auflösungsvermögen. Die Wahrnehmung ist über große Distanz und für viele Rezipienten möglich. Die Duplizität der Rezeptionsorgane erlaubt eine gerichtete und präzise Wahrnehmung, die notwendige Wahrnehmungsenergie muss nicht von den Kommunikanten bereitgestellt werden. Gegenüber allen anderen Wahrnehmungsorganen hat der optische Kanal den Vorteil, dass er diese – mehr oder minder präzise – kontrollieren kann: Man kann sehen, dass jemand spricht oder jemand berührt wird (aber man kann nicht hören, dass jemand sieht). Zugleich erfasst der optische Wahrnehmungskanal das *gesamte* Verhalten eines Kommunikators, so dass Bewegungen z.B. der Hände oder des ganzen Körpers (z.B. Weglaufen eines Lebewesens) erfasst werden können.

Von ganz besonderer Bedeutung aber ist die Tatsache, dass das Auge selbst sowohl als Emissions- als auch als Rezeptionsorgan tätig ist, so dass das Sehen des Sehens bzw. das Sehen des Gesehenwerdens möglich ist. Dies ist eine *reflexive* Struktur und als solche von besonderer Leistung, denn genau über die Reflexivität *optischer* Wahrnehmung wird **Kommunikation** generiert.

Bestimmte Arten, z.B. Ameisen oder Bienen, besitzen ein hochentwickeltes Signalverhalten (vgl. Schneirla 1962; Frisch 1965), das den arbeitsteiligen Zusammenhalt von zahlenmäßig sehr großen Verbänden oder Schwärmen erlaubt. Bei Säugetieren gilt entsprechendes für das Herdenverhalten.[71] Auch die ontogenetische Variation von Signalverhalten lässt sich, z.B. bei Buchfinken, nachweisen (vgl. Marler 1968). Gleichwohl aber kann man im engen Sinn noch nicht von Kommunikation sprechen, weil die Verwendung akustischer oder optischer **Signale** noch unmittelbar mit dem eigentlichen Verhalten gekoppelt ist und diesem allenfalls *temporal* vorauseilen kann:

Die **Stellvertreterfunktion** der Sprache entwickelt sich aus der Differenzierung von realem Verhalten und sprachlichem Verhalten. Auf der animalischen Ebene fallen beide noch zu einer einzigen Modalität zusammen: Das Knurren eines Hundes ist hier *sowohl* ein Akt realen (intrinsischen) Verhaltens *als auch* gleichzeitig ein kommunikativer Akt, der Hund teilt damit eine Warnung 'mit'. 14 Jahrmillionen führen – in winzigen Entwicklungsschritten – dann dazu, dass diese Modalität sich immer weiter differenziert in Verhalten einerseits und sprachliches Verhalten andererseits. Der Zeitpunkt, an dem beide Modalitäten vollständig getrennt sind, gilt daher zugleich auch als Übergang vom Tier zum Homo sapiens sapiens: Es ist die Fähigkeit zur *Kommunikation*, die aus dem Tier den Menschen[72] macht. Menschen müssen nicht mehr knurren, um eine Warnung mitzuteilen, sondern sie können dies rein kommunikativ (und dadurch situationsspezifisch viel angemessener) lösen, weil sie Sprache nutzen können. Eine Warnung kann man in der ultimativen Formulierung „Noch einen Schritt weiter und..." oder aber in dem freundlichen Rat „An Deiner Stelle würde ich..." ausdrücken. Und natürlich kann man es – nach wie vor – auch mit Knurren versuchen.

Sprachliche Kommunikation aber kann man sinnvoll erst dann unterstellen (vgl. etwa Lenneberg 1967), wenn zwei Bedingungen erfüllt sind: Die völlige Indifferenz des Signalverhaltens gegenüber dem eigentlichen Verhalten und die Möglichkeit, Signale *auf* Signale anzuwenden, also *Zeichen* zu gebrauchen. Beispielsweise könnten Hunde also erst dann kommunizieren, wenn sie zu *beliebigen* (und nicht zu genetisch durch das *fixed action pattern* fixierten) Anlässen knurren könnten und sie müssten darüber hinaus in der Lage sein, mit Signalen neue Signale zu bilden, was schon einen Typ von Metakommunikation voraussetzt (vgl. Merten 1977: 115ff.).

---

[71] Das ist insbesondere für das Sozialverhalten von Bedeutung: Der Zusammenhalt von Herden etwa wird über menotaktischen (wahrnehmungsbezogenen) Zug und Schub zwischen Leittier und Herde gesteuert. Vgl. dazu Merten (1977: 115ff.).

[72] Die Fähigkeit zur Sprache setzt, präziser gesagt, die Entwicklung von drei Leistungen voraus: a) Die Fähigkeit zur Negation, b) die Quantelung und c) die laufende Wiederverwendung kleinster sprachlicher Einheiten. Vgl. dazu Lenneberg (1968) sowie Merten (1977: 122ff.)

Sind diese Bedingungen erfüllt, kann man von sprachlicher Kommunikation sprechen. **Sprache** erlaubt die Behandlung realen Geschehens auf einer zweiten Ebene und hat somit *Stellvertreterfunktion*: Nur durch die Entwicklung dieser Funktion wird es möglich, in Vergangenheit und Zukunft und damit in der Dimension von *Zeit* zu denken – und zu erleben. Nur dadurch ist es möglich, neben die Wirklichkeit die Idee der Möglichkeit, neben die objektive Tatsache die subjektive Meinung zu stellen, planerisches Denken zu entwickeln und damit *Erwartungen* auszuprägen.

Das Auseinanderdriften von Kommunikation und Verhalten bis zur Entwicklung der Sprache hat etwa 14 Millionen Jahre gedauert. Seit etwa 2 Millionen Jahren gibt es den aufrecht gehenden Menschen, seit knapp 100 000 Jahren die Sprache (vgl. Klix 1993: 171ff.). Zwar ist es bis zur Erfindung von Schrift und Medien noch eine lange Zeit, doch die Entwicklung sprachlicher Kommunikation hat der Spezies Homo sapiens sapiens bereits einen uneinholbaren Vorteil beschert: Sie macht ihn zum Herrn der Welt. Zugleich wirkt Kommunikation auf sich selbst zurück und befestigt die Basis für eine immer raschere Entwicklung der Kommunikation. Wir werden sehen, dass die Stellvertreterfunktion im Zeitalter der Mediengesellschaft – fast 100 000 Jahre später – eine weitere Entwicklung katalysieren wird.

Ekman/Friesen (1969) haben die Ablösung von Verhalten und Signalverhalten mit der Unterscheidung von **intrinsischer** (d.h. noch mit dem Verhalten zusammenfallender) Codierung, **ikonischer** (auf das Verhalten resp. das Objekt affin verweisender) Codierung und **arbiträrer** (gegen Verhalten bzw. Objekt indifferenter) Codierung beschrieben. Der Übergang von der intrinsischen zur arbiträren Codierung von Signalen ist zugleich die Voraussetzung für den einfachsten Typus von Metakommunikation, nämlich die *Negation*. **Sprache** setzt diese Errungenschaften – Negation und arbiträre Codierung – bindend voraus (vgl. Lenneberg 1967 sowie Luhmann 1987: 191ff.), so dass man die Menschwerdung zu Recht an der Sprache festmachen kann. Dass der Übergang vom Tier zu *Homo sapiens sapiens* eine hochanforderungsreiche Entwicklung markiert, lässt sich schon an der Zeit von 14 Millionen Jahren ablesen (vgl. Klix 1993: 171), während der Übergang von der Sprache zur Schrift sich vor etwa 5000 Jahren, der Übergang von Schrift bis zur Verwendung von Medien in den letzten 400 Jahren vollzogen hat.

Mit der **Sprache** verfügt der Mensch bereits über ein *Medium,* also ein Instrument, durch das und mit dem sich Kommunikation entfalten lässt. Sprache erlaubt zunächst Abstraktion durch Formulierung von Begriffen und Definitionen, die durch ihre explizite Normierung den Konsens bei der Sprach*verwendung* steigern. Des Weiteren erlaubt Sprache die Ausbildung von *Regeln* (Normen). Dies sind nicht nur Regeln sozialen Verhaltens, der friedlichen Zusammenkunft, der Vorbereitung der Jagd oder von Zeremonien anlässlich von Festen, Entscheidungen oder Bestattungen, sondern vor allem auch Regeln des Umgangs mit Sprache selbst. Bereits hier wird die besondere, *selbstreferentielle* Struktur aller Kommunikation sichtbar: Jede Steigerung des Potentials für Kommunikation hat nicht nur eine positive Funktion für die Gesellschaft, sondern immer auch eine positive, rückbezügliche Funktion für die *weitere* Verbesserung von Kommunikation.

In *illiteraten* Gesellschaften ist die Größe einer Gesellschaft (Clan, Stamm) noch durch den Radius der Wahrnehmbarkeit ihrer Mitglieder begrenzt: Entscheidungen über Jagd und Hausbau, über Krieg und Frieden müssen alltäglich *verbal* kommuniziert werden, was die allfällige Erreichbarkeit (Anwesenheit) aller Mitglieder erzwingt. Diese notwendige Erreichbarkeit der Mitglieder illiterater Gesellschaften lässt sich noch heutzutage erkennen – etwa an der Größe von mittelalterlichen Marktplätzen: Man nutzte offenbar den Markt nicht nur zum Tausch, sondern auch als Ort für Sehen und Gesehenwerden. Denn die Märkte wurden gerade so groß angelegt, dass sich zwei Personen, die in äußerster Entfernung zueinander auf dem Platz anwesend waren, gerade noch erkennen (identifizieren) konnten.

Ebenfalls noch im Mittelalter wurden Informationsangebote überwiegend durch *informelle Kommunikation* – von Mund zu Mund – übermittelt, so dass die korrekte Wiedergabe nicht zweifelsfrei zu sichern war und immer Anlass für subjektiv unvermeidliche – oder aber: erwünschte – Verfälschungen bot. Dies wirkt auf die Größe von Gesellschaften restriktiv: Kommunikation bleibt in der Zeit (über größere Zeiträume) und/oder über die Distanz (größere Entfernungen) und/oder sozial (personenabhängig) hinweg unsicher.

Man kann sich ein Bild von den Informationsproblemen solcher Gesellschaften machen, wenn man sich vorstellt, dass alles Wissen nur mündlich weitergegeben wird – als Gerücht, als Mythos, als Sage oder als Spruch: Die übermittelten Informationsangebote aber leiden an mangelnder Verbürgtheit, so dass hilfsweise zusätzliche und aufwendige Strukturen der Absicherung ihrer Wiedergabetreue erfunden werden müssen: Mnemotechnische Verfahren des Auswendiglernens, metakommunikative Absicherung durch Beweispflichten des übermittelnden Boten (z.B. Verwendung von Siegeln, Glaubwürdigkeit durch persönliche Bekanntheit des Boten usw.).

Der Mangel an Authentizität und Glaubwürdigkeit verstärkt Tendenzen zur allfälligen Erzeugung und Weitergabe ungesicherter Informationsangebote – etwa in der Form des Gerüchts. Nochmals: Wenn Adressanten von Botschaften nicht identifizierbar, sondern anonym bleiben und die Inhalte der Botschaft nicht verbürgt, also an Wahrheit resp. Richtigkeit zu binden sind, sind Informationsangebote wie verbales Freiwild: Man muss sie unkontrolliert, so wie sie sind, akzeptieren; denn jeder kann sie korrekt oder aber ganz nach eigenem Belieben, weitergeben.

Konstruktionen von Wirklichkeit durch Kommunikation waren ohne Verfügbarkeit von Schrift also relativ riskant und zufällig, personenabhängig und tendenziell kurzlebig, weil die Authentizität der mitgeteilten Inhalte jeweils an die übermittelnde Person gebunden werden musste und somit prinzipiell bezweifelbar war. Gesellschaften, die nur über das Medium Sprache verfügen, sind daher von der Zahl ihrer Mitglieder her beschränkt in dem Maß, wie Absender, Übermittler und Empfänger einander bekannt sind. Überliefertes Wissen kann demnach nicht mehr an bekannte Personen gebunden werden und ist daher notwendig ungewiß, sofern man nicht Vorkehrungen trifft, die die Wiedergabetreue verbessern helfen: So wurde beispielsweise die Überlieferung hochrelevanten Wissens (z.B. Gesetze, Liturgien, Stammbäume von Herrschergeschlechtern usw.) dadurch gesichert, dass bestimmte, speziell dafür geschulte Personen diese auswendig lernen mussten, wobei Abweichungen von der korrekten Wiedergabe streng geahndet wurden: Wer bei bestimmten Gelegenheiten, wo solches Wissen öffentlich repetiert werden musste, nicht korrekt erinnerte, verlor sofort sein Amt – oder sogar sein Leben (vgl. Schott 1968 sowie auch Ong 1987: 61ff.).

Auch die Verwendung feststehender Redensarten, die das Auswendiglernen mnemotechnisch fördern konnten, sowie alle Arten von Redundanz sind hier zu nennen, z.B. Rhythmisierung durch Versmaße, Reimtechniken usw. Diese erleichterten die Befestigung des zu Erinnernden. So deuten typische Wendungen in der *Homer* zugeschriebenen Ilias und der Odyssee darauf hin, dass *Homer* diese Werke mündlich übermittelt hat, also noch keine Schrift kannte bzw. die Verschriftung erst viel später erfolgt ist (vgl. Ong 1987: 26ff.).

9.3 Von der Sprache zur Schrift

Diese und andere Unsicherheiten der informellen (sprachlichen) Kommunikation müssen einen erheblichen Druck auf die Erfindung eines leistungsfähigeren Mediums der Kommunikation ausgelöst haben. Zwar weiß man bis heute nicht genau, wo und wann die **Schrift** zum ersten Mal erfunden worden ist. Aus der Tatsache jedoch, dass dies an verschiedenen Orten und jeweils unabhängig voneinander geschehen ist, kann man ermessen, dass dieses Problem überall auf Lösungen drängte, so dass verschiedenste Schriften entwickelt wurden. Und man kann belegen, dass die Verfügbarkeit von Schrift es erlaubte, den Radius von Gesellschaften fast beliebig auszudehnen.

In *zeitlicher* Hinsicht, weil durch die Fixierung von Aussagen eine Dauerwirkung der fixierten Aussagen garantiert werden konnte, die etwa für die Anhäufung und Ordnung von Wissen notwendig war. In *sozialer* Hinsicht, weil durch Schrift Aussagen (Information) für im Prinzip beliebige und beliebig viele Personen bereitgestellt werden konnte. In *sachlicher* Hinsicht, weil Schrift Wiedergabetreue (Authentizität) der fixierten Aussagen garantierte.

Diese drei Typen kommunikativer Leistung von Schrift sind aufeinander bezogen und machen in ihrem Zusammenwirken die Leistung von Schrift als neues Medium der Kommunikation erst deutlich.

Entstanden ist die erste Schrift – die Keilschrift der Sumerer – ca. 3500 v. Chr. in Mesopotamien, und, nicht zufällig, angelegentlich der schriftlichen Fassung von **Zahlen**: Die Ansiedlung großer Menschenmengen im Zweistromland machte das Zählen von Menschen, Waren und insbesondere das von Vorräten notwendig. Die Verwalter von Lagerhäusern mussten ein täglich zu veränderndes Protokoll erstellen, auf dem die Menge der Vorräte notiert war – zunächst mit einfachen, ikonisch codierten Strichen, später mit arbiträr codierten Zeichen für größere Mengen (etwa: 10, 100, 1000 etc.) (vgl. Abb. 43).

Abbildung 43: Viehzählung (Sumerische Keilschrift, Uruk, aus: Kuckenburg 1989: 171)

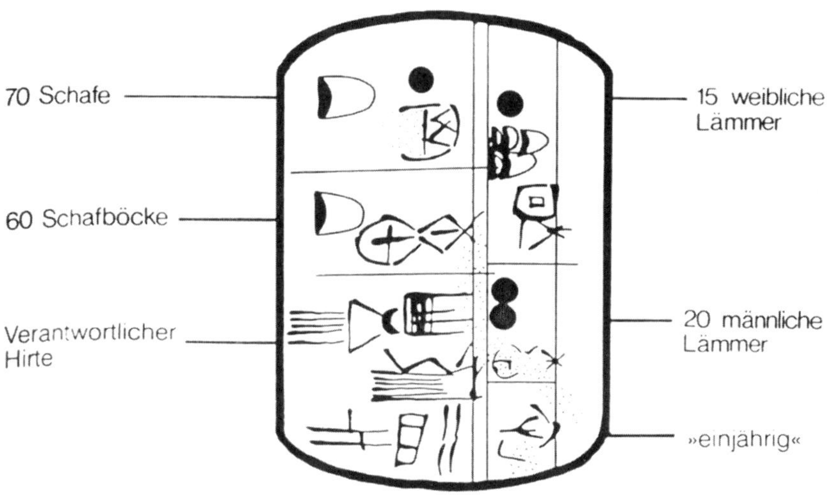

Zugleich musste der Verwalter aber auch durch ein besonderes Zeichen bestätigen, dass die aufgeführten Mengen tatsächlich stimmten – dieses besondere Zeichen hatte also metakommunikative Funktion und stellt damit zugleich die Geburtsstunde der 'Unterschrift' dar.

Die weitere Entwicklung der Schrift erfolgt dabei stets in die gleiche Richtung: Sie beginnt mit der intrinsischen Codierung, d.h. zwischen Zeichen und Bezeichnetem besteht noch eine direkte Ähnlichkeit: Diese Darstellung hat den Vorteil, dass man sie sozusagen mit dem gesunden Menschenverstand interpretieren kann. Eine Spätform stellen die Icons dar, die man z.B. auf Bahnhöfen und Flughäfen für 'Taxi', 'Start' oder 'Schließfach' verwendet. Die ägyptischen

Hieroglyphen entsprechen diesem Typus, aber auch die bis heute nicht entzifferte kretische Linear A-Schrift aus dem 16. Jhdt. v. Chr. (Abb. 44):

Abbildung 44: 45 Zeichen der Linear A-Schrift (Diskos von Phaistos, Kreta, 1450 v. Chr.) (nach Kean 1980: 17)

Die *arbiträre Codierung* verzichtet auf die Ähnlichkeit zwischen Zeichen und Bezeichnetem und verwendet ausschließlich Zeichen, die aus einer Grundmenge von abstrakten Elementen (Alphabet) durch beliebige Rekombination dieser Elemente gebildet werden. Hieroglyphen beruhen, wie die kretische Linear A-Schrift sehr deutlich zeigt (Abb. 44), noch auf *ikonischer* Codierung (die noch eine Affinität zu den benannten Objekten besitzt), während die geknüpften Schnurschriften der Inkas oder die sumerische Keilschrift, *arbiträr* codiert sind: Von den Zeichen ist *kein* Rückschluss auf das von ihnen bezeichnete Objekt (mehr) möglich. Aber auch das griechische Alphabet hat sich, wie Abb. 45 zeigt, aus dem ikonisch codierten ägyptischen (über das phönizische und hebräische Alphabet) zu einem arbiträr codierten Alphabet entwickelt.

Abbildung 45: Schriftentwicklung von der ikonischen zur arbiträren Codierung (Kuckenburg 1989: 243)

Zeile	ÄGYP. 1	PHÖN. 2	HEBRÄISCH 3 Bu	4 Lt	5 Zw	6 Nm	GRIECHISCH 7 Bu	8 Lt	9 Zw	10 Nm	LAT. 11	RUNEN 12 Bu	13 St
1		𐤀	א	’	1	alef 'Rind'	Αα	a	1	álpha	A	ᚨ	4
2		𐤁	ב	b	2	beth 'Haus'	Ββ	b	2	bêtha	B	ᛒ	18
3		𐤂	ג	g	3	gimel 'Kamel'	Γγ	g	3	gámma	C	–	–
4		𐤃	ד	d	4	daleth 'Tür'	Δδ	d	4	délta	D	ᛞ	24
5		𐤄	ה	h	5	he	Εε	e	5	è-psilón	E	ᛖ,ᛇ	19,13
6		𐤅	ו	w	6	waw 'Nagel'	Ϝς	–	6	vaû	F	ᚠ	1
7		𐤆	ז	z	7	zajin 'Waffe'	Ζζ	z	7	zêta	(G)	ᚷ	7
8		𐤇	ח	h	8	heth	Ηη	ä	8	êta	H	ᚺ	9
9		𐤈	ט	t	9	teth	Θϑ	th	9	thêta	100?	ᚦ	3
10		𐤉	י	j	10	jod 'Hand'	Ιι	i	10	jôta	I	ᛁ,ᛃ	11,12
11		𐤊	כ	k	20	kaf 'offene Hand'	Κκ	k	20	káppa	K	ᚲ	6
12		𐤋	ל	l	30	lamed	Λλ	l	30	lámbda	L	ᛚ	21
13		𐤌	מ	m	40	mem 'Wasser'	Μμ	m	40	mŷ	M	ᛗ	20
14		𐤍	נ	n	50	nun 'Fisch Schlange'	Νν	n	50	nŷ	N	ᚾ	10
15		𐤎	ס	s	60	samek	Ξξ	x	60	xî	–	–	–
16		𐤏	ע	‘	70	ayin 'Auge'	Οο	o	70	ò-mikrón	O	ᛟ	23
17		𐤐	פ	p	80	pe 'Mund'	Ππ	p	80	pî	P	ᛈ	14
18		𐤑	צ	s	90	sade	–	–	–	–	–	–	–
19		𐤒	ק	q	100	qof	Ϙϙ	–	90	kóppa	Q	–	–
20		𐤓	ר	r	200	reš 'Kopf'	Ρϱ	r	100	rhô	R	ᚱ	5
21		𐤔	ש	š	300	šin 'Zahn'	Σσ	s	200	sîgma	S	ᛋ	16
22		X+	ת	t	400	tau 'Zeichen'	Ττ	t	300	taû	T	ᛏ	17
23			ך	-k	(500)	(kaf)	Υυ	ü	400	ŷ-psilón	V	u: ᚢ	2
24			ם	-m	(600)	(mem)	Φφ	ph	500	phî	1000	w: ᚹ	8
25			ן	-n	(700)	(nun)	Χ↓	ch	600	chî	X	ng: ᛝ	22
26			ף	-f	(800)	(fe)	↓Ψ	ps	700	psî	50?	-z: ᛉ	15
27			ץ	-s	(900)	(sade)	Ωω	ō	800	ô-méga	–	–	–
28							Ϡ	–	900	sampî	–	–	–

Beispielsweise erkennt man, dass das ägyptische Zeichen für 'Rind' noch ikonisch codiert ist (Kopf eines Rindes), während die phönizische Schrift und alle historisch späteren Schriften (Hebräisch, Griechisch, Lateinisch, Germanisch) arbiträr codieren und so der Begriff 'Rind' ('alef' im Hebräischen) zum Buchstaben Alpha (im Griechischen) bzw. A im Lateinischen wird. Auch die minoische Linear A-Schrift (1450 v. Chr.) ist noch ikonisch codiert, während das griechische Alphabet – nur drei Jahrhunderte später (um 1200 v. Chr.) – bereits ein intrinsisch codiertes Alphabet darstellt, das durch die Verwendung der Vokale auch die Reproduktion von Klängen ermöglicht und damit eine vollkommene Loslösung von der gesprochenen Sprache erlaubt (vgl. Ong 1987: 88ff. u. 92ff.). Die Weitergabe schriftlicher Texte ist gegenüber der mündlicher Texte erheblich unempfindlicher gegen Fälschungen: Jeder kann sehen, dass an der Tempelwand „Gajus ist ein Dummkopf" angeschrieben steht. Und was einmal schriftlich vorliegt, lässt sich nicht mehr wegdiskutieren. Martin Luther soll, nachdem er seine Thesen an die Schlosskirche von Wittenberg angeschlagen hatte, in starkem Zweifel eine Rücknahme erwogen haben.

Doch zu spät – die Öffentlichkeit durch *Veröffentlichung* war längst hergestellt, alle hatten es gesehen. Sein fast resigniertes Credo „Hier stehe ich, ich kann nicht anders!“ kann man daher auch als Resümee seiner Erfahrung mit durch Schrift konstruierten Wirklichkeiten begreifen.

Die Wiedergabetreue von Schriftstücken lässt sich zusätzlich steigern – analog zum mündlich gesprochenen Eid – dadurch, dass bestimmte Kommunikate mit metakommunikativer Funktion dem Schriftstück beigegeben werden: Codes, Siegel, Stempel oder sogar ganze Anschreiben in festgelegter Form sind solche Möglichkeiten, aber auch: Personalausweise, Scheckkarten, Clubzeichen. Metakommunikation und Kommunikation haben dann jeweils die Struktur „Das vorgelegte/beigefügte Zeichen besagt, daß es wahr ist (zutrifft), daß der zugrundeliegende Text wahr ist.“[73]

Diese neue Kommunikationsleistung wird in ihrem ganzen Umfang aber erst dann sichtbar, wenn man nun den Analphabeten mit dem Schriftkundigen vergleicht: Wer nicht schriftkundig ist, ist deklassiert, gilt als gemeiner Mann – es sei denn, er kann sich Schriftkundige halten und diese bezahlen. Völker ohne Schrift heißen jetzt 'Barbaren', Alphabeten dagegen sind – wie schon in der Bibel erwähnt wird – 'Schriftgelehrte' und genießen deshalb einen besonderen, ausgezeichneten Status.

Die Beherrschung dieses neuen Mediums wird daher politisch sofort genutzt – von den Hohepriestern, aber auch von den weltlichen Herrschern: *Kaiser Heinrich VII.* zum Beispiel forderte eines Tages alle seine Lehnsherren auf, sich das Lehen von ihm schriftlich verbriefen zu lassen. Einige Fürsten weigerten sich, dieser offenkundigen Machtdemonstration stattzugeben und blieben dem Herrscher trotzig fern. Darauf drehte der Kaiser das Argument um: Nur diejenigen seien zu Recht Lehnsherren, die dies durch Brief nachweisen konnten: Wer den Brief nicht vorweisen konnte, hatte keinen Anspruch auf das Lehen (vgl. Krieger 1979: 79ff. u. 100ff.).

Gegenüber dem gemeinen Volk wurde, wie das folgende Beispiel zeigt, analog verfahren: Im Jahre 1222 fügte der ehemalige Abt des Klosters Prüm (Eifel) der von ihm verfertigten Abschrift des aus dem Jahre 893 stammenden Verzeichnisses der Güter und Einkünfte folgenden Rat (in *lateinischer* Sprache) hinzu:

---

[73] Typischerweise wird diese Leistung wieder durch Bildung einer *reflexiven Struktur* möglich: Die Behauptung, dass etwas wahr bzw. zutreffend sei, wird selbst als wahr oder zutreffend hingestellt.

> „Wer auch immer zusammen mit den Schöffen und unserer Hofgenossenschaft auf den Höfen Gericht hält, sollte sich hüten, ihnen das, was dieses Buch enthält, vorweg anzugeben. Vielmehr sollen die Rechte der Kirche (des Klosters) von ihnen sorgfältig erfragt werden, denn nichts ist in jeder Hinsicht zufriedenstellend (beschrieben), andere (Rechte) sind stark vernachlässigt, die nicht in diesem Buch geschrieben stehen – wie hier zu Birresborn die Fronfuhren und der Faß-Zins unerwähnt sind, beide jedoch geleistet werden [...] Man erfrage von ihnen sorgfältig die Rechte der Kirche und höre sie darüber an; und sollten sie über irgend etwas schweigen, das in diesem Buch ausgedrückt ist, dann halte man ihnen dies geflissentlich vor, und so werden sie sich umso mehr fürchten" (Schwab 1983).

Dazu Kuchenbuch: „Ob für den Beweis vor Gericht oder für den Verweis auf dem Hoftag, die genannten Schriftstücke erweisen sich als Behältnisse des besseren Rechts in der Hand der (kirchlichen) Herren. Und: Die Bauern, soweit sie überhaupt beteiligt werden, sie erkennen diese Schriftstücke als solche an!" (Kuchenbuch 1987).

Durch Schrift wird eine Angelegenheit *öffentlich*, denn nun kann – unabhängig von Ort, Zeit und Person – der Inhalt eines Schriftstücks kundgegeben und: dessen Befolgung als verbindlich erklärt werden.

Aus diesem Grunde gab es sofort Versuche, Schriftstücke zu fälschen. Und zugleich musste das Fälschen von Schriftstücken unter besonders harte Strafen gestellt werden. Darüber hinaus entfaltet die Verfügbarkeit von Schrift langfristig Konsensleistungen für die Ausprägung und Stabilisierung von Sprache und erzeugt auch auf diese Weise Identität und Sozialbindung. Auch dies ist wieder ein Beleg für die selbstreferentielle Struktur aller Kommunikationsmedien.

Es ist kein Zufall, dass alle Hochkulturen über Schrift als Kommunikationsmedium verfügen, denn die Weitergabe schriftlicher Texte ist gegenüber der mündlicher Texte erheblich unempfindlicher gegen Fälschungen. Darüber hinaus entfaltet die Verfügbarkeit von Schrift langfristig Konsensleistungen für die Ausprägung und Stabilisierung von *Sprache* und generiert auf diese Weise nochmals Identität und Sozialbindung. Auch dies ist ein erneuter Hinweis auf die selbstreferentielle Struktur aller Medien der Kommunikation. Parsons (1964: 341f.) begreift daher Sprache als Typus evolutionärer Universalia, die er konsequent als selbstreferentiell definiert:

> „An evolutionary universal, then, is a complex of structures and associated processes the development of which so increases the long-run adaptive capacity of living systems [...] that only systems, that develop the complex can attain certain higher levels of general adaptive capacity."

Zusammenfassend lassen sich zumindest drei basale soziale Funktionen des neuen Mediums Schrift nennen:

1) Verfügbarkeit von Kommunikaten unabhängig von Zeit, Ort und Person

2) Stärkung von Macht- und Einflussstrukturen durch schriftliche Verkündung und Fixierung von Normen (Gesetzen, Erlassen)

3) Stabilisierung von Sprache

9.4 Von der Schrift zur Massenkommunikation[74]

Schon die Einführung der Schrift erbrachte drei neue kommunikative Leistungen: Temporale Indifferenz, soziale Zugänglichkeit und Absicherung der Authentizität in sachlicher Hinsicht.

Bei der Einführung der Massenmedien zeigen sich weitere Leistungen, die – analog zur Einführung von Schrift – soziale, sachliche und zeitliche Leistungen für die Gesellschaft, insbesondere aber wiederum für das System gesellschaftlicher Kommunikation selbst, markieren. In Tabelle 9 ist der Zusammenhang zwischen Medien der Kommunikation und dem zugehörigen Gesellschaftstyp dargestellt:

Der gewichtigste Anlass für die Einführung von Massenmedien bestand zunächst in der Vergrößerung des Adressatenkreises aktueller Mitteilungen. Es ist bezeichnend, dass der Begriff der Aktualität mit dem Aufkommen der Massenmedien auftaucht und die Beschleunigung des Erlebens durch Kommunikation anzeigt: Die Massenmedien befriedigen damit ein grundlegendes Bedürfnis des Menschen nach Neuem, nach Unerhörtem (vgl. Luhmann 1981: 313f.). Und schon Kaspar von Stieler (1969: 29f.) bemerkt dazu treffend:

> „Zu föderst muß dasjenige / was in die Zeitungen kommt /Neue seyn. Denn darum heißen die Zeitungen Novellen / von der Neulikeit / und würde der wol ein selzamer Heiliger seyn / der in die Zeitung bringen wolte /was Alexander Magnus [...] vor langen Jahren getan (hat). Denn was gingen solche verlegenen Sachen unsern itzigen Zustand an? Neue Sachen sind und bleiben angenehm: Was aber bey voriger Welt vorgangen / gehöret ins alte Eisen / und ersättiget das Lüsterne Gemüt keines weges."

Mit dieser Befriedigung geht ein Wandel des Erlebens einher, der sich durch die Gewöhnung an immer Neues ausweist: Die Erwartbarkeit von Unerwartetem wird auf diese Weise mit dem Aufkommen der Massenmedien institutionalisiert und bleibt bis heute charakteristisch für die Nachrichtengebung der Massenmedien.

---

[74] Anmerkung: Wenn der Begriff der Massenkommunikation hier verwendet wird, um Kommunikationsprozesse und Strukturen der Massenmedien zu beschreiben, so nicht, weil er sachlich zutreffend, sondern nur deshalb, weil er ein eingeführter Begriff ist.

Tabelle 9: Medien der Kommunikation und Gesellschaftstyp

Gesellschaftstypus	**Kommunikationstypen**	**Evolutionäre Voraussetzung**
Archaische Gesellschaft	Interaktive Kommunikation	Sprache
Hochkultur	Interaktive und noninteraktive Kommunikation	Sprache, Schrift
Industriegesellschaft	Interaktive, noninteraktive Kommunikation, Medienkommunikation	Sprache, Schrift, Medien

Aktualität ist damit keine Eigenschaft der Ereignisse *an sich*, sondern eine Relation zwischen einem Ereignis und den Erwartungen eines Empfängers einer Nachricht, die über dieses Ereignis berichtet (vgl. Merten 1973). Demgemäß berichtet die Presse von Anfang an bevorzugt über Unerhörtes, Kriege, Seuchen und wundersame Erscheinungen (vgl. Schottenloher 1922). Mit der Erfindung der Druckkunst (in Deutschland durch den Buchdrucker *Johannes Gutenberg* – genannt *Genssfleisch zu Laden* – im Jahre 1452) wurde es möglich, nicht nur einzelne Blätter ('Fliegende Blätter'), sondern auch umfangreichere Texte in großer Auflage herzustellen. Es erschienen zahlreiche Flugblätter und Flugschriften, die das 15. und 16. Jahrhundert in Atem hielten.

Zur gleichen Zeit gab es jedoch einen zweiten, regelmäßigen Bedarf an wirtschaftlichen Mitteilungen, der sich in der Einrichtung von Kaufmannsbriefen, z.B. den sogenannten *Fugger-Zeitungen* aus Augsburg, niederschlug. Diese Briefe erschienen regelmäßig und enthielten Informationen über Preise und Waren an den wichtigsten Handelsplätzen der damaligen Welt, sowie Hinweise auf Bedrohung der Handelswege durch Krieg u.a.m. Damit gibt es neben der *Aktualität* von Ereignissen zugleich ein weiteres Kriterium, nämlich die *Periodizität* der Berichterstattung. Sie bewirkt gleichsam eine Dosierung von Überraschung und zugleich eine Bindung des Rezipienten an das Medium durch Ausprägung einer generellen Erwartungshaltung. Beide, Aktualität und Periodizität, erzeugen somit einen evolutionären Druck für Weckung und Befriedigung von Kommunikationsbedürfnissen.

Im Jahre 1609 erschienen dann gleich zwei 'Zeyttungen' zum ersten Mal, die Straßburger *Meßrelationen* und der *Aviso* in Wolfenbüttel. Das erste der sogenannten Massenmedien war geboren[75]. Zwar überwiegen zunächst Sensationsmeldungen von Kriegsschauplätzen und den großen Machtzentren, daneben wundersame Geschichten. Doch sehr schnell etabliert sich das neue Medium Zeitung: Einmal dadurch, dass die Erscheinungsweise nicht mehr ereignisbezogen, sondern *periodisch* erfolgt, zum anderen dadurch, dass die Inhalte immer mehr auf die gesamte Bevölkerung ausgerichtet werden. Damit wird auch das Kriterium der *Universalität* durch die Zeitung befriedigt (vgl. Groth 1960ff., Bd. I).

Zeitungen, die wegen ihres großen Wertes vor Ort regelmäßig ganz oder teilweise abgeschrieben und auf diese Weise zusätzlich weiterverbreitet wurden, vergrößerten den Radius des Interessanten, des Wissenswerten – und verkleinerten dadurch den Radius für Welt. Gleichzeitig aber antwortet damit auch das neue Medium auf einen offensichtlich vorhandenen Bedarf für Konstruktion von Wirklichkeit durch Medien: War es vorher die Ungewissheit, ob die Kunde von Mund zu Mund zutreffend war und die subjektiven Konstruktionen weiten Raum eröffneten, so ist dieses Problem zwar entschärft, aber nicht aus der Welt: Auch die Zeitung, insbesondere in damaliger Zeit, muss nicht 'objektiv' berichten. So klagt bereits *Kaspar von Stieler* im Jahre 1695 über die ersten Journalisten:

> „Schandbare Worte und Narrenteidungen auch den Christen nicht geziemen / und ein Unterschied unter den Pritsch-Meistern und Bossen-Reissern / und dann Ehrliebenden Post-Meystern billig seyn soll [...] daß ein geschrieben oder gedrucktes Papier nicht erröte [...] Ob wir auch wol von denen (vermeintlich wahren) Zeitungen in unserer Bemerkung gemeldet; so ist es doch dahin nicht zu verstehen / als könte und dörfte ein Post-Meister seine eigenen Erfindungen und Gedichte vor Wahrheit aus geben und unter die Zeitungen setzen / Treume erzehlen und den Leuten einen Strohbart ankleiben [...]" (Stieler 1969: 34ff.)

Was das neue Medium der Zeitung (Zeitschrift) bewirkt, kann man in vollem Umfang erst viel später erkennen. So kann man fragen, ob das Entstehen des ersten Massenmediums (1609) einen Einfluss darauf gehabt hat, dass sich die Gesellschaft im darauffolgenden Jahrhundert auf einmal von einer ständisch geordneten zu einer funktional differenzierten Gesellschaft wandelt (vgl. Schmidt 1989: 9ff.).

Die wichtigste Eigenschaft des neuen Mediums ist dessen **Multiplikatorfunktion**: Prinzipiell jedermann kann aus der Zeitung das Neueste erfahren, es entsteht **Publizität** von allem für alle. Ebenfalls bedeutsam, wenn auch erst

---

[75] Selbstredend ist auch das Buch als Massenmedium anzusprechen. Doch seine Erscheinungsweise, seine fehlende Aktualität, sein Preis und tendenziell auch sein Bildungsanspruch verhinderten lange Zeit dessen weite Verbreitung, so dass das Buch bis heute nicht als eigentliches Massenmedium gilt (vgl. Dorsch/Teckentrup 1981).

späterhin, ist die Verbürgtheit der Inhalte, die die Zeitung zu einem permanenten Zeitzeugen und zu einer wichtigen historischen Quelle macht. Schließlich spielt auch die Geschwindigkeit der Berichterstattung eine Rolle, die allerdings erst nach Erfindung elektronischer Hilfsmittel voll zur Geltung gelangt.

Zugleich zeigt sich, dass nun die Zeitungen Wirklichkeit konstruieren, indem sie *für alle verständlich* und *für alle erreichbar* Nachrichten über Ereignisse sammeln, sichten und veröffentlichen, die der Einzelne von sich aus nicht erfahren und daher auch nicht überprüfen kann. Damit stellt sich zum ersten Mal eine durchgängige Abhängigkeit des Einzelnen von der Berichterstattung der Massenmedien ein, die sich mit dem Aufkommen weiterer Medien noch verstärkt: Da die Berichterstattung der Medien prinzipiell nicht überprüfbar ist, wird sie gewissermaßen als Vorstruktur für das eigene Erleben übernommen: Medien werden zu Dauerlieferanten von Wirklichkeitsentwürfen, die in dem Maß von ihren Rezipienten übernommen werden, wie sie *glaubwürdig* erscheinen. Das aber hat Folgen, die sich erst später und an ganz anderer Stelle zeigen werden.

Der Leistungsschub, den ein neues Medium nicht nur für die Entfaltung der Kommunikation, sondern auch für die Entwicklung weiterer Medien erbringt, lässt sich auch bei Buch und Presse nachweisen: So förderten Buchdruck und Zeitung im Deutschen die Ausprägung einer einheitlichen *Sprache* ganz wesentlich. Dass es 'Hochdeutsch' gibt, ist ein wesentlicher Verdienst der Schriftsprache. Und die Einführung etwa der allgemeinen Schulpflicht, die von Handel und Gewerbe gefordert und im Preußen des 19. Jahrhunderts durchgesetzt wurde, beförderte als unvorhergesehene Folge die *weitere* Entwicklung von Buchdruck und Presse: Wenn Lesen und Schreiben flächendeckend gelehrt werden, so erzeugt dies im Gegenzug ein neues und großes Nachfragepotential nach Medieninhalten.

Der Zusammenhang, der hier zwischen der Entwicklung von Kommunikation und Gesellschaft sichtbar wird, lässt sich – in Anlehnung an das von Bell (1976) formulierte *Dreistadiengesetz gesellschaftlicher Entwicklung* – auch auf andere Weise nachweisen.[76] Bell formuliert drei große Probleme, die im Zug der Evolution von allen Gesellschaften – wie im Einzelnen auch immer – zu lösen waren. Dies sind:

- Das Problem der Vernetzung von **Materie**

[76] Luhmann (1981: 309) nimmt ebenfalls eine ähnliche Dreiteilung in archaische Gesellschaften, Hochkulturen und technisch-industrielle Gesellschaftssysteme vor und verweist auf den Zusammenhang zwischen dem jeweiligen Level von Kommunikationsmöglichkeiten und der dazu korrespondierenden Stufe gesellschaftlicher Entwicklung.

- Das Problem der Vernetzung von **Energie**
- Das Problem der Vernetzung von **Information**

In *archaischen*, vorzugsweise in illiteraten Gesellschaften, wo noch jeder mit jedem face-to-face kommunizieren kann, liegt das Hauptproblem im Transport von Waren, von **Materie** also. Die Lösung dieses Problems – so Bell – gelingt durch **Vernetzung** – also die Anwendung eines kommunikativen Prinzips der Erreichbarkeit auf Materie: „Alle Wege führen nach Rom" ist dann die ethnozentrische Lesart einer sehr viel allgemeineren Aussage: Jeder Weg führt überall hin! Die Produktion von Gütern wird vor allem durch das später in Zünften organisierte Handwerk betrieben, dessen Ort für Produktion und Vertrieb mehr oder minder identisch ist: Der Kunde kann im Vergleich alle Produkte aller Anbieter am gleichen Ort begutachten, so dass Werbung nicht nur überflüssig, sondern oft sogar untersagt ist. Kommunikation wird fast ausschließlich face-to-face betrieben, die spätere Erfindung des Buchdrucks (1452) oder das Aufkommen der Presse (1609) wirken sich erst mit entsprechender Zeitverzögerung aus.[77]

Im Zeitalter der *Industriegesellschaft* wird dieses Prinzip der Vernetzung ein weiteres Mal angewendet – auf den Transport von **Energie**. Die Lösung heißt: Vernetzung von Energie – als Hochspannungsleitung, als Pipeline oder neuerdings auch als Laser-Richtstrahl-Strecke. Die Produktion wandert vom Handwerk ab in die Fabriken, die funktional und auf sich gestellt regional produzieren; der Ort der Produktion und des Vertriebes fallen auseinander: Es entstehen Verkaufsstellen resp. Filialen und die Bezahlung in Naturalien, typisches Merkmal agrarischer Gesellschaften, entfällt völlig zugunsten eines abstrakten Tauschmediums: Geld. Dies alles aber setzt ein weitaus leistungsfähigeres Kommunikationssystem voraus, das durch technologischen Fortschritt großen Ausmaßes realisiert werden kann: Telefon und Telex und vor allem die Verfügbarkeit von Massenmedien, die als „Instrument der Sofort-Integration" (Luhmann 1981: 319) Erreichbarkeit besitzen, Aufmerksamkeit binden, dadurch Werte und Normen kommunizieren und über die Werbung den Konsum steuern helfen.

Im Zeitalter der *postindustriellen Gesellschaft* – heutzutage – ist ein drittes Problem zu lösen, nämlich der Transport von **Information**, also die Anwendung des kommunikativen Prinzips der Vernetzung auf Kommunikation. Paradoxerweise stellt gerade die Versorgung mit Information in der postindustriellen Gesellschaft den wichtigsten Versorgungsengpass dar. Die Antwort auf

[77] Das liegt vor allem daran, dass Bücher, Zeitungen und Zeitschrift am Anfang nur von einer verschwindend kleinen Elite rezipiert werden konnten, die des Lesens mächtig und finanziell gut genug gestellt war.

dieses Problem heißt erneut Vernetzung – Vernetzung der Informationskanäle. Die Produktion erfolgt nochmals anonymer in Konzernen, die nationale und internationale Vertriebsnetze aufbauen; die Werbung für und auch der Kauf von Gütern wird mehr und mehr über Medien (z.B. durch Anzeigen und/oder Kataloge) vollzogen, und selbst die Bezahlung durch Bargeld wird durch institutionalisierte kommunikative Lösungen (der Scheck als Zahlungsversprechen bzw. die Scheckkarte als Vertrauensvorschuss) ersetzt.

Tabelle 10: Strukturvergleich des Wirtschaftssystems in drei Epochen

Gesellschaft	Hauptproblem	Problemlösung	Produktion	Vertrieb	Kommunikation
Agrar	Transport von Materie	Vernetzung von Wegen	Handwerk, segm. diff. in Zünften, lokal	Markt, face-to-face (Natural-Tausch)	face-to-face, (autoptisch)
Industrie	Transport von Energie	Vernetzung von Energie	Fabrik, funkt. diff. regional	Geschäft/ Büro, (Geld)	face-to-face, Medien
Medien	Transport von Information	Vernetzung von Kommunikation	Konzerne, funkt. diff., internat.	Bestellmarkt, Versandhauskatalog, (Scheck)	face-to-face, Medien, fiktional

Die notwendige Kommunikation umfasst neben den klassischen Printmedien nun insbesondere die elektronischen Medien, die sowohl personenbezogen als auch aktualitätsbezogen eine vollkommene Unabhängigkeit von räumlichen und zeitlichen Distanzen sicherstellen können und – was gerade bei den neuen Medien wie Fax oder Internet sichtbar wird – nicht nurmehr sehr große Publika erreichen, sondern diese auch *gezielt* ansprechen können.

Bei genauerer Hinsicht markiert dieses Stufe gesellschaftlicher Entwicklung eine ganz besondere Leistung, weil die Anwendung des kommunikativen Prinzips der Vernetzung *auf* Kommunikation die Ausbildung einer reflexiven Struktur bedeutet, was, wie bei allen Fällen der Installation reflexiver Struktur, grundsätzlich eine *emergente* Leistung verheißt.

Von daher sind die Übergänge von der Nomadengesellschaft zur archaischen Gesellschaft, von der archaischen Gesellschaft zur Industriegesellschaft und von der Industriegesellschaft zur Mediengesellschaft nicht gleichwertig. Vielmehr steht zu erwarten, dass das Reflexiv-Werden weit mehr und größere Folgen als die ersten beiden Sprünge hat. Die Bestätigung dafür liefert die bereits prognostizierte Akzeleration gesellschaftlicher Entwicklung insgesamt, die unter dem

Begriff des *sozialen Wandels* gefasst wird und erneut aufs Engste mit den Medien verknüpft ist.

Greift man für Deutschland die Zeit von 1960 bis 1990 heraus, also etwa die Dauer einer Generation, und fragt nach der Entwicklung des Fernsehangebots von *ARD* und *ZDF* in dieser Zeitspanne, so hat sich dieses um 1250% vergrößert, während sich die Rezeptionsdauer nur verdoppelt hat. Berechnet man für den gleichen Zeitraum den Zuwachs der dominanten Medien (Zeitungen, Zeitschriften, Hörfunk und Fernsehen) zeigt sich:

Das Informationsangebot des Hörfunks[78] hat sich etwa um 250%, das der Tagespresse im Durchschnitt um 260% und das der Zeitschriften um etwa 1200% vergrößert.[79] Da die Rezeption dieser Medien nur wechselseitig exklusiv erfolgen kann, entspricht diese einem Gesamtangebot von etwa 3000%, wobei dieser Wert bei Berücksichtigung der anderen Medien nochmals um wenigstens 1000% steigen dürfte[80].

Diese Zuwächse innerhalb einer Generation belegen nicht nur das Andauern der Medienevolution, sondern machen zugleich auf die mittlerweile erreichte Beschleunigung dieser Entwicklung aufmerksam, die allein es allemal rechtfertigen würde, von **Mediengesellschaft** zu sprechen.

9.5 Medien und Metamedien

Wenn – schon bei sehr vorsichtiger Rechnung – innerhalb einer Generation das Medienangebot um 4000% steigt, die anthropologisch fixierte Rezeptionskapazität des Menschen dagegen nur unwesentlich wächst[81], entsteht ein erhebliches und sich ständig vergrößerndes Überlast-Syndrom, ein *Recipient's Gap*, das in

[78] Nur gerechnet für die Hörfunksender der *ARD*.

[79] Dabei wird das Informationsangebot als Produkt aus Auflage (Reichweite) und Umfang der einzelnen Ausgabe berechnet und für die Presse über die Zahl der Zeichen ausgewiesen. Die tägliche von der Presse bedruckte Menge Papier ist damit ein griffiger Indikator für diese Variable. Für Hörfunk und Fernsehen wurde hilfsweise die Sprechgeschwindigkeiten ermittelt und in Worte umgerechnet (dabei kann der Bildanteil des Fernsehens nicht berücksichtigt werden). Das einfache Volumen (ohne Reichweitenfaktor) nahm in dieser Zeit wie folgt zu: Presse 400%, Zeitschriften 1200%, Rundfunk 700% (vgl. Merten 1994a: 154f.).

[80] Hinzuzurechnen wären mittlerweile nicht nur Anzeigen- und Stadtteilzeitungen und die Vielzahl der werblich produzierten Texte, sondern auch die Angebote der privaten Fernsehanbieter mit Vollprogramm sowie das Angebot von derzeit etwa 250 lokalen Hörfunksendern und schließlich das Angebot, das durch Video- und Tonkassetten, CD sowie Internet entsteht.

[81] Dies ist der Zuwachs an Intelligenz, der auf etwa 4% pro Generation geschätzt wird.

der Mediengesellschaft zugleich seine spezifische Lösung findet. Sie liegt nicht in der Medienabstinenz oder gar der Medienreduktion, sondern sie erfordert im Gegenteil eine rigide gesteigerte Selektivität, die typischerweise durch die Institutionalisierung einer reflexiven Struktur, nämlich durch die Verfügbarkeit von **Metamedien** erzeugt wird, die die dafür notwendige Selektivitätsverstärkung aufbringen können – als Programmzeitschrift, als Katalog, als Datenbank, aber auch durch Verwendung von kleinen Klebezetteln, auf die man z.B. „Bitte 3x kopieren" schreibt usw.

Die **Selbstthematisierung** der Medien ist ein weiterer Hinweis auf diesen Sachverhalt. So kann man beispielsweise die *Süddeutsche Zeitung* (*SZ*) auf solche Tendenzen hin analysieren und dies in dreifacher Hinsicht: a) Entwicklung der Programmvorschau für Hörfunk und Fernsehen, b) Abdruck von 'Pressestimmen' und c) Entwicklung einer 'Medienseite (Abb. 46). Diese drei Modi nehmen unterschiedliche Funktionen wahr: Der Abdruck der Programmvorschau und die Medienseite thematisieren das Thema 'Medien' – auf unterschiedliche Weise – dadurch, dass sie *über* Medien etwas aussagen (Reflexivität in der Sachdimension).

Abbildung 46: Selbstthematisierung der Medien am Beispiel der *SZ* (Erhebungszeitraum: jeweils 2. Juli-Woche)

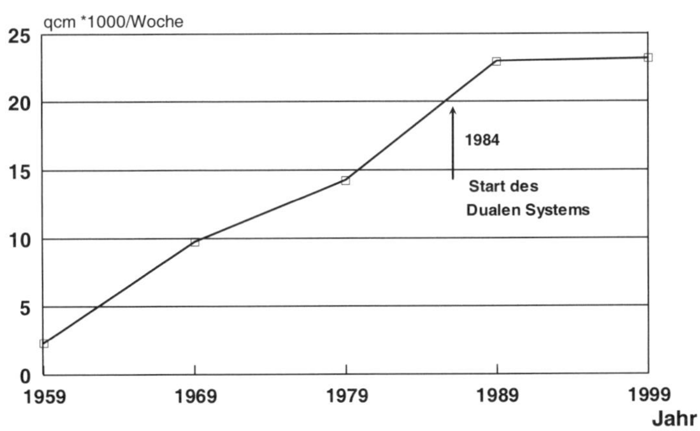

Dagegen hat der Abdruck von 'Pressestimmen' eine andere Funktion: Er verweist auf Aussagen der Konkurrenz und signalisiert dadurch den mehr oder minder großen Konsens der Berichterstattung zu einem aktuellen, bestimmten Thema, macht also Gebrauch von einer reflexiven Struktur in der Sozialdimension. Auch letzteres geschieht dabei offenbar unter dem Einfluss der Kommunikationsevolution: Zwischen 1960 und 1990 ist der Anteil aller deutschen Tageszeitungen, die 'Pressestimmen' publizieren, von 32% auf 78% angewachsen.[82]

Selektivitätsverstärkung durch Installation reflexiver Strukturen ist bereits auf der Ebene der Kommunikate – etwa durch die Differenzierung von Nachricht und Kommentar – als alltägliche Leistung bekannt. Weniger aufgefallen ist, dass die informelle Kommunikation, in der diese Differenzierung verbaler Informationsangebote in Aussagen und Bewertung dieser Aussagen, in **Information** und **Meinung** ebenfalls längst bekannt ist, durch die Entwicklung der Massenmedien selbst eine neue, anspruchsvollere Funktion gewinnt:

Informelle Kommunikation ist nicht weniger wichtig, sondern eher noch wichtiger geworden. Allerdings nicht deshalb, weil sie in Konkurrenz zu den Massenmedien tritt – da ist sie in der Tat chancenlos –, sondern weil sie nun von der Funktion der Übermittlung von Informationsangeboten großteils freigestellt ist und gerade deshalb als Metakommunikation in vielfältigen Formen zur Verfügung stehen kann. Gerade in der Anfangsphase der Funkmedien entdeckten Lazarsfeld et al. (1944) bei einer Untersuchung des Einflusses der Massenmedien – eher zufällig –, dass die Wirkungen der Massenmedien auf die politische Wahlentscheidung sehr gering sind. Dagegen ist die Wirkung informeller Kommunikation mit persönlich bekannten, sachkundigen und/oder glaubwürdigen und gut informierten Personen sehr viel größer. Diese Personen (Meinungsführer) gewinnen ihren Einfluss dadurch, dass sie es verstehen, zu den Informationen aus den Massenmedien durchsetzungsfähige *Meinungen* zu artikulieren (vgl. Merten 1988).

Ein weiterer Hinweis auf die Zunahme der Bedeutung der informellen Kommunikation ergibt sich, wenn man nicht nur die Entwicklung der Massenmedien verfolgt, sondern der Frage nachgeht, in welchen Formen die private Kommunikation – sei es als Gespräch, sei es als Brief – in der Mediengesellschaft abgewickelt wird. Die Antwort ist erstaunlich. Für die informelle (private) Kommunikation hat es gleichfalls eine Entwicklung von technischen Medien gegeben: Telegraph, Telefon, Telefax, die hinsichtlich ihres Nutzungsvolumens dem Boom der Massenmedien in nichts nachstehen.

Noch interessanter ist die Feststellung, dass auch diese Individualmedien zunächst aus wirtschaftlichen Gründen heraus eingerichtet wurden – insbesondere das Telefon –, dass sie sich dann aber sehr schnell zu allgemein zugängli-

[82] Seit 1.9.91 publiziert beispielsweise die *Frankfurter Rundschau* neben dem Fernsehprogrammteil eine zusätzliche Seite unter dem Rubrum 'Medienrundschau'.

chen Medien für informelle Kommunikation entwickelten (vgl. hierzu Beck 1989: 60ff.).

Selbst in den Massenmedien lässt sich die Renaissance der informellen Kommunikation an der Einrichtung einer Rubrik 'Interview' mit Frage-/Antwort-Spiel in der Presse oder sogar live – als Talkshow im Fernsehen – verfolgen. Noch frappanter kann man dies am Beispiel des Aufkommens von Kontaktanzeigen in den Printmedien nachweisen. Es waren die Massenmedien, insbesondere das Fernsehen, die durch die Ausstrahlung von Oper, Theater und Konzerten, durch Fernsehgottesdienst und alle Arten von Shows die traditionalen Orte und Gelegenheiten der persönlichen Kontaktaufnahme (Volksfest, Kirchgang, kulturelle Veranstaltungen) zwischen den Geschlechtern mehr und mehr außer Kraft gesetzt haben. Quasi als Ersatz dafür sind es aber auch die Massenmedien, die mit der Einrichtung von Kontaktanzeigen (Heirats-, Bekanntschafts-, Urlaubs- und Geselligkeitsanzeigen), Kontaktsendungen und Kontaktshows sozusagen ein mediales Substitut für verlorengegangene Chancen informeller Kommunikation geliefert haben: Massenmedien erzeugen offensichtlich nicht nur Kommunikationsangebote für viele, sondern fördern – im zweiten Schritt – auch die private, die informelle Kommunikation. Andererseits: Auch bei den Massenmedien beginnt die Entwicklung der Medien mit dem abstraktesten Medium – der Schrift – und führt dann zurück:

> „Wir können noch anfügen, daß diese Reproduktionstechnik der sogenannten Massenmedien bei der am spätesten entwickelten Kommunikationsweise, der Schrift angesetzt hat, dann aber gleichsam die Kette der Evolution zurückgelaufen ist und mit Hilfe des Funks auch das gesprochene Wort, dann sogar die sprachlose Kommunikation, das volle Bild, einbezogen hat" (Luhmann 1981: 312).

Diese Beispiele reichen aus, um zu zeigen, dass Massenmedien nicht Ersatz für informelle Kommunikation geworden sind, sondern dass sich beide Typen von Kommunikation in höchst sinnvoller Weise ergänzen. Der informelle Kommunikationskanal wird von der schnellen, verbürgten und auf große Distanz operierenden Leistung der Informationsvermittlung entlastet und freigesetzt für eine metakommunikative Funktion des Räsonnements, der Wertung, der Kommentierung in Bezug auf massenmediale Angebote: Schon vor, aber auch während oder auch nach einer Fernsehsendung kann man *über* diese sprechen, sie aufgrund von Gesprächen schon vorweg ablehnen oder favorisieren.

Historiker klagen – zu Recht – darüber, dass die Quellen für die Vorbereitung wichtiger Ereignisse nicht mehr, wie in früheren Jahrhunderten, aus den Akten zu entnehmen sind – weil Planung, Vorbereitung und Durchführung wichtiger Ereignisse längst durch die spurenlose, schnelle und auf beliebige Distanz hin realisierbare Kommunikation durch das Telefon möglich geworden ist (Lange 1989: 12).

Die informelle Kommunikation erbringt damit eine ganz neue Leistung: Sie erlaubt die metakommunikativ durchsetzbare, vor- und nachbereitende Einbindung anonymer, unspezifischer massenmedialer Angebote in gruppenspezifische, situationsgerechte Kontexte. In diesem Zusammenhang kann man sogar den noch älteren, nonverbalen Kommunikationskanal meta-metakommunikativ zur Steuerung des verbalen Kanals einsetzen. Man kann im Fernsehen ein Spektakel verfolgen, dabei mit anderen darüber diskutieren und durch Gestik, Mimik – oder einfach durch Gähnen – anzeigen, dass einen Spektakel und Diskussion langweilen.

9.6 Evolution von Konstruktionen der Wirklichkeit

Die bislang skizzierten Möglichkeiten moderner Kommunikation mit vielen zur Verfügung stehenden Medientypen und die laufende Verschränkung von mehreren, aufeinander bezogenen Kommunikationskanälen nehmen auf die Konstruktion von Wirklichkeit nachhaltigen Einfluss.

Wie im Weiteren gezeigt werden kann, stellt sich, verkürzt ausgedrückt, folgende Entwicklung ein: 1) Medien als Lieferanten für Wirklichkeitsentwürfe gewinnen steigenden Einfluss. Als Folge dessen differenzieren sich 2) Strukturen für Wirklichkeitsentwürfe weiter aus, insbesondere wird der Einsatz *fiktionaler* Elemente in großem Stil möglich. Als Folge der Verfügbarkeit fiktionaler Elemente wiederum können sich 3) völlig neuartige Aggregate der Kommunikation – zum Beispiel öffentliche Meinung oder Public Relations – bilden und ausdifferenzieren, die ohne Verwendung fiktionaler Elemente gar nicht denkbar sind. Diese wiederum stützen 4) das Kommunikationssystem moderner Gesellschaften, indem sie dessen Komplexität weiter vergrößern.

Wie die Langzeituntersuchung zur Mediennutzung (Berg/Kiefer 1996: 50) zeigt, hat die täglich für die Rezeption von Print und Rundfunk vom Durchschnittsbürger der Bundesrepublik aufgewendete Zeit pro Tag von 5:32 Stunden (1964) auf 7:10 Stunden (1995) zugenommen (130%). Rechnet man zu diesen Werten jeweils noch die Zeiten für die Nutzung neuerer Medien (insbesondere Kassetten, Video, CD) und für das Internet hinzu, so erkennt man deutlich den steigenden Anteil an Zeit, der für die Medien aufgebracht wird.

Dabei ist bemerkenswert, dass das Anwachsen verfügbarer Freizeit *parallel* verläuft zum Anwachsen des Medienkonsums. Oder anders: Die Vermehrung von verfügbarer **Freizeit** wird so gut wie völlig für die Vermehrung des Medienkonsums von Massenmedien genutzt. Diese steigende Tendenz belegt nicht nur den ungebrochenen Vormarsch in die Mediengesellschaft, sondern auch, wie die Modi menschlicher Erfahrung immer mehr an die Massenmedien delegiert werden. Das hat u.a. zur Folge, dass die Medien neue Muster der Erfahrung liefern, die durch eigene, unvermittelte Erfahrungen nie abgerufen werden können: Medien entfalten die Kommunikation und Kommunikation konstruiert Wirklichkeit.

Damit steigt der Einfluss der Medien auf die Wirklichkeitskonstruktionen des Einzelnen weiter an, so dass man – in the long run – die auf diese Weise zustande kommenden Wirkungen der Massenmedien ernst nehmen muss: Nichts ist wirksam und wirklich, was nicht in den Massenmedien konstruiert wird.

Bedingt durch die Zunahme der Zahl, der Typen und des Umfangs verfügbarer Massenmedien wächst die Fülle des Berichtenswerten, das Arsenal medialer Unterhaltung, die Zahl zielgruppenspezifischer Werbungs-, Bildungs- und Informationsangebote, das Ausmaß der zu druckenden und zu funkenden Kommunikationsangebote fast ins Astronomische. Stichworte wie 'Informationsmüll' oder 'Informationslawine' haben hier ihre Berechtigung.

Als Folge dessen muss die Selektivität und die Rigidität der Auswahl aus dem zur Verfügung gestellten Kommunikationsangebot, weiter gesteigert werden. Das aber heißt, dass die von den Medien entfaltete Kommunikation und die daraus zu konstruierenden Wirklichkeiten noch stärker unterschiedlich ausfallen werden, dass der Horizont möglicher Erfahrungen sich – ohne dass derzeit Grenzen zu erkennen wären – weiter ausdehnt.

Der Vergleich mit illiteraten Gesellschaften ist an dieser Stelle aufschlussreich: Während dort das Problem vor allem darin bestand, die *Glaubwürdigkeit* der übermittelten Informationsangebote sicherzustellen, liegt in der Mediengesellschaft das Problem eher darin, die *Angemessenheit* der vorzunehmenden Selektionen bei der Herstellung von Informationsangeboten zu garantieren. Informationsangebote der Massenmedien können heutzutage zwar in aller Regel als verbürgt gelten. Doch der Preis, der für den Zugriff auf Medien zu zahlen ist, besteht paradoxerweise darin, dass aufgrund der verfügbaren Fülle von Informationsangeboten die Auswahl variabler und die darauf aufbauenden Wirklichkeitsentwürfe kontingenter geworden sind.

Weiterführende Literatur:

Brepohl (1992); Klix (1993); Merten/Schmidt/Weischenberg (1994)

10. Die Evolution fiktionaler Konstrukte

10.1 Fiktion und Realität

Die Unterstellung und Verwendung fiktionaler Struktur in den Geistes- und Sozialwissenschaften ist keinesfalls neu. Sie hat – generell gesagt – die Funktion der **Strukturgenese**: Sei es, dass anhand von Modellüberlegungen zukünftige Entwicklungen überdacht (simuliert) werden können und daraus bereits jetzt konkrete Entscheidungen oder Entscheidungen *über* Entscheidungen (also Planung) abgeleitet werden können, sei es, dass der stellvertretende Einsatz fiktionaler Elemente zur Erzeugung von Fakten genutzt wird.

Die Dualität von Körper einerseits und Geist und Seele andererseits ist ein einschlägiger Topos, der sich durch die Jahrtausende hindurchzieht. Die Präferenz für reale, *autoptische* (an der Realität selbst überprüfbare) Struktur liegt auf der Hand und konnte in den Naturwissenschaften aus guten Gründen erfolgreich sein – 'Physik statt Metaphysik' war die einsichtige Devise.

Auch in den Sozialwissenschaften gab es ähnliche Versuche, *nur* an der Realität prüfbare Erscheinungen anzuerkennen. Der prominenteste Versuch dieser Art war sicher der des **Behaviorismus**. Diese, von Watson (1913) begründete psychologische Schule geht davon aus, dass nur 'objektiv' beobachtbares Verhalten Gegenstand der Psychologie sein kann. Demgemäß können Phänomene wie 'Denken' oder 'Bewusstsein' oder andere mentalistische Konzepte nicht Gegenstand der Psychologie sein. Die Erklärung realen Verhaltens wird – in Anlehnung an die Tierversuche von *Pawlow* – lerntheoretisch begründet, also durch kausal strukturiertes **Reiz-Reaktions-Verhalten**. Auch wenn der Behaviorismus durch den Neo-Behaviorismus in seiner Rigidität etwas abgemildert worden ist, so sind seine Grundannahmen, insbesondere für die Erklärung von Kommunikation, nach wie vor untauglich.

Der erste, der dies feststellte, war kein Geringerer als *George Herbert Mead*, der sich selbst noch als Sozialbehaviorist bezeichnete. Um Kommunikation zufriedenstellend erklären zu können, konzipierte er das Konzept des 'Taking-the-Role-of-the-Other' zurück und entwickelte damit im Prinzip das Konzept der *Erwartung*, also eine definitiv fiktionale Kategorie (vgl. Mead 1934). Eine weitere Widerlegung präsentierte Fodor (1965) mit seinem Beweis, dass die 'Bedeutung' einer kommunikativen Aussage nicht durch die behavioristische Theorie konditionierter Reize erklärt werden könne.

Die erste Anwendung fiktionaler Struktur stellt im Grunde das erste Medium, nämlich die Sprache dar: Nur durch die Entwicklung von Sprache wird es möglich, *reales* Verhalten von *symbolischem* Verhalten (auf der animalischen Ebene: Signalverhalten) abzukoppeln. Sprache tritt nun nicht nur gleichberechtigt neben das Verhalten, sondern schiebt sich durch ihre Referenzfunktion auf eine Metaebene des Verhaltens: Man kann nun über das eigentliche Verhalten reflektieren, über die Sprache sprechen, über Kommunikation kommunizieren.

Handeln wird dadurch abstrakter, es dehnt sich temporal, sozial und sachlich aus: Rollen und Erwartungen bilden sich aus, Subsysteme differenzieren sich aus, Institutionen können – auf der Basis *sprachlicher* Konvention – gebildet werden: Sprachlich gebundene Prozesse leisten Konsensfindung, Vereinbarung und die Garantie derselben durch Eid, Schwur oder verbindliche Unterschrift.

Schrift ist dann – wenn man so will – ein Medium zur Abbildung von Sprache, also ein Medium für ein Medium, eine Materialisierung von Sprache, d.h. Schrift setzt eine Reflexivität höherer Ordnung voraus. Die Leistung von Schrift liegt aber auch darin, dass sie sekundär das durch sie abgebildete Medium, die Sprache, rückstabilisieren hilft, indem sie etwa zur Ausprägung einer stark konsentierten – eben einer *Schriftsprache* – entscheidend beiträgt.

Erst oberhalb der *Schrift* tauchen dann die technischen Medien auf und erst ab hier spricht man im engen Sinne der Publizistik von *Medien*. Die Hauptleistung der Medienevolution, die sozusagen zugleich eine *Kopie der Menschwerdung*, der Kulturevolution abgibt, spielt sich praktisch in 3 Phasen ab, wobei Phase 1 unbezweifelbar die wichtigste darstellt:

1) Entwicklung des verbalen Kanals aus dem nonverbalen Kanal, genauer: Behandeln von Handlungen durch *Sprache* (akustisch)

2) *Abbildbarkeit der Sprache durch Schrift*, genauer: Ablösung des Lauthandelns durch Schrifthandeln (visuell)

   a) einzeln an mehrere

   b) organisiert für viele (*technische Medien*)

3a) *Abbildbarkeit der Wahrnehmung durch Bilder*

   - einzeln an mehrere (Malen von Bildern) und/oder

3b) *Abbildbarkeit von Schrift* oder direkt von Sprache im Hörfunk:

   - nur organisiert für viele (Film, Fernsehen, Video)

Dabei ist auch eine *Kombination* akustischer und visueller Abbildung durch Film und Fernsehen (mehrkanalige Medien) möglich.

Die *Entwicklung von Schrift* dupliziert diese Entwicklung zunächst nur, indem nun eine visuelle, wenngleich nonverbale Modalität zur Verfügung steht, die auch zur Abbildung von Sprache genutzt werden kann: Schrift als visuelle Abbildung, besser: Rekombination von Handlungen und/oder bereits behandelten Handlungen.

Die Entwicklung *technischer Medien* schließlich schafft in diesem theoretischen Sinn keine neuen Medien, sondern nur vergrößerte Chancen für Vervielfältigung, die nicht mehr durch das bis dato übliche 1:1-Abschreiben von Geschriebenem in 1) Reichweite, 2) Schnelligkeit der Übermittlung und 3) Verbürgtheit des Inhalts begrenzt sind. Dass die laufend mögliche, instante Vervielfältigung für ein im Prinzip unbegrenztes Publikum gravierende Auswirkungen auf das Mediensystem hat, wird davon nicht berührt.

10.2 Information und Meinung

Einen anderen Typ fiktionaler Struktur stellen **Meinungen** dar. Neben der faktenbezogenen, auf Wahrheit gründenden Information sind sie indifferent gegen Authentizität und gerade deshalb so geeignet, um Struktur zu erzeugen: Kommunikationsprozesse, selbst schon hochflexible, flüchtige Systeme, die alle weniger flüchtigen Systeme steuern und gerade daraus ihre soziale Relevanz beziehen (vgl. Merten 1977: 153ff.), können durch die Verwendung von fiktionalen Konstrukten *noch* flexibler gehandhabt werden.

In Tabelle 11 sind faktische und fiktionale Strukturelemente, die in Kommunikationsprozessen eingesetzt werden, einander gegenübergestellt, um zu verdeutlichen, wie geradezu selbstverständlich bereits im informellen Kommunikationsprozess fiktionale, nicht auf Authentizität prüfbare Strukturen wie Erwartungen oder Meinungen eingesetzt werden, die den ablaufenden faktischen Kommunikationsprozess *massiv* determinieren.

Tabelle 11: Faktische und fiktionale Strukturelemente im Kommunikationsprozess

Faktische Elemente	Fiktionale Elemente
Reales Verhalten	Sprachliche Abbildung realen Verhaltens
Handeln	Denken, Wissen, Erwarten
Wahrnehmen	Vorstellungen, Einstellungen, Meinungen, Images

10.3 Medien als Quelle fiktionaler Konstrukte

Diese Möglichkeiten vervielfachen sich für die Medienkommunikation, und sie stoßen beim Rezipienten allemal auf Interesse und Akzeptanz: Der Rezipient ist sich, wie viele Untersuchungen zeigen, tendenziell bewusst, dass er nur *subjek-*

tive Wirklichkeiten konstruieren, keine *objektiven* Wirklichkeiten erfahren kann (vgl. Schmidt 1987: 34ff.). Daher ist er anfällig für alle Arten *gewissheitsverstärkender* Struktur und genau deshalb stellt die Verwendung fiktionaler Strukturen in den Medien für den Rezipienten eine wichtige und hochwillkommene Ergänzung dar: Da sie laufend erbracht wird und erwartet werden kann – man denke nur an die Steigerung der *Periodizität* etwa beim Rundfunk durch Durchformatierung der Programme – gewinnt sie handlungsleitende Funktion. Damit stellt sich eine Entwicklung ein, bei der der Anteil fiktionaler Erfahrung auf Kosten autoptischer Erfahrung laufend zunimmt. Daraus aber ergibt sich eine Entwicklung, die heute mit dem Begriff der *Informationsgesellschaft* oder **Mediengesellschaft** bezeichnet wird und die vor allem auf Folgen der vermehrten Informationsangebote aufmerksam macht (vgl. dazu etwa Tauss et al. 1996). Die wohl wichtigste Folge ist die Vergrößerung von Fiktionalität zu Lasten von Faktizität (➔ Kap. 10.8). Hieraus ergeben sich zwei Entwicklungen, die gerade durch Bezug aufeinander zu einer neuen Ebene von Wirklichkeit führen, nämlich die Abnahme physischer zugunsten symbolischer Kontakte und der wachsende Bedarf an Glaubwürdigkeit (Wahrheit, Verbürgtheit) von rein fiktional bekannten Zusammenhängen:

Konnte man in illiteraten, kleinen Gesellschaften noch jedermann, insbesondere auch die Führungsspitze (Häuptlinge, Schamanen, Heerführer) erwartbar persönlich kennen, weil man ihnen tagtäglich leibhaftig begegnete, so ist eine solche Face-to-face-Begegnung in modernen Gesellschaften hochunwahrscheinlich geworden; möglich ist das Kennen fast nur noch über Medien. Gleiches gilt nicht nur für natürliche Personen, sondern auch für Unternehmen und Organisationen. Auch sie sind heutzutage bindend auf Medien als Agenten für Verbreitung von Wissen angewiesen. Ähnliches gilt für fast alle Ereignisse, Sachverhalte und Wissensbestände: Während früher Ereignisse unmittelbar wahrnehmbar, Sachverhalte unmittelbar einsichtig und Wissen begrenzt und daher unmittelbar lernbar waren, bewirkt die Mediengesellschaft, dass Ereignisse, Sachverhalte und/oder Wissen allenfalls noch über Medien vermittelbar sind. Das heißt: Homo sapiens sapiens hat sich längst daran gewöhnt, Ereignisse zu kennen, über Sachverhalte zu sprechen oder Wissen anzuwenden, obwohl er selbst niemals einen autoptischen Zugang hierzu erlangen kann.

Zugleich folgt daraus, dass Homo sapiens sapiens an die Verbürgtheit, die Wahrhaftigkeit oder das Zutreffen von Ereignissen, Sachverhalten oder Wissen allein aufgrund der Tatsache, dass sie medial vermittelt werden, glauben muss: Er hat gelernt, dass **fiktionale** Bestände stellvertretend für dahinterliegende Fakten stehen oder stehen könnten, er respektiert diese und genau daher können sie faktische Wirkungen entfalten.

10.4 Öffentlichkeit

Begriff und Konzept von 'Öffentlichkeit' und 'öffentlicher Meinung' werden oft synonym gebraucht, ohne dass gesagt wird, wodurch diese Affinität der Begriffe zueinander begründet ist. Sie werden daher im folgenden Kapitel auch im Zusammenhang diskutiert, gleichwohl aber analytisch getrennt.

10.4.1 Zum Begriff von Öffentlichkeit

Spätestens seit der einflussreichen Arbeit von Jürgen Habermas (1969) über den Strukturwandel der Öffentlichkeit ist der Begriff der *Öffentlichkeit* zu den Grundbegriffen der Kommunikationswissenschaft zu rechnen. Zugleich damit teilt er das Schicksal anderer zentraler Begriffe der Kommunikationswissenschaft: Er zeichnet sich durch erhebliche Diffusität aus.

Zwar taucht nach Habermas (1969: 12) der Begriff der Öffentlichkeit als Kategorie der bürgerlichen Gesellschaft in Deutschland erst zu Ende des 18. Jahrhunderts auf, gleichwohl wird vom Prinzip von Öffentlichkeit bereits in der griechischen '*Polis*' systematisch Gebrauch gemacht: „Im Licht der Öffentlichkeit kommt erst das, was ist, zur Erscheinung, wird allen alles sichtbar. Im Gespräch der Bürger miteinander kommen die Dinge zur Sprache und gewinnen Gestalt“ (Habermas 1969: 13). Öffentlichkeit ist damit grundsätzlich definiert als Situation mit fünf charakteristischen Elementen: 1) der grundsätzlichen Beobachtbarkeit von allem durch alle (ggf. eingeschränkt durch bestimmte Zugangsrollen), die 2) Diskurse anstößt zu 3) Themen, die 4) nach Relevanz behandelt werden und 5) dazu Meinungen provozieren. Sie besitzt damit von Anfang an zwei politische Komponenten insofern, als die Behandlung von Themen in der Öffentlichkeit nach Kriterien gesamtgesellschaftlicher Relevanz erfolgt und durch die dazu artikulierte Meinungsbildung die laufende Beobachtung von Graden der Zustimmung und Ablehnung zu dem jeweiligen Thema erlaubt. Von dieser Vorstellung von Öffentlichkeit leiten sich drei Konzepte ab:

Zum einen die passivische, grundsätzliche Offenheit bzw. *Zugänglichkeit* einer Angelegenheit (Ereignis, Sachverhalt, Problem) für alle oder eine Vielzahl, die im Deutschen dann den Begriff des '*gemeinen*' gewinnt und sich in Begriffen wie Gemeinwohl oder Gemeinsamkeit noch wiederfindet.

Zum anderen – unter dem Einfluss des römischen Rechts – die Kategorie des '*Publicus*', des Öffentlichen im Sinne des 'staatlichen', denn nur der Staat, der Souverän verfügt, repräsentativ für alle, über das Recht, öffentlich Recht zu sprechen oder allgemeingültige Entscheidungen zu fällen und zu verkünden. Der Begriff der 'öffentlich-rechtlichen Anstalt' ist eine späte Reminiszenz an diese Variante von Öffentlichkeit.

Zum Dritten der Begriff der '*Publizität*', der den Begriff der Öffentlichkeit an mediale Veröffentlichung und die dadurch bedingte, prinzipiell unbegrenzte mediale Zugänglichkeit bindet (vgl. Merten 1987).

Offenbar völlig unbeeinflusst davon wird in der Betriebswirtschaft ein viertes, völlig anders geartetes Konzept von Öffentlichkeit gepflegt. Hier ist Öffentlichkeit die Öffentlichkeit einer Organisation (eines Unternehmens) und wird als die Summe aller Zielgruppen der Organisation verstanden. „*Öffentlichkeitsarbeit* (Public Relations) bezeichnet die planmäßig zu gestaltenden Beziehungen zwischen der Betriebswirtschaft und der nach Gruppen gegliederten Öffentlichkeit (z.B. Kunden, Geldgeber, Staat) mit dem Ziel, öffentliches Vertrauen und Verständnis zu gewinnen" (Meffert 1978: 86, vgl. ebenso Nieschlag et al. 1972: 358). Begreift man Organisationen als organisierte Sozialsysteme (so bereits Luhmann 1964a), so stellt die Öffentlichkeit demgemäß für Organisationen (Unternehmen) Umwelt dar. Der Begriff der *Zielgruppe* wird folgerichtig mit dem Begriff der Teilöffentlichkeit gleichgesetzt.

In direktem Widerspruch dazu steht jedoch der von Gerhards/Neidhardt (1991) vorgestellte weitere Ansatz, Öffentlichkeit nicht als Umwelt, sondern *selbst* als einen Typus von Sozialsystem (intermediäres System) zu begreifen, das sich historisch in drei Varianten (episodische Öffentlichkeit, Veranstaltungsöffentlichkeit und Publikumsöffentlichkeit) entwickelt hat.

Im Folgenden sollen diese Konzepte einer schärferen Analyse unterzogen werden, die zeigen wird, dass Öffentlichkeit ein Sozialsystem ist, das aufs engste mit dem Kommunikationssystem verwoben ist.

10.4.2 Öffentlichkeit als Kommunikationsprozess

Ausgangspunkt hierfür sind die so prominent gewordenen mikroanalytischen Untersuchungen des amerikanischen Soziologen *Erving Goffman*, der damit – analytisch trennscharf und höchst fruchtbar – nach den einfachsten Struktur von Öffentlichkeit fragt.

Goffmans Anliegen ist es, a) die Regelhaftigkeit von Verhalten des Einzelnen b) gegenüber einer anderen Person und c) gegenüber einer anonymen Öffentlichkeit zu beschreiben und theoretisch zu fassen. „Gemeinsame Anwesenheit macht Menschen in einzigartiger Weise erreichbar, verfügbar und einander unterworfen" (Goffman 1971: 33). Hier greift ersichtlich auch die o.a. Definition von Öffentlichkeit als Zugänglichkeit im Sinne von 'nicht mehr geheim': Eine einmal von Ego an Alter face-to-face weitergegebene Information ist nicht mehr geheim und auch nicht rückholbar. Sie kann von Alter jederzeit und unbegrenzt oft in anderen Situationskontexten weiter verbreitet werden.

Besondere Merkmale solcher einfachster Situationen *gemeinsamer Präsenz* (Anwesenheit) sind (nach Goffman 1971: 28ff.) a) der breite (unaufhörliche) Informationsfluss und b) die einfache (unbewusste, ständige) Rückkopplung. Dies hat die unausweichliche Konsequenz, dass Kommunikation entsteht. Für die Analyse solcher Situationen verwendet Goffman den Begriff der Zusammenkunft (*encounter*). Eine Zusammenkunft entsteht, wenn zwei oder mehr Individuen in gegenseitigen, unmittelbaren Kontakt treten:

> „Dementsprechend transformiert jede zweite Person auf einer Szene alles, was von ihr selbst und einer ersten bereits anwesenden Person getan wird, in eine *situierte* Aktivität, auch wenn keine sichtbare Veränderung stattfindet in der Art, in der die schon vorher anwesende Person fortfährt, das zu tun, was sie bisher getan hatte. Der Neuhinzugekommene macht in der Tat aus einem einsamen Individuum und sich selbst eine Zusammenkunft" (Goffman 1971: 32).

Der einfachste Typ von Öffentlichkeit fällt demgemäß noch zusammen mit dem einfachsten Typ von Kommunikationsprozess, der sich zwischen zwei Personen einstellt (Abb. 47):

Abbildung 47: Öffentlichkeit als Anwesenheit zweier Personen ('Du und Ich')

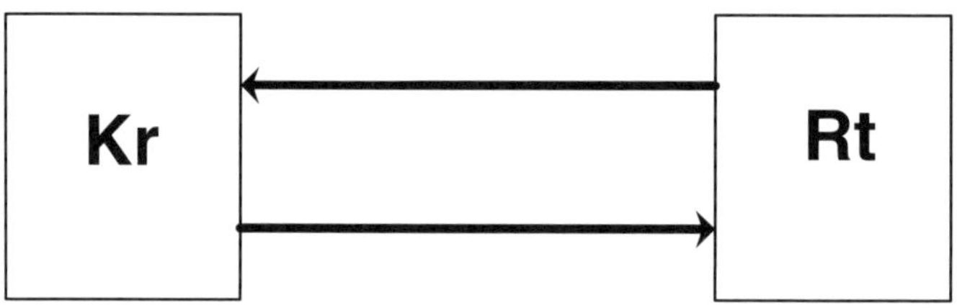

Ein weiterer, für die Analyse von Öffentlichkeit hier zentraler Begriff ist der Begriff der Situation. Goffman (1971: 29) definiert diesen Begriff als „diejenige räumliche Umgebung [...] welche jede in sie eintretende Person zum Mitglied der Versammlung macht, die gerade anwesend ist (oder dadurch konstituiert wird)." Demgemäß wird der Terminus '*situiert*' charakteristischerweise definiert als „in einer Situation befindlich und sie gleichzeitig schaffend" (Goffman 1971: 32 fn.).

Im Sinn von Gerhards/Neidhardt (1991: 50ff.) ist dies das Modell *episodischer Öffentlichkeit*, als zufällige Kommunikation zwischen zwei Kommunikanten. Doch schon *Goffman* verweist an dieser Stelle auf ein zentrales Strukturelement von Öffentlichkeit, nämlich die wechselseitige Orientierung am *anderen*, die Luhmann später und analytisch schärfer als *Reflexivität in der Sozialdimension* gefasst hat (vgl. Luhmann 1966) und die gravierende Folgen hat: Sie generiert nicht nur Kommunikation, sondern sie ist die Struktur, die aller Konsensbildung zugrundeliegt (vgl. hierzu instruktiv etwa Asch 1954).

Konsensbildung als zentrale Funktion von Öffentlichkeit wird bereits auf dieser Ebene dadurch möglich, dass man das Beobachten von jemand anderem und zugleich das daraus resultierende Verhalten mitbeobachtet. *Beide* Kommunikationspartner sintern aus einer solchen Öffentlichkeit Gemeinsamkeiten – konsentiertes Wissen umeinander und um viel anderes – ab und sie bilden, zusammen oder jeder für sich, zugleich auch Meinungen darüber aus.

Die Erweiterung dieses Modells durch eine dritte oder weitere Person (Abb. 48) macht auf ein weiteres Strukturelement von Öffentlichkeit aufmerksam:

Abbildung 48: Öffentlichkeit als Anwesenheit von drei Personen (= Kommunikator und Rezipienten, 'Wir')

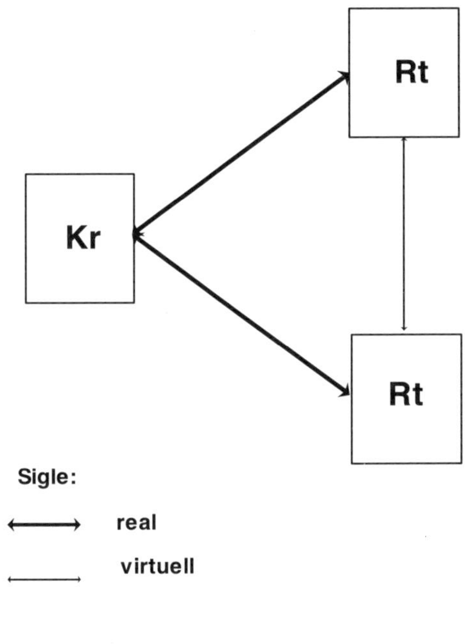

Während Kommunikation stets *synchron* unter Anwesenden verläuft (Zeit wird gemeinsam erlebt), entwickelt sich Öffentlichkeit *diachron* als Kumulus von gemeinsam erfahrenem oder als gemeinsam unterstelltem Wissen, so dass als *Folge* von Kommunikation *Konsens* entsteht. Diese Konsensbildung lässt sich bereits in der einfachen episodischen Öffentlichkeit ausmachen – sowohl im sprachlich geführten Dialog als auch in dessen genauem Gegenteil, dem Schweigen.

Dabei ist das Verhältnis synchroner zu diachroner Struktur (vgl. Abbildung 48 mit Abbildung 49) aufschlussreich: Die Verdoppelung der Zahl von Rezipienten (Rt), die eine direkte Kommunikation mit einem Kommunikator (Kr) unterhalten, bewirkt eine quadratisch dazu steigende Anzahl diachroner Beziehungen.

Daraus lässt sich schließen, dass Öffentlichkeit als soziales System, das zwar selbst wieder den einfachsten Fall von Kommunikation – sozusagen durch die stumme Rückversicherung wechselseitiger Anwesenheit – erlaubt und erzeugt, viel komplexer als das diese generierende Kommunikationssystem sein kann.

Abbildung 49: Öffentlichkeit als gemeinsame Anwesenheit ('Wir')

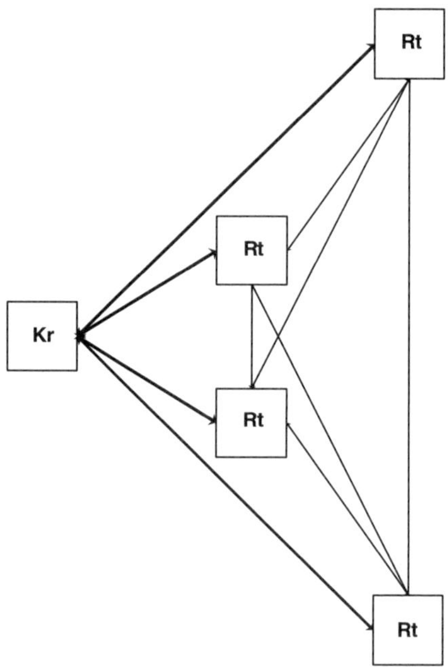

Typisch für eine solche Situation wäre (vgl. auch Gerhards/Neidhardt 1991: 52ff.) etwa die öffentliche Rede oder Veranstaltung, die sich strukturell ja durch *einen* Kommunikator und *viele* Rezipienten auszeichnet, die der Veranstaltung rezeptiv (stumm) beiwohnen, aber bei nächstbester Gelegenheit dann untereinander ihre Eindrücke – genauer: ihre Wissens- und Meinungsbestände – zu dem vom Kommunikator verhandelten Thema abgleichen und damit dem

System Öffentlichkeit wieder den notwendigen Konsens beschaffen.[83] Oder umgekehrt: Der Konsens in einer Gruppe untereinander ist so groß, dass deren Mitglieder das Kommunikationsangebot eines anwesenden Außenseiters mit Schweigen quittieren – und dies umso eher, je stärker der Konsens ist (*cum tacent, clamant*).

Die Schaffung und Aufrechterhaltung relevanter *gemeinsamer* Wissensbestände (Information) und daraus ableitbarer konsentierter Kriterien (z.B. Normen und Werte) für Verhalten ist die zentrale Funktion von Öffentlichkeit. Dazu katalysiert sie laufend Kommunikation unter deren Mitgliedern. Genau aus diesem Grunde tauchen in diesem Stadium Begriffe des '*Wir*' und der Gruppen- und Stammesidentität auf. Genau dies ist der Ort, wo der Begriff '*Masse*' seine Berechtigung besitzt – und wo man das politische Potential von Öffentlichkeit, das sich sowohl in der Unberechenbarkeit als auch der möglichen Heftigkeit nachfolgenden kollektiven Handelns äußern kann, von je her fürchten gelernt hat.

Gerhards/Neidhardt (1991: 53) weisen in diesem Zusammenhang darauf hin, dass die im Anschluss an die französische Revolution erhobene Forderung der Bürgerrechtsbewegung nach 'Versammlungsfreiheit' als Hinweis auf die Ausdifferenzierung solcher Öffentlichkeiten zu begreifen ist.

10.4.3 Öffentlichkeit: Unterstellung, dass jeder jedem Mitwissen unterstellt

Die weitere Vergrößerung von Öffentlichkeit durch die Zahl anwesender Personen stößt an Grenzen, die bis ins Mittelalter durch die Grenzen von Marktplätzen definiert waren. Zwar bleibt die Aufrechterhaltung von Konsensbeständen gleichen oder als gleich unterstellten Wissens nicht an die dauernde, sondern nurmehr gelegentliche Vergewisserung *allein* durch Kommunikation mit einander bekannten Personen gebunden.

---

[83] Ganz typisch hierfür die Situation von Klatsch, bei der der Abwesende das jeweilige Thema (den Typ des Wissens) liefert und die einer begrenzten Öffentlichkeit, die durch wechselseitige persönliche Kenntnis von deren Mitglieder definiert ist, zurechenbaren Anwesenden darüber den Konsens herstellen.

Abbildung 50: Öffentlichkeit als virtuelle Anwesenheit ('man')

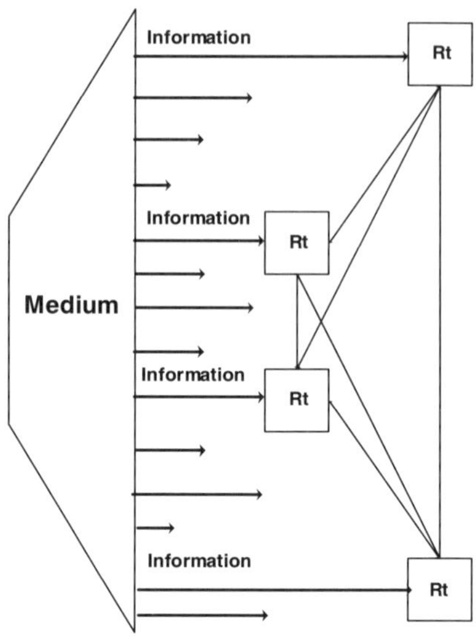

Doch die Radien gemeinsamer Kenntnis reichen nicht mehr aus, so dass neue Mechanismen kollektiver Beobachtung und Konsentierung von Wissen über Welt gesucht, gefordert und in den *Medien* gefunden werden.

Beide Bedingungen werden durch die Implementation von *Massenmedien* erfüllt. Damit taucht notwendig eine neue Größe auf: *Fiktionalität*. Wenn nicht mehr alle Mitglieder einer Öffentlichkeit autoptisch Gleiches wahrnehmen können, sondern nur durch die Medien vermittelt, dann kann Reales tendenziell durch Fiktionales ersetzt werden. Damit korrespondiert, dass Öffentlichkeit auf dieser dritten Ebene zunehmend Gebrauch macht von *Vorstellungen, Erwartungen und Images*: Dass etwas wichtig ist, wird von der Vorstellung, dass etwas wichtig *sei*, und dass etwas wahr sei, wird durch die *Meinung*, dass etwas wahr sei, ersetzt. Diese Feststellung ist eine direkte Folge der aus der Evolution von Kommunikation bekannten Tatsache, dass handlungsleitende Wirklichkeiten immer weniger durch 'reale' Wirklichkeit und immer mehr durch fiktionale, medial vermittelte Wirklichkeit determiniert wird (vgl. Merten 1998: 9). Bei schärferer Analyse wird – analog zum Modell der episodischen Öffentlichkeit – erneut die Verflechtung von Öffentlichkeit und Kommunikation auch für den Fall der Massenkommunikation sichtbar: Dass im Prozess der Massenkommunikation ebenfalls Typen reflexiver Struktur auftreten, ist der Beleg für die Behauptung, dass gerade die Systemperspektive genau das leistet, was *Lewin* vorhergesagt hatte: Vergleichbarmachung bzw. Zusammenführung von Phänomenen, die auf der Erscheinungsebene distinkt sind, auf der Analyse-Ebene jedoch zueinander affin erscheinen (vgl. Lewin 1931).

Abbildung 51: Wahrnehmung von Medium M durch Rezipienten X,Y,Z

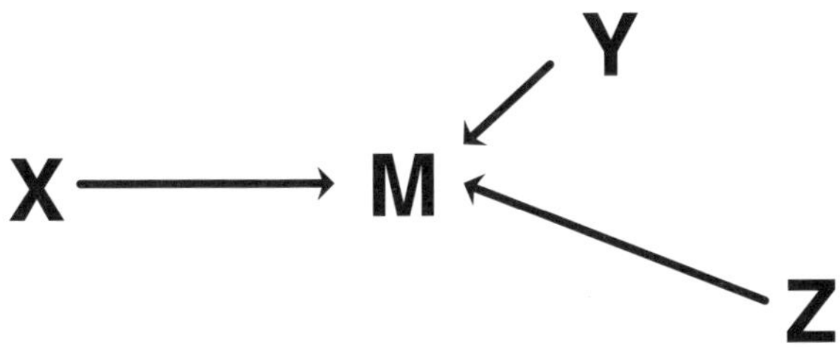

1) $X(M)$
2) $X(M) + X'(Y(M))$
3) $X(M) + X'(Y(M)) + X'(Z(M))$
4) $X(M) + X'(Y(M)) + X'(Z(M)) + X'(Y'(Z(M))) + ..$

Sigle: X(M) = X nimmt Medium M wahr; X'(Y(M)) = X unterstellt, dass Y Medium M wahrnimmt

Als Ausgangspunkt kann man die gleiche Strukturüberlegung nutzen, die im Vergleich von Kommunikation und Massenkommunikation die Affinität der beiden Prozesse deutlich macht (vgl. ➔ Kap. 6.2 sowie Merten 1977: 147ff.), nämlich die Situation, in der eine Person X das Massenmedium M rezipiert (vgl. Abb. 51).

Ausgangspunkt ist wieder das Stimulus-Response-Modell der Massenkommunikation, das für den Rezipienten eine Versorgung mit Informationsangeboten (wie auch immer) symbolisiert. Unter abstrakterer Perspektive lässt sich hier aber der Kommunikator als *Brennpunkt* bzw. Bezugspunkt aller Rezipienten definieren: Man nimmt nicht nur den Kommunikator wahr, sondern man unterstellt, man *meint*, dass auch andere den Kommunikator wahrnehmen.

Das ergibt sich z.B. aus der Unterstellung, dass man dem Nachrichtensprecher vertraut: Würde er die Unwahrheit sagen, 'wüsste' man, dass dies alle anderen Rezipienten auch wahrnehmen würden etc. Der Rezipient von Massenkommunikation ersetzt also die unmittelbare Wahrnehmung durch die kognitive Bewältigung der Situation: Er *weiß*, dass nicht nur er, sondern viele, dass *man* zugleich die Aussagen des Kommunikators rezipiert, jeder weiß also, dass jeder andere weiß oder wissen kann, jeder *erwartet, dass auch die anderen erwarten*. Auf diese Weise konstituiert sich ein diffuser, gleichwohl aber hocheffizient wirksamer Konsensprozess.

Die *sachliche Reflexivität* ergibt sich aus der auch hier nachweisbaren Differenzierung zwischen *Wissen und Meinen:* Rezipienten wissen nicht nur, sondern sie meinen zu wissen, was andere zu wissen meinen etc. Demgemäß setzt die Entwicklung von Meinungen zu Themen die Themen wieder voraus. Meinungen aber – und das ist ein neuzeitliches Kennzeichen der Massenkommunikation – können selbst wieder als *Thema* eingeführt werden und selbst dazu können Meinungen gebildet werden: „Das politische Magazin ‚Report' ist erfreulich!".

Die *temporale Reflexivität* von Massenkommunikation ist – analog zur informellen Kommunikation – sehr diffus wirksam: Jeder massenkommunikative Akt lässt sich auf sich selbst zurückbeziehen und stabilisiert das System erneut, genauer: Er stabilisiert Wissen und Erwartungen in Bezug auf weitere Massenkommunikation schon dadurch, dass über die Thematisierung, ja sogar über die Häufigkeit der Thematisierung, Meinungen über *Meinungen* mitthematisiert werden können.

Im Gegensatz zum realen Face-to-face-Kommunikationssystem kann man daher die Massenkommunikation auch als *virtuelles Kommunikationssystem* bezeichnen, das zwar sehr diffus, aber dafür sozial flächendeckend konsentierende Funktionen in Bezug auf Vorstellungen, Erwartungen und Meinungen erfüllt und genau dadurch ein weiteres, sehr viel diffuseres System 'Öffentlichkeit' katalysiert.

Genauer: Person X rezipiert z.B. Nachrichten: Auf einem Bildschirm ist in Wort und Bild ein Nachrichtensprecher wahrnehmbar, der Nachrichten verliest und auf Person X schaut. Sofern Person X häufiger Nachrichten sieht, wird ihr die nachrichtensprechende Person vom Erscheinungsbild her bekannt sein. Der hier anlaufende Prozess der Wahrnehmung lässt sich (vgl. Abb. 51) analytisch in 4 Schritte zerlegen:

1) Person X nimmt das Massenmedium M (den Nachrichtensprecher) wahr.

2) Person X nimmt das Massenmedium M (den Nachrichtensprecher) wahr *und* unterstellt, dass auch eine andere Person Y das Medium M wahrnimmt.

3) Person X nimmt das Massenmedium M (den Nachrichtensprecher) wahr *und* unterstellt, dass auch eine andere Person Y das Medium M wahrnimmt *und* noch eine weitere Person Z ('man' sieht Nachrichten).

4) Person X nimmt das Massenmedium M (den Nachrichtensprecher) wahr *und* unterstellt, dass auch eine andere Person Y das Medium M wahrnimmt *und* noch eine weitere Person Z ('man' sieht Nachrichten) *und* unterstellt dass auch andere Personen (exemplarisch: Person Y) unterstellen, dass eine andere Person ('man') Nachrichten rezipiert.

Was hat eine derartige Wahrnehmungsstruktur für Folgen? Analog zur Wahrnehmung des Wahrnehmens auf der Ebene realer Face-to-face-Kommunikation wird auch hier ein System von Öffentlichkeit katalysiert, allerdings sehr viel diffuser:

Die Unterstellung, dass *andere* unterstellen, erzeugt ein Kommunikationssystem, das nicht auf der *realen* Anwesenheit, sondern auf der *virtuellen* Wahrnehmbarkeit der Kommunikanten beruht: Nicht nur zwischen Person und Nachrichtensprecher allein, sondern zwischen all den Personen, von denen man vermutet, dass sie vermuten, dass *andere* ebenfalls den Nachrichtensprecher wahrnehmen.

Die hier einsetzende Fiktionalisierung durch die Massenmedien ist daher nicht zufällig auch der Zeitpunkt, ab dem Public Relations ihren Aufschwung nehmen können – weil sich die Struktur von Öffentlichkeit entsprechend verändert: Nicht mehr nur *Du und Ich*, nicht mehr nur *Wir* wissen etwas, meinen etwas oder meinen etwas zu wissen, sondern *man* weiß, *man* meint, *man* meint zu wissen.

Der Strukturwandel von Öffentlichkeit vom Typus Veranstaltungsöffentlichkeit zum Typ Publikumsöffentlichkeit durch die Medien hat zweifelsohne Vorläufer, etwa in der Publikation von Flugblättern: Wer Thesen an der Schlosskirche zu Wittenberg anschlägt, der weiß zwar nicht, *wer* diese liest und diese möglicherweise an andere weitergibt. Aber er muss *unterstellen* bzw. *erwarten, dass* sie gelesen und ihr Inhalt an andere weitergegeben wird. Aber auch der Leser einer Zeitung kann umgekehrt unterstellen, dass auch andere Leser die Zeitung lesen, dass *man* liest. Öffentlichkeit in diesem weiteren Sinn ist also die (durch Herstellung von Zugänglichkeit bzw. Erreichbarkeit von etwas) katalysierte Unterstellung von Wahrnehmbarkeit durch *andere* und zugleich die Unterstellung, dass auch *andere* Wahrnehmbarkeit unterstellen. Oder anders: Die Erwartung, dass auch andere Wahrnehmbarkeit erwarten, dass *man* Wahrnehmbarkeit erwartet. Öffentlichkeit hat damit hochgradig *fiktionalen* Charakter (vgl. Merten/Westerbarkey 1994: 196ff.). Auch diese Feststellung ist nicht neu, sondern unter Begriffen wie *Parasoziale Interaktion* (Horton/Wohl 1956; Wulff 1996) oder *Pluralistic Ignorance* (Merton 1968: 431) längst beschrieben worden – allerdings stets nur in Bezug auf die Struktur, nicht in Bezug auf die Funktion solcher Wahrnehmung.

Die Verbreitung von Inhalten oder Themen in den Medien impliziert, genau besehen, stets die Erwartung, dass alle Rezipienten *unterstellen*, dass *alle* Rezipienten die Rezeption unterstellen. Da aber die Prüfung der Frage, ob wirklich alle Rezipienten rezipiert haben, wenn überhaupt, stets nur im Nachhinein möglich ist, hat bereits die Unterstellung, dass Rezeption aller unterstellt wird, dass *man* rezipiert, eine besondere Bindewirkung.

Auch dieser Typus von Öffentlichkeit basiert also auf einer reflexiven Struktur – aber nicht auf der der konkreten Wahrnehmung, sondern auf der der Unterstellung von Wahrnehmung. Oder anders: Während die Wahrnehmung von Wahrnehmung *realen* Charakter hat, hat die Unterstellung der Unterstellung von Wahrnehmung *fiktionalen* Charakter. Damit stellt sich hier praktisch die gleiche Struktur ein, wie sie zwischen informeller und medialer Kommunikation besteht.

Öffentlichkeit als soziales Wissenssystem auf dieser dritten Stufe bedient sich der Hilfe der Massenmedien und kann, dadurch gestützt, eine sehr viel höhere Leistung erbringen:

In *sozialer* Hinsicht, indem sich ihr Radius prinzipiell ins Unendliche weitet, zumindest jedoch so weit, wie die Verbreitung bzw. der Zugriff auf Massenmedien reicht. In *sachlicher* Hinsicht, weil die Typologie möglicher Wissensbestände sich radikal erweitert[84] und in *temporaler* Hinsicht durch die Akzeleration von Zeit, die wieder durch Institutionalisierung entsprechender Strukturen gesichert wird. Dazu zählt vor allem die Organisation der Instrumente für die Beobachtung von Welt und die Entwicklung von Berufsrollen für deren Beobachter, die ihren Niederschlag in der Organisation der Massenmedien und der Professionalisierung des Journalismus findet. Dazu zählt aber auch das Bestreben, die Validität neuer, durch Massenmedien laufend beschaffter Informationsangebote abzusichern: „Facts are sacred but comment is free."

Öffentlichkeit ist also als soziales System zu begreifen, das die zentrale Funktion der Ausbildung und Garantie von Wissenskonsens erfüllt. Gerhards/Neidhardt (1991: 54) merken dazu an, dass die Ausdifferenzierung dieses Systems zunächst in der Unterscheidung von Leistungsrollen und Publikumsrollen liegt. Demzufolge finden sich für die Leistungsrolle formale Auflagen (z.B. die Ausbildung von Journalistenrollen), die für das Publikums nicht gelten: „Die Grenze des Systems ist offen, weil nicht an externe Zugangsbedingungen sozialer Teilnahme geknüpft" (Gerhards/Neidhardt 1991: 45). Diese Feststellung muss allerdings spezifisch relativiert werden: Die Mitgliedschaft im sozialen System Öffentlichkeit erfordert zwar 'nur' kommunikative Teilnahme, aber genau diese Teilnahme ist die Bedingung für den Benefit an weiterer Kommunikation und dem daraus ableitbaren Gewinn an Konsensgewissheit: Der Lohn für kommunikative Beteiligung liegt, paradoxerweise, gerade in *weiterer* kommunikativer Beteiligung.

[84] Das wirft die interessante Frage auf, ob Wissenschaft nicht auch als das Teilsystem von Öffentlichkeit zu definieren wäre, das über *verbürgtes* Wissen verfügt und dessen Konsentierung Expertenstatus zur Prüfung von Verbürgtheit – eben die Rolle des Wissenschaftlers – fordert. Vgl. dazu auch Luhmann (1990).

Die Entwicklung von Publikumsöffentlichkeit darf freilich nicht darüber hinwegtäuschen, dass die historisch älteren Typen von Öffentlichkeit weiter bestehen und nach wie vor parallel genutzt werden, so dass sich insgesamt Synergieeffekte einstellen (Abb. 52). Das hat den Vorteil, dass Konsens auf unterschiedliche Weise generiert werden kann: In vergleichsweise verbindlicher Form in der episodischen Öffentlichkeit, die thematisch die geringste Bandbreite, hinsichtlich der Themenvariabilität jedoch die geringsten Beschränkungen aufweist. Die Veranstaltungsöffentlichkeit ist dagegen hinsichtlich der Thematik weniger, hinsichtlich der Themenvarianz stärker restriktiv.

Abbildung 52: Komplementarität von Typen von Öffentlichkeit

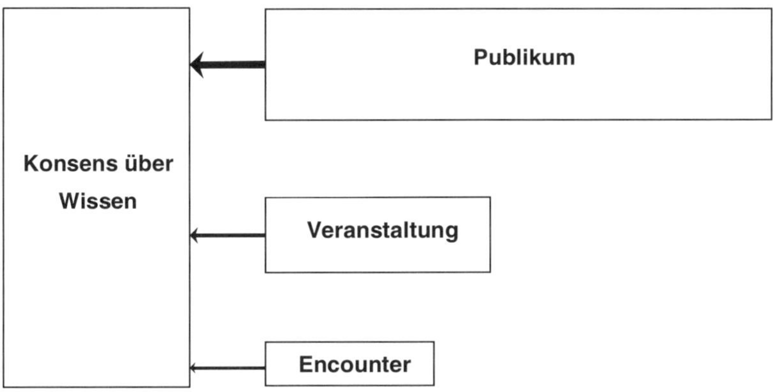

Die Publikumsöffentlichkeit weist die größte Themenvielfalt auf, zugleich aber die geringste Themenvariabilität: Der Rezipient kann von sich aus die vom Kommunikator gewählte Thematik überhaupt nicht beeinflussen. Dieser Defekt lässt sich aber über die Wahl des Mediums an sich in gewissem Umfang kompensieren. Die Vergrößerung der Wahlfreiheit durch Vergrößerung der Zahl und der Nutzbarkeit der Medien und des dadurch zur Verfügung gestellten Informationsangebotes müsste demnach tendenziell eine sinkende Konsensleistung von Öffentlichkeit zur Folge haben.[85] Themenhomogenität wird jedoch in Abhängigkeit von der sozialen Relevanz aktueller Ereignislagen jederzeit wiederhergestellt, so dass ein vergrößertes Informationsangebot die konsentierende Kraft von Öffentlichkeit nur hinsichtlich nachgeordneter Relevanz schmälert.

---

[85] Die Implementation des Dualen Rundfunksystems in Deutschland (1984) hat z.B. diese Konsensleistung durch die Vergrößerung des Informationsangebots geschwächt. Das lässt sich zweifelsfrei durch empirische Analysen prüfen.

Präzise Indikatoren hierfür sind bislang nicht definiert worden; gleichwohl sind der Zuwachs an sozialer Individualität, wie er z.B. im Konzept der Erlebnisgesellschaft zum Ausdruck kommt (vgl. Kombüchen 1999) oder die Differenzierung der Informationsangebote etwa durch Special Interest-Zeitschriften etc. eindeutige Fingerzeige in diese Richtung.[86]

10.4.4 Bedrohung von Öffentlichkeit

Die mögliche Zerstörung von Öffentlichkeit besteht im Verlust von Konsens. Dieser kann – je nach Typ von Öffentlichkeit – auf verschiedene Weise eintreten. Für alle drei Typen von Öffentlichkeit ist die Aufkündigung der *Teilnahme* die größte Bedrohung. Das soziale System Öffentlichkeit wehrt sich dagegen auf unterschiedliche Weise: Zunächst kann es die Attraktivität der Teilnahme erhöhen, also höheren Benefit dadurch verheißen, dass es die Teilhabe an neuem Wissen für noch relevanter und noch überraschender *erklärt*. Überspitzt gesagt, sorgt Öffentlichkeit hier systematisch dadurch vor, dass sie – an Prozessen von Public Relations mühelos ablesbar – mehr und häufiger Anlässe schafft, die Information nach sich ziehen.

Des Weiteren kann der Wert von Konsens erhöht werden – etwa durch den tendenziell akzelerierenden Wechsel von Moden etc. Aber auch *neues* Wissen, insbesondere wenn es umfangreich ist und relevant zu sein scheint, muss als Bedrohung von Konsensbeständen gesehen werden. Gegen diese Gefährdung sucht sich Öffentlichkeit systematisch zu schützen dadurch, dass sie ihre Mitglieder für diese Fälle mit Aufmerksamkeit und Neugier 'ausstattet' und gerade dadurch die schnelle und selektive Absorption von Wissen stimuliert. Unterstützt wird dies zudem durch institutionelle Vorkehrungen, die den Zufluss von Neuigkeiten nicht beschränken, aber doch kanalisieren, z.B. durch Einführung der Periodizität der Berichterstattung: diese tauchte zuerst bei den Zeitungen des 17. Jahrhunderts auf und wird mittlerweile gestützt durch die Erhöhung der Frequenz dieser Perioden: Die Verkürzung etwa der Taktzeiten für Nachrichtensendungen im Hörfunk auf eine Stunde (in den 60er Jahren) und dann nochmals verkürzt auf eine halbe Stunde zu Beginn der 90er Jahre sind ein typisches Indiz hierfür. Ähnliche Strukturen lassen sich für das Medium Fernsehen und andere Medien nachweisen.

---

[86] Man könnte aber auch umgekehrt argumentieren, dass die Gesellschaft Strukturen entwickelt, um diesen Konsens notfalls normativ abzusichern, z.B. durch weltanschauliche Reformationen, wie sie sich – nicht zufällig gerade in der Mediengesellschaft – derzeit im Fundamentalismus oder in der vielfältigen Entstehung von Sekten zeigen.

Von zentraler Bedeutung aber ist die Frage, ob das konsentierte Wissen valide und relevant ist. Die Suche nach der Verbindlichkeit konsentierten Wissens wird vom System Öffentlichkeit durch Installation spezifischer Kommunikation *zu* diesem Wissen, nämlich durch Generierung der *öffentlichen Meinung* gelöst. Das erlaubt es zunächst, die Suche nach Wahrheit abzukürzen und dadurch effizienter zu gestalten, dass hilfsweise *Meinungen* über die Wahrheit oder über den Grad des Zutreffens von Wissen entwickelt werden, die als *öffentliche Meinung* dann zugleich auch eine Sortierung nach Wichtigkeit leisten. Damit ist ein Anschluss an das politische System möglich, das Themen umso mehr akzeptiert, je größer deren soziale Relevanz und je größer der Grad der Polarisierung dazu geäußerter Meinungen ist. Die Entwicklung von Strukturen der öffentlichen Meinung[87] wird damit *notwendig* an die Entwicklung des Systems Öffentlichkeit selbst gebunden[88]: Wer eine Meinung zu einem Gegenstand hat, der muss notwendig zuerst auch ein Wissen über diesen Gegenstand besitzen. Das hat darüber hinaus auch den Vorteil, Konsensbestrebungen auf die Ebene der Meinungen ausdehnen zu können: Wer von der dominanten Meinung zu einem Thema abweicht, also den Konsens verweigert, isoliert sich – mit den bekannten Folgen, die Noelle-Neumann (1980) so instruktiv beschrieben hat.

Ebenfalls ist nun begreiflich, welche Funktion der Meinungsführer für Öffentlichkeit spielt: Er agiert im klassischen Sinn auf der Ebene der episodischen Öffentlichkeit (die die persönliche Interaktion voraussetzt), während der virtuelle Meinungsführer dies auf der Ebene der Publikumsöffentlichkeit tut. In beiden Fällen liegt damit die gleiche Struktur vor: Die Strukturierung des sozialen Systems Öffentlichkeit erfolgt nicht durch soziale Reflexivität (wissen, was andere wissen, tun, was andere tun), sondern sie erfolgt auch durch unterstützende sachliche Reflexivität, z.B. die Ausbildung von Meinungen.

Eine weitere Absicherung gegen Störungen ist dadurch möglich, dass sich die Publikumsöffentlichkeit in Krisenfällen (z.B. beim Ausfall von Medien aus technischen oder aus politischen Gründen wie etwa bei Zensur) wieder zu-

---

[87] Dass diese in jener Zeit wirklich an Bedeutung gewonnen hat, belegen z.B. auch die Feststellungen zeitgenössischer Politiker. So findet sich in den Parlamentsdebatten des englischen Unterhauses im Jahr 1819 der interessante Hinweis, die öffentliche Meinung besitze „now the tenfold force at the present comparing with former times" (Shepard 1909: 57).

[88] Diese Korrelation erklärt den häufig zu beobachtenden Befund, dass Analysen nominell oft über öffentliche Meinung handeln, de facto aber Strukturen und Funktionen von Öffentlichkeit beschreiben. Vgl. statt anderer Noelle-Neumann (1980: 137ff.).

rückbesinnt auf die jederzeit reaktivierbaren älteren Typen von Öffentlichkeit (Veranstaltungsöffentlichkeit, sporadische Öffentlichkeit), die immer noch als solche unterhalb der Publikumsöffentlichkeit ihre Funktion haben. Dieser Rekurs ist identisch mit dem Rekurs auf informelle Kommunikation, der bei Ausfall von Massenmedien (etwa anlässlich von Informationssperren und Streiks etc.) geradezu erwartbar Gerüchte generiert.

10.4.5 Bestandserhaltung von Öffentlichkeit

Wenn Öffentlichkeit als soziales System begriffen werden kann, dann muss sich das von Parsons (1959: 7) entwickelte AGIL-Schema der Grundfunktionen (Adaption, Zielführung, Bestandserhaltung und Integration) von Systemen (biologische Systeme, soziale Systeme) auch auf Öffentlichkeit anwenden lassen. Luhmann (1972: 62f.) hat für die unvermittelte Face-to-face-Kommunikation gezeigt, dass der Begriff der *Latent pattern maintenance*, in der Biologie als 'Erhaltung der Art' genetisch garantiert, analog auch für das einfache Kommunikationssystem gilt: Auch Kommunikationssysteme streben nach Bestand. Das äußert sich z.B. darin, dass 'Schweigen' als peinlich empfunden wird und daher systematische Vorkehrungen bestehen, dies zu überbrücken.[89]

Riskiert man eine solche Nagelprobe für das System von Öffentlichkeit, so muss Bestandserhaltung hier analog als Erhaltung von Wissen bzw. von Konsens über Wissen definiert werden. An der Stärke und Wirksamkeit von Strukturen, die dies garantieren, wäre dann abzulesen, wie relevant das System Öffentlichkeit für Gesellschaft ist.

[89] Als Beispiel: Wenn der Festredner vor geladenem Publikum unglücklicherweise den Faden verliert, so gilt als 'höfische' Regel, dass das Publikum zu klatschen beginnt. Das gibt dem Redner die Chance, sich zu sammeln und seinen Faden wiederaufzunehmen. Dies ist eine Vorkehrung, die das Kommunikationssystem vor Abbruch schützt. Andere Mechanismen sind die *Verabredung* (sic!) von Pausen oder Floskeln wie 'Auf Wiedersehen' oder 'See you later', die zumindest die Fiktion der Bestandserhaltung garantieren.

Solche Strukturen sind etwa

a) der Grad der Normierung von Anwesenheitsregeln für episodische und Veranstaltungsöffentlichkeit bzw. Normen für verbindliche Rezeption von Medien,[90]

b) der Aufwand für die Garantie der Authentizität von relevanten Wissensbeständen,[91] der sich nicht nur in der Errichtung von Archiven und Museen äußert,

c) der Zwang zur Kommunikation von Wissen (der z.B. in der Ablegung von Prüfungen institutionalisiert ist) oder die Preisgabe von Geheimnissen[92] (vgl. Westerbarkey 1991),

d) die Regelung der Adaption resp. Absorption von neuem Wissen nach Kriterien sozialer Relevanz und

e) die Ausbildung von Normen für die Formulierung und Akzeptanz von Mehrheitsmeinungen.

Tabelle 12 zeigt in der Synopse diese und andere Strukturen der vorgenannten drei Typen von Öffentlichkeit auf.

---

90 Das setzt auch voraus, dass die Rezeption von Medien selbst sichergestellt wird, z.B. durch Einführung der Schulpflicht (in Deutschland im 17. und 18. Jhdt.). Hierher gehören aber auch Überlegungen der Bundesregierung in der Ära *Schmidt*, das Heulen der ursprünglich für den Luftschutz installierten Sirenen umzufunktionieren derart, dass dieses Heulen (bei vorliegenden gravierenden Ereignissen) das Einschalten von Radio und Fernsehen und nicht das Aufsuchen von Luftschutzkeller sicherstellen sollte.

91 Bereits in schriftlosen Gesellschaften war dieses Problem bekannt: Das relevanteste Wissen, nämlich das Wissen über Gesetze, Regeln und die Dynastien eines Stammes, wurde in Afrika durch Ausbildung professioneller Rollen des Erinnerns gesichert, die ausgewählten und besonders geschulten Personen (Erzählern) übertragen wurde. Bei rituellen Anlässen musste der jeweilige Erzähler z.B. den Stammbaum und die Geschichte von bis zu 30 Herrschern fehlerfrei wiedergeben können. Unterlief ihm dabei ein Irrtum, so verlor er sofort sein Amt und oft sogar sein Leben. Vgl. hierzu Schott (1968).

92 Das Geständnis eines Angeklagten wird in den meisten Kulturen als strafmildernd gewertet, obwohl dies den inkriminierten Rechtsbruch niemals verändern kann. Aber: Der Konsens in Form des *Mitwissens* wird wieder hergestellt. Die gleiche Struktur liegt der Neugier zugrunde, die dem Privatleben prominenter Personen, vorzugsweise dem gekrönter Häupter, von der Öffentlichkeit entgegengebracht wird.

Tabelle 12: Strukturelle Synopse von Öffentlichkeit

Typ/Element	a) Episodische Öffentlichkeit	b) Veranstaltungen	c) Virtuelle Öffentlichkeit
Aggregat	**Du und ich**	**Wir** (Masse)	**Man** (Publikum)
Form	Face-to-face-Kommunikation	Face-to-many-faces-Kommunikation	Massenkommunikation
Erwartbarkeit	akzessorisch	arrangierbar	sicher
Soziale Erreichbarkeit	Authentisch: Person zu Person	Authentisch: Person zu vielen Personen	Fiktional: Vorstellung von anderen
Temporale Erreichbarkeit	häufig, aber zufällig	gelegentlich, aber planbar	permanent, periodisch
Sachliche Erreichbarkeit	Keine Vorbedingung (keine Selektivität)	thematischer Filter	organisatorischer und thematischer Filter
Systemstruktur	Reflexivität der Wahrnehmung (Ego-Alter)	Multiple Reflexivität (Wir)	Reflexivität (unterstellbaren Handelns, man)
Adaptions-funktion	Themen- und Situationsvariablität	Themen nach Anlass selegierend	Themen nach Öffentlichkeitsarbeit, Meinung selegierend
Goal Attainment	Themenzentrierung, Entscheidungen/ Vereinbarungen ('Ja/Nein')	Themenzentrierung, Willensbildung, Aktion	Meinungsbildung
Integration	Lernen, Geschichte	'Wir-Gefühl'	Konsensbildung
Latent Structure Maintenance	Abwehr von Unterbrechungen	Teilnahmemotivation	Sensibilität für Veränderung, Bildung öff. Meinung

Die hier entwickelte funktional-strukturelle Analyse von Öffentlichkeit bliebe folgenlos, wenn sich daraus nicht praxisrelevante Überlegungen ableiten ließen.

Der Vorteil eines systemischen Verständnisses von Öffentlichkeit gegenüber einem zielgruppenorientierten Verständnis[93] liegt zunächst in der Beschreibung von Strukturen anstatt der nur pauschalen Benennung der Akteure, die diese Strukturen produzieren oder – systemisch gesprochen – deren *Handeln* Öffentlichkeit erst konstituiert. Das zielgruppenorientierte Verständnis verfehlt damit die Ebene, auf der Öffentlichkeit agiert.

Des Weiteren lassen sich aus einem systemischen Verständnis von Öffentlichkeit präzise Hypothesen ableiten:

1) Öffentlichkeit ist auf *kontinuierliche* Ansprache angewiesen

   Diese Hypothese ergibt sich direkt aus dem Problem der Bestandserhaltung (*Latent pattern maintenance*) von Öffentlichkeit. Sie erklärt, warum es notwendig ist, auf Öffentlichkeit *permanent* einzuwirken, z.B. in der Pflege von Images. Sie erklärt damit auch die Unbeständigkeit oder Wankelmütigkeit von Öffentlichkeit, die stets die Folge mangelnder Garantie von Wissens- und Meinungsbeständen ist.

2) Öffentlichkeit reagiert umso sensibler auf Veränderungen (Information, Überraschung), je unerwarteter, je schneller und je sozial relevanter diese eintreten.

   Diese Hypothese ist praktisch die Komplementärhypothese zu Hypothese 1. Dabei ist von Belang, dass der Eintritt von Veränderungen zunächst nur kommunikativ, nicht real avisiert sein muss, so dass nicht (nur) der reale Eintritt relevanter Veränderungen, sondern bereits die Meinung oder Vorstellung, *dass* diese eintreten könnten, handlungsrelevant wird.

3) Öffentlichkeit lässt sich auf verschiedenen Ebenen herstellen und nutzen:

   a) episodische Öffentlichkeit (das vertrauliche Gespräch)

   b) Veranstaltungsöffentlichkeit (z.B. als Event, Pressekonferenz) und

   c) Publikumsöffentlichkeit (medienwirksame/meinungsbildende Kampagnen, z.B. durch Einsatz virtueller Opinion-Leader etc.)

und dies natürlich am effizientesten auf allen drei Ebenen zugleich.

4) Optimale Beeinflussung einer Öffentlichkeit wird nicht durch die wie auch immer strukturierte personenbezogene Ansprache erreicht, sondern dadurch, dass die einer Öffentlichkeit zurechenbaren Personen (Zielgruppen) zugleich die Vorstellung entwickeln, dass sie sich so verhalten (so wahrneh-

---

93 Damit soll nichts gegen die Definition von Zielgruppen als Verfahren zur Definition von relevanten Teilöffentlichkeiten gesagt werden. Ein Verfahren zur Definition kann aber nicht identisch mit der Definition selbst sein.

men, so denken, so meinen) wie alle anderen Personen, die der jeweiligen Öffentlichkeit zuzurechnen sind.

Daraus lässt sich z.B. ableiten, dass Informationsangebote umso eher von der Öffentlichkeit akzeptiert werden, je eher sie den vermuteten Tenor von Öffentlichkeit treffen. Genauer: Informationsangebote sind demgemäß so zu strukturieren, dass sie reflexive Strukturen nutzen, die einen Verweis auf (steigende) Akzeptanz enthalten. Dies kann z.B. durch Verweis auf andere („Man weiß, dass..."), durch Anzug von Normen und Werten („*Unsere* Währung ist stabil...") oder durch Suggestion temporaler Beschleunigung („Immer mehr Bürger denken...") geschehen, aber auch durch bindende Verweise auf richtiges Handeln und Meinen oder negative Verweise bei Abweichung davon[94] etc.

Unter dieser Prämisse wird nochmals die besondere Funktion der Medien in der Mediengesellschaft deutlich. Die laufend zu konstruierenden **Wirklichkeitsentwürfe** bedürfen der fortlaufenden Befestigung durch Wiederholung, Verweis auf Wahrheit und Glaubwürdigkeit, Orientierung an Meinungsführern, Instrumentalisierung von Vorbildern (VIPs, Testimonials) und vor allem durch Kampagnen zur Erregung von Aufmerksamkeit. Und da Aufmerksamkeit nicht zu institutionalisieren ist, muss **Neues** ständig **wiederholt** geboten werden, so dass Öffentlichkeit geradezu durch die Ausbildung einer *Erwartung für Unerwartetes* (Aktualität) zu charakterisieren ist.

10.5 Öffentliche Meinung

10.5.1 Konzepte öffentlicher Meinung

Wie der Begriff der Öffentlichkeit, so ist auch der damit verschwisterte Begriff der öffentlichen Meinung vieldeutig definiert. Ganz grob lassen sich zumindest vier Konzepte unterscheiden (vgl. Merten 1987: 327ff.):

a) Das *mystische* Konzept

Unter dieses Etikett sind die meist vorwissenschaftlichen Ansätze zu rechnen, die der öffentlichen Meinung eine nicht erklärte oder nicht erklärbare mystische, gleichwohl starke, oft unberechenbare Wirkung zusprechen. Oft wird die Kraft öffentlicher Meinung dabei in Zusammenhang mit dem gewalttätigen und irrationalen Handeln von Massen beschrieben. Gleichwohl lässt sich dies

94 Tocqueville (1857: 182) hat dies auf die schöne Formel „da sie die Absonderung mehr als den Irrthum fürchteten, so gesellten sie sich zu der Menge" gebracht.

historisch einordnen: Der Begriff der öffentlichen Meinung taucht nicht von ungefähr gerade dort auf, wo es ein solches *neuartiges* Phänomen als erstes zu beschreiben gilt. In Frankreich beschreibt, kurz vor der Revolution, der Finanzminister Necker die öffentliche Meinung und führt aus:

> „[...] ‚durch verschiedene Umstände begünstigt, [ist die Macht der öffentlichen Meinung, KM] gewachsen, und heute wäre sie schwer zu zerstören: sie herrscht über alle Geister und die Fürsten selbst hegen Achtung vor ihr' [...] Zugleich bemerkt er, daß ihre Macht in Frankreich am größten sei, daher beobachte man, daß sich die meisten Ausländer nur mit größter Mühe eine richtige Vorstellung davon bilden können, wie es in dieser Hinsicht hier sei: ‚sie begreifen nicht, wie eine solche unsichtbare Macht möglich ist, die ohne Finanzen, ohne Garde und ohne Heer Gesetze gibt für die Stadt, für den Hof und bis in den Palast des Königs sich erstreckt'" (Bauer 1930: 234).

Noelle-Neumann beschreibt am gleichen Beispiel die auf Konsens zielende Struktur der öffentlichen Meinung:

> „Die Menschen, die beim Sturm auf die Bastille mitliefen oder auch nur als sensationslüsterne Zuschauer die Straßen säumten, wußten mit Sicherheit, wie sie sich verhalten mußten, um sich nicht zu isolieren, nämlich zustimmend, und mit welchem Verhalten sie sich einer geradezu lebensbedrohenden Isolation ausgesetzt hätten, nämlich durch Ablehnung, durch Kritik der Masse. Die Eindeutigkeit, die Schärfe der Isolationsdrohung gegen jeden Abweichenden in einer akuten Masse belehrt uns, daß es sich in der Wurzel um eine Erscheinungsform der öffentlichen Meinung handelt" (Noelle-Neumann 1980: 158).

Kritisch äußert sich auch *Hegel* über die Wankelmütigkeit öffentlicher Meinung, nämlich „daß es ein anderes ist, was sich jemand zu Hause bei seiner Familie oder bei Freunden einbildet, und wieder ein anderes, was in einer großen Versammlung geschieht, wo eine Gescheitheit die andere auffrißt" (Hegel, hier zitiert nach Habermas 1969: 132). Der Politologe *V. O. Key* definiert – ganz in diesem Sinn – öffentliche Meinung ironisch als „heiligen Geist des politischen Systems" (Key 1961: 8).

Bauer (1914: 52) macht darauf aufmerksam, dass „die öffentliche Meinung [...] sich am liebsten in Extremen" bewegt und daher auch die in der Öffentlichkeit gebrauchte Sprache an Übertreibung reich sein muss, was im Übrigen schon den antiken Rhetoren bestens bekannt war: Von *Demosthenes* (384-322 v. Chr.) und seinem öffentlichen Widersacher *Aischines* ist bekannt, dass beide füreinander ein umfangreiches Arsenal übelster Schimpfwörter zusammengestellt hatten, mit dem der Gegner in der Öffentlichkeit bombardiert wurde und dadurch herabgesetzt werden sollte (vgl. Poehlmann 1913: 31ff.).

Die erste Ausgabe der neuen Zeitschrift *Public Opinion Quarterly* (Princeton 1937) wird von *Floyd H. Allport* mit einem Beitrag *Toward a Science of Public Opinion* eröffnet. Darin definiert er öffentliche Meinung wie folgt:

> „The term public opinion is given its meaning with reference to a multiindividual situation in which individuals are expressing themselves, or can be called to express themselves, as favoring or supporting (or else disfavoring or opposing) some definite condition, person, or proposal of widespread importance, in such a proportion or number, intensity, and constancy, as to give rise the probability of affecting action, directly or indirectly, toward the object concerned" (Allport 1937: 23).

Auch wenn diese Definition in verschiedener Hinsicht Fragen offen lässt (etwa nach der Struktur öffentlicher Meinung), so enthält sie doch die wesentlichen Bestimmungsgrößen: a) das Vorhandensein einer Öffentlichkeit (*multiindividual situation*), eine Angelegenheit von großer (öffentlicher) Relevanz, die c) eine intensive Meinungsbildung in d) großem Umfang auslöst und von der e) anzunehmen ist, dass sie nachfolgende Handlungen auslöst oder sie beeinflusst.

b) Das *historische* Konzept (Habermas 1969)

Jürgen Habermas begreift die Entwicklung der öffentlichen Meinung als diskursgestählten Konsens vernünftig denkender Privatleute, der sich gegenüber dem Souverän (Herrscher, Staat) als alternative politische Instanz etabliert und an Wahrheit bzw. Vernunft gebunden ist. Öffentliche Meinung reklamiert hier einen Anspruch auf *Wahrheit*. Kant, auf den Habermas sich hier stützt, sieht Öffentlichkeit als Voraussetzung für Aufklärung überhaupt: „Zu dieser Aufklärung aber wird nichts erfordert als *Freiheit* [...] nämlich die: von seiner Vernunft in allen Stücken *öffentlichen Gebrauch* zu machen" (Kant 1968: 55). Dazu sieht *Kant* bereits die Medien als Vehikel: „So muß dem Staatsbürger [...] die Befugnis zustehen, seine Meinung [...] öffentlich bekannt zu machen. [...] Also ist die *Freiheit der Feder* [...] das einzige Palladium der Volksrechte" (Kant 1968: 161).

c) Das *deskriptive* Konzept

Ein völlig anderes Konzept öffentlicher Meinung besteht darin, durch repräsentative Befragungen *Mittelwerte von Meinungen* zu erheben, sozusagen eine Art demoskopischer Momentaufnahme. Dieses Konzept beschreibt natürlich nicht, wie Habermas, den Prozess der Konsensbildung in den Kaffeehäusern und dessen Eindringen in relevante Medien, sondern jeweils nur einen momentanen 'Ist'-Zustand. Dieser prägt sich umso klarer aus, je umstrittener das Thema, zu dem Meinungen gebildet werden, ausfällt, so dass sich dazu umso schneller und deutlicher Meinungen bilden, die sich dann durch Befragung erheben lassen (vgl. Noelle-Neumann 1963).

d) Das *systemtheoretische* Konzept

Niklas Luhmann (1971a) stellt ein systemtheoretisches Konzept der öffentlichen Meinung vor. Im direkten Gegensatz zu Habermas (1969) fordert er, dass öffentliche Meinung nicht an Wahrheit gebunden werden darf, denn genau dies würde die Funktion öffentlicher Meinung, verstanden als „institutionalisierte Themenstruktur des gesellschaftlichen Kommunikationsprozesses" (Luhmann 1971a: 29) zerstören, und damit die öffentlichen Diskussion eines Themas bis zu dessen politischer Behandlung durch Entscheidung unmöglich machen. Ob ein Thema politisch relevant wird, hängt dabei von dem Grad der Aufmerksamkeit ab, den dieses für sich reklamieren kann (vgl. Luhmann 1971a: 16f.). Damit ist ein Ansatz skizziert, der den komplexen Prozess öffentlicher Meinungsbildung durch eine komplexe Theorie zu lösen versucht. „Das Wort ‚öffentliche Meinung' suggeriert zuviel Einheit, und das Gleiche gilt für den klassischen Begriff [...] Für die Annäherung an dieses Problem werden sehr viel komplexere begriffliche Hilfsmittel erforderlich werden als sie bisher in der Meinungsforschung üblich waren" (Luhmann 1971a: 30).

10.5.2 Meinung und öffentliche Meinung

Die Vorstellung von vier Konzepten öffentlicher Meinung weist auf stark unterschiedliche und auch unvereinbare Positionen hin. In Anlehnung an den zuvor entwickelten systemtheoretischen Begriff von Öffentlichkeit erscheint es sinnvoll, zunächst den Begriff der Meinung zu klären.

In Anlehnung an *Kant* ist Meinung ein „sowohl subjektiv, als objektiv unzureichendes Fürwahrhalten" (Kant 1968, Bd. 4: 689) und stellt eine Vorstufe von Wissen dar. Analytisch fordert eine Meinung stets ein Objekt, auf das sie sich bezieht. In der Regel ist dieses Objektiv sprachlich formuliert, so dass die Meinung dazu, ebenfalls als Aussage formuliert, eine Aussage *über* eine Aussage, also eine Metaaussage darstellt. Diese reflexive Struktur in der Sachdimension gibt einen ersten Fingerzeig auf die systemische Bindung öffentlichen Meinens: Steigerung systemischer Komplexität durch Implementation von reflexiven Strukturen findet stets dann statt, wenn die bisherigen Regelungen nicht ausreichen: Die Anwendung von Geld auf Geld erfolgt genau dann, wenn es wichtig wird, Geld mit Geld bezahlen zu können. Gleiches gilt für die Anwendung von Zins auf Zins, die den Zinseszins erzeugt etc.

Im vorliegenden Fall besteht die Leistungssteigerung durch Erfindung der Meinung[95] gleich in zwei Vorteilen: Zum einen können Meinungen ohne Wahrheitsbindung jederzeit geändert werden (z.B. mit der allemal akzeptablen Be-

[95] Offenbar war man im Mittelalter noch nicht in der Lage, Meinungen als nicht wahrheitsgebundene Aussagen zu akzeptieren: *Giordano Bruno* wurde 1600 noch wegen falscher Lehrmeinung von der Inquisition verbrannt und *Galilei* entging dem gleichen Schicksal (1633) nur dadurch, dass er seiner von ihm selbst vertretenen (kopernikanischen) Lehre öffentlich abschwur.

gründung, dass man 'neue Einsichten' gewonnen habe). Zum Zweiten muss in politischen Entscheidungsgremien unter hohem Zeitdruck entschieden werden. Das verbietet es systematisch, sich in die Komplexität von Themen einzuarbeiten, die Wahrheit zugrundeliegender Argumentation – z.B. mangels von Spezialkenntnissen – zu überprüfen etc. Hier bietet sich die Meinung quasi als Wahrheitsersatz an, deren Wahrheit dann nicht ex argumentatione garantiert werden muss, sondern viel einfacher dadurch, dass *öffentliche* Akzeptanz und damit die Entscheidbarkeit durch Bildung von Mehrheitsmeinungen herbeigeführt werden kann. Diese Eigenschaft von Meinungen war allerdings schon im Altertum bekannt: „Nicht Tatsachen, sondern Meinungen über Tatsachen bestimmen das Zusammenleben" – das wusste schon *Epiktet* (50-140 n. Chr., hier zitiert nach Zedtwitz-Arnim 1982: 78) zu sagen.

Beispiel 34: Die Steuerreform im Parlament

Aufgabe des Parlaments ist es, zu allen politisch relevanten Themen Stellung zu nehmen und/oder Entscheidungen hierzu herbeizuführen. Dass eine Senkung von Steuern von allen Bürgern gut geheißen wird, ist evident. Ob sie aber finanziell verkraftbar ist, weiß man nicht genau. Also kann das Problem nicht mit Wahrheitsgewissheit entschieden werden, sondern nur auf der Ebene von Meinungen, die sich allerdings aus vielfältigen Überlegungen speisen: Wenn die Regierung eine Steuerreform vorschlägt, dann wird Partei X, sofern sie in der Opposition ist, eher eine ablehnende Meinung entwickeln. Wenn aber Umfragen zeigen, dass die Wähler der Partei X die Steuerreform für ganz besonders wichtig halten, dann wird Partei X doch eher *für* eine Steuerreform votieren. Vielleicht aber einigen sich Regierung und Opposition stillschweigend auf einen Kompromiss („wenn ihr hier nachgebt, können wir an einem anderen Punkt nachgeben"), so dass ein weiterer Gesichtspunkt für die Meinungsbildung auftaucht.

In den meisten Fällen wird die final einzunehmende Meinung, die die Entscheidung der Partei X legitimieren soll, im Vorfeld von entsprechenden parlamentarischen Meinungsführern ausgehandelt oder vorab verabredet. Im Zuge parlamentarischer Willensbildung wird diese Meinung dann durch Fraktionsvorsitzende, parlamentarische Geschäftsführer und andere prominente Abgeordnete, also eben durch 'Meinungsführer' in die Fraktion getragen. Die Entscheidung fällt also 'normal', d.h. nicht auf der Basis von Fakten oder gar Wahrheiten, sondern rein auf der Basis kontingenter Meinungen, sofern diese als tragfähig (mehrheitsfähig) angesehen werden.

Öffentliche Meinung besitzt gegenüber der privaten Meinung eine sehr viel komplexere Struktur, weil sie seitens des Einzelnen stets die Berücksichtigung der Meinungen anderer bzw. der 'herrschenden' Meinung voraussetzt. Diese Orientierung der eigenen Meinung an den Meinungen anderer, die bereits eine weitere reflexive Struktur verlangt, lässt sich aber nur bis auf die Ebene von Veranstaltungsöffentlichkeiten als präzise *Wahrnehmung* absichern[96], also nur im Ausnahmefall und schon dieses 'Meinen, was andere meinen' besitzt eine aufwendige Struktur: Zunächst besitzt die einfache Meinung bereits eine sachlich reflexive Struktur, die diese in den Rang einer Metaaussage A(A) hebt.

Abbildung 53: Reflexive Strukturen 'Meinen, was andere meinen'

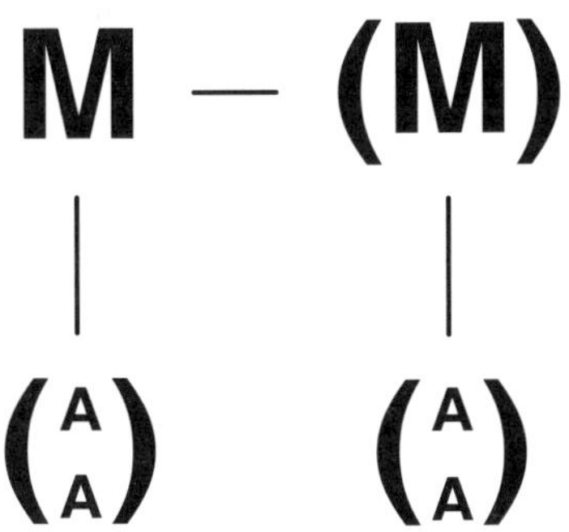

Diese wird nochmals vernetzt mit einer weiteren, *sozial* reflexiven Struktur M(M). Strukturell liegt damit eine Kopplung zweier reflexiver Strukturen in der Sachdimension durch eine weitere reflexive Struktur in der Sozialdimension vor, also eine sehr anspruchsvolle reflexive Struktur mit einem Komplexitätsgrad 2. Ordnung (vgl. Abb. 53).

Doch in der Mediengesellschaft ist nicht die Veranstaltungsöffentlichkeit der Regelfall, sondern die von einem Publikum – dessen Mitglieder füreinander anonym bleiben – gebildete *virtuelle* Öffentlichkeit. Hier muss die konkrete Wahrnehmung des Meinens anderer ersetzt werden durch eine Vorstellung (Erwartung), wie *andere* die Meinung anderer erwarten bzw. sich diese vorstellen, also durch eine Meinung *über* die Meinung anderer *über* die Meinung anderer. Damit ergibt sich für die neuzeitliche öffentliche Meinung eine noch erheblich komplexere Struktur (vgl. Abb. 54). Zu ergänzen wäre zudem noch eine

[96] Der Prozess der Meinungsbildung folgt hier in der Regel folgender Struktur: Das anwesende Publikum wird mit einem aktuellen Problem konfrontiert, das auf Lösung (Entscheidung) drängt. Demgemäß werden dem Publikum eine oder sogar mehrere Alternativen, wie die Lösung ausfallen könne, offeriert. Der Prozess der Meinungsbildung setzt dann bereits während des Vorstellung der Alternativen – z.B. durch Klatschen oder die Äußerung von 'Buh-Rufen' ein. Je nach Grad bereits wahrnehmbarer Zustimmung oder Ablehnung wirkt dies meinungsbildend. Die Regel ist jedoch, dass die Teilnehmer danach – face-to-face – Anschlusskommunikation untereinander suchen und ihre eigene Meinungsbildung betreiben, die später ggf. noch durch die mediale Berichterstattung gestützt wird.

temporal reflexive Prozessstruktur, die sich z.B. in den bekannten Beschleunigungseffekten öffentlicher Meinungsbildung zeigt.

Abbildung 54: Die Struktur öffentlicher Meinung

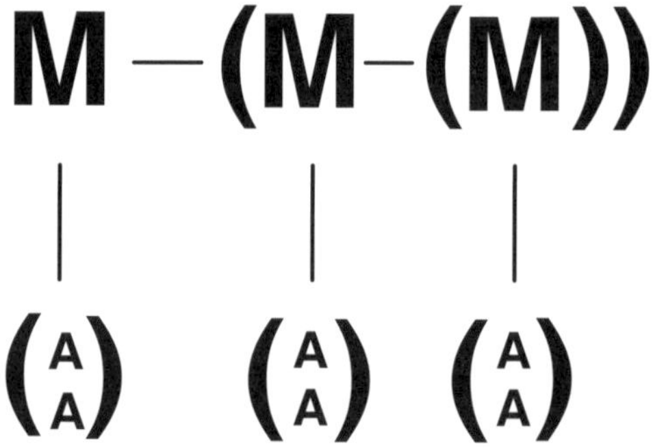

Zusammenfassend heißt das: Öffentliche Meinung in der Mediengesellschaft wird systemisch als neuzeitliche Struktur von Kommunikation definiert, die nicht mehr auf Wahrhaftigkeit und Authentizität, sondern stattdessen auf Unterstellung von Wahrhaftigkeit, also eben auf Meinungen aufbaut und die Forderung nach Wahrheit durch die nach Akzeptanz ersetzt. Diese Akzeptanz wird über das soziale System Öffentlichkeit beschafft, indem das eigene Meinen sich am Meinen, was andere über das Meinen anderer meinen, was *man* meint, orientiert. In diesem Sinn lässt sich öffentliche Meinung definieren als

> „Kommunikationsprozeß zur Auswahl von relevanten oder für relevant ausgegebenen Sachverhalten oder Problemen, die als *Themen* etabliert werden und zu denen vor allem durch die Medien Meinungen erzeugt werden. Die Präsentation von Meinungen in der Öffentlichkeit provoziert eine Auswahl relevanter oder für relevant gehaltener Meinungen, die von einer Mehrheit akzeptiert werden oder akzeptiert zu werden scheinen und dadurch politische Wirkungen entfalten" (Merten 1987: 331).

10.6 Meinungsführer

Das Konzept des Meinungsführers wurde in Kapitel 8.2.9 bereits als Konzept zur Verknüpfung informeller Kommunikation und Massenkommunikation vorgestellt.

Systemtheoretisch interessant ist dabei, dass auch die Struktur des Meinungsführerkonzepts auf der Verknüpfung von sachlicher und sozialer Reflexivität basiert – was zugleich den Einfluss des Meinungsführers erklären kann.

Die Annahme, dass Opinion-Follower sich ihre *Informationen* durch den Meinungsführer beschaffen, ist allerdings unhaltbar, denn *jeder* Rezipient kann die Massenmedien nutzen. Ebenso unhaltbar ist die Annahme, dass jeder Opinion-Follower in einer sozialen Gruppe integriert ist und damit Zugang zu einem Meinungsführer besitzt (vgl. Merten 1988).

Gleichwohl muss man davon ausgehen, dass Face-to-face-Kommunikation nicht überflüssig wird im Zeitalter der Massenmedien, sondern umgekehrt noch mehr an *strategischer* Wirksamkeit gewinnt, weil sie seit Erfindung der Medien für die Verbreitung von Meinungen genutzt werden kann: Der Meinungsführer steuert Meinungen als Aussagen *über* die zugrundeliegenden Aussagen bei, die *Bewertungen* darstellen und als solche die Akzeptanz der zugrundeliegenden Aussagen steuern.

In modernen Gesellschaften muss man folgerichtig auch Opinion-Leader, die nicht face-to-face, sondern nur aus den Medien bekannt sind, in Rechnung stellen (vgl. Eisenstein 1994). Theoretisch – gerade vor dem Hintergrund von *Mediengesellschaft* – ist also interessant, dass nicht nur die Bildung öffentlicher Meinung immer stärker an die Medien abgetreten wird, sondern dass – analog zur Veränderung realer zu virtuellen Publika – nun reale durch virtuelle Meinungsführer ersetzt werden. Wir erinnern uns: Die Veränderung der öffentlichen Meinung, die Veränderung von Öffentlichkeit, ja selbst die Entwicklung von Medien parallel und später über die informelle Kommunikation hinaus verlief völlig ähnlich: Vom Konkreten zum Abstrakten, vom Realen zum Fiktiven, vom Festen zum Flexiblen, von der Wirklichkeit zur *Vorstellung* von Wirklichkeit.

10.7 Image und öffentliche Meinung

Die Evolution von Gesellschaften zur Mediengesellschaft bewirkt, dass sich der Radius für aktuelles Erleben von der ursprünglichen engen Begrenzung auf dörfliche Belange in illiteraten Gesellschaften löst und im Zeitalter von Mediengesellschaft auf *Welt* einstellt.

Das hat notwendig zur Folge, dass vieles immer weniger durch die persönliche und autoptische Erfahrung abgesichert werden kann und stattdessen allein über die Medien zugänglich ist: Beispielsweise wissen wir – in jeder nur vorstellbaren Präzision – über das erotische Verhalten eines amerikanischen Präsidenten in seinem Dienstzimmer Bescheid. Aber kaum einer von uns hat überhaupt je die Chance gehabt, face-to-face zu erfahren, ob es diesen Präsidenten auch *wirklich* gibt. Zahl und Art von Objekten (Personen, Organisationen, Ereignissen, Ideen), die in der Mediengesellschaft in den Gesichtskreis der Wahrnehmung und des Interesses geraten, nehmen beständig zu, ohne dass wir in der Regel jemals die Chance erhalten, diese persönlich in Augenschein zu nehmen.

Es ist von daher geradezu erwartbar, dass die Mediengesellschaft für diese Fälle systematisch Vorkehrungen entwickelt, indem sie *Stellvertreter* kreiert. Ein solcher Stellvertreter ist das *Image.*

10.7.1 Zum Begriff des Images

Der Begriff des **Images** leitet sich von dem lateinischen Wort *imago* (Bild) ab. Ein Image ist definiert als „Gesamtheit der Vorstellungen, Einstellungen und Gefühle, die eine Person im Hinblick auf ein Objekt (Person, Organisation, Produkt, Idee) besitzt" (Fuchs et al. 1978: 330), es besitzt kognitive und affektive Komponenten.

Der Begriff des Images hat sich wie kein anderer offenbar in direkter Anlehnung an die Entwicklung der Gesellschaft zur *Mediengesellschaft* entwickelt. Bezeichnenderweise findet sich dieser Begriff in Meyers großes Konversationslexikon (1906) noch nicht. Im Brockhaus (1970, Bd. 9: 13) findet er sich als „das einem Gegenstand, einer Person, Firma und dergleichen zugeordnete Vorstellungsbild in der Öffentlichkeit" bzw. „komplexe Gesamtheit von Gefühlen, Einstellungen und Meinungen bewußter und unbewußter Art." In der 19. Auflage des gleichen Werkes (^{19}1989, Bd. 10: 397) wird Image als „gefühlsbetontes, über den Bereich des Visuellen hinausgehendes Vorstellungsbild" definiert, als „eine Ganzheit von Gefühlen [...] sachl. Informationen [...] und Handlungsabsichten [...]. Es entwickelt und verfestigt sich im Zeitablauf durch eigene oder fremde Erfahrungen teils bewußt, teils unbewußt."

Die Parallele des Begriffes Image zum Begriff *Ruf* ist aufschlussreich. Ein Ruf, den in der Regel ein noch nicht persönlich bekannter Jemand hat, ist ein Bündel von Informationen über das Verhalten dieses Jemand aus der *Vergangenheit*, das man in Erfahrung bringen oder *hören* kann und das für den Hörer die allererste Information über Honorigkeit, Fachkompetenz oder spezifische Eigenheiten dieses Jemand, mit dem man ggf. *in der Zukunft* zu tun hat, liefert.

Der Begriff des Rufes ist eng mit dem Begriff des Gerüchts, des Klatsches – eben mit den kommunikativen Modi, die ihn erzeugen – verbunden. Auch Images von Personen können und werden durch *Klatsch* bewegt. Durch Klatsch über eine Person kann ein Image von der sozialen Umwelt immer wieder zurechtgestutzt werden, d.h. Klatsch fungiert als Mittel *sozialer Kontrolle*, indem er Images über Personen erzeugt und befestigt.

Der Begriff Ruf verweist noch auf den Modus der Kommunikation, auf dem er beruht. Seine Ablösung durch den Begriff Image im 20. Jahrhundert lässt sich daher auch als Folge des Vordringens *visueller* Präferenzen durch die Massenmedien (Pressefoto, Film, Fernsehen) verstehen.

Der Begriff des Image ist nicht nur verwandt mit dem des Rufes, sondern auch mit dem des *Stereotyps*. Merrill (1962) sieht beide Begriffe als identisch an. Der Begriff des Stereotyps ist allerdings sehr viel älter als der des Images. Er stellt eine Zusammensetzung der griechischen Wörter *stereós* und *típos* dar, was soviel heißt wie dauerhafte Form oder dauerhafte Gestalt. Dieser Begriff hat zunächst in die Drucktechnik Eingang gefunden[97]. Es ist der Journalist und spätere Theoretiker der öffentlichen Meinung, *Walter Lippmann*, der diesen Begriff als erster zur Kennzeichnung für öffentliche Vorurteile verwendet (vgl. Lippmann 1964). Der Unterschied zwischen Stereotyp und Image ist nur graduell: Stereotype wirken dauerhafter als Images, weil sie langfristig durch die Sozialisation angelegt werden, z.B. als Vorurteil (vgl. Dröge 1967).

10.7.2 Funktion von Images

Arnold Gehlen (1962: 35ff.) hat aus anthropologischer Perspektive gezeigt, dass der Mensch im Gegensatz zum Tier, das eine *spezifische Umwelt* hat, an die es angepasst und gebunden ist, keine spezifische Umwelt, sondern eine *offene Welt* um sich hat und sich demgemäß eine künstliche Welt als Umwelt schaffen muss; dadurch weitet sich sein Erfahrungsbereich so stark, dass er nicht mehr vollständig durch persönliches Erleben gedeckt ist. Demgemäß wird der Mensch abhängig von Informationen, die einen großen Teil seiner Wirklichkeit in die Vorstellung statt in die Erfahrung verlagern.

Analog gilt für das Image, dass es, wie auch der Ruf, hilfsweise nicht nur für Personen, sondern generell für alle solchen Objekte entwickelt wird, die nicht persönlich, sondern nur 'vom Hörensagen' oder aus den Medien bekannt sind. Ein Image ist ein kommunikativ erzeugtes Abbild, ein medialer Stellvertreter. Und in dem Maß, wie sich der konkrete, unvermittelte Zugang zur Realität (Authentizität) verringert, muss der Mensch fiktionale Wissensbestände bemühen und diese sozusagen als Stellvertreter nutzen. Darin liegt die zentrale Funktion von Images. Sie abstrahieren von bestimmten Elementen um den Preis der Vereinfachung und Verzerrung, d.h. sie fungieren *selektiv*. Daraus folgt: Images beruhen vor allem auf durch die Medien *vermittelten* Wahrnehmungen in der Öffentlichkeit und sie lassen sich – im Gegensatz etwa zu Einstellungen – vergleichsweise schnell durch die Medien *verändern*.

---

[97] Soweit abzusehen, wird der Begriff im Deutschen zum ersten Mal von dem Spötter Heinrich Heine verwendet, der den Minister *Talleyrand* in *Cottas Morgenblatt für Gebildete Stände* vom 16.11.1831 sarkastisch wie folgt beschreibt: „Er ist der Mann, dem wir hinten Fußtritte geben könnten, ohne daß vorne das *stereotype* Lächeln von seinen Lippen schwände" (zit. nach Dröge 1967: 115).

Beispiel 35:

Der Politologe *Buchanan* und der Sozialpsychologe *Hadley Cantril* haben 1942 und 1948 in zwei identischen Umfragen in der amerikanischen Bevölkerung das Image des russischen Volkes erhoben. In dieser Zeit brach der kalte Krieg aus (1946), der aus den ehemaligen Verbündeten erbitterte Feinde machte. In dieser Zeit veränderten sich (vgl. Abb. 55) wesentliche Items des 'Russen-Stereotyps':

Abbildung 55: Veränderung des 'Russen-Stereotyps' von 1948 versus 1942

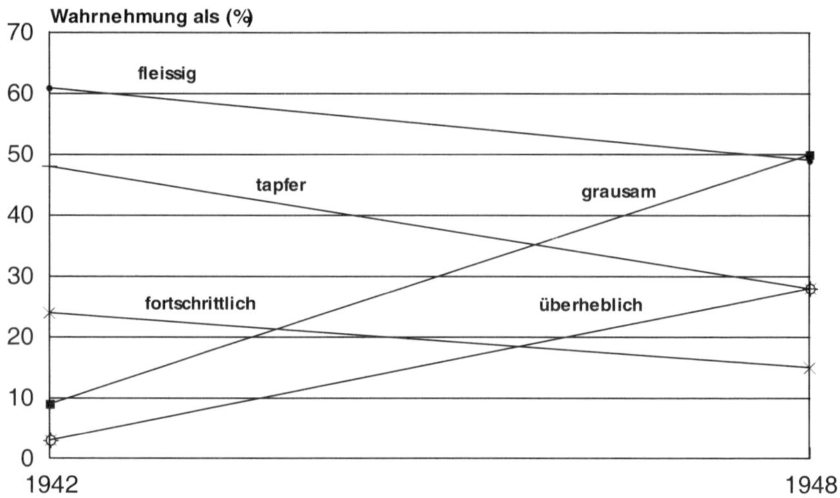

Die positiven Eigenschaften sind massiv geschrumpft, die negativen Eigenschaften haben sich massiv verstärkt. Besonders deutlich wird dies bei der Eigenschaft 'grausam', die den Russen in 1942 von 9%, in 1948 aber von 50% der Amerikaner zugeschrieben wurde und die deutlich das reflektiert, was politisch als 'Stalinismus' eingetreten ist. Diese Untersuchung zeigt sehr deutlich, dass die Veränderung von Images identisch erfolgt mit der Veränderung des (politischen) Bewusstseins und des daraus ableitbaren Sozialverhaltens der Bevölkerung (vgl. Buchanan/Cantril 1953: 202).

Dass die Artikulierung von Stereotypen als Vorurteil eine sehr alte Tradition hat, die früher noch viel stärkere Wirkungen gehabt haben dürfte, lässt sich z.B. an der Massenhochzeit von Susa (Persien, 324 v. Chr.) zeigen: *Alexander der Große* wollte ein einheitliches Weltreich aufbauen, in dem die Völker miteinander in Frieden leben konnten. Er musste daher das häßliche Barbaren-Image, das die Perser bei den Griechen hatten, schnell außer Kraft setzen. Er löste dieses Problem, wie er Probleme zu lösen gewohnt war: Durch eine von oben befohlene Völkerverschmelzung, eben die Massenhochzeit von Susa, bei der mehr als 10 000 seiner Söldner sich mit persischen Frauen verheirateten.

Da heutzutage unsere Erfahrung immer mehr durch Medien vermittelt wird, kommt Images als Stellvertretern für Erfahrung eine geradezu strategische Rolle in der Mediengesellschaft zu: Sie sind fungible Vehikel für „Erfahrung aus zweiter Hand“ (*Arnold Gehlen*), auf die die aktuelle, schnelle und schnell veränderbare Konstruktion von Wirklichkeit laufend zugreifen kann.

Diese Eigenschaften von Images, insbesondere ihre starke Fiktionalität, machen Images instrumentalisierbar. Sie erzeugen einen Bedarf für die laufende und passgenaue Konstruktion von Images durch eine dafür mit Techniken der Kommunikation und Strategien ihrer Verbreitung und Durchsetzung gut ausgerüstete Profession: *Public Relations.*

Dazu verhilft eine weitere Eigenschaft von Images: Da Personalisierung in den Medien gefragt ist und da sich formale Organisationen personalisieren lassen ('Unternehmenspersönlichkeit'), können Unternehmen vergleichsweise leicht ein Image erwerben. Images begünstigen die Personalisierung und erleichtern dadurch nochmals die Identifikation *mit*, die Wiedererinnerung *an* und die Ausbildung positiver Assoziationen *zu* einem Unternehmen ('Einer für alle'). Von daher ist verständlich, dass diese Funktionen von Images hochattraktiv für Unternehmen sind. Die Kehrseite ist, dass Images – wie die Öffentlichkeit, in der sie erzeugt und diffundiert werden – instabil sind. Daraus folgt: *Images müssen gepflegt werden*[98]. Aus dieser Perspektive erschließt sich die Bedeutung von unverwechselbaren Symbolen (Logo) und von Slogans: Sie dienen als Anker für Aufmerksamkeit und haben durch ihre Unverwechselbarkeit einen entsprechend hohen Erinnerungswert.

10.7.3 Image und Meinung

Eine Meinung ist *eine* subjektive, individuelle Perspektive (Interpretation) bezüglich eines Problems oder Sachverhalts. Beispielsweise kann man eine Meinung zur Todesstrafe haben, die – genau wie ein Image – nicht an Wahrheiten gebunden ist. Die Meinung fungiert als informationsraffende Selektionshilfe, indem sie ein Problem nicht darstellt oder abbildet, sondern auf eine *eindimensionale*, meist wertende Dimension reduziert (etwa: 'gut-böse') und den zugrundeliegenden Sachverhalt entscheidbar macht dadurch, dass ihre wahrnehmbare Verteilung *in der Öffentlichkeit* zeigt, ob und wo sich Mehrheiten wofür bilden.

---

98 Wie eine Imagestudie des *manager maganzins* (1988) zeigt, besteht bereits zwischen der schlichten Häufigkeit der Erwähnung eines Unternehmens und dem Grad der positiven Tönung des Unternehmensimages eine Korrelation von r =.54 (Pearson-Bravais). Im Klartext: Je häufiger ein Unternehmen in den Medien erwähnt wird, umso besser sein Image.

Ein Image dagegen ist eine komplexe Vorstellung, die sich aus sehr vielen, kognitiv und affektiv getönten Einzelinformationen zusammensetzt. Diese können je für sich sehr verschieden ausfallen.

Beispiel 36: Das Image von Daimler-Chrysler

Würde man eine Befragung machen und abfragen, was Menschen zum Thema 'Daimler-Chrysler' einfällt, so würde man vermutlich eine Fülle unterschiedlicher Antworten erhalten, wobei dies wieder davon abhängen wird, ob der Befragte *selbst* Mercedesfahrer ist (oder nicht) oder ob er sich einen Mercedes leisten könnte (oder nicht). Die Antworten dürften u.a. folgende sein:

1) Daimler-Chrysler baut hervorragende Autos der Nobelklasse.

2) Ein Mercedes ist sicher.

3) Ein Mercedes ist ein Auto nur für reiche Leute.

4) Ein Mercedes ist edel.

5) Mercedesfahrer sind Ekel, weil sie auf der Autobahn *immer* links fahren.

6) Mercedesfahrer sind Bonzen.

7) Daimler-Chrysler ist der führende Automobilkonzern in der Welt.

8) Mercedes ist beim Elchtest umgefallen.

9) Mercedes wird bei den fleißigen Schwaben gebaut.

10) Mercedes ist arrogant.

etc.

Dies sind 10 Items (Aussagen), von denen einige eine Meinung darstellen. Zugleich sind (hier rein zufällig) fünf eher negativ, fünf eher positiv wertend. Das Image von Mercedes entsteht nun dadurch, dass diese Vielzahl von Items mit durchaus gegensätzlichen Wertungen zu einem Bündel von Aussagen integriert wird – eben zu einem Image –, wobei die Items unterschiedlich durch den jeweiligen Rezipienten *unterschiedlich* gewichtet werden. Das beim Rezipienten abzufragende Image (P) hängt demgemäß ab von a) den persönlichen Erfahrungen des Rezipienten, b) den Informationen über die Erfahrungen anderer (durch informelle Kommunikation) und c) von dem von den Medien vermittelten Image (Abb. 56):

Abbildung 56: Abhängigkeit eines Images von eigener/fremder Information

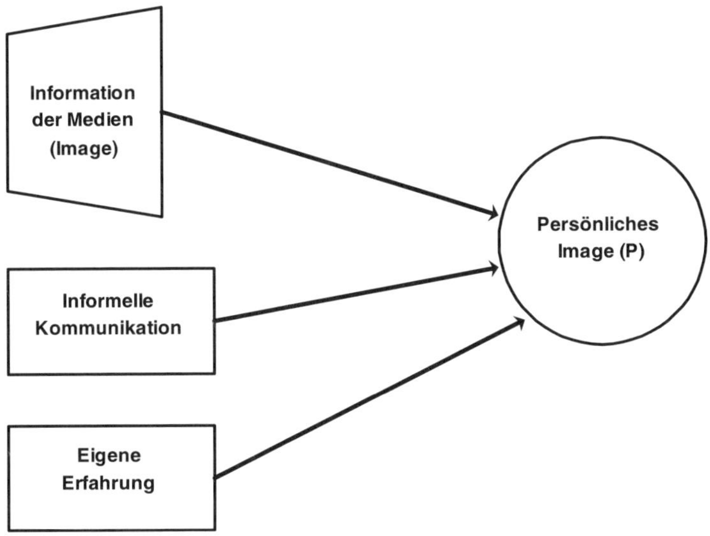

Der Rezipient integriert[99] alle relevanten Informationen zu einem Schema, nämlich zu dem von ihm wahrgenommenen Image P. Dieses wird dem von den Medien verbreiteten Image I umso ähnlicher sein, je weniger und je weniger abweichende Erfahrungen zum gleichen Thema vorliegen.

Dabei wird hier angenommen, dass die Medien bereits ein Image I vermitteln, das sich zwar aus einzelnen Informationen bildet, dass das Image aber im Prinzip bereits auf frühere Information zum gleichen Objekt bei allen Rezipienten zurückgreifen kann. Das heißt aber erneut, dass a) Öffentlichkeit unterstellt wird (alle haben rezipiert, 'man' weiß doch, dass...) und b) dass die Journalisten, die die neuen Informationen verfassen, bereits in der Formulierung der jeweiligen Information selbst unter dem Eindruck dieses Image I stehen.

Die Struktur eines Images I lässt sich demgemäß wie folgt skizzieren: Jeder Rezipient unterstellt (meint), dass eine Aussage A, die er zu einem Objekt O aus den Medien rezipiert, auch von anderen Rezipienten rezipiert wird *und* dass diese anderen Rezipienten ebenfalls unterstellen, dass andere Rezipienten diese Aussage rezipieren und – mehr oder minder identisch – diese Aussage dem bereits analog als vorhanden unterstellten Wissen hinzufügen. Analog unterstellt

---

[99] Dabei kommen erneut Prozesse der Informationsraffung, die bei jeder Wahrnehmung eintreten, zum Zuge, d.h. eine mehr oder minder starke *Selektivität* der Behandlung und der Gewichtung des eingeführten Informationsinput.

jeder Rezipient, dass nicht nur er ein 'Image' wahrnimmt, sondern dass andere Rezipienten ebenfalls unterstellen dass anderen Rezipienten die Wahrnehmung eines mehr oder minder ähnlichen Images unterstellen[100].

Das bedeutet, dass Images grundsätzlich an Öffentlichkeiten gebunden sind und demgemäß als *kollektive* Vorstellungen von *kollektiven* Vorstellungen anzusprechen sind.[101] Abstrakt gesprochen liegt dem Image also eine mehrfach reflexive Struktur zugrunde, die bereits bei der Diskussion von Öffentlichkeit beschrieben wurde. Dies ist ein – theoretisch – ganz wesentlicher Fingerzeig.

Im Einzelnen: Ein Rezipient bildet sich eine persönliche Vorstellung V von einem Objekt, die als kohärentes Bündel von Aussagen und wertenden Aussagen zum Objekt definiert wird: V = [A, A(A)].

Diese Vorstellung wird in der Öffentlichkeit ventiliert, d.h. jeder Rezipient unterstellt (meint), dass auch andere Rezipienten von anderen Rezipienten meinen, dass sie ein gleiches Image unterstellten (vgl. Abb. 57).

---

[100] Der Testfall für diese Annahme ist die Berichterstattung über ein Objekt, zu dem nachweisbar oder zumindest so gut wie sicher weder eigene Erfahrungen noch irgendwelche Informationen vorliegen und daher auch noch kein Image bestehen kann – z.B. die erste Information über einen aufsteigenden Star etc. In diesem Fall tritt zweierlei ein: Weil die Informationen über das Objekt neu sind, werden sie mit besonderer Aufmerksamkeit aufgenommen. Zugleich setzt die Imagebildung ein, doch dies bei unterschiedlichen Populationen noch unterschiedlich, d.h. die Varianz der Imageentwürfe ist zu Anfang besonders groß und nimmt dann im Verlauf der Zeit immer mehr ab, vorausgesetzt der Zustrom weiterer Information findet *laufend* statt.

[101] Man kann eine Meinung von einem Objekt haben (subjektiver Bezug) und zugleich kann das Objekt ein Image haben (objektiver oder kollektiver Bezug). Demgemäß wird bei der Erhebung von Meinungen und Images zum gleichen Objekt die statistische Varianz des Images in dem Maß kleiner sein als die der entsprechenden Meinung, in dem das Image durch die Medien geprägt ist (vgl. Merten 1999b).

Abbildung 57: Struktur eines von den Medien erzeugten Images

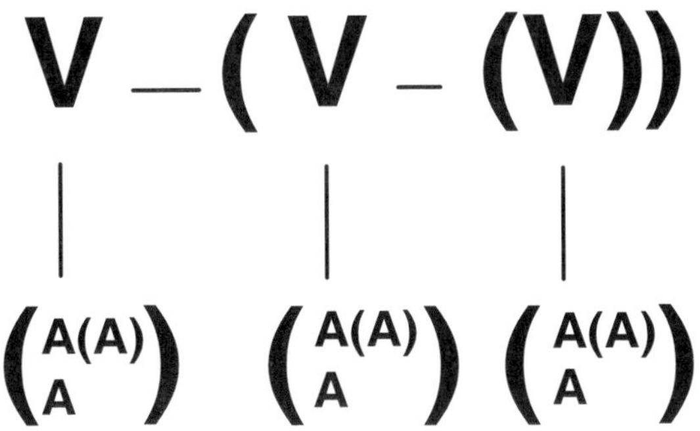

Eine solche stillschweigende Unterstellung von Unterstellungen liegt nicht nur der öffentlichen Meinung zugrunde (➔ Kap. 10.5.2), sondern sie findet sich bereits als basale Idee, die zum Beispiel dem ethnomethodologischen Paradigma zugrundeliegt.[102]

Möglicherweise reicht diese Struktur jedoch noch gar nicht aus, so dass man das Image nicht nur als Vorstellung von der Vorstellung *anderer* von einem Objekt definieren kann, sondern ggf. noch Strukturen des Wissens einbeziehen müsste.

Hervorzuheben ist, dass Image und öffentliche Meinung auf der gleichen analytischen Ebene liegen, ja liegen müssen, denn ein Image braucht die öffentliche Meinung als Vehikel. Daher ist der Satz „Firma X hat ein gutes Image" sowohl eine Kurzbeschreibung eines Images als auch – ununterscheidbar (!) – eine Meinungsäußerung über ein Image.

Die strukturelle Identität von Image und öffentlicher Meinung ist deutlich. Man könnte versucht sein, der Öffentlichkeit zwei Funktionen zuzuschreiben: a) Die Erzeugung und Behandlung kollektiver, relativ konsentierter Wissensbestände (Themen, Images), also eine Agenda-Setting-Funktion (➔ Kap. 13.5.4) und b) eine komplexitätsreduzierende Funktion, die in der Generierung öffentlichen Meinens besteht.

---

[102] Harold Garfinkel (1973: 191) etwa formuliert für alltagsweltliche Feststellungen folgende Bedingung: „Der der Beschreibung zugewiesene Sinn ist vom Standpunkt des Kollektivitätsmitglieds eine Bestimmung, die vorzunehmen es aufgefordert ist; es fordert von der anderen Person, dieselbe Sinnbestimmung vorzunehmen; und genau wie es fordert, daß dieselbe Sinnbestimmung für andere Personen feststehen soll, nimmt es an, daß die andere Person dasselbe von ihm fordert."

10.8 Wirklichkeit und Medienwirklichkeit

Das Aufkommen von immer mehr Medien und Metamedien bewirkt, dass der Einfluss der Medien auf die **Konstruktion von Wirklichkeit** und damit die **Wirkung** der Massenmedien – in the long run – zunehmen wird.

Dies liegt in der Tatsache begründet, dass der Rezipient die Informationsangebote der Medien nur in den seltensten Fällen – und auch dies immer weniger – überprüfen kann, und diese daher als gegeben, als wirklich zu akzeptieren hat. Das bedeutet aber auch, dass er gegen vorsätzlich mit einem Bias versehene Wirklichkeitsentwürfe, die den Weg in die Medien finden, machtlos ist. Das Versagen der Medien etwa im Fall der gefälschten Hitler-Tagebücher oder im Fall *Brent Spar* (vgl. Deutsche Shell 1995) mag für diese Entwicklung symptomatisch sein.

Diese Entwicklung lässt sich aber auch der vorsätzlichen Institutionalisierung von **Pseudo-Ereignissen** (etwa: Pressekonferenzen, Events) ablesen oder aber auch an der Veränderung von Kommunikator-Rollen.

Der klassische *Meinungsführer*, der als real vorhandene Person in der direkten Interaktion mit anderen seinen Einfluss geltend machen konnte (vgl. Merten 1988), wird offenbar in der Mediengesellschaft immer mehr abgelöst durch einen *virtuellen Meinungsführer*, der nicht real, sondern nur in den Medien vorhanden ist – vorzugsweise als prominenter und glaubwürdiger Politiker oder Journalist, dessen in den Medien vorgestellten oder sogar nur beiläufig mitgeteilten Meinungen von den Rezipienten in steigendem Maß für die eigenen Wirklichkeitsentwürfe genutzt werden. Wenn diese sich – wo und zu welchem Thema auch immer – äußern, dann setzt dies Maßstäbe für entsprechende Wirklichkeitsentwürfe.

Insgesamt heißt das: Medien sind heutzutage *Anbieter von nicht mehr hinterfragbaren Wirklichkeitsentwürfen.* Zwar nimmt der Rezipient, wie wir wissen, auch hier nur das Angebot auf und wählt daraus allein nach subjektiven Kriterien aus, was ihm sinnvoll erscheint. Aber allein die Tatsache, *dass* bestimmte Inhalte Eingang in die Medien finden und andere nicht, verschafft diesen Inhalten eine Vermutung für Richtigkeit, einen Bonus für Relevanz, der die Akzeptanz solcher Inhalte flächendeckend erleichtert.

Führt man beide Entwicklungen zusammen, so hat man nicht nur eine brauchbare Erklärung dafür, dass moderne Gesellschaften großteils auf Fiktionen beruhen und durch Fiktionen gesteuert werden – die Wirksamkeit der öffentlichen Meinung oder das Hantieren mit Images muss als Beleg für diese Behauptung vorläufig genügen. Moderne Gesellschaften besitzen – pointiert gesagt – nun zwei Ebenen der Wirklichkeit: Eine Ebene der Wirklichkeit, wie sie *'wirklich'* ist, wie sie autoptisch wahrgenommen und geprüft werden kann und eine zweite Ebene der medialen (fiktionalen) Wirklichkeit, wie sie uns wirklich *erscheint* (oder: von der wir zu wissen meinen, dass sie wirklich sei).

Das hat letztlich zur Folge, dass die für den Menschen handlungsleitende, **aktuelle Wirklichkeit** sich mittlerweile aus einer 'realen' *und* einer fiktionalen, von den Medien beigesteuerten Wirklichkeit konstituiert, wobei der Stellenwert 'realer' Wirklichkeit tendenziell ab-, der von fiktionalen Wirklichkeitsentwürfen der Medien dagegen zunimmt (vgl. Abb. 58).

Abbildung 58: Aktuelle Wirklichkeit als Resultante realer und fiktionaler Wirklichkeit

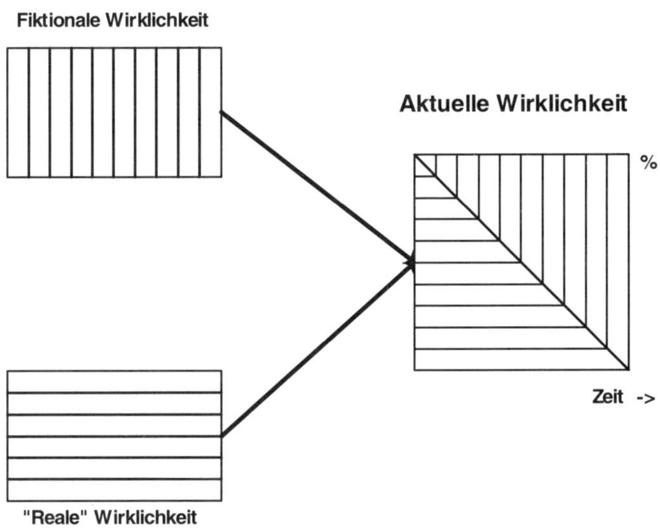

Anders gesagt: **Wirklich ist heute nicht mehr das, was wirklich *ist*, sondern das, was die Medien als wirklich *darstellen*.**

Noch deutlicher wird der virtuelle Bezug, wenn man die Evolution der öffentlichen Meinung[103] betrachtet, an die mittlerweile bereits ein neues Subsystem der Kommunikation anknüpft, das mit der vorsätzlichen, professionellen Konstruktion virtueller Strukturen – nämlich der von Images – befasst ist (Merten/Westerbarkey 1994: 206ff.).

---

103 So wird der Einfluss der Presse auf die Formierung öffentlicher Meinung zu Recht darin gesehen, dass sie Themen informeller Kommunikation flächendeckend aufgreifen und durch **kontinuierliche** Berichterstattung zugleich temporal verstärken kann.

Insgesamt heißt dies, dass im Zeitalter der Mediengesellschaft die Funktion der Meinungsbildung zunehmend an die *Medien* abgegeben wird: Sei es, dass deren Informationsleistung verstärkt zur eigenverantwortlichen, autonomen Meinungsbildung herangezogen wird, sei es, dass Meinungen von nur aus den Medien bekannten, aber glaubwürdig erscheinenden Personen (virtuelle Meinungsführer) übernommen werden. In beiden Fällen heißt dies: *Wirkungen der Massenmedien* werden zukünftig nicht schwächer, sondern *stärker* ausfallen. Daraus lässt sich auch die Prognose ableiten, dass sich künftighin die Medien selbst noch wesentlich stärker differenzieren werden in meinungsbildende und meinungsverbreitende Medien.

Die hier skizzierte Evolution der Massenmedien, die dadurch mögliche und auch realisierte Entfaltung der Kommunikation und die daraus erwachsenden Möglichkeiten für die Konstruktion von Wirklichkeiten, haben durchgreifende Folgen für die Gesellschaft. Die zunehmende Rasanz der Medienevolution hat aber eine ganz besondere Wirkung: Sie führt dazu, dass die Kommunikationsforschung, insbesondere die Wirkungsforschung und die Medienpädagogik, mit der Entwicklung ihres Erkenntnisobjekts weniger denn je Schritt halten können und immer stärker hinter ihrem Objekt herhinken, so dass die Zukunft der Kommunikation paradoxerweise immer mehr ins Dunkel gerät.

Evolution von Fiktion

Weniger aufgefallen ist, dass nicht nur der Zuwachs an Medien und Medienkonsum die Mediengesellschaft prägt, sondern dass sich eine weitere Differenzierung auf einer ganz anderen Ebene eingestellt hat, die hier als **Zunahme fiktionaler Struktur** bezeichnet werden soll und die sich quer durch alle gesellschaftlichen Teilsysteme hindurchzieht: Konnte man Naturalien noch anfassen oder gar essen, so kann man an den Wert von Geld nur noch glauben. War das Geld lange Zeit noch aus Gold und daher seinen Preis wert, so ist Geld heute meist nur ein Zahlungsversprechen, an das man glauben muss. Die Gesellschaft hat sich tendenziell auf die Nichtnachprüfbarkeit von Behauptungen aller Art eingerichtet, möglicherweise auch deshalb, weil sie auf der anderen Seite gelernt hat, die **Faktizität nicht wahrnehmbarer Ereignisse und Gefahren** ernst zu nehmen: Elektrische Energie, Strahlung, Viren oder toxische Substanzen sind nicht wahrnehmbar. Und umgekehrt: Warnungen vor kommenden Ereignissen – Unwetter, Stau im Straßenverkehr oder Aids – werden und müssen vom Einzelnen auch dann ernst genommen werden, wenn er selbst keinerlei reale Hinweise dafür ausmachen kann.

Diese Zunahme fiktionaler Strukturen und die taktische Möglichkeit, diese funktional zu nutzen, lässt sich nun insbesondere für das Kommunikationssystem nachweisen: Den Anfang hat die Erfindung der Sprache gemacht, indem dort an die Stelle authentischen, beobachtbaren Verhaltens nun in

Sprache gefasste Wirklichkeiten modelliert werden, die jedoch auf Wirklichkeit referieren und ernst genommen werden müssen.[104] Die Erfindung der Medien erzeugt einen weiteren Typus 'berichteter Wirklichkeit', die als solche, wie noch zu zeigen sein wird, wieder Modellcharakter für die Rezipienten hat.

Eine ganz andere Leistung erbringt die konsentierende Kraft von **Öffentlichkeit**: Der Einzelne verhält sich in Gegenwart **anderer** anders. Diese Öffentlichkeit der Marktplätze und der Ereignisse hat heute, im Zeitalter der Mediengesellschaft, eine anonyme und fiktive Dimension gewonnen, die sich als **öffentliche Meinung** äußert: Jeder weiß im Grunde, dass sie eine Fiktion ist, richtet sein Verhalten aber gleichwohl daran aus. Und die rapide Zunahme der Konstruktion künstlicher Ereignisse wie Pressekonferenzen, Demonstrationen und Happenings sind ein weiterer Hinweis auf diese Leistung. Der besondere Vorteil liegt nun nicht nur darin, dass diese nicht durch Wahrheit, Authentizität oder Evidenz gedeckt sein müssen, sondern dass sie infolge ihrer Flüchtigkeit besonders flexibel zu instrumentalisieren sind. Gesellschaften gehen mit solchen und anderen fiktionalen Größen um wie mit einer neuen Erfindung: Man lernt, sie einzusetzen und die Tatsache, dass sich durch Fiktionen Fakten erzeugen lassen zu nutzen.[105] Auf die systematische Verwertbarkeit dieser Chance konditioniert sich, wie noch zu zeigen sein wird, insbesondere ein spezifisches kommunikatives Subsystem: **Public Relations**.

Konstruktivistische Annahmen

Bislang wurde versucht zu zeigen, dass sich a) die Evolution von Kommunikation stetig beschleunigt und b) dass die Entwicklung und Nutzung fiktionaler Größen eine neuzeitliche Errungenschaft ist, die zur Erzeugung von Authentizität resp. zur Unterstellung von Authentizität hervorragend geeignet ist. Was bedeutet dies für das Kommunikationssystem und die Menschen, die unter dessen Bedingungen kommunizieren? Eine Antwort darauf gibt der Konstruktivismus, der sich als moderne systemtheoretische Erkenntnis- und Kommunikationstheorie versteht (vgl. Schmidt 1987). Sehr verkürzt besagen seine zentralen Annahmen Folgendes: Menschen können Wirklichkeit nicht abbilden, sondern nur eine jeweils subjektive Wirklichkeit konstruieren. Dies setzt Kommunikation voraus: Kommunikation konstruiert Wirklichkeit. Dar-

---

[104] Gerade deshalb war es notwendig, die Wahrheit sprachlicher Äußerungen durch geeignete Maßnahmen, die sämtlich eine reflexive Struktur installieren – z.B. das Schwören von Eiden – zu festigen.

[105] Es sei darauf hingewiesen, dass auch Persönlichkeitskonzepte wie Einstellungen, Erwartungen und Stereotype im Grunde nicht real, sondern nur hypothetisch vorhanden sind, gleichwohl jedoch faktische Wirkungen erzeugen – etwa bei der Auswahl von Informationsangeboten.

aus folgt: Menschen wissen im Grunde, dass ihre Wirklichkeit subjektiv ist; sie sind daher auf fortlaufende Bestätigung ihrer Wirklichkeitsentwürfe angewiesen und versuchen, diese durch fiktionale Strukturen abzustützen: a) durch Orientierung an **anderen** und b) durch Konstruktion von **Vorstellungen** über Wahrheiten. Damit machen sie Gebrauch von zwei neuzeitlichen kommunikativen Konstruktionsmöglichkeiten: Der Orientierung an der **öffentlichen Meinung** und der **Erzeugung von Images**.

11. Public Relations

Die Ausdifferenzierung des Kommunikationssystems und die daraus erwachsenden Folgen lassen sich nirgendwo besser demonstrieren als am Beispiel von Public Relations (PR). Die Entwicklung des jüngsten, emergierenden Subsystem des Kommunikationssystems erfolgt so rasant, dass die wissenschaftliche Verfolgung – dies im Übrigen nicht untypisch auch für die insgesamt sich ausdifferenzierende Kommunikationswissenschaft – kaum mithalten kann.

Im Folgenden werden zunächst Definitionen von Public Relations vorgestellt, gefolgt von einer Abgrenzung gegen verwandte Tätigkeitsfelder und einer Diskussion von Funktionen, Tätigkeitsfeldern und Tätigkeitsmerkmalen. Die weitere Diskussion der Professionalisierung von PR leitet über zur Frage nach einer Theorie der PR und schließt mit einer Darstellung der Entwicklung von PR unter evolutionärer Perspektive.

11.1 Zum Begriff von Public Relations

Der Grad der Professionalisierung eines Berufes lässt sich am ehesten an der Definition seines Erkenntnisgegenstandes ablesen. So gesehen ist PR – trotz erstaunlicher Fortschritte in den letzten zwei Jahrzehnten – von einem gefestigten Selbstverständnis noch weit entfernt.

Das zeigt sich in aller Deutlichkeit, wenn man nach dem *Begriff* von Public Relations fragt. Umschreibt Key (1961: 8) den affinen Begriff der öffentlichen Meinung eher hilflos als „heiliger Geist des politischen Systems“, so folgt ihm Pavlik (1987: 16) für den Begriff PR mit der Umschreibung „The nature of the beast.“ Haacke (1957: 129) beschreibt Public Relations gar als „Heimsuchung der Deutschen Publizistik“ und in dem von Noelle-Neumann u.a. (1994) in zweiter Auflage herausgegebenen *Lexikon Publizistik/Massenkommunikation* tauchen als Stichwortartikel weder Public Relations noch Öffentlichkeitsarbeit[106] auf. Dazu passt schließlich auch das überkommene, gleichwohl noch immer gängige Stereotyp, die Vertreter dieser Branche beharrlich als 'Sektglashalter mit Zahnpastalächeln, an Stresemann abgelöscht' oder als 'PR-Fuzzies' zu identifizieren. Ähnlich erging es dem Journalismus, denn gab es auch in der Frühzeit seiner Professionalisierung viele bösartige Sentenzen:

> „Gott im Himmel weiß, Blutdurst ist meiner Seele fremd, und eine Verantwortung vor Gott glaube ich auch in einem furchtbaren Grade zu haben, aber dennoch, dennoch wollte ich im Namen Gottes die Verantwortung auf mich nehmen, Feuer zu kommandieren, wenn ich mich zuvor mit der ängstlichen, gewissenhaftesten Sorgfalt vergewissert hätte, daß sich vor den Gewehrläufen kein einziger anderer Mensch, ja auch kein lebendes Wesen befände, als - Journalisten" (Sören Kieerkegaard, hier zitiert nach Eberhard Stammler: Die Kirche und ihre Presse. München 1959: 16).

Solche und andere Stereotype belegen, dass PR es bislang nicht vermocht hat, ihren eigenen Stellenwert öffentlich zu markieren, was angesichts der Bedeutung, die PR mittlerweile für die Gesellschaft besitzt, ausgesprochen bemerkenswert erscheint. Gleiches gilt für die Definition von PR: Der Begriff von PR ist nach wie vor unklar, umstritten und widersprüchlich.

Stark verkürzt bezeichnet PR die Gestaltung aller Beziehungen, die eine Organisation (Unternehmen, Person, Verband etc.) mit Hilfe kommunikativer Maßnahmen zur *internen/externen* Öffentlichkeit oder zu Teilöffentlichkeiten unterhält. Daraus folgt zunächst, dass es sich bei PR um intentionale (einseitig angestoßene) und zweckgerichtete Kommunikation handelt. *Albert Oeckl* definiert PR in diesem Sinne als

> „das wohlerwogene, planmäßige und unermüdliche Bemühen, gegenseitiges Verstehen und Vertrauen zwischen einem Auftraggeber und der Öffentlichkeit aufzubauen und zu pflegen" (Oeckl 1964: 31).

---

[106] Der Begriff Public Relations (der einen Plural darstellt, gleichwohl aber singularisch gebraucht wird) und der Begriff 'Öffentlichkeitsarbeit' werden hier und im Folgenden synonym verwendet. Der Begriff Öffentlichkeitsarbeit wurde von zwei Praktikern in die Literatur eingeführt: 1961 von *Graf von Zedtwitz-Arnim* und 1964 von *Albert Oeckl* (so Avenarius 1995: 3). Oeckl reklamiert allerdings für sich, dass er den Begriff 'Öffentlichkeitsarbeit' bereits 1950 in die Diskussion eingeführt habe (vgl. Kunczik 1993: 6).

Die Definition der *Deutschen Public Relations Gesellschaft* (*DPRG*) lautet hierzu: PR ist die

> „Gesamtheit der Grundsätze und Dispositionen, nach denen die Unternehmung die Beziehungen zur Öffentlichkeit pflegt und dauernd nach Mitteln und Wegen sucht, um eine positive Geisteshaltung der gesellschaftlichen Gruppen zu schaffen, zu erhalten und zu fördern" (hier zitiert nach Binder 1983: 14).

Diese Definition ist wie die vorhergehende unbrauchbar, weil sie sich an Wertungen bindet. Schon viel akzeptabler war da die Definition von PR als Handeln unter dem Motto „Tu Gutes und rede darüber", die Zedtwitz-Arnim (1961) in und mit seinem gleichnamigen Werk über PR durchzusetzen versuchte. Ähnlich, wenngleich weit weniger wertgeladen, definiert auch Meffert (1991: 493):

> „Die Öffentlichkeitsarbeit (Public Relations) bezeichnet [...] die planmäßige, systematische und wirtschaftlich sinnvolle Gestaltung der Beziehungen zwischen der Betriebswirtschaft und einer nach Gruppen gegliederten Öffentlichkeit (z.B. Kunden, Aktionäre, Lieferanten, Arbeitnehmer, Institutionen, Staat) mit dem Ziel, bei diesen Teilöffentlichkeiten Vertrauen und Verständnis zu gewinnen bzw. auszubauen."

Die kürzeste, aber nicht einfachste Definition liefern Grunig/Hunt (1984: 6): Public Relation wird hier verstanden als *„management of communication"*. Der Vorteil dieser Definition ist: Sie erklärt PR zu einer Technik des Umgangs mit Kommunikation, womit implizit unterstellt wird, dass alle Kommunikation PR-relevant sei oder sein kann.

Harlow (1976) schließlich hat 472 Definitionen gesammelt und gesichtet und entwickelt daraus eine 473te Definition, die sich wegen ihres Umfangs wie ein Katalog liest und wegen der Fülle der darin undefiniert auftretenden Begriffe ebenfalls problematisch erscheint:

> „Public relations is the distinctive management function which helps establish and maintain mutual lines of communication, understanding acceptance and cooperation between an organization and its publics; involves the management of problems or issues; helps management to keep informed on and responsive to public opinion; defines and emphasizes the responsibility of management to serve the public interest; helps management keep abreast of and effectively utilize change, serving as an early warning system to help anticipate trends; and uses research and sound and ethical communication techniques as its principal tools" (Harlow 1976: 36).

Das verweist unweigerlich auf die Frage, was Public Relations 'eigentlich' ist oder – in funktionalistischer Fragestellung – wozu PR gebraucht wird, was PR bewirkt. Dies führt auf eine Mikro- und eine Makro-Perspektive:

Riskiert man unter dieser Perspektive eine Durchmusterung der Aussagen über PR, so wird man bei der Definition von *Instrumenten* der PR, also auf der Mikro-Ebene von PR fündig. Ein Instrument von PR kann eine Pressemitteilung, ein persönliches Gespräch, ein Interview oder ein Bild sein. Radikalisiert man das dahinter stehende Konzept, so heißt das: Jeder Kommunikationsprozess kann einen Beitrag für PR leisten bzw. ist ein Akt der PR, wenn er zugleich *überzeugend* wirkt. Begreift man – letztlich in Anlehnung an die Rhetorik des *Aristoteles* – PR als *Überzeugungshandeln*, so ist jede Kommunikation in dem Maß PR, wie sie einen Beitrag zur Überzeugung leistet. Dieser Beitrag kann positiv bzw. negativ sein und maximal 100% bzw. -100% an Überzeugung besitzen (Abb. 59).

Abbildung 59: Kommunikation als Überzeugungshandeln

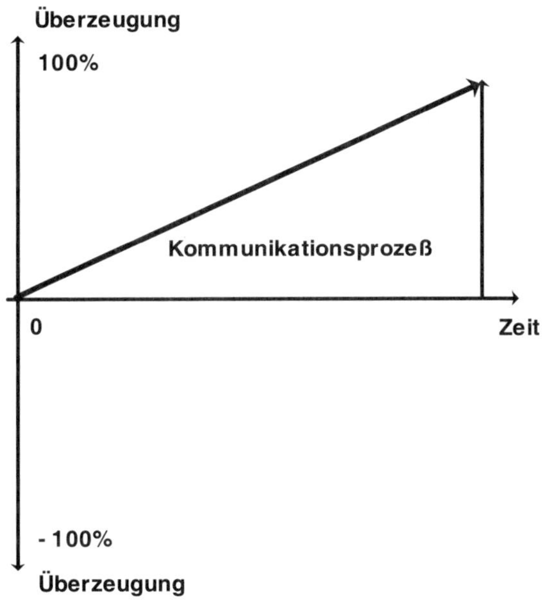

Aus der *Makro-Perspektive* heraus kann man sich fragen, was es bedeutet, wenn in der Folge der Evolution von Kommunikation sich Möglichkeiten einstellen, mit *fiktionalen* Größen gleichwohl *faktische* Wirkungen zu erzielen: Wie man unschwer zeigen kann (vgl. Merten 1998), funktioniert die Ausdifferenzierung einer Gesellschaft nur dann, wenn genügend integrative Kräfte mobilisiert werden können, die die ausdifferenzierenden Teilsysteme zusammenhalten: Durch Kommunikation. Daraus folgt, wie wir bereits wissen (➔ Kap. 9.1), dass das Kommunikationssystem stets schneller wachsen wird als die ausdifferenzierenden Teilsysteme und das bedeutet, dass Kommunikation zum führenden Teilsystem wird: Kein Absatz ohne Werbung, kein Wahlkampf ohne öffentliche Meinung, keine Kultur ohne Medien, kein Vertrauen ohne PR. Das Mediensystem übernimmt dabei immer mehr die Bereitstellung flächendeckender Wirklichkeitsentwürfe, wobei im Nebeneffekt Fakten und Fiktionen öffentlich immer weniger voneinander unterschieden werden können: Nur das ist relevant, was in den Medien ist bzw. umgekehrt: Was nicht in den Medien ist, ist nicht relevant.

Die Bedeutung von Kommunikation wird aber noch aus einer wirtschaftlichen Perspektive gestärkt: In modernen Wirtschaftssystemen postindustrieller Gesellschaften mit gesättigten Märkten und vergleichsweise ähnlichen konkurrierenden Produkten wird die Produktdifferenzierung zunehmend über den 'weichen' Erfolgsfaktor Kommunikation gesteuert: Das gewählte Design, die geschickte Werbung, das Image des Erfolgreichen haben nun einen ganz anderen Stellenwert als früher. Unter diesem Gesichtspunkt wächst der Druck partikulärer Interessen auf die Medien und zugleich wachsen die Gestaltungsmöglichkeiten fiktionaler Art: Events, wie z.B. Pressekonferenzen, Shows, Auftritte werden inszeniert, man braucht fiktionale Stellvertreter für Personen, Ideen, Ereignisse und Unternehmen: *Images*. Das schafft eine ganz neue Profession, deren Aufgabe die schnelle und passgenaue Konstruktion von wünschenswerter Wirklichkeit ist: Public Relations. Aus dieser konstruktivistischen Perspektive lässt sich PR definieren als *„Prozeß zur Konstruktion wünschenswerter Wirklichkeit"* (Merten 1992), der als solcher primär auf Kommunikation basiert: Kommunikation, um Kommunikation anzustoßen bzw. um damit Wirklichkeiten zu konstruieren. Von daher liegt PR auf einer *meta*-kommunikativen und damit auf einer strategischen Ebene, die von der Ebene der Kommunikation (auf der das Mediensystem agiert) gar nicht eingeholt werden kann.

Weiterführende Literatur:

Avenarius (1995: 51ff.); Merten (1992); Zerfaß (1996: 46ff.)

11.2 Abgrenzungen

Public Relations ist also ein vorsätzliches Handeln, das durch Management von Kommunikation Überzeugungen zu verändern sucht und damit Wirklichkeiten konstruiert. PR ist demgemäß langfristig angelegt und lässt sich gegen andere kommunikative Prozesse abgrenzen (Tabelle 13):

Tabelle 13: Überredung, Manipulation, Überzeugung

Funktion	**Überredung**	**Manipulation**	**Überzeugung**
Anwendung	*Werbung*	*Propaganda* (Publicity)	*Public Relations*
Ziel	Ausführung eines singulären Aktes	Akzeptanz einer vorgeg. Entscheidung	Erzeugung von Vertrauen
Situation	hier und jetzt	immer und ewig	auf lange Zeit
Mentaler Zugriff (Wirkung)	positiv besetzte Aspekte und Assoziationen betonend	ängstigend/verheissend, m. Ausschließlichkeitscharakter	vertrauensbildend, Glaubwürdigkeit steigernd
Modus	emotiv	emotiv/kognitiv	emotiv/kognitiv
Reflexive Modi	Bewertungen (sachl.), Erfolg (temp.), Orient. an anderen (soz.)	Reflexive Bewertungen ('Richtige Werte')	Bewertungen (sachl.), Erfolg (temp.), Orient. an anderen (soz.)

Überreden (*persuasive communication*) ist eine Funktion von Kommunikation, zugleich aber auch eine Wirkung. Überreden war in beiden Funktionen bereits in der antiken Rhetorik bekannt und wird in der Mediengesellschaft der *Werbung* zugesprochen wird.

Überzeugen unterscheidet sich von Überreden dadurch, dass Überzeugungen als Folge von Überzeugungskommunikation langfristig angelegt und auf das Bewusstsein gerichtet sind, während Überredung nur so lange vorhalten muss, bis der Akt, den die Überredung auslösen soll, erfolgt ist. Nach Kant (1968, Bd. 4: 687f.) ist eine Überzeugung ein Fürwahrhalten, das auf objektiven Gründen beruht, „wenn es für jedermann gültig ist, so fern er nur Vernunft hat." Überzeugung gilt als Grundfunktion von *Public Relations.*

Manipulation ist eine Sonderform der Überredung, die nicht nur, wie die Werbung, die besonders positiven Aspekte des auszuführenden Akts (bei Werbung: des zu kaufenden Produkts) betont, sondern zugleich auf geeignete Weise Sanktionen gegen die Person signalisiert, für den Fall, dass diese sich weigert, den gewünschten Akt (z.B. Kauf) auszuführen. Manipulation findet in der Propaganda Anwendung, die unter dem Begriff 'Publicity' zugleich eine Frühform von Public Relations darstellt.

Dabei liegt aller Propaganda folgende Struktur zugrunde: 1) Zunächst wird eine bestimmte Idee, ein ganz bestimmtes Handeln, ein ganz besonderes Produkt etc. 2) als einzig richtig propagiert und damit ein *Ausschließlichkeitscharakter* erzeugt: Dem Rezipienten wird damit jede Freiheit *eigener* Entscheidung vorab entzogen. Damit der Rezipient nun diese Vorabentscheidung aber auch akzeptiert, werden 3) positive und insbesondere negative Sanktionen skizziert, die 4) so formuliert werden, dass sie *nicht* überprüft werden können. Typisch hierfür ist, dass sie in die *Zukunft* verlegt werden – als Drohung oder auch als Heilsgewissheit.

Beispiel 37: Die christliche Lehre als Propaganda

Die Kernbotschaft des Christentums ist (wie im Übrigen auch die anderer Weltanschauungen) grundsätzlich als Typ von Propaganda anzusprechen:

1) Die bestimmte Idee, die propagiert wird, ist der Glaube an einen ganz bestimmten Gott.

2) Das Alleinstellungsmerkmal lautet „Ich bin der Herr, Dein Gott. Du sollst keine anderen Götter neben mir haben..."

3) Die Sanktion liegt in der Erfindung des Bösen, dem man – sofern man nicht gottgläubig wird – auf ewig und an dem mit besonderen Schikanen ausgestattetem Ort (die Hölle mit Fegefeuer und ewiger Verdammnis) ausgeliefert wird. Umgekehrt wird (weit weniger wirksam) das ewige Leben verheißen.

4) Die Nichtprüfbarkeit dieser Sanktionen ist – höchst raffiniert – auf ewig gesichert dadurch, dass diese Sanktionen erst *nach* dem Tode greifen.

11.2.1 PR versus Marketing

Vom gesellschaftspolitischen Verständnis her ist das Arbeitsziel von PR die langfristige Existenzsicherung von Organisationen. Insofern haben PR und Marketing gleiche Ziele, sie wählen jedoch unterschiedliche Wege und Methoden, um sie zu erreichen. Während

> „das Marketing das gesamte Unternehmen auf die Erfordernisse der Märkte ausrichtet, konzentrieren sich PR auf die situationsgerechte Positionierung des Unternehmens in der Öffentlichkeit. PR erfassen somit einen größeren Bereich in der Unternehmensumwelt als das marktgerichtete Denken und Handeln des Marketings" (Köcher/Birchmeier 1992: 37f.).

Das so formulierte Verhältnis zwischen PR und Marketing ist jedoch umstritten. So besteht auch die Ansicht, Marketing und PR stünden unabhängig nebeneinander, wobei es das Ziel des Marketings sei, Konsumentenbedürfnisse zu befriedigen und Gewinne zu machen. Das Ziel der PR läge dagegen in der Funktion, öffentlichen Goodwill zu realisieren.

Zimmermann (1998) argumentiert, dass *alle* Zielgruppen (d.h. die gesamte, so definierte Öffentlichkeit) im Prinzip Zielgruppen von PR sein können, während Marketing nur die Zielgruppe der Kunden als Zielgruppe anspreche. Von daher „ist das Marketing als Subkategorie der Public Relations zu interpretieren, als Vertiefung, Engführung und Professionalisierung der Kundenbeziehungen im Hinblick auf die Absatzstrategie eines Unternehmens" (Zimmermann 1998: 61, vgl. auch Köcher/Birchmeier 1992: 38).

11.2.2 PR versus Werbung

Ähnlich wie im Verhältnis von Marketing und PR gibt es auch – bei allen Unterschieden – Überschneidungen zwischen PR und Werbung. Viele Kommunikationsmittel und -methoden werden in beiden Bereichen genutzt. Die DPRG definiert:

> „Werbung sind alle Maßnahmen, die auf die unmittelbare Auslösung eines Kaufentschlusses oder auf die Inanspruchnahme von Dienstleistungen abzielen" (zit. nach: Brown 1982: 431).

Darüber hinaus können durch Werbung auch weitere Ziele angestrebt werden wie z.B. die Festigung des positiven Images eines Unternehmens oder die Einführung und Ankündigung neuer Produkte. Insofern können die Zielsetzungen von Werbung mit denen der PR übereinstimmen – *ohne* dass Werbung und PR übereinstimmen.

Typisch für Werbung und gleichzeitig Abgrenzungsmerkmale zur PR sind die ausschließlich öffentliche Präsentation der Werbung, das Beeinflussungspotential durch die mögliche Wiederholung der Mitteilung sowie die Ausdruckskraft und die Unpersönlichkeit, die durch die Vermittlung von Massenmedien und die Monologform hervorgerufen wird. Während Werbung kurzfristig einen Konsumentscheid für ein Produkt auslösen soll, ist PR nicht auf ein Produkt gerichtet, sondern arbeitet indirekt und langfristig zur Gewinnung von Vertrauen in der Öffentlichkeit. Werbung und PR setzen zwar häufig die gleichen Medien ein, jedoch in unterschiedlicher Form, mit verschiedener Zielsetzung und mit unterschiedlicher Intensität. Auch in Hinsicht auf die unterschiedlichen Zielgruppen lassen sich PR und Werbung unterscheiden. Während zum Beispiel die unternehmensinterne Öffentlichkeit für die PR sehr wohl von Interesse ist, wird sie von der Werbung nicht speziell angesprochen:

> „Während sich die Werbung auf Aussagen für den Absatzmarkt des Unternehmens beschränkt, richten sich PR-Botschaften an alle für das Unternehmen relevanten Zielgruppen. PR haben somit umfassendere Zielgruppen als die Werbung" (Köcher/Birchmeier 1992: 43).

Auch wenn Werbung und PR gleichermaßen eine positive Positionierung des Unternehmens in der Gesellschaft zum Ziel haben, ist der Umfang der verwendeten Instrumente unterschiedlich: Werbung kommuniziert ausschließlich über Medien, während die Öffentlichkeitsarbeit auch die persönliche Ansprache, die Beobachtung von Entwicklungen außerhalb des Unternehmens sowie die Planung und Einleitung von Maßnahmen gegen unternehmensbedrohende Strömungen umfasst.

> „Werbung und PR sind keine Alternativen, sondern ergänzen sich zu einem Kommunikationsmix. Obwohl sie zum Teil auf verschiedenen Ebenen wirken und sich im Ton der Ansprache und in der Fristigkeit ihrer Wirkung unterscheiden, kumulieren und potenzieren sie sich gleichzeitig, wenn sie gezielt und konzertiert eingesetzt werden" (Köcher/Birchmeier 1992: 43).

11.2.3 PR und Journalismus

PR hat sich vor allem aus dem Journalismus heraus entwickelt. Von daher ist zunächst anzunehmen, dass zwischen der Rolle des Journalisten und der des PR-Beraters[107] Ähnlichkeiten bestehen: Beide haben ihre Rolle im Mediensystem, das als ausdifferenziertes soziales System der Gesellschaft unter Nutzung eines binären Codes Information/Nicht-Information die Welt beobachtet (vgl. Luhmann 1996: 51).

Dies ist jedoch, wie Tabelle 14 zeigt, nur insofern (noch) der Fall, als das, was vom Journalisten erwartet wird, vom PR-Berater ebenfalls erwartet wird.

Tabelle 14: Journalismus und PR im Vergleich

Tätigkeiten/Merkmale	Journalist	PR-Berater
Handeln	*reagiert auf* Ereignisse, Anlässe	*erzeugt* Ereignisse, Anlässe
Qualifikation	hoch	hoch
Experte zum Thema	eher nein	eher ja
Ressourcen (Zeit, Mittel)	eher gering	eher hoch
Tätigkeiten	Auswahl, Prüfung, Recherche, Redaktion	Auswahl, Prüfung, Redaktion sowie Kontakt, Kreation, Organisation

Denn die Rollen von Journalisten und PR-Beratern sind, trotz gewisser epiphänomenaler Ähnlichkeiten, *von ihrer Funktion* her deutlich geschieden. Noch sehr vereinfacht kann man sagen, dass die Überzeugungsfunktion, die der PR-

---

[107] Die Berufsbezeichnung 'PR-Berater' ist die korrekte Übersetzung der Bezeichnung, die *Edward Bernays*, der Urvater der PR, zum ersten Mal gebraucht hat (*Counsel in Public Relations*). Gleichwohl ist sie ebenso unbefriedigend wie die Eindeutschung 'Öffentlichkeitsarbeiter'.

Berater auszuüben hat, sich ganz besonders auf seine wichtigste Zielgruppe richtet, nämlich die Journalisten, während die Funktion der Journalisten vor allem in der wahrheitsorientierten Berichterstattung von Relevanz liegt, also im Auswählen, Prüfen und Redigieren (vgl. Weischenberg 1995: 380) von Sachverhalten, deren Thematik *universell* ist und die ihm daher tendenziell wenig an Expertenwissen abfordern kann.

Die Rollentrennung zwischen PR und Journalismus ist insofern deutlich und verweist darauf, dass Journalisten und PR-Berater unterschiedlichen Teilsystemen des Kommunikationssystems zuzurechnen sind.

Auf der Ebene der *Organisation* wird auch die Redaktion als soziales System verstanden (vgl. Rühl 1969), innerhalb der der Journalist – aber nicht der PR-Berater – agiert. Bentele et al. (1997: 240) vertreten darüber hinaus die Ansicht, dass es sich bei Journalismus und PR um zwei eigenständige soziale Systeme handelt, die sich gegenseitig beeinflussen (*Intereffikation*) und auch Weischenberg begreift Journalismus als soziales System (vgl. Weischenberg 1997: 6).

Sehr viel schwieriger ist jedoch die Frage zu beantworten, wie das *Verhältnis* zwischen Journalismus und PR beschaffen ist. Analytisch gesehen setzt hier eine weitere, dritte Ebene sozialer Systembildung ein, nämlich die Kommunikation zwischen PR-Berater und Journalist. Sie lässt sich, wieder vereinfacht, als *Symbiose*, als Win-Win-Situation, als „Spiel mit gemischten Motivlagen" (Grunig et al. 1996: 218) beschreiben, die für beide Seiten nützlich erscheint:

Der Journalist verfertigt im Idealfall alle seine Beiträge selbst, dies aber unter hohem Zeitdruck. Er erbringt damit in der typischen Rolle des *Gatekeepers* eine spezifische kommunikative Leistung. Die Einführung der elektronischen Datenverarbeitung seit Ende der 70er Jahre hat die Berufsrolle des Journalisten tendenziell dahingehend verändert, dass für eigene Recherchen weniger Ressourcen an Zeit und Geld zur Verfügung stehen: Der Journalist sitzt mehr bzw. länger vor dem Bildschirm, der ihm helfen soll, mehr zu produzieren und er hat deswegen weniger Zeit zur Prüfung von Sachverhalten[108]. Die zu beobachtende Ausdünnung von Redaktionen, insbesondere von Lokalredaktionen, tut ein übriges. *Beide* Entwicklungen begünstigen verstärkt die Akzeptanz *fremd* recherchierter Information.

Der PR-Berater muss über adäquate journalistische Kompetenz verfügen. Er berichtet zwar nur über eine spezifische Thematik, die er jedoch hervorragend kennt und daher in der Regel korrekt und gleichzeitig attraktiv darzu-

---

108 Der Redakteur muss heute Themen suchen, recherchieren, redigieren, fotografieren, schreiben und layouten und dies möglichst an einem Tag und zu den verschiedensten Themenbereichen.

stellen versteht. Auch steht er weniger unter Zeitdruck und kann in der Regel mehr Aufwand für die Erstellung seiner Mitteilungen betreiben[109]. Aber er muss weitere Leistungen erbringen. Zunächst muss er den Anlass resp. das Ereignis für die Pressemitteilung sehen oder gar erzeugen – geplant im Rahmen einer PR-Kampagne, genötigt durch eine über Nacht hereingebrochene Krise – wie auch immer.

Die Mitteilung muss sodann den Weg in die Medien finden, was bedeutet, dass der interaktive Kontakt[110] zum Journalisten und die Kenntnis der zeitlichen und organisatorischen Bedingungen, unter denen der Journalist arbeitet, vom PR-Berater sorgfältig zu berücksichtigen sind. Diese Kommunikation funktioniert in der Regel, weil *beide* Seiten davon einen Nutzen haben:

Der Journalist erhält – zeit- und ressourcensparend – sorgfältig recherchierte und redigierte Mitteilungen, die in der Regel einer Überprüfung gut standhalten und daher von der Redaktion routinemäßig ohne Probleme übernommen werden können. Der PR-Berater ist erfolgreich darin, dass die für sein Anliegen wichtige Information publiziert wird.[111] Der Journalist übernimmt eine Pressemitteilung (mehr oder minder vollständig), weil ihm dies Zeit, Arbeit und Kosten spart. Da *sein* journalistisches Selbstverständnis es ihm zudem verbietet, als Verfasser des zu publizierenden Beitrags den eigentlichen Urheber ('Pressestelle der Organisation X') anzugeben, lässt er diese Angabe weg. Sein Gegenüber auf der PR-Seite ist daran interessiert, dass eine Berichterstattung möglichst so ausfällt, wie er sie – wünschenswert im Sinne seiner Organisation – formuliert hat. Die Publikation unter Weglassung des Urhe-

---

109 PR-Berater verfügen insofern über ein hohes Maß journalistischer Kompetenz, das hinter dem des Journalisten keinesfalls zurückstehen muss. Es ist daher keineswegs selten, dass große Unternehmen gerade exzellent schreibende Journalisten in ihre Dienste stellen.

110 Der Begriff 'Kontaktpflege' war der beste der schlechten Vorschläge, die aufgrund eines Preisausschreibens der *Zeit* im Jahre 1951 als Ersatz für den Begriff 'Öffentlichkeitsarbeit' prämiert wurden. Siehe dazu Binder (1983: 11).

111 Diese Interaktion zwischen Journalismus und PR ist zugleich der Prototyp für das, was oben als 'Konstruktion wünschenswerter Wirklichkeit' bezeichnet wurde: Weil die Pressemitteilung den Adel der Publikation erfährt, *ohne* dass der Name des PR-Beraters aufscheint, wird ein Stück Wirklichkeit konstruiert. Würde der Name des Verfassers bzw. des Unternehmens aufscheinen, wäre diese Konstruktion entwertet. Und da dies zugleich das Ansehen des Journalisten (des Mediums) herabsetzen würde, muss auch er ein Interesse haben, an dieser Konstruktion mitzuwirken.

bers[112] ist dann ein eindeutig konstruktiver Akt: Sie verleiht dem Inhalt des Beitrages durch Publikation *Relevanz* und sie verleiht dem Inhalt unter Elimination des Urhebers zugleich *Objektivität*, d.h. sie bringt ein *partikuläres* Publikationsinteresse zum Verschwinden, sie konstruiert Wirklichkeit durch Kommunikation.

Die Bereitwilligkeit von Journalisten, Pressemitteilungen etwa von Unternehmen zu akzeptieren, wird ergänzt durch Besuche vor Ort und anderswo, vorzugsweise natürlich bei wichtigen Anlässen und Pressekonferenzen. Zwar könnten die Journalisten ohne Zeitverzögerung die zu verbreitenden Mitteilungen direkt vor Ort in der Redaktion empfangen. Aber Journalisten sind nicht nur gründlich, sie sind eben auch Menschen.

Beispiel 38:

Ein großer Konzern veranstaltet jeweils am Vorabend der Bilanzpressekonferenz ein Treffen der Journalisten mit ausgesuchtem Programm und in ausgesuchtem Ambiente. Da Anreise, Aufenthalt und alles Übrige vom Konzern 'getragen' wird, müssten die Journalisten schon vorher wissen, dass sie 'Wohltaten' akzeptieren und sich demgemäß tendenziell abhängig machen, sie dürften an sich gar nicht auftauchen. Sie tauchen aber gleichwohl auf, und dies sogar in dreistelliger Zahl, *obwohl* für den Bericht über die Bilanzpressekonferenz mit Fax und Internet an jedem anderen Punkt der Erde das gleiche Informationsangebot wie vor Ort leicht herzustellen ist. Die Erklärung dafür ist nicht schwer: Die Journalisten kommen vor allem deshalb hin, weil auch *andere* Journalisten kommen und sie haben dabei vor allem deshalb wenig Berührungsängste, weil *andere* Konzerne es genauso machen.

Fragt man allerdings Journalisten, wie relevant für sie Pressemitteilungen sind, so erhält man ganz andere Antworten. Die Journalistenbefragung von Weischenberg (1997) zeigt, dass der Anteil der Kritiker an der Übernahme von PR-Leistungen am geringsten bei den Agenturen (34,5%), am stärksten bei den Journalisten des Ressorts Politik (59,5%) ausgeprägt ist (vgl. Weischenberg 1997: 7). In der Tendenz zeigt sich, dass die *Mehrheit* der Journalisten PR-Leistungen eher ablehnt als akzeptiert. Diese Ergebnisse beruhen auf einer Befragung von 1500 Journalisten durch die Universität Münster im Jahr 1993.

---

[112] Man kann diese Beziehung allerdings auch reziprok negativ formulieren: Der Journalist plagiiert einen Text, den der PR-Berater verfasst hat und der PR-Berater duldet dies, weil dadurch zugleich ein Partikular-Interesse, das dem Text anhaftet, verschwindet, weil es vom Journalisten im Rahmen seiner selektiven Entscheidungskompetenz in den Rang eines allgemeinen Interesses gehoben wird.

Dass die Ergebnisse dieser Befragung mit Vorsicht zu genießen sind[113], ergibt sich aus einer Analyse publizierter redaktioneller Beiträge, die Barbara Baerns (1985) als erste durchgeführt hat. Baerns (1985) hat in einer Untersuchung *den* Anteil redaktioneller Berichte der deutschen Tagespresse, die auf PR-Material beruhen, erstmalig gemessen. Dabei gelangt sie zu einem Wert von 62% (vgl. Baerns 1985: 91). Dieses Ergebnis stützt ihre *Determinationshypothese*: „Öffentlichkeitsarbeit hat die Themen der Medienberichterstattung [und] das Timing unter Kontrolle" (Baerns 1985: 98). Neuere Ergebnisse (vgl. Ruß-Mohl 1989) zeigen, dass dieser Wert in den USA mittlerweile bei etwa 80% liegt – mit steigender Tendenz[114].

Gegen diese *einseitige* Determination wenden sich Bentele et al. (1997) und versuchen, mit dem Begriff *Intereffikation* die Beziehung von Journalismus und PR zugleich auf allen drei Ebenen – der Systemebene von Journalismus und PR, der Organisationsebene von Redaktion und PR-Abteilung und der Interaktionsebene von Journalist und PR-Manager – zu beschreiben. Dabei gehen die Autoren von zwei Aktivitäten aus: *Induktion* als „intendierte und gerichtete Kommunikations*anregungen*" und Adaptionen als „kommunikatives und organisatorisches Anpassungshandeln" (Bentele et al. 1997: 241). Dieses Modell soll als theoretischer Ordnungsrahmen für empirische Studien dienen (vgl. Bentele et a. 1997: 242). Aber schon von seiner Konstruktion her[115] kann es den Einfluss von PR auf den Journalismus nicht griffig machen, weil es unzulässig versucht, Einflusshandeln gegen dessen Preis (Adaption) zu verrechnen. Dass im Übrigen effiziente PR ein gut funktionierendes Mediensystem voraussetzt, weil PR der „Parasit der freien Presse ist" (Kocks/Riehl-Heyse

---

[113] Wenn man Journalisten durch ein Forschungsinstitut einer Universität befragt, inwieweit sie bereit sind, zu plagiieren (i.e.: Pressemitteilungen zu übernehmen), dann muss man unterstellen, dass die Antworten verzerrt (reaktiv) ausfallen, weil weniger zugegeben wird als de facto getan wird. Von daher muss den Daten der Journalistenbefragung 1993 in diesem Punkt eine erhebliche Skepsis entgegengebracht werden.

[114] Gestützt wird die Annahme, dass der Einfluss von PR vordringt, wenn man das Verhältnis von Journalisten zu PR-Beratern betrachtet. In der Bundesrepublik liegt dieses Verhältnis (1998) bei 0,4 (50 000 Journalisten zu 16 000 PR-Beratern), in den USA liegt dieses Verhältnis bei 1,3 (122 000 Journalisten zu 162 000 PR-Beratern). Diese Daten sind allerdings mangels präziser Abgrenzungen vorsichtig zu interpretieren. Vgl. hierzu Cutlip et al. (1994: 27).

[115] Die Schwierigkeiten dieses Modell lassen sich an zwei Punkten festmachen: Zum einen wird der Begriff Intereffikation für drei verschiedene Systeme benutzt, was diesbezüglich deren identische Struktur und Funktion voraussetzen würde. Zum Zweiten werden die Referenzebenen des Systems Journalismus nicht von denen des Systems PR (das als solches zwar als existent behauptet, aber nicht definiert ist) unterschieden.

1997: 61), unterstreicht aus einer funktionalen Perspektive heraus, dass die Analyse von Strukturen des *Bargaining* (Induktion und Adaption) wenig über den Einfluss von PR auf das Mediensystem beitragen kann.

Denn der Einfluss von PR auf das Mediensystem steigt ungebrochen an: Wenn es – wie behauptet – richtig ist, dass politische, wirtschaftliche und andere Entscheidungen und Prozesse immer mehr kommunikativ abgestützt oder gar initiiert und durchgesetzt werden müssen, dann werden an den entsprechenden Entscheidungszentren immer mehr PR-Manager angesiedelt sein, die in ihrer Rolle als *Stellvertreter* die kommunikative Umsetzung betreiben. Daraus folgt, dass *alle* relevante Information über *alle* gesellschaftlich relevanten Angelegenheiten – insbesondere aus Politik und Wirtschaft – zuallererst bei PR-Managern abzurufen ist: PR-Manager sind damit zwangsläufig als die besten Informationsquellen anzusehen[116] und sie sind es umso mehr, je hochrangiger sie angesiedelt sind. Indikator dafür ist auch, dass der PR-Branche – neben der des Journalismus – die höchste Geschwätzigkeit aller Branchen attestiert wird. Dies kann man voreilig als Werturteil deuten; de facto muss man dies eher als einen Indikator für massiven, aktuellen Informationsdurchsatz würdigen.[117] Dass dies die konstruktive Funktion von PR systematisch unterstützt, sei ausdrücklich angemerkt. Gleiches gilt in noch stärkerem Maße für den Einsatz anderer Instrumente.[118] Und: Die hohe Schule von PR besteht ja gerade darin, Wirklichkeit durch PR so geschickt zu konstruieren, dass der unbefangene Beobachter dem Eindruck erliegt, das Konstrukt sei kein Konstrukt, sondern 'reale' Wirklichkeit. Das ist prinzipiell weder ethisch verwerflich noch steht in Konflikt mit der Wahrheit. Es ist – theoretisch gesehen – vielmehr die gesamtgesellschaftlich wirksame Installation eines Mechanismus, im Zeitalter von 'Mediengesellschaft' das Überangebot von Kommunikation durch einen weiteren, strategischen Typus von Metakommunikation sinnvoll zu reduzieren.

---

116 Da gerade die PR-Branche untereinander sehr stark vernetzt ist, heißt das natürlich auch, dass die PR-Branche *in toto* hervorragend informiert ist, was ihre Rolle als Informationsgeber weiter stützt.

117 Dabei spielt natürlich die informelle Kommunikation eine ganz besondere Rolle, weil sie mit einem einzigen Kommunikanten zu spezifischen Themen intim geführt werden kann, weil sie bei Bedarf nicht fossilierend gestaltet werden kann und weil die dafür bekannten Techniken der Informationsbeschleunigung ('Ich muss Dir ein Geheimnis verraten') ihre bekannte enorme Wirksamkeit entfalten.

118 PR versteht sich gerade auf die *Erzeugung* von Anlässen oder die Schaffung *synthetischer* Ereignisse wie Pressekonferenzen, Events etc. Wie die Semantik verrät, handelt es sich dabei expressis verbis um Prozesse, die mit dem Begriff 'Konstrukt' präzise umschrieben sind.

Weiterführende Literatur:

Avenarius (1995); Baerns (1985); Merten/Westerbarkey (1994)

11.3 Funktionen von PR

Die besondere Rolle, die PR als ein Typ von Metakommunikation in modernen Gesellschaften spielt, wird sehr viel deutlicher, wenn man nach den Funktionen von PR fragt. Gemäß der oben eingeführten Mikro-Perspektive von PR ist *Überzeugung* die basale Funktion aller Public Relations.[119]

Da PR eine zielgruppenspezifische Öffentlichkeit erreichen will, agiert sie notwendig auf eine *positive* Berichterstattung in den Medien hin: Kreativität ist gefragt, Dialog ist gewünscht. Mit anderen Worten: PR unternimmt kommunikative Anstrengungen *aller Art* zur Überzeugung der jeweiligen Zielgruppe. Dies kann selbstexplikativ (und dann absichtlich *oder* unabsichtlich) geschehen oder aber fremdexplikativ (und dann erklärtermaßen mit Absicht), z.B. durch Beauftragung einer PR-Agentur. Wenn positive Berichterstattung über ein Objekt zu Überzeugung führen soll, dann gibt es dafür zwei Wege: Erhöhung des positiven Gesamteindrucks, also die Verbesserung des *Images* resp. die *Erhöhung von Akzeptanz* und die Steigerung der Wahrnehmbarkeit des damit verbundenen Wahrheitsanspruchs, also die Steigerung von *Vertrauen und Glaubwürdigkeit* (vgl. Tab. 15).

Wird PR für eine Organisation betrieben, so liegt eine weitere Funktion in der *Schaffung von Interessenausgleich* zwischen Organisation und Öffentlichkeit. PR wird darüber hinaus eine gesellschaftliche *Integrationsfunktion* zugesprochen, weil sie hilft, Auseinandersetzungen infolge unterschiedlicher Interessen auf dem Markt der öffentlichen Meinung kommunikativ auszutragen: Befürworter und Gegner einer Angelegenheit können sich via PR in der Öffentlichkeit zu Wort melden, Argumente vortragen etc., so dass – tendenziell – ein Kompromiss gesucht werden kann (vgl. Avenarius 1995: 30ff.).

---

[119] Diese Feststellung hat allerdings zur Folge, dass die Intentionalität, die PR zugesprochen wurde, nicht mehr aufrechtzuerhalten ist: Auch unbeabsichtigte Kommunikation kann (selbstexplikativ) überzeugen.

Tabelle 15: Funktionen, Kompetenzen, Systematik und Zielgruppen von PR

Funktionen von PR	**Kernkompetenzen**	**Systematik von PR**	**Zielgruppen von PR**
Allgemeine Funktion: *ÜBERZEUGEN* a) selbstexplikativ b) fremdexplikativ **Spez. Funktionen:** **a) extern:** 1) Erhöhung des Bekanntheitsgrades 2) Erzeugung eines Images **Schaffung von:** 3) Akzeptanz 4) Vertrauen 5) Glaubwürdigkeit 6) Interessenausgleich **b) intern:** 1) Information 2) Motivation 3) Erzeugung von 'Wir-Gefühl' 4) Botschafterfunktion nach draußen	**Bereiche:** - Kommunikation - Redaktion - Konzeption - Management **Eingesetzt als:** **Fähigkeit** (= intellig. Problemlösungskompetenz), was voraussetzt: a) Intellektuelle Basis (**Wissen**) b) Handwerkliche Basis (Skills, **Fertigkeiten**)	**a) segmentär,** z.B. - Political Relations - Medical Relations - Human Relations - Financial Relations - ... **b) funktional:** - externe PR - interne PR **c) andere Diff.-Krit.** - Profit vs. Nonprofit - langfristige vs. kurzfristige PR - Typ von Medium (z.B. Pressearbeit, Lobbying)	**a) segmentär,** z.B. - Politiker - Ärzte - Mitarbeiter - Financiers - Medien - ... **b) funktional:** - externe Zielgruppen (u.a. Medien) - interne Zielgruppen (Mitarbeiter, Betriebsrat etc.) **c) andere Diff.-Krit.:** - Lieferanten - Kunden - Mitarbeiter - Medien

Ein Unternehmen kann zudem *gesellschaftliche Verantwortung* kommunizieren, was sich z.B. darin äußern kann, dass es sich unter Verzicht auf momentan mögliche Gewinne für das Allgemeinwohl verantwortlich fühlt und teurere, dafür aber umweltfreundlichere Produkte erzeugt. Diese Haltung kann durch PR kommuniziert werden und erbringt statt monetärer Gewinne einen Imagegewinn (der sich ggf. später auszahlt).

Die bisher beschriebenen wichtigsten Funktionen sind *externe* Funktionen, d.h. sie gelten für die Beziehung zwischen einer Organisation und ihrer Umwelt. Sofern die Organisation mehr als ein Mitglied umfasst, besitzt sie auch eine zweite, *interne* Öffentlichkeit. Demgemäß werden auch interne Funktionen unterschieden, nämlich a) die *Information* der Mitglieder einer Organisation über alle relevanten Angelegenheiten, b) die gerade durch bessere Information zu steigernde *Motivation* und c) die Erzeugung eines *Wir-Gefühls* bei den

Mitgliedern, das sich nicht nur formal im Corporate Design, sondern in einer gelebten Corporate Identity äußert. Da das Verhalten einer Organisation auch in der externen Öffentlichkeit wahrgenommen wird, ergibt sich aus den vorgenannten drei internen Funktionen eine vierte Funktion, die oft als *Botschafterfunktion* bezeichnet wird und von erheblicher Bedeutung ist. Genau dies drückt der Satz „PR begins at home" aus, der *Edward Bernays* zugeschrieben wird.

Weiterführende Literatur:

Merten (1992); Avenarius (1995)

11.4 Tätigkeitsfeld von und Anforderungen an PR

Die wachsende Bedeutung von PR lässt sich auch an der raschen und andauernden Ausdifferenzierung sowohl ihres Tätigkeitsfeldes als auch ihrer Anforderungen dokumentieren.[120]

11.4.1 Das Tätigkeitsfeld von PR

Das Tätigkeitsfeld von PR ist weit gespannt. Eine Beschreibung kann wegen dessen Vielfalt nicht, wie ggf. bei anderen Berufen (z.B. bei Journalisten oder Medizinern) nach einem einzigen Kriterium erfolgen:

Geht man *segmentär* vor, dann erfasst man gesellschaftliche Teilsysteme mit ihrer spezifischen PR, z.B.

Wirtschaft	-	unternehmensbezogene PR (klassische PR)
Politik	-	Political Relations (Public Affairs)
Gesundheit	-	Medical Relations
Finanzen	-	Financial Relations
Kultur	-	Cultural Relations (z.B. Sponsoring)
Soziales	-	Human Relations (z.B. Moderations-PR)

[120] Als nicht untypisches Beispiel: Die Landesregierung NRW wollte 1996 im Ruhrgebiet eine forensische Klinik für Sexualstraftäter bauen. Wegen des massiven Protests der Bevölkerung wurde dieser Plan aber fallengelassen. Die Landesregierung wollte keine weiteren Proteste und schrieb daher 1998 eine *PR-Kampagne* zur definitiven Standortbestimmung dieser Klinik aus.

Eine entsprechende Feindifferenzierung bei Reineke/Eisele (1994: 69ff.) listet 85 PR-Tätigkeitsfelder auf. Des Weiteren lässt sich eine Differenzierung von PR-Tätigkeiten nach *Anlässen* vornehmen, z.B.

Veranstaltungen	-	Veranstaltungs-PR
Krisen	-	Krisen-PR
Aktionen	-	Event-PR
Messen	-	Messe-PR

oder auch nach *kommunikativen* Tätigkeiten (z.B. Verfassen von Pressemitteilungen, Moderations-PR, Lobbying etc.). Schließlich lässt sich eine Differenzierung nach *Typ der Organisation* vornehmen. Folgt man diesem Kriterium, so kann man – rollenbezogen – PR-Tätigkeiten unterscheiden, vornehmlich nach a) Unternehmens-PR, b) Agentur-PR, c) Nonprofit-PR, nach d) der vergleichsweise häufig vertretenen Rolle des Pressesprechers und schließlich nach e) der Rolle des selbständigen PR-Beraters.

11.4.2 Anforderungen an PR

PR ist – wie der Journalismus – nicht zugangsbeschränkt: Jeder darf sich 'Journalist' oder 'PR-Berater' nennen. Gerade unter dieser Perspektive aber sind die Anforderungen an einen PR-Berater ausgesprochen hoch. Als Kernkompetenzen gelten:

a) *Kommunikation* (Herstellung und Pflege von Kontakten)

b) *Redaktion* (von Pressemitteilungen, Broschüren, Berichten etc.)

c) *Kreation* (Entwickeln von Konzeptionen)

d) *Management* (Organisation, Planung von und Entscheidung über Kommunikation etc.)

Eine 1997 durchgeführte Umfrage bei 1200 PR-Beratern über das Berufsbild von PR-Schaffenden förderte – differenziert nach Organisationstyp (Agentur, Unternehmen, Nonprofit-PR, Pressesprecher und PR-Berater) – weitere Ergebnisse zutage, die insgesamt sowohl die rasche Ausbreitung als auch die wachsende Professionalisierung von PR belegen (vgl. Merten 1997).

Die Frage nach den für PR wichtigsten *Fähigkeiten, Wissensbereichen und persönlichen Eigenschaften* ergab folgendes Bild (Abb. 60):

Abbildung 60: Relevante Wissensbereiche und Fähigkeiten für PR

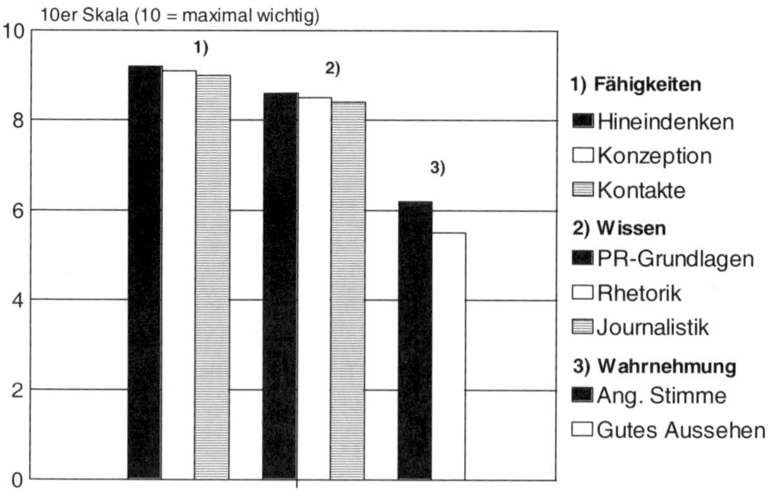

Als wichtigste (geistige) *Fähigkeit* gilt 'Sich schnell in eine Sache hineinzudenken' (Skalenwert: 9,2), gefolgt von 'Entwerfen von Konzeptionen' (Skalenwert: 9,1) und 'Vermittlungskompetenz/Kontakte herstellen' (Skalenwert: 9,0).

Als wichtigster *Wissensbereich* für PR-Tätigkeit gilt 'Systematische PR' (Skalenwert: 8,6), gefolgt von 'Rhetorik' (Skalenwert 8,5) und 'Grundlagen der Journalistik' (Skalenwert: 8,4).

Als wichtigste *persönliche Eigenschaften* gelten Intelligenz und Flexibilität (beide Skalenwerte: 9,0), während die Relevanz 'guten Aussehens' nur einen Skalenwert von 5,5 und die Frage nach 'Begabung für PR' nur einen Skalenwert von 6,6 Punkten erreicht. 'Begabung' gilt alltagswissenschaftlich als eine nicht erlernbare, besondere Befähigung für die Erbringung bestimmter handwerklicher, künstlerischer oder geistiger Leistungen. Das Vorhandensein einer 'Begabung' hat jedoch in Bezug auf die Ausübung praktischer Berufstätigkeit – gut erkennbar etwa im Journalismus – in dem Maß an Bedeutung verloren, in dem die Vermittlung systematischen Wissens und einer daran zu knüpfenden systematischen (wissenschaftlichen) Ausbildung beständig an Relevanz zunehmen. Damit wiederholt sich im Berufsfeld PR die gleiche Entwicklung wie vor etwa 20 Jahren im Journalismus, wo die Diskussion um Begabungsberuf vs. Ausbildungsberuf schließlich zugunsten des letzteren beendet wurde (vgl. Hömberg 1978: 10ff. sowie Bentele/Szyszka 1995: 39ff.).

Für die Ermittlung eines Anforderungsprofils für PR wurde schließlich auch das Zeitbudget (ad 100%) anteilig nach verschiedenen Aktivitäten erfragt. Es zeigt sich, dass die vier als typisch für PR definierten Funktionen *Kreation* (Konzeptionstätigkeit) 30,9%, *Kontakt* (inkl. Beratung) 26,4%, *Redaktion* 18,2% und *Management* (Organisation) mit 11,4% insgesamt 86,9% des Zeitbudgets ausmachen. Diese Spezifizierung und die Marginalisierung eher fachfremder Tätigkeiten[121] sind zugleich wichtige Hinweise für die mittlerweile stringente Abgrenzung von Public Relations gegenüber anderen Berufsfeldern, insbesondere zu Werbung, Journalismus und Marketing. Im Vergleich zu anderen Untersuchungen (vgl. Haedrich 1994) zeigt sich schließlich, dass der Anteil der Akademiker in der PR-Branche, der 1981 nur 41,1% betragen hatte, mittlerweile bei 78,7% liegt. Die Ergebnisse dieser Umfrage zum Anforderungsprofil von PR gelten im Übrigen durchgängig für die unterschiedlichen Tätigkeitsfelder von PR und sind ebenso indifferent gegen den Einfluss beruflicher oder demographischer Variablen, d.h. sie sind *stabil*. Auch dies signalisiert die wachsende Professionalisierung des PR-Berufes.

Weiterführende Literatur:

Haedrich (1994); Merten (1997); Bentele/Szyszka (1995)

11.5 PR als Wissenschaft

Das sich durchsetzende Verständnis von PR als Führungstätigkeit, die Entwicklung des PR-Feldes zu einer Profession, die flächendeckend den Markt der öffentlichen Meinung beeinflusst und Timing und Themenagenda der Medien kontrolliert, macht die wachsende Relevanz von PR für die Steuerung der Gesellschaft evident. Damit erhebt sich zugleich die Frage nach einer Wissenschaft von PR, die sowohl auf der theoretischen Ebene als auch auf der Ebene wissenschaftlicher Disziplinen zu diskutieren ist. Geht man von originären PR-Tätigkeiten aus, so lassen sich zumindest folgende Aktivitäten benennen und theoretischen bzw. methodischen Entwicklungen zuordnen (Tabelle 16):

1) Analysekompetenz für die Analyse von Meinungen, Einstellungen, Images, Motiven etc. von Zielgruppen und Medien, Analyse von Medienwirkungen, betriebswirtschaftliche Effizienzanalyse
2) Mitteilungskompetenz für die Formulierung kommunikativer Botschaften an unterschiedliche Zielgruppen
3) Vermittlungskompetenz (Kontakt, Rede, Diskussion, Moderation)

---

[121] So ist der von Haedrich (1994: 9) mitgeteilte Zeitaufwand von 10,3% des Zeitbudgets eines PR-Beraters für Layout und für Film/Photo/AV-Produktion von 1981 bis 1996 auf 6,1% (59%) des Zeitaufwandes abgesunken.

4) Managementkompetenz (Planung und Strukturierung von Kampagnen, Events, Krisen, Konfliktmanagement)
5) Kreative Kompetenz (Entwicklung von Konzeptionen, Events etc.)
6) Führungskompetenz (Management der Kommunikation nach außen und nach innen)

Resümiert man diesen Katalog, so muss man zunächst nochmals in Erinnerung rufen, dass der PR-Beruf einen Integrationsberuf darstellt, der im Grunde die Kompetenzen gleich für mehrere Berufe (vor allem: die des Journalisten und des Managers fordert). Da jeder dieser Berufe mittlerweile eine akademische Ausbildung voraussetzt, ist die Folgerung für den PR-Beruf eindeutig.[122]

Tabelle 16: Regression von PR-Kompetenzen auf theoretische und methodische Kompetenz

PR-Kompetenz	Aktivitäten	Theorien	Methoden
Analysekompetenz	Situationsanalyse, Evaluation	Theorien der Effizienzanalyse, Theorien der Medienwirkung	Befragung, Beobachtung, Inhaltsanalyse, Statistik, EDV
Mitteilungskompetenz	Verfassung von Texten	Journalistik, Medientheorien	Recherche, Redaktion
Vermittlungs-kompetenz	Kontakt, Rede, Moderation, Präsentation	Rhetorik; Theorien persuasiver Kommunikation	Moderationstechnik, Überzeugungs-techniken
Management-kompetenz	Organisation von Kommunikation	Planungs- und Entscheidungs-theorie	Methoden der Organisation
Kreative Kompetenz	Konzeptionierung, Präsentation	-	Kreativitäts-techniken
Führungskompetenz	Personalführung	Personal Management	Social Skills

[122] Die zusätzliche Forderung nach kreativer Kompetenz weist aber auch daraufhin, dass a) entweder ein Element kreativer Begabung *zusätzlich* erwartet wird oder dass b) die Wissenschaft sich um Theorien der Kreativität bislang unzureichend Gedanken gemacht hat, so dass hier noch einiger Wildwuchs herrscht. Dass dieser nicht aufgearbeitet wird, liegt in der Sache selbst begründet: Kreativität und Chaos kommen gut miteinander aus.

Des Weiteren zeigt sich, dass – sowohl von den Theorien als auch von den Methoden her – überwiegend *kommunikationswissenschaftliche* Theorien und Methoden Anwendung finden. Dies rechtfertigt es, eine Wissenschaft von Public Relations bei den Sozialwissenschaften, vorzugsweise bei der Kommunikationswissenschaft zu verorten. Dafür hat sich im Übrigen schon die erste internationale Konferenz von PR-Gesellschaften im Jahr 1978 ausgesprochen (vgl. Simon 1980; Botan 1989).

„Ist Public Relations eine Wissenschaft?" – Mit dieser provokativen Frage hat auch die Quandt-Stiftung 1990 eine internationale Tagung in Salzburg bestritten. Eine Antwort lässt sich aus der Diskussion der dort verhandelten Beiträge – mit einiger Vorsicht – herauslesen: PR hat den Schritt zur akademischen Disziplin schon getan, aber „die Verwissenschaftlichung des Gegenstands Public Relations hat insgesamt erst eine bescheidene Qualität erreicht" (Saxer 1992: 75). Und Botan ergänzt:

> „The conference call ‚is public relations a science?' is meaningful. Answering the question requires going beyond business practices and individual national experiences to development of theories which address the central question of public relations, how communication is used to adapt the relationship between organizations and their publics" (Botan 1992: 25f.).

Auf die Frage, welche Theorien für eine Theorie der PR, wenn nicht tragfähig, so doch anwendbar sind, gibt es mittlerweile eine ganze Reihe von Antworten, die sich allerdings auf sehr unterschiedlichen Abstraktionsebenen bewegen.

Zum einen gibt es eine Fülle von Ansätzen mit unterschiedlichem theoretischen Anspruch – von der Massenpsychologie bis zur persuasiven Kommunikation, von der subliminalen Wahrnehmung bis zur Anwendung der Spieltheorie –, die sich mehr oder weniger zentral auf Probleme von PR anwenden lassen, aber wenig Erklärungskraft, insbesondere für den *gesamten* PR-Prozess aufbieten können (vgl. dazu ausführlich Kunczik 1993: 88ff.). Zudem geistern noch immer vorwissenschaftliche Faustformeln in der Praxis herum. Die Summenformel „Öffentlichkeitsarbeit = Information + Anpassung + Integration" von Oeckl (1976: 19) ist der bekannte Prototyp hierfür.

Sodann gibt es spezifische Kommunikationsmodelle, die dem Prozess von PR zugrunde gelegt werden können. Dazu zählt z.B. der verständigungsorientierte Ansatz von Burkart (vgl. Burkart 1993), der für bestimmte Problemlagen von PR als Konfliktlösungsmodell verwendbar ist.

Auf einer abstrakteren Ebene gibt es eine Reihe von systemtheoretisch orientierten Ansätzen. Dazu zählt etwa das Modell von Hazleton (1992). Noch komplexer ist das von Ronneberger/Rühl (1992) entwickelte PR-Modell, das sich ebenfalls auf die Systemtheorie stützt, als Drei-Ebenen-Modell konstruiert ist und damit auch die Gesamtgesellschaft einbeziehen möchte. Die Autoren räumen allerdings ein, dass „diese Modellvorstellung von PR-Systemen (nur) als erster Forschungsschritt betrachtet und an dieser Stelle nicht weiter ausgearbeitet werden (soll)" (Ronneberger/Rühl 1992: 93).

Eine Sonderrolle spielen die vier Modelle von Grunig/Hunt (1984), weil sie – im Gegensatz zu den meisten anderen – in der Praxis angewendet werden und in ihrer chronologischen Abfolge eine Entwicklung von PR von der Propaganda zum Dialog hin beschreiben. Auf dieser Entwicklungslinie von PR zum Dialog bauen denn auch weitere Anstrengungen zur Modellierung von PR als Dialog auf (vgl. dazu ausführlich Bentele/Steinmann/Zerfaß 1996). Allerdings hat Grunig sich mittlerweile von seinen vier Modellen vorsichtig distanziert und ein fünftes Modell – das zweiseitige Modell exzellenter Öffentlichkeitsarbeit vorgestellt, das als ein Nicht-Nullsummenmodell konzipiert ist und PR dann als erfolgreich ausweist, wenn *beide* Seiten – Organisation und Öffentlichkeit – aus PR einen Nutzen ziehen (also innerhalb einer Win-Win-Zone agieren) (vgl. Grunig et al. 1996).

Im Versuch, das aktuelle Feld theoretischer Anstrengungen für eine Theorie der PR zu resümieren, kann man folgende Feststellungen treffen:

1) Solange das Erkenntnisobjekt PR nicht präzise definiert ist, ist es schlechterdings nicht möglich, Theorien über PR als brauchbar oder weniger brauchbar einzustufen.

2) Die Formulierung von Theorien sollte – gerade für eine auf praktische Anwendbarkeit verpflichtete Disziplin Public Relations – stets vor dem Hintergrund ihrer Anwendbarkeit erfolgen. Das aber setzt voraus, dass man den Grad des Anspruchs auf Fruchtbarkeit, den eine Theorie für sich reklamiert, also deren Funktion, vorab markiert.

Weiterführende Literatur:

Bentele/Steinmann/Zerfaß (1996); Grunig et al. (1996); Ronneberger/Rühl (1992)

11.6 Zur Entstehung von Public Relations

Die Entstehung von Public Relations kann man zunächst an der Verwendung des Begriffs 'Public Relations' festmachen. Er wurde – soweit abzusehen – erstmals 1882 an der *Yale University*, New Haven, gebraucht[123]. Wenige Jahre später wurde er dann bereits in seinem heutigen Sinn, benutzt – PR also, um „in breiten Kreisen Verständnis für die Politik der Standard Oil zu schaffen" (Oeckl 1993: 17).

Die Entstehung von PR lässt sich jedoch nicht allein an einem Begriff festmachen, sondern allenfalls an PR-typischen Handlungsweisen resp. Einsatz von PR-Instrumenten nonmedialer Art[124]. Fragt man unter diesem Aspekt nach der Entstehung von PR, so ist sie so alt wie die Menschheit selbst, denn Selbstdarstellung in der Öffentlichkeit (etwa anlässlich von Märkten, Gerichtsverhandlungen oder rituellen Handlungen) oder Versuche der Beeinflussung der öffentlichen Meinung sind jeder Kultur eigen (vgl. Grunig/Hunt 1984: 21 sowie Avenarius 1995: 64ff.). Gleichwohl liefert auch eine entsprechende Analyse von Handlungsweisen und Instrumenten letztlich nur den Nachweis, *dass* sie vorfindlich waren. Aber *beweist* dies das Vorhandensein von Public Relations?[125]

Nimmt man jedoch die hier vorgeschlagene Überlegung auf, dass Überzeugung die genuine Funktion von PR ist, dann gerät *Aristoteles*, der Urvater der Kommunikationsforschung, mit seiner Rhetorik ins Blickfeld. Bei *Aristoteles* (1959: 32) heißt es nämlich:

> „Die Kunst der Rede besitzt, wer bei jedem Gegenstand die durch ihn möglichen Überzeugungsmittel zu überblicken weiß. Denn dafür ist keine andere Kunst zuständig, weil jede andere nur über den ihr eigenen Gegenstand lehrt und überzeugt, z.B. die Heilkunst über Gesundes und Ungesundes, die Geometrie über die Eigenschaften der Größen, die Arithmetik über die der Zahlen, und entsprechend auch die anderen Künste und Wissenschaften. Nur die Redekunst scheint

---

123 Andere Autoren berichten – allerdings ohne Quellenangabe – dass *Thomas Jefferson*, der dritte Präsident der Vereinigten Staaten, diesen Begriff 1804 zum ersten Mal verwendet haben soll.

124 Die Erforschung von PR vor Erfindung von Medien dürfte sich daher ausgesprochen schwierig gestalten, die vor Erfindung der Schrift so gut wie unmöglich.

125 *Martin Luther* wird wegen seines öffentlichen Thesenanschlags oft als PR-Mann in Anspruch genommen. Die Frage ist nur: War das ein Akt geschickter PR, den sich *Luther* ausgedacht hatte? Oder war es nicht vielmehr Ausdruck einer starken religiösen Überzeugung? Solange diese Frage nicht durch die genaue Klärung von *Luthers* **Intention** (etwa anhand von dessen Aufzeichnungen) positiv zu beantworten ist, kann man redlicherweise nicht von PR sprechen.

> imstande zu sein, sozusagen bei jedem vorgelegten Gegenstande zu überschauen, was an ihm überzeugend ist, weswegen wir auch behaupten, ihr Betätigungsfeld liege nicht auf einem eigenen bestimmt abgegrenzten Gebiet."

In der Antike war die Schrift als kommunikative Technik nur den Gebildeten bekannt. Überzeugung war mithin nur durch drei Modi zu erzielen: Durch konkretes, wahrnehmbares Geschehen (Ereignisse, Verhalten), durch Selbstdarstellung und durch Kommunikation (Rede).

Geschehen, als real beobachtbarer Modus, kann kommunikativ *selbstexplikativ* sein, d.h. es kann einen Bezug zu einer wie auch immer positiv oder negativ besetzten Norm (des Guten, Schönen, Reichen, Gesunden, Erfolgreichen etc.) aufweisen, der unmittelbar *evident* und damit kommunikativ verwertbar ist[126]. Geschehen kann aber auch *fremd expliziert* werden – eben durch Anwendung des hier so bezeichneten kommunikativen Konstruktionsprinzips.

Selbstdarstellung ist an eine handelnde *Person* gebunden und besitzt eine aufwendige, *reflexive* Struktur, weil Selbstdarstellung vom jeweiligen Darsteller bereits bindend eine Vorstellung erfordert, wie seine Darstellung von *anderen* wahrgenommen wird. Techniken der Selbstdarstellung sind unter PR-Aspekten eine ergiebige, bislang wenig erforschte Quelle.[127] Der Begriff 'Personalisierung', der viel später in der Mediengesellschaft – etwa im Begriff 'Star' – wieder

---

[126] Damit sind Beispiele wie der strahlende Sieger nach dem Endspurt, das düstere Schweigen am Grabe, der Einsturz einer Brücke, die Aggressivität einer aufgebrachten Menge etc. gemeint. Kommunikationstheoretisch gesprochen ist in solchen Fällen die kommunikative Dimension intrinsisch codiert, d.h. die Kommunikationsmodalität fällt noch mit dem realen Verhalten zusammen (vgl. dazu Ekman/Friesen 1969).

[127] Unter diesem Aspekt ließen sich Strukturen der Selbstdarstellung, die z.B. auf Kleidung, Pomp, Hofhaltung und Zeremonien beruhen, gewinnbringend analysieren, insbesondere die gezielte Betonung des Kopfes durch entsprechende Kopfbedeckung: Kronen, Helme und Hüte, daran befestigte Pickel, Hörner, Geweihe, Federn, Flügel, durch hochgesteckte, aber auch durch offen fallende Haartracht in Form von Perücken und, für besondere Zwecke, durch die Erfindung des Heiligenscheins.

auftaucht, ist schon hier zu verorten. Und wer sich selbst gut 'zu verkaufen' weiß, dem traut man auch zu, dass er für andere Dinge gut ist.[128]

Der dritte Modus[129], die *Kommunikation* (Rede), macht systematischen Gebrauch vom Medium der Sprache. Sprache war zunächst dazu da, 'reale' Wirklichkeit so authentisch wie möglich kommunikativ abzubilden, so dass die Kategorie der Wahrheit hier eine besondere Rolle spielt.[130] Sehr schnell zeigte sich jedoch, dass die durch Sprache etablierte kommunikative Wirklichkeit insgesamt keineswegs immer affin zur 'realen' Wirklichkeit sein *muss*. Sie generiert damit eine eigene Wirklichkeit, die ihrerseits Wirkungen auf die zugrundeliegende 'reale' Wirklichkeit ausüben kann: Die Rede wird in allen zivilisierten Gesellschaften zur zentralen Überzeugungstechnik, deren Glaubwürdigkeit und Überzeugungskraft aber nicht mehr nur durch die Wahrheit der Argumente, sondern hilfsweise auch durch Nutzung der anderen Modi befördert werden kann – etwa durch den überzeugenden Verweis auf selbstexplikatives Geschehen und/oder durch die erfolgreiche Selbstdarstellung des Redners.

Selbstexplikatives Geschehen, Selbstdarstellung und Rede verweisen damit bereits auf elementare Prinzipien von Public Relations: Geschehen aller Art kann auch dann explikativ, also kommunikativ evident sein, wenn es gelingt, dieses *fremd* zu explizieren. Genau das ist Aufgabe von Public Relations.

Aus der Kategorie der Selbstdarstellung lässt sich ableiten, dass sie eine Identität nach *innen* voraussetzt, die andererseits zugleich darstellend nach *außen* wirksam ist: Hier wird ein weiteres Prinzip sichtbar, das in der Kommunikationsforschung keineswegs unbekannt ist und das hier als *kommunikatives*

---

[128] Dass die Kunst der Selbstdarstellung hochwirksam ist, wissen wir nicht erst aus der Tatsache, dass, wer Präsident der Vereinigten Staaten werden will, gute Chancen hat, wenn er vorher als Schauspieler reüssiert hat, sondern bereits aus der Verhaltensforschung. Man hat z.B. einer Spezies von Goldhamstern, die auf dem Brustfell einen schwarzen, kreisförmigen Fleck besitzt, der sich beim arttypischen 'Drohen' erheblich vergrößert, künstlich mit Farbe einen größeren Fleck aufgemalt. Der Erfolg dieser Maßnahme war stets eindeutig: Die Tiere nutzten den größeren Fleck für ein erfolgreicheres Drohverhalten, was stets den Effekt hatte, dass die damit ausgestatteten Exemplare aus Drohsituationen jeweils siegreich hervorgingen und zu dominanteren Tieren heranwuchsen (vgl. Payne/Swanson 1972).

[129] Selbstverständlich kann man die Rede als ein Element der Selbstdarstellung begreifen. Sie wird jedoch hier gesondert betrachtet, weil ihre *sprachliche* Verfassung eine völlig neue Dimension eröffnet.

[130] Und nicht nur das: Sie wurde sofort reflexiv eingesetzt, nämlich in allen Formen der Bekräftigung oder der eidlichen Versicherung, die im Prinzip stets die gleiche Struktur besitzen ('Es ist wahr, dass ich die Wahrheit sage').

Transferprinzip bezeichnet werden soll.[131] Jahrtausende später wird dieses Prinzip von Public Relations im Konzept der *Corporate Identity* neu entdeckt.

Die Rede verweist gleich auf zwei strukturelle Elemente von PR: Zum einen setzt sie – sei es als Ratsrede, die in die Zukunft gerichtet ist, als Gerichtsrede, die Vergangenes zu beurteilen sucht oder als Lobrede, die einen in der Gegenwart Anwesenden preisen möchte – die Anwesenheit und wechselseitige Wahrnehmbarkeit der Zuhörer voraus: *Zielgruppe und Öffentlichkeit* fallen hier noch zusammen.

Zum anderen wird am Beispiel der Rede erstmalig evident, dass Menschen ihr Handeln stets an zwei Wirklichkeiten orientieren: an einer mehr oder minder autoptischen Wirklichkeit des Faktischen, die für den Einzelnen selbst noch erfahrbar und prüfbar ist und an einer zweiten, kommunikativen Wirklichkeit, die ihren Mangel an Überprüfbarkeit durch die Schnelligkeit ihrer Erzeugung und Veränderung allemal kompensieren kann und damit in der Lage ist, mit fiktionalen Elementen faktische Wirkungen zu erzielen. Dieses *kommunikative Transformationsprinzip*, dessen Bedeutung mit dem Wachstum des Kommunikationssystems neuzeitlicher Gesellschaften zunimmt, stellt den Nährboden für die Entwicklung von PR dar.

Kommunikatives Konstruktions-, Transfer- und Transformationsprinzip sind originäre Modi von Public Relations – und sie sind offenbar so alt wie die Menschheit selbst[132].

11.6.1 Medienevolution und PR

Das Wachstum von PR ist untrennbar mit der Evolution des Mediensystems verbunden. Längst hat sich das Kommunikationssystem zum führenden gesellschaftlichen Teilsystem entwickelt, so dass wir heute – zu Recht – von *Mediengesellschaft* sprechen: Mediengesellschaft, in der nur das wirklich ist, was in den Medien ist.

Die Evolution von Kommunikation hat weitere Konsequenzen. Geht man gemäß dem 'Basistheorem des Konstruktivismus' davon aus, dass das kogni-

---

131 Aus der Imageforschung ist z.B. bekannt, dass es einen Imagetransfer von Kompetenzen einer Idolperson auf Produkte, mit denen diese Person assoziiert wird, gibt.

132 Das Konstruktionsprinzip erzeugt Anlass und Ansatzpunkt für PR; das Transferprinzip lässt sich für das 'Aufladen' von Images mit positiven Facetten nutzen. Das Transformationsprinzip erlaubt schließlich eine kommunikative Umsetzung, die sich von den realen Fakten lösen kann. Zu ergänzen wären diese Prinzipien ggf. um ein 'Prinzip der Erfahrung', das Einsatz und *Wirkung* von PR in temporaler Hinsicht umfassen müsste und Ähnlichkeit mit dem aus der Evolution bekannten Prinzip der *Selective Retention* aufweist. Vgl. dazu Campbell (1969).

tive System des Menschen sich kein wie auch immer geartetes Abbild der 'realen' Wirklichkeit erzeugen kann, sondern sich seine Wirklichkeit notwendig eigenverantwortlich und daher subjektiv durch Kommunikation erzeugen muss, so gibt es so viele Wirklichkeiten, wie es Menschen gibt. Objektivität hat nurmehr den Rang einer operativen Fiktion, freilich mit strategischer Bedeutung – und auch sie lässt sich nur intersubjektiv, also wiederum durch Kommunikation garantieren. Wenn dies so ist, kommt den Medien in modernen Gesellschaften unabweisbar eine geradezu strategische Rolle zu: Medien sind *Anbieter von nicht mehr hinterfragbaren Wirklichkeitsentwürfen*. Zwar nimmt der Rezipient, wie wir wissen, auch hier nur das Angebot auf und wählt daraus allein nach subjektiven Kriterien das aus, was ihm sinnvoll erscheint. Aber allein die Tatsache, *dass* bestimmte Inhalte Eingang in die Medien finden und andere nicht, verschafft diesen Inhalten eine Vermutung für Richtigkeit, einen Bonus für Relevanz, der die Akzeptanz solcher Inhalte flächendeckend erleichtert.

11.6.2 Publicity (Propaganda)

Der Aufschwung von Public Relations erfolgt im 19. Jahrhundert in den USA – also dort, wo das Mediensystem sich bis dato am weitesten entwickelt hatte, als Phase der *Publicity*[133]: In den großen amerikanischen Unternehmen war lange Zeit eine Tendenz vorherrschend, die durch das Motto „The public be fooled" gekennzeichnet war. Man betrachtete die Medien quasi als gewaltige Flüstertüte (Abb. 61), die sich für die Kalmierung der Öffentlichkeit nutzen ließ, und vermutlich deshalb haftete Public Relations von Anfang an ein Ruf der windigen Wahrheit, des schmutzigen Geschäfts an.

Ende des 19. Jahrhunderts wandelte sich der Slogan dann zu „The public be damned"[134], was auch auf amerikanischem Boden bereits die parallel mit der Entwicklung der Medien zunehmende Macht der öffentlichen Meinung signalisiert (➔ Kap. 10.4.4).

[133] Diese Entwicklung von PR wurde zuerst von Grunig/Hunt (1984) beschrieben.

[134] Dieser Ausspruch wird *C. Vanderbilt*, dem amerikanischen Eisenbahntycoon und vermögendsten Mann seiner Zeit (1794-1877), zugeschrieben. Vgl. dazu Fischer/Wahl (1993: 29f.). sowie Szyszka (1997: 111ff.).

Abbildung 61: PR als Publicity

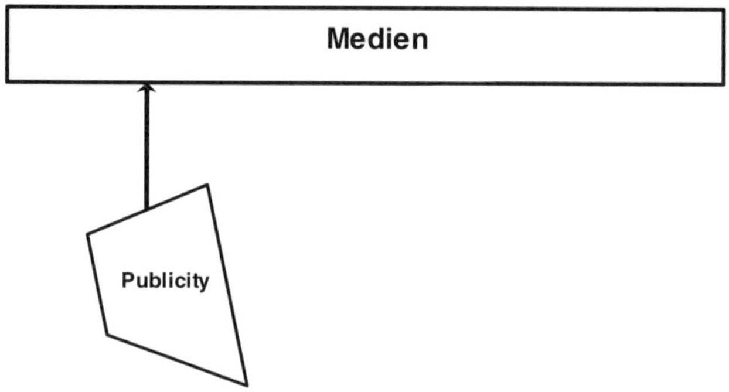

Sehr bald wird die reine Publicity-Funktion von PR abgelöst oder doch zumindest ergänzt durch eine Funktion der *Information*, wobei Information, in Anlehnung an den Journalismus, wenn nicht wahr, dann doch verbürgt sein soll. „The public be informed" – das war die einsichtige Konsequenz, die *Ivy Lee* als PR-Berater von *John D. Rockefeller* aus seinem Umgang mit einer zunehmend erstarkenden Öffentlichkeit zog.

Anders gesagt: Das kommunikative Konstruktionsprinzip von PR wird facettenreicher (Abb. 62):

Abbildung 62: PR als Publicity und Information

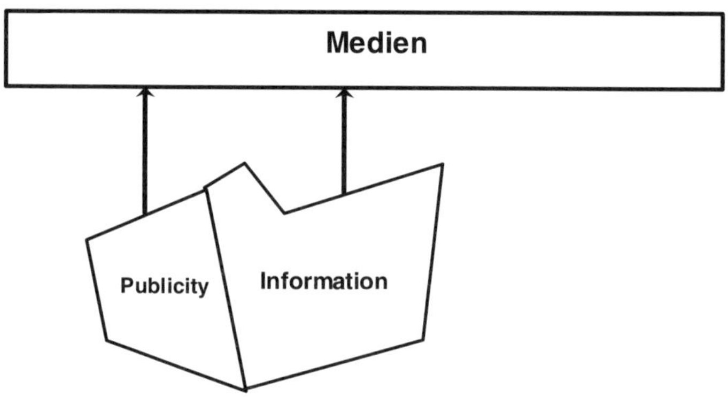

Die nächste Phase auf dem Weg von der Propaganda zur modernen Öffentlichkeitsarbeit wurde maßgeblich von *Edward Bernays* bestimmt. *Bernays* schlug den Bogen von der reinen Information der Öffentlichkeit zur Kommunikation *mit* der Öffentlichkeit. Er sah PR als Möglichkeit, die Öffentlichkeit nicht nur zu informieren, sondern dort reziprok Verständnis aufzubauen. Der ihn charakterisierende Slogan hieß folgerichtig „The public be understood" und die weitere Entwicklung von PR sollte ihm darin recht geben: Das kommunikative Areal von Public Relations weitet sich erneut (Abb. 63), wobei aber offen bleibt, bis zu welchem Grad zwischen Organisation und Öffentlichkeit wirklich das stattfindet, was den Begriff 'Dialog' rechtfertigt.[135] Wie auch immer, das Konstruktionsprinzip erfährt erneut Erweiterungen, was sich an der wachsenden Zahl der für PR tätigen Personen, an der Entwicklung und Kalibrierung der Instrumente von PR und nicht zuletzt an der allmählichen Ausbildung eines Berufsbildes festmachen lässt.

Abbildung 63: PR als Kommunikation

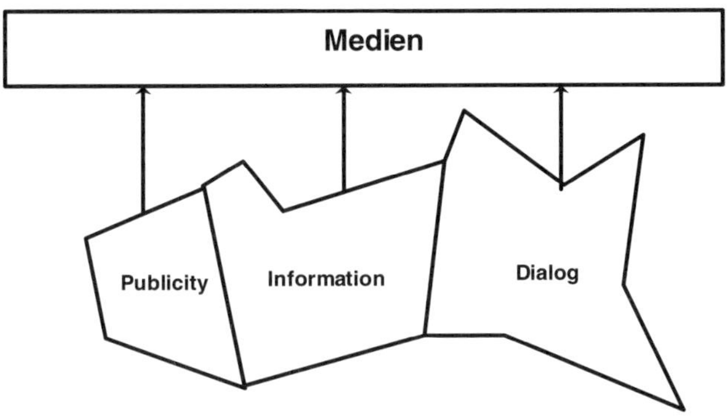

11.6.3 Human Relations und Management

Der nächste Schritt geht in eine ganz andere Richtung. Die Erkenntnis hatte sich durchgesetzt – in Deutschland allerdings erst Ende der 50er Jahre –, dass Public Relations ein kommunikatives Handeln war, das geeignet erschien, Verständnis in der Öffentlichkeit zu erhöhen, Images zu verbessern und damit den Interessenausgleich zwischen Organisation und Öffentlichkeit zu fördern (vgl. Szyszka 1997: 319ff.).

Aber man entdeckte all dies in den 70er Jahren sozusagen ein zweites Mal: Bei der Analyse von Effizienz in Organisationen, die in den USA bereits in den 30er Jahren – vor allem unter dem Schlagwort 'Human Relations' – einsetzte,

[135] Grunig/Hunt (1984) definieren zwischen der Phase der Information und der des Dialogs noch eine Phase, die von ihnen „asymmetrische Kommunikation" genannt wird. Dabei ist allerdings anzumerken, dass es sich hierbei, genau besehen, um eine Vorphase dialogorientierter Public Relations handelt.

stieß man bereits – aus einer ganz anderen Richtung kommend – auf die besondere Rolle von Kommunikation für das Funktionieren von Organisationen.[136]

Von da war es nurmehr ein kleiner Schritt, interne und externe Kommunikation, die in ihren Problemen und möglichen Problemlösungen überraschend affin waren, zu vernetzen. Schon *Bernays* hatte ja mit der Feststellung „PR begins at home" hellsichtig darauf verwiesen, dass externe und interne Kommunikation nicht losgelöst voneinander, sondern synoptisch zu betrachten und zu behandeln sind. Konzepte wie 'Corporate Identity' oder 'integrierte Unternehmenskommunikation', die Jahrzehnte später entwickelt wurden, signalisieren, dass nun eine weitere Funktion von PR gefragt ist, nämlich eine Funktion des *Managements*: Der Flickenteppich der PR hat sich zu einer strategischen Plattform gemausert.

Abbildung 64: PR als Management

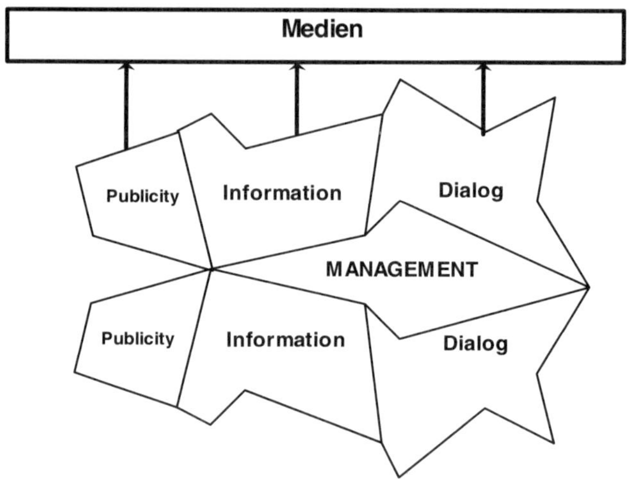

Man beginnt darüber hinaus, über die systematische *Vernetzung* von Kommunikation nachzudenken – das gegenwärtige Interesse für Datenbanken, Multimedia oder Internet-Auftritte ist ein untrüglicher Indikator für diese Entwicklung.

---

[136] Exemplarisch sei hier die berühmte Studie von Roethlisberger/Dickson (1939) zur Analyse von Effizienz in Industriebetrieben genannt, die erstmals die wesentliche Rolle interner Gruppenkommunikation deutlich machte. Nicht zufällig zeitgleich begann damals auch die 'Human Relations'-Bewegung, die systematisch die Relevanz der *sozialen* Dimension von Industriearbeit entdeckte.

Grunig/Hunt (1984: 6) definieren unter dieser Perspektive Public Relations auf überraschende Weise neu, nämlich als „part of the management of communication between an organization and its publics". Dieses Management bezieht die interne Kommunikation mit ein (Abb. 64), es sieht in der effizienten internen Kommunikation eine unverzichtbare Basis für eine effiziente externe Kommunikation: Hier begegnen wir erneut dem eingangs skizzierten *Transferprinzip*.

11.6.4 PR als Konstruktion von Wirklichkeit

Die bisher beschriebene Entwicklung von PR zeigt die Genesis einer neuen Profession, die ihren kommunikativen Zugriff und ihre kommunikative Reichweite unsystematisch, aber beständig erweitert hat – gleichsam im Schatten des Kommunikationssystems.

Doch auch das Kommunikationssystem selbst hat sich weiterentwickelt, es hat eine veränderte, eher unauffällige Struktur angenommen, die zwar schon in der Antike angelegt war, aber erst jetzt, in der *Mediengesellschaft*, systematisch zum Tragen kommt: Die Ersetzung von Fakten durch Fiktionen.

Den Anfang hat, wie oben skizziert, die Erfindung der Sprache gemacht, indem dort an die Stelle authentischen, beobachtbaren Verhaltens nun in Sprache gefasste Wirklichkeiten modelliert werden, die jedoch auf Wirklichkeit referieren und ernst genommen, also für *real* gehalten werden müssen. Diese Entwicklung setzt sich ungebrochen fort.

Denn bereits Massenkommunikation muss als *virtuelles* Kommunikationssystem bezeichnet werden, das zwar sehr diffus, aber sozial flächendeckend konsentierende Funktionen in Bezug auf Vorstellungen, Erwartungen und Meinungen – also in Bezug auf fiktionale Größen – ausübt.[137] Das wiederum hat zur Folge, dass die Gesellschaft sich geradezu systematisch auf die Nichtnachprüfbarkeit von Behauptungen aller Art eingerichtet hat – möglicherweise deshalb, weil sie auf der anderen Seite gelernt hat, die Faktizität[138] nicht wahrnehmbarer Ereignisse und Gefahren gleichwohl ernst zu nehmen.

Der gesteigerte Bedarf für Kommunikation und die Möglichkeit, mit fiktionalen Elementen zu hantieren, eröffnen daher eine ganz neue Möglichkeit,

---

[137] Erinnert sei hier an den Vorschlag von Hegel, den Antagonismus von Fakt und Fiktion im Fiktionalen aufzuheben. Für das hier zur Diskussion stehende Problem heißt dies: Die 'eigentliche', wirklich wirkende Wirklichkeit ergibt sich als Zusammenspiel aus 'realer' und fiktionaler Wirklichkeit.

[138] Unter konstruktivistischer Perspektive ist der Begriff 'Fakt' natürlich verräterisch, heißt doch die korrekte Übersetzung dieses Begriffs 'Das Gemachte' und nicht etwa 'Das Wahre'.

schnell und flexibel eine mediale (kommunikative) Wirklichkeit zu konstruieren, von der immer mehr anzunehmen ist, dass sie die 'eigentliche' Wirklichkeit determiniert. Folgerichtig bildet sich eine neue Dienstleistung von professionellen Konstrukteuren kommunikativer Wirklichkeit heraus: *Public Relations*.

Strukturell folgt daraus zunächst, dass PR nicht auf einer Ebene der Kommunikation, sondern auf einer vorgeordneten Ebene der Metakommunikation agiert. Sie stößt durch Kommunikation Kommunikation an. Stellt man in Rechnung, dass die Genesis von Medienwirklichkeit die *gesamtgesellschaftliche Relevanz* des Kommunikationssystems vergrößert und ihm mittlerweile die führende Rolle unter allen gesellschaftlichen Subsystemen zuweist, so wird unabweisbar deutlich, welche strategische Rolle Public Relations sich anschickt einzunehmen: Sie wird, in letzter Instanz, das gesamte soziale Handeln von Gesellschaften bestimmen – weil sie alle relevante Kommunikation bestimmt (Abb. 65).

Abbildung 65: PR als strategische Kommunikation

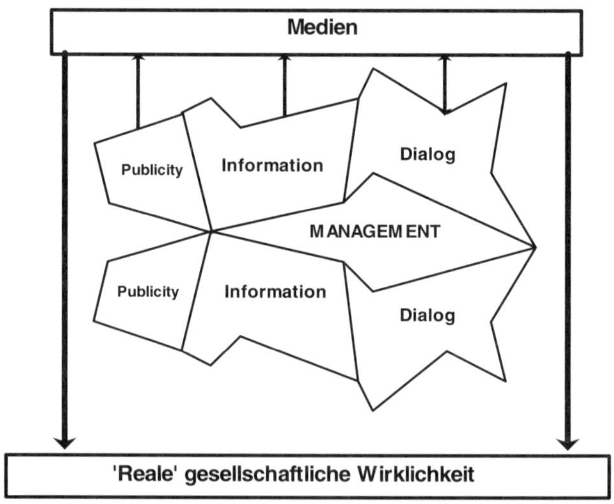

11.6.5 Resümee

Die hier skizzierte Entwicklung von PR wurde an der systematischen Nutzung eines kommunikativen Konstruktionsprinzips festgemacht, das als genuin für das Verständnis von PR bezeichnet wurde. Daraus ergeben sich eine

Reihe von Folgerungen, von denen hier zwei abschließend zu diskutieren sind: Das Verhältnis von PR zum Journalismus und die Definition von PR.

Im Verständnis der hier vorgetragenen Argumentation ist PR dem System des Journalismus *uneinholbar* vorgeordnet, weil Journalisten auf der Ebene der Kommunikation, PR jedoch auf der Ebene der Metakommunikation agieren.

Verständlicherweise wird das im System des Journalismus gern anders gesehen. Doch der Verweis auf die *theoretische* Geschlossenheit des Systems 'Journalismus'[139], das nach eigenen Regeln funktioniert, ist mitnichten eine Garantie dafür, dass sie auch praktisch funktioniert. Im Gegenteil: Schon eine flüchtige Beobachtung der Szene zeigt, dass PR die journalismuseigenen Regeln durchweg sehr gut adaptiert hat, denn gerade diese Konstellation ist durch das kommunikative Konstruktionsprinzip gedeckt. Zum anderen zeigt ein Blick auf die Situation in den USA, die von Anfang an stets eine Vorreiterrolle gespielt haben, dass dort mittlerweile fast 80% aller redaktionellen Beiträge als PR-induziert gelten.[140]

Auch bei der Definition von PR lässt sich ein deutlicher Einfluss ideologischer Vorstellungen nicht verleugnen. Das mag für die PR von PR hilfreich erscheinen, für eine wissenschaftliche Definition jedoch nicht: Wenn Public Relations glaubhaft Anspruch auf eine akademische Disziplin erheben will, dann wäre eine Behandlung ihrer Definitionen gemäß den Kriterien der Erkenntnistheorie und den Regeln der Wertfreiheit von Wissenschaft ausgesprochen hilfreich. Der Versuch, in diesem Sinne PR nüchterner als „Konstruktion wünschenswerter Wirklichkeit" zu definieren (Merten 1992: 44), hat – geradezu erwartbar – denn auch eher Kritik als Zustimmung gefunden.[141] Doch schon ein unbe-

[139] In diesem Sinne Weischenberg (1997: 8): „Die Behauptung einer ‚Abhängigkeit' des Journalismus von Public Relations läßt sich weder theoretisch noch empirisch hinreichend begründen." An gleicher Stelle wird jedoch eine Journalistenbefragung, u.a. über den Wert von Pressemitteilungen vorgestellt. Danach halten im Mittel nur 4,2% von 908 Lokal-, Politik-, Wirtschafts-, Feuilleton- und Sportjournalisten Pressemitteilungen für überflüssig (Weischenberg 1997: 7). Zum anderen zeigt sich, dass die journalistische Qualität von Pressemitteilungen, gerade bei relevanten politischen oder wirtschaftlichen Organisationen, als sehr hoch einzuschätzen ist. PR pflegt mit Journalisten oft ein informelles, fast intim zu nennendes Bargaining, das verkürzt mit: 'Ich versorge Dich mit Informationen und Du publizierst meine Pressemitteilungen' zu umschreiben wäre. Dass dieses Bargaining verständlicherweise empirisch wenig belegt ist, sagt dabei nichts gegen dessen Wirksamkeit.

[140] Als Szenario: Ein Generalstreik aller PR für eine einzige Woche könnte im Vergleich zeigen, ob und mit welchen Rudimenten redaktioneller oder insertieller Inhalte welche Medien wie gefüllt würden.

[141] Möglicherweise hat dies seinen Grund aber auch in dem deutlichen Unverständnis, das der (konstruktivistischen) Systemtheorie entgegengebracht wird. Vgl. instruktiv hierzu etwa Avenarius (1995: 168) oder Zerfaß (1996: 50ff.).

fangener Blick auf den klassischen Standardfall von PR, nämlich den Prozess der Publikation von Pressemitteilungen, zeigt nachdrücklich, dass dieser Bargaining-Prozess präzise unter das Dach 'Konstruktion wünschenswerter Wirklichkeit' gestellt werden kann.

PR lässt sich im Sinn der hier geführten Argumentation als entdeckendes und konstruierendes Prinzip der kommunikativen Behandlung von Wirklichkeit beschreiben. Das Wesen von PR liegt demgemäß nicht in einem spezifischen Objektbereich begründet, sondern im spezifischen *Zugriff* auf dieses Objekt, der hier unter den Terminus *kommunikatives Konstruktionsprinzip* gefasst wurde. Dieser Zugriff ist nicht neu, im Gegenteil: Er wurde bereits in der Antike formuliert. Systematisch unterstützt wird PR dabei durch die Entwicklung der Gesellschaft zur Mediengesellschaft, denn diese verleiht auch dem kommunikativen Transferprinzip via CI und dem kommunikativen Transformationsprinzip, das zur Ausbildung von drei Typen von Wirklichkeit geführt hat, eine neue, strategische Funktion.

Der Flickenteppich von Public Relations bietet daher mittlerweile ein umfangreiches und ausgesprochen farbiges Arsenal von Instrumenten und Modalitäten, die es erlauben, PR die strategische Rolle bei der Steuerung gesamtgesellschaftlicher Kommunikation zuzumuten. Grundsätzlich verfährt Public Relations intentional und konstruktiv: Sie ist auf die Konstruktion von Wirklichkeit geeicht, betreibt die Erzeugung und Verbreitung positiv getönter Aussagen über ein vorgegebenes Objekt mit dem Ziel, dessen Image zu festigen und zu verbessern. Sie ist daher weder auf bestimmte Medien noch auf bestimmte Aussagen noch auf die Authentizität der Aussagen, sondern allein auf die Durchsetzung ihres Zieles verpflichtet, wozu ihr eine reichhaltige Palette unterschiedlicher, meist kommunikativer Möglichkeiten (Instrumente) zur Verfügung steht.[142] Das bedeutet vor allem, dass sie bei der Konstruktion von Images kontingent, nach Sachlage, vorgehen kann und muss, wozu der Einsatz fiktionaler Elemente – vom persönlichen Auftreten[143] bis hin zur Planung von Informationsangeboten – eine dominierende Rolle spielt. Verkürzt gesagt, lässt sich das Entstehen von PR als Folge der Ausdifferenzierung des Kommunikationssystems (➔ Kap. 9.1) in fünf Thesen begründen:

1) Die Vergrößerung von Gesellschaften begünstigt das Verschwinden autoptischer Erfahrung (These vom Rückgang unvermittelter Wirklichkeit).

---

[142] Eine Ausnahme stellt beispielsweise das Sponsoring dar.

[143] Selbstredend ist persönliches Auftreten ein realer Akt. Gleichwohl kann er eine fiktionale Ausstattung erfahren. Redensarten wie 'Er hat ein gutes Bild abgegeben' oder 'Er hat eine gute Figur gemacht' weisen auf solche Effekte hin.

2) Reale Wahrnehmung wird immer mehr durch Medienwahrnehmung substituiert, so dass Objekte (Personen, Organisationen, Ereignisse etc.) nurmehr aus den Medien – und das heißt: als Fiktion – bekannt sind (These von der Zunahme vermittelter Wirklichkeit).

3) Es entwickelt sich – neben einer 'realen' Wirklichkeit – eine durch die Medien berichtete Wirklichkeit, die für Denken und Handeln des Einzelnen so bedeutsam wird, dass sie flächendeckend zum Modell für die Konstruktion 'eigentlicher' Wirklichkeiten genutzt wird. Oder anders: Was nicht in den Medien ist, ist nicht relevant (These von der Relevanzkonstruktion durch Medien).

4) Wenn Objekte (Menschen, Organisationen, Ereignisse, Ideen) nicht mehr ausreichend 'real' wahrnehmbar sind, benötigen sie einen medialen 'Stellvertreter' mit Wiedererkennungswert. Fiktionale Konstrukte wie Images oder andere Stellvertreter (Slogans oder Logos) gewinnen daher an Relevanz (These von der Wirksamkeit fiktionaler Stellvertreter).

5) Die laufende *kommunikative* Unterfütterung solcher Stellvertreter in den Medien bewirkt die Bildung von Vertrauen,[144] auf die der Rezipient zur Stabilisierung seiner eigenen Wirklichkeitskonstruktionen kontinuierlich angewiesen ist[145] (These von der Konstruktion von Vertrauen/Glaubwürdigkeit durch kontinuierliche Kommunikation).

Mithin bildet sich in der Mediengesellschaft ein wachsender Markt für die Darstellung und Behauptung von Relevanz und ein Markt für die Beschaffung von Vertrauen, vorzugsweise zu befriedigen durch die Konstruktion von positiv aufgeladenen Stellvertretern (*Images*). Folgerichtig entwickelt sich ein Bedarf für die professionelle Konstruktion von Glaubwürdigkeit und Vertrauen mit fiktionalen Mitteln: Public Relations.

---

[144] Interessanterweise erfolgt diese Vertrauenskonstruktion selbst wieder fiktional: Man *weiß* nicht, ob Medienangebote valide (i.e. durch Wahrheit gedeckt) sind; daher supponiert man hilfsweise *Meinungen*, dass sie valide seien. Damit zeigt sich ein weiteres Phänomen der Mediengesellschaft: Meinungen über Wahrheiten ersetzen Wahrheiten. Dass Vertrauen im Übrigen selbst nicht an Wahrheit zu binden ist, sondern nur eine „riskante Vorleistung" (Luhmann 1968: 21) darstellt, kann in diesem Zusammenhang nicht überraschen.

[145] Menschen sind mit ihren subjektiven Wirklichkeitskonstruktionen, gerade weil sie subjektiv sind, auf laufende Bestätigung angewiesen (dies folgt aus dem 'Basistheorem des Konstruktivismus'). Die Bestätigung kann durch reflexive, fiktionale Strukturen der öffentlichen Meinung (Orientierung an *anderen*), aber auch durch die Konstruktion von Images (Strukturen virtueller Erfahrung) garantiert werden. Beide Leistungen werden durch Plazierung von Images in der Öffentlichkeit erbracht.

Das Image als Prototyp des Stellvertreters hat dabei mehrere Vorteile: Zum einen ist es indifferent gegen Wahrheiten, so dass seine Konstruktion große Freiräume eröffnet. Zum anderen ist es – verglichen etwa mit Einstellungen – relativ schnell zu verändern. Damit ist es die viable Antwort auf das zentrale Problem der Mediengesellschaft: Konstruktion von Wirklichkeit durch Kommunikation. Die strategische Rolle von PR liegt dabei in der Tatsache begründet, dass PR nicht einfach ein Kommunikator, sondern ein Metakommunikator ist: PR organisiert Kommunikation durch Kommunikation. Damit ist einerseits die strukturelle Affinität zum Management hergestellt – verstanden als Planung (Entscheidung über Entscheidung). Zum anderen ist damit auch gesagt, dass die Rolle von PR – verglichen mit anderen Kommunikator-Rollen – uneinholbar ist, weil sie nicht auf der Sachebene, sondern auf einer höheren – strategischen – Ebene angesiedelt ist.

E. ANALYSE VON KOMMUNIKATION/WIRKUNG

12. Positionen des Kommunikationsprozesses

Die Analyse von Kommunikation lässt sich prinzipiell nach *Relationen* (dynamisch, prozesshaft) und nach einzelnen *Positionen* (statisch, deskriptiv) durchführen. Während in den Abschnitten B und C der Kommunikationsprozess, das Feld der Kommunikation (Maletzke 1963: 15) als ganzes behandelt wurde, werden in diesem Abschnitt seine einzelnen Positionen (Elemente) nach relevanten Gesichtspunkten hin analysiert[146], wobei hierfür die fünf Positionen der Lasswellformel sowie eine weitere Position, nämlich der gesellschaftliche Rahmen, in dem sich Kommunikation ereignet, herangezogen werden können (Abb. 66).

Abbildung 66: Die Positionen des Kommunikationsprozesses

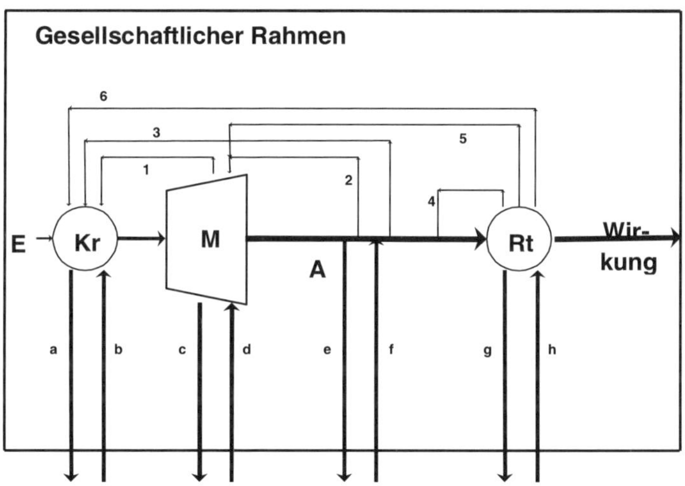

Sigle: E = Ereignis; Kr = Kommunikator; M = Medium; A = Aussage; Rt = Rezipient

[146] Dabei ist – dies wurde bereits bei der Kritik der Lasswellformel (➔ Kap. 4.2.2) betont – anzumerken, dass die letzte Position (With what Effect?) selbstredend keine Position, sondern eine Folge von Kommunikation ist. Da jedoch gerade die Wirkungen von Kommunikation von besonderem Interesse sind, ja den „Motor der Kommunikationsforschung" (vgl. Katz/Lazarsfeld 1955: 18f.) darstellen, werden sie in diesem Abschnitt verhandelt.

Die Integration aller Elemente als Kommunikationssystem wird abschließend in einem gesonderten Kapitel behandelt. Dabei werden – immer unter der Perspektive der Ausdifferenzierung des Kommunikationssystems – für jede einzelne Position der gegenwärtige Stand sowie die wichtigsten Probleme und Perspektiven vorgestellt, wobei der Bezug auf die Gesamtgesellschaft nicht vernachlässigt werden soll.

12.1 Der Kommunikator

Solange es Menschen gibt, gibt es Kommunikation. Gleichwohl haben sich im Lauf vor allem der politischen und kulturellen Entwicklung spezifische Kommunikationsrollen ausdifferenziert, z.B. zum Zweck der öffentlichen Verkündigung die Ausrufer oder Herolde, die Barden für die Unterhaltung oder die Schamanen, Priester oder Prediger für den rituellen Umgang mit den Göttern. All das heißt: Neben die Rolle des Kommunikators, die alltäglich von jedermann ausgeübt wird, tritt langfristig die spezifische Differenzierung von Kommunikationsrollen, deren Bekleidung allemal mit Prestigegewinn verknüpft ist.

In der Regel besitzt jeder Kommunikationsprozess *einen* Kommunikator, aber meist *mehrere* oder viele Rezipienten. Diese Relation signalisiert die Dominanz des Kommunikators über den Rezipienten, die gleich zwei Wurzeln hat: Wer die Kommunikation eröffnet, verfügt in der Regel über genügend Selbstbewusstsein und/oder Qualifikation dazu und zum anderen ist die hierarchische Struktur von Gesellschaften aus gutem Grund so angelegt, dass die hierarchisch höher stehenden Personen dies auch kommunikativ artikulieren können – z.B. dadurch, dass sie das erste bzw. das letzte Wort haben: Wer Kommunikator ist, besitzt also eine wie immer im Einzelnen herausgehobene Stellung.

Eine zweite strukturelle Differenz zwischen Kommunikator und Rezipient ergibt sich aus der Tatsache, dass Artikulation von Kommunikation, anders als Wahrnehmung, zurechenbar ist (vgl. so Luhmann 1972: 54). Das heißt: Der Kommunikator ist für seinen Output jederzeit rechenschaftspflichtig zu machen, der Rezipient für den wahrgenommenen Input dagegen nicht.

Diese und weitere Gründe – z.B. die Situation oder der Anlass, in der der Kommunikator die Kommunikation eröffnet – stellen Anforderungen an den Kommunikator, denen sich der Rezipient nicht ausgesetzt sieht. Dies gilt erst recht, wenn der Kommunikator im Feld der Massenkommunikation in Bezug auf ein *Publikum* agiert, für das er direkt oder indirekt wahrnehmbar ist. Schon von daher gibt es eine Reihe von Erwartungen, die – je nach Typ des Kommunikators – an diesen gerichtet sind und die zur Folge haben, dass er über kommunikative Kompetenz, letztlich verstanden als Fähigkeit, Rezipienten zu überzeugen, verfügen muss.

Es gibt also zwischen Kommunikation und Macht eine reziproke Beziehung: Offenbar stellt die Bekleidung einer herausgehobenen Stellung nicht nur kommunikative Anforderungen, sondern auch umgekehrt: Die Erfüllung kommunikativer Anforderungen eröffnet Chancen auf die Bekleidung einer herausgehobenen Stellung. Daraus folgt, dass die *kommunikative Kompetenz* einer Person zur Schlüsselvariablen für deren Erfolg werden kann – eine Erkenntnis, die sich nicht erst im Zeitalter der Mediengesellschaft durchzusetzen beginnt (vgl. Baacke 1973).

Einen der ersten uns erhaltenen Belege für diese These von der Bedeutung kommunikativer Kompetenz für die *informelle* Face-to-face-Kommunikation liefert der Dialog zwischen *Alexander dem Großen* und seinem Lehrer *Aristoteles* (vgl. Aristoteles 1959a: 17ff.). Aristoteles[147] stellt seinen Ausführungen den folgenden Ratschlag voran:

> „Denn wenn du äußerlich stattlicher als die übrigen Menschen auftreten möchtest, so mußt Du auch versuchen, eine möglichst anerkannte Redegewandtheit zu erreichen“ (Aristoteles 1959a: 17). Der König bestätigt den Erhalt dieser Anleitungen, beklagt aber, daß *Aristoteles* diese Anleitungen (Vorlesungen) nicht geheim gehalten habe: „Wodurch werde ich mich noch von den anderen unterscheiden, wenn die Gedanken, in denen ich erzogen bin, allen zugänglich sind?“ (Aristoteles 1959a: 103).

Aus der Forschung – z.B. auch aus der über den Two-step flow of Communication – ist zudem bekannt, dass der Kommunikator der informellen Kommunikation nicht nur über kommunikative Kompetenz, sondern unabhängig davon zunächst über Sachkompetenz (*funktionale Autorität*) verfügen muss (vgl. Merten 1988). Das gilt, mit gewissen Einschränkungen, allerdings auch für den Kommunikator im Feld der Massenkommunikation. Ganz grob lassen sich

---

[147] Aristoteles schreibt für den König eine mit didaktischen Anleitungen versehene Rhetorik, in der er geradezu schamlos seine 'Tricks', in welchen Situationen man wie überzeugen sollte, preisgibt: „Vorwände, den Krieg in ein Land zu tragen, gibt es folgende: Nachdem einem früher übel mitgespielt sei, müsse man die sich jetzt bietende Gelegenheit ausnutzen, um sich der Angreifer zu erwehren, oder, man habe eben erst das Unrecht erfahren und müsse zum eigenen Schutze in den Krieg ziehen, oder für die Stammverwandten oder für die Wohltäter oder um gekränkten Bundesgenossen zu helfen, oder [...] Will man also zum Kriege hetzen, dann muß man möglichst viele dieser Vorwände zusammenbringen und dann die Mittel aufweisen, mit denen man im Kriege obsiegen werde [...] Will man dagegen versuchen, einen drohenden Krieg zu verhindern, dann muß man zeigen, daß entweder überhaupt kein Vorwand vorliege oder daß die Schwierigkeiten geringfügig und unbedeutend seien, sodann auch, daß der Krieg keinen Nutzen bringe, indem man das Unglück schildert, das ein Krieg über die Menschen bringt [...]“ (Aristoteles 1959, Bd. III, 3: 32f.).

zunächst Kommunikatoren für informelle Kommunikation von solchen für Massenkommunikation unterscheiden.

12.1.1 Der Kommunikator in der informellen Kommunikation

Offenbar haben sich Kommunikator-Rollen stets als Stellvertreter-Rollen entwickelt. Die früheste solcher Rollen war in allen uns bekannten Kulturen die des Priesters. Er konnte das Walten der Götter nur dann glaubhaft als ewig vorstellen, wenn es auch als unveränderbar, als ewig erschien. Folglich musste auch der Kontakt zu den Göttern – der zu kommunizierende Mythos und der zu befolgende Ritus – Identität aufweisen, die laufend zu kommunizieren war. Im Christentum gilt bis heute, dass der Mann Gottes predigen können muss.

Später und in unterschiedlicher Form differenziert sich die religiöse Kommunikation aus: Die Kommunikation von Herrschaftswissen wird an *Wahrheit* gebunden, so dass praktisch hier die Frühform dessen, was heute *Information* bzw. Wissen heißt, entsteht. Aus dem Ritus leitet sich eine weitere Form der Kommunikation ab, die wir heute eher unscharf als *Unterhaltung* bezeichnen und die sich viel später nochmals differenziert in eine religiös-ästhetische (höfische) Form und eine populäre Form. An diese Ausdifferenzierung knüpfen sich die kommunikativ bedeutsamen Rollen[148] des Sprechers, Sängers, Tänzers, Schauspielers.

Eine spätere Kommunikator-Rolle ist politischen Ursprungs, nämlich die Rolle des *Herold*s, der – nicht unähnlich der Priesterrolle – die Macht der Herrschenden als Zeremonienmeister zu kommunizieren hat. Eine weitere politische Kommunikator-Rolle entwickelt sich aus der Regel, diplomatische Gesandte (*Botschafter*) als ständige Vertreter des jeweiligen Staatsoberhauptes in den Zentren ausländischer Macht zu akkreditieren, die sowohl als Beobachter fremdstaatlichen politischen Handelns Informationen sammeln, interpretieren und an die eigene Regierung weiterleiten als auch die Interessen der eigenen Regierung vor Ort zu vertreten und zu kommunizieren haben.

Aus einer ganz anderen Funktion, nämlich aus der der Nachrichtenübermittlung, entwickelt sich schließlich im Mittelalter das *Botenwesen*, das zunächst

---

[148] Wie bedeutsam die Ausübung von Kommunikation bereits im Altertum war, kann man an vielen Indikatoren festmachen. In Ägypten etwa erklärte man schon im 2. Jahrtausend v. Chr. Gestorbene posthum gern zu Schreibern oder Helfern von Schreibern – weil ein Schreiber im Totenreich leichter die „Schwellen der Hindernisse" passieren kann. In den Totenbüchern heißt es dann etwa „Ich bin deine Schreibpalette, o Thot! [Thot, auch Theut = Göttlicher Weltenrichter, Erfinder der Schrift K.M.] Ich habe dir dein Tintenfaß gebracht" (Beltz 1987: 17).

politisch – z.B. schon unter *Karl dem Großen* (768-814) – ab dem 13. Jh. dann auch wirtschaftlich, als *Kaufmannsbote*, eine Kommunikator-Rolle hervorbringt. Der Bote ist hier nicht mehr der Kommunikator, sondern der Überbringer einer schriftlich abgefassten Botschaft, für deren Wahrheit er sich allerdings durch seine Person bzw. durch entsprechende Insignien (Wappen, Siegel) metakommunikativ zu verbürgen hatte. Diese Rolle wurde im 17.Jh. durch das Postwesen derer von *Thurn und Taxis* übernommen, was dann die bekannte Folge hatte, dass an den Postmeistereien regelmäßig Nachrichten einliefen, so dass sich die jeweiligen Postmeister vor Ort ein Zubrot als Schreiber für oder gar als Herausgeber von Zeitungen (die dann oft den Namen 'Post' trug) verdienen konnten. Zugleich damit entwickelte sich eine weitere, aber völlig neue Kommunikator-Rolle, nämlich die des Journalisten ('Tagesschreiber').

12.1.2 Der Kommunikator im Feld der Massenkommunikation

Kommunikator im Feld der *Massenkommunikation* ist „jede Person oder Personengruppe, die an der Produktion von öffentlichen, für die Verbreitung durch ein Massenmedium bestimmten Aussagen beteiligt ist, sei es schöpferisch-gestaltend oder selektiv oder kontrollierend" (Maletzke 1963: 43). Gegenüber dem Kommunikator der informellen Kommunikation sind die Erwartungen an den Kommunikator der Massenkommunikation erheblich präziser und zugleich umfassender. Maletzke (1963: 43ff.) differenziert daher den Kommunikator durch weitere Subelemente bzw. Relationen, die sämtlich auf das Verhalten des Kommunikators und damit auch auf die Art und Weise seiner Aussagenproduktion Einfluss nehmen:

a) Die Person des Kommunikators

Wichtigste Funktion ist hier die Identität (Unverwechselbarkeit) des Kommunikators und seine Identifizierbarkeit, von der die Massenmedien besonders in periodisch getakteten Beiträgen, exemplarisch etwa in den Fernsehnachrichten, Gebrauch machen, indem sie dort, soweit irgend möglich, stets die *gleiche* Person zu Wort kommen lassen.

b) Das Selbstbild des Kommunikators

Das Selbstbild des Kommunikators setzt die Selbstreflektion des Kommunikators (und diese wiederum seine Identität) bereits voraus. Sie äußert sich in Vorstellungen vom 'richtigen' Kommunizieren, in der damit verbundenen Kodifizierung eines Kanons von Regeln richtigen Kommunizierens und auch in der Entwicklung einer Ethik. Für die Massenkommunikation entwickelt sich daraus bereits mit Aufkommen der Presse die Forderung nach *Wahrhaftigkeit* der Berichterstattung: Schon *Kaspar von Stieler* (1695) fordert für die frühen Zeitungsschreiber, dass sie sich streng an Regeln wahrhafter Berichterstattung halten:

> „Solche brafen Leute raffen nicht alles zusammen was ihnen aus der Luft entgegen geflogen kommt / examiniren und prüfen vorhero die bey ihnen einlaufende zettul, wo sie herkommen und ob ihnen auch zu trauen sey? Es finden sich öfters Spötter / Gernwisser / Fabelhansen und / Wurmschneider / die / aus lauter Leichtsinnigkeit / zuweilen auch aus gewissen vorteiligem Ansehen / eine geflissene Lügen in die Welt streuen / und hernach darüber lachen [...] So ist es doch dahin nicht zu verstehen / als könnte und dörfte ein Postmeister seine eigenen Erfindungen und Gedichte vor Wahrheit ausgeben und unter die Zeitungen setzen / Treume erzehlen und den Leuten einen Strohbart ankleiben, sondern er muß anders nicht wissen / als / daß alles sich so / und anders nicht begeben habe / was er denen Zeitungen ein verleibet" (Stieler 1969: 31ff.).

c) Der Kommunikator in seinen allgemeinen sozialen Beziehungen

Unter sozialen Beziehungen sind sowohl die Beziehungen zu bestimmten Personen und Personengruppen zu verstehen als auch die Bindung an soziale Werte, Normen und Einstellungen (Relation b in Abb. 66), der der Kommunikator unterliegt. Von besonderer Bedeutung sind dabei die Bindungen, die der Kommunikator in Bezug auf sein Publikum eingeht (vgl. Weischenberg 1995: 253ff.; Bauer 1958) – resp. der Einfluss, den die schiere Existenz des Publikums auf den Kommunikator ausübt (Relation 6 in Abb. 66). Mehr oder minder durchgängig zeigt sich dabei, dass der Kommunikator sich auf sein Publikum einzustellen versteht; dieses stellt mit Abstand seine wichtigste Bezugsgruppe dar (vgl. Weischenberg 1995: 258). Gleichwohl ist diese Bindung wenig greifbar.

d) Der Kommunikator in der Organisation

Ganz anders stellt sich allerdings die Beziehung zwischen Kommunikator und Organisation dar, denn die Mitgliedsrolle in der Organisation wird von der Organisation durch abhängige Beschäftigung des Kommunikators eröffnet und zugleich von einer Reihe von Bedingungen abhängig gemacht. Soweit es um professionelle Kommunikatoren geht, gilt als Eintrittskriterium vor allem eine entsprechende *Ausbildung* für die Kommunikator-Rolle – ein untrügliches Zeichen für Professionalisierung bzw. für die Ausdifferenzierung des Kommunikationssystems. Die Abhängigkeit des Kommunikators von der jeweiligen Organisation, in der er agiert, ist strukturell vorgegeben. Ein Pressesprecher eines Unternehmens, eines Verbandes oder einer Organisation besitzt *Stellvertreterfunktion*, d.h. er muss stets für die Organisation in toto stehen. Ein Journalist ist an die 'Linie des Hauses' gebunden, d.h. seine spezifische Form der Berichterstattung muss den Richtlinien, die Redaktion, Verlag oder Rundfunkanstalt formulieren, innerhalb gewisser Toleranzgrenzen folgen.

e) Der Kommunikator in der Öffentlichkeit

Jeder Kommunikator steht mit der Artikulation einer Aussage bereits in der Öffentlichkeit, denn bereits im einfachsten Fall, der Face-to-face-Kommunikation,

> „transformiert jede zweite Person auf einer Szene alles, was von ihr selbst und von einer ersten, bereits anwesenden Person getan wird, in eine situierte Aktivität [...] Der Neuhinzugekommene macht in der Tat aus einem einsamen Individuum und sich selber eine Zusammenkunft" (Goffman 1971: 32).

Das gilt noch stärker für das Feld der Massenkommunikation, denn die öffentliche Darstellung des Kommunikators ist immer auch ein Akt der Selbstdarstellung, der unvermeidlich Risiken birgt.[149] Für Journalisten wird in diesem Zusammenhang unterstellt, dass sie aus diesem Grunde stark mehrheitsempfindlich und damit konservativ sind und damit Risiken, wie sie aus der abweichenden Berichterstattung, der boshaften Interpretation (vgl. Maletzke 1963: 51; Weischenberg 1995: 376ff.) folgen, in der Regel meiden.

12.1.3 Funktionen des Kommunikators

Die der Kommunikation zugeschriebenen Funktionen sind fast unerschöpflich,[150] so dass auch der Kommunikator in einer Vielfalt von Aufgaben gesehen wird.

Für die *informelle* Kommunikation liegen die Funktionen vor allem in der Überredung bzw. Überzeugung, in der Vermittlung bestimmter Inhalte oder zwischen verschiedenen Kommunikatoren, in der Moderation von Veranstaltun-

---

149 Vor allem steht der Kommunikator hier unausweichlich unter dem Zwang bzw. unter dem Erwartungsdruck, eine 'gute Figur zu machen.' Das bedeutet: Er muss 'überzeugend' argumentieren, er muss 'sympathisch' wirken – was vor allem Fähigkeiten der Selbstdarstellung, ein 'Feeling' für das, was beim Publikum 'ankommt' erfordert – und er muss thematisch zugleich die relevanten Themen resp. Bezüge, die das Publikum bewegen, ausdrücken können.

150 Der Kommunikator informiert, kommentiert, unterhält (als Journalist), er bildet (als Lehrer), er vertritt seinen Herrn oder sein Haus (als Pressesprecher), er schlichtet und vermittelt (als Schiedsrichter), er heilt (als Psychiater), er moderiert (als Ansager, Disk Jockey, Showmaster), er vertritt Interessen (als Anwalt oder Pressesprecher), er wirbt, überredet und überzeugt (als PR-Mann), er betreibt Propaganda (als Vertreter einer Weltanschauung) etc. Erinnert sei nochmals daran, dass eine Funktion (nur) einen Bezugsgesichtspunkt spezifiziert, unter dem ein Phänomen betrachtet bzw. diskutiert werden kann: Da es so viele Funktionen wie Perspektiven gibt, ist die Zahl denkbarer Funktionen unerschöpflich.

gen und – last not least – im Small talk.[151] Für weltanschauliche Kommunikatoren ist weiterhin die Funktion der Propaganda bzw. Verkündigung wichtig.

Basale *massenmediale* Funktion ist die *Information*, die spezifische Ausprägungen hat (etwa als Nachricht, als Kommentar oder als Unterhaltung[152]). Für den Beruf des Journalisten lassen sich drei basale Funktionen bzw. daran zu knüpfende Kompetenzen nennen: Auswahlkompetenz, Recherchekompetenz und Redaktionskompetenz (vgl. Haller 1991; Weischenberg 1995: 376ff.). Diese Funktionen gelten zugleich auch für die PR-Schaffenden, von denen Kompetenz nicht nur für Kommunikation (Überzeugung, Vermittlung), Konzeption (Kreativität) und Management (Organisation), sondern auch Redaktionskompetenz in erheblichem Umfang gefordert wird[153] (vgl. Merten 1997).

12.1.4 Professionalisierung des Kommunikators

Unter Professionalisierung versteht man in Anlehnung an Wilensky (1972: 202ff.) die mehr oder minder vollständige Erfüllung folgender Kriterien:

1) die Definition eines Hauptberufs und die Präzisierung seiner Funktionen,
2) die adäquate Ausbildung und dadurch die Regulierung des Berufszugangs,
3) die Bildung von Berufsverbänden zur beruflichen Interessenvertretung,
4) die Festlegung des Tätigkeitsfeldes,
5) der gesetzliche Schutz der Berufsbezeichnung und
6) die Entwicklung einer Berufsethik.

---

[151] Ob wissenschaftliche Kongresse oder Pressekonferenzen: Die Teilnehmer kommen in den seltensten Fällen wegen der verhandelten Themen (die ihnen meist sogar noch vorher bekannt sind), sondern vor allem um des Small Talks mit den Kolleg/Innen willen, der wegen seiner relativen Vertraulichkeit eine wichtige und zugleich dichte Informationsquelle abgibt.

[152] Auch Unterhaltung ist – logisch gesehen – zunächst ein Typ von Information, der sich von der Nachricht und dem Kommentar vor allem dadurch unterscheidet, dass er weder wahr noch aktuell, sondern erbaulich und/oder erheiternd sein soll.

[153] Damit ist journalistische Kompetenz nur eine Untermenge der von einem PR-Berater erwarteten Kompetenz. Paradoxerweise gibt es für jede einzelne der vier von einem PR-Berater erwarteten Kompetenzen mittlerweile akademische Studiengänge (das sind: Journalismus, Rhetorik, Kreativität/Design und Management), doch für die simultane Ausbildung in allen vier Kompetenzfeldern, die eine PR-Ausbildung fordert, gibt es bislang keinen akademischen Vollstudiengang.

Berufe wie Arzt oder Anwalt sind, gemessen an diesen Kriterien, perfekt professionalisiert, zumal sie notwendig eine akademische Ausbildung voraussetzen. Bei den Kommunikationsberufen kann man höchstens für den Bereich der ernsten Unterhaltung – in dem Berufe wie Musiker, Sänger, Schauspieler und Rhetor zu finden sind – von einer gewissen Professionalisierung sprechen.

Für den Beruf des Journalisten ist die Professionalisierung wenig und für den des PR-Schaffenden ('PR-Berater') noch weniger ausgeprägt – beispielsweise sind Berufsbezeichnung und der Zugang bislang nicht geschützt. Gleichwohl sind Ansätze vorhanden – z.B. die seit 1970 massiv einsetzende journalistische Hochschulausbildung – die auf eine fortschreitende Professionalisierung deuten[154]. Dagegen ist die vom Bundesverfassungsgericht am 05.08.1996 (BVerfGE 20: 174ff.) gesetzlich festgeschriebene *öffentliche Aufgabe* der Journalisten ein wichtiger Hinweis für die Professionalisierung des Journalismus – der allerdings durch den noch stärker geschützten Artikel 5 des Grundgesetzes wieder geschwächt wird, weil dieser im Prinzip den freien Zugang für den Beruf des Journalisten einfordert (vgl. Weischenberg 1995: 495f.).

Im Übrigen wird die mögliche Professionalisierung gerade der Kommunikationsberufe auch durch den immer schnelleren Verfall von erlerntem Wissen und erworbenen Fähigkeiten und Fertigkeiten in Mitleidenschaft gezogen, der durch den stetig wachsenden Druck auf Weiterbildung bzw. Änderung von Curricula die Fixierung von Berufsbildern deutlich erschwert.

12.1.5 Gesellschaftliche Perspektiven

Der Aufstieg des Kommunikationssystems zum gesellschaftlich wichtigsten Teilsystem im 20. Jahrhundert lässt sich vor allem an den Medien ablesen. Gleichwohl haben sich Kommunikator-Rollen, insbesondere die des Journalisten – verglichen mit früheren Zeiten – zu etablierten und auch geachteten Berufen entwickelt. Die Bedeutung des Journalismus in der Bundesrepublik Deutschland lässt sich z.B. in der Formulierung einer 'öffentlichen Aufgabe', eines Zeugnisverweigerungsrechts für Journalisten und einer behördlichen Auskunftspflicht von Kommunen, Ländern und Bund ablesen. Gerade unter

---

[154] Das impliziert die Aufgabe der Vorstellung von einem Begabungsberuf zugunsten der Vorstellung eines Ausbildungsberufes. Dass dieses Umdenken, das bereits von Hagemann (1956) eingefordert wurde, in der Bundesrepublik – trotz mehr als 20 Jahren universitärer Journalistenausbildung – noch immer nicht erfolgt ist, kann man dem jüngsten 'Bericht der Bundesregierung über die Lage der Medien in der Bundesrepublik Deutschland 1998' entnehmen: „Für die Tätigkeit des Journalisten gibt es von staatlicher Seite kein festgelegtes Berufsbild; die Bundesregierung betrachtet den Beruf des Journalisten als einen offenen Begabungsberuf" (Presse- und Informationsamt der Bundesregierung 1998: 49).

diesem Aspekt sind die Anstrengungen, eine akademische Journalistenausbildung durchgängig zu implementieren, von besonderem Interesse.

Auf der anderen Seite wird die Sonderstellung der Journalisten, insbesondere die ihnen zugestandene Kritik- und Kontrollfunktion, auch mit Argwohn betrachtet: Gerade, *wenn* die Mediengesellschaft ihre Wirklichkeitsentwürfe immer selbstverständlicher bei den Medien abruft, darf die Berichterstattung der Journalisten nicht beliebig ausfallen (vgl. hierzu Baum 1994).

Was den Journalisten gesetzlich gesichert erscheint, wirkt jedoch aus ganz anderer Sicht gefährdet: nämlich im Hinblick auf den Arbeitsmarkt für Journalisten. Zwar evolviert die Medienentwicklung auch weiterhin, aber eben nicht überall. So hat die seit einigen Jahren beobachtbare geringe, aber offenbar doch *stetig* rückläufige Auflagenentwicklung bei der Tagespresse – u.a. verursacht durch ein verändertes Rezipientenverhalten jugendlicher Leser, die vor allem das Internet nutzen – und die Notwendigkeit, bei den öffentlich-rechtlichen Rundfunkanstalten zu sparen, dazu geführt, dass Stellen für Journalisten eingespart und abgebaut werden. Gleiches gilt auch für andere Medien, so dass insbesondere herkömmliche Medienberufe wie Journalisten, Drucker, Photographen, Bild- und Tontechniker davon betroffen sind (Tabelle 17):

Tabelle 17: Zunahme der Arbeitslosigkeit in *klassischen* Medienberufen

Arbeitslose als:	**1993**	**1996**	**Veränderung (%)**
Journalist	1470	1708	+ 16
Redakteur	2119	2469	+ 17
Künstlerische Berufe und Bühnen-/Bild-/Tontechnik	3141	3795	+ 21
Photograph	3041	3261	+ 7
Drucker	19 559	21 562	+ 10
Buchbinder	5131	4623	- 10
Gesamt:	**34 461**	**37 418**	**+ 10,9%**

Quelle: Presse- und Informationsamt (1998: 219).

Die zweite große Berufsgruppe der Kommunikatoren arbeitet im Bereich der Public Relations. Zwar sind dies derzeit nur knapp 20 000 Personen (gegenüber etwa 50 000 Journalisten), doch zeigen sich hier erhebliche Steigerungsraten: Prognosen besagen, dass sich diese Zahl bis zum Jahr 2010 mehr als verdoppelt haben wird. Tabelle 18 fasst wesentliche Aspekte der Kommunikator-Rolle nochmals synoptisch zusammen:

Tabelle 18: Vergleichende Synopse der Kommunikator-Rolle

Rolle/Element:	**Künstler/ Entertainer**	**Journalist**	**Journalist/ Moderator**	**PR-Berater**	**Werbe-schaf-fender**
Kommunikative Leistung:	Unterhal-tung	Informa-tion	Kommen-tar	Überzeu-gung	Überre-dung
Ursprüngliches Medium/Ort:	Theater	Presse	Versamm-lung	Versamm-lung	Anzeige
Wahrheitsbezug:	gering	hoch	mittel	mittel	gering
Kompetenz:	Selbstdar-stellung	Selektion Recherche Redaktion	Kommu-nikation/ Selbstdar-stellung	Kommu-nikation Redaktion Konzept. Manage-ment	Kommu-nikation/ Konzep-tion
Professionalisierung:	unterschdl.	mittel	gering	gering	gering
a) Berufsbezeichnung	?	+	-	-	-+
b) Akad. Studium	-	+	-	-	-
c) Berufsverband	+	+	+	+	+
d) Def. Berufsfeld	+	+	+	+	+
e) Zugangsbeschr.	-	-	-	-	-
f) Ethik	-	+	+	+	-
Beschäftigte[155]	?[156]	50 000	?	20 000	84 500

Weiterführende Literatur:

Haller (1994); Maletzke (1963); Meyn (1996); Stieler (1969); Weischenberg (1995)

---

155 Im gesamten Medienbereich waren in den alten Bundesländern (1992) 481 091 Personen, im Jahr 1996 dagegen nur 436 742 Personen als sozialversicherungspflichtig gemeldet (Presse- und Informationsamt 1998: 216f.). Dabei sind hierbei jedoch weder die Werbetreibenden (84 512 Personen) noch die PR-Berufe erfasst, ebenso nicht die im Journalismus, in Werbung und in PR freiberuflich Tätigen.

156 Als Anhaltspunkt: 1996 waren in künstlerischen und zugeordneten Berufen der Bühnen-, Bild- und Tontechnik in den alten Bundesländern 18 447 sozialversicherungspflichtig gemeldete Personen tätig (vgl. Presse- und Informationsamt 1998: 218).

12.2 Die Aussage

Das eigentliche 'Objekt' der Kommunikationswissenschaft sind die Aussagen (Inhalte, Botschaften) – so jedenfalls bereits Hagemann/Prakke (1966: 23): „Im Mittelpunkt der publizistischen Lehre und Forschung steht die Aussage als Verständigungsmittel zwischen Mensch und Mensch".[157]

Die Beschreibung von Aussagen kann nach sehr unterschiedlichen Kriterien (Variablen) erfolgen: Etwa nach dem Kriterium der Wahrheit (wahr/unwahr), dem literarischen Anspruch, dem Umfang etc. Diese Gliederungen sind pragmatisch, d.h. sie sind nicht theorie-, sondern interessengeleitet definiert.

Des Weiteren kann man Texte nach dem zugehörigen Kommunikationsprozess gliedern. Für die *informelle* Kommunikation ließen sich demgemäß z.B. Textsorten wie Festrede, Witz, Tischgespräch, Klatsch, Gerücht, Lied oder Gebet unterscheiden, aber auch Gelöbnisse (Eide), Gerichtsurteile, Liebesbriefe oder Telefonate.

Die Gliederung von massenmedialen Aussagen ist oft unter dem Rubrum 'Mediengattungen' versucht worden: Roman, Kochbuch oder Rätselecke in der Zeitung, 'Mittagsmagazin', Reportage und Hörspiel im Hörfunk oder 'Krimi', Talkshow und 'Sitcom' im Fernsehen sind solche Gattungen. Auch diese sind – worauf Schmidt/Weischenberg (1994: 212ff.) hinweisen – nicht theoriegeleitet definiert, d.h. sie sind weder zueinander logisch distinkt noch erschöpfend; vielmehr haben sie offenbar nur eine nominale (namensgebende) und damit abkürzende Orientierungsfunktion.

Vorab ist festzuhalten, dass *alle* Typen von Aussagen immer auch den Charakter von Information haben, d.h. sie besitzen – unabhängig von ihrer spezifischen Funktion – immer auch eine Informationsfunktion, die jedoch unterschiedlichen Zuschnitt besitzt: Erfüllt die Aussage das Kriterium der Aktualität und der Wahrheit (hat die Aussage also eine valide Referenz zur Realität), so sprechen wir von *Information*. Besitzt die Aussage Selbstreferenz (Wertungen), so sprechen wir von Meinung bzw. von *Kommentar* (Meinungsbildung). Besitzt die Aussage hingegen erbaulichen und/oder erheiternden Charakter, so sprechen wir von *Unterhaltung*.

---

[157] Der Begriff Inhalt (*Content*) und Aussage wird in der Kommunikationswissenschaft synonym gebraucht. Er bezieht sich auf Texte, also auf eine Menge von Zeichen, die von anderen Zeichenmengen isoliert werden können. Das heißt auch, dass neben schriftlichen oder verbalen Texte auch nonverbale Kommunikate (z.B. Bilder, Gesten etc.) als Text gelten können.

Von dieser traditionellen Dreiteilung unbeeinflusst ist schließlich die Beobachtung von Inhalten auf ihre Selbstreferenz hin. So unterscheiden wir Aussagen und Metaaussagen, Texte und Metatexte, Medien und Metamedien. Die Reflexivisierung von Aussagen und Texten wird an anderer Stelle diskutiert (➔ Kap. 13).

12.2.1 Information

Der Begriff der Information impliziert auch in der (journalistischen) Praxis eine Eigenschaft, die umgangssprachlich als Neuigkeit, als Überraschung bezeichnet wird. Streng formalisiert ist dies nichts anderes als die Unwahrscheinlichkeit des Eintritts eines Ereignisses (➔ Kap. 8.2.2), allerdings erweitert um einen Relevanzfaktor in der Sozialdimension: Nur solche Ereignisse können zur journalistischen Information, zur Nachricht werden, die neben ihrer Unwahrscheinlichkeit (Überraschung) auch von Relevanz[158] für eine möglichst große Zahl von Rezipienten sind (➔ Kap. 8.2.3).

Der Begriff der **Nachricht** trifft idealtypisch die Informationsfunktion von Kommunikation. **Nachrichten** sind nach *Dovifat* (1962, Bd. I: 54) definiert als „Mitteilungen über neue, im Daseinskampf des einzelnen und der Gesellschaft auftauchende Tatsachen". *Walter Hagemann* (Hagemann/Prakke 1966: 30ff.) geht vom Begriff der *Aussage* bzw. vom Ereignis aus; für ihn ist Publizistik grundsätzlich aktuell und öffentlich, so dass eine spezifische Nachrichtendefinition für Hagemann entbehrlich ist.

Nachrichten sind das wichtigste journalistische Genre; dies äußert sich nicht nur darin, dass sie periodisch getaktet sind, d.h. mit der höchsten Erscheinungsfrequenz aller Inhalte tagtäglich in laufenden Intervallen zu festgelegten Zeiten gesendet bzw. gedruckt werden, sondern auch darin, dass sie die höchsten Einschaltquoten[159] erzielen und die mit Abstand meistbeforschten Inhalte sind.

Anthropologisch betrachtet ist Information für das Individuum stets ein Indikator für die Veränderung von Umwelt und von daher a priori relevanzverdächtig. Der ethisch eher negativ besetzte Begriff der Neugier ist unter die-

---

158 Relevanz kann dabei nach sehr unterschiedlichen Dimensionen definiert werden: a) Nach der Zahl der von der Information 'betroffenen' Personen, b) nach dem Grad der Bedrohlichkeit, der sich aus der Information erschließen lässt (die maximale Bedrohung ist die für Leib und Leben) und c) nach der Frist, die zwischen der Wahrnehmung der Bedrohung und dem Eintritt des in der Bedrohung ausgedrückten Ereignisses liegt.

159 Nachrichten besitzen die höchsten Einschaltquoten aller Genres. Vgl. dazu Zubayr / Gerhard (2006: 133).

sem Aspekt ausgesprochen funktional, denn Neugier motiviert zu einem besonders aktiven Informationsverhalten und begünstigt daher die rechtzeitige und optimale Anpassung des Individuums an die Realität. Oder in den Worten *Von Stielers* (1969: 30f.):

> „Zu föderst muß dasjenige / was in die Zeitungen kommt / Neue seyn [...] Denn was gingen solche verlegene Sachen unsern itzigen Zustand an? Neue Sachen sind und bleiben angenehm: was aber bey voriger Welt vorgegangen / gehöret ins alte eisen / und ersättiget das Lüsterne Gemüt keines weges."

In diesem Zusammenhang sind zwei parallele Entwicklungen anzumerken: Zum einen das Vordringen von Anglizismen (vgl. Schütte 1996), zum anderen die Beschleunigung des Vortrags in den Medien, vor allem am Beispiel der Nachrichtensendungen in Hörfunk und Fernsehen. Beide Entwicklungen stützen massiv die Annahme, dass die Sprache *solcher* Länder sich behaupten wird, die kürzere Worte besitzt und/oder in größerer Geschwindigkeit artikuliert werden kann.

12.2.2 Meinungsbildung (Kommentar)

Die zweite grundlegende Funktion journalistischer Aussage liegt in der Meinungsbildung durch *Kommentar*. Im Gegensatz zur Information ist der Kommentar nicht an Wahrheit gebunden, sondern wird aus einer subjektiven und wertenden Perspektive verfasst.

Zu wichtigen Themen kann man jederzeit eine Meinung, die an einen sozial gebilligten Kontext anschliesst, artikulieren. Analog dazu bieten die Massenmedien zu wichtigen Themen laufend einen Kommentar an, der die Meinungsbildung erleichtern und steuern kann.

Theoretisch gesehen stellt ein **Kommentar** wegen der enthaltenen Wertungen eine Vielzahl von Metainformationen (Informationen *über* zugrundeliegende Informationen) zu einem Thema dar. Diese reflexive Leistung ist vor allem dort hilfreich, wo ein zugrundeliegender Sachverhalt (repräsentiert durch die eigentliche Information) so komplex ist, dass eine Klärung mangels Sachwissen, Zeit oder anderer Ressourcen aufwendig ist. In diesem Fall erleichtert die Artikulation von Meinungen die Problemlösung (Wahrheitsfindung), insbesondere im politischen System, wo der laufende Entscheidungsdruck wenig intensive Befassung und Wahrheitssuche erlaubt. Die Artikulation von Meinungen ist unter dieser Perspektive ein ökonomischer Ersatz für aufwendige

Wahrheitsfindung, oder, in der Terminologie von *Niklas Luhmann*, ein Mechanismus der Reduktion (politischer) Komplexität[160].

Demgemäß hat ein Kommentar ein erheblich größeres Wirkungspotential als die zugrundeliegende Information, was insbesondere anlässlich von Wahlen (verstanden als Prozesse der Rekrutierung politischer Macht) den Argwohn der Politiker aller Parteien gegen die von den öffentlich-rechtlichen Medien verbreiteten Kommentare befördert:

Als die Demoskopin *Elisabeth Noelle-Neumann* 1979 mit der Information an die Öffentlichkeit trat, dass die Bundestagswahl 1976 von der *CDU* gewonnen worden wäre, wenn das öffentlich-rechtliche Fernsehen seine nonverbale *CDU*-feindliche Kommentierung unterlassen hätte, war die Furcht der *CDU* so groß, dass der damalige Medienexperte der *CDU*-Bundestagsfraktion und späterer Intendant der Deutschen Welle, *Dieter Weirich*, allen Ernstes im Bundestag den Vorschlag unterbreitete, per Gesetz die Artikulation von Kommentaren drei Monate vor der Bundestagswahl zu verbieten – was schlicht einen Eingriff in das Grundgesetz (Art. 5) bedeutet hätte. Die von *Noelle-Neumann* hierzu später präsentierten Befunde zum sogenannten 'doppelten Meinungsklima' wurden allerdings in der Kommunikationswissenschaft mit sehr großer Skepsis zur Kenntnis genommen (vgl. Merten 1982).

12.2.3 Unterhaltung

Unterhaltung gilt als die dritte klassische Funktion des Journalismus. Ihre Funktion liegt weder in der laufenden, wahrheitsgestützten und kognitiv gearteten Information noch in der Provokation von Meinungsbildung (Kommentar), sondern in der Bereitstellung stark emotional getönter Inhalte, die für den Rezipienten Zerstreuung, Lust, Entlastung beschaffen oder gar Wirklichkeitsflucht (Eskapismus) leisten.

Entsprechend diffus ist der Begriff der **Unterhaltung** definiert. Ex contrario wird Unterhaltung definiert als „alles [...], was nicht langweilig ist" (Regnier 1967: 176). Nach Stumm (1996: 70f.) bezieht sich der Unterhaltungsbegriff auf zwei Wurzeln: Zum einen auf einen Gattungsbegriff, der produktorientiert

[160] Im politischen System erfolgt die Meinungsbildung nochmals rigider dadurch, dass sie sich an erwartbaren, erwünschten oder behaupteten Mehrheitsmeinungen orientiert, also an einer weiteren reflexiven Struktur in der Sozialdimension.

definiert wird,[161] zum anderen auf den Rezeptionsprozess, der als *Unterhaltungserlebnis* aus der Perspektive des Rezipienten definiert wird.

In der informellen Kommunikation zählen zur Unterhaltung Textsorten wie Small talk und Witz. Massenmediale Unterhaltungsangebote sind im Medium Buch z.B. das Märchen und der (Trivial)Roman, in der Presse der Fortsetzungsroman oder aber auch die Rätselecke, im Fernsehen vor allem Familienserien, Krimi sowie Show und Quiz (mit stark spielerisch-überraschendem Bezug), im Hörfunk Unterhaltungsmusik. Musikalisch wird Unterhaltung seit je differenziert in leichte Unterhaltung (Schlager, Musical, Operette) und ernste Unterhaltung (Oper, Symphoniekonzert etc.). Diese Differenzierung ist im Übrigen bereits in der Antike durch *Platon* und *Aristoteles* eingeführt worden: Während *Platon* der Unterhaltung (in der Antike verkörpert durch Dichtung und Tragödie) kritisch gegenübersteht und ihre möglichen Folgen negativ beurteilt, schreibt *Aristoteles* der Unterhaltung eine kathartische, entspannende Wirkung zu (vgl. Stumm 1996: 323ff.).

Da Unterhaltung generell als eingängiger gilt, tritt sie auch als Mischform auf, etwa als *Infotainment*.[162] Auch das durch das *Duale Rundfunksystem* stark vermehrte Informationsangebot bewirkt, dass aus Wettbewerbsgründen die Informationsangebote immer mehr auf dem Rücken eingängiger Unterhaltung transportiert werden.

Martindale/Keeley (1988) zeigen anhand einer parallelen Inhaltsanalyse von US-amerikanischen und ungarischen Kurzgeschichten der Jahre 1910-1969, dass der Rezipient – unbeschadet seiner regionalen Verortung – offenbar immer mehr nach Spannung (*arousal*) verlangt: Das Bedürfnis nach Unterhaltung korreliert offensichtlich mit der Evolution des Mediensystems.

12.3 Das Medium

Medien fungieren als die großen Multiplikatoren und Beschleuniger zu verbreitender Informationsangebote, die durch ihre Organisation (im Sinne von Max Weber) gleichzeitig die Verbürgtheit derselben in einem bis dahin nicht gekannten Ausmaß garantieren können. Kübler (1994: 73ff.) betont darüber hinaus die Speicherfunktion, die Kulturfunktion und die Funktion der

---

[161] Dehm (1984: 17ff.) zeigt, dass der Unterhaltungsbegriff im 18. Jahrhundert als Gattungsbegriff entstand, der das Rezeptionsverhalten der Schicht der wenig Gebildeten beschreiben sollte, von dem sich der Kunstgenuss der gebildeten Schichten abheben sollte.

[162] Das zeigt schon die Gattung 'Märchen': Auf dem Rücken einer unterhaltenden, spannenden Darstellung werden hier gesellschaftliche Werte – etwa Mut, Treue, Ehrlichkeit etc. – kommuniziert.

Wirklichkeitskonstruktion der Medien. Die Entstehung und die Organisation der (technischen) Medien ist gesellschaftlich so bedeutsam, dass man heute keineswegs zufällig von *Mediengesellschaft* spricht: Diese Bedeutung hätten die Medien nie erlangt, wenn nicht die Medienevolution die Ausdifferenzierung von Medien und deren Organisation so massiv provoziert hätte.[163]

Präziser gesagt erbringt die Evolution der Medien für die Gesellschaft Leistungen, die die Entstehung weiterer Medien begünstigen. Das bezieht sich nicht nur auf die größere Schnelligkeit, Verbreitungsmöglichkeit und Glaubwürdigkeit der verbreiteten Informationsangebote, sondern das bezieht sich auch darauf, dass die Medien *in toto* nun eine Stellvertreterfunktion wahrnehmen: Immer wichtiger wird es, reales politisches, wirtschaftliches, kulturelles oder wissenschaftliches Handeln in die Medien zu tragen und dies funktioniert so effizient, dass diese *Stellvertreterfunktion der Medien* längst begonnen hat, das zugrundeliegende Handeln zu ersetzen – Wahlkämpfe sind hierfür ein instruktives Beispiel.

12.3.1 Die Entwicklung der Medien

Offenbar bedurfte es nur einer Anzahl technischer Innovationen, um bereits vor Beginn der Industriegesellschaft bestehende gesamtgesellschaftliche Informationsbedürfnisse freizusetzen. Zwar wurde, besonders zu Anfang, von den jeweils herrschenden politischen Machthabern versucht, die teilweise sehr unliebsamen Folgen, die der durch die Medien erzeugte freie Informationszugang in der Bevölkerung erzeugte, mit den Mitteln der *Zensur* zu steuern.

Das geschah sowohl durch Vorzensur, durch Zensur ex post als auch durch indirekte Maßnahmen wie Androhung von Lizenzentzug, Besteuerung des Papierpreises (bei der Presse) und in letzter Konsequenz durch das Reichsschriftleitergesetz im Dritten Reich. Dies verlangte eine ad personam einzuholende Lizenz, um als Journalist tätig werden zu dürfen. Das Mediensystem hat solche und andere Versuche staatlicher Regulierung letztlich – erstaunlicherweise – stets überstanden: Die gesamtgesellschaftliche Funktion des freien Informationszugangs und der unbeeinflussten Meinungsbildung im Mediensystem ist offenbar stark genug, partikuläre Ansprüche oder Vereinnahmungen durch andere Teilsysteme erfolgreich abzuwehren.

---

[163] Dahinter liegen weitere theoretische Probleme der Kopplung von Kommunikation, Kognition und Bewusstsein, auf die hier nicht eingegangen werden kann. Vgl. dazu aber instruktiv Schmidt (1998).

12.3.2 Das Buch

Ein **Buch** ist „eine graphische Materialisierung geistig-immaterieller Inhalte zum Zweck ihrer Erhaltung, Überlieferung und Verbreitung in der Gesellschaft" (Brockhaus 1987, Bd. 4: 74). Bücher gab es bereits vor Erfindung des Buchdrucks. Diese waren allerdings handgeschriebene Unikate auf Tontafeln, Bambus, Leder, Papyros oder dünnen Buchenholztafeln (daher der Name 'Buch'), von denen keines einem zweiten glich und deren Herstellung bzw. Abschrift unter Umständen Jahre dauerte.

Johannes Gutenberg (auch genannt *Genssfleisch zu Laden*) erfand 1452 den Druck mit beweglichen Lettern und schuf damit das Massenmedium Buch: Nun konnten von einem Text identische Exemplare in beliebiger Auflage hergestellt werden. Diese Möglichkeit verdankt sich einer *Technik*, bei der die Verwendung von metallenen Buchstaben (Lettern) die Kombination zu Worten zuließ: Zerlegung von Texten in kleinste Einheiten (Lettern) und beliebige Kombinierbarkeit derselben markieren den Anfang einer Technik, die sich der (kybernetischen) Systembildung bedient.[164] Damit war eine Leistungssteigerung in zwei Dimensionen möglich: Die Herstellung großer Auflagen eines identischen Inhalts und die Beschleunigung der Herstellung in einem solchen Maße, dass sie später beim Zeitungsdruck den Rhythmus tagesaktueller Berichterstattung gewährleisten konnte (vgl. Weischenberg/Hienzsch 1994: 459ff.).

Der Siegeszug des Buches wäre in Deutschland allerdings weniger spektakulär ausgefallen, hätte nicht der für Kunst und Fortschritt offene *Kaiser Friedrich II.* bereits auf dem Reichstag zu Mainz (1236) verfügt, dass die Reichstagsbeschlüsse in deutscher (und nicht mehr in lateinischer) Sprache abgefasst werden mussten und damit gleichzeitig eine ganz neue Zielgruppe kreiert, die ihr Interesse für Politik nun durch Lesen befriedigen konnte.

Wie fast alle Massenmedien wurde der Buchdruck zunächst für politische Zwecke – den Druck der 'Türkenkalender' und später für die Flugblätter der Reformation – in Anspruch genommen. Die beginnende Alphabetisierung im 18. Jahrhundert und das Bevölkerungswachstum schufen für das Buch einen riesigen Markt.

---

[164] Die erste (technische) Systemstruktur beim Buchdruck ergibt sich aus der Wiederverwendbarkeit der Lettern (Rekursivität); die zweite ergibt sich 1814 durch Erfindung des Druckzylinders anstatt der Druckplatte durch *Koenig*, die dritte schließlich liegt in der 1886 von *Mergenthaler* erfundenen automatischen Rücksortierung der Lettern, so dass daraus ein vollkommen geschlossener Algorithmus gebildet werden konnte, der die Herstellung beliebig vieler Druckprodukte in kürzester Zeit erlaubt (vgl. Weischenberg/Hienzsch 1994).

„Durch die Erfindung des Buchdrucks wurden Stil und Inhalt der publizistischen Aussage grundlegend beeinflußt. Da sich das gedruckte Wort nicht mehr an einen beschränkten sozialen oder regionalen Kreis von Lesern, sondern an ein immer breiteres Publikum richtete, mußte es auf deren Auffassungsvermögen in steigendem Maße Rücksicht nehmen: Es mußte gemeinverständlich sein" (Hagemann/Prakke 1966: 65).

Im Jahr 1925 zählt man seit Gutenberg weltweit bereits mehr als 30 Millionen Buchtitel (vgl. Brehpohl 1974: 226). Das Medium **Buch** hat seine Marktstellung in der Bundesrepublik – gemessen an der Zahl produzierter Bücher – mit 71 515 Büchern (1996) gegenüber 67 277 Titeln (1992) gehalten. Allerdings ist die Zahl der Neuauflagen rückläufig (vgl. Presse- und Informationsamt 1998: 77).

12.3.3 Die Zeitung

Zwar ist das Buch zweifellos ein Massenmedium, doch der Primat für den Begriff 'Massenmedien' wird stillschweigend nicht dem Buch, sondern der Presse zuerkannt (vgl. Kübler 1994: 59).

Die ersten Zeitungen[165] erschienen an den Kreuzungen großer Handelswege (z.B. in Straßburg) oder in Residenzen des Adels (z.B. in Wolfenbüttel): Wirtschaftliche und politische Gründe sind daher auch die wichtigsten Bedingungen für die Organisation der Presse[166] gewesen und sie sind es – wenn man als dritten Bestimmungsgrund Größe und Dichte von Bevölkerungen in großen Ballungsräumen gelten lässt – bis heute geblieben.

Die Organisation der Presse lässt sich zunächst an der *Periodizität* ihres Erscheinens festmachen: Das *wöchentliche* Erscheinen war den wöchentlich eingehenden Korrespondenzen resp. Posten geschuldet, nicht dem Lesebedürfnis des Publikums. Aber die Auswahl der Inhalte nach dem Kriterium der *Aktualität*, die sehr schnell folgende Erweiterung auf die *Universalität* der Inhalte und der letztlich eingelöste Anspruch auf *Publizität* sind Strukturelemente, die den Aufstieg dieses ersten Massenmediums und seine bis heute gültige gesellschaftliche Relevanz bewirkt haben.

---

[165] Soweit bislang bekannt, erschien die erste Zeitung, die *Straßburger Meßrelation*, bereits 1605 (vgl. dazu Wilke/Noelle-Neumann 1994: 421).

[166] Dabei referiert der Begriff der *Zeitung* mehr auf den politischen Aspekt („daß sie Benachrichtigung seyn / von denen Händeln / welche zu unser Zeit in der Welt vorgehen"), während der Begriff des *Aviso* die wirtschaftlich inspirierte Anzeige meint: „Inmassen insonderheit die Avis-Briefe anders nicht seyn / als Benachrichtigungen von Abschickung der Wahren / so zu Lande und zu Wasser gesendet werden [...]" (Stieler 1969: 25).

Der Übergang vom wöchentlichen zum täglichen Erscheinen wurde erstmals 1650 von der in Leipzig erscheinenden *Einkommende Zeitungen* vollzogen.

Die Gründung von Tageszeitungen befriedigte dann ein Rezeptionsbedürfnis, das offenbar längst vorhanden war und das durch Einführung der Schulpflicht im 18. und 19. Jahrhundert noch gesteigert wurde. Umgekehrt waren neue technische Entwicklungen wie Rotationsmaschinen (1860) oder die Linotype-Setzmaschine (1884) die Bedingung für den noch schnelleren Druck noch größerer Auflagen und die Entwicklung schnellerer Verkehrsmittel tat ein übriges:

Das Wachstum der Tageszeitungen nimmt einen stürmischen Aufschwung bis zu einer Zahl von 3 716 Exemplaren in 1 914 und 4 275 im Jahr 1932 (Tabelle 19).

Tabelle 19: Zahl der Tageszeitungen in Deutschland 1881-1997

Jahr	Zahl der Organe	Gesamtauflage (in Tsd.)
1700	70	ca. 25
1881	1 963	ca. 6 000
1914	3 716	ca. 14 000
1932	4 275	ca. 15 800
1943	988	?
1954	1 500	13 400
1997	1 582	24 680

Quelle: Schütz (1969); Schütz (1994); Presse- und Informationsamt (1998: 57ff.)

Den starken Einbrüchen durch die Weltkriege folgt ein weiterer Aufschwung (1500 Ausgaben in 1954), der dann durch die beginnende *Pressekonzentration* gestoppt wird: Sie basiert auf ökonomischen Synergieeffekten, insbesondere auf der Zusammenlegung von Zeitungen und Verlagen, des Weiteren auch auf einem zentral gesteuerten Marketing und Vertrieb (vgl. Meyn 1996: 99ff.). Der Zugriff der Pressekonzentration war naturgemäß umso stärker, je auflagenschwächer die Zeitungen waren. Heute (1997) gibt es knapp 1582 Zeitungsausgaben (darunter 361 Abonnementszeitungen), hinter denen aber nur noch 135 *publizistische Einheiten* (d.h. Zeitungen mit einer eigenständigen, kompletten

Redaktion, die als 'Vollredaktion' bezeichnet wird) stehen.[167] In diesem Zusammenhang ist aufschlussreich, dass sich die Tagespresse mittlerweile zu zwei Dritteln aus Anzeigenerlösen und nur (noch) zu einem Drittel aus Verkauf bzw. Abonnement finanziert (vgl. Presse- und Informationsamt 1998: 69; Meyn 1996: 94).

Hatten die ersten Tageszeitungen allenfalls eine Auflage von wenigen hundert Exemplaren, so stieg die Auflage der großen Berliner Zeitungen vor dem 2. Weltkrieg bis auf 700 000 Exemplare. Der systematische Rückgang der Zeitungsauflagen ist vermutlich eine Folge der Nutzung elektronischer Medien, vor allem des Internets. 1997 betrug die Gesamtauflage aller Tageszeitungen in der Bundesrepublik 24,6 Mio. Exemplare, wobei die *Süddeutsche Zeitung* (mit knapp 400 000 Auflage) derzeit die auflagenstärkste Zeitung ist.

Die mit der Pressekonzentration befürchtete zunehmende politische Einseitigkeit der Presse ist ausgeblieben, was man im Grunde schon viel eher daran hätte erkennen können, dass die weltanschaulich (parteilich) orientierte Presse nach dem Zweiten Weltkrieg in Deutschland fast bis zur Bedeutungslosigkeit zurückgegangen ist: Möglicherweise ist der Rezipient politisch mündiger geworden; auf jeden Fall beschafft er sich seine politischen Informationen heutzutage offenbar bevorzugt aus einem weltanschaulich *ungebundenen* Medium.

Im Zusammenhang mit der Pressekonzentration wird eine mögliche politische Einseitigkeit dadurch geargwöhnt, dass in immer mehr Regionen nur noch eine einzige Zeitung erscheint (*Einzeitungskreis*). Gerade im Zusammenhang mit dem Boom der kritischen Medientheorie (➔ Kap. 8.2.6) in den späten 60er Jahren erschien dieser Verdacht plausibel. Allerdings gibt es bislang keine Untersuchung, die diesen Verdacht einmal systematisch und empirisch überprüft hätte. Und auch hier gilt offenbar, dass das in der Bundesrepublik zwischen 1960 und 1990 um den Faktor 4 000% gewachsene Informationsangebot (➔ Kap. 9.4) dazu geführt hat, dass der relative Stellenwert der Tageszeitung als Medium der Informations- und Meinungsbildung zurückgegangen ist. Berg/Kiefer (1992: 176) erklären dies durch den technisch bedingten 'Aktualitätsverlust' der Tagespresse. Hinzu kommt derzeit der Einfluss der Neuen Medien, der u.a. auch eine Erklärung für den sich seit einigen Jahren abzeichnen-

---

[167] Alle Zeitungen, die den gleichen Mantel (mindestens Seite 1 und 2), aber einen unterschiedlichen Titel, unterschiedliche weitere Redaktionsteile (vor allem: einen unterschiedlichen Lokalteil) und einen unterschiedlichen Anzeigenteil besitzen, gelten als eine publizistische Einheit.

den geringfügigen, aber beständigen Auflagenschwund der Tagespresse abgeben könnte.[168]

In diesem Zusammenhang ist ebenfalls relevant, dass in der Bundesrepublik die *äußere Pressefreiheit* – also der Schutz vor staatlichem oder sonstigem Eingriff – zwar garantiert ist, dass aber der Einfluss der Verleger auf den Journalisten bzw. die Redaktion (*innere Pressefreiheit*) bislang nicht geregelt ist. Da die Presse in der Bundesrepublik vollkommen in privaten Händen ist, ist dieser Umstand bemerkenswert, denn er verweist auf den vergleichsweise starken Einfluss der großen Medienkonzerne (*Bauer*, *Bertelsmann*, *Burda*, *Holtzbrinck* und *Springer*). Zusammenfassend lässt sich festhalten:

Die Zeitung ist das älteste etablierte Medium, das den Kriterien der Periodizität, Aktualität, Universalität und Publizität genügt. Es wird als journalistisches Produkt in einer Redaktion hergestellt, mit einem Anzeigenteil versehen und nach marktwirtschaftlichen Gesichtspunkten vor allem im Abonnement vertrieben.[169] Die Zeitung gilt – unbeschadet ihrer kommerziellen Struktur – als sehr glaubwürdig und finanziert sich zu etwa $^2/_3$ über Anzeigenraum.

Weiterführende Literatur:

Meyn (1996); Berg/Kiefer (1996); Groth (1960ff.); Presse- und Informationsamt (1998); Schütz (1994); Weischenberg (1995)

[168] Die Presse hat daher bei der Einführung des privaten Rundfunks (1984) zu Recht eine finanzielle Beteiligung am privaten Hörfunk und Fernsehen gefordert und auch durchgesetzt. Allerdings zeigen sich hier erneut die gleichen Strukturen wie bei der Pressekonzentration: Je auflagenstärker ein Organ bzw. je finanzkräftiger ein Verleger oder ein Medienkonzern, umso erfolgreicher ist diese Beteiligung angemahnt worden.

[169] Hier liegt das januskköpfige Problem der Tagespresse: Wirtschaftliche Organisation und redaktionelle Freiheit erscheinen unvereinbar. Karl Bücher definiert genau über diesen Widerspruch die Zeitung als „Erwerbsunternehmen, das Annoncenraum als Ware erzeugt, die nur durch einen redaktionellen Teil verkäuflich wird" (Bücher 1926: 377).

12.3.4 Die Zeitschrift

Die erste **Zeitschrift** erschien 1665 fast zeitgleich zum Medium Zeitung und, wie die ersten Zeitungen, ebenfalls an zwei verschiedenen Orten: Als *Journal de Savants* in Paris und als *Philosophical Transactions* in London.[170] Zeitschriften sind definiert als „periodische Druckwerke mit kontinuierlicher Stoffdarbietung [...], die mit der Absicht eines zeitlich unbegrenzten Erscheinens mindestens viermal jährlich herausgegeben werden, soweit sie keine Zeitungen sind" (Statistisches Bundesamt 1992: 6)[171]. Wie Zeitungen erfüllen sie das Kriterium der *Periodizität und Publizität,* hingegen nicht immer das der Aktualität und der Universalität. Zeitschriften lassen sich a) nach den Inhalten, b) nach ihrer Zielgruppe, c) nach ihrer Funktion und d) nach den vorgenannten vier Kriterien typisieren (vgl. Rolf 1995: 16f.). In Deutschland erscheinen mit mehr als 22 000 Zeitschriften mit einer Gesamtauflage von knapp 400 Millionen Exemplaren (1991) weltweit die meisten Zeitschriften. Den größten Anteil daran besitzen die wissenschaftlichen Fachzeitschriften (19,6%), Special Interest-Zeitschriften (23,0%), Publikumszeitschriften (z.B. Illustrierte mit universellem Inhalt, Programmzeitschriften (19,3%), amtliche Blätter (14,6%), Anzeigenblätter (13,8%), aktuelle politische/religiöse Wochenblätter (z.B. *Der Spiegel,* 5,1%) (vgl. Statistisches Bundesamt 1992). Diese Zahlen werden vom Statistischen Bundesamt jährlich neu erhoben. Sie sind jedoch unvollständig, weil sie z.B. Mitarbeiterzeitschriften (für die Belegschaft von Organisationen und Institutionen) und andere nicht erfassen.

Im Vergleich zur Zeitungspresse ist die Zeitschriftenpresse weniger dem Konkurrenzdruck durch andere Medien ausgesetzt; allerdings zeigt sich als direkte Folge der fortschreitenden Spezialisierung bei den Special Interest-Zeitschriften ein Rückgang der Auflage und, dadurch bedingt, ein verschärfter Wettbewerb (vgl. Presse- und Informationsamt 1998: 69f.).

---

[170] Erinnert sei daran, dass auch die Entstehung der Schrift (ca. 3500 a. Chr.) in Mesopotamien und zeitgleich in China nachgewiesen ist. Die ersten Zeitungen erschienen zeitgleich in Straßburg und Wolfenbüttel und für die Zeitschriften gilt dies ebenfalls. Das lässt den Schluss zu, dass der evolutionäre Druck auf die Entwicklung von Kommunikation durch geeignete Medien so groß war (und ist), dass deren Erfindung gleichzeitig an mehreren Stellen (und unbeeinflusst voneinander) erfolgen konnte.

[171] Diese Definition ist, wie im Übrigen auch alle anderen Definitionen von 'Zeitschrift', unbefriedigend, was Tietz (1982: 1795) zu der Bemerkung veranlasst „Zeitschriften sind, von Natur aus' undefinierbar. Das einzig Gemeinsame: Sie werden unter dem Begriff ‚Zeitschriften' in den Statistiken geführt."

Weiterführende Literatur:

Meyn (1996); Berg/Kiefer (1992); Groth (1960ff.); Presse- und Informationsamt (1998); Weischenberg (1995)

12.3.5 Der Film

Als Vorläufer des **Films** lassen sich im weitesten Sinn Apparate wie die *Laterna Magica* und das *Stroboskop*, die ein bewegtes *Bild* zeigen, begreifen. Doch erst die Erfindung der Photographie durch *Daguerre* (1835) und deren rasche technische Weiterentwicklung gaben die Basis ab für die Herstellung von Filmen, die zum ersten Mal im Jahre 1895 (am 1.11. durch die Gebrüder *Skladanowsky* in Berlin und am 28.12. durch die Gebrüder *Lumiére* in Paris) mit den von ihnen konstruierten Projektoren öffentlich vorgeführt wurden.

Sehr schnell entwickelte sich dann der *Stummfilm*, ab 1929 auch der *Tonfilm*, so dass der Film auch das erste Medium ist, das zwei Wahrnehmungskanäle befriedigen kann. Insbesondere der optische Kanal und die Darstellung *bewegter Bilder* sichern dem Film eine bis dahin nicht gekannte Eindringlichkeit und Wirkung.

Der Film wird daher von Anfang an als Unterhaltungsmedium weltweit eingesetzt, was deutliche Auswirkungen für die bisherigen Quellen der Unterhaltung hat:

> „Wie früher um die Jahrmarktsbuden, so drängen sich heute die Buben und Mädel um die Kinoplakate [...] In einer Zeit, in der so intensiv gelebt wird [...] ist kein geeigneter Boden mehr für Indianergeschichten und Hintertreppenromane [...] Nur hat man keine Muße mehr, die 100 Lieferungen eines Romans abzuwarten, bis bei der 99. die Spannung nun endlich gelöst wird. In einer Kinovorstellung kann man für wenige Groschen in kurzer Zeit dieselben Sensationen durchleben. Und nicht nur diese dem Kinodrama verwandten Stoffe, sondern die Volksbücher überhaupt werden weniger gelesen [...] Viel stärker ist das Theater durch die neuentstandene Konkurrenz der Lichtspiele in Mitleidenschaft gezogen worden [...] Es wäre falsch, wollte man den Kino als den Erben des Theaters ansprechen [...] aber er hat doch alle die Massen an sich gezogen, die von jeher nur ins Theater gingen, um sich einen Abend lang gut unterhalten zu lassen, und die dabei so viel oder so wenig profitierten wie von einer rührenden Filmgeschichte. Der Kunst mag die Abkehr dieses Publikums nicht schaden. Die einzelnen Theaterunternehmungen werden aber durch diesen Ausfall vor eine Existenzfrage gestellt" (Altenloh 1914: 98f.).

Doch schon bald wird die filmische Darstellung – neben dem Theater – als eigene Kunstform anerkannt (vgl. Arnheim 1974). Zugleich differenziert sich das Medium Film aus: Neben dem Unterhaltungsfilm entwickeln sich weitere Varianten wie der Dokumentarfilm, der Lehrfilm, der Propagandafilm, der Werbefilm u.a. Eine besondere Rolle als Quelle aktueller Information spielt die bereits im 1. Weltkrieg regelmäßig eingesetzte *Wochenschau*. Im Jahr 1913 gibt es in Deutschland bereits 4000 Filmtheater – mehr als 1972, als in der Bundesrepublik nur noch 3171 Filmtheater bestehen (vgl. Brepohl 1974: 90).

Die Verdrängung älterer Möglichkeiten der Unterhaltung durch ein neues Medium ereilt das Medium Film allerdings auch selbst, nämlich nach der Einführung des Fernsehens: Von 1962 bis 1972 geht die Zahl der Kinobesucher (443 Millionen) in der Bundesrepublik auf ein Drittel (150 Millionen) zurück, 1996 sind es noch 110,5 Millionen (alte Bundesländer) (vgl. Brepohl 1974: 93 sowie Presse- und Informationsamt 1998: 126).

Diese Rückgänge bei den Besucherzahlen des Mediums Film haben sich jedoch abgeschwächt. Auf der anderen Seite aber schaffen die steigende TV-Verwertung (die öffentlich-rechtlichen Fernsehanstalten strahlen z.B. pro Jahr etwa 3400 Filme aus) und der Videovertrieb günstige Bedingungen für den Film. Allerdings ist die deutsche Filmproduktion sehr gering, so dass der Filmimport, vorzugsweise aus den USA, bestimmend ist.[172]

Weiterführende Literatur:

Altenloh (1914); Arnheim (1974); Charters (1933); Gregor/Patalas (1962); Presse- und Informationsamt (1998).

12.3.6 Der Hörfunk

Die Entstehung des **Hörfunks** in Deutschland verdankt sich erneut einer *technischen* Innovation, nämlich der Möglichkeit, akustische Signale in elektromagnetische Wellen et vice versa zu konvertieren. Unter starker Beteiligung und Kontrolle des Staates wurde ab 1923 ein Hörfunkprogramm (*Deutsche Stunde*) gesendet, der Hörfunk nahm, von den Nationalsozialisten als Instrument der Propaganda stark gefördert, einen stürmischen Aufschwung. Nach Ende des Zweiten Weltkriegs wurde die Rundfunkhoheit auf Betreiben der Alliierten an die Bundesländer delegiert, es entstanden ab 1946 in rascher Folge neun Landesrundfunkanstalten (das sind: *BR, HR, NDR, RB, SDR, SFB, SWR, SR* und *WDR*), die sich 1950 zur *Arbeitsgemeinschaft öffentlich-rechtlicher Rundfunkanstalten*[173] *(ARD)* zusammenschlossen und jeweils eigene Hörfunk-

[172] Die Erlöse aus der Aufführung von Filmen in Filmtheatern, aus der weiteren Verwertung durch das Fernsehen und durch Video stellen den größten Anteil aller Exportgüter der USA dar (vgl. Presse- und Informationsamt 1998: 121).

[173] Rundfunk ist die Oberbezeichnung sowohl für Hörfunk als auch für Fernsehen. Die jeweiligen Landesrundfunkanstalten senden und verantworten daher zugleich auch die jeweiligen Fernsehprogramme.

programme *staatsfern* (ohne Beeinflussung durch staatliche Gremien) ausstrahlten.

In den Ländern der sowjetisch besetzten Zone wurde dagegen ab 01.09.1952 ein zentrales Hörfunkprogramm implementiert, das dann direkt dem Ministerrat der DDR-Regierung unterstellt wurde. Nach der Wiedervereinigung (1989) wurden die bestehenden Hörfunkprogramme aufgelöst und unter der Hoheit der neuen Bundesländer neue öffentlich-rechtliche Rundfunkanstalten (*MDR, ORB*) gegründet, die der *ARD* beitraten und eigene Hörfunkprogramme senden.

Die Zahl der öffentlich-rechtlichen Hörfunkprogramme hat sich systematisch vergrößert, insbesondere nachdem 1984 das *Duale Rundfunksystem* implementiert worden ist, das neben dem öffentlich-rechtlichen Hörfunk auch privaten Hörfunk zulässt.[174] Danach finanziert sich der öffentlich-rechtliche Hörfunk hauptsächlich über *Rundfunkgebühren*, der private Hörfunk hingegen ausschließlich durch *Werbung*. 1996 wurden 245 Hörfunkprogramme (57 öffentlich-rechtliche und 178 private) gezählt. Zusätzlich sendet die *Deutsche Welle* ein Programm für das Ausland (vgl. Presse- und Informationsamt 1998: 102f.).

Weiterführende Literatur:

ARD-Jahrbuch (ARD 1969ff.); Berg/Kiefer (1996); DLM-Jahrbuch (1989ff.); Media Perspektiven (1. 1970ff.); Meyn (1996); Presse- und Informationsamt (1998)

12.3.7 Das Fernsehen

Die technische Voraussetzung für das Fernsehen war die Übertragung von Bildern, die im Prinzip bereits 1884 durch die von *Nipkow* erfundene Scheibe geschaffen war. Die ersten öffentlichen Fernsehsendungen fanden 1936 in Berlin anlässlich der olympischen Spiele statt. Nach dem Zweiten Weltkrieg begann die *ARD* ab 01.11.1954 mit der regelmäßigen Ausstrahlung von Fernsehsendungen, die ab 01.04.1963 durch Sendungen des *Zweiten Deutschen Fernsehens* (*ZDF*) ergänzt wurden. Ab 1964 wurden die dritten Programme, als Bildungsfernsehen konzipiert, auf Sendung gebracht. Bis 1984 vermehrte sich die Zahl der öffentlich-rechtlichen Fernsehprogramme in der Bundesrepublik auf insgesamt 15 Programme, wobei das Vormittagsprogramm (10.00-13.15 Uhr) *gemeinsam* von *ARD* und *ZDF* ausgestrahlt wurde.

---

[174] Der private Hörfunk kann dabei sowohl landesweit ausgestrahlt werden (z.B. in Hessen als *FFH*), er kann, wie in NRW, nur als lokaler/regionaler Hörfunk oder als bundesweiter privater Hörfunk zugelassen werden.

Gemäß den Bedingungen des Dualen Rundfunksystems konnte ab 1984 auch privates (kommerzielles) Fernsehen veranstaltet werden, das jedoch eine Lizenzierung durch eine *Landesmedienanstalt* besitzen musste.

Die privaten Fernsehsender, geführt von *RTL* und *SAT.1*, eroberten sich aufgrund ihrer an maximaler Einschaltquote orientierten Programmstruktur sehr schnell eine beachtliche Reichweite, während die von *ARD* und *ZDF* stark zurückgingen. Das Hinzutreten weiterer privater Fernsehanbieter drückte jedoch für alle Sender die Einschaltquoten nochmals (vgl. Tabelle 20).

Tabelle 20: TV-Reichweiten (Einschaltquoten) 1983 vs. 1997 (%)

<table>
<tr><th>Einschaltquote/ Programm</th><th>1986</th><th>1993</th><th>1997</th></tr>
<tr><td>ARD 1. Programm</td><td rowspan="3">93,7</td><td>17,0</td><td>14,4</td></tr>
<tr><td>ARD 3. Programm</td><td>7,9</td><td>11,2</td></tr>
<tr><td>ZDF</td><td>18,1</td><td>13,5</td></tr>
<tr><td>RTL</td><td rowspan="2">6,3</td><td>18,9</td><td>16,5</td></tr>
<tr><td>SAT.1</td><td>14,9</td><td>13,3</td></tr>
<tr><td>PRO 7</td><td>-</td><td>9,3</td><td>9,4</td></tr>
<tr><td>Sonstige</td><td>-</td><td>13,9</td><td>21,7</td></tr>
<tr><td>Gesamt:</td><td>100%</td><td>100%</td><td>100%</td></tr>
</table>

Quelle: Presse- und Informationsamt (1998: 108), GFK-Forschung: http://www.vprt.de/medienfakten/studie/folie16.html und eigene Berechnungen

1996 gibt es neben den 31 öffentlich-rechtlichen Fernsehprogrammen[175] bereits 22 private Fernsehprogramme. Hinzu kommen weitere (private) Lokal- bzw. Regionalprogramme, so dass sich die Gesamtzahl auf 62 Fernsehprogramme erhöht hat (vgl. Presse- und Informationsamt 1998: 106ff.).

Weiterführende Literatur:

DLM-Jahrbuch (1989ff.); Berg/Kiefer (1996); Presse- und Informationsamt (1998)

[175] Durch Hinzutritt der Rundfunkanstalten *ORB* (Berlin-Brandenburg) und *MDR* (Sachsen, Sachsen-Anhalt, Thüringen) steigerte sich die Zahl der öffentlich-rechtlichen Fernsehprogramme auf 31.

12.3.8 Die Neuen Medien

Die bislang vorgestellten Medien gelten als die 'klassischen' Massenmedien. Ihre Entwicklung bestimmt maßgeblich die Diskussion um die Veränderung des Mediensystems.

Der Begriff *Neue Medien* wurde zum ersten Mal anlässlich der Einführung des privaten Rundfunks (1984) für die privaten Fernseh- und Rundfunkprogramme verwendet, bezeichnet heute allerdings die Kombination verschiedener Medien, die sich durch den Personal Computer (PC) realisieren lässt und die insbesondere das **Internet**[176] umfasst. Auch der Begriff *Multimedia* ist hier mittlerweile eingeführt (vgl. Meckel/Kriener 1996: 300ff.)

Das Internet – 1969 zunächst als digitales Netzwerk des US-Verteidigungsministeriums entwickelt – wurde 1986 als Netzwerk zur Verbindung von vier amerikanischen Universitäten erweitert und erfuhr seine weltweite Verbreitung vor allem ab 1989 durch die Installation des World Wide web (WWW) am *Europäischen Zentrum für Teilchenphysik* (*CERN*) in Genf, die 1992 für die Öffentlichkeit frei gegeben wurde (vgl. Runkehl et al. 1998: 9ff.). Das Internet ist für die Kommunikationswissenschaft schon deshalb ein Problem, weil es nicht nur in einem nie gekannten Ausmaß die Kriterien der Aktualität, Publizität, Universalität so umfassend wie kein anderes Medium erfüllt, sondern weil es die bislang akzeptierte Medientypologie radikal unterläuft:

a) Es ist sowohl zur Rezeption als auch zur Kommunikation nutzbar und hebt damit auf spezifische Weise die Rollentrennung von Kommunikator und Rezipient auf.

b) Es fungiert sowohl als Medium als auch als Metamedium.

c) Sein Radius ist unbegrenzt, so dass alles elektronisch erfasste Wissen, über das die Weltgesellschaft verfügt – sowohl aktuelles als auch kumuliertes Wissen, sowohl persönliches als auch gesellschaftliches Wissen – *on demand* vorgehalten bzw. jederzeit ergänzt werden kann.

d) Der Zielgruppenbezug dieses Mediums ist uneinholbar, weil die Selektivität des Zugriffs einerseits auf den individuellen Fall zugeschnitten werden kann (und dies vom Individuum selbst über E-Mail) und auf der anderen Seite beliebig viele Rezipienten beliebig oft auf eine Adresse zugreifen können.

e) Durch seine potentiell unbeschränkte Zugänglichkeit macht das Internet die Entstehung einer panthematischen *Weltöffentlichkeit* von allen für alle möglich.

f) Seine Geschwindigkeit bei der Nachrichtenbereitstellung erhöht sich ständig.

---

[176] Internet lässt sich im Prinzip definieren als Vernetzung unendlich vieler digitaler Kreidetafeln, auf denen man wahlweise schreiben und lesen kann. Die Vernetzung erfolgt durch das Telefonnetz (vgl. Coy 1996: 297ff.).

g) Es ist theoretisch von allen Punkten der Erde für alle Punkte der Erde rund um die Uhr verfügbar.

Auf die Massenmedien bezogen, fungiert das Internet zunächst als *Metamedium*, weil viele Massenmedien mit einem *Eintrag* (Website) im Internet vertreten sind. In diesem finden sich u.v.a. auch *aktuelle Informationen*, die das jeweilige Medium selbst nur zu bestimmten Zeiten verbreitet, die hier jedoch zu jedem Zeitpunkt abrufbar sind. Da der Radius des Internets unbegrenzt ist, da die Übertragungsgeschwindigkeiten in elektronischen Maßstäben zu messen sind und da hier potentiell jederzeit (online) und in beliebiger Präzision der Abruf nicht nur von aktuellem, sondern von dem *gesamten Wissen*, was die Gesellschaft elektronisch erfasst hat, möglich ist, ist dieser Modus schlicht kaum noch zu überbieten (vgl. Coy 1996: 297ff.).

Beispielsweise haben viele große Zeitungen längst einen eigenen Internet-Auftritt organisiert, der als *Online-Angebot* mit aktuellen Informationen bestückt wird. Dabei hat der Internet-Auftritt gegenüber dem ursprünglichen Medium viele Vorteile – etwa den, dass unbeschränkter Platz zur Verfügung steht oder, dass Informationen archiviert und vorgehalten werden können etc. (vgl. Neuberger/Tonnemacher 1999: 33ff.).

Was dies an konkreten Auswirkungen für die klassischen Massenmedien, für Bildung und Erziehung, für Wirtschaft und Kultur letztlich haben wird, ist noch gar nicht abzusehen. Allerdings ist absehbar, dass dieses Medium nur von Rezipienten genutzt wird, die finanzielle und bildungsmäßige Voraussetzungen erfüllen – also nur etwa ein Drittel der Bevölkerung im oberen Segment der sozialen Schicht. Mit unvergleichlichem Abstand gilt jedoch das Internet als das Medium mit den größten Zuwachsraten: „An einem einzigen Tag im Februar 1994 wurden zehnmal so viele Daten übertragen wie im gesamten Jahr 1992" (Presse- und Informationsamt 1998: 145f.). 1998 nutzten 12,3 Millionen Bundesbürger mindestens einmal das Internet, 1997 waren es nur 8,8 Millionen.

Weiterführende Literatur:

Coy (1996); Meckel/Kriener (1996: 299ff.); Neuberger/Tonnemacher (1999); Presse- und Informationsamt (1998); Runkehl et al. (1998).

12.4. Der Rezipient

Die Rolle des Rezipienten ist – formal gesehen – die Komplementärrolle zu der des Kommunikators. Während aber die Rolle des Kommunikators in ihrer Struktur und in ihren Bezügen relativ umfassend und genau analysiert worden ist (➔ Kap. 12.1), wissen wir über den *einzelnen* Rezipienten so gut wie gar nichts, denn wir haben es stets mit einer Vielzahl von Rezipienten zu tun.

Die Rezipientenforschung hat daher zwei verschiedene Wege eingeschlagen: Zum einen konzentrierte sie sich auf die Erforschung der *Wirkung* von Kommunikation – verstanden vor allem als Veränderung von Wissen, Einstellungen und Verhalten des Rezipienten unter dem Einfluss von (Massen)Kommunikation. Die hierzu vorliegenden Theorien und Befunde werden in einem gesonderten Kapitel vorgestellt (➔ Kap. 13).

Zum anderen werden unter dem Stichwort *Publikumsforschung* Rezeptionsgewohnheiten analysiert, vor allem der Grad der Medienzuwendung gegenüber verschiedenen Medien und dies in Abhängigkeit von demographischen Variablen des Rezipienten. Darüber hinaus finden sich hier auch Ansätze, die die Rezeption als Verstehensprozess analysieren (vgl. Charlton 1997).

Im Unterschied zur Analyse der *Wirkung* der Massenmedien richtet sich die Frage nach dem Umgang des Rezipienten mit Massenmedien an die Motive, die ihn dazu bewegen, sich den Massenmedien auszusetzen. Der theoretische Ansatz hierfür ist der *Uses-and-Gratifications Approach* (➔ Kap. 13.5.3). Seine Fragestellung ist – im Vergleich zur Wirkungsforschung – geradezu reziprok: „This is the approach that asks the question not ‚What do the media do to people?' but, rather ‚What do people do with the media?' (Katz/Foulkes 1962: 378). Dabei wird vor allem gefragt, welche Erwartungen der Rezipient in Bezug auf Nutzen und/oder Belohnung der Medienrezeption hegt.[177] Das zentrale theoretische Konzept hierfür ist der *aktive* Rezipient – aktiv, weil er nach eigenen Kriterien entscheidet (selegiert), welchen Medien er sich zuwendet, welche Programme er auswählt, welche Inhalte er rezipiert – und welche nicht.

Dieser Ansatz der Publikumsforschung ist oft – und zu Unrecht – kritisiert worden, weil er praktisch auf eine Sozialstatistik hinauslaufe (vgl. so Schenk 1978: 215f.). Dabei wird allerdings übersehen, dass der Rezipient schon in der Vorauswahl von Medien, Programmen und Inhalten entscheidet, welche In-

---

[177] An dieser Stelle werden die Grenzen der Lasswellformel, nach der Teil E dieses Buches die Positionen des Kommunikationsprozesses abarbeitet, nochmals deutlich, denn auch Wirkungen von Kommunikation entstehen beim Rezipienten. Die Trennung zwischen Publikumsforschung und Wirkungsforschung ist von daher nur pragmatisch, nicht logisch zu begründen.

formationsangebote er überhaupt rezipieren will und welche folglich überhaupt bei ihm Wirkungen entfalten können. Die Messung von Wirkungen aber kann gar nicht valide sein, wenn sie solche Rahmenbedingungen nicht aufgreift: Zum einen, weil selektives Verhalten immer schon Wirkungen determiniert und zum anderen, weil das Mediennutzungsverhalten[178] als solches als wichtige erklärende Variable für das Zustandekommen von Wirkungen fungiert.

Studien, bei denen die Mediennutzung – ggf. nach Medien differenziert – in Abhängigkeit von demographischen Variablen (vor allem: Alter, Geschlecht, Bildung) erhoben wird, sind von basalem Interesse für die Medienforschung. In diesem Sinne ist die Mediennutzung und Medienbewertung des Bundesbürgers durch die Langzeitstudie von *ARD* und *ZDF*, von 1964 bis 1995 in mittlerweile fünf großen Untersuchungswellen, systematisch erfasst worden (vgl. Berg/Kiefer 1996). Die Ergebnisse dieser Studien und weitere Befunde zur Publikumsforschung sind im Folgenden vorzustellen.

12.4.1 Der Begriff des Publikums

Wenn wir von 'Massenkommunikation' sprechen, so nur deshalb, weil der Begriff, obwohl logisch gleich doppelt unhaltbar, als solcher eingeführt ist (➔ Kap. 6.2). Aber es wäre definitiv falsch, eine Vielzahl von Rezipienten als *Masse* zu bezeichnen. Bereits Maletzke (1963: 24ff.) verweist auf diesen Umstand und führt – in Abkehr von der Massenpsychologie und in Anlehnung an sozialpsychologische Überlegungen – an dieser Stelle den Begriff des *dispersen Publikums* ein.

Im Gegensatz zu einer Masse, deren Mitglieder einander persönlich zwar nicht bekannt sind, die aber füreinander anwesend und gemäß der sozialen Bindekraft sozialer Reflexivität massiv beeinflussbar sind, ist das Publikum der Massenkommunikation nicht füreinander anwesend. Auf der anderen Seite muss unterstellt werden, dass das Publikum, das bestimmte Inhalte der Massenkommunikation rezipiert, sehr viel homogener in Bezug auf demographische und Freizeitvariablen ist (vor allem: Alter, Geschlecht, Bildung) als eine Masse. Darüber hinaus ist auch die Motiv- und Interessenlage homogener. Kennzeichen des Publikums der Massenkommunikation sind daher:

---

178 Mediennutzungsverhalten kann als Variablenbündel begriffen werden, zu dem zunächst der Zugang zu den Medien (Medienversorgung, technische Ausstattung) und die Präferenz für bestimmte Medien und Programme zu rechnen sind, ferner die Dauer der (täglichen) Zuwendung, die Art und Weise, wie über rezipierte Inhalte hinterher mit anderen Rezipienten kommuniziert wird – und dies alles wiederum vor dem Hintergrund soziodemographischer Variablen wie Alter, Geschlecht, Einkommen, Bildung oder Variablen des Lebensstils.

1) das gleichgeartete Interesse, das zur Rezeption des gleichen Inhalts führt (gemeinsame Zuwendung)

2) eine geringere Varianz demographischer Variablen (vor allem: Alter, Geschlecht und Bildung)

3) die fehlende Möglichkeit wechselseitiger Wahrnehmung, aber

4) die *Unterstellung* wechselseitiger Wahrnehmbarkeit

Insofern ist der Begriff des Publikums dem Begriff der *Zielgruppe* ähnlich, deren Mitglieder ebenfalls eine geringere demographische Varianz besitzen, die aber füreinander zumindest *virtuell* anwesend sind.

> „Zwischen den Gliedern eines dispersen Publikums bestehen im Normalfalle keine direkten zwischenmenschlichen Beziehungen; sie stehen in der Regel nicht in unmittelbarer Kommunikation. Infolge der räumlichen Trennung und mangelnder Kommunikationsmotive sind die Rezipienten gegenseitig anonym, sie kennen einander nicht und wissen lediglich, daß außer ihnen noch zahlreiche andere Menschen dieselbe Aussage aufnehmen" (Maletzke 1963: 29).

12.4.2 Die Mediennutzung des Publikums

Von 1964 bis 1995 führte die *ARD-ZDF*-Medienkommission fünf großangelegte Untersuchungen über die Mediennutzung und -bewertung des bundesrepublikanischen Rezipienten durch. Die letzte dieser repräsentativ angelegten Studien wurde mit einer Stichprobe vom Umfang n = 6000 durchgeführt. Befragt wurden zufällig ausgewählte Personen ab 14 Jahre (vgl. Berg/Kiefer 1996: 20). Die Ergebnisse dieser Untersuchung geben – bei allen Vorbehalten gegen die Einschränkungen, die sich z.B. aus der Vergleichbarkeit dieser fünf Untersuchungen ergeben könnten – eine valide Basis ab nicht nur für die Beschreibung der Mediennutzung nach verschiedenen Medien, in Abhängigkeit von verschiedenen demographischen Variablen und in Bezug auf das Freizeitverhalten, sondern auch für deren Veränderung in der Zeit.

Basale Voraussetzung dafür, dass Medien rezipiert werden, ist die apparative Verfügbarkeit von Fernsehen und Radio bzw. die Möglichkeit, eine Zeitung zu abonnieren bzw. zu kaufen. Abb. 67 zeigt (für die alten Bundesländer), dass das Radio bereits 1964, das Fernsehen aber erst 1974 eine Abdeckung erreicht hat, die nahe bei der Sättigung (98%) liegt. Anders dagegen die Zeitung: Sie erfordert keine apparative Aufwendung, sondern nur die Bereitschaft zum Kauf. Wie Abb. 67 deutlich zeigt, hat die Bereitschaft zum Kauf der Tageszeitung (per Abonnement oder im Straßenverkauf) in den letzten 20 Jahren etwas abgenommen.

Abbildung 67: Verfügbarkeit TV- und Radiogerät sowie Zeitungsabo

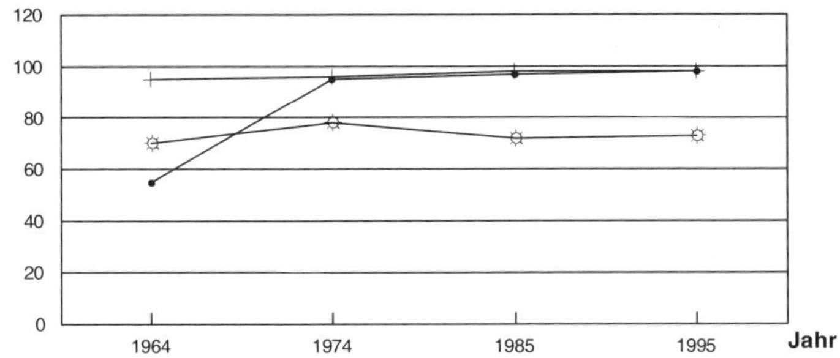

	1964	1974	1985	1995
TV-Gerät	55	95	97	98
Radiogerät	95	96	98	98
Ztg-Abo	70	78	72	73

TV-Gerät Radiogerät Ztg-Abo

Quelle: Berg/Kiefer (1996: 26)

Diese Abnahme ist insgesamt nur schwach. Differenziert man jedoch nach Alter, so zeigen sich gravierende Unterschiede (vgl. Tab. 21): Zunächst erkennt man generell, dass die Altersgruppe von 14 bis 49 Jahre von 1985 bis 1995 abnehmende Tendenzen aufweist, während die Gruppe der 50jährigen und älteren Befragten eine Zunahme der Zeitungsnutzung angeben.

Tabelle 21: Zeitungsnutzung in Abhängigkeit von Alter und Zeit (%)

Altersgruppe	1985	1990	1995
14-19	68	70	66
20-29	58	66	53
30-39	77	74	66
40-49	81	83	79
50-59	75	83	78
60-69	77	80	78
70+	72	78	78
Gesamt	**72**	**76**	**71**

Quelle: Berg/Kiefer (1996: 28)

Stellt man in Rechnung, dass die 14-19jährigen noch im elterlichen Haushalt leben, also nicht selbst die Entscheidung auf Kauf oder Abonnement einer Tageszeitung treffen, sondern in der Regel eher eine Tageszeitung 'vorfinden' und erst in der nächsthöheren Altersgruppe (20-29 Jahre) einen eigenen Haushalt begründen, so sind die Daten von einiger Brisanz. Sie besagen nämlich, dass jüngere Rezipienten bei der Gründung eines *eigenen* Haushalts nur noch zu 53% bereit sind, eine Tageszeitung zu halten oder zu kaufen. Das gleiche gilt für die nächsthöhere Altersgruppe (30-39): Auch diese Altersgruppe ist (1995) nur zu 66% bereit, eine Tageszeitung zu halten, während dies in 1985 noch zu 77% der Fall war. Oder anders gesagt: Die Bereitschaft oder der Bedarf, eine *eigene* Tageszeitung zu halten, nimmt unter den jüngeren Rezipienten gravierend ab. Diese Abnahme beträgt hier 11%, hingegen für die nächsthöhere Altersgruppe der 40- bis 49jährigen nur 2% (vgl. Berg/Kiefer 1996: 28). Der Grund für diese Entwicklung liegt offenbar in dem beständig gestiegenen Informationsangebot, das in der Bundesrepublik zwischen 1960 und 1990 um den Faktor 4000% gewachsen ist (➔ Kap. 9.4) und insbesondere auch in der künftig noch weit stärker wirksamen Möglichkeit, sich aktuell und vor allem gezielt (hochselektiv) im *Internet* zu informieren.

Abbildung 68: Veränderung der Mediennutzung über die Medien Zeitung, Hörfunk und Fernsehen pro Werktag

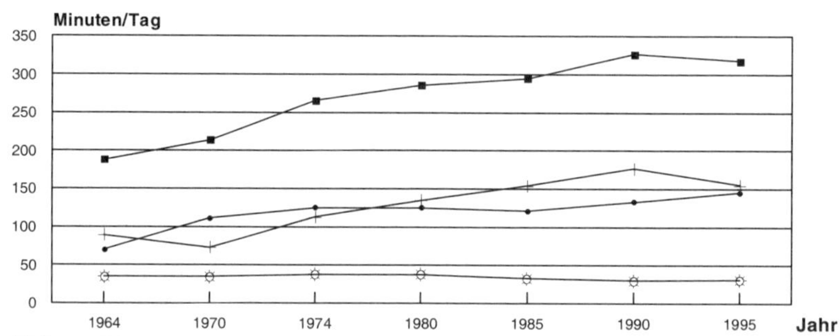

	1964	1970	1974	1980	1985	1990	1995
TV	70	111	125	125	121	133	145
Radio	89	73	113	135	154	177	155
Zeitung	35	35	38	38	33	30	31
Gesamt	188	214	266	286	295	327	318

—TV —Radio —Zeitung —Gesamt

Quelle: Berg/Kiefer (1996: 49)

Die Veränderung der Mediennutzung insgesamt (Zeitung, Hörfunk und Fernsehen) wird in Abbildung 68 sichtbar: Die Dauer der Nutzung von Fernsehen und Hörfunk hat sich von 1964 bis 1995 in etwa verdoppelt, hingegen nimmt die für die Zeitung leicht ab. Die tägliche Mediennutzung nur für diese drei Medien hat von 3:08 Stunden in 1964 auf 5:18 Stunden in 1995 und damit um 169,1% zugenommen, wobei das Fernsehens mit 207% hier führt.

Die Entstehung des Dualen Rundfunksystems und das Vordringen der privaten Fernsehanbieter hat Folgen für die Fernsehnutzung, die, wie Tabelle 22 zeigt, ebenfalls vom Alter, aber auch von der Bildung (gemessen über den Schulabschluss) und dem politischen Interesse abhängen.

Tabelle 22: TV-Reichweite werktags in Abhängigkeit von Sender, Alter, Schicht und Zeit (%)

Alter	**1985** gesamt	**1990** öff.-r. TV	**1990** priv. TV	**1995** öff.-r. TV	**1995** priv. TV
14-19	58	59	39	26	72
20-29	59	52	28	34	56
30-39	68	66	28	44	54
40-49	74	70	23	57	46
50-59	82	75	22	67	49
60-69	84	85	20	78	46
70 +	80	86	16	81	45
Schicht					
Volksschule ohne Lehre	81	71	30	57	59
Volksschule mit Lehre	75	73	28	62	54
Mittelschule und mehr	63	67	20	51	46
Pol. Interesse					
stark	74	73	21	62	47
mittel	71	69	27	53	54
schwach	68	61	31	48	56
Gesamt	**72**	**69**	**25**	**56**	**51**

Quelle: Berg/Kiefer (1996: 42)

Zunächst zeigt sich (Gesamtentwicklung), dass sich die Reichweite (= kumulierte Einschaltquote aller Sender) des privaten Fernsehens zwischen 1990 und 1995 mehr als verdoppelt hat (von 25% auf 51%).[179] Die in diesen beiden Zahlen sichtbare Veränderung innerhalb von 5 Jahren ist gravierend. Hinzu kommt eine weitere Entwicklung: Je jünger die Rezipienten, desto größer die Präferenz für private Fernsehprogramme – et vice versa. Das gilt sowohl für das Jahr 1990 und erst recht auch für das Jahr 1995.

Im Weiteren zeigt sich, dass die Präferenz für das Fernsehen mit dem Grad der Schulbildung abnimmt, allerdings bei den privaten Sendern deutlich stärker als bei den öffentlich-rechtlichen Sendern. Dagegen nimmt die Präferenz für das öffentlich-rechtliche Fernsehen mit dem Grad politischen Interesses zu und dies in 1995 tendenziell noch stärker als in 1990. Eine ähnliche Nutzungsstruktur zeigt auch der Hörfunk, wobei dessen Nutzung allerdings – offenbar altersbedingt – für die Altersgruppe der über 60jährigen deutlich zurückgeht (vgl. Berg/Kiefer 1996: 46).

12.4.3 Veränderung der Mediennutzung

Die von Berg/Kiefer durchgeführten Studien zeigen für die Zeit von 1964 bis 1995 insgesamt ein deutlich verändertes Medienverhalten des (deutschen) Rezipienten, das nicht nur durch die Einführung des Dualen Rundfunksystems geprägt ist. Zunächst zeigt sich, dass der Anteil von mehr als 80% fernsehender Rezipienten der höchste je gemessene Anteil ist. Zugleich ist auch die Verweildauer vor dem *Fernsehen* die höchste je gemessene Dauer aller fünf Untersuchungen (vgl. Berg/Kiefer 1996: 268ff.). Auch hat die Bindung an das Fernsehen zugenommen.

Während aber die Unterhaltungsfunktion des Fernsehens bestätigt und gestärkt wird, ist dies für die Informationsfunktion nicht der Fall. Unterstellt man, dass der Rezipient als solcher ein nicht geringer werdendes Informationsbedürfnis besitzt, so kann das letztlich nur heißen, dass der Rezipient seine *aktuelle* Information auf andere Weise bezieht. Das gilt insonderheit für die Nutzung politischer Information. Ob dies ein Ausdruck von *Politikverdrossenheit* ist oder Ausdruck eines weitergehenden Informationsvermeidungsverhaltens, bleibt offen. Aber auch hier wäre der Einfluss des *Internets* zu prüfen.

Die Zahl der Radiohörer und der Umfang des Hörfunkkonsums gehen 1995 ebenfalls zurück und auch die Bedeutung des *Hörfunks* wird 1995 als deutlich geringer eingeschätzt. Auch der Aktualitätsvorsprung, den der Hörfunk – aus

---

[179] Berg/Kiefer (1996: 49f.) weisen hier zwei unterschiedliche Maße aus: Zum einen der von den Befragten genannte durchschnittliche Medienkonsum für die drei Medien, zum anderen die Verweildauer, den der/die Befragte am Stichtag angibt. Während der durchschnittliche Medienkonsum pro Tag 5:18 Stunden beträgt (vgl. Abb. 69), beträgt die Verweildauer sogar 7:10 Stunden.

der Sicht des Rezipienten – mehr als 20 Jahre besaß, wird ihm 1995 nicht mehr zugestanden.

Die *Tageszeitung* hat 1995 weiter – vor allem an jungen Lesern – verloren. Die von Berg/Kiefer (1996) durchgeführte Kohortenanalyse zeigt, dass diese Gruppe ihre Zeitungsabstinenz auch mit dem Alter beibehält. Auch der tägliche Zeitaufwand für das Lesen der Tageszeitung geht zurück (vgl. Berg/Kiefer 1996: 270f.).

Diese Veränderungen haben manifeste und latente Einflüsse auf das weitere Verhalten des Rezipienten und damit auch auf die Gesellschaft. Zu den manifesten Einflüssen gehört zunächst die Veränderung der täglichen Freizeit. Sie hat sich von 1964 bis 1995 von 5:40 Stunden auf 7:58 Stunden (= 140,6%) vergrößert. Vergleicht man hierzu parallel die Veränderung der Dauer der Mediennutzung (vgl. Abb. 69), so zeigt sich eine fast perfekte Korrelation zwischen zeitlicher Zunahme von Medienkonsum und Zunahme von Freizeit: *Freizeit ist vor allem freie Zeit für Medienkonsum.*

Abbildung 69: Veränderung von Freizeit und Mediennutzung

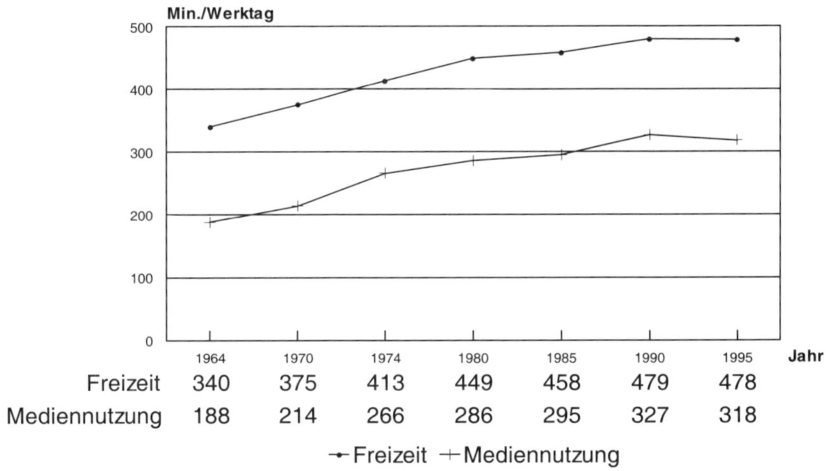

Quelle: Berg/Kiefer (1996: 49 u. 119)

Am schwierigsten ist der Nachweis latenter Folgen der Nutzungsveränderung. Immerhin ist anzunehmen, dass die Zunahme der vor den Medien verbrachten Zeit beispielsweise die Zeit für andere soziale Aktivitäten weiter reduziert und damit den Trend zur sozialen 'Vereinsamung' fördert. Dies könnte zur Folge haben, dass die bereits beschriebene Funktion der Wirklichkeitskonstruktion der Medien (und damit auch: der Einfluss des Fiktionalen auf das Faktische) weiter an Bedeutung gewinnt.

Resümiert man die hier vorgestellten Befunde, so wird eine Entwicklung sichtbar, die man unter verschiedenen Perspektiven verschieden beurteilen kann und die hier ganz grob als *Entfesselung des Rezipienten* bezeichnet werden soll:

Die Vergrößerung der Zahl, der Auflagen und vor allem des Umfangs der Printmedien, die Vergrößerung der Zahl der Rundfunkanbieter, der Reichweiten und insbesondere der Sendedauer (die mittlerweile bei allen Sendern rund um die Uhr geht), erzeugt ein immens gewachsenes Informationsangebot und damit zugleich ein immens gewachsenes Auswahlproblem für den Rezipienten.

Der deutsche Durchschnittsrezipient muss heute, verglichen mit dem von 1960, ein etwa 50fach größeres Informationsangebot bewältigen. Dabei sind die Effekte der Internetnutzung, die das Medienverhalten der heutigen Jugendlichen immer stärker prägen, in ihrer Auswirkung auf das konventionelle Medienverhalten noch gar nicht berücksichtigt.

Man kann diese Entwicklung bedauern und die 'guten, alten Zeiten' zurückwünschen, wie dies *Klaus Berg* im Vergleich der Mediennutzung von 1964 zu 1995 tut:

> „Die Ergebnisse dieses Vorher-Nachhervergleichs sind aus gesellschaftspolitischer Sicht alles andere als beruhigend, wenn man zum Beispiel an normativen Vorstellungen festhält, daß Medien in demokratischen Gesellschaften eine Funktion der Information und Meinungsbildung zu erfüllen hätten, die nur sie wahrnehmen können, und dies die Basis ihrer verfassungsrechtlich garantierten Freiheit sei. Aber viele der in den Ergebnissen von 1995 sichtbar werdenden Veränderungen im Umgang der Bundesbürger mit den Medien und ihren Inhalten waren absehbar, sind von Wissenschaftlern mit Blick auf die Kommerzialisierung des Rundfunks in anderen Ländern immer wieder prognostiziert worden [...] Die Voraussagen, darauf verweisen die Befunde dieser Studie, scheinen sich zu realisieren, und die Dynamik des Wandels, dem die Mediennutzung in soziodemographisch beschreibbaren Gruppen unterliegt, ist offenbar größer als erwartet. Neil Postmans Vision läßt sich für große Teile der Bundesbürger in Ost und West präzisieren: Sie amüsieren sich bis zum staatsbürgerlichen Tode. Man wird diese Entwicklung kaum mehr umkehren können [...]" (Berg/Kiefer 1996: 6).

Doch die Berufung auf die 'guten, alten Zeiten' ist selten mehr als die normengestützte Form klagender Nostalgie gewesen.[180] und empirische Belege dafür, dass Kommunikation und Medienangebote der Gesellschaft schaden, aber nicht nutzen, stehen aus.

Weiterführende Literatur:

Meyn (1996); Berg/Kiefer (1996); Kübler (1994); Presse- und Informationsamt (1998); Merten/Schmidt/Weischenberg (1994)

13. Wirkungsforschung

Die Analyse des Rezipienten im Kommunikationsprozess hat zwei verschiedene Aspekte: Zum einen die Analyse der *Wirkungen* von Kommunikation beim Rezipienten, zum anderen das Verhalten des *Publikums*. Daneben tritt jedoch auch die hier zu behandelnde Frage, welche Wirkungen resp. *Folgen* die individuelle Medienrezeption auf gesamtgesellschaftlicher Ebene auslöst. Im Folgenden sollen diese Problemfelder vorgestellt und diskutiert werden.

Ganz ohne Zweifel stellt die Wirkungsforschung – mehr denn je – den Motor der Kommunikationsforschung dar. Dennoch haben sich theoretische Anstrengungen bislang in einem eher bescheidenen Rahmen gehalten, sind die Erträge der Wirkungsforschung vergleichsweise unbefriedigend geblieben.

Die Gründe dafür liegen im Erkenntnisobjekt selbst, nämlich in der Struktur von Kommunikationsprozessen begründet. Wenn es zutrifft, dass man nicht *nicht* kommunizieren kann (vgl. Goffman 1971: 43 sowie Watzlawick et al. 1971: 53), dann trifft es auch zu, dass man nicht *nicht* wirken kann. Diese paradoxe Bedingung schlägt, wie ausführlich zu zeigen sein wird, sowohl auf eine dazu notwendigerweise affine Theorie der Wirkungen und auch auf eine Methodik der Wirkungsforschung voll durch: Sowohl der Begriff und erst recht das Konzept von Wirkungen der Kommunikation sind keinesfalls als konsentiert zu beschreiben – im Gegenteil. Dies belegt ein erster, historischer Abriss der Wirkungsforschung.

---

[180] Dabei ist allerdings auch die Kehrseite nicht unwesentlich: Die Zeiten, als *ARD* und *ZDF* noch das Rundfunkmonopol innehatten, waren genau die Zeiten, in denen auf die Bedürfnisse des Rezipienten am wenigsten Rücksicht genommen wurde. Das konnte man am Stil der Nachrichten erkennen, die jeden Abend nicht gesendet, sondern eher verkündet wurden. Und wenn z.B. ein packendes Tennisfinale länger dauerte als vorgesehen, so wurde dessen Übertragung gleichwohl ausgesetzt und erst Stunden später (sic!) gesendet.

Die theoretische Diskussion, die danach geführt wird, setzt zunächst am Begriff der Wirkung an und zielt auf dessen Schwachstellen, die für das Konzept der Wirkung erhebliche Konsequenzen haben. Sodann wird das explizit oder implizit am Stimulus-Response-Modell der Kommunikation orientierte *klassische Modell* der Wirkungsforschung vorgestellt; in der Kritik daran werden schließlich operative Überlegungen für die Formulierung eines transklassischen Wirkungsmodells entwickelt. Diachron, in einem historischen Abriss, wird schließlich die Entwicklung der Wirkungsforschung – in ihren basalen Konzepten, ihren wesentlichen empirischen Untersuchungen und der sich daraus jeweils ergebenden theoretischen Neuorientierung – dargestellt.

13.1 Historischer Abriss zur Wirkungsforschung

Die Entwicklung der Wirkungsforschung ist nicht einfach zu beschreiben, weil sie a) ihrem Erkenntnisgegenstand gemäß durch eine ganze Reihe von Disziplinen sowohl stimuliert als auch in die falsche Richtung gelenkt worden ist, b) stark von methodischen Entwicklungen abhängig war und c) wissenschaftssoziologisch auffällig theorieresistent verlaufen ist.

Der Philosoph *Aristoteles* (384-322 v. Chr.) hat mit der von ihm entwickelten Lehre zur Überzeugung der Hörer, 'Rhetorik' genannt, die erste ausformulierte Anleitung zur intentionalen Erzielung von Wirkungen durch **mündliche** Kommunikation entwickelt (vgl. Lausberg 1990).

Die Rhetorik wurde zuerst für Zwecke der **politischen** Werbung, der politischen Propaganda, instrumentalisiert – eine Einbindung, die sich später auch bei fast allen anderen Wirkungsmodellen nachweisen lässt.

Die von *Aristoteles* entwickelte Rhetorik wird von späteren Rhetorikern, insbesondere von *Cicero* (106-43 v. Chr.) und *Quintilian* (35-86 n. Chr.) weiterentwickelt und codifiziert. *Quintilian* bringt sie auf eine erste, zusammenfassende Formulierung von vier am Kommunikationsprozess beteiligten Positionen (vgl. Merten 1974: 144):

1) Kommunikator (*persona*)

2) Situation (*locus, tempus*)

3) Kanal (*instrumentum*)

4) Aussage (*factum*)

Bis zur Erfindung der Massenmedien bleibt die Wirkungsforschung auf die Rhetorik beschränkt. Die erste Abhandlung über das neue Medium Zeitung von *Kaspar von Stieler* aus dem Jahre 1695 berührt das Thema Wirkungen nur implizit. Immerhin verweist Stieler (1969: 29f.) aber bereits auf die Variable Information (Neuigkeit, Überraschung):

„Zu föderst muß dasjenige, was in die Zeitungen kommt, Neue seyn. Denn darum heißen die Zeitungen Novellen [...] Denn was gingen [...] verlegene Sachen unsern itzigen Zustand an? Neue Sachen sind und bleiben angenehm: was aber bey voriger Welt vorgegangen, gehöret ins alte Eisen und ersättiget das Lüsterne Gemüt keines weges."

Eine systematische Wirkungsforschung beginnt jedoch erst nach Erfindung und flächendeckender Installation des Radios. Die wichtigsten Entwicklungen von 1927 bis 1988, also über einen Zeitraum von 60 Jahren (nach Autor, Jahr und Schwerpunkt) zeigt Abbildung 70:

Abbildung 70: Stammbaum der Wirkungsforschung

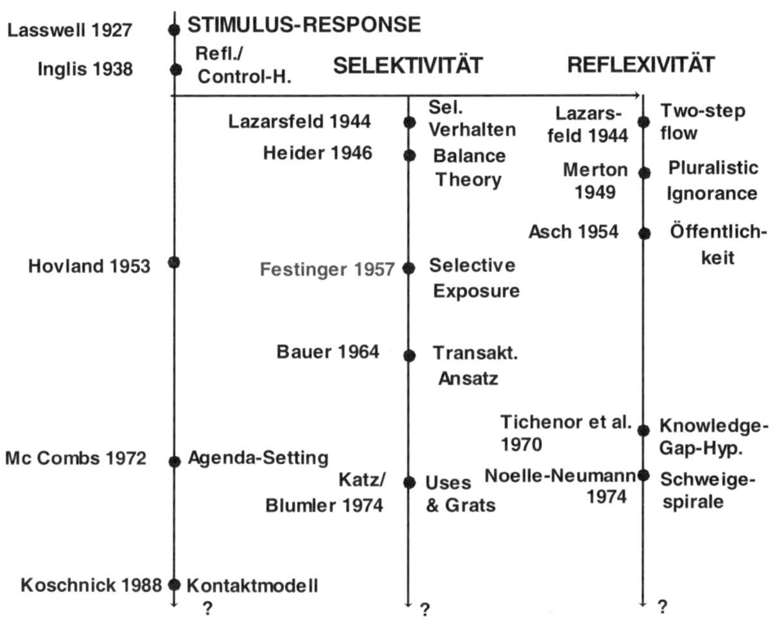

Der Stammbaum zeigt drei Entwicklungslinien: a) Ansätze, die in der direkten Tradition des Stimulus-Response stehen, b) Ansätze, die auf Lazarsfeld et al. (1944) und auf dem Ansatz von Heider (1946) aufbauen und das *selektive Verhalten* von Rezipienten in den Vordergrund stellen und c) Ansätze, die *Effekte reflexiver Struktur* berücksichtigen. Die vorgestellten Ansätze sind unterschiedlichen Theorien verpflichtet und stehen daher relativ isoliert nebeneinander, sie decken das gesamte Feld der Wirkungsforschung daher nur punktuell ab.

Die alte Tradition der Rhetorik wird 1927 systematisch vom Politologen *Harold D. Lasswell* (1902-1978) aufgegriffen. Lasswell beschäftigt sich mit den Bedingungen politischer Propaganda und er ist es auch, der das aus der Physik stammende Reiz-Reaktionsmodell (Stimulus-Response) 1927 als Wirkungsmodell in die Kommunikationsforschung einführt, typischerweise wieder am Beispiel politischer Propaganda: Propaganda wird von Lasswell als eine Strategie zur Erzeugung und Versendung geeigneter 'Stimuli' gedacht:

> „The strategy of propaganda [...] can readily be described in the language of stimulus-response. [...] The propagandist may be said to be concerned with the multiplication of those stimuli which are best calculated to evoke the desired response, and with the nullification of those stimuli which are likely to instigate the undesired response" (Lasswell 1927a: 630).

In diesem klassischen Verständnis ist eine Wirkung – wie in der Physik – eine **Veränderung**, die sich jetzt allerdings auf die personenbezogen definierten Objektbereiche **Wissen, Einstellungen und Verhalten** bezieht (vgl. Maletzke 1963: 190ff.; Schenk 1987: 34). Differenzierungen, etwa in Kurzzeit- und Langzeit-, in starke und schwache oder direkt resp. indirekte Wirkungen sind geläufig, aber meist recht willkürlich festgelegt[181]. Das klassische Wirkungsmodell (Abb. 71) unterstellt, in direkter Analogie zum Einwirken einer physikalischen Kraft auf einen Gegenstand, folgende Wirkungsbeziehung: Der Kommunikator 'zielt' auf den Rezipienten. Wenn und sofern es ihm gelingt, diesen zu 'treffen' (d.h. zu erreichen, dass der Rezipient sich dem Medium resp. der Aussage aussetzt), **muss** er – ganz im Sinn aristotelischer Vorstellungen über sachgerechte Rhetorik – Wirkungen erzielen.

Die erste großangelegte Wirkungsuntersuchung – die sogenannten *Payne-Fund-Studies* (vgl. Charters 1933) –, die anlässlich der befürchteten Wirkungen des neuen Mediums **Film** auf Jugendliche mit großem Aufwand und unter Beteiligung prominenter Wissenschaftler – darunter dem Psychologen *Lui Leon Thurstone* und dem Soziologen *Herbert Blumer* – in den Jahren 1929-1932 durchgeführt wird, legt das Reiz-Reaktionsmodell zugrunde: Von dominant auftretenden und als gefährlich angesehenen Inhalten (Filme mit der Darstellung von Kriminalität, Liebe und Sex) wird **direkt und personenbezogen** auf eine gefährliche Wirkung geschlossen (vgl. Charters 1933: 48ff.).

Das Stimulus-Response-Modell mit seinen impliziten Postulaten der Proportionalität, Kausalität und Transitivität (vgl. Merten 1990) bleibt lange Zeit explizit und – wie noch zu zeigen sein wird – bis heute implizit das beherrschende Wirkungsmodell. Kategorial wird dieses Modell durch die Einführung des Konzepts der **Einstellung** (*Attitude*) erweitert. Der Begriff der Einstellung wurde von den Sozialpsychologen, vor allem von *William I. Thomas* (vgl. Thomas/Znaniecki 1918), in die Sozialwissenschaften eingeführt, um den bis dato

---

181 So definieren Dröge et al. (1969: 23) Kurzzeitwirkungen ohne Angabe von Begründungen mit einer temporalen Spanne von 0 bis 6 Tagen; darüber hinausgehend wird von mittel- oder langfristigen Wirkungen gesprochen.

gebräuchlichen Instinktbegriff abzulösen. Der Begriff der Einstellung ist bis heute diffus. Allport (1935) listet bereits mehr als 100 Begriffe und Konzepte auf und fügt eine prominente Definition hinzu:

> „An attitude is a mental and neural state of readiness, organized through experience, exerting a directive or dynamic influence upon the individual's response to all objects and situations with which it is related" (Allport 1935: 810; vgl. Benninghaus 1976: 22f.).

Heute versteht man den Begriff der **Einstellung** (*Attitude,* Werthaltung) als *einen Filter, der Wahrnehmung und Verhalten nicht mehr instinkt- oder reflexhaft, sondern nach kognitiven und affektiven, im Verlauf der Sozialisation aufgebauten Kriterien steuert.*

Im Grunde markiert bereits dieses Konzept die Ablösung vom Stimulus-Response-Modell, räumt es doch dem Rezipienten *Freiheitsgrade* der Wahrnehmung und des Handelns ein. Diese Überlegung wird jedoch erst viel später, mit der Entwicklung des **Uses-and-Gratifications Approach** (1974) durch *Katz* und *Blumler* realisiert (vgl. Katz/Blumler/Gurevich 1974, ➔ Kap. 13.5.3).

1938 stellt *Ruth A. Inglis* zwei konkurrierende Thesen, die Reflektionshypothese und die Kontrollhypothese auf:

Die **Reflektionshypothese** besagt: Medien sind ein Spiegel sozialer Zustände und werden von diesen beeinflusst. Die **Kontrollhypothese** besagt: Medien wirken auf die Gesellschaft ein und verändern diese (vgl. Inglis 1938: 526). Unschwer erkennt man, dass hier eine verklausulierte Form des alten Stimulus-Response-Modells vorliegt. Inglis testet diese Hypothese anhand einer Inhaltsanalyse von Kurzgeschichten und stellt fest, dass nicht die Kontrollhypothese, sondern die Reflektionshypothese zutrifft. Auch dies kann als weiterer Beleg für die Fraglichkeit des klassischen Modells gelten.

Doch die von *Orson Welles* am 30.10.1938 moderierte Hörfunksendung *War of the Worlds,* die eine fiktive Landung von Marsmenschen in der Nähe von New York beschreibt, verhilft dem Stimulus-Response-Modell der Wirkungsforschung zu ungeahnter Popularität: Diese Sendung, die hunderttausende von Menschen in Angst und Panik versetzte (vgl. Cantril 1966), wurde – voreilig – als klarer Beweis für die direkten, starken und personenzentrierten Wirkungen der Massenmedien (des Hörfunks) und damit auch als Beweis für die Validität des Stimulus-Response-Modells angesehen.

Eine der bis auf den heutigen Tag prominentesten Wirkungsstudien ist die von *Paul F. Lazarsfeld* und seinen Mitarbeitern 1940 durchgeführte Wahluntersuchung *The People's Choice* (vgl. Lazarsfeld et al. 1944), in der gleich zwei wichtige Ansätze entwickelt werden: Das Konzept *selektiven* Verhaltens des Rezipienten und der *Zweistufenfluss der Kommunikation* (Two-step flow of Communication, ➔ Kap. 13.5.2). Das Selektivitäts-Konzept wird von *Lazarsfeld* gleich zweifach betont: Der Rezipient setzt sich nur bestimmten Medien aus und die von den Medien angebotenen Inhalte nimmt er selektiv wahr (Lazarsfeld et al. 1944: 80ff.).

Im Konzept des Zweistufenflusses der Kommunikation entwickeln *Lazarsfeld* et al. die Rolle des *Meinungsführers*, der hinsichtlich der Beeinflussung von Wahlentscheidungen als wesentlich effektiver anzusehen ist als die Massenmedien (Lazarsfeld et al. 1944: 151). Damit war die Theorie der allmächtigen Massenmedien praktisch Makulatur:

> „More than anything else, people can move other people. From an ethical point of view this is a hopeful aspect in the serious social problem of propaganda" (Lazarsfeld et al. 1944: 158).

Joseph T. Klapper (1957) formuliert dies später als *Verstärker-These*: Massenmedien haben nur geringe Wirkungen, sie verstärken allenfalls bestehende Einstellungen, aber sie ändern diese kaum. Verbindungen zwischen dem Two-step flow und der *Diffusion von Innovationen* erscheinen bedeutsam (vgl. Katz 1960).

Zur gleichen Zeit verfasst *Harold D. Lasswell* (1948) eine theoretische Untersuchung über Struktur und Funktion von Kommunikation, die gleichfalls vom Stimulus-Response-Modell fortführt. Unglücklicherweise formuliert er in diesem Beitrag jedoch – quasi als Abfallprodukt – ein Wortmodell, das sich sehr schnell als *Lasswellformel* etabliert, wissenschaftlich diffundiert und weithin als theoretischer Fortschritt gefeiert wird – unbeschadet der Tatsache, dass es andere und bessere Modelle gegeben hat und unbeschadet dessen, dass dieses Modell keinerlei theoretische Aussage enthält (vgl. Merten 1974). Denn die Linearität der *Lasswellformel „WHO says WHAT in WHICH channel to WHOM with WHAT effect?"* (Lasswell 1948: 37) suggeriert erneut und erfolgreich die Plausibilität des klassischen Wirkungsmodells. Wenn noch zwanzig Jahre später behauptet wird „[...] die Lasswellformel (sei) zweifellos methodisch der leistungsfähigste Ansatz einer empirischen Publizistikwissenschaft" (Dröge 1967: 190), dann verdeutlicht dies, welches Beharrungsvermögen das Stimulus-Response-Modell besitzt.

Tabelle 23: Die Lasswellformel im Vergleich (Merten 1974: 144)

Autor/Element	Waples (1942)	Lasswell (1948)	Ruesch (1953)	Gerbner (1956)	Thayer (1962)	Prakke (1968)
Kommunikator	Who	Who	Who	Someone	Who	Quis
Situation	What Condition	-	Context	Situation	When, What circumst.	Ubi, Quando
Kanal	By what Medium	in which Channel	What Media	Through some Means	In What way	Quibus Auxiliis
Aussage	What	What	What	Some form, some content	What	Quid, Quo Modo
Rezipient	Whom	Whom	Whom	Someone	Whom	Ad Quem
Wirkung	What Effect	What Effect	What Result	Some Conse-quence	What Effect	Quo Effectu

Die Zeit nach dem Zweiten Weltkrieg bringt viele Ideen hervor: *Robert K. Merton* entwickelt die Idee der *Pluralistic Ignorance*, die dreißig Jahre später im Konzept der *Schweigespirale* (➔ Kap. 13.5.5) wieder aufgenommen wird (vgl. Merton 1949: 431 sowie Noelle-Neumann 1980: 242f.).

In der Sozialpsychologie beginnt man, auf der Basis einer letztlich einem selektiven Ansatz verpflichteten Konsonanztheorie, das Verhalten von Personen konsonanz- resp. dissonanztheoretisch zu deuten (vgl. Heider 1946; Festinger 1957): In Bezug auf die selektive Zuwendung (*Selective-Exposure*) des Rezipienten taucht die Hypothese auf, dass Menschen sich solchen Informationen bevorzugt zuwenden, die Dissonanzen reduzieren und solche meiden, die Dissonanzen erhöhen.

Der Stimulus-Response-Ansatz wird andererseits durch die Arbeiten von *Carl Iver Hovland* erheblich gestärkt, der als Heerespsychologe großangelegte, experimentelle Wirkungsuntersuchungen zur Änderung von Einstellungen und zu angsterregender Kommunikation durchführte (vgl. Hovland et al. 1949; Hovland et al. 1953). Hovland bezog das Einstellungskonzept eindeutig auf den klassischen Stimulus-Response-Ansatz:

> „Operationally speaking, opinions are viewed as verbal answers' that an individual gives in response to stimulus situations in which some general ‚question' is raised" (Hovland et al. 1953: 6).

Eine Klärung der strukturellen Differenz zwischen Information und Meinung, wie sie im 'Two-step flow' begonnen worden ist, fehlt demgemäß.

Die Entdeckung des 'Bandwaggon-Effects', der von seiner Struktur her sicherlich als akausal anzusprechen ist, wird Hovland zugeschrieben:

> „[...] The mere perception that the vast majority of people in one's community accepts a given norm seems to operate as a powerful force [...] the same consideration could account for the increased effectiveness of pro norm communication resulting from ‚bandwaggon' appeals which call attention to community consensus" (Hovland et al. 1953: 298).

Dennoch hat Hovland davon keinen Gebrauch zur Formulierung einer akausalen Theorie gemacht.

Erwähnenswert ist schließlich die von *Katz* und *Lazarsfeld* (1955) durchgeführte weitere Wahluntersuchung, bei der der Zweistufenfluss der Kommunikation bestätigt wurde. Diese theoretisch anspruchsvoll konzipierte Theorie des Meinungsführers erweist sich jedoch in späteren Untersuchungen als nicht mehr haltbar – vor allem deshalb, weil nicht jeder Rezipient, wie Lazarsfeld et al. (1944) einfach angenommen hatte, sich in einem informellen Netzwerk befindet und mithin auch keinen Meinungsführer haben muss. Zudem war die These, dass die Massenmedien die Rezipienten nicht unmittelbar erreichen, spätestens mit Einführung des Fernsehens völlig unhaltbar geworden (vgl. Merten 1988). Somit kam, wenn auch nur implizit und stillschweigend, der klassische Ansatz des Stimulus-Response-Wirkungsmodells wieder zu Ehren.

1970 führen *Tichenor*, *Donohue* und *Olien* eine Untersuchung durch, die als These von der wachsenden Wissenskluft (*Knowledge-Gap-Hypothesis*, ➔ Kap. 13.5.6) schnell sehr bekannt wird. Die Autoren stellen fest, dass längerfristige Informationen über ein Ereignis oder ein Thema von Rezipienten mit höherem Bildungsniveau besser rezipiert ('verarbeitet') werden als von solchen mit niedrigerem Bildungsniveau. Dieser Befund signalisiert, dass aus Medieninformationen in Abhängigkeit vom sozialen Status unterschiedlich gut gelernt wird und dass dieses Lernen die weitere Rezeption von Information rückstabilisiert:

> „As people learn more, their interest increases, and as their interest increases, they are impelled to learn more" (Tichenor et al. 1970: 161).

Aus dieser Struktur ergibt sich eine gravierende Erkenntnis: Massenmedien „seem to have a function similar to that of other social institutions: that of reinforcing or increasing existing inequities" (Tichenor et al. 1970: 170). Die These von der wachsenden Wissenskluft ist vor allem deshalb so aufregend, weil sie zeigt, dass Massenmedien nicht nur Gleichheit, sondern auch Ungleichheit befördern können (vgl. Saxer 1985).

1972 wird von *McCombs* und *Shaw* (1972) ein neues Paradigma für Wirkungen, der Agenda-Setting-Approach (Thematisierungs-Ansatz, ➔ Kap. 13.5.4) vorgestellt: Themen, die in den Medien behandelt werden, finden sich später auch in den Köpfen der Rezipienten. Damit wird das Stimulus-Response-Modell auf dem Umweg über die Kontrollhypothese wieder eingeführt – mit dem Unterschied, dass an die Stelle der 'Stimuli' nun *Themen* treten. Völlig erwartbar werden dabei kausale Annahmen eingeführt und folgerichtig spricht man wieder von 'starken' Wirkungen (vgl. Schenk 1987: 196).

Offensichtlich unter dem Einfluss der Programmvermehrung wurde von *Katz/Blumler/Gurevich* (1974) ein rezipientenorientierter Ansatz als *Uses-and-Gratifications Approach* formuliert, der das kommunikatorzentrierte Stimulus-Response-Modell zugunsten eines rezipientenorientierten Selektionsmodells ersetzt. An die Stelle der *Lasswellformel* rückt damit eine Rezeptionsformel: ***W****er selegiert* ***W****elche Aussagen aus* ***W****elchem Medium mit* ***W****elchem Motiv* (vgl. Merten 1984: 66f.).

Dieser Ansatz basiert auf dem Selektivitäts-Konzept, misst jedoch nicht Wirkungen bestimmter Aussagen, sondern nur Präferenzen für aggregierte Mengen von Aussagen wie Medien, Programme, Themen oder Serien. Demgemäß ist seine theoretische Fruchtbarkeit für die Messung von Wirkungen beschränkt, es wird sogar offen darüber gestritten, ob er überhaupt den Rang einer Theorie haben könne.

Im gleichen Jahr formuliert *Elisabeth Noelle-Neumann* die *Theorie der Schweigespirale*, die nicht nur als Theorie der öffentlichen Meinung, sondern wegen der Frage nach dem Meinungsklima zugleich eine Theorie der Wirkungen darstellt (Noelle-Neumann 1974). Diese Theorie setzt an Stelle des Stimulus-Response-Modells reflexive Strukturen, insbesondere das explizite oder implizite *Meinen, was andere meinen*. Die theoretische Formulierung und die darin enthaltenen Annahmen haben sich jedoch zum Teil als nicht zutreffend erwiesen (vgl. Merten 1985b; Scherer 1990), insbesondere nicht die Theorie eines 'doppelten Meinungsklimas'. Dennoch nimmt dieser Ansatz interessante Aspekte auf, die in ähnlichen reflexiven Effekten wie dem Konzept der 'Pluralistic Ignorance' (Merton 1949) u.a. schon formuliert sind.

Resümiert man den Stand der Wirkungsforschung, so kommt man zu drei Feststellungen:

1) Die Paradigmen der Wirkungsforschung stellen weder insgesamt noch je für sich flächendeckende theoretische Aussagen für den Bereich *der* Medienwirkungen dar; vielmehr handelt es sich bei den Paradigmen eher um singuläre, isolierte Bereiche der Wirkungsforschung, zu denen theoretische Aussagen formuliert worden sind.

2) Unter dem Eindruck eines gewachsenen Methodenbewusstseins können viele Ergebnisse der Wirkungsforschung nicht länger als harte Belege für Evidenz gelten. Sah der Bestand empirischer Wirkungsforschung schon immer einem Flickenteppich theoretischer Vielfalt und methodischer Ratlosigkeit ähnlich, so weist dieser mittlerweile große Löcher auf: Viele, wenn nicht alle Paradigmen zeigen teilweise gravierende Mängel oder Vagheiten, deren Behebung bislang noch aussteht oder insgesamt nicht realisierbar erscheint.

3) Es mangelt durchgängig und in erheblichem Umfang an einer Grundlagentheorie der Medienwirkungen – der unbefriedigende resp. ungeklärte Medienwirkungsbegriff sowie das nach wie vor unbefriedigende Methodenbewusstsein und die mangelnde Kompatibilität einzelner Paradigmen und Untersuchungen sind aussagekräftige Indikatoren hierfür.

Die Medienwirkungsforschung kann jedoch diese Mängelliste unschwer an einen geeigneten Adressaten weiterreichen: Medienwirkungen sind zentrale Teilprozesse von Kommunikationsprozessen. Solange aber die Kommunikationswissenschaft ihrerseits nicht mit einem akzeptierten Begriff, mit einer grundlegenden Theorie aufwarten kann, solange wird all das, was aus Kommunikation folgt, insonderheit die Wirkungsforschung, vorweg mit einer Altlast diffuser Probleme hantieren müssen.

13.2 Der Wirkungsbegriff

Der Wirkungsbegriff der Kommunikationsforschung ist aus den Naturwissenschaften entlehnt. Dort wird mit dem Begriff der Wirkung eine kausal strukturierte Ursache-Folgen-Relation gefasst, wobei die durch eine Ursache erzeugten Folgen prinzipiell als **Veränderung** von irgendetwas beschrieben werden.

Für den Begriff der Wirkung werden oft andere Begriffe wie Funktion, Folgen, Einflüsse, Aufgaben und Leistungen von Kommunikation benutzt. Diese Unschärfe verdankt sich der Vagheit des Wirkungsbegriffs gleich in doppelter Weise: Einmal in Bezug auf den Adressaten der Wirkung, zum anderen in Bezug auf den Prozess der Wirkung.

Gegen den Funktionsbegriff lässt sich der Begriff der Wirkung dadurch abgrenzen, dass er auf Individuen bezogen wird, während der diffusere Begriff der Funktion vorzugsweise auf größere soziale Aggregate, insbesondere auf die Gesellschaft, bezogen wird (vgl. Tabelle 24): Kommunikation erzeugt Wirkungen beim Individuum und hat Funktionen für die Gesellschaft.

Tabelle 24: Wirkung und Funktionen von Kommunikation

	Individuum	**Gesellschaft**
Erwünschter Zustand (Soll)	Normativ erwartete Wirkung	Aufgabe
Erzielter Zustand (Ist)	Empirisch festgestellte Wirkung	Leistung
Begriff	**WIRKUNG**	**FUNKTION**

Dabei wird weiter differenziert zwischen normativen (erwünschten, gesollten) und faktischen (gemessenen) Wirkungen bzw. Funktionen. Bei den Funktionen spricht man hier von Aufgaben und Leistungen (vgl. Rühl 1991), bei den Wirkungen unterscheidet man intendierte Wirkungen (z.B. durch Propaganda oder Werbung) und de facto erzielte, messbare Wirkungen. Diese Trennung ist freilich nur pragmatisch, nicht theoretisch begründet[182]. So erfüllt Kommunikation auch für Individuen Funktionen, z.B. die der Information, der Kommunikation oder der Unterhaltung (vgl. Maletzke 1963: 132ff.) und man spricht umgekehrt auch von Veränderung (sozialem Wandel) der Gesellschaft durch die Massenmedien (vgl. Kaase/Schulz 1989). Darüber hinaus hat die Diskussion des Funktionsbegriffs innerhalb des Funktionalismus – vor allem die Entdeckung latenter Funktionen und Dysfunktionen (vgl. Merton 1967) sowie die Einführung von Äquivalenzrelationen (vgl. Luhmann 1964) – diesem unter abstrakteren Prämissen einen besonderen theoretischen Stellenwert zugewiesen, so dass seine Verwendung anstelle des Wirkungsbegriffs auch deshalb problematisch ist.

13.3 Kritik der Wirkungsforschung

Der unbefriedigende Zustand der Wirkungsforschung lässt sich vor allem an drei Problembereichen festmachen:

1) am stillschweigenden Festhalten am klassischen Stimulus-Response-Modell,

2) am Bereich der Messung von Wirkungen und

3) der fehlenden theoretischen Einbindung der Wirkungsforschung.

Diese Problembereiche sollen daher im Folgenden vorgestellt und diskutiert werden.

---

[182] Zur Diskussion des Funktionsbegriffes siehe grundsätzlich Luhmann (1964) und Merton (1967). Zur funktionalen Analyse von Kommunikation siehe vor allem Lasswell (1948) sowie Wright (1960).

13.3.1 Die Annahmen des Stimulus-Response-Modells

Aristoteles formuliert als erster drei Elemente des Kommunikationsprozesses: „Dreierlei braucht man nämlich für eine Rede, einen Redner, einen Gegenstand und eine Zuhörerschaft, und dieser letzte, der Zuhörer, ist richtunggebend" (Aristoteles 1959: 41). Diese Dreiteilung wird von allen späteren Kommunikationsmodellen aufgenommen, insbesondere vom sogenannten Stimulus-Response-Modell (Reiz-Reaktionsmodell), das bindend davon ausgeht, dass ein 'Stimulus', sofern nur adäquat formuliert, auch eine entsprechende Wirkung haben **müsse**. Dazu passt das aus der Psychologie entlehnte Reiz-Reaktionsschema, so dass sich daraus das klassische Stimulus-Response-Modell, das bereits als Kommunikationsmodell vorgestellt wurde (➔ Kap. 4.1), auch als Basismodell der Wirkungsforschung entwickelt hat (Abb. 71). Es besagt, vereinfacht gesprochen: Wenn es dem Kommunikator nur gelingt, den Rezipienten mit 'Stimuli' zu 'treffen', und wenn die 'Stimuli' nur gut genug 'präpariert' sind, dann **muss** die erwartete bzw. erwünschte Wirkung beim Rezipienten eintreten.

Abbildung 71: Das klassische Wirkungsmodell

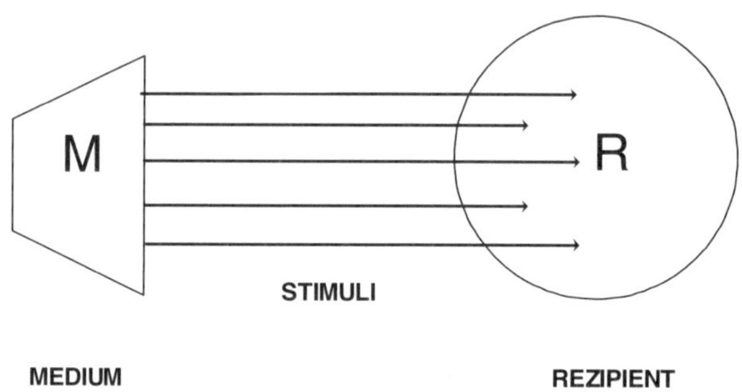

Schramm/Roberts (1972: 8) formulieren dies als **Kanonentheorie**:

> „At that time, the audience was typically thought of as a sitting target: if a communicator could hit it, he would affect it [...] I have elsewhere called this the Bullet Theory of communication."

Da die Wirkung ausschließlich am 'Stimulus' festgemacht wird, folgt daraus sofort die für dieses Modell wesentlichste Annahme: Gleicher 'Stimulus' erzeugt gleiche Wirkung.

Wie die jeweilige Wirkung konstruiert war, welche Population sie erreichen sollte und unter welchen anzugebenden Bedingungen dies geschehen konnte, blieb jeweils offen. Allenfalls als ungerichtete, informationsleere Hypothese konnte daher – fast ironisch – formuliert werden:

„Some kinds of communication on some kinds of issues, brought to the attention of some kinds of people under some kinds of conditions, have some kinds of effects“ (Berelson 1954: 345).

Dass mit diesem vergleichsweise sehr einfachen Wirkungsbegriff und Wirkungskonzept viele Fragen unbeantwortet und Widersprüche ungeklärt blieben, war freilich von Anfang an zu erwarten. So beschreibt bereits Klapper (1954) exemplarisch sechs Wirkungssituationen und resümiert warnend: „In brief, the same communication from the same source has produced six different effects among our sample of six listeners“ (Klapper 1954: 99). Angesichts der nur marginalen theoretischen Vorklärung des Wirkungsbegriffs ist es, rückschauend, nicht verwunderlich, sondern geradezu erwartbar, dass der Ertrag der Wirkungsforschung so widersprüchlich, ihre Evidenz so fraglich geblieben ist.

Diesem klassischen Stimulus-Response-Modell der Wirkungsforschung liegen drei Annahmen zugrunde, die hier als **Transitivität**, **Proportionalität** und **Kausalität** bezeichnet werden sollen.

Transitivität: 'Stimuli' sind als Kräfte definiert und müssen – ob als energetische Korpuskel oder als andere Form kinetischer Energie gedacht – *Masse* besitzen, die vom Ursprung zum Ziel transferiert wird. Analog wird der Wirkungsprozess, ja der gesamte Kommunikationsprozess als transitiver Prozess verstanden: Kommunikation ist 'Übermittlung', 'Transmission'[183], oder avancierter: 'Kommunikation ist Zeichenaustausch', ist „gesellschaftliches Zwiegespräch“ (Prakke 1968: 58f. u. 87), ist „Austausch gezielter Informationen“ (Schelsky 1965: 312).

Proportionalität: Das Stimulus-Response-Modell unterstellt einen monoton wachsenden, positiven Zusammenhang zwischen der Stärke der Stimulation und der Stärke der Wirkung (Je intensiver/anhaltender/direkter der 'Stimulus', desto größer die Wirkung).

Kausalität: Zwischen der Wirkung und der sie hervorbringenden Ursache wird ein kausaler Zusammenhang angenommen, derart, dass die Wirkung dann und nur dann eintreten wird, wenn zuvor eine bestimmte Ursache nachgewiesen werden kann. Diese Ursache wird als kommunikative Stimulation durch den Kommunikator definiert. In der Wirkungsforschung ist gerade diese Vorstellung bereits seit *Aristoteles* eingeführt, der in seiner Theorie der Rhetorik ja bindend davon ausgeht, dass der 'Stimulus', sofern er nur vom Kommunikator

---

[183] Eine Durchsicht von Definitionen zum Kommunikationsprozess zeigt, dass von 160 Definitionen jede zweite Definition (50,6%) den ein- oder zweiseitigen Transfer von irgendetwas als konstitutiv behauptet (vgl. Merten 1977: 38).

richtig präpariert wurde, definitiv eine entsprechende, prognostizierbare Wirkung haben **muss** (vgl. Lausberg 1990).

Wie die jeweilige Wirkung beschaffen ist, welche Population sie erreichen und unter welchen anzugebenden Bedingungen dies geschehen kann, bleibt jeweils offen. Hier muss eine substantielle Kritik ansetzen:

Transitivität versus Systemizität

Das Stimulus-Response-Modell der Wirkungsforschung impliziert **Transitivität**, also einen Transfer von irgendetwas vom Kommunikator zum Rezipienten, wie es auch die o.a. Kanonentheorie von *Schramm* (Schramm/Roberts 1972: 8) fordert. Auf den zweiten Blick jedoch zeigt sich, dass diese an sich plausible Annahme, wenn man sie als Modell benutzt, zu unhaltbaren Annahmen führt, wenn man den Wirkungsprozess in seiner Tiefenstruktur untersucht:

Denn das klassische Wirkungsmodell mit der Definition von Wirkung als Veränderung suggeriert ebenfalls Transitivität – sozusagen die Veränderung einer Füllmenge von drei Behältern im Kopf des Rezipienten, die man als Wissen, Einstellung und Verhalten bezeichnen kann.

Wenn aber der Rezipient *selektiv* verfährt und wenn zudem kausale Strukturen durch *reflexive* Strukturen zu ersetzen sind, zeichnet sich eine ganz andere, *transklassische* Struktur des Wirkungsprozesses ab: Wirkungen können dann nicht mehr dem als dinglich gedachten 'Stimulus' zugeschrieben werden, an dem diese quasi materiell festzumachen sind. Stattdessen muss man – noch immer vereinfacht – einen Prozess der *Konstruktion* von Wirkung unterstellen, der sich nicht *absolut*, sondern nur *relational* erklären lässt und an dessen Konstruktion weit mehr Agenten als nur der 'Stimulus' beteiligt sind.

Proportionalität versus Selektivität

Das Stimulus-Response-Modell fordert, dass eine Wirkung umso stärker ausfällt, je stärker der 'Stimulus' ist. Diese Vorstellung muss jedoch aufgrund einer Vielzahl von Befunden zugunsten einer differenzierteren, komplexeren Vorstellung aufgegeben werden. Zunächst lässt sich dies direkt an der Definition der Wirkgröße festmachen, nämlich dem Stimulus: Physikalisch gesehen ist ein 'Stimulus' eine Kraft, die – als exakt bestimmbare Größe – in ihren Auswirkungen prognostizierbar ist. Das heißt: Eine Wirkung ist umso größer, je stärker die Stimulation (etwa nach: Masse, Geschwindigkeit, Dauer) ausfällt.

Dass dieses physikalische Konzept für die Wirkungsforschung auf jeden Fall daneben greifen muss, zeigt bereits die Psychologie selbst in der Formulierung des *Prinzips der Übersummation* (vgl. Hebb 1967: 64ff.). Danach ist das Auftreten einer Reaktion, einer Wirkung stark davon abhängig, dass ein 'Stimulus' wiederholt auftritt, so dass neurophysiologisch eine Reaktionskumulation erfolgt, die erst zeitversetzt und bei Wiederholung, oberhalb eines bestimmten Schwellenwertes, eine Wirkung hervorrufen kann.

Sehr viel drastischer lässt sich die Unhaltbarkeit des Stimulus-Response-Modells für die Wirkungsforschung zeigen, wenn man die bereits angemerkte Kritik in Rechnung stellt, dass Kommunikation nicht 'Stimuli', sondern **Symbole** erfordert, also Zeichen, die bei unterschiedlichen Rezipienten unterschiedliche Reaktionen auslösen können. Bereits 1965 konnte *Jerry A. Fodor* in der Auseinandersetzung mit dem Behavioristen *Burrhus F. Skinner* zeigen, dass die 'Bedeutung' eines Zeichens[184] nicht durch die Konditionierung von Reizen erklärt werden kann – ein Beweis, der in seinen Implikationen für die Wirkungsforschung hochinteressant sein muss (vgl. Fodor 1965: 73ff.; Fodor 1971: 558ff.).

Und auch *Charles Morris*, letztlich noch selbst zu den Behavioristen gerechnet, erkennt bereits die kausal nicht zureichend erklärbare Wirkung von Zeichen, wenn er deren Funktion geradezu aufregend ungewohnt beschreibt als „selecting responses in their interpreters“[185]. Schließlich zeigt *Kurt Lewin*, dass das Verhalten als eine resultierende Wirkung definiert werden kann, die nicht nur von der Aussage des Kommunikators, sondern zusätzlich auch von Kontextvariablen einerseits und von der Person des Rezipienten andererseits abhängt. Lewin (1936) formuliert dies als:

B(ehavior) = f(**P**erson, **E**nvironment).

Dabei ist Verhalten (B) als resultante Wirkgröße durch bestimmte Personenvariablen (P) **und** bestimmte Umweltvariablen (E) (Situationsvariablen, Kontextvariablen) prototypisch determiniert. Wichtig ist darüber hinaus, dass diese Variablen in einer bestimmten Variablenkombination und damit *relational* verrechnet werden[186]. Noch deutlicher kommt dieser relationale Bezug von

---

184 Der Begriff der 'Bedeutung', der hier üblicherweise benutzt wird, hat durch seine Assoziation zur lexikalischen Denotation eines Zeichens gerade in der Kommunikationswissenschaft die konstitutive Eigenschaft von Zeichen verdeckt: Sie sind nicht mit einer 'Bedeutung' verknüpft oder ausgestattet, sondern ganz im Gegenteil mit einem Ensemble von Freiheitsgraden versehen, sie so oder auch anders zu interpretieren. Diese Freiheitsgrade sind die Voraussetzung dafür, dass Kommunikation überhaupt möglich wird. Siehe dazu Eco (1972: 69ff.) sowie Schmidt (1990: 50ff.).

185 Hier zitiert nach Cherry (1957: 16).

186 Methodisch wäre demnach zu fordern, dass Wirkungsuntersuchungen nicht nur den Betrag bestimmter Variablen erfassen, sondern alle denkbaren und sinnfällig bedeutsamen Interaktionseffekte erster und höherer Ordnung eine besondere Aufmerksamkeit erfahren. Vgl. Ziemke (1980: 497ff.). Ziemke plädiert für die Berücksichtigung solcher (statistischer) Interaktionseffekte. Das entsprechende Verfahren zur kategorialen Berücksichtigung multipler Interaktionseffekte großen Stils ist die explorative Clusteranalyse (vgl. Bardeleben 1985).

Wirkung gerade durch das Konzept zum Vorschein, das die Ablösung des Stimulus-Response-Modells der Wirkungsforschung vorbereitet hat: Durch **Selektivität.** Es lässt sich nachweisen, dass der gesamte Kommunikationsprozess von selektiven Prozessen und Strukturen systematisch und zugleich strategisch durchsetzt ist und von diesen geradezu definiert wird. In Anbetracht der oben geforderten Isomorphie zwischen Kommunikations- und Wirkungsprozess muss daher vermutet werden, dass Selektivität auch für den Prozess der Wirkung ein zentrales Konzept ist, denn Selektivität ist zugleich eine Strategie sinnvollen Verhaltens und das basale Konzept zur Konstruktion von Wirklichkeit. Schematisiert wurde dieser Prozess gestufter Selektivität bereits in Abbildung 18 (➔ Kap. 4.2.2) dargestellt.

Kausalität versus Reflexivität

Die Identifikation von Wirkungen stellt sich als grundsätzliches erkenntnistheoretisches Problem: Welche Bedingungen und Variablen bewirken eine Wirkung? Kann diese Wirkung nur durch bestimmte Variablen im Kommunikationsprozess ausgelöst werden, oder gibt es dazu äquivalente Wirkgrößen? Sind diese nur innerhalb des Kommunikationsprozesses zulässig oder kann und muss man diese auch außerhalb des Kommunikationsprozesses – als operative Randbedingungen – suchen? Hinter diesem Identifikationsproblem steht ersichtlich die Unterstellung der Gültigkeit des *Kausalitätsprinzips*, die ja notwendig ist um Wirkungen in Bezug auf Ursachen zu relationieren.

Zunächst ist hier prinzipiell festzuhalten, dass Kausalität nicht, wie man bei unvorsichtiger Argumentation annehmen könnte (vgl. Schulz 1982: 66) bewiesen werden kann, sondern eine Ex-ante-Annahme ist, deren Funktion vor allem in der temporalen Strukturierung des Wirkungsprozesses zu liegen scheint. Allenfalls das Gegenteil, also Nichtkausalität, lässt sich beweisen. Dabei müssen für die Annahme von Kausalität zumindest vier Bedingungen erfüllt sein (vgl. Blalock 1961: 9ff.; Kenny 1979: 2ff.; Schulz 1970: 50ff.):

1) *Temporale Antezedenz* der verursachenden Größe vor der bewirkten Größe. Diese Bedingung lässt sich vergleichsweise leicht prüfen, obwohl gerade in der Wirkungsforschung – etwa bei der Diskussion um die Gültigkeit von Reflexions- vs. Kontrollhypothese oder in der Diskussion um das Agenda-Setting-Paradigma (vgl. Swanson 1988, ➔ Kap. 13.5.4) – genau die Einhaltung dieser Bedingung offen thematisiert wird. Allenfalls über konkurrierende Kausalhypothesen lassen sich, mit Hilfe zeitversetzter Korre-

lationsmessungen (*Cross-Lagged Correlations*), valide Entscheidungen treffen (vgl. Campbell/Stanley 1963; Kenny 1979: 227ff.; Spector 1981).

2) *Überzufälliger Zusammenhang* (Korrelation) zwischen verursachender Größe und bewirkter Größe. Diese Bedingung lässt sich definitiv durch die Berechnung eines Korrelationskoeffizienten zwischen beiden Größen erfüllen: Überzufälligkeit heißt, dass die Korrelation auf einem vorzugebenden Signifikanzniveau signifikant ist.

3) *Valider Zusammenhang* (keine Scheinkorrelation) zwischen verursachender und bewirkter Größe. Dieses Problem erfordert die Definition von sog. erklärenden Drittvariablen: Wird die aktuelle Korrelation durch Einführung dieser Drittvariablen nicht zerstört, besteht ein valider Zusammenhang. Das statistische Problem lässt sich einfach lösen, die Entdeckung denkbarer Drittvariablen hingegen nicht, denn es gibt keine angebbare Regel zur endgültigen, erschöpfenden Aufdeckung solcher Variablen (vgl. Lazarsfeld/Rosenberg 1955).

4) *Raumzeitliche Indifferenz*: Die Annahme von Kausalität setzt die Gültigkeit der postulierten Ursache-Wirkungs-Relation unabhängig von Ort und Zeit voraus (*nomologische Theorie*). Wie noch zu zeigen sein wird, sind Wirkungsprozesse als Bestandteile von Kommunikationsprozessen geradezu exemplarisch temporal und womöglich auch regional different. Als instruktives Beispiel: Die von *Paul F. Lazarsfeld* und seinen Mitarbeitern 1944 formulierte These vom Zweistufenfluss der Kommunikation wurde in späteren Jahren wiederholt geprüft, aber nicht bestätigt, so dass sie schließlich verworfen wurde. Man kann jedoch zeigen, dass es die seit 1944 stark veränderte Medienausstattung und das daran orientierte, geänderte Medienverhalten der Rezipienten sind, die für das Nichtmehr-Zutreffen dieser Hypothese verantwortlich zu machen sind (vgl. Merten 1988).

Diese Bedingungen zu erfüllen ist, wie gezeigt, schwierig und unsicher. Das aber heißt in letzter Konsequenz, dass die Unterstellung von Kausalität in der Wirkungsforschung schon immer riskant ist. Doch selbst wenn die hier genannten Bedingungen sämtlich erfüllt sind, sind damit nur *notwendige*, aber keineswegs *hinreichende* Bedingungen für Kausalität erfüllt. Damit steht die auf dem Prinzip der Kausalität ruhende Medienwirkungsforschung auf ungeklärtem, wenn nicht unsicherem erkenntnistheoretischen Terrain[187].

---

[187] Bereits der Sozialpsychologe *Floyd H. Allport* formuliert für die Konstruktion von Wirklichkeit (*structuring of events*) des Rezipienten mustergültig die Zweifel am Kausalitätskonzept und die Annahme von selektiven Reaktionen auf Selektion zur Erzeugung von Struktur wie folgt: „Patterns seem to flow not from linear traits of causes and effects, but somehow from patterns already existing. Structures come from structures [...]" (Allport 1954: 281f.).

Die starke **kausale** Orientierung der Medienwirkungsforschung an den methodischen Standards der Naturwissenschaften suggeriert – ganz im Sinn jener Vorstellung von abzufeuernden Korpuskeln – zudem eine Identifikation von einzelnen Variablen und Wirkbedingungen. Klassischer Vertreter dieser Denkrichtung ist Carl Iver Hovland (1912-1961), der in vielen Reihenexperimenten die Wirkung einzelner Variablen versucht hat zu spezifizieren (vgl. Hovland/ Lumsdaine/Sheffield 1949; Hovland et al. 1953).

Schließlich ergibt sich ein weiteres Problem dadurch, dass die Definition von Wirkungen als Veränderung eine Nullwirkung resp. **Nichtwirkung** impliziert. Daraus ergibt sich für die Wirkungsmessung ein Ambivalenzsyndrom: Bleibt etwa bei einer Messung die erwartete Wirkung aus, so kann das auch heißen, dass andere Effekte den an sich zu erwartenden Effekt überlagern, ihn ggf. konterkarieren, ohne dass entscheidbar wäre, welche Wirkungskonstellation nun genau zum Zug gekommen ist[188].

Dieses Problem ist freilich nicht neu: Bereits Zetterberg (1973) diskutiert Typen von Thesen nach fünf logischen Eigenschaften. Hypothesen über Kommunikationswirkungen (wenn X dann Y) können demnach klassifiziert werden entlang den Dimensionen 1) reversibel/irreversibel, 2) deterministisch/stochastisch, 3) subsequent/koexistent, 4) hinreichend/bedingt, 5) notwendig/substituierbar. Würde man strenge Kausalität unterstellen, wären Hypothesen über Wirkungen als irreversibel, deterministisch, subsequent, hinreichend und notwendig zu charakterisieren.

Die hier vorgetragene Argumentation zeigt jedoch, dass Hypothesen über Wirkungen der Kommunikation im Widerspruch dazu als stochastisch, bedingt und substituierbar zu charakterisieren sind:

Stochastisch, weil Wirkungen nur mit angebbarer Wahrscheinlichkeit, nicht jedoch 'sicher' eintreten. **Bedingt**, weil nur unter bestimmten, gleichen Randbedingungen auch gleiche Wirkungen auftreten werden (Ceteris-Paribus-Klausel). Die Annahme der **Substituierbarkeit** schließlich ist die brisanteste: Sie un-

---

[188] Als Beispiel: Um die Wirkung der Einführung neuer Medien zu testen, wird üblicherweise am Versuchsort eine Vorher-/Nachhermessung durchgeführt, um aus der **Veränderung** der Struktur der Berichterstattung der örtlichen Tagespresse auf Wirkungen beim Rezipienten zu schließen. Etwaige Veränderungen werden dann als Wirkungen der Einführung der neuen Medien zugerechnet. Eine solche Zurechnung ist jedoch riskant, weil es funktional äquivalente Faktoren (konjunkturelle Einwirkungen, jahreszeitliche Schwankungen oder redaktionelle Veränderungen) geben kann, die den gleichen Effekt auslösen. In diesem Fall wäre also zusätzlich zur zeitlichen Vorher-/Nachhermessung eine Parallelerhebung an einem vergleichbaren Ort **ohne** neue Medien notwendig.

terstellt in letzter Konsequenz, dass Wirkungen gegebenenfalls mehrere, zueinander funktional äquivalente Ursachen haben können. Analog zur Ceteris-Paribus-Klausel kann man hier ex post immer auf die Behauptung solcher Faktoren ausweichen, ohne sie zu kennen.

Resümierend bleibt festzuhalten, dass streng kausale Annahmen für die Wirkungsforschung nicht aufrechterhalten werden können. Auch dieser Befund ist erheblich und deckt sich mit der kommunikationstheoretisch begründbaren Feststellung, dass Kommunikation nicht kausal, sondern nur *reflexiv* strukturiert sein kann. Wieder unter Annahme der Isomorphie zwischen Kommunikation und Wirkung muss daher gefolgert werden, dass auch im Wirkungsprozess reflexive Strukturen eine sehr viel prominentere Rolle spielen. Wenn dies so ist, dann hat das unmittelbare und nachhaltige Konsequenzen für die Validität der Feststellung und Messung von Wirkungen: *Reflexive Strukturen* sind dann nicht nur basal für Kommunikationsprozesse, sondern auch für Wirkungsprozesse (vgl. Merten 1976). Es kann daher im Grunde nicht überraschen, dass sich solche akausalen Strukturen auch im Prozess der Wirkung, und dort gerade an strategischen Punkten, als operant nachweisen lassen:

In *sachlicher* Hinsicht, indem die Sprache nicht nur Aussagen, sondern Metaaussagen in der Form von *Bewertungen und Kommentaren* zulässt: Bewertungen erzeugen und verstärken geradezu radikal *dadurch* die Selektivität der zugrundeliegenden Aussage, dass sie die Entscheidung über Akzeptanz bzw. Nicht-Akzeptanz der rezipierten Aussage erleichtern (vgl. Merten 1982: 37 sowie Merten 1977: 147ff.). Auch dieser Zusammenhang ist in der Wirkungsforschung längst bekannt: Wertende Aussagen wirken – was jeder Journalist weiß – stärker. Gerade deshalb ist es notwendig, sie nur als subjektive *Meinung*, als *Kommentar*, und nicht als 'objektive' Feststellung zuzulassen.

In *sozialer* Hinsicht findet sich ein weiterer reflexiv operierender Mechanismus, der hier als *kontextuelle Selektion* bezeichnet werden soll und der sich z.B. in der Orientierung an *anderen* Personen äußert: Die berühmt gewordenen Experimente zur Verzerrung von Wahrnehmung unter Gruppendruck von Asch (1954) sowie viele weitere bekannte Effekte dieser Art, die *sowohl* in der Wahrnehmungsforschung *als auch* in der Wirkungsforschung bekannt sind, können für diesen Typus reflexiver Selektivität stehen.

Verstärkt werden diese Prozesse der Selektion nochmals dadurch, dass weitere *strukturkatalytische* Prozesse wie Erwartungen oder Fiktionen dem Prozess der Wirklichkeitskonstruktion vorausgehen und diesen vorstrukturieren. Dabei ist nicht die Authentizität oder die Vernünftigkeit solcher latent operierender Strukturen wichtig, sondern nur deren konstruktive, struktur*erzeugende* Funktion. Die Latenz dieser Strukturen tut deren Wirksamkeit keinen Abbruch.

Die strategische Bedeutung reflexiver Strukturen im Wirkungsprozess tritt jedoch noch an anderer Stelle auf, nämlich bei der Veränderung von *Einstellungen.* Es wurde bereits gezeigt, dass Filter – wie immer im Einzelnen operierend – im Wirkungsprozess strategisch wirksam sind (vgl. Merten 1991: 45ff. sowie Ruhrmann 1989: 32). Dabei sind Einstellungen *die* Filter, die die Selektion nach persönlicher Relevanz steuern. Einstellungen aber werden selbst erst im Lauf der Ontogenese aufgebaut, durch Erfahrung und vor allem: durch Kommunikation gebildet. Das aber heißt: Die Filter der Wahrnehmung, die die Auswahl aus den einkommenden Informationsangeboten steuern, müssen *selbst* durch die einkommenden Informationsangebote aufgebaut werden – eine paradoxe, aber unter konstruktivistischer Perspektive geradezu erwartbare Struktur.

13.3.2 Das Messproblem von Wirkungen

Wirkungen werden im klassischen Sinn verstanden als *Veränderung des Wissens, der Einstellungen und des Verhaltens beim Rezipienten R durch 'Stimuli' der Massenkommunikation eines Mediums.*

Für ein einfaches und mechanistisches Verständnis von Wirkungen erscheint diese Definition plausibel und operabel zu sein. Bei näherer Hinsicht treten jedoch drei Unschärfen in das Gesichtsfeld, die den derart definierten Begriff für die Messung von Wirkungen gleich in dreifacher Hinsicht problematisch erscheinen lassen:

Zum einen ist die kategoriale Eingrenzung von Wirkung durch Kommunikation problematisch, weil hierfür keine *temporal* operable Trennschärfe angebbar ist: Wann ein Kommunikationsprozess beginnt und wann er endet, ist für sich schon nicht einfach zu bestimmen. Doch selbst wenn dieses Intervall temporal exakt eingrenzbar wäre, so bleibt dennoch zu fragen, wann und bedingt durch welche Konstellation innerhalb des Intervalls die jeweilige Ursache für eine Wirkung definiert werden kann. Unterstellt man jedoch pauschalisierend die Dauer des Kommunikationsprozesses als erklärende Variable für Wirkung, dann dürften inhaltliche Größen so gut wie keine Rolle spielen – eine Vorstellung, die schwer akzeptierbar ist.

Zum Zweiten setzt diese Definition die präzise Definition der Begriffe Wissen, Einstellung und Verhalten voraus. Während man den Begriff des Wissens vergleichsweise problemlos als gespeicherte Information ersetzen kann und damit auf einen operablen Begriff kommt, ist der Begriff der *Einstellung* diffus resp. schwierig – je nachdem, mit welchem Begriff man hantiert.

Ebenfalls problematisch ist der als Messgröße definierte Begriff des Verhaltens. Eine Verhaltensänderung – wie im Übrigen auch eine Wissens- oder

Einstellungsänderung – kann nicht nur durch eine Kommunikation, sondern bereits unabhängig von dieser auftreten – was die Gültigkeit der Messung von Verhaltensänderungen a priori ruiniert. Und nicht nur dies: Es führt sofort auf die Frage, ob der Prozess der Wirkung selbst nicht ähnlich kontrafaktisch organisiert ist, ob also nicht für jede Wirkung *gleichfalls* gelten muss, dass sie nicht *nicht* wirken kann.

Zum Dritten setzt diese Definition logisch bzw. messtheoretisch die Unabhängigkeit der drei benannten Veränderungsvariablen voraus, denn: Wäre diese nicht vorhanden, wäre im Zweifelsfall ununterscheidbar, ob die Veränderung einer der drei benannten Größen definitiv durch einen Kommunikationsprozess *oder aber* durch eine Veränderung einer damit zusammenhängenden Größe bedingt ist. Da aber, wie noch zu zeigen sein wird, die Veränderung des Wissens durch die Veränderung von Einstellungen et vice versa gedacht wird und da zudem die Veränderung von Verhalten als Folge der Veränderung von Wissen und/oder Einstellungen gedacht wird, liegt in jedem Fall eine definitive Abhängigkeit vor.

Ein vierter, allerdings weitreichender Einwand gegen diesen klassischen Wirkungsbegriff ergibt sich, wenn man in Rechnung stellt, dass Wirkungen nicht nur *direkt, personenbezogen* eintreten, sondern dass Wirkungen – völlig analog zu den zugrundeliegenden Kommunikationsprozessen – sich in einem *sozialen Kontext* ereignen, der zusätzlich zu den direkten, personenbezogenen Wirkungen weitere *indirekte* Wirkungen hervorrufen kann.

Dieser indirekte Beitrag von Kommunikation über den Umweg höherer sozialer Aggregate (Institutionen, Organisationen, gesellschaftliche Teilsysteme) ist vergleichsweise schwer fassbar, aber – gerade bei längerfristiger Betrachtung – von erheblichem Einfluss. Theoretisch ist diese indirekte Wirkungsstruktur etwa mit dem Begriff der *Funktion von Kommunikation* für Gesellschaften zu fassen. Das folgende Beispiel soll dies verdeutlichen:

Beispiel 39: Kontrollfunktion der Medien

In demokratisch verfassten Gesellschaften mit funktionierendem Kommunikationssystem werden skandalträchtige Handlungen tendenziell weniger auftreten und/oder erfolgreicher verheimlicht werden: Allein die Möglichkeit, dass Medien darüber berichten können und/oder dass dergleichen in der Öffentlichkeit diskutiert werden könnte, erzeugt starke Zwänge, und dies auf sehr unterschiedliche Art: Favorisierung moralischer oder ethischer Standards, Verbesserung von Techniken der Geheimhaltung oder aber auch vorbeugende Gegenkommunikation, die – nicht zufällig – etwa unter dem Begriff Public Relations fungiert. Solche zueinander durchaus funktional äquivalenten Strukturen finden sich insbesondere im Bereich des politischen Systems: Der Umweg über die öffentliche Meinung stellt für die direkte Wirkung einer Kommunikation eine zusätzliche, indirekte Wirkungsmöglichkeit dar, die die direkte Wirkung bei Bedarf hinsichtlich ihres Ausmaßes leicht in den Schatten stellen kann: Nicht das ist dann wirksam, was als Stimulus gedruckt, gefunkt wird, sondern das, was am anderen Tag darüber gesprochen wird, genauer: was der Rezipient meint, *was darüber gesprochen wird* (vgl. dazu instruktiv Luhmann 1971).

Ähnliche indirekte Folge- oder Nebenwirkungen lassen sich auch für andere Funktionen von Kommunikation, z.B. die Informations-, die Unterhaltungs- oder die Kommentationsfunktion der Medien aufzeigen. Auch die Figur des *Opinion-Leaders* (vgl. Merten 1988) ist bei den indirekten Wirkungen einzuordnen. Prinzipiell muss daher das personenzentrierte Wirkungsmodell erweitert werden um eine indirekte Wirkungskomponente, die allerdings nur diffus und langfristig greifbar ist und vermutlich deshalb oft ignoriert wird.

Daneben gibt es weitere Probleme, die bei der Methodendiskussion zur Messung von Wirkungen vorzustellen sind.

13.3.3 Die theoretische Einbindung der Wirkungsforschung

Die theoretische Einbindung der Wirkungsforschung zeigt ein sehr heterogenes Bild. Sie erschöpft sich, verkürzt gesagt, in der vorsichtigen Zurückweisung des klassischen Stimulus-Response-Modells und in der Entwicklung vieler, freilich meist partikularistischer Ansätze, die in Kapitel 13.5 vorzustellen sein werden.

Ungelöst sind dagegen die bereits angeschnittenen Fragen nach der Isomorphie von Kommunikation und Wirkung und die der Relation von Wirkung und Selektivität ebenso wie das hier zu diskutierende **Aggregatproblem**. Das Aggregatproblem soll die Tatsache bezeichnen, dass Wirkungen der Medien nicht nur – wie gezeigt – direkt, auf Personen bezogen, auftreten, sondern dass Wirkungen der Kommunikation, insonderheit Medienwirkungen, auch indirekt zustande kommen. Hierbei sind verschiedene Typen von Medienwirkungen zu unterscheiden: Wirkungen differieren in Abhängigkeit von verschiedenen Situationen (wenn **andere** Personen – real oder fiktiv – anwesend sind oder anwesend zu sein scheinen) oder wenn zusätzlich soziale Strukturen der Wahrnehmung, der Erwartung (oder der schieren Unterstellung dessen) wirksam sind, die die eigentliche direkte Wirkung von Kommunikation gegebenenfalls massiv überstrukturieren können.

Theoretisch gesprochen handelt es sich hier um einen Typus sozialer Reflexivität, der, wie alle reflexiven Strukturen, bei Bedarf geradezu brisante Wirkungen entfalten kann. Die Experimente von Asch (1951) sind ein prominentes Beispiel für diesen Typ von Struktur.

Andere *Anwesende* sind an der Kommunikation mit dem Effekt beteiligt, dass der Rezipient sich prompt **anders** verhält. Auch die *Vorstellung von anderen Personen* erzeugt eine ähnliche, wenngleich noch diffusere Struktur: Der Rezipient mag zwar unbeeinflusst durch die Gegenwart anderer die Aussagen oder die Botschaft eines Mediums rezipieren. Doch zugleich weiß dieser Rezipient, dass diese Aussagen, diese Botschaften ebenfalls von anderen empfangen werden, so dass sich auch hier ein zwar diffuser, aber ähnlicher indirekter Effekt einstellt, der den direkten Effekt massiv überstrukturieren kann.

Beispiel 40:

Die Tageszeitung bringt einen Bericht über ein gesellschaftliches Ereignis am Ort. Der Rezipient interessiert sich möglicherweise überhaupt nicht dafür. Der direkte Effekt ist sozusagen gleich Null. Da aber in diesem Bericht prominente Personen genannt werden, über die sowieso gesprochen wird, deren derzeitiges Tun und Lassen 'man' kennen muss – insbesondere wenn 'man' als informiert gelten will und mitreden können will –, wird der Rezipient diesen Bericht möglicherweise sehr sorgfältig lesen (indirekter Effekt).

Solche Phänomene sind gerade erst in den letzten Jahren von der Wirkungsforschung mit Begriffen wie 'Mitläufereffekt' (*Bandwaggon-Effect*) oder 'Nichtwissen von Wissen' (*Pluralistic Ignorance*) entdeckt und analysiert worden (vgl. Navazio 1977).

Diese systemischen Effekte sind freilich faktisch längst bekannt. *Elisabeth Noelle-Neumann* hat hierfür den treffenden Begriff **Öffentlichkeitseffekt** geprägt: Bestimmte Handlungen, z.B. die Absetzung eines Ministers, der Bau einer Straße, der Kauf von Konsumgütern, werden nur deshalb ausgeführt (oder: storniert), weil die Medien darüber berichten (könnten) und weil der Einzelne in der Vorwegnahme der Reaktion anderer sein Verhalten an den mutmaßlichen Reaktionen anderer ausrichtet (Noelle-Neumann 1973; Kepplinger 1982). Tendenziell hat dies zumindest eine deutliche und starke Konsenswirkung, die die direkten, 'eigentlichen' Wirkungen der Medien mit Leichtigkeit in den Schatten stellen kann.

Schließlich gibt es einen weiteren Typus indirekter Wirkung, der sich der Tatsache verdankt, dass sich Gesellschaften – wie man in der Rückschau sehr gut erkennen kann – immer mehr auf eine Mediengesellschaft hin entwickeln. Das aber heißt: Auch wenn der Rezipient sich gar nicht selbst den Aussagen der Medien aussetzt, so wird er doch indirekt von dieser Strukturierung erreicht – sei es durch die stetig mehr durch Medien zu leistenden Wirklichkeitsentwürfe (vgl. Adoni/Mane 1984), sei es durch eine langfristig von den Medien geprägte Mentalität oder ein unter dem Einfluss der Medien ansozialisiertes instrumentelles Mediennutzungsverhalten. Entsprechende Langzeituntersuchungen, die 'langfristige Medienwirkungen' zu messen suchen, sind mit diesem Problem direkt konfrontiert (vgl. Charlton/Neumann 1988).

13.4 Konstruktivistische Perspektiven

Die bislang geübte Kritik der Wirkungsforschung zeigt, dass der klassische Wirkungsbegriff nicht haltbar ist. Dennoch wird er – mehr oder minder abgewandelt – in vielen der im Folgenden vorzustellenden Ansätze und Paradigmen zur Wirkungsforschung benutzt, weil eine theoretische Auseinandersetzung und Aufarbeitung mit dem Konzept der Wirkung nur marginal und vor allem relativ folgenlos geführt wird.

Die vorgetragene Kritik lässt sich jedoch ummünzen in einen Entwurf anspruchsvollerer Wirkungsforschung, der theoretisch durch konstruktivistische Annahmen gestützt wird. Diese sind:

1) Das 'Basistheorem' des Konstruktivismus: Wirklichkeit ist nicht objektiv gegeben und wird nicht von Menschen als Abbild in deren kognitives System eingespeichert, sondern muss im Gegenteil jeweils subjektiv konstruiert werden, was die Bedingung der Möglichkeit zu *selektivem Verhalten* bindend voraussetzt (➔ Kap. 5.3)

2) Rezipienten sind sich ihrer Subjektivität bewusst und daher bestrebt, sich der *Viabilität* dieser Konstruktionen auf alle erdenkliche Weise zu versichern

3) Wirklichkeiten werden durch *Kommunikation* konstruiert, so dass hier relevante Selektionsinstanzen zu suchen sind

4) Wenn Wirklichkeiten durch Kommunikation konstruiert werden und zugleich auch Wirkungen durch Kommunikation hervorgerufen werden, dann müssen zwischen Wirkungen und Wirklichkeitskonstruktionen affine Relationen bestehen

Der Ansatzpunkt für eine Uminterpretation des Wirkungsprozesses scheint demnach in der systematischen Analyse *selektiver* Prozesse zu liegen. Demgemäß kann die Feststellung und Messung von Wirkungen nicht an der absoluten Größe (Stärke) der wirkenden Kommunikation festgemacht werden, sondern an der Konstellation von internem und externem Kontext, in dem sie rezipiert werden, denn diese beiden Faktoren erzeugen die für das Informationsangebot (den 'Stimulus') notwendige Selektivität.

Selektivität ist in der Wirkungsforschung an verschiedenen Stationen des Wirkprozesses, beispielsweise im Begriff der selektiven Zuwendung (*Selective Exposure*), schon immer registriert worden. Doch selektive Prozesse durchsetzen den gesamten Kommunikationsprozess systematisch und definieren ihn geradezu: Wahrnehmung und Wortwahl verlaufen selektiv und selegieren ihrerseits im Kommunikationsprozess, was weiterhin passieren kann. Aufgenommene Informationsangebote müssen interpretiert werden, d.h. unter Mithilfe von bereits vorhandenem Wissen, Einstellungen und Erfahrungen einerseits und vor dem

Hintergrund der in der **Situation** operierenden Relevanzen andererseits wird das Informationsangebot laufend nach Kriterien des Interesses und der Relevanz 'ausgeschlachtet'. Es ist mithin wenig sinnvoll, das Informationsangebot (die 'Stimuli') insgesamt für die Wirkung verantwortlich zu machen. Wesentlich fruchtbarer wäre eine Bestimmung der jeweils operierenden selektiven Strategien, denn erst diese legen fest, was wirklich als Information auf- und wahrgenommen wird und wirken kann. Aus dieser Perspektive lässt sich unmittelbar die Haltlosigkeit des Stimulus-Response-Ansatzes zeigen: Es sind eben *nicht* die absoluten Qualitäten der 'Stimuli', sondern die selektiven Operationen, die auf diese aufgesetzt werden, die für Wirkungen verantwortlich zu machen sind. Es kann keine *Bedeutung* von 'Stimuli' a priori geben, sondern diese wird selektiv erzeugt. Daraus folgt, dass alle Möglichkeiten zur Erzeugung und Verstärkung von Selektivität besonders zu beachten und in ihrer Relationierung zueinander zu analysieren sind. Die wichtigsten für den Kommunikationsprozess lassen sich als Aufmerksamkeit, Wahrnehmung (samt dahinter liegenden Interessenstrukturen), Interpretation und Bewertung bezeichnen.

Selektivitätsverstärkung wird – gerade in Kommunikationsprozessen – auf vielfältige Weise durch Reflexivisierung erzeugt (vgl. dazu grundlegend Luhmann 1970)[189]. Die Erzeugung von Reflexiv-Verhältnissen in der **Sozialdimension** erfolgt, indem eine Orientierung an **anderen** stattfindet – dies ist die Grundstruktur öffentlicher Meinung. Die Erzeugung von Reflexiv-Verhältnissen in der **Sachdimension** erfolgt, indem Metaaussagen konstruiert werden: Ein wertender Satz, ein nach unten zeigender Daumen kann aus einem Buch Makulatur machen. Und gerade deshalb sind Meinungen – als reflexives Strukturelement, als Aussage **über** eine zugrundeliegende Aussage – so wirkungsmächtig (vgl. Merten 1977: 110ff.). Die Erzeugung **temporaler** Reflexiv-Strukturen erfolgt durch Konstruktion von Beschleunigungseffekten oder sogar nur durch die Behauptung solcher Effekte ('*Immer mehr* Hausfrauen waschen mit...').

Verstärkt werden diese Prozesse der Selektion nochmals dadurch, dass weitere strukturkatalytische Prozesse wie Erwartungen oder Fiktionen dem Prozess der Wirklichkeitskonstruktion vorausgehen und diesen vorstrukturieren. Die Wirksamkeit dieser Prozesse ist freilich latent und wird allenfalls in Extremsituationen wie Panik offenbar (vgl. Shibutani 1966).

---

[189] Dass die Fähigkeit zu selektivem Verhalten selbst bereits schon Reflexivität und damit einen wie auch immer gearteten bewussten Akt voraussetzt, ist bekannt: Selbst wenn man diese Fähigkeit an den Zufall delegiert, wird diese Leistung als besondere Leistung in der Regel dadurch gewürdigt, dass übernatürliche Instanzen (z.B. Kismet) eingeführt werden.

Es ist einsichtig, dass eine derartige Perspektive zu einem anspruchsvolleren und komplexeren Konzept von Wirkungen führen muss. Die Bestätigung für die grundsätzliche Richtigkeit dieser Annahmen lässt sich – paradoxerweise – nun gerade aus denjenigen Untersuchungen gewinnen, die noch immer als Kronzeuge für das klassische Wirkungsmodell des Stimulus-Response gelten: Die von *Orson Welles* 1938 inszenierte fiktive Landung von Marsmenschen in einer Hörfunksendung und die Rede von *Goebbels* 1942 im Reichssportpalast. Beide Sendungen gelten als Beweis für die starke Wirkung der Massenmedien, denen der Rezipient schutzlos ausgeliefert ist, wenn die Medien ihn nur erreichen können (vgl. Cantril 1966: 57ff.).

Bei genauer Hinsicht liegt die starke Wirkung in beiden Fällen eben nicht an der Medienbotschaft allein, sondern wiederum an den Randbedingungen: Das Hörspiel „Krieg der Welten" konnte nur deshalb so durchschlagend wirken, weil die dort konstruierte Wirklichkeit von den Randbedingungen gestützt und iterativ verstärkt wurde:

Beispiel 41:

Das Hörspiel wurde am Abend des 30.10.1938 von etwa 9 Millionen Amerikanern empfangen. Nur ein verschwindend geringer Anteil war in Sorge geraten und griff z.B. zum Telefon, um bei der Polizei nachzufragen. Da dies aber wegen solcher Anrufe permanent blockiert war, wurde dieser Fakt falsch gedeutet: Die Polizei sei bereits im Einsatz. Als die ersten Personen ihre Häuser verließen, konnten andere dies *sehen* – und folgten dem Beispiel etc.

Bei der berühmten Rede von *Goebbels* im Sportpalast lag eine sehr ähnliche *reflexive Struktur* zugrunde: Zunächst waren im Sportpalast vor allem Parteimitglieder als Teilnehmer zugelassen. *Goebbels* führt mit ihnen einen Dialog, indem er von Frage zu Frage mehr fordert und dann die Frage: „Ich frage Euch: Wollt ihr den totalen Krieg?" stellt. Die tosenden Ja-Rufe der eingeschworenen Parteigänger werden reichsweit vom Rundfunk übertragen. Alle Hörer nehmen live wahr, wie der Sportpalast vor Begeisterung kocht, wie relevante *andere*, wie die Elite wahrnimmt. Auch hier war die Situation also ähnlich: Der große Effekt lag in der Tatsache, dass *andere* als Modell, als Beispiel dienen konnten. (*Goebbels* selbst hat diese Struktur durchschaut: Am Abend seiner Rede sagt er: „Diese Stunde der Idiotie! Wenn ich den Leuten gesagt hätte, springt aus dem dritten Stock des Columbushauses, sie hätten es auch getan!" (Ries 1950: 356).

Mit anderen Worten: Starke Medienwirkungen sind offenbar solche, bei denen Medien Kommunikationsangebote (auch unter Benutzung fiktionaler Elemente) machen und die dadurch konstruierbare Wirklichkeit Relais oder Katalysator für die Konstruktion weiterer Wirklichkeiten sein kann. Zugleich sind starke Wirkungen hier indirekt und zirkulär (selbstverstärkend).

Die hier diskutierten Überlegungen lassen sich in ein trimodales Wirkungsmodell einbringen (Abb. 72):

Abbildung 72: Trimodales Wirkungsmodell

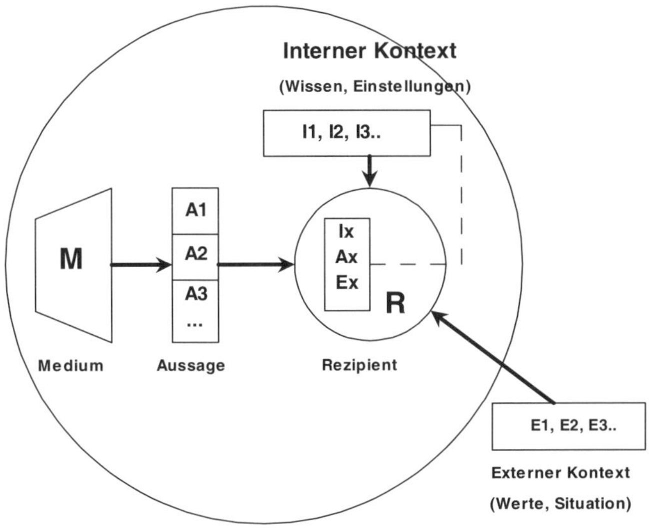

Die Wirkung von Kommunikation wird bei diesem Modell an drei Bündeln von Wirkfaktoren festgemacht, nämlich 1) am Informationsangebot (dem 'Stimulus'), 2) dem **internen** Kontext, der durch Erfahrungen, Wissen und Einstellungen des Rezipienten, aber auch durch seine situative Disposition bestimmt ist und 3) durch den **externen** Kontext, der vor allem durch situative und soziale Randbedingungen (z.B. Anwesenheit anderer bei der Rezeption, Normen, Werte, Medienverfassung) definiert ist.

Zunächst gilt, dass unterschiedliche Rezipienten unterschiedliche Selektionen aus dem **Medienangebot** vornehmen (A1, A2,... An). Schon dies kann im Sinn der klassischen Wirkungstheorie nicht möglich sein, denn: Gleicher 'Stimulus' muss nach dieser Theorie gleiche Wirkung erzeugen. Darüber hinaus verknüpft der Rezipient selektive Bestände des Wahrgenommenen mit weiteren selektiven Beständen des Wissens, der Erfahrung (I1, I2,... In). Die dritte Selektionsmodalität wird durch den **externen Kontext** beigesteuert: Situative Randbedingungen (E1, E2,... En) definieren für den Rezipienten eine Umwelt, die ebenso wie die Erfahrungen des Rezipienten (interner Kontext) die Auswahl des Medienangebotes beeinflussen.

Insofern bildet der Rezipient, methodologisch gesprochen, Kombinationen von Inhalts-, Erfahrungs- und Situationsvariablen, die als selektive Kombinationen 1., 2. und 3. Ordnung (z.B. A2-I3-E1) zu bezeichnen sind und exakt als **Konstrukte** angesprochen werden können: Wirkungen sind in dieser Perspektive hochgradig abhängig von der Struktur der trimodalen Selektion einerseits und der daraus erzeugten Konstruktion aus uni-, bi- und/oder trimodalen Konstrukten andererseits. Von besonderer Bedeutung dabei ist, dass sowohl die mitgeteilten Inhalte – das Medienangebot – die vorliegenden Erfahrungen resp. Einstellungen des Rezipienten als auch situationaler resp. sozialer Rahmen als *soziale* Variablen definiert oder strukturiert sind.

Dieses trimodale Modell ist jedoch noch unvollständig, denn es geht praktisch davon aus, dass hier ein Kommunikationsprozess sozusagen zum allerersten Mal stattfindet, auf den der Rezipient nur *reagiert*. De facto aber beinhaltet der interne Kontext des Rezipienten ja nicht nur Erfahrungen allgemein, sondern speziell auch Erfahrungen mit Kommunikationspartnern oder Präferenzen für Medien. Diese manifestieren sich vorzugsweise in Erwartungen bereits *vor* der eigentlichen Kommunikation, die damit eine weitere reflexive Struktur (*Feedforward*) für Wirkungen erbringen. Sie erlauben es dem Rezipienten, sich schon im Vorfeld der eigentlichen Rezeption selektiv zu verhalten – etwa indem er sich für oder gegen bestimmte Kommunikanten, Medien, bestimmte Programme und bestimmte, zu erwartende Informationsangebote entscheidet. Sie haben aber auch zur Folge, dass die mit dieser Entscheidung verknüpften *Erwartungen* die nachfolgende Wirkung des Informationsangebots beeinflussen. Diese voreilende Selektivität kann zudem – auch dies nicht zufällig – vorzugsweise durch zusätzliche Metakommunikation (etwa: Rezeption von Programmzeitschriften, Inhaltsangaben etc.) erbracht werden. Des Weiteren muss hier auch die Möglichkeit des Rezipienten, sich ex post *reaktiv* zu verhalten, in Rechnung gestellt werden. Diese Modalität, die ebenfalls eine weitere reflexive Struktur im gesamten Wirkungsprozess installiert, wird in der Kommunikationsforschung üblicherweise als *Feedback* bezeichnet und nicht der Wirkung, sondern dem Kommunikationsprozess selbst zugerechnet.

Gleichwohl hat diese Modalität – auch wenn sie dem eigentlichen Wirkungsprozess nacheilt und ihn daher nicht mehr beeinflussen kann (indirekte Modalität) –, eine Wirkung auf *zukünftige* Wirkungen dadurch, dass sie – in *the long run* – kommunikatorseitig die Selektivität des Informationsangebots beeinflusst (zum Beispiel durch Leserbriefe, ex post zu berücksichtigende Einschaltquoten etc.). Das entsprechende Modell zeigt Abbildung 73:

Abbildung 73: Pentamodales Wirkungsmodell

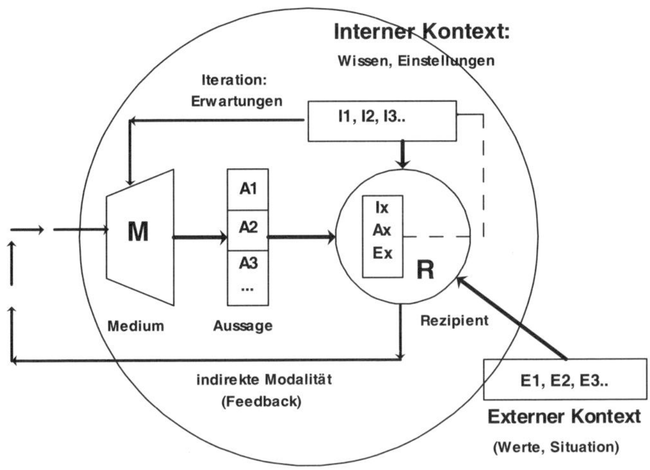

Ob bestimmte Inhalte eine bestimmte Wirkung erzielen, hängt in diesem pentamodalen Modell von vier direkten Modalitäten und einer indirekten Modalität ab, die zueinander temporal in voreilender, simultaner und nacheilender Weise strukturiert sind: Bereits vor der eigentlichen Kommunikation greift eine selektive Feedforward-Struktur ein, die das Informationsangebot pauschal vorsortieren hilft. Das Informationsangebot selbst wird einer weiteren Selektion durch internen und externen Kontext unterworfen, und das Feedback der indirekten Modalität bewirkt auf Dauer eine für den Rezipienten akzeptable, kommunikatorseitige Vorselektion der Informationsangebote.

Will man also Wirkungen messen, so müssen nicht nur die Informationsangebote inhaltsanalytisch erhoben werden, sondern es müssen auch interne und externe Kontexte erhoben werden. Des Weiteren müssen Strukturen voreilender Selektivität (etwa: Erwartungen, aber auch die Nutzung von Metamedien) kontrolliert werden. Gerade diese Modalität gewinnt vor dem Hintergrund der derzeitigen Vermehrung des Informationsangebots besondere Bedeutung. Auf die Dauer bewirkt schließlich die nacheilende Modalität, dass der Rezipient gerade *die* Informationsangebote erhält, die ihm akzeptabel erscheinen, so dass tendenziell eben nur die Wirkungen *akzeptabler* Angebote gemessen werden können. Voreilende und nacheilende Modalität sind zudem, wie noch zu zeigen sein wird, maßgeblich verantwortlich für das Paradoxon, dass Wirkungen – in the long run – durch Wirkungen selbst verändert werden.

Der Vergleich von trimodalem und pentamodalem Modell macht zugleich auf eine weitere wichtige Struktur aufmerksam, nämlich die Eigenschaft der hier skizzierten Modalitäten, dadurch weitere selbstreferente Strukturen im Prozess der Wirkung zu installieren, so dass der Wirkungsprozess weitere Kommunikation (Anschlusskommunikation) katalysiert. Das belegt einmal mehr, dass Kommunikationsprozess und Wirkungsprozess zueinander affine Prozesse darstellen.

Fasst man die hier skizzierten Erkenntnisse zusammen und konfrontiert damit den herkömmlichen Wirkungsbegriff der Kommunikationsforschung, so erkennt man, wie stark dieser vereinfacht – und wie komplex die Struktur von Wirkungen in Wirklichkeit ist.

13.5 Ansätze der Wirkungsforschung

Die bislang geführte Diskussion zum Wirkungsbegriff und zur Feststellung von Wirkungen hat ein anderes und tieferes Verständnis von Wirkungen hervorgebracht. Bei der Vorstellung relevanter Ansätze wird daher eine Vorsortierung gemäß dem in Kap. 13.1 (Abb. 70) bereits dargestellten Stammbaum der Wirkungsforschung vorgenommen.

Die einzelnen Ansätze zur Wirkungsforschung, die hier vorgestellt werden sollen, sind: 1) das Stimulus-Response-Modell, 2) der Zweistufenfluss (Two-step flow), 3) der Nutzenansatz (Uses-and-Gratifications), 4) der Thematisierungs-Ansatz (Agenda-Setting-Approach), 5) die Theorie der Schweigespirale, 6) die Wissensklufthypothese (Knowledge-Gap), 7) das Kontaktmodell der Werbewirkung, 8) die Kultivierungshypothese (Cultivation Hypothesis) und 9) der Third-Person-Effect.

13.5.1 Das Stimulus-Response-Modell

Das *Stimulus-Response-Modell* ist der älteste Ansatz der Wirkungsforschung, typischerweise benutzt, um die Wirkung von Propaganda, demgemäß als Strategie zur Erzeugung, Auswahl und Versendung von wirksamen 'Stimuli' definiert, zu messen. Zwei Annahmen sind relevant:

1) Die Gesellschaft besteht aus einer *Masse*, also aus einzelnen, atomisierten Individuen, die voneinander isoliert und deswegen extrem abhängig von den Botschaften der *Massenkommunikation* sind.

2) Massenmedien haben *starke* Wirkungen – die eingangs beschriebene Sendung von der Invasion vom Mars sowie die Analyse der Goebbels'schen Propaganda (vgl. Doob 1950) schien die Richtigkeit dieses Ansatzes zu bestätigen.

Später wurde dieser Ansatz zur Messung von **Einstellungen** leicht verändert: Einstellungen (*Attitudes*) gelten als mentale Sets oder Filter, die Emotionen,

Wissen, Meinungen und Verhalten steuern und selbst nicht beobachtbar sind. Sie wurden als sogenannte 'intervenierende Variablen' definiert, die zwischen beobachtbarer Ursache und beobachtbarer Wirkung intervenieren. Wegen ihrer Steuerwirkung auf die Bereiche Emotion, Kognition und Verhalten wurde die Messung von Einstellungen bzw. von Einstellungsänderungen später zum zentralen Ansatz der Wirkungsforschung (vgl. Hovland/Rosenberg 1960). Die Grundannahmen des Stimulus-Response-Ansatzes, nämlich a) Beschränkung auf die 'Stimulus'-Variable, b) Unterstellung von Kausalität und c) Personenzentriertheit von Wirkungen – bleiben damit freilich erhalten.

13.5.2 Der Zweistufenfluss der Kommunikation

Der Zweistufenfluss der Kommunikation (Two-step flow of Communication) wurde quasi zufällig entdeckt, nämlich anlässlich der ersten und dann sehr berühmt gewordenen Untersuchung zur Wirkung der Massenmedien im amerikanischen Wahlkampf des Jahres 1940 (Lazarsfeld et al. 1944). *Lazarsfeld* ging davon aus, dass die in den USA bereits weit verbreiteten Massenmedien Presse und Rundfunk auf die Entscheidung der Wähler, ihre Stimme den Republikanern oder den Demokraten zu geben, eine direkte, unmittelbare und starke Wirkung im Sinne des Stimulus-Response-Modells haben müssten.

Um diese nun ganz genau zu messen, befragte *Lazarsfeld* eine ausgewählte Stichprobe von etwa 600 Personen nicht nur einmal, sondern mehrmals: Sechs Monate vor der Wahl wurde begonnen, diese Personen jeden Monat einmal nach ihren Wahlabsichten und nach den benutzten Massenmedien zu befragen. Auf diese Weise sollten Veränderungen der Wahlabsicht sehr fein, von Monat zu Monat, sozusagen in Nuancen, gemessen werden.

Lazarsfeld erwartete, dass Leser von Zeitungen oder Hörer von Radiostationen, die die Republikaner favorisierten, republikanisch wählen würden und umgekehrt, dass Leser von Zeitungen resp. Hörer von Radiostationen, die für die Demokraten eintraten, demokratisch wählen würden.

Die Ergebnisse der Befragung zeigten jedoch überhaupt keinen Zusammenhang zwischen den rezipierten Medien und der Wahlabsicht. Damit war zunächst die Theorie der direkten und starken Wirkungen der Massenmedien stark erschüttert. Zugleich hatte *Lazarsfeld* – sozusagen ohne zu wissen, was er da machte – gefragt, ob sich die Befragten auch direkt von anderen Personen Rat holten oder anderen Rat gaben. Dabei zeigte sich, dass diese Ratgeber, die *Lazarsfeld* **Meinungsführer** (Opinion-Leader) nannte, einen erheblich größeren Ausschlag für die Wahlentscheidung der Ratsuchenden (Opinion-Follower) gaben als die Massenmedien Presse und Radio.

Dieses Ergebnis wurde nicht nur politisch – der Wähler war souverän, er war nicht den Massenmedien ausgeliefert – gefeiert, sondern markiert die Abwendung von der Theorie der **starken Wirkungen** der Massenkommunikation. Zugleich liefert dieses Ergebnis eine Verknüpfung zwischen informeller und massenmedialer Kommunikation. *Lazarsfeld* formulierte dies als **Zweistufenfluss der Kommunikation**: „Aussagen fließen oft von Rundfunk und Presse zu den Meinungsführern und von dort zu den weniger aktiven Teilen der Bevölkerung" (Lazarsfeld et al. 1944: 151). Danach wirken die Massenmedien zweistufig: 1) Opinion-Leader werden von den Medien erreicht und beeinflusst und 2) Opinion-Leader geben diesen Einfluss weiter an die Opinion-Follower, die sich davon beeinflussen lassen (Abb. 74).

Abbildung 74: Der Zweistufenfluss der Kommunikation

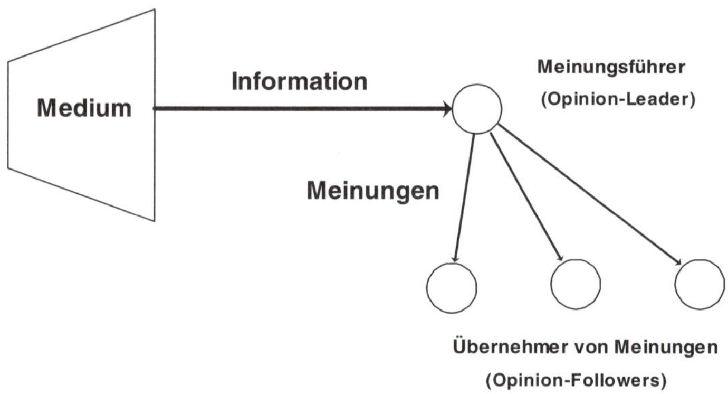

Das setzt voraus, dass Opinion-Leader und Opinion-Follower miteinander in unmittelbaren Kontakt treten können, also einer gemeinsamen sozialen Gruppe angehören. Dieser Ansatz wurde in den 60er Jahren verworfen, weil sich gezeigt hatte:

- Nicht jeder Ratsuchende ist integriert in eine soziale Gruppe
- Jeder Ratsuchende hat selbst *direkte* Kontakte zu den Massenmedien
- Es ist fraglich, ob der Einfluss des Opinion-Leaders durch Weitergabe von Information oder durch Weitergabe von Meinungen (oder beides) zustande kommt
- Die Definition des Meinungsführers durch Abfrage auf Ratgeben oder Ratsuchen ist zu einfach

Andererseits zeigt sich, dass Meinungsführer durch ihre Meinungen, die sich gegenüber Meinungen der weniger prominenten Ratsuchenden in der Regel durchsetzen, erheblichen Einfluss ausüben können. Des Weiteren gibt es aber neben den Meinungsführern auch Personen, die als Prominenz häufig in den

Medien auftreten und eine hohe Glaubwürdigkeit besitzen (vor allem aus der Politik und den Medien selbst); diese werden als Ratgeber gerade von den Personen genannt, die nicht so stark in Gruppen integriert sind und die somit als *virtuelle Meinungsführer* Einfluss haben (vgl. Merten 1988; Merten 1992a).

Entfernt man aus dem Konzept des Meinungsführers Widersprüche und Unzulänglichkeiten, so bleibt folgende Erkenntnis: Rezipienten nutzen die Massenmedien vor allem, um sich zu informieren. Bei der Frage nach der Wichtigkeit und Richtigkeit von bestimmten Informationsangeboten, beispielsweise für Wahlentscheidungen, werden Meinungen benötigt, die als Metaaussage (als Bewertung der zugrundeliegenden Information) die Entscheidung für die Akzeptanz einer Information erleichtern. Diese Meinungen beschafft sich der Rezipient

- bei glaubwürdigen Personen, die er persönlich kennt (Opinion-Leader),
- bei glaubwürdigen Personen, die er aus den Medien kennt (virtuelle Opinion-Leader),
- und durch Diskurse mit anderen Personen oder durch Verfolgung solcher Diskurse in den Massenmedien.

Das bedeutet letzthin, dass mit fortschreitender Mediatisierung die meinungsbildende Funktion der Massenmedien und damit die Wirkung der Massenmedien zunehmen wird (vgl. Merten 1992a).

13.5.3 Der Nutzen- und Belohnungsansatz (Uses-and-Gratifications Approach)

Ein weiterer Ansatz, der in bewusster Abkehr vom Stimulus-Response-Modell entstand, ist der 1974 von *Katz/Blumler/Gurevich* entwickelte **Uses-and-Gratifications Approach**. Während der Stimulus-Response-Ansatz fragt: „Was machen die Medien mit den Menschen?", fragt der Uses-and-Gratifications Approach: „Was machen die Menschen mit den Medien?". Er stellt damit die aktive (selektive) Rolle des Publikums bei der Auswahl der Medienangebote in den Mittelpunkt (vgl. Katz/Foulkes 1962: 378). Die erste dieser Studien wurde bereits 1940 durchgeführt: Es wurde gefragt, welche Motive Hausfrauen haben, Hörfunk zu hören (vgl. Herzog 1941). Als Antworten ergaben sich:

- Kompensation für nicht erfüllte Wünsche und Träume (*Eskapismus*)
- Identifikation mit demonstrierten Lebensstilen
- Projektion eigenen Versagens auf dargestellte Handlungsträger
- Ratschläge für die Verbesserung der eigenen Situation

Insbesondere das Bedürfnis nach Flucht aus dem Alltag (Eskapismus) können Massenmedien durch Unterhaltung erfüllen: Die Darstellung von Prominenz, von unerreichbaren Lebensstilen und Karrieren kann Wünsche und Träume befriedigen. Typische Beispiele hierfür sind etwa Fernsehserien wie 'Dallas', 'Denver' oder 'Verbotene Liebe' und 'Melrose Place'.

Der erweiterte Nutzenansatz fragt einerseits nach dem Katalog der Bedürfnisse, die der Rezipient *hat* und prüft, welche dieser Bedürfnisse die Medien erfüllen können (gesuchte Gratifikation in bezug zu erhaltener Gratifikation): Der Rezipient sucht sich als Folge solcher Bilanzierung dann das Medium aus, welches ihm in der Regel die beste Befriedigung verspricht (vgl. Palmgreen 1984: 54).

Der Uses-and-Gratifications Approach ist damit ein Wirkungsansatz, der nicht die Wirkung einzelner Medienangebote erfasst, sondern der das (tägliche, wöchentliche) *durchschnittliche* Medienangebot in Bezug setzt zu den Bedürfnissen des Rezipienten.

Ungeklärt an diesem Ansatz ist vor allem, ob hier theoretisch abgeleitete Motive (*Motives*) oder am Medienkonsum orientierte Bedürfnisse (*Needs*) gemessen werden. Von daher ist auch umstritten, ob es sich hier um ein theoretisches Konzept oder nur um eine Forschungsstrategie handelt, mit der man ermittelt, welche Medien von welchen Rezipienten für welche Zwecke am meisten geschätzt werden.

13.5.4 Der Thematisierungs-Ansatz (Agenda-Setting-Approach)

Als Fortentwicklung des Stimulus-Response-Ansatzes muss der Thematisierungs-Ansatz (Agenda-Setting-Approach) angesehen werden, der dem Bereich der kognitiven Wirkungen zuzurechnen ist (vgl. Schönbach 1983; 1984). Formuliert wurde er anlässlich des Präsidentschaftswahlkampfes[190] 1968 von McCombs und Shaw wie folgt:

> „Zwar haben die Massenmedien wenig Einfluß auf (Veränderung von) Richtung oder Stärke von Einstellungen. Aber es kann unterstellt werden, daß die Massenmedien den Markt (der Themen) für politische Kampagnen bestimmen, der seinerseits die Stärke von Einstellungen gegenüber politischen Themen beeinflußt" (McCombs/Shaw 1972: 177).

Der Grundgedanke lautet: Die Medien 'besetzen' durch ihre laufende Berichterstattung bestimmte Themen mehr oder weniger stark. Als Folge dessen wird auch in den Köpfen der Rezipienten – mit bestimmtem Zeitabstand – eine entsprechende thematische Besetzung festzustellen sein (Abb. 75):

Abbildung 75: Modell des Agenda-Setting

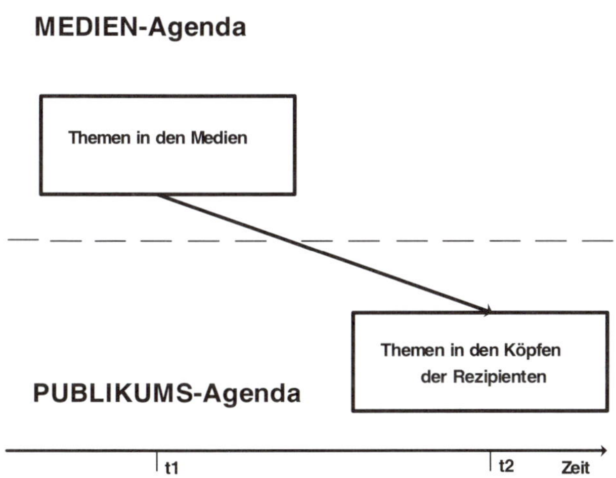

---

[190] *McCombs* und *Shaw* erfragten während des US-amerikanischen Präsidentschaftswahlkampfes von 1968 in Chapel Hill (North Carolina) das Wissen über die wichtigsten politischen Themen bei 100 bislang unentschlossenen Wählern und verglichen diese Themenstruktur mit einer Inhaltsanalyse der aktuellen Themen der Nachrichtenmedien: Die Themenstrukturen korrelieren sehr stark miteinander, so dass auf einen Zusammenhang zwischen den Themen in den Medien (*Media-Agenda*) und den thematischen Prioritäten der Wähler (*Public-Agenda*) geschlossen werden konnte.

Der Agenda-Setting-Ansatz stellt – historisch gesehen – eine Weiterentwicklung der sogenannten Kontrollhypothese dar, die besagt: „Die Aussagen der Massenkommunikation sind nicht als Spiegelungen der Publikumsmentalität aufzufassen, sondern sie gehen den Veränderungen beim Publikum zeitlich voraus, sie beeinflussen, kontrollieren, strukturieren, kanalisieren das Weltbild des Rezipienten“ (Maletzke 1963: 68). Der Rezipient nimmt aber nicht nur die kognitiven Informationsangebote wahr, sondern er erfährt zusätzlich – über den Umfang oder die Dauer der Berichterstattung – etwas über die Bedeutung des Themas. Diese zusätzliche Wirkung ist im Hinblick auf politische Themen, deren Thematisierung ja bevorzugt analysiert worden ist, besonders wichtig.

Mit diesen grundlegenden Annahmen steht der Agenda-Setting-Ansatz in der Tradition der kommunikatorzentrierten Wirkungsforschung (vgl. Schenk 1987: 196). Es wird eine klare Kausalbeziehung über die Wirkung der Medien auf das Publikum postuliert; eine leichte Abschwächung dieser Annahme durch die Berücksichtigung von intervenierenden Publikumsvariablen findet sich erst in den jüngeren Forschungsansätzen.

Forschungspraktisch versucht die Agenda-Setting-Forschung eine Kette von Untersuchungsvariablen zu beschreiben, die zum einen von den Medien und zum anderen von der Publikumsseite ausgehen und den Prozess der Thematisierung und Themenstrukturierung durch die Massenmedien erklären sollen (vgl. Uekermann/Weiss 1980: 17).

Von der *Medienseite* aus interessiert hierbei als erstes die Gesamtheit der Ereignisse, aus denen für die tägliche Berichterstattung ausgewählt wird und damit zusammenhängend der Selektionsprozess bzw. die Auswahlkriterien. Es folgt die Frage nach der Präsentation und der Plazierung des Themas in den Medien und der Häufigkeit des Erscheinens eines Themas.

Von der *Publikumsseite* her stellt sich als erstes die grundlegende Frage nach dem Interesse bzw. dem Wissen des Publikums über ein bestimmtes Thema, was wiederum ein Orientierungsbedürfnis determiniert. Eine unterschiedliche Ausprägung dieses Orientierungsbedürfnisses führt wiederum zu unterschiedlicher Nutzung der Medien und der interpersonalen Kommunikation.

McCombs (1977) typologisiert die bestehende Agenda-Setting-Forschung nach ihren unterschiedlichen Untersuchungsansätzen:

1) Das *Awareness-Modell* untersucht die Thematisierungsfunktion der Medien: Das Publikum wird auf bestimmte Themen oder Themenbündel aufmerksam, weil sie von den Medien behandelt werden.

2) Das *Salience-Modell* beschäftigt sich neben der Thematisierungsfunktion der Medien auch mit einer Themenstrukturierung durch die Medien. Die unter-

schiedliche Hervorhebung bestimmter Themen in den Medien hat danach eine unterschiedlich starke Beachtung durch das Publikum zur Folge.

3) Das *Priority-Modell* geht ebenso wie das *Salience-Modell* von einer Themenstrukturierungsfunktion der Medien aus. Die Themenrangfolge der Medienagenda schlägt sich dabei spiegelbildlich in der Themenrangfolge der Publikumsagenda nieder.

Der überwiegende Teil von Agenda-Setting-Studien wurde zu Wahlkampfzeiten durchgeführt: Hier interessiert deshalb nicht nur der Einfluss der Medienagenda auf die Publikumsagenda, sondern auch der mögliche Einfluss der Medien auf Politiker bzw. umgekehrt der Einfluss der Politiker auf die Medienagenda. So verglichen z.B. Jackson-Beeck/Meadow (1979) die von Journalisten und Politikern in Fernsehdebatten der Präsidentschaftskandidaten eingeführten Themen mit dem Problembewusstsein der Bevölkerung. Die für den Agenda-Setting-Prozess maßgeblichen Variablen *Thematisierung* und *Themenstrukturierung* werden in der empirischen Überprüfung im Allgemeinen mit den Erhebungsinstrumenten Inhaltsanalyse (Medienberichterstattung) und Befragung (Publikum) erfasst.

Für das Erhebungsinstrument *Inhaltsanalyse* ist dabei, neben der grundlegenden Frage, welches Kategorienschema verwendet wird, von Relevanz, ob die gesamte Themenstruktur der Medienaussagen oder nur einzelne politische Ereignisse erfasst werden und welcher Ausschnitt der Medien analysiert wird. Neben der reinen Häufigkeit des Auftretens von bestimmten Themen und Ereignissen ist bei der Inhaltsanalyse auch die formale Gewichtung der Themen innerhalb der Gesamtkommunikation zu berücksichtigen.

Die *Publikumsbefragung* lässt sich grob nach drei Befragungsschwerpunkten unterteilen (vgl. Schenk 1987: 203):

1) Intrapersonal wird nach der rein individuellen Einschätzung der Themen und Probleme gefragt (*Individual Issue Salience*)

2) Interpersonal werden die häufigsten politischen Gesprächsthemen mit Freunden und Bekannten erhoben (*Community Issue Salience*)

3) Die Erhebung der wahrgenommenen Wichtigkeit von Themen (*Perceived Issue Salience*) bezieht sich auf Prioritäten, die der Befragte bei signifikanten Anderen festzustellen glaubt.

Neben der Publikumsbefragung werden in der jüngeren Forschung zum Teil auch Befragungen der politischen Elite durchgeführt. Um die Frage zu klären, ob zuerst die Medienagenda oder die Publikumsagenda vorhanden ist, lässt sich mit Hilfe der sog. *Cross-Lagged-Korrelation* eine Aussage treffen. Schlüsselannahme ist dabei, dass ein Effekt mit einer temporal vorausgehenden Ursache höher korrelieren muss als mit einer folgenden Ursache (vgl. dazu McCombs et al. 1975).

Da es sich bei Agenda-Setting um einen Prozess handelt, ist auf jeden Fall die Aufbringung und Strukturierung von Themen längerfristig zu untersuchen (*Longitudinalanalysen*). Dabei wird in den empirischen Studien häufig mit *Paneldesigns* gearbeitet, bei denen die gleiche Probandengruppe mehrfach über einen längeren Zeitraum hinweg befragt wird und parallel zu jeder Befragungswelle die dem Zeitraum entsprechende Medienberichterstattung analysiert wird.

Von zentraler Bedeutung für die methodische Ausführung ist die Bestimmung des Zeitrahmens für das Auftreten von langfristigen und kumulativen Agenda-Setting-Wirkungen. Dieser Zeitrahmen betrifft:

1) Den gesamten Zeitraum der Untersuchung
2) Die Verzugszeit zwischen dem Erscheinen eines Themas in den Medien und dem Niederschlag in der Publikumsagenda
3) Die Dauer der Medienberichterstattung
4) Die Dauer der Publikumsbefragung
5) Die optimale Wirkungsspanne zwischen der stärksten Beachtung eines Themas in den Medien und einer ebensolchen im Publikum. Nach Watt/Van den Berg (1981) bestätigte sich der Agenda-Setting-Effekt für die ersten sechs Monate der Berichterstattung, nicht aber später; sie sprechen von einer kurzfristigen Wirkung in der Phase der Informationsaufnahme und Informationsakkumulation bis hin zur Sättigung (*Ceiling Effect*).

Welcher Zeitrahmen für eine Agenda-Setting-Studie anzusetzen ist, ist jedoch nicht eindeutig geklärt. Neben dem Zeitrahmen spielt auch der geographische bzw. politisch-geographische Rahmen einer Agenda-Setting-Erhebung eine Rolle. Hierzu liegen Agenda-Setting-Studien zum Vergleich des Effektes auf lokaler und überregionaler Ebene mit divergierenden Erkenntnissen vor.

Beispiel für eine typische Agenda-Setting-Studie könnte sein: Es soll geprüft werden, ob die Berichterstattung der lokalen Presse Einfluss auf die Wahlentscheidung anlässlich einer Kommunalwahl hat. Zu diesem Zweck werden alle Artikel in den lokalen Seiten auf ihre politische Berichterstattung analysiert. Dies geschieht mit der Methode der Inhaltsanalyse: Anhand der Auszählung von Artikelflächen und Bewertungen von Politikern und Parteien wird ermittelt, welches positive oder negative Bild die Presse von den einzelnen Parteien zeichnet (vgl. Merten 1995: 146ff. u. 227ff.).

Zeitversetzt wird dann eine repräsentative Befragung durchgeführt, bei der die Befragten nach wesentlichen kommunalpolitischen Problemen, nach der Kenntnis von Personen etc. gefragt werden.

Ob ein Thematisierungseffekt vorliegt, wird durch zeitversetzte Korrelationen gemessen: Je mehr die (inhaltsanalytisch) ermittelte Themenstruktur zum Zeitpunkt t1 mit der (durch Befragung erhobenen) Themenstruktur in den Köpfen der Rezipienten zum Zeitpunkt t2 übereinstimmt, desto stärker ist der Thematisierungseffekt.

Zum Agenda-Setting-Approach, als einem über rund fünfzehn Jahre in der Kommunikationswissenschaft äußerst populäreren Forschungsansatz, liegt mittlerweile eine Fülle an empirischen Studien vor, die allerdings – wie Uekermann/Weiss (1980) beklagen – ein systematisches Forschungsprogramm vermissen lassen und fordern „den ‚taktischen Empirismus' (die unkoordinierte Aneinanderreihung von Einzelstudien) in Zukunft durch eine theoretisch gesteuerte Forschungsstrategie zu ersetzen, da nur so ein systematischer Erkenntniszuwachs erzielt werden könne" (Uekermann/Weiss 1980: 22).

Auf der anderen Seite hat die ausführliche Beschäftigung mit dem Agenda-Setting-Modell zu einer konzeptionellen Weiterentwicklung von einer einfachen Kausalannahme zu einem wesentlich komplexeren Theoriegebilde geführt: Bereits 1974 stellten McLeod/Becker/Byrnes (1974) fest, dass von einem allgemeinen Themenstrukturierungseffekt, wie z.B. von McCombs/Shaw (1972) und Funkhouser (1973) formuliert, nicht die Rede sein konnte. Wenn ein solcher Effekt überhaupt vorhanden sein sollte, wird dieser entscheidend durch intervenierende Variablen soziologischer und psychologischer Art geprägt.

Eine Beeinflussung der Thematisierung bzw. Themenstrukturierung findet z.B. bereits durch die Techniken der Nachrichtenpräsentation (Rhetorik der Medienagenda) statt; Williams/Semlak (1978) weisen in einem Fall eine höhere Korrelation zwischen der Medien- und persönlichen Agenda für eine Reihe struktureller Dimensionen als beim Gesamtagenda-Effekt nach.

Auch die Konflikthaltigkeit von Ereignissen hat durch unterschiedliche Nachrichtenwerte Einfluss auf die Agenda-Setting-Effekte (vgl. hierzu auch Altheide 1977). Als weitere Wirkungsfaktoren auf die Agenda-Setting-Effekte von Seiten der Medienagenda können beispielsweise genannt werden:

- Der Grad der Aufdringlichkeit von Themen (*Obtrusiveness*): Aufdringliche Themen können persönlich und direkt erfahren werden, unaufdringliche (*unobstrusive*) Themen liegen hingegen weit außerhalb der persönlichen Wahrnehmung. Themenstrukturierungseffekte lassen sich vor allem für unaufdringliche Themen nachweisen.
- Der Allgemeinheitsgrad der Themen als Einflussfaktor auf die Agenda-Setting-Effekte.
- Die Art des rezipierten Mediums: Hier hat die empirische Forschung starke Unterschiede in der Wirkungsweise der Medien TV, Radio und Presse fest-

gestellt, wobei allerdings über die Quantifizierung des Einflusses der unterschiedlichen Medien auf die Themensetzung und -strukturierung in der Publikumsagenda keine einheitliche Forschungsmeinung besteht.

- Der gängigen Forschungsmeinung nach lässt sich ein verstärktes Auftreten von Agenda-Setting-Effekten für die Leser der Tageszeitungen und weniger für TV-Rezipienten nachweisen (vgl. McClure/Patterson 1976). McCombs (1977) räumt dem Medium Fernsehen einen eher kurzfristigen 'Scheinwerfereffekt' ein, während er dem Medium Presse einen vergleichsweise langfristigeren Agenda-Setting-Effekt zuschreibt.

Als zu berücksichtigende Publikumsfaktoren sind z.B. zu nennen:

- die Medienkonsumgewohnheiten, beeinflusst durch ein allgemeines Orientierungsbedürfnis
- die Sensibilisierung des Publikums für ein bestimmtes Thema
- der Einfluss von interpersonaler Kommunikation
- die Beeinflussung des Agenda-Setting durch Erfahrungen aus erster Hand.

Zusammenhängend mit der Frage nach intervenierenden Variablen, die auf den Agenda-Setting-Prozess einwirken, ist die in der Forschungsliteratur kontrovers geführte Diskussion um die Fragestellung, ob die Medien in der Berichterstattung die tatsächlichen Probleme der Wirklichkeit widerspiegeln oder gegenüber der Realität retardieren bzw. divergieren, zu betrachten.

Als Versuch diese Frage zu klären entwickelten Behr und Iyengar (1985) ein Zwei-Stufen-Modell des Agenda-Settings: Hierbei werden

1) zunächst die Effekte der realen Bedingungen auf die TV-Berichterstattung betrachtet und dann
2) versucht, die Effekte der TV-Nachrichten und der realen Bedingungen auf die Öffentlichkeit zu isolieren.

Die empirische Überprüfung durch Behr/Iyengar (1985) zeigte in diesem Zusammenhang, dass TV-Nachrichten bei allen untersuchten Themengebieten zumindest teilweise durch die realen Bedingungen und Ereignisse determiniert wurden. Zwischen der realen Entwicklung und der Berichterstattung sind deutliche Überlappungen feststellbar, was ein Spiegelbildmodell der Berichterstattung nahelegt. Agenda-Setting ist somit ein rekursiver Prozess (vgl. auch Schenk 1987: 220f.).

Kritiker dieser sehr medienzentrierten Sichtweise geben zu bedenken, dass die unterschiedliche Behandlung der Themen in den Medien nur ein Faktor von vielen sei, die insgesamt für die Publikumsagenda ausschlaggebend sind. Persönlichkeitsmerkmale und -erfahrungen, Gruppenperspektiven und reale Bedingungen würden den Themenstrukturierungsprozess beim Publikum entscheidend beeinflussen, publikumsgesteuerte Medieneffekte könnten die Annahmen des Spiegelmodells beeinträchtigen (vgl. Erbring et al. 1980).

Grundsätzlich problematisch an dem Paradigma Agenda-Setting ist der dem Ansatz zugrundeliegende, streng auf dem Kausalitätsprinzip beruhende Wirkungsbegriff. Beklagenswert ist darüber hinaus die großenteils unangemessene methodische Umsetzung. Dazu Uekermann/Weiss (1980: 21ff.):

> „Während also die Konzeption der Agenda-Setting-Forschung von der relativ einfachen, monokausalen Ausgangshypothese (McCombs/Shaw 1972) über partielle Modifizierungen (z.B. durch McLeod u.a., 1974) bis hin zu einem ‚publikumsorientierten Wirkungsmodell' (Erbring u.a., 1978) und zur Verknüpfung kausaler und funktionaler Theoriefragmente (McCombs u.a., 1979) fortentwickelt worden ist, hinkt die Anwendung angemessener methodischer Datenerhebungs- und Datenanalyseverfahren weit hinter diesem konzeptionellen Fortschritt her [...] Tatsächlich handelt es sich bei der bisherigen Agenda-Setting-Forschung nicht um ein großes systematisches Forschungsprogramm, sondern um eine Ansammlung von Forschungsarbeiten, die zumeist im Rahmen universitärer Ausbildungsprogramme ‚angefallen' sind. Viele methodische Mängel der Agenda-Setting-Forschung sind daher allein schon auf objektiv schlechte Forschungsbedingungen zurückzuführen."

Anzumerken ist noch, dass Agenda-Setting-Wirkungen als **Langzeitwirkungen** anzusprechen sind.

Beispiel 42:

Es soll geprüft werden, ob die Berichterstattung der lokalen Presse einen Einfluss auf die Wahlentscheidung anlässlich einer Kommunalwahl hat. Zu diesem Zweck werden alle Artikel in den lokalen Seiten auf ihre politische Berichterstattung analysiert. Dies geschieht mit der Methode der Inhaltsanalyse. Anhand der Auszählung von Artikelflächen und der Bewertungen von Politikern und Parteien wird ermittelt, welches positive oder negative Bild die Presse von den einzelnen Parteien zeichnet. Zeitversetzt wird dann eine repräsentative Befragung durchgeführt, bei der die Befragten nach den wesentlichen kommunalpolitischen Problemen, nach der Kenntnis von Personen etc. gefragt werden. Stellt sich eine positive (zeitversetzt berechnete) Korrelation ein, so muss eine Einwirkung der Berichterstattung (Thematisierung) auf Wissen und Wertungen in den Köpfen der Wähler unterstellt werden.

13.5.5 Die Theorie der Schweigespirale

Überlegungen zu einer Theorie der öffentlichen Meinung, die vor allem durch die Medien gesteuert wird und Wirkungen auf die Wahlentscheidung von Wählern hat, wurden von Elisabeth Noelle-Neumann (1974; 1980) vorgelegt. Dieser Ansatz erfasst indirekte und nichtlineare Effekte, die auf der Orientierung bzw. der vorgestellten Orientierung an *anderen* beruhen. Verkürzt gesagt beruht er auf folgenden Annahmen (vgl. Abb. 76):

1) Menschen sind gesellig und vermeiden daher Isolation. Ihre Meinungen formulieren sie daher möglichst unter Kenntnis der Meinung *anderer*.

2) Die Meinung *anderer* kann Person P direkt erfahren (1) oder durch die Medien wahrnehmen (2).

3) Der Einzelne nimmt nun nicht nur die (statische) augenblickliche Meinungsverteilung wahr, sondern er nimmt auch deren Veränderung wahr (3).

4) Personen, die annehmen, dass sie die dominante Meinung vertreten, wagen sich damit stärker hervor als Personen, die dies nicht annehmen.

5) Dadurch wird in der *Öffentlichkeit* die Dominanz der bislang nur als dominant unterstellten Meinung M weiter verstärkt (M + dM), so dass sich deren Vertreter noch mehr hervorwagen etc. Umgekehrt werden Personen, die die als nicht dominant angesehene Meinung (N) vertreten, dadurch weiter eingeschüchtert und verstummen noch mehr (N - dN).

6) Letztlich wird die als dominant angesehene Meinung *wirklich* zur dominanten Meinung.

Die Basis für diesen Ansatz ist eine reflexive Struktur der Orientierung an anderen (Meinen, was andere meinen), die bereits von Asch (1954) in Versuchen zur Stärke von Gruppendruck festgestellt wurde. Sie kann zugleich auch als ein prominentes Beispiel dafür angesehen werden, wie fiktionale Strukturen faktische Wirkungen erzeugen und Wirklichkeiten konstruieren (hier: Wahlen entscheiden). Praktische Vorgehensweise: Durch Befragung eines repräsentativen Samples werden zwei Angaben erhoben:

1) Welche Meinung hat der Befragte über Chancen einer Partei, die Wahl zu gewinnen (eigene Ansicht)?

2) Welche Meinung hat der Befragte in Bezug auf die Meinung *anderer* zum Wahlsieg (was wohl die anderen meinen, wie wohl die öffentliche Meinung beschaffen ist)? Dies ist die Klima-Frage.

Abbildung 76: Modell der Schweigespirale

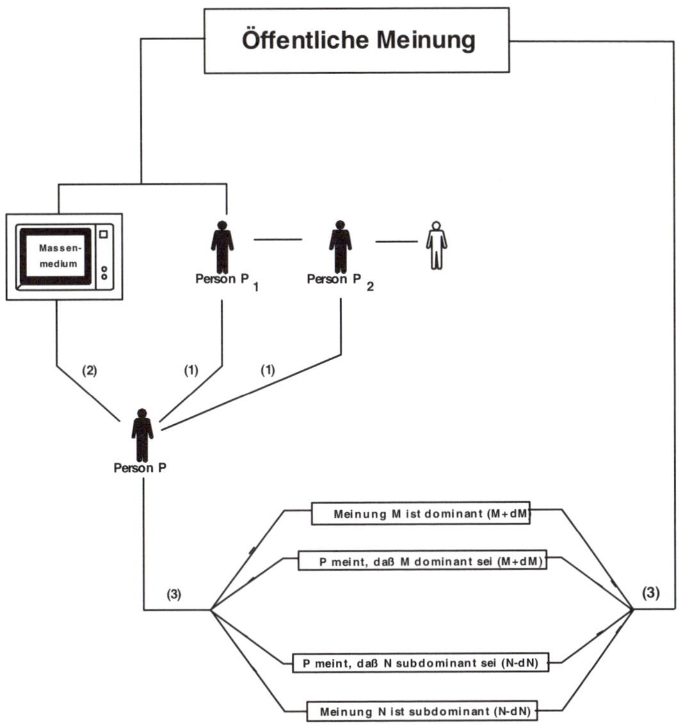

Nach *Noelle-Neumann* misst man mit der Klima-Frage nicht nur sensibler die Schwankungen der öffentlichen Meinung, sondern die Ergebnisse zeigen auch *eher* den zu erwartenden Trend an und sind daher für *Prognosen* des Wahlausgangs benutzbar.

Die Wirkung der Medien besteht bei diesem Ansatz in der Sichtbarmachung einer Orientierungsgröße (Meinung anderer), die dann als Leitlinie für eigenes Handeln übernommen wird. Das Problem dieses Ansatzes liegt in der Unterstellung, dass der Einzelne sich ein zutreffendes Bild über die dominante Meinung machen kann. Denn, wie andere Untersuchungen zeigen, kann sich die „Bevölkerung auch über die Bevölkerung täuschen" (vgl. O'Gorman 1975). Im Übrigen zeigen mittlerweile vorliegende Prüfungen, dass dieser Ansatz keinesfalls unbesehen als Wirkungsansatz akzeptiert werden kann (vgl. Scherer 1990: 269; sowie Fuchs/Gerhards/Neidhardt 1991). Insbesondere hat eine Variation des Modells, die ein 'doppeltes Meinungsklima' zu messen vorgab, von Anfang an Probleme der Validität (vgl. Merten 1983).

13.5.6 Die Hypothese der wachsenden Wissenskluft (Knowledge-Gap-Hypothesis)

Im Jahr 1970 wurde von *Tichenor, Donohue* und *Olien* anhand einer Langzeituntersuchung festgestellt, dass das durch die Medien vermittelte Wissen von unterschiedlichen Teilen der Bevölkerung unterschiedlich genutzt wird:

> „Wenn der Informationszufluß von den Massenmedien in ein Sozialsystem wächst, tendieren die Bevölkerungssegmente mit höherem sozioökonomischen Status und/oder höherer formaler Bildung zu einer rascheren Aneignung dieser Information als die status- und bildungsniedrigeren Segmente, so daß die Kluft zwischen diesen Segmenten tendenziell zu- statt abnimmt" (Tichenor et al. 1970: 161).

Abbildung 77: Modell der wachsenden Wissenskluft

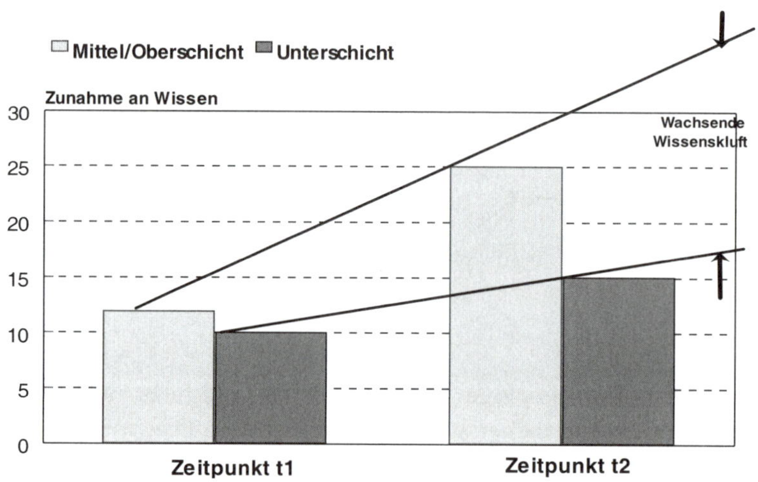

Diese Tendenz wird als **Wissenskluftthypothese** (Knowledge-Gap-Hypothesis) bezeichnet (Abb. 77). Die sich daraus längerfristig einstellende Ungleichheit des Wissens kann man den Medien zuschreiben. Insofern handelt es sich um ein Paradigma der Wirkung von Wissensvermittlung durch Medien.

Was diesen Ansatz jedoch von anderen Theorien zur Medienwirkung unterscheidet ist, dass diese Wirkung nicht durch das Medium *direkt* (wie beim Stimulus-Response-Ansatz), sondern indirekt zustande kommt: Personen mit besserer Bildung verstehen es offensichtlich, von den Massenmedien bereitgestellte Angebote an Wissen resp. Information besser zu nutzen als Personen mit geringerer Bildung, so dass sich – längerfristig – die Personen mit besserer Bildung weitere Vorteile verschaffen können.

Was diesen Typus von Wirkung auszeichnet, ist die Tatsache, dass es sich hier um einen nichtlinearen, selbstverstärkenden Effekt handelt, der auch als Matthäus-Effekt bekannt ist: „Wer da hat, dem soll gegeben werden, und wer da nicht hat, dem soll genommen werden" (vgl. Merton 1968a). Eine ganze Reihe von Effekten in der Wirkungsforschung sind als zirkuläre resp. reflexive Effekte anzusprechen. Doch wegen Schwierigkeiten der Analyse, insbesondere wegen des hier nicht mehr unterstellbaren Kausalitätskonzeptes, fehlen ausgearbeitete, valide messende Ansätze bislang fast völlig (vgl. aber Fulda 1994: 72ff.).

13.5.7 Das Kontaktmodell

Die bislang beschriebenen Ansätze der Wirkungsforschung sind in ihrer Durchführung nicht nur aufwendig, sondern vergleichsweise realitätsfremd. Wer ein neues Produkt einführen will, möchte z.B. wissen, ob und wo er es zuerst auf einer Messe welchen Multiplikatoren vorstellen soll, wann und in welchen Medien er dafür in welchem Umfang werben soll und wie die Werbebotschaft am suggestivsten, in Wort, Bild und Ton, verfasst werden kann. Auf derartig komplexe, aber absolut realitätsbezogene Fragen gibt keiner der hier vorgestellten Ansätze eine Antwort. Es überrascht daher nicht, wenn die Werbewirkungsforschung nach wie vor mit einem sehr simplen Modell, dem sogenannten **Kontaktmodell** arbeitet (vgl. Koschnick 1995: 288ff.), das sich als lupenreines Stimulus-Response-Modell entpuppt: Um Werbewirkungen von Anzeigen in der Presse resp. Werbespots im Rundfunk zu messen, werden folgende Angaben erhoben:

1) Kontakthäufigkeit: Wie oft hat ein Rezipient 'Kontakt' mit dem Werbeträger (Medium) innerhalb einer bestimmten Zeitspanne, d.h. wie oft hat er das Medium rezipiert?

2) Kontaktqualität: Erinnert sich der Rezipient an die geschaltete Anzeige und wenn ja, in welcher Intensität (Vorgaben: a) nur ganz allgemein, b) kann das beworbene Produkt nennen, c) hat die Anzeige zumindest zur Hälfte gelesen).

Auf der Basis der mit den jeweiligen Kontaktqualitäten gewichteten Kontakthäufigkeiten wird dann für die jeweilige Zielgruppe die durchschnittlich zu erwartende Kontakthäufigkeit errechnet, die als anerkanntes Maß für Wirkung gilt.

13.5.8 Wirklichkeitskonstruktion durch Medien (Cultivation Hypothesis)

Unter diesem Oberbegriff gibt es mehrere Ansätze zur Wirkung der Medien. Gemeinsam ist ihnen, dass sie gleichfalls in der Nachfolge der Kontrollhypothese stehen, aber über diese weit hinausgehen. Ein prominenter Ansatz ist hier derjenige von *George Gerbner*, der die Realitätskonstruktion durch Medien nicht nur als Langzeitwirkung ansieht und messen will, sondern diese als Form der kulturellen Sozialisation (Enkulturation), begreift – mit weiterreichenden Folgen. Dabei wird unterstellt, dass relevantes Wissen (hier: Gewalttätigkeit im Fernsehen) von den Vielsehern nur noch über den Umweg der Unterhaltung gelernt wird.

Eingeführt wurde der Ansatz 1976 durch *Gerbner* wie folgt:

> „Das Fernsehen verbreitet die gleichen Images und Aussagen für alle – ob sie im Penthouse oder in der Mietwohnung wohnen. Das Fernsehen ist die neue (und einzige) Kultur derer, die sich nur dann Informationen aussetzen, wenn diese auf dem Rücken der Unterhaltung zu ihnen kommen. Unterhaltung ist die wirksamste erzieherische Speise in jeder Kultur" (Gerbner/Gross 1976: 177).

Die praktische Feststellung solcher kultureller Wirklichkeitskonstruktion geht wie folgt vor sich: Elemente von Gewalt (Zahl der Opfer, Zahl der Toten, aggressives Verhalten etc.) werden in den Fernsehunterhaltungssendungen aufgezeichnet und einer Inhaltsanalyse unterworfen. Parallel dazu werden Stichproben von Wenig- und Vielsehern nach ihren Ansichten zu Gewalt befragt.

Im Ergebnis zeigt sich durchgängig, dass die Vielseher Ansichten und Einstellungen vertreten, die den im Fernsehen vorgeführten Ansichten und Einstellungen eher entsprechen als die der Wenigseher. Die bei den Vielsehern ursprünglich vorhandenen Unterschiede in der Einstellung werden zudem vom Fernsehen nivelliert (*„Mainstreaming"*, vgl. Gerbner et al. 1982). Gerbner unterstellt, dass die kulturellen Muster, die durch die Medien vermittelt werden, die verbindliche Wirklichkeit abgeben. Demnach müssten Vielseher Einstellungen haben, die den im Fernsehen gezeigten Einstellungen ähnlicher sind als die der Wenigseher.

Dieser Ansatz ist aus methodischen Gründen mehrfach heftig kritisiert worden: Der unterstellte Wirklichkeitskonstruktionseffekt tritt zwar auf, ist allerdings nur schwach ausgeprägt und von seiner statistischen Validität her umstritten.

Daneben gibt es eine Fülle von weiteren Ansätzen, bei denen das Routinehandeln des Kommunikators, das Zeigen von Mikrophonen in einer Diskussion etc. dazu führt, dass die Wirklichkeit, die die Medien konstruieren, systematisch verzerrt ist, aber dennoch als Modell für weitere Wirklichkeitskonstruktionen des Rezipienten dient und daher kritiklos übernommen wird (vgl. auch Schulz 1989).

13.5.9 Der Third-Person-Effect

W. Phillips Davison prägte 1983 den Begriff *Third-Person-Effect*, um auf einen – wie er seinerzeit dachte – eher marginalen Effekt aufmerksam zu machen: In der Regel verfügen Menschen in Bezug auf ein bestimmtes Thema nicht über ein so umfassendes Wissen, um sich dazu eine Meinung zu bilden. Hilfsweise werden sie daher in ihrer Umwelt nach Anzeichen suchen, die ihnen diese Meinungsbildung erleichtern, insbesondere nach der Meinung *anderer* Menschen. Diese (sozial reflexive) Struktur ist, wie bekannt, die Basis für die Bildung der öffentlichen Meinung und diese Struktur wird auch durch die Theorie der Schweigespirale zu erklären versucht (vgl. Noelle-Neumann 1974). Es handelt sich also, mit anderen Worten, um eine Struktur fiktionalen Verhaltens, die hier wirkt, um eine *Vorstellung* davon, wie sich andere verhalten („what we think others think" (Gunther 1991)) und diese ist die Basis für Konsens- oder Dissensbildung.

Eine Möglichkeit, sich am (vorgestellten) Verhalten anderer zu orientieren, liegt darin, dass man sich vorstellt, wie Wirkungen von (Massen)Kommunikation bei anderen wirken. Diese Vorstellung wird in einem bestimmten Grad von der jeweiligen Person (die diese Vorstellungen entwickelt), übernommen. Je weniger sich nun eine Person – verglichen mit *anderen* – davon beeinflussen lässt, umso stärker ist der Third-Person-Effect – et vice versa. Die Beeinflussbarkeit ist umgekehrt *dann* relativ groß (also der Third-Person-Effect relativ klein), wenn der Einfluss (oder damit zusammenhängende Variablen wie z.B. das Thema) sozial positiv bewertet werden – denn die Assoziation zu positiv besetzten Themen, Werten wird von jedermann gesucht – et vice versa.

Die unterschiedliche Beeinflussbarkeit hängt von einer Reihe von Variablen ab, insbesondere von a) Thema, b) Eigeninteresse (*Involvement*), c) Voreingenommenheit der Quelle (*Source Bias*), d) Alter, e) Bildung, f) soziale Distanz (vgl. Perloff 1993: 172ff.).

Beispiel 43:

Brosius/Engel (1997) befragten 181 Personen mit einem standardisierten Fragebogen, auf die Beeinflussung durch Werbung beim Einkauf, die als negativ angesehen wird.

Je nachdem, ob die Person selbst gefragt wurde („Ich lasse mich beim Kauf von Werbung beeinflussen") oder ob nach dem unterstellten Einfluss auf andere ('man') gefragt wurde („Die anderen Leute lassen sich beim Kauf von Werbung beeinflussen"), ergaben sich starke und signifikante Unterschiede (Third-Person-Effects): Die Beeinflussbarkeit durch Werbung wird als negativ angesehen, so dass der/die Befragte sich davon distanziert und daher 'die anderen' (oder '*man*') als weit stärker beeinflussbar definiert werden als der/die Befragte selbst (vgl. Brosius/Engel 1997: 334f.).

Die mittlerweile recht umfassende Third-Person-Effect-Forschung (vgl. etwa Mutz 1989; Gunther 1991; Perloff 1993; Davison 1996; Brosius/Engel 1997) zeigt, dass a) dieser Effekt nur ein Typ eines viel weiter verbreiteten allgemeineren Effekts ist, b) dass es sich dabei um einen *virtuellen* Effekt handelt und dass dieser daher notwendig *reflexive* Struktur aufweist.

Die Grundstruktur dieses 'nicht ich, aber die anderen' ist weit verbreitet, z.B. wenn Schaden daraus zu erwarten ist,[191] wenn man etwas auf jemand anderes schieben kann etc. Der Third-Person-Effect referiert auf eine Diskrepanz zwischen Selbstwahrnehmung und Fremdwahrnehmung, die umso größer ist, je mehr die in Frage kommende Person sich statusmäßig von den anderen Personen unterscheidet und je mehr das zugrunde liegende Thema sozial stigmatisiert bzw. negativ bewertet ist. Die Erklärung des Third-Person-Effects lässt sich aber aus der parallelen Abfrage von Werten gewinnen: Die parallele Abfrage (im Rahmen einer Befragung) ist umso *reaktiver,* je mehr die o.a. Bedingungen erfüllt sind.

Der Third-Person-Effect ist ein reflexiver Effekt, den nicht die tatsächlichen Wirkungen, sondern deren Unterstellung erzeugen. Er steht damit auf der gleichen Ebene wie das Konzept der Pluralistic Ignorance (Merton 1968), das Konzept der parasozialen Interaktion (vgl. Bente/Otto 1996) und andere Konzepte, die durch die schiere Unterstellung (von Öffentlichkeit) Wirkungen entfalten (vgl. Perloff 1993: 179), die Messung reflexiver Effekte (vgl. Scholl 1993) oder die Messung des Unterschieds von Image und Meinung (vgl. Merten 1999b).

Weiterführende Literatur:

Brosius/Engel (1997); Davison (1983); Gunther (1991); Perloff (1993)

---

[191] In der Negation lautet sie beispielsweise 'Lieber heil'ger Florian, verschon' mein Haus, zünd' andere an'.

13.6 Synopsis der Ansätze

Die hier behandelten Ansätze der Wirkungsforschung sind in Tabelle 25 nochmals synoptisch zusammengestellt und nach 1) Art der Aussage, 2) Typ des Rezipienten, 3) gesellschaftlichem Kontext, 4) Typ der Wirkung, 5) Struktur der Wirkung sortiert.

Tabelle 25: Synopsis der Wirkungsansätze

LINEARE ANSÄTZE									
Elemente				**Typ der Wirkung**					
Ansatz	**Aussage**	**Rezipient**	**Sozialer Kontext**	**pers.**	**soz.**	**lin.**	**zirk.**	**dir.**	**in-dir.**
Stimulus-Response	Stimulus	Individ.	Masse	+		+		+	
Einstel-lungsänd.	Stimulus	Individ.	Masse	+		+		+	
Agenda-Setting	Thema	Individ.	Urbane Gesellsch.	+		+		+	
Wirklichk.-konstrukt.	Unter-haltung	Publikum	Urbane Gesellsch.		+	+		+	+
Uses & Grats	Aggreg. Aussage	Aktiver Rezipient	Publikum	+		+		+	
REFLEXIVE ANSÄTZE									
Two-step flow	Inform./ Meinung	Individ.	Soziale Gruppe	+	+	+	+		+
Schweige-spirale	Meinung	Individ.	Öffentlich-keit	+	+		+	+	+
Wis-sensklufthy p.	Kognit. Inform.	Soziale Schichten	Urbane Gesellsch.		+	+	+		+
Third-Person-Effect	virtuell	Individ.	'man'	+	+		+		+

Dabei zeigt sich nochmals sehr deutlich zweierlei:

a) Die Ansätze sind untereinander relativ unverbunden.

b) Die theoretische Ableitung resp. Ausarbeitung ist wenig entwickelt.

Diese Feststellung gibt die Problematik der gesamten Wirkungsforschung durchaus zutreffend wieder und hat auch unmittelbare Auswirkung auf die Beantwortung der Frage nach verschiedenen Typen von Wirkungen.

13.7 Messung von Wirkungen

Wirkungen zu messen, heißt Veränderungen zu messen. Dies kann auf zumindest drei verschiedenen Wegen erfolgen:

Im einfachsten Fall wird die Gültigkeit des Stimulus-Response-Modells unterstellt. Zwar ist diese nach dem oben Gesagten nicht vorhanden, so dass eine entsprechende Messung unzulässig ist. Da aber die Annahmen dieses Modells einfach sind, ist auch die Messung einfach, so dass in der Praxis nach wie vor die Versuchung sehr groß ist, so zu verfahren[192]. Das entsprechende Design geht von einer einfachen Annahme aus: Wirkungen verdanken sich unmittelbar dem 'Stimulus' und können daher an den Qualitäten des 'Stimulus' festgemacht werden. Demgemäß können Wirkungen einfach durch eine Inhaltsanalyse der Kommunikate (Texte, Bilder, Programme etc.) erschlossen werden.

Beispiel 44:

Anhand einer Inhaltsanalyse von Nachrichten (Kepplinger 1985) wird festgestellt, dass die Hörfunknachrichten der *ARD* in Bezug auf ein politisches Rechts-Links-Kontinuum nicht ausgewogen sind, sondern eine leichte 'Linkspräferenz' aufweisen. Daraus wird implizit geschlossen, dass die Nachrichtensendungen auch entsprechend wirken. Von methodischen Gesichtspunkten einmal abgesehen ist ein solches Ergebnis dann und nur dann haltbar, wenn das Stimulus-Response-Modell als vollkommen gültig unterstellt wird.[193]

Begnügt man sich nicht mit dem Stimulus-Response-Modell, so muss man die Messung von Wirkungen am Rezipienten vornehmen. Hierzu ist das experimentelle Design besonders geeignet, das mehrere Varianten umfasst. Grundsätzlich setzt das Experiment eine Mehrfachmessung – entweder über zwei

---

[192] Das Gros aller Wirkungsuntersuchungen wird nicht in der Kommunikationsforschung, sondern in der Werbewirtschaft durchgeführt. Dort dominiert das sogenannte Kontaktmodell (➔ Kap. 13.5.7), das sich bei näherem Hinsehen als exaktes Stimulus-Response-Modell entpuppt (vgl. Koschnick 1995: 288ff.)

[193] Diese Untersuchung wurde von den Chefredakteuren der *ARD* wie folgt kommentiert: „Die Hörfunk-Chefredakteure der ARD [...] haben sich [...] mit einer Untersuchung [...] über die aktuelle Berichterstattung im Hörfunk befaßt. Auf der Grundlage eingehender Prüfungen in den einzelnen Häusern geben die Hörfunk-Chefredakteure einstimmig folgende Stellungnahme ab: Die [...] Studie ist methodisch unseriös und in ihren Ergebnissen unhaltbar [...] Insgesamt ist die Studie durch einen erstaunlichen Mangel an wissenschaftlicher Kompetenz und Seriosität gekennzeichnet [...]" (ARD-Presseinformation vom 21.12.1984).

Zeitpunkte (Vorher-/Nachhermessung) oder über zwei Populationen (Experimentier- und Kontrollgruppe) voraus:

Abbildung 78: Zwei Grundformen des experimentellen Designs

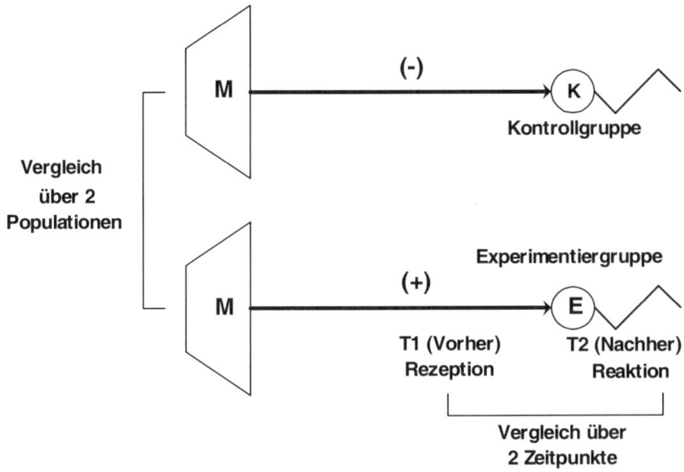

Im ersten Fall misst man bei Personen, bei denen man eine Wirkung feststellen möchte, **vor** der Kommunikation und **nach** der Kommunikation den Bestand an Wissen, Einstellungen oder Verhalten und erklärt den gemessenen Unterschied als Wirkung der Kommunikation. Dies kann z.B. durch eine Befragung erfolgen, die vor und nach der Aussendung der als wirksam angesehenen Kommunikation mit den jeweiligen Testpersonen durchgeführt wird. In diesem Fall besteht aber die Gefahr, dass die Personen durch die erste Messung sensibilisiert bzw. irritiert werden, so dass die Veränderung bei der zweiten Messung möglicherweise nicht auf die Wirkung, sondern auf diese Sensibilisierung (Lerneffekte) zurückzuführen ist: Die Testperson gewöhnt sich an den Test, sie bewältigt ihn in der Regel beim zweiten Mal besser und/oder schneller, so dass hinterher nicht unterscheidbar ist, ob die zwischen den Messungen stattfindende Kommunikation dafür verantwortlich gemacht werden kann (vgl. Petermann 1978: 22ff.).

Der zweite methodische Weg zur Wirkungsmessung besteht in der Bildung von zwei hinsichtlich ihrer demographischen Variablen möglichst ähnlichen Gruppen – einer Kontroll- und einer Versuchsgruppe. Die Versuchsgruppe wird der Kommunikation (dem wirkenden 'Stimulus') ausgesetzt, die Kontrollgruppe nicht. Die Messung wird bei beiden Gruppen durchgeführt und der Unterschied der Messergebnisse der Wirkung zugerechnet.

Experimentelle Anordnungen erlauben es zwar, die wirkende Variable perfekt zu isolieren (vgl. Schulz 1970; Petermann 1978), aber sie setzen voraus, dass Versuchs- und Kontrollgruppe gleichartig sind (statistische Zwillinge) und dass auch die Situation, in der die Kommunikation stattfindet, ebenfalls gleichartig ist.

Beispiel 45:

Carl Iver Hovland hat 1943 die Wirkung eines Anti-Nazifilms experimentell zu messen versucht, indem er diesen Film einer Versuchsgruppe vorführte; der Kontrollgruppe (gleiches Durchschnittsalter, gleiche Verteilung von Bildung, Region usw.) wurde dieser Film nicht gezeigt.

Beide Gruppen wurden hinterher nach ihren Einstellungen zum Krieg gegen Hitler-Deutschland befragt, und zwar einmal direkt nach der Filmvorführung und einmal neun Wochen nach der Filmvorführung: Es sollte geprüft werden, ob die Wirkung des Films direkt danach (Kurzzeitwirkung) eine andere ist als die später gemessene (Langzeitwirkung) (Hovland et al. 1949: 182ff.).

Es zeigte sich, entgegen den Erwartungen, dass die Wirkung, die direkt nach der Sendung gemessen wurde, weniger stark war als die neun Wochen später gemessene Wirkung. Hovland deutete dieses Ergebnis als Nachhallwirkung und kreierte damit den **Sleeper-Effekt**. Spätere Untersuchungen zeigen jedoch, dass dieser Effekt nicht durch den Film, sondern durch andere Informationen über die aktuelle Entwicklung des Krieges, die während der neun Wochen zwischen Vorführung und letzter Messung vergingen, hervorgerufen worden sein muss: Der Sleeper-Effekt ist mithin ein Artefakt, d.h. er verdankt sich allein einem Messfehler (vgl. Schenk 1987: 71ff. sowie Capon/Hulbert 1973).

Dieses Beispiel steht exemplarisch für die Schwierigkeiten beim Messen von Wirkungen – und für manch anderes Ergebnis, das einer sorgfältigen Prüfung nicht standhält (vgl. Merten/Teipen 1991: 34ff.).

Um solche störenden Außenbedingungen zu kontrollieren, kann ein Laborexperiment konzipiert werden: Personen, an denen eine Wirkung gemessen werden soll, werden in eine Situation gebracht (z.B. in einen geschlossenen Raum), in dem alle Außenbedingungen vom Versuchsleiter kontrolliert werden können.

Beispiel 46:

Um herauszufinden, wie Fernsehnachrichten wirken, bat man Versuchspersonen in ein Studio und spielte ihnen dort Fernsehnachrichten vor. Danach wurden die Versuchspersonen gebeten, aus der Erinnerung die Nachrichten wiederzugeben. Das Ergebnis zeigt, dass im Durchschnitt etwa 50,3% aller Nachrichten erinnert wurden (Renckstorf 1980: 24). Diese Untersuchung war methodisch gut vorbereitet, die Außenbedingungen waren unter voller Kontrolle, so dass dadurch keine Verzerrungen eintreten konnten: Diese Studie ist daher hervorragend geeignet, auf Wirkungen von Fernsehnachrichten bei Zuschauern zu schließen – allerdings *nur* in der Laborsituation: Denn wenn man Versuchspersonen in ein Studio bringt, um einen Versuch durchzuführen, dann werden sich die Versuchspersonen Gedanken dazu machen, sich z.B. besonders anstrengen, Vorüberlegungen anstellen, was getestet werden soll etc. Mit anderen Worten: Die Laborsituation schaltet zwar störende Außenbedingungen aus, erzeugt aber gleichzeitig reaktive Störeffekte, die in der Regel gar nicht kontrolliert werden können.

Wäre dieser Test unter natürlichen Bedingungen durchgeführt worden, also mit Personen, die Nachrichten in ihrer gewohnten häuslichen Umgebung gesehen hatten und direkt nach der Sendung befragt worden wären (ohne dass die Personen von der Befragung vorher wissen konnten!), so hätte man z.B. herausgefunden, dass sich Rezipienten nur an jeden 6. Nachrichtenbeitrag erinnern können (vgl. Merten 1985). Das Laborexperiment ist, wie dieses Beispiel zeigt, gerade für die Messung von Wirkungen nicht gut geeignet, weil die Reaktivität, also der Einfluss der Testsituation auf das Verhalten des Rezipienten, groß und unkontrollierbar ist (vgl. Bungard/Lück 1974; Merten/Teipen 1991: 38ff.). Das Feldexperiment, das in natürlicher Umgebung stattfindet, bietet hier bessere Chancen, allerdings wieder um den Preis, dass die perfekte Kontrolle der experimentell zu testenden Variablen nicht vollständig möglich ist.

Einen dritten und tendenziell valideren Weg zur Messung von Wirkungen eröffnet die Verwendung von *Mehrmethodendesigns*. Darunter ist ein Design zu verstehen, bei dem mehrere, zueinander korrespondierende Erhebungsinstrumente – in der Regel Inhaltsanalyse und Befragung – zur Messung von Wirkungen eingesetzt werden (vgl. Noelle-Neumann 1979; Merten/Teipen 1991: 99ff.).

Beispiel 47:

Um die Wirkungen von Fernsehnachrichten auf Rezipienten zu prüfen, wird folgendes Design gewählt (Abb. 79):

Abbildung 79: Mehrmethodendesign zur Wirkung von Nachrichten

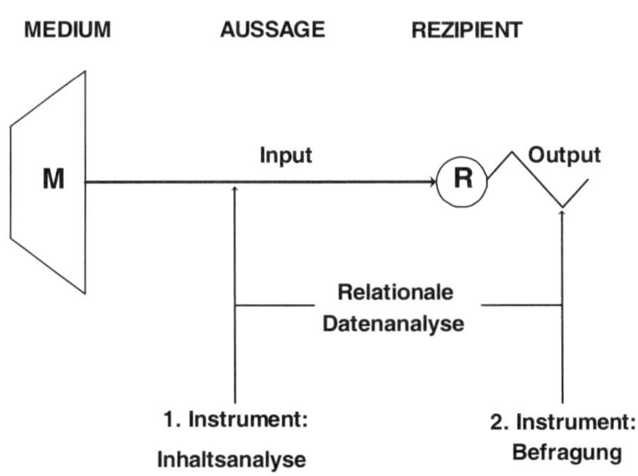

Die gesendeten Inhalte (Input) werden mit der Methode der Inhaltsanalyse (1. Instrument) analysiert. Eine Zufallsstichprobe von Rezipienten wird unmittelbar nach der Nachrichtenrezeption und ohne davon vorher zu wissen gebeten, die gesehenen Nachrichten mündlich wiederzugeben; die Wiedergabe (Output) wird mit Recordern aufgezeichnet und ebenfalls einer Inhaltsanalyse (2. Instrument) unterzogen.

Anschließend werden mit einem Fragebogen (3. Instrument) die personalen Daten des Rezipienten sowie Angaben über sein Nachrichtenrezeptionsverhalten und Angaben über die zugrundeliegende Rezeptionssituation erhoben.

Diese Daten erlauben es durch Vergleich von Input und Output die persönliche Selektivität des Rezipienten, die als wesentlich für die Wirkungszuschreibung gelten muss, und die Rezeptionssituation präzise und reaktivitätsfrei zu erfassen, so dass die Ergebnisse eine sehr hohe Aussagekraft haben (vgl. Merten 1985; Ruhrmann 1989).

Die Praxis der derzeitigen Wirkungsforschung zeigt allerdings ein wenig ermutigendes Bild: Es überwiegen Wirkungsmessungen, vor allem im Bereich der Werbung, durch Analyse der Kommunikate. Es gibt sehr viel weniger experimentelle und so gut wie gar keine Mehrmethodenuntersuchungen.

13.8 Exkurs: Gewalt durch Gewalt im Fernsehen?

Die Diskussion um die Frage, ob Gewalt durch Gewalt im Fernsehen zustande kommt, ist vermutlich die instruktivste Selbstauskunft, derer die Wirkungsforschung fähig ist, weil sie unbarmherzig sowohl die theoretischen als auch die methodischen Defizite offenlegt.

Zwar gibt es zwei prominente theoretische Ansätze, die in gerader Linie bis auf *Platon* („Die Darstellung von Gewalt ist gefährlich und daher zu unterbinden") und *Aristoteles* („Die Darstellung von Gewalt hat reinigende – kathartische – Wirkungen") zurückgehen. Trotz dieser theoretischen Anciennität ist es der Wirkungsforschung bis heute nicht gelungen, diese Theorien verlässlich zu falsifizieren bzw. anzuerkennen.

Stattdessen zeigt sich eine ganz andere Struktur: Immer dann, wenn das Auftreten *realer* Gewalt unerklärlich bleibt, werden die Medien als Sündenbock herangezogen (vgl. Merten 1999). Dabei spielt die Wirkungsforschung eine vergleichsweise unrühmliche Rolle, die sich – pointiert – wie folgt charakterisieren lässt: Je weniger wissenschaftlich der gewählte Ansatz bzw. das gewählte Methodendesign, umso mehr erzeugt Mediengewalt reale Gewalt. Sehr vereinfacht kann man dabei vier Typen von Untersuchungen unterscheiden:

a) Pseudowissenschaftliche Untersuchungen

Stellvertretend ist hier die Studie von Glogauer (1993) zu nennen.[194] Diese Untersuchungen zeichnen sich tendenziell dadurch aus, dass die Autoren die Motivation für die Durchführung einer solchen Untersuchung oft aus Besorgnis, Furcht und/oder Empörung über die Medienentwicklung, über die Inhalte oder den daraus pauschal abgeleiteten oder befürchteten Reaktionen der Rezipienten gewinnen.

Demgemäß ist das Ergebnis der Analyse schon vordeterminiert resp. es steht unter dem Eindruck a priori wertender Perspektiven, die sich dann oft bereits im Vorwort finden. Dazu exemplarisch Glogauer (1993: 7): „Der Prozeß der Zerstörung der sozialethischen, moralischen Grundlagen unserer Gesellschaft ist schon längst dadurch in Gang gesetzt, daß die Gewaltdarstellungen in den Medien gegen die in den Verfassungen festgelegten Grundlagen [...] in massiver Weise wirken." Diese Argumentation benutzte bereits Wertham (1954) in seiner Untersuchung *Die Verführung der Unschuldigen* (*The seduction of the innocent*), in der er versuchte, den Nachweis zu führen, dass die Verbreitung von Cartoons für die Rassenunruhen in New York, den Vietnam-Krieg, Drogengebrauch und Homosexualität verantwortlich zu machen sei.

Autoren solcher Studien sind in der Regel mit Methoden der Wirkungsforschung wenig vertraut (würden sie sonst solche Untersuchungen vorlegen?), so dass die wertende bzw. vorverurteilende Diktion ergänzt wird durch große methodische Unbekümmertheit. Dass solche Studien überhaupt erwähnt werden, liegt nicht an deren wissenschaftlicher Dignität, sondern vielmehr in dem darin oft ausgemalten „Horrorszenario" (Kübler 1990). Dies wird von den Medien nur zu gern aufgegriffen und in die Öffentlichkeit getragen und bestimmt dort – ebenso notorisch wie inkompetent – den Diskurs über die Gefährlichkeit von Mediengewalt.

---

[194] Glogauer (1993) untersuchte die Gerichtsakten von 37 Fällen, in denen Jugendlichen ein Tötungsdelikt angelastet wurde. Dabei stellte er fest, dass die Jugendlichen in vier Fällen angegeben hatten, vor der Tat aufrührende Musik gehört oder gewalthaltige TV-Sendungen rezipiert zu haben – offenbar deshalb, weil dies als Milderungsgrund (sic!) bei der späteren Strafzumessung angesehen wurde. Glogauer deutet diesen Befund so extrem, dass Kübler (1990) von einem „Horrorszenario" spricht, das allenfalls für die Medien interessant ist: „Von den in der Untersuchung erfaßten Tötungsdelikten wurden also bei vier Fällen Einflüsse von Medien festgestellt. Das sind über 10%" (Glogauer 1993: 83).

b) Pädagogisch inspirierte Untersuchungen mit Kindern/Jugendlichen

Dieser Typ von Wirkungsuntersuchung ist in der Regel praxisorientiert angelegt. Der Ansatz ist demgemäß wenig theoriegeleitet, sondern verfährt eher induktiv. Versuchspersonen sind in der Regel Kinder bzw. Jugendliche. Qualitative Verfahren überwiegen, der Stichprobenumfang ist sehr gering, das verwendete Design zur Messung von Wirkungen ist als 'weiches Design' anzusprechen. Gleichwohl sind die induktiv gewonnenen Befunde instruktiv – aber sie sind nicht verallgemeinerbar.

c) Inhaltsanalysen

Quantitative/qualitative Inhaltsanalysen über das Ausmaß dargestellter Gewalt (vgl. statt anderer Groebel/Gleich 1993) können ein sehr präzises Bild des Gewaltanteils von Medieninhalten abgeben. Allerdings: Sie beschreiben im Sinne des o.a. Stimulus-Response-Modells nur den 'Stimulus', nicht aber dessen Wirkungen – was im öffentlichen Gewaltdiskurs fast immer übersehen wird. Denn die Resonanz auf solche Inhaltsanalysen in der Öffentlichkeit, insbesondere die zuerst vorliegende von Groebel/Gleich (1993), war ausgesprochen heftig. Die Medien reagierten mit Aufmachern wie „70 Tote pro Tag sind zuviel" und in der Öffentlichkeit befestigte sich dadurch massiv der Eindruck, die von der Darstellung von Gewalt im Fernsehen ausgehende Gefahr sei sehr groß.

Wie töricht diese Argumentation in der Tat ist, kann man empirisch zeigen, indem die rein inhaltsanalytisch erhobenen Gewaltvariablen 'Zahl der Opfer' bzw. 'Zahl der Toten' (die nichts über Wirkung aussagen, gleichwohl aber – gerade in der nichtwissenschaftlichen Öffentlichkeit – als maßgebliche Indikatoren für das Bedrohungspotential des Fernsehens gelten) mit *echten* Wirkungsvariablen korreliert, die bei den Rezipienten erhoben wurden (vgl. Tabelle 26).

Tabelle 26: Korrelation von Gewaltvariablen mit der Zahl dargestellter Opfer/Toter

Korrelation von/mit:	Grausamkeit	Ekel	Angst	Betroffenheit
Zahl der dargestellten Opfer	.045	.019	.008	.07
Zahl der dargestellten Toten	.07	.04	.02	.05

Dies wurde in einer Studie (Merten 1999) für 12106 Gewaltsequenzen durchgeführt.[195] Sodann wurden diese echten Wirkungsvariablen korreliert mit der bei jeder Sequenz gezeigten Zahl der Opfer bzw. der Toten. Dabei zeigt sich, dass *sämtliche* Korrelationen praktisch bei Null liegen, d.h. die Variablen *Zahl der Opfer* und *Zahl der Toten* korrelieren überhaupt nicht mit Variablen der Wirkung. Was das für die wissenschaftliche Dignität des öffentlichen Gewaltdiskurses – sofern dieser sich auf Inhaltsanalysen stützt – bedeutet, kann man sich unschwer ausrechnen.

d) Echte Wirkungsuntersuchungen

Echte Wirkungsuntersuchungen müssen nach den obigen Ausführungen zumindest zwei Erhebungsprozesse aufweisen. Dazu müssen sie entweder experimentell oder als Mehrmethodendesign angelegt sein. Sie gehen in der Regel deduktiv vor und formulieren Hypothesen oder orientieren sich zumindest an vorliegenden theoretischen Erklärungsversuchen. Der methodische Standard ist hoch: Das verwendete Methodendesign aufwendig, die Stichprobe ist, wenn nicht repräsentativ, dann doch sehr durchdacht gezogen. Die statistische Analyse ist tendenziell multivariat angelegt, die Autoren sind eher Sozial- und Kommunikationswissenschaftler. Die Untersuchungen von Grimm (1993), Lamnek (1995) und Brosius/Esser (1995) fallen hierunter. Gleichwohl lässt sich auch hier die präzise Frage, ob Gewalt durch Gewalt im Fernsehen entsteht oder gefördert wird, nicht einfach und schon gar nicht pauschal beantworten.

So befragte Lamnek (1995) im Rahmen einer Gewaltuntersuchung eine Stichprobe von mehr als 3000 Schülern, ob sie a) reale Gewalt anwenden und b) gewalthaltige Fernsehsendungen rezipieren. Es zeigte sich, dass die Anwendung realer Gewalt mit der Rezeption gewalthaltiger Sendungen stark korreliert. Damit ist allerdings noch überhaupt nichts über die Verursachung gesagt: Rezeption von Fernsehgewalt könnte demnach Gewalt erzeugen, aber auch umgekehrt könnte gelten dass Personen, die ein reales aggressives Verhalten an den Tag legen, eine Präferenz für Fernsehgewalt besitzen.

Daher ist durchaus nachzuvollziehen, dass Lamnek (1995: 226) sich im Sinne wissenschaftlicher Redlichkeit darauf beschränkte „nur der Frage nach[zu] gehen, ob die Häufigkeit des Konsums spezifischer gewaltträchtiger Filme (im Kontext anderer wichtiger Variablen) statistisch mit der Gewaltausübung assoziiert ist".

---

[195] Die Codierer wurden dazu aufgefordert, für jede Gewaltsequenz auf einer 10er Skala einzuschätzen, wie stark sie dabei Grausamkeit, Ekel, Angst und Betroffenheit empfinden.

Andererseits wollte Lamnek diese Möglichkeit nicht ausschließen und formulierte daher das Ergebnis an anderer Stelle (vgl. Lamnek 1995: 253) so: „Es sind besonders Horror-, Kriegs- und Sexfilme, die in einem deutlichen Zusammenhang zur Gewalt von Schülern stehen. Die weiteren Analysen bezogen sich deshalb nur auf diese Filmarten, die möglicherweise ein besonderes Erregungsniveau erzeugen und von daher ihre negative Wirksamkeit entwickeln können." Es ist klar, dass der methodische Laie daraus einen direkten Beweis für die These 'Gewalt durch Gewalt im Fernsehen' herauslesen muss.

Mutmaßlich aber stellt diese Untersuchung gerade jenen Typ von Scheinkorrelation dar, der oben beschrieben wurde. Das heißt: In dieser Studie (Reale Gewalt korreliert mit Rezeption von Fernsehgewalt) könnte, wenn man als erklärende Variable etwa die Variable *Sozialisation* einführen würde, wohl eine Scheinkorrelation vorliegen: Personen, die eine problematische Sozialisation erfahren haben, neigen erwiesenermaßen zu mehr Gewaltanwendung als Personen mit einer erfolgreichen Sozialisation. Von daher würde eine ungünstig sozialisierte Person a) mehr Gewalt anwenden und hätte b) auch mehr Interesse an der Rezeption von Fernsehgewalt, *ohne* dass damit in irgendeiner Weise die Frage, ob Gewalt durch Gewalt im Fernsehen entsteht, auch nur gestellt, geschweige denn beantwortet worden wäre.

In diesem Zusammenhang ist eine weitere Besonderheit anzumerken: Die Gewaltforschung geht in der Regel positiv vor, das heißt, sie fragt nach dem Grad oder dem Volumen gemessener Gewalt (als Folge von Gewaltdarstellung). Damit entgehen ihr alle solche Wirkungen, bei denen dargestellte Gewalt zur Gewaltreduktion bzw. Gewaltverhinderung (im Sinne der Katharsisthese) beiträgt, denn eine nicht aufgetretene Gewalt lässt sich ungleich schwerer nachweisen als eine aufgetretene (overte) Gewalt. Da es zudem heutzutage schier unmöglich ist, Populationen, die *keine* Medien rezipieren, für Versuchszwecke zu finden, wird der Umfang der Studien, die overte Gewalt als Folge von Gewaltdarstellung messen, stets überwiegen – mit allen daraus folgenden Konsequenzen für die öffentliche Diskussion.

13.9. Medienpädagogik

Wenn es eine Ausbildung zum Kommunikator gibt, die die Regeln kompetenten Kommunizierens mehr oder minder präzise codifiziert, dann muss als rezipientenseitiges Pendant dazu die *Medienpädagogik* angesehen werden: Auch sie fordert die 'Ausbildung' zum Rezipienten, oder – in der Sprache der Medienpädagogik – die Erziehung zur *kommunikativen Kompetenz* im Umgang mit Medien.

13.9.1 Wurzeln der Medienpädagogik

Der Urvater der Medienpädagogik ist, wenn man so will, kein geringerer als der griechische Philosoph *Platon* (427-347 v. Chr.). Er war der erste, der – ausgerechnet am Beispiel von Ilias und Odyssee – eine soziale Urfurcht vor den Wirkungen von Kommunikation heraufbeschwor, indem er dazu riet, gewalthaltige Passagen in Ilias und Odyssee gegenüber Kindern und Jugendlichen zu verschweigen, notfalls sogar zu leugnen.[196] Dass der große Philosoph damit zugleich zum Vater der Bewahrpädagogik wird, zeigt, wie hilflos man schon damals möglichen Wirkungen von Kommunikation gegenüberstand.

Fast zweieinhalb Jahrtausende später wiederholt sich das Spiel: Im Mai 1931 wird eine erste wissenschaftliche Untersuchung zur Darstellung von Gewalt in Medien als Teil der *Payne-Fund-Studies* von *Edgar Dale* in Form einer Inhaltsanalyse von 1500 Filmen durchgeführt (vgl. Charters 1933).[197] Weil in 75% aller Filme nur drei ('The Big Three') der zehn Kategorien, nämlich Liebe (29,6 %), Kriminalität (27,4%) und Sex (15,0 %) thematisiert wurden, wurde von Dale dann – ganz im Sinne des Reiz-Reaktionsmodells, wonach von den Inhalten bindend auf Wirkungen der Inhalte geschlossen werden darf – gefolgert, dass das neue Medium Film die amerikanische Jugend verderben werde (vgl. Charters 1933: 48ff.). Der Bericht von Dale über diese Untersuchung (vgl. Dale 1970) thematisiert diese Furcht. Dieses Spiel wiederholt sich mehrfach: Immer dann, wenn man den Medien Gefahren attestiert, werden Verbote gefordert und es wird nach einer Medienpädagogik gerufen, die die vermuteten Gefährdungen oder gar Schädigungen heilen soll. So der Pädagoge *Aufenanger*:

> „Als Pädagoge wende ich mich dagegen, eine Art medienpädagogisches Recycling zu betreiben, d.h. in dem Sinn in allen medienpädagogischen Bereichen gezwungen zu sein, auf das, was im Fernsehen immer mit den Kindern gemacht

---

196 *Platon* argumentiert damit, dass die „Nachahmenskunst nur Unedles [erzeuge]" und folgert – dies in Bezug auf die Darstellung von Leid, Schmerz und Gewalt bei Homer – daraus: „Und auch mit der Liebeslust und der Zornleidenschaft wie überhaupt mit allen begehrlichen, schmerzlichen und freudigen Regungen der Seele, die ja doch bekanntlich all unsere Handlungen begleiten, steht es doch wohl ebenso: daß nämlich die dichterische Nachahmung sie in uns begünstigt. Denn sie nährt und tränkt diese Triebe statt sie absterben zu lassen und macht sie zu Herren in uns statt zu Untergebenen, wie es doch der Fall sein müßte, wenn wir nicht schlechter und unglückseliger, sondern besser und glückseliger werden sollen" (Platon 1993: Der Staat, 10. Buch, St. 606).

197 Dale untersucht anlässlich der befürchteten Wirkungen des neuen Mediums Film auf Jugendliche insgesamt 1500 Spielfilme aus den Jahren 1920, 1925 und 1930 und benutzt zur Klassifikation der Inhalte die folgenden inhaltsanalytischen Kategorien: 1. Kriminalität, 2. Sex, 3. Liebe, 4. Komödie, 5. Übersinnliches/Mystik, 6. Krieg, 7. Kindersendung, 8. Geschichte, 9. Reisen und 10. Propaganda.

wird, zu reagieren und das aufzuarbeiten" (Landesanstalt für Rundfunk 1991: 82).

13.9.2 Konzepte der Medienpädagogik

Die Existenz einer *Medienumwelt*, deren Eingriffspotential in die Lebensführung des Menschen beständig zunimmt, ist der basale Ausgangspunkt medienpädagogischer Konzepte.

Die *normative Medienpädagogik* knüpft an die Bewahrpädagogik an und basiert auf der Entwicklung präventiver Maßnahmen, die verhindern sollen, dass der (jugendliche) Rezipient mit als schädlich angesehenen Medieninhalten in Kontakt kommt. Die Ansicht *Platos* ist ein typischer, wenngleich rigider Fall dieser Richtung, denn er akzeptiert die *vorsätzliche* Verwendung von Unwahrheiten.

Die *technologische Medienpädagogik* hat die Optimierung von Lernvorgängen zum Ziel. Da hier das Medium Transportmittel für Wissen ist, geht der pädagogische Anspruch in Richtung der Optimierung des jeweiligen Medieneinsatzes, er fragt nicht nach den Inhalten (vgl. Schorb 1995: 51).

Die *handlungsorientierte* (*emanzipatorische*) *Medienpädagogik* fordert eine aktive Auseinandersetzung mit den Medien und ihren Inhalten. Typisch dafür ist die *aktive Medienarbeit*, bei der der Rezipient sich relativ selbsttätig und selbstbestimmt mit den Medien auseinandersetzen soll. Aus dem Umgang mit diesen soll sich Erfahrung als *kommunikative Kompetenz* absintern (vgl. Baacke 1973), die einen sach- und problemgerechten Umgang mit den Medien und ihren Inhalten ermöglichen soll. Zu dieser kommunikativen Kompetenz gehört insbesondere:

„ - zu informieren und Information aufzunehmen;

- in instrumentell-bestätigender Kommunikation Beziehungen und verläßliche Gemeinschaften aufrechtzuerhalten;
- Kommunikation als freies Beziehungsspiel zu erfahren;
- in gewinnorientierten Dialogen seine Meinung zu behaupten;
- in Entscheidungs-Dialogen die Interessen seiner Person und seiner Gruppe zu vertreten;
- sein Selbstverständnis in einer reflektierten und heilen Ich-Identität zu finden;
- durch Kommunikation zu lernen und zu lehren;
- die System-Bestände in wissenschaftlich-diskursiver Reflexion zu hinterfragen mit dem Ziel, eine begründete und human glaubwürdige Entwicklung des gesellschaftlichen Systems zu befördern" (Baacke 1973: 293).

Grundlegendes Ziel handlungsorientierter Medienpädagogik ist die „Förderung der Partizipationschancen des Individuums“ (Baacke/Kübler 1991: 33). So jedenfalls die erklärte Absicht der Medienpädagogen. Die Praxis der Medienpädagogik sieht hingegen sehr viel nüchterner aus: Zwar hat die Kultusministerkonferenz bereits 1983 die Empfehlung ausgesprochen, Medienpädagogik in die Lehrpläne der Schulen aufzunehmen. Doch dabei ist es – von einigen wenigen Ausnahmen abgesehen – denn auch geblieben, so dass aufwendige medienpädagogische Konzepte, die in langer Arbeit entwickelt wurden, selten zur Anwendung kommen. Ganz im Gegenteil gibt es Hinweise, dass die emanzipatorischen Ziele der Medienpädagogik, die eine deutliche Nähe zur kritischen Theorie aufweisen, politisch wieder zurückgenommen werden (vgl. Eschenauer 1989: 387).

Damit tritt ein zweites Hindernis ein: Die Erarbeitung medienpädagogischer Konzepte ist – gerade wegen der mangelnden öffentlichen Förderung – zeitraubend und langwierig. Gleichwohl steht das Mediensystem nicht still, sondern produziert in immer schnellerer Folge neue Entwicklungen[198], neue Wirkungen. Im Resümee stellt sich daher der Eindruck ein, dass der Medienpädagogik, wie im Übrigen auch der Wirkungsforschung, im schwierigen Versuch Schritt zu halten, das Erkenntnisobjekt immer weiter abhanden kommt.

Weiterführende Literatur:

Baacke (1973); Baacke/Kübler (1991)

---

[198] Als Beispiel: Auf der Funkausstellung in Berlin 1994 wurde ein neues Fernsehgerät vorgestellt, bei dem eine Blockierung von kinder- bzw. jugendgefährdenden Sendungen durch einen einzugebenden Code programmiert werden konnte. Auf den Einwand eines Teilnehmers, dass Kinder bzw. Jugendliche diesen Code vielleicht 'knacken' könnten, wurde vom Hersteller darauf verwiesen, dass der Code ja beliebig geändert und neu programmiert werden könnte. Darauf brach große Heiterkeit unter den Teilnehmern aus, weil man sich völlig einig war, dass es dann wohl die Kinder und Jugendlichen – die heute meist mehr von Programmierung verstehen als Erwachsene – sein würden, die den neuen Code einprogrammieren müssten.

13.10 Perspektiven

Die bislang geführte Diskussion hat eine Reihe von Problemen aufgezeigt, denen sich die Wirkungsforschung stellen muss. Vorrangig ist dabei der von der Evolution der Kommunikation gespeiste Trend zur **Mediengesellschaft**, der einen steigenden Bedarf an rasch zu erbringenden, dabei viablen Wirklichkeitskonstruktionen erzeugt (➔ Kap. 9). Der zunehmende Bedarf insbesondere an fiktionalen Konstruktionen hat längst zur Ausdifferenzierung kommunikativer Strukturen geführt – stellvertretend sei hier die öffentliche/veröffentlichte Meinung oder die flächendeckende Institutionalisierung von Public Relations erwähnt, die auf das Hantieren mit fiktionalen Konstruktionen spezialisiert sind. Gleiches gilt für die immer stärker in die Wirkungsforschung einzubeziehenden fiktionalen Strukturen wie Einstellungen, Erwartungen, Erwartungserwartungen oder den verstärkten Einsatz von Imagekonstruktionen.

Für die Wirkungsforschung bedeutet dies unmittelbar, dass sich Wirkungen von Kommunikation tendenziell verstärken werden – nicht im klassischen Sinne bei direkten Wirkungen, wohl aber auf dem Umweg über indirekte Effekte (Abb. 80). Die Akzeleration der Gesellschaft im Allgemeinen und die des Kommunikationssystems im Besonderen haben aber noch eine zweite Konsequenz für die Wirkungsforschung, nämlich die **Veränderung von Wirkungen**.

Abbildung 80: Selbstreferenz von Wirkungen

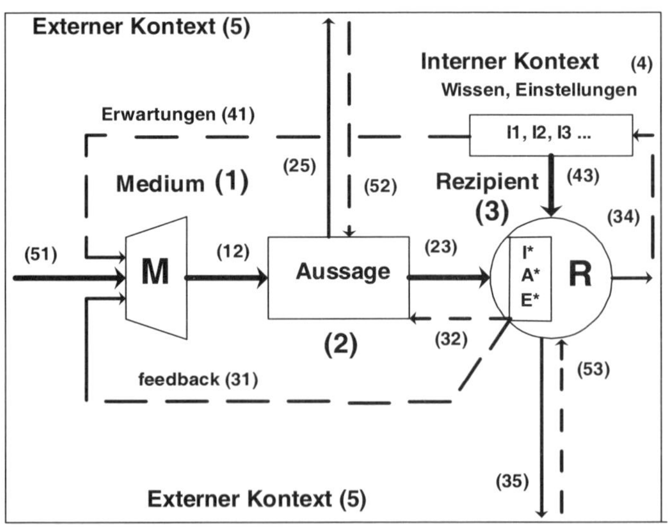

Der Grundgedanke ist folgender: Das sich vergrößernde Angebot an Information und Kommunikation verändert – etwa über die Freizeit oder aber inhaltlich durch die dadurch zu steigernde Selektivität des Erlebens – Normen, Werte und Lebensstile nachhaltig. Diese Veränderung wiederum wirkt – wie am Beispiel des trimodalen Wirkungsmodells beschrieben – verändernd auf die Kontexte, vor deren Hintergrund die eigentlichen Kommunikationsangebote selegiert und interpretiert und Wirkungen definiert werden.

Wenn es richtig ist, dass der *externe* Kontext Einfluss nimmt auf die Definition und Zuschreibung von Wirkungen, wie dies das trimodale Modell (vgl. Abb. 72) fordert, dann folgt daraus, dass auch die Veränderung von gesellschaftlichen Rahmenbedingungen im Zuge des *sozialen Wandels* Einfluss auf die Wirkungen nehmen werden (vgl. Linie 51, 52 in Abb. 80). Wenn aber gleichzeitig Konsens darüber besteht, dass die Medien heute – stärker denn je – als Agenten des sozialen Wandels fungieren (vgl. Linie 35 in Abb. 80), dann ist damit eine Selbstreferenz installiert, die es logisch verbietet, Theorien der Wirkung als *nomologische* (von Zeit und Raum unabhängige) Theorien zu formulieren.

> „What is perhaps harder to see, but what may have more sociopolitical significance, is the extent to which people are dependent on the media for continuous or ongoing ambiguity resolution. People live in times of rapid social change [...] Ambiguity can be resolved in a matter of seconds where media information delivery its adequate [...] Thus [...] the defining or structuring effect of massmediated information is considerable" (De Fleur/Ball-Rokeach 1975: 265f.).

Überspitzt gesagt: Mehr denn je wird gelten, dass nicht mehr der Text, sondern der Kontext über Wirkungen entscheiden wird. Oder anders: *Wirkungen verändern Wirkungen.*[199]

Der Bestand gesicherter Erkenntnisse der Wirkungsforschung, der als solcher schon immer Validitätsprobleme gezeigt hat, wird damit fast zwangsläufig zu einer wissenschaftlichen Konkursmasse[200], denn an den Ergebnissen der Wirkungsforschung nagt – im besten Sinne des Wortes – der Zahn der Zeit. Abhilfe tut Not und ist auf verschiedene Weise möglich: Zum einen fehlt ein Kataster von Hypothesen zur Wirkung von Kommunikation, der diese nicht nur auflistet, sondern auch deren Grad an Verallgemeinerbarkeit, Verifikation resp. Falsifikation ausweist. Zum anderen ist im Angesicht der Veränderung von Wirkungen die systematische Replikation zu allen wesentlichen Effekten von besonderer Dringlichkeit. Mit anderen Worten: Wirkungen werden zukünftig sozial rele-

---

[199] Diese Formulierung ist nicht tautologisch, sondern signalisiert eine bereits eingetretene Reflexivisierung 2. Grades von Wirkungen selbst: Wirkungen sind selbst definiert als Veränderungen.

[200] Als Beispiel: Allein die systematische Kartierung von 300 Wirkungsstudien im Rahmen eines Katasters der Medienwirkungen führt auf etwa 1400 Variablen und eine gleich große Zahl von Hypothesen, deren Grad der Bestätigung bzw. Widerlegung eine erschreckende Varianz aufweist (vgl. Merten 1994b).

vanter, Wirkungsforschung wird schwieriger werden. Stellt sich die Wirkungsforschung nicht auf diese Entwicklungen ein, wird sie das gleiche Schicksal ereilen, das derzeit schon die Medienpädagogik ereilt hat: Die Produktion wissenschaftlicher Erkenntnisse über das Erkenntnisobjekt Kommunikation gerät in Gefahr, von der viel schnelleren und sogar noch akzelerierenden Entwicklung ihres Erkenntnisobjektes überholt zu werden.

Weiterführende Literatur:

De Fleur/Ball-Rokeach (1975: 255ff.)

14. Exkurs: Das Kommunikationssystem

Die in Kap. 12 durchgeführte *positionale* Analyse des Kommunikationsprozesses – nach Kommunikator, Aussage, Medium, Rezipient und Wirkung – erweist sich, abgesehen von rein isolierten Beschreibungen der jeweiligen Position als relativ einseitig. Erst in der Relationierung der Positionen werden Probleme und Problemlösungen sichtbar: Auf welchen Rezipienten hin formuliert der Kommunikator seine Aussage, welche Aussagen passen zu welchen Medien, wer rezipiert die Medien, wie wirken diese auf den Rezipienten und welche Bindekraft entfaltet die Gesellschaft im Hinblick auf die Wirksamkeit von Normen und Werten für die Definition der Kommunikator-Rolle? Im folgenden Exkurs soll daher das Kommunikationssystem aus einer integrativen, weil relationierenden Perspektive vorgestellt werden. Dabei wird – nicht nur von der Bezeichnung her – deutlich, dass eine Beschreibung des Kommunikationssystems mit Mitteln und Annahmen der Systemtheorie sinnvoll ist (vgl. Rühl 1969).

Relationiert man das Zusammenwirken der Medien, begreift man es also als *System*, so eröffnet dies eine übergeordnete Perspektive: Das Mediensystem, das wiederum als Teil des Kommunikationssystems zu denken ist, hat dann die basale Funktion, laufend das gesamte Informationsangebot der Gesellschaft bereitzustellen. Man könnte aber auch sagen: Das Sozialsystem Öffentlichkeit (➔ Kap. 10.4) fordert laufend den Einbezug, die Abarbeitung und die Konsentierung relevanten Wissens, so dass die Beschaffung, Verbreitung und Verarbeitung neuer, aktueller Information durch das Kommunikationssystem letztlich der Konsensbildung der Gesellschaft dient und hier ihre Funktion erfüllt.

Aus dieser Funktion sind alle Strukturen der Informationsbeschaffung, der Informationsverarbeitung und der Informationssicherung, die das Mediensystem ausdifferenziert, abzuleiten, und dies immer vor einem ökonomischen

Hintergrund: Wenn Information sich zu einem immer wertvolleren Produkt entwickelt, dann wird auch die Beschaffung und Verarbeitung von Information teuer, dann entwickeln sich politische Interessen und es bedarf politischer Regelungen. Unter dieser und weiteren Perspektiven lassen sich wesentliche Probleme des Kommunikationssystems orten. Stark vereinfacht lässt sich das Kommunikationssystem als *Prozess* wie folgt skizzieren (Abb. 81):

Abbildung 81: Kommunikationssystem der Gesellschaft

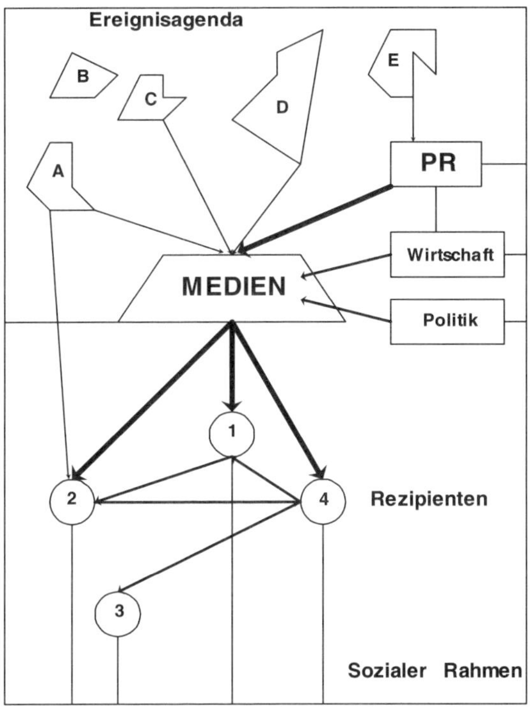

Aus der gesamten Ereignisagenda (A-E) gelangen Informationen über einige Ereignisse (hier: A, C, D) an die Medien. Eine Auswahl von diesen wird an die Rezipienten, die sich den Medien aussetzen (1, 2, 4), weitergegeben. Die Rezipienten stehen miteinander in informeller Kommunikation. Dabei hat Rezipient 2 nicht nur über die Medien, sondern auch unmittelbar Information über Ereignis A. Umgekehrt informiert Rezipient 3 sich nicht durch die Massenmedien, sondern wird von Rezipient 4 informiert, der als einziger mit allen anderen Rezipienten in Kontakt steht und von daher ggf. Meinungsführer sein könnte.

Die Ereignisauswahl durch die Medien wird grundsätzlich durch die *Redaktion* wahrgenommen. Die Redaktion handelt dabei aber nicht völlig autonom, sondern ist auch medienexternen Einflüssen ausgesetzt. Diese können *politischer* Art sein (z.B. Zensur, Besteuerung, Einflussnahme auf die Programmgestaltung bei öffentlich-rechtlichen Rundfunkanstalten etc.). Die Einflüsse können aber auch *wirtschaftlicher* Art sein (z.B. der Druck auf Redaktionen, den große Anzeigenkunden dann ausüben (möchten), wenn die Berichterstattung missfällt).

Der *Einfluss von PR* ist dabei weit weniger sichtbar und zugleich viel durchgängiger: PR-Abteilungen liefern Informationen über Ereignisse (E), zu denen die Medien entweder nicht selbst Zugang haben oder die nur von partikulärer Relevanz sind, denen die Redaktion aber durch Publikation gleichwohl öffentliche Relevanz verleiht.

Alle Teilsysteme (Kommunikationssystem, Wirtschaft, Politik etc.) unterliegen dem Einfluss der Gesellschaft (sozialer Rahmen). Das Mediensystem ist Teil des Kommunikationssystems, doch es umfasst nicht die informelle Kommunikation zwischen den Rezipienten.[201] Gleichwohl sind die wesentlichen Strukturen des Kommunikationssystems durch das Mediensystem geprägt.

14.1 Strukturen des Mediensystems

Die Struktur des Mediensystems lässt sich nach ihrer Prozessstruktur der Informationsauswahl und -bearbeitung, aber auch nach ihrer Organisationsstruktur beschreiben, die realisiert sein muss, damit das Mediensystem funktionsfähig ist. Sie ist im Folgenden vorzustellen.

14.1.1 Selektionsstruktur des Produkts: Information

Die Struktur der Informationsselektion setzt bei der Informationsbeschaffung an, führt über die Informationsbearbeitung zur Produktherstellung und zum Vertrieb.

Die zentrale Einrichtung für die Informationsselektion ist die **Redaktion.**[202] Die von ihr permanent zu erbringende Selektionsleistung fordert eine ent-

---

201 Da informelle Kommunikation sowohl privat als auch flüchtig verläuft, gibt es, anders als für die Aussagen des Mediensystems, so gut wie keine repräsentativen Möglichkeiten, Struktur und Thema gesamtgesellschaftlicher informeller Kommunikation zu bestimmen.

202 Dabei wird hier vom Normalfall ausgegangen, d.h. von einem Verbreitungsmedium (Massenmedium) wie Zeitung, Hörfunk oder Fernsehen, das aktuelle Information selegiert und demgemäß eine darauf ausgerichtete spezifische Organisation besitzt. Es ist evident, dass Medien wie Zeitschriften, Bücher oder gar das Telefon oder das Plakat eine völlig andere Organisationsstruktur besitzen.

sprechende Organisation. In *sozialer* Hinsicht wird dies durch ein Gremium von Personen (Journalisten) garantiert, die arbeitsteilig und nach Ressorts gegliedert die Informationsselektion vornehmen; eine hierarchische Struktur mit einem Chefredakteur an der Spitze soll dabei die im täglichen oder wöchentlichen Rhythmus zu erbringende Selektionsleistung garantieren.

Von Journalisten wird hierfür a) Auswahlkompetenz, b) Recherchekompetenz und c) Redaktionskompetenz erwartet:

a) Die Auswahlkompetenz

Der Journalist ist ständig gezwungen, die unendliche Fülle laufend eintretender Ereignisse zu reduzieren auf eine vergleichsweise winzige Zahl von berichtenswerten Ereignissen[203], indem er nach dem Kriterium der *Aktualität* selegiert, das sowohl das Kriterium der Überraschung (Information) als auch das Kriterium der Relevanz umfasst (➔ Kap. 8.2.3). In Anlehnung an den von *Lewin* (1943) geprägten Begriff *Gatekeeper*, den Lewin für das Auswahlverhalten von Hausfrauen beim Einkauf von Nahrungsmitteln prägte (nur das, was Hausfrauen beim Kauf auswählen, kann hinterher auch von der Familie verzehrt werden), werden Journalisten ebenfalls als Gatekeeper bezeichnet (vgl. Bantz et al. 1981).

b) Recherchekompetenz

Die Recherchekompetenz bezeichnet die Fähigkeit, aktuelle bzw. fragwürdige Sachverhalte (Ereignisse) zu vermuten, zu suchen, zu finden und deren Wahrhaftigkeit sicherzustellen (vgl. Haller 1991).

---

203 Unterstellt man, dass nur etwa jedes 10. Ereignis an eine Nachrichtenagentur gelangt, dass eine Nachrichtenagentur nur etwa jede 10. Meldung an die Medien weitergibt, dass eine Tageszeitung bzw. eine Rundfunkanstalt nur etwa 10% der Agenturmeldungen weiterverwendet, dass der Rezipient nur etwa 16% der Nachrichten erinnern kann (vgl. Merten 1985b) und davon wiederum nur einen Bruchteil bewusst und dauerhaft zu verarbeiten in der Lage ist, dann ergibt sich für das wichtigste aller Genres ein Selektionsfaktor, der deutlich kleiner als 1/6000 ausfällt.

c) Redaktionskompetenz

Die Redaktionskompetenz bezeichnet die Fähigkeit des Journalisten, Sachverhalte sachgerecht, knapp, zutreffend und für den Leser interessant zu formulieren.

Die *Informationsbeschaffung* kann auf unterschiedlichen Wegen erfolgen: a) Recherche durch ein Mitglied der Redaktion, b) Anlieferung durch eine Nachrichtenagentur oder durch c) einen redaktionsexternen Korrespondenten, freien Mitarbeiter oder Informanten und d) durch Verwendung von PR-Material.

In *sachlicher* Hinsicht gehört zu einer Redaktion ein technischer Apparat. Dazu zählt vor allem ein leistungsfähiges internes Kommunikationssystem (Telefon, Telefax, Fernschreiber, Internetanschluss etc.), ferner der schnelle Zugriff auf ein oder mehrere Archive und die laufende Belieferung mit Informationsangeboten durch *Nachrichtenagenturen*. Nachrichtenagenturen sind Organisationen, die sich auf die schnellstmögliche Beschaffung und Verbreitung von Information spezialisiert haben (vgl. Dovifat/Wilke 1976, Bd. I: 90ff.).

Die *temporale* Dimension der Informationsselektion in der Redaktion äußert sich im Zwang, die unerwartet eintreffenden Informationsangebote einer Auswahl zu unterziehen und termingerecht zu liefern. Beides erfolgt unter hohem temporalem Druck, denn Seiten oder Sendeminuten müssen stets rechtzeitig gefüllt sein. Das Bestreben nach 'objektiver' Berichterstattung findet genau deshalb hier mögliche Grenzen: Berichterstattung ist nicht Wahrheitssuche, sondern „making news by doing work" (Tuchman 1973). Redaktionen können daher immer nur versuchen, die aktuelle Ereignislage möglichst repräsentativ abzubilden – nach bestem Wissen und Gewissen. Da der Rezipient aber nur das publizierte Produkt (die selegierte Stichprobe) zu sehen und/oder zu hören bekommt, aber niemals die Grundgesamtheit aller Informationsangebote, ist eine strenge Prüfung auf Objektivität gar nicht möglich (vgl. Haller 1994; Weischenberg 1995: 192ff.).[204]

Der *Vertrieb* des Selektionsprodukts wird durch den *Verlag*/die *Rundfunkanstalt* geleistet. Da die einzelnen Medien zueinander in einem publizistischen und marktwirtschaftlichen Wettbewerb stehen und der Verlag/die Rundfunkanstalt das notwendige *Kapital* bereitstellen muss, muss auch die wirtschaftliche Handlungsfähigkeit gesichert sein: Der Markterfolg (gemessen als Auflage oder

---

[204] Sie ist nur fallweise oder indirekt zu leisten: Entweder dann, wenn der sehr seltene Fall eintritt, dass der Rezipient zufällig selbst Augen- oder Ohrenzeuge eines Ereignisses wird oder aber dadurch, dass der Rezipient mehrere Medien nutzt und anhand der mehr oder minder großen Ähnlichkeit der berichteten Ereignisse und der Art, wie darüber berichtet wird, Schlüsse auf Objektivität riskieren kann.

Reichweite) hängt aber vor allem von der Güte des Selektionsprodukts ab. Von daher sind Leser, Hörer oder Zuschauer letztlich die für die Redaktion maßgebliche *Zielgruppe*.

Angesichts der technisch bedingten, laufenden Beschleunigung des Informationsflusses und der Globalisierung der Ereignisagenda hat sich die Berichterstattung der Medien längst auf *Welt* eingestellt und auch das Mediensystem gilt längst als international (vgl. Meckel/Kriener 1996). Für den Journalismus resultieren daraus entsprechend höhere Ansprüche, so dass die universitäre Journalistenausbildung mittlerweile nicht nur implementiert ist, sondern auch schon vorausgesetzt wird[205] (➔ Kap.12.1.4).

Weiterführende Literatur:

Meckel/Kriener (1996); Meyn (1996: 175ff.); Weischenberg (1995: 376ff.)

14.1.2 Rechtliche Vorgaben

Das Kommunikationssystem als Teilsystem der Gesellschaft hat vor allem Leistungen zu erbringen, die sich von denen anderer Systeme unterscheiden: Sie sind nicht segmentär zu definieren (wie etwa Wirtschaft, Recht oder Politik), sondern sie werden in *jedem* anderen Teilsystem aufgrund der *Stellvertreterfunktion* ebenfalls basal vorausgesetzt (➔ Kap. 9 und 12). Informationsversorgung, Meinungsbildung und Unterhaltung sind nur die gängigsten dieser Leistungen. Das hat dazu geführt, dass für das Funktionieren des Kommunikationssystems eine Reihe von Ausnahmen und besonderen Regeln geschaffen wurde.

Zunächst sei daran erinnert, dass durch die Einführung der allgemeinen Schulpflicht im Deutschland des 18. Jh. mit Schreiben, Lesen und Rechnen[206] die flächendeckende Beherrschung von drei basalen Kommunikationstechniken sichergestellt wurde: Eine der ersten hoheitlichen Eingriffe in das Leben von Menschen ist seitdem der Zwang zum Erlernen von Kommunikationstechniken, die der Beherrschung der Schrift dienen. Dieser Eingriff erfolgte allerdings erst zu einem Zeitpunkt, als die Presse längst etabliert war.

---

[205] So fordert der *Westdeutsche Rundfunk* (*WDR*) für die Einstellung zum Volontär seit längerem a) einen akademischen Abschluss und b) diesen vor Erreichen des 30. Lebensjahres.

[206] Gerade das Rechnen ist eine spezifische Kommunikationstechnik, an der zu allererst die Stellvertreterfunktion von Kommunikation in Form von Schrift entwickelt wurde: Die Anfänge von Schrift waren ja nicht abstrakte Buchstaben, sondern Codes für Zahlen. Vgl. dazu Klix (1993: 281ff.).

Von Anfang an wurden die Medien – zunächst die Presse – als ein besonderes Gewerbe angesehen, deren politische Bedeutung sich an der Vielzahl von Versuchen zur *Zensur* erkennen lässt. Das Grundgesetz nach Artikel 5 formuliert in der *Freiheit von Meinung, Presse und Berichterstattung* eine Garantie für Kommunikationsfreiheit, die durch die Landespressegesetze der Bundesländer ergänzt wird. Die besondere Rolle des Mediensystems äußert sich ferner in der rechtlich vorgeschriebenen Auskunftspflicht der Behörden, dem Zeugnisverweigerungsrecht der Journalisten und der den Medien generell zugestandenen *öffentlichen Aufgabe* (vgl. BverfGE 20: 174ff.). Neben der *äußeren* Pressefreiheit gibt es eine *innere* Pressefreiheit, die den Journalisten Detailkompetenz und Mitspracherechte sichern soll. Sie soll angesichts der Pressekonzentration und dem damit verbundenen Rückgang an Meinungsvielfalt auch eine innere Vielfalt von Meinungen in den einzelnen Redaktionen sichern helfen. Die Unabhängigkeit journalistischen Handelns in Redaktionen ist Gegenstand des bislang nicht verabschiedeten *Presserechtsrahmengesetzes* (vgl. Weischenberg 1992: 323ff.).

Eine Reihe weiterer rechtlicher Vorgaben zur Pressekonzentration, zu den Aufgaben des Rundfunks u.a., die durch Urteile des Bundesverfassungsgerichts formuliert worden sind, sollen die Unabhängigkeit des Mediensystems bzw. des Journalismus absichern.

Die rechtliche Sonderstellung führt allerdings auch zu Konflikten, insbesondere in wirtschaftlicher Hinsicht: Die Sonderstellung, die Mediensystem und Journalisten genießen, macht auch Gesetze zum Schutz *vor* dem Mediensystem erforderlich, z.B. das Recht auf Gegendarstellung und andere (vgl. Meyn 1996: 43ff.).

Die Sonderstellung des Mediensystems verträgt sich auch nicht immer mit wirtschaftlichen Gegebenheiten. So sind Presse und der nicht-öffentlich-rechtliche Rundfunk privat verfasst und müssen sich daher, wie andere Unternehmen auch, am Markt behaupten, also auf Profit ausrichten, was eine ganze Reihe von Problemen erzeugt.

Weiterführende Literatur:

Meyn (1996: 175ff.); Weischenberg (1995: 376ff.); Schiwy/Schütz (1994)

14.1.3 Wirtschaftliche Strukturen

Die privatwirtschaftliche Verfassung der *Presse* unterwirft deren Produkte unerbittlich den Gesetzen des Marktes. Das bedeutet nicht nur, dass das Produkt vom Kunden (Leser) akzeptiert werden muss, sondern das bedeutet auch, dass Marktstrategien zur Kostensenkung systematisch Anwendung finden. Dazu gehört die Nutzung von Synergieeffekten, die durch Konzentration zu größeren Einheiten (*Pressekonzentration*) zustande kommen. In der Bundesrepublik Deutschland hat die Pressekonzentration, die bereits in den 50er Jahren eingesetzt hat, die Zahl der eigenständigen Zeitungen (publizistische Einheiten) von 1954 bis 1993 von 225 auf 137 schrumpfen lassen. Im gleichen Zeitraum aber hat sich die Verkaufsauflage der deutschen Presse fast verdoppelt (25,4 Mio. verkaufte Auflage in 1993 versus 13,4 Mio. in 1954, vgl. Schütz 1994: 177). Dieser Prozess wurde als hochbedrohlich für die Meinungsvielfalt angesehen und führte 1968 u.a. auch zum Protest der Berliner Studenten unter dem Motto „Springer enteignen!". Im Jahre 1976 wurde vom Gesetzgeber gegen Tendenzen zur Pressekonzentration ein Gesetz zur Fusionskontrolle verabschiedet (vgl. Meyn 1996: 110ff.).

Auch bei der Einführung des Dualen Rundfunksystems (1984) war die Furcht vor möglichem politischem Missbrauch groß und der Blick auf das Nachbarland Italien und den Fall *Berlusconi* zeigt, dass die Furcht vor einer Ballung politischer und publizistischer Macht durchaus berechtigt ist (vgl. Rauen 1995). Der private Rundfunk, der ab 1984 in der Bundesrepublik zugelassen wurde, war (und ist) allerdings viel mehr mit dem Erreichen der Gewinnzone und mit der Sicherung von Marktanteilen beschäftigt, so dass die ursprünglichen Befürchtungen sich (bislang) als unzutreffend erwiesen haben.

Dafür tat sich ein anderes und völlig unerwartetes Problem auf: Die öffentlich-rechtlichen Rundfunkanstalten besaßen bis 1984 ein Programm-Monopol. Diese Sender strahlten, so kann man verkürzt sagen, ein eher *elitäres* Programm aus, das tendenziell von einem erklärten Bildungsauftrag des Rundfunks ausging und demgemäß nicht an Mehrheiten, sondern an elitären Minderheiten orientiert war. Die privaten Rundfunkanbieter, die wegen ihrer ausschließlich auf Werbung beruhenden Finanzierung bindend an hohen Einschaltquoten und daher an einem massenattraktiven Programm interessiert sein mussten, sendeten ein tendenziell eher *populäres* Programm.

Die einsetzende starke Abwanderung der Zuhörer und Zuschauer von den elitären zu den populären Programmen setzte die öffentlich-rechtlichen Fernseh- und Rundfunkprogramme unter erheblichen Zugzwang: Bei Beibehaltung ihrer Programmstruktur, so stand zu befürchten, würden ihnen Zuschauer und Zuhörer davonlaufen, so dass sie nur noch von einer marginalen Zielgruppe rezipiert werden würden (*Marginalisierungshypothese*). Veränderten die öffentlich-rechtlichen Sender jedoch ihr Programm in Richtung der privaten Sender, so würden sie nicht nur vergleichsweise überflüssig, sondern genügten auch ihrem gesetzlichen Programmauftrag auf *Grundversorgung*[207] nicht mehr (*Konvergenzhypothese)* (vgl. Merten 1994c; Merten 1995). Zwar entschied das Bundesverfassungsgericht 1991, dass der öffentlich-rechtliche Rundfunk eine Bestands- und Entwicklungsgarantie haben müsse. Doch die zukünftige weitere Vermehrung der Programme wird die Einschaltquoten der öffentlich-rechtlichen Sender weiter absenken. Und während der Gesetzgeber für das von ihm gebilligte Duale Rundfunksystem eher blauäugig feststellt, die „duale Rundfunkordnung hat sich bewährt" (Presse- und Informationsamt 1998: 92), zeigt sich, dass die erhofften positiven Folgen (vor allem: Die Vergrößerung der Informationsvielfalt) nicht eingetreten sind, dafür aber eine Reihe negativer Folgen, die die Existenz des *öffentlich-rechtlichen* Rundfunks dauerhaft in Frage stellen:

> „Somit bleibt dem öffentlich-rechtlichen System, wenn es denn überhaupt zu halten ist, nur der Ausweg, mit einem profilierten, qualifizierten Programm bei den Politikern dafür zu werben, daß sie – ähnlich wie bei vielen anderen kulturellen Institutionen, die sich, wirtschaftlich betrachtet, nicht rechnen – die Gebühren für das Kulturgut Rundfunk (Hörfunk und Fernsehen) kontinuierlich erhöhen" (Meyn 1996: 174).

Weiterführende Literatur:

Merten (1995); Meyn (1996)

14.2 Kontrolle des Mediensystems

Das Mediensystem ist *das* gesellschaftliche Teilsystem, das durch permanente Bereitstellung von Wirklichkeitsentwürfen einen nicht absehbaren Einfluss auf Wissen, Einstellungen und Verhalten der Rezipienten besitzt. Von daher kann es nicht überraschen, dass es entsprechende Kontrollmöglichkeiten für das Verhalten der Medien gibt.

Die Kontrollmöglichkeiten setzen bei den entsprechenden Pressegesetzen an. Da die Presse als privatwirtschaftliches Unternehmen verfasst ist, gibt es keine Auflagen über den Betrieb einer Zeitung, sondern allenfalls Auflagen, die sich durch Verletzung der entsprechenden gesetzlichen Regelungen für die

---

[207] Unter Grundversorgung versteht man die von den öffentlich-rechtlichen Rundfunkanstalten (Hörfunk und Fernsehen) zu garantierende Versorgung mit Information, Meinungsbildung, Kultur und Unterhaltung. Da der private Rundfunk die Grundversorgung aufgrund seiner Abhängigkeit von den Werbeeinnahmen (derzeit) weniger gut leisten kann, muss der öffentlich-rechtliche Rundfunk hier einspringen. Daher wurde mit dem 6. Urteil des Bundesverfassungsgerichts vom 05.02.1991 (BVerfGe 83: 238) eine Bestands- und Entwicklungsgarantie für den öffentlich-rechtlichen Rundfunk festgeschrieben.

Beschaffung oder Verbreitung der Inhalte ergeben. Hierfür ist zunächst der *Deutsche Presserat*[208] zuständig. Er wurde 1956 als Organ der Selbstkontrolle gegründet, ist daher von staatlichen Einflüssen frei und setzt sich paritätisch aus zehn Journalisten und zehn Verlegern zusammen. Seine Sanktionsgewalt ist allerdings begrenzt und beschränkt sich auf die Formulierung von Rügen (Beschwerdeausschuss) – die aber veröffentlicht werden und daher gleichwohl eine gewisse Wirkung entfalten können – oder auf Empfehlungen oder Kritik zur Gesetzgebung und zur journalistischen Praxis.

Daneben gibt es die *Bundesprüfstelle für jugendgefährdende Schriften*, die Inhalte (ausgenommen: Inhalte von Tageszeitungen und politischen Zeitschriften) indizieren und dadurch deren Verkauf für eine Zeitspanne von drei bis zwölf Monaten unterbinden kann.

Wesentlich schärfere Kontrollmöglichkeiten sind gegenüber dem privaten Rundfunk dadurch installiert, dass die Erteilung einer Sendelizenz an Auflagen gebunden ist. Dazu gehört z.B. die Einhaltung eines Mindestwortanteils beim Hörfunk bzw. die Einhaltung eines Mindestinformationsanteils beim Fernsehen u.a. Dies wird von den eigens hierfür eingerichteten *Landesmedienanstalten* kontinuierlich überprüft. Bei Nichteinhaltung kann die Sendelizenz jederzeit widerrufen werden oder es können Bußgelder verhängt werden.

Das Kontrollgremium der öffentlich-rechtlichen Rundfunkanstalten ist der *Rundfunkrat* (beim *ZDF*: der *Fernsehrat*). Dabei handelt es sich um Gremien, die gleichzeitig Organ der jeweiligen Rundfunkanstalt sind, also im Gegensatz zu den Landesmedienanstalten die Organisation kontrollieren, deren Teil sie sind (Binnenkontrolle). Der Rundfunkrat/Fernsehrat setzt sich aus Vertretern 'gesellschaftlich relevanter Kräfte' (Parteien, Gewerkschaften, Religionsgemeinschaften, Vertreter von Industrie und Handel, Wissenschaft etc.) zusammen und ist de facto ein Laiengremium, so dass seine Kompetenz zur Kontrolle der Anstalt vergleichsweise gering ist.

---

[208] In gleicher Funktion gibt es für die Werbung den Deutschen Werberat und für Public Relations den Deutschen Rat für Public Relations (DRPR).

14.3 Einflüsse auf das Mediensystem

Der besondere Einfluss, den die Medien auf Information und Meinungsbildung der Rezipienten ausüben können, ist vor allem aus politischen Gründen mit einem gewissen Argwohn registriert worden. Von daher war und ist das Mediensystem, insbesondere der öffentlich-rechtliche Rundfunk, besonderen Einflüssen ausgesetzt

14.3.1 Politischer Einfluss

Wenn es zutrifft, dass das Handeln des politischen Systems immer stärker auf Öffentlichkeit und damit auf die Berichterstattung durch Medien angewiesen ist, dann ist verständlich, dass Politiker an einer Einflussnahme auf die Medienberichterstattung grundsätzlich interessiert sein *müssen*.

Die Verleger der privatwirtschaftlich organisierten Presse agierten in der Regel politikfern. Welchen politischen Einfluss ein Verleger aber ausüben kann, wenn er politische Ambitionen besitzt, zeigt das Beispiel *Axel Springer*.

Beispiel 48:

Axel Springer, Besitzer der Mehrheit am *Axel-Springer-Verlag* (europaweit größter Zeitungsverlag) hatte sein Handeln an politischen Leitlinien orientiert, die sich in allen Presseorganen des Verlages wiederfanden. Dazu zählte beispielsweise die Ablehnung der Ostpolitik der Regierung von 1969-74, die Befürwortung von Atomkraftwerken und der Stationierung von Atomraketen in der BRD. Bis zuletzt durfte auch die DDR als Staat nicht anerkannt werden, so dass in Springerzeitungen dafür stets das Kürzel 'DDR' verwandt wurde. Mit anderen Worten: In allen Regionen, wo es infolge der Pressekonzentration nur noch eine Zeitung gab (sogenannte *Einzeitungskreise*) und wo diese aus dem Hause Springer kam, war die daraus fließende Meinungsbildung flächendeckend einseitig.

Mag man das Beispiel Springer noch als einen Einzelfall für politischen Einfluss auf die Medien ansehen – so kann man dies nicht mehr für den öffentlich-rechtlichen Rundfunk. Da dem Fernsehen von der Wirkungsforschung die massivste Wirkung aller Medien auf Meinungen und Einstellungen unterstellt wird, war das öffentlich-rechtliche Fernsehen seit jeher in Gefahr, von politischen Interessen vereinnahmt zu werden. Den Ansatz dazu bietet nun gerade die Institution, die den Rundfunk kontrollieren soll, nämlich der Rundfunkrat. Zwar darf der Rundfunkrat nach Gesetz nur zu einem Drittel von Vertretern der politischen Parteien[209] besetzt werden, doch die Praxis sieht anders aus:

---

[209] Als Beispiel: 17 von 42 Mitgliedern des *WDR*-Verwaltungsrates (darunter: der Vorsitzende) sind Mitglied einer politischen Partei und/oder Gewerkschaftsmitglied.

„Die Aufsichtsgremien (Anmerkung K.M.: gemeint sind Rundfunk-, Fernseh- und Verwaltungsräte der öffentlich-rechtlichen Rundfunkanstalten!) [...] haben sich häufig von einer Interessenvertretung für die Gesellschaft zu einer Gesellschaft von Interessenvertretern entwickelt. Das vom Bundesverfassungsgericht, von den Rundfunkgesetzen und Staatsverträgen geforderte Eintreten für die Interessen der Allgemeinheit wird in der Praxis häufig von parteipolitischen Präferenzen überlagert" (Meyn 1996: 122).

Beispiel 49:

Am 13.2.86 ist in der von *Rainhard Appel* – Chefredakteur des *ZDF* – geleiteten Sendung *Journalisten fragen – Politiker antworten* Bundeskanzler Helmut Kohl zu Gast. Der Chefredakteur des *Deutschen Allgemeinen Sonntagsblattes*, Geschke, eröffnet den Dialog mit der Frage an den Bundeskanzler, wie er gegen die steigende Arbeitslosigkeit vorgehen wolle. Die wörtliche Transkription des dann folgenden Dialogs ist wie folgt:

1) Helmut Kohl weicht zunächst aus: „Die Arbeitslosigkeit ist nicht über Nacht gekommen, und sie wird nicht über Nacht gehen..."
2) Bei der Nachfrage weicht Kohl erneut aus, indem er nun dozierend *Faktoren* der Arbeitslosigkeit aufzählt (wonach er freilich gar nicht gefragt worden ist): „Die Arbeitslosigkeit setzt sich aus verschiedene Faktoren zusammen. Wir haben beispielsweise trotz aller anspringender Konjunktur große Probleme in der Bauwirtschaft, wir haben eine Überproduktion..."
3) Geschke unterbricht: „Herr Bundeskanzler, ich glaube, die kennen wir alle, diese Faktoren..."
4) Kohl (gerät aus der Fassung): „Ja wenn Sie danach fragen, muss ich wenigstens..."
5) Geschke: „Nein, es ist nicht nach den Faktoren gefragt worden..."
6) Kohl: „Ja, doch, natürlich, genau das ist eben ge.. gefr.."
7) Geschke: „Nein..."
8) Kohl: „Also, Herr äh.. ich denk jetzt schon..."
9) Geschke: „Herr Bundeskanzler..."
10) Kohl: „Jetzt darf ich mal...."
11) Appel (versucht zu retten): „Jaja..."
12) Geschke: „Herr Bundeskanzler..."
13) Kohl: „Ich mach jetzt mal die ähäh..."
14) Appel: „Warten Sie mal Herr..."
15) Geschke (hält an seiner Frage fest): „Ich möchte Sie bitte fragen..."
16) Kohl: „Nein, ich äh..."
17) Appel: „Nehmen Sie das mal als Zusatzfrage, ja..."

18) Kohl: „Nein, nein, ich mach jetzt erst da..."

19) Appel: „Zur Arbeitslosigkeit ?"

20) Kohl: „Ja, Nein..."

21) Appel (rettet den Bundeskanzler): „Ich bitte den Herrn Bundeskanzler ausreden zu lassen!"

22) Kohl (nun stark moralisierend, mit Vorwurf an den Moderator): „Also Herr Appel, ich mach jetzt erstmal mein`n Satz fertig; ich frag' mich schon, was wir hier sonst für Umgangsformen miteinander haben, äh – also --- also ganz konkret, Sie haben gefragt Arbeitslosigkeit...

23) (Geschke, derart ins Unrecht gesetzt und am Reden gehindert, winkt resigniert mit den Armen und setzt eine bitterböse Mimik auf)

24) Kohl: ... die setzt sich aus verschiedenen Faktoren zusammen..." (Merten 1991b: 203f.).

Diese kurze Szene zeigt: Bei der ersten Frage, die dem Bundeskanzler nicht gefällt, weicht dieser aus. Da die Frage aber erneut gestellt wird, beginnt der Bundeskanzler sofort zu moralisieren, indem er den gastgebenden Chefredakteur des *ZDF* angreift.

Obwohl allen Beteiligten klar ist, dass der Bundeskanzler die Regeln des Dialogs durch definitiv unwahre Behauptungen klar verletzt hat (Kohl: „Ja, doch, natürlich, genau das ist eben ge.. gefr.."), riskiert Appel es nicht, den Bundeskanzler zu korrigieren, sondern entzieht stattdessen dem Fragesteller das Wort. Alldieweil die Sendung nicht heißt 'Journalisten fragen – der *Bundeskanzler* antwortet' ist dieses Verhalten des Chefredakteurs des *ZDF* journalistisch erst recht unentschuldbar. Aber es hat doch die Qualität einer gewissen Selbstauskunft über das journalistische Selbstverständnis des öffentlich-rechtlichen Rundfunks, insbesondere des *ZDF* im Umgang mit der hohen Politik.

Ein weiterer Ansatzpunkt für politischen Einfluss ist der Vorwurf mangelnder *Ausgewogenheit* der Programme, der meist dann von einer politischen Partei artikuliert wird, wenn über diese oder deren Spitzenpolitiker nicht so berichtet wird, wie die Partei dies gerne hätte (vgl. Meyn 1996: 134). Als *Hans Mathias Kepplinger*, Schüler von Elisabeth Noelle-Neumann, mit einer methodisch hoch anfechtbaren Untersuchung den Beweis 'erbrachte', dass die Bundestagswahl 1976 für die *CDU* nur deshalb verloren gegangen war, weil die Journalisten den Kanzlerkandidaten der *CDU*, *Helmut Kohl*, meist ungünstig aus der Froschperspektive aufgenommen hatten, aber den Kandidaten der *SPD*, *Helmut Schmidt*, dagegen weit besser dargestellt hatten (vgl. Kepplinger 1980), war dies der Auftakt zu einer „Rotfunk-Kampagne", in deren Folge der *NDR* zerschlagen wurde (vgl. Merten 1982a).

14.3.2 Wirtschaftliche Einflüsse

Wirtschaftliche Einflüsse auf das Mediensystem bedienen sich der Kopplung von Anzeigengeschäft und Berichterstattung, und dies in beiden Richtungen:

Mit Verweis auf das beim jeweiligen Medium regelmäßig geschaltete Anzeigenvolumen wird versucht, unliebsame Berichterstattung zu unterdrücken oder aber eine freundliche Berichterstattung ('anzeigenfreundliche Umfelder') durchzusetzen.

Beispiel 50:

Zu Beginn des Jahres 1998 wird der Telefonmarkt in Deutschland liberalisiert. Zu diesem Zeitpunkt versuchte die *Telekom* daher, mit teilweise ungewöhnlichen Mitteln Kunden zum Verbleib bei der *Telekom* zu bewegen. Ein Redakteur des *Focus* recherchiert in diesem Zusammenhang gewisse Praktiken und verfasst einen Bericht, der im *Focus* erscheinen soll. Die *Telekom* erhält von dieser Angelegenheit Wind und nimmt Kontakt zur Chefredaktion des *Focus* auf, wobei insbesondere das große Anzeigenvolumen der *Telekom* beim *Focus* thematisiert wird. Daraufhin erscheint der Bericht über die gewissen Praktiken der *Telekom* nicht. Aber alle Unternehmen ähnlicher Größe wissen nun, dass sie künftig keine Negativberichterstattung des *Focus* mehr fürchten müssen.

Da die Presse eher mit der *CDU* als mit der *SPD* oder einer anderen Partei sympathisiert (so Meyn 1996: 98), gab es gelegentlich auch Absprachen von Unternehmen, gegen eine unliebsame *SPD*-Regierung eine Werbekampagne zu starten (vgl. so Meyn 1996: 95).

14.3.3 Partikuläre Einflüsse: Journalismus und PR

Eine andere und vor allem *legale* Form von Einfluss strebt Public Relations mit der Medienarbeit an. Das zugrundeliegende Prinzip ist sehr einfach: PR-Abteilungen in Unternehmen oder von diesen beauftragte Agenturen verfassen redaktionelle Beiträge über Ereignisse aus ihrem Umfeld (Unternehmen), die in der Regel eher eine partikuläre denn eine gesamtgesellschaftliche Relevanz haben und deren Darstellung eine subjektive und eher positive Tönung aufweisen. Sofern der Journalist diesen Beitrag akzeptiert und veröffentlicht, passieren simultan mit dem Beitrag drei Dinge:

- Der Beitrag verliert seine originäre Quellenangabe (so diese überhaupt je manifest wird) und erscheint als originäres Produkt des Journalisten.[210]
- Der Beitrag verliert seine subjektive Tönung und erscheint nun *objektiv*.
- Der Beitrag verliert seine partikuläre Relevanz zugunsten einer *gesamtgesellschaftlichen Relevanz*.

Es ist klar, dass dieser Prozess nur funktionieren kann, wenn eine Win-Win-Situation vorliegt, d.h. wenn *beide* Parteien einen Vorteil davon haben. Diese

[210] Baerns (1985: 90) hat ermittelt, dass der Abdruck der Quelle bei der Presse in 72%, beim Hörfunk in 67%, beim Fernsehen in 83% aller Fälle vollständig unterbleibt.

Situation ist gegeben, weil der Journalist eine journalistisch brauchbare Information erhält, die zudem bereits journalistisch aufbereitet ist und also weder finanzielle noch temporale Ressourcen in Anspruch nimmt. Dass der Journalist hierbei praktisch ein Plagiat vornimmt, ist unproblematisch, weil er von dem zum Plagiierenden zum Plagiat aufgefordert wird und weil das Plagiat weder bekannt werden kann, noch Sanktionen nach sich zieht.

Auch der PR-Mann/die PR-Frau haben einen Nutzen, denn ihre ursprünglich nur partikulär relevante Aussage hat durch die öffentliche Berichterstattung durch das Medium nun den Adel des Objektiven, des gesellschaftlich Relevanten erhalten *ohne* dass diese Mutation je in der Öffentlichkeit bekannt würde.

Der Pay-off der Win-Win-Situation lässt sich für beide Seiten sogar noch steigern[211]. Baerns (1985: 91) zeigt, dass im Mittel 62% der Pressemitteilungen vom Mediensystem übernommen werden und auf die Frage, wieviel Prozent der Berichterstattung vom *Handelsblatt* übrigbleiben würden, wenn die PR einmal keine Pressemitteilungen zur Verfügung stellen würde, antwortete der Chef einer großen Kölner PR-Agentur mit großer Überzeugung „Nur der Kopf von Seite 1".[212]

Wenn sich solche Befunde verallgemeinern lassen – und es gibt viele Hinweise, dass dem so ist – gerät das Mediensystem in eine spezifische Abhängigkeit von Public Relations, die, in Anlehnung an Baerns (1985: 87), als *Determination* bezeichnet wird (vgl. Bentele/Liebert/Seeling (1997: 236ff.). Dass Journalisten bei Befragungen solche Abhängigkeiten nicht zugeben können oder wollen, ist erwartbar, widerlegt aber nicht diese Behauptung. Von daher sind Ergebnisse von Befragungen, in denen solche Sachverhalte erhoben werden, mit erheblicher Vorsicht zu betrachten.

Bentele/Liebert/Seeling (1997: 240ff.) schlagen vor, den Begriff Determination durch den der *Intereffikation* zu ersetzen, weil der erstere ihrer Ansicht

---

[211] Journalisten gewinnen bei regelmäßigen Kontakten eine neue und verlässliche Informationsquelle (was in der Hierarchie journalistischen Werte von besonderer Bedeutung ist und offenbar das mögliche Stigma von Käuflichkeit und Plagiat mühelos zu annihilitieren in der Lage ist). Bei erfolgreicher, auf lange Sicht geplanter PR wird sich das Verhältnis zwischen Journalist und PR-Mann-/Frau noch weiter verbessern dadurch, dass man lernt, einander wechselseitig in angebbarem Umfang zu vertrauen. Zugleich schafft der PR-Mann/die PR-Frau sich bei wiederholter Lieferung abdruckwerter Pressemitteilungen (was in PR-Kreisen auch 'Anfüttern von Journalisten' genannt wird) einen Glaubwürdigkeits- und Leistungsbonus, der von Seiten der PR dann strategisch genutzt und abgerufen werden kann, wenn von Seiten der PR ein bestimmter Beitrag unbedingt und schnell in die Medien gedrängt werden muss.

[212] Vortrag von Matthias Scheeben am 25.11.1997 an der Universität Münster.

nach eine einseitige Einflussnahme suggeriert. Dabei wollen sie unter Intereffikation – analog zum Begriff biologischen Begriff 'Symbiose' oder zum soziologischen Begriff Interpenetration – eine *wechselseitige* Abhängigkeit verstehen. Zwar muss – wie an der obigen Win-Win-Situation aufgezeigt – die Intereffikation für beide Seiten einen Pay-off erzeugen. Von daher ist der Begriff der Intereffikation angemessen. Fragt man aber nach dem Prozess, so ist PR – analog etwa zu einer Nachrichtenagentur – dem redaktionellen Handeln temporal vorgeordnet und übernimmt – sozusagen kommissarisch ohne Auftrag – ein Selektionshandeln, das vom Mediensystem akzeptiert wird. Von daher sind Determination und Intereffikation Begriffe, die einander nicht ausschließen. Dass PR allerdings auch viele andere Wege offenstehen, um Einfluss auf das Mediensystem zu nehmen, zeigt das folgende Beispiel.

Beispiel 51:

Eine PR-Agentur – nennen wir sie 'Blume & Wunder' – betreibt für ihre Kunden Öffentlichkeitsarbeit, indem sie die Teilnahme des jeweiligen Kunden an Talkshows im Fernsehen vermittelt. So wird eines Tages dem biederen Luftpumpenhersteller X aus dem Sauerland suggeriert, dass er durch Auftritt in einer Talkshow sein Image verbessern könne – allerdings sei dies mit einigen Kosten verbunden. Die Agenturinhaberin fragt dann zuerst bei einem ihr bekannten Journalisten an. Hat der Mann Standing und lehnt ab, so verabschiedet sich die PR-Frau mit den geflügelten Worten „Okay, wir sehen uns sicherlich noch" und ruft (nachdem dem Kunden signalisiert wird, die Angelegenheit werde nun *etwas* teurer) ein einflussreiches Mitglied des Rundfunkrates an, ob dieser nicht einmal mit dem betreffenden Journalisten... Hat das Mitglied des Rundfunkrates aber Standing und weigert sich, so verabschiedet sich die PR-Frau mit den geflügelten Worten „Okay, wir sehen uns sicherlich noch" und ruft (nachdem dem Kunden signalisiert wird, die Angelegenheit werde nun *noch* etwas teurer) den Schatzmeister *der* Partei an, dem das Rundfunkratsmitglied angehört. Man möchte der Partei eine namhafte Spende zukommen lassen, aber dafür müsse auch das im Rundfunkrat sitzende Parteimitglied... (Anmerkung: Dass dieses Verfahren gut funktioniert, erkennt man unter anderem auch daran, dass die Talkshows so schlecht geworden sind).

Weiterführende Literatur:

Baerns(1985); Meyn (1996); Prott (1994); Röper (1994); Weischenberg (1992: 237ff.)

14.4 Resümee

Das Mediensystem ist nach Luhmann (1996) ein autopoietisches System, das sich selbst und seine eigenen Bedingungen erzeugt und sich dadurch erhält, dass es laufend Information in Nichtinformation überführt:

> „Informationen lassen sich nicht wiederholen; sie werden, sobald sie Ereignis werden, zur Nichtinformation. Eine Nachricht, die ein zweites mal gebracht

wird, behält zwar ihren Sinn, verliert aber ihren Informationswert" (Luhmann 1996: 41)

Daraus lässt sich ableiten, dass das Mediensystem zunächst auch laufend Information 'aufspüren' muss, indem es *immanent* prüft, welche Ereignisse auf Information reduziert werden können bzw. welche Ereignisse sich zur Konstruktion von Information eignen. Kriterium dafür ist Aktualität, also die Kombination der Variablen Überraschung und Relevanz.

Die ersten Medien verändern nicht nur radikal die Gesellschaft und deren Temporalstrukturen, sondern sie entfalten eine besonderen Druck zur Katalyse weiterer Medien. Die ersten Journalisten, so müssen wir annehmen, waren Gastwirte, Postmeister und, wenn man den Quellen trauen darf, auch Schlimmeres, die einen Nebenberuf für genügend gewinnbringend hielten, um ihn auszuüben und daraus in Jahrhunderten allmählich eine eigenständige Berufsrolle konzipierten, eine Identität entfalteten, Standards für aktuelle und zutreffende Berichterstattung entwickelten und diese mit Hilfe technischer Entwicklungen und gegen obrigkeitliche Strukturen durchsetzten.

Der systemeigene Code Information/Nichtinformation (vgl. Luhmann 1996: 36) zwingt unerbittlich zur verlässlichen Rekrutierung des zu kommunizierenden Informationsbedarfs, sei es durch Beschleunigung technischer Prozesse, sei es durch rechtlich garantierte Sonderstellung, sei es durch Akquise von Kapital, das dem Mediensystem wegen dessen strategischer Relevanz gewährt wird, sei es durch Formulierung ethischer Codes, die das Zutreffen von Sachverhalten und die Wahrheit der Berichterstattung sichern helfen.

Die stetige Perfektionierung des Mediensystems – ablesbar etwa an immer weiter verfeinerten Techniken der Auswahl, Verbreitung und auch der Fälschung von Information – weist diesem eine neue Funktion, nämlich die Konstruktion von Wirklichkeit zu. Auf diese geradezu strategische Option stellen sich nun nicht nur die Rezipienten ein, sondern auch die anderen Teilsysteme, insbesondere politisches System und Wirtschaftssystem, die den neuen Kommunikationsmöglichkeiten des Mediensystems mit metakommunikativen Strukturen – mit PR also – begegnen. Die Stellvertreterfunktion des Mediensystems ist so attraktiv, dass sie auch wirtschaftlich attraktiv wird.[213] Die wichtigsten Kenndaten für das Mediensystem der Bundesrepublik zeigen abschließend die Tabelle 27 und 28:

213 In der Bundesrepublik erwirtschaftete das Mediensystem (darin inbegriffen: die Entwicklung und Produktion von Geräten) 1995 zum ersten Mal ein größeres Bruttosozialprodukt als die bis dato führende Automobilbranche.

Tabelle 27: Das deutsche Medienangebot in Zahlen (Stand: 1999)

Mediengruppe	Anzahl[1]		Veränderung Prozent	Auflage[2]		Veränderung Prozent
	1993	1998		1993	1998	
Tageszeitungen	423	398	- 5,9	31,5 Mio	29,7 Mio	- 5,7
Wochenzeitungen	31	27	- 12,9	2,2 Mio	2,3 Mio	+ 4,5
Anzeigenblätter	1 333	1 331	- 0,2	76,4 Mio	88,2 Mio	+ 15,4
Publikumszeitschriften	658	809	+ 22,9	133,3 Mio	142,5 Mio	+ 6,9
Fachzeitschriften	958	1 080	+ 12,7	23,2 Mio	26,4 Mio	+ 13,8
Kundenzeitschriften	45	72	+ 60,0	27,3 Mio	52,7 Mio	+ 93,0
Branchenfernsprech-bücher/Gelbe Seiten	86	131	+ 52,3	25,7 Mio	34,3 Mio	+ 33,5
Massendrucksachen/ Infopost	-	-	-	4,4 Mrd	6,0 Mrd	+ 36,4
Bundesweite und regionale TV-Programme[3]	70	98	+ 40,0	31,9 Mio	34,0 Mio	+ 6,6
				Angemeldete Fernsehgeräte		
Bundesweite, regionale und lokale Hörfunkprogramme	213	224	+ 5,2	35,7 Mio	38,2 Mio	+ 7,0
				Angemeldete Hörfunkgeräte		
Plakatanschlagstellen[4]	306 138	389 336	+ 10,8	-	-	-
Kinosäle/ Leinwände	3 652	4 435	+ 21,4	130,5 Mio	148,9[5] Mio	+ 14,1

1) IVW-Titel

2) Tatsächlich verbreitete Auflage

3) deutschsprachige Programme lt. Spots 1/99, FID Verlag GmbH (Bonn)

4) Quelle: Berkenhoffs Plakat Media GmbH

5) Prognose FDW Werbung im Kino (Hamburg)

Quelle: Zentralverband der deutschen Werbewirtschaft (ZAW): http://www.interverband.com

Tabelle 28: Das deutsche Mediensystem: Nutzung, Umsatz und Beschäftigte (1995/1996/1998)

Medien/ Elemente	**Buch**	**Zeitung**	**Zeit-schrift**	**Hör-funk**	**Fernse-hen**	**Sonstige**	**Gesamt**
Nutzung Min. pro Tag (1995)		30		162	158		-
Erlöse (in Mrd. DM) (1996)	15,2	18,99	20,1	22,4		6,72	83,41
Beschäftigte[214],davon: Publizisten[215] Techniker (1998)							517 373 48 051 23 197

Quelle: Presse- und Informationsamt (1998: 67ff.); Berg/Kiefer (1996: 40ff.) und eigene Berechnungen

Das Kommunikationssystem ist aber, wie eingangs gesagt, mehr als das Mediensystem. Es umschließt auch die private und informelle Kommunikation, über die wir wegen ihrer Privatheit so gut wie keine generellen Einsichten gewinnen, keine Angaben machen können.

„Wie viele verborgenen Intelligenzen gibt es? Was geschieht in den Bereichen, die wir als privat definieren und glauben, ignorieren zu können? Was steht in Briefen, was besprechen Freunde miteinander? Mit Sicherheit gibt es Kommunikation [...] die sich den großen Trends nicht fügt, in privaten Zirkeln aber fortlebt, sich dem einen oder anderen öffnet, der zufällig davon erfährt. Welche Gedanken

---

[214] Darin sind enthalten die sozialversicherungspflichtigen Beschäftigten in Verlags-, Literatur- und Pressewesen, Hörfunk- und Fernsehanstalten, Filmtheater (Herstellung und Vertrieb), Druckereien, Buchbinder sowie Vervielfältiger.

[215] Sozialversicherungspflichtig beschäftigte Journalisten, Schriftsteller, Dramaturgen, Lektoren, Redakteure und Sprecher (inkl. Public Relations).

nähren sich gerade von diesem Kontrast? Und was versickert ins kultivierte Detail, in die Skurrilität, ins entmutigte Schweigen?" (Luhmann 1975d: 107).

Weiterführende Literatur:

Berg/Kiefer (1996); Media Perspektiven (1. 1970ff.); Meyn (1996); Presse- und Informationsamt (1998)

F. KOMMUNIKATION GESTERN UND MORGEN

Kapitel 15 hat die Geschichtsschreibung von Kommunikation zum Gegenstand. Sie ist – historisch – eine der Wurzeln der Kommunikationswissenschaft, insbesondere der Publizistikwissenschaft, ihre Funktion liegt in der Deskription und der darauf aufbauenden Relationierung von Kommunikation zur Gesellschaft und zu allen anderen gesellschaftlichen Teilsystemen, insbesondere wenn sie als *vergleichende* Geschichtsschreibung agiert. Wenn Geschichtsschreibung nicht zur Faktenhuberei verkümmern soll, bedingt dies zugleich die Definition eines sozialen Relevanzkriteriums. An diese Überlegungen schließt sich ein chronologischer Abriss wichtiger Daten zur Kommunikationsgeschichte an.

Kapitel 16 skizziert die Entstehung der Kommunikationswissenschaft. Es setzt an der Genesis von wissenschaftlichen Disziplinen an, verfolgt sodann die Entstehung der Kommunikationswissenschaft und insbesondere die der deutschen *Publizistikwissenschaft*, deren mangelnde Definition und Eigenständigkeit diskutiert werden.

Kapitel 17 fragt nach der Zukunft der Kommunikation, die unter verschiedenen Perspektiven skizziert und diskutiert wird.

15. Geschichte der Kommunikation

Die Menschen lernen aus der Geschichte,
daß die Menschen nichts aus der Geschichte lernen.

Jewgenij Samjatin

15.1 Probleme der Geschichtsschreibung

Die Geschichtsschreibung beruht auf der deskriptiv-historischen Methode. Von dieser Methode spricht man seit Droysen (1974). Man versteht darunter heute alle Regeln, nach denen ein *singulärer* Sachverhalt a) systematisch und wahrheitsgetreu beschrieben werden kann, wobei zur Beschreibung des ihm Wesentlichen die hermeneutische Methode (Das 'Verstehen') genutzt wird, b) in seiner Besonderheit (Typ) und c) in der vergleichenden Relation gewürdigt werden kann. Aus den letzten beiden Punkten leitet sich die Doppelseitigkeit der Geschichtsforschung ab: Sie geht sowohl individualisierend (das Besondere des Einzelfalls erforschend) als auch verallgemeinernd (generalisierend) vor, indem das Gleichartige mehrerer Fälle im Vergleich herausgearbeitet wird.

Die Geschichtsschreibung der Kommunikation kann an vielen Einzelphänomenen von Kommunikation ansetzen: An der historischen (evolutionären) Entwicklung der Medien (➔ Kap. 9), an der biographischen Beschreibung relevanter Personen (vgl. so etwa Bruch/Roegele 1986), an der Sozialgeschichte der Kommunikation, die die Rolle der Kommunikation (organisatorisch, juristisch) und ihre Auswirkungen beschreibt (vgl. Koszyk 1989), an der Entwicklung der Kommunikationstechnik (Steinbuch 1966) oder an der Veränderung der Gesellschaft durch Kommunikation (Cherry 1971).

Sie kann sich auch medienspezifisch differenzieren in die Geschichte des Buchs (vgl. Giesecke 1991), der Zeitung (Lindemann 1969; Koszyk 1966), der Zeitschrift (vgl. Kirchner 1958ff.), des Hörfunks (Lerg 1965), des Fernsehens (Bausch 1980) oder nach Branchen als Geschichte des Journalismus (Donsbach 1987a; Mahle 1993), des Nachrichtenwesens (Riepl 1913; Wilke 1991), der Werbung (Schmidt 1999) oder der Public Relations (Kunczik 1997) oder aber temporal, indem sie die Entwicklung von Medien, Inhalten, Kommunikationsbranchen für eine begrenzte Epoche aufzeichnet (vgl. Wilke 1999). Das führt schnell auf die Frage, *wozu* Geschichtsschreibung dienen soll und *wie* Geschichtsschreibung sinnvoll anzulegen ist – eine Frage, auf die eine Geschichte der Geschichtsschreibung gute Antworten geben könnte.

Eine *erste* Antwort ist, dass die Geschichtsschreibung der große Steinbruch empirischer Forschung für singuläre Fälle ist, der es ermöglicht, durch Rückgriff auf Daten[216] aus der Vergangenheit *Vergleiche* mit der Gegenwart oder – daraus abgeleitet – Prognosen für die Zukunft zu liefern. Für diese Antwort wird sich unter Historikern und Sozialwissenschaftlern ein genügend großer Konsens finden.

> „Die Geschichte ist für die Soziologie ein unentbehrliches Datenfeld. Die erdrückende Mehrheit der gesellschaftlichen Tatsachen gehört unvermeidlich der Geschichte an, aus der allein historische Arbeit sie ans Licht bringen kann. Die Historie ist in diesem Sinn eine unerläßliche Voraussetzung für die Soziologie" (Tenbruck 1973: 53).

Wehler (1973: 72f.) fordert allerdings für die komparative Geschichtsforschung die Berücksichtigung von drei Gesichtspunkten: a) Prüfung von sehr allgemeinen *oder* sehr speziellen Hypothesen, b) Vermeidung nomineller Ver-

---

[216] Dabei sollen hier unter Daten nicht nur Texte, sondern alles, was zeichenhaft verfasst ist und fossiliert vorliegt, gerechnet werden. Eine Befragung, die zum Zeitpunkt t_1 durchgeführt, ausgewertet und publiziert wird, hat daher zum Zeitpunkt t_2 (unter der Bedingung $t_2 > t_1$) den Rang eines historischen Dokuments.

gleiche zugunsten von Vergleichen funktionaler Äquivalente und c) Berücksichtigung nicht nur synchroner, sondern auch diachroner Vergleiche.[217]

Kurt Koszyk (1962) hat den Nutzen von historischer Kommunikationsforschung in Form eines „Strukturschemas der Publizistikwissenschaft" skizziert (Tab. 29). Dieses Schema systematisiert theoretische und methodische Ansprüche einer *geisteswissenschaftlich* orientierten Publizistikwissenschaft – allerdings nur für die Massenmedien – wie folgt:

Tabelle 29: Strukturschema publizistischer Forschung (vgl. Koszyk 1962: 5)

Pressewissenschaft	**Rundfunkwissenschaft**	**Filmwissenschaft**
Historische Pressewissenschaft	Historische Rundfunkwissenschaft	Historische Filmwissenschaft
Deskriptive Pressewissenschaft	Deskriptive Rundfunkwissenschaft	Deskriptive Filmwissenschaft
Normative Pressewissenschaft	Normative Rundfunkwissenschaft	Normative Filmwissenschaft
Theorie der Pressewissenschaft	Theorie der Rundfunkwissenschaft	Theorie der Filmwissenschaft
Vergleichende Publizistikwissenschaft		
Theorie der Publizistikwissenschaft		

Die Kritik an diesem Schema setzt zunächst an der hier vorgenommenen Klassifikation an, die neben den drei genannten Medien keine weiteren Medien als Randklasse zulässt und damit für neue Entwicklungen (die mittlerweile eingetreten sind), nicht sensibel sein kann. Was fehlt, ist zudem ein Katalog von nach Relevanz sortierten Themen. Dabei muss sich die historische Forschung letztlich an *gesellschaftlicher* Relevanz bemessen lassen, will sie sich

[217] Ad exemplum: Man könnte die Hypothese aufstellen, dass Kommunikationsfreiheit an den Grad der Demokratisierung gebunden ist. Das wäre a) eine allgemeine Hypothese, die man im Vergleich von n Ländern testen könnte. Dazu wäre es b) nötig, Kommunikationsfreiheit nicht nur als Abschaffung von Zensur, sondern ggf. auch als Redefreiheit zu definieren. Es ist also sinnvoll, den Vergleich nicht synchron (Wie war es im Jahre x um die Pressefreiheit in n Ländern bestellt?), sondern diachron (Vergleich der n Länder jeweils in dem Jahr, in dem die Pressefreiheit ausgesprochen wurde) durchzuführen.

nicht dem Verdacht der schieren Faktenhuberei aussetzen.[218] Es muss also zusätzlich ein Relevanzkriterium eingeführt oder abgeleitet werden, bevor historische Forschung zu einem Thema überhaupt einsetzen kann. Genau in diesem Sinne argumentieren Stevens/Garcia (1980: 53) am Beispiel der Entstehung der *Penny Press* in den USA, dass es nicht genüge, Variablen zu erheben, ohne zu sagen, welche dieser Variablen die wichtigste für das Entstehen der Penny Press gewesen sei: „increased circulation, low price, ready availability, increased literacy [...] But which of these forces was the most important, the least important, a part of some ongoing, or strongly developing expectation of the functions of news?"

Daraus folgt im Prinzip, dass bereits in der Anlage historischer Forschung deren Relevanz erkenntlich oder begründbar sein muss. Als gutes Beispiel für eine an Relevanz orientierte historische Forschung kann hier die Beschreibung der Erfindung des Buchdrucks mit ihren sozialen Folgen durch Giesekke (1991) gelten[219]. Als Gegenbeispiel muss dann umgekehrt alle solche historische Forschung gelten, deren Relevanz fehlt oder gar herbeigeredet werden muss:

Beispiel 52:

Im Fachorgan *Publizistik*, das von Hochschullehrern des Faches Publizistik ediert wird und in dessen Beirat sich zwei Dutzend weitere Hochschullehrer inskribiert haben, findet sich ein Beitrag *Publizistik der Postmarke. Ein Beitrag zur Organlehre der Publizistikwissenschaft*, in dem die Entwicklung der „Postmarke zum publizistischen Massenmedium" (Neumann-Neander 1962: 39) beschrieben und die „Bedeutung wissenschaftlicher Publizistik der Postmarke" herausgearbeitet wird. Der Autor resümiert dann: „Damit mögen erstmals die Grundzüge einer Publizistik des nun schon manche Jahrzehnte existierenden Massenmediums Postmarke im wesentlichen dargelegt sein. Eine größere Ausführlichkeit erscheint an dieser Stelle nicht angezeigt; sie würde uns nicht der Notwendigkeit entheben, die Publizistik der Postmarke wissenschaftlich weiter zu untersuchen, zumal es sich hier um ein Phänomen handelt, dessen Entwicklungsmöglichkeiten keineswegs abgeschlossen sind.

Eine Wissenschaft, die diese Möglichkeiten und Grundsätze weiter ausarbeitet, wird für die verschiedensten Kreise nutzbringend sein. Diese Bedeutung wird sich nicht nur für den relativ kleinen Kreis der Verantwortlichen des Postmarkenschaffens, sondern auch für die Publizisten der anderen Medien ergeben, vor allem aber für die Empfängermassen

---

[218] Der frühere Wissenschaftsminister in NRW, *Johannes Rau*, soll in diesem Zusammenhang gesagt haben, er - Johannes Rau - könne nicht Privatdozenten, die mit Themen wie „Über die Struktur von Trinksitten anlässlich von Begräbnissen im Oberbergischen" habilitiert hätten, zu Professoren ernennen.

[219] Dass 'gute' historische Forschung selbstredend auch nach den Regeln der Geschichtsschreibung, die z.B. Quellenprüfung und Quellenkritik fordern, erfolgen muss, bleibt davon unberührt.

der Postmarkenaussage im Interesse von internationaler Allgemeinbildung und einer objektiven Kommentierung der publizistischen Postmarkendokumentation" (Neumann-Neander 1962: 46).

Eine zweite Antwort auf obige Frage ist, dass die Kenntnis der Vergangenheit aktuelle Gegenwart oder kommende Zukunft *erklären* kann, dass die Kenntnis historischer Bezüge gleichsam Baupläne und Gesetze dessen, was zukünftig passieren wird, freilegen könnte. So schreibt Hans Bausch (1987: 20) anlässlich der Jahrestagung der *Deutschen Gesellschaft für Publizistik und Kommunikationsforschung* zum Thema 'Kommunikationsgeschichte' 1986 in Wien:

> „Ich behaupte, und dies ist ein erstes Argument zu Gunsten einer Kommunikationsgeschichte, daß sie zum Rüstzeug unserer Studenten für ihre künftige berufliche Tätigkeit gehören muß. Wer künftig in den publizistischen Medien tätig sein möchte, kann sein Arbeitsfeld von morgen nur begreifen, die Dimensionen seines publizistischen Wirkens nur abschätzen, wenn er weiß, wie es gewesen ist, wie es ist und wie es sein könnte [...] Die jungen Menschen [...] müssen die Chance haben zu lernen, nach welchen Gesetzen in den Publikumszeitschriften, bei den Fachzeitschriften, in den Tageszeitungen, bei den Public Relations-Agenturen, beim öffentlich-rechtlichen Rundfunk und beim privaten Rundfunk gearbeitet werden muß. Die letztlich nur kommunikationsgeschichtlich zu vermittelnden Zusammenhänge gehören zum Lehrangebot und zur Lernpflicht."

Die Annahme, dass sich Gegenwart oder Zukunft aus der Vergangenheit *erklären* ließe, dass es Gesetze gäbe, die dies anleiten könnten (*Historizismus*) ist allerdings ebenso weit verbreitet, wie sie unzutreffend ist. Wenn sich aus der Vergangenheit jemals die Zukunft *erklären* ließe, dann wäre alles, was (noch) passiert oder passieren wird, bereits im Buch des Lebens festgeschrieben. Das aber ließe sich nur dann bewerkstelligen, wenn man bereit wäre, ganz und gar der Kognition zu entraten und sich unter das rettende Gefieder teleologischer Glaubenslehren zu flüchten (vgl. Popper 1979: 33ff.).

Die mangelnde Theoriefähigkeit der Geschichte ergibt sich aus der Tatsache, dass die Geschichtsschreibung allenfalls mit Existenzsätzen (die nicht falsifizierbar sind) hantiert, die Soziologie jedoch mit Allsätzen (theoretischen Sätzen). Oder anders: Historische Forschung ist *idiographisch*, also am Individualfall und dessen Besonderheiten ansetzend, strukturiert, während die Sozialwissenschaften *nomothetisch* vorgehen, also aus dem Durchschnitt vieler Daten versuchen, Regelmäßigkeiten versuchen (vgl. Koszyk 1989: 52f.).

> „Denn die Historie setzt ja klassisch nicht zufällig bei Vorgängen an, deren besonderer Charakter als Ereignisse nicht nur aufgrund ihrer Bedeutung für die Gesellschaft, sondern gerade auch in ihrer Bedeutung wegen ihrer Überraschungsmomente unmittelbar empfunden wird, wie etwa Krieg, Revolutionen, Verträge, Konflikte, Maßnahmen, Religionsstiftungen usw. [...] Wir erleben und klassifizieren sie als Ereignisse, weil sie sich der aggregativen Logik von Erwartungen nicht einfügen" (Tenbruck 1973: 43).

Historische Forschung muss also mehrere Bedingungen erfüllen:

a) die Fossilierung von Daten muss so exakt und so nachprüfbar wie möglich erfolgen

b) die sinnvolle Interpretation der erhobenen Daten, insbesondere in Bezug auf die Ambivalenz historischer Situationen (vgl. Wehler 1973: 66)

c) die vergleichende Würdigung[220]

Demgemäß wäre Kommunikationsgeschichtsforschung auf 3 Ebenen zu leisten, nämlich a) als sorgfältige Fossilierung von all solchen Daten (Ereignissen), die nach Gesichtspunkten sozialer Relevanz eine Affinität zu Kommunikation besitzen, b) deren sensible Interpretation und c) deren Relationierung auf vergleichbare oder konkordante Daten (Ereignisse) hin. Luhmann (1973) macht darüber hinaus darauf aufmerksam, dass die „angemessene" Interpretation nicht nur die möglichst genaue Kenntnis der Fakten voraussetzt, sondern auch die Kenntnis der Selektionskriterien, die einen Fakt als relevant erschienen lassen: „Historische Ereignisse sind mithin nicht in ihrer puren Faktizität und auch nicht allein in ihrer faktischen Verlaufsverkettung, sondern in ihrer Selektivität relevant" (Luhmann 1973: 83ff.).

Das Besondere an Kommunikationsgeschichtsforschung aber ist, dass die Entwicklung von Kommunikation in engstem Bezug auf die Gesellschaft hin erfolgt und umgekehrt durch deren Entwicklung wieder rückstabilisiert wird.

So kann man sich ernsthaft fragen, ob zwischen dem Thesenanschlag des *Martin Luther* an der Schlosskirche zu Wittenberg im Jahr 1517 (der heute auch als Paradebeispiel früher PR gesehen wird) und dem Ausbruch der Französischen Revolution ein Bezug besteht. Man kann aber auch umgekehrt fragen, ob etwa das Anwachsen der Bevölkerung oder der Grad der Dichte von Handel an bestimmten Orten die Erfindung von Medien fördert.

---

220 Die Feststellung, dass im Deutschen Reich 1919 die Pressefreiheit garantiert wurde, ist zunächst nur eine epiphänomenale Feststellung. Sie gewinnt jedoch *im Vergleich* ganz außerordentlich an Tiefenstruktur, wenn man weiß, dass die Pressefreiheit in England bereits im Jahr 1695, in den USA 1791 erreicht war.

Beispiel 53:

Die ersten uns erhaltenen Hinweise auf die Entstehung von Schrift sind Kerben in Knochen in Fünfer-Anordnung (um 25 000 v. Chr.). Das Zählen wurde später (um 3000 v. Chr.) in den Städten Ur, Uruk und Babylon, die, alle in der Flussniederung des Euphrat gelegen, eine für damalige Zeiten sehr hohe Bevölkerungsdichte besaßen, besonders wichtig. Das Leben und Zusammenleben so vieler Menschen auf engem Raum machte Transport und Vorratshaltung von Getreide, die Vermessung von Grundstücken und vertragliche Regelungen notwendig und damit eine konsentierte Fixierung von Zeichen, die – unabhängig von Personen, Orten und Zeit – in *gleicher* Weise erzeugt und verstanden werden mussten. Der Anfang liegt wieder im Fixieren von gezählten Summen (etwa: der Menge von Getreidesäcken in einem Lagerhaus) sowie in der Prüfung auf Richtigkeit der festgestellten Summen oder des festgestellten Eigentums durch *Siegel* (vgl. Klix 1993: 287ff.): Die Ausdehnung von *Gesellschaften* und/oder von Handel erzeugt einen Bedarf für die Ausbildung von *Schrift*.

Das gleiche gilt aber auch umgekehrt: Die politische Verfassung einer Gesellschaft hat direkte Auswirkungen auf die Entwicklung von Kommunikation. Wenn in Athen *Solon* (640-561 v. Chr.), *Kleisthenes* (5 Jhdt.) und *Perikles* (500-429) eine *demokratische* Herrschaftsform installieren, so scheint das auf den ersten Blick allenfalls politologisch von Interesse. Bei genauerer Hinsicht aber zeigt sich, dass sich aus der demokratischen Verfassung unmittelbar ein *Mitspracherecht* und, daran anknüpfend, eine Art Recht auf freie Meinungsäußerung ableiten lässt, also ein Recht auf Kommunikations- und Gedankenfreiheit.[221]

Das aber hat unmittelbare Folgen für die Rückstabilisierung von Kommunikation, was sich im damaligen Athen z.B. in der Entdeckung der Vorteile der Reflexivisierung von Kommunikation durch die *Dialektik*, vor allem durch das Wirken des *Gorgias* (480-380 v. Chr.) bedingt, zeigt. Die Dialektik ist nicht nur eine Lehre, wie man durch Frage-Antwortkommunikation über Widersprüche zu neuen Erkenntnissen (Problemlösungen) kommt, sondern sie besitzt das 'Erstgeburtsrecht' selbstreferentieller Systemtheorie.

---

[221] Zwar fehlen hier die Quellen (wenn man von den Warnungen *Platons* gegen die Demokratie einmal absieht), aber es ist sicher kein Zufall, dass die nachfolgenden Jahrhunderte gerade in Athen – und nicht in einer der großen Diktaturen (Persien, China) – eine große Zahl von Philosophen, Dichtern und Denkern hervorgebracht haben, zu denen insbesondere *Sokrates* (470-391 v. Chr.), *Platon* (427-347 v. Chr.) und *Aristoteles* (384-322 v. Chr.) selbst zählen. Oder anders gesagt: Als Folge von Kommunikationsfreiheit entstehen in der attischen Demokratie in einem großen Schub *Wissenschaften*, die in ganz besonderer Weise auf die Verschriftung angewiesen sind.

Abbildung 82: Selbstreferenz bei der Evolution von Kommunikation

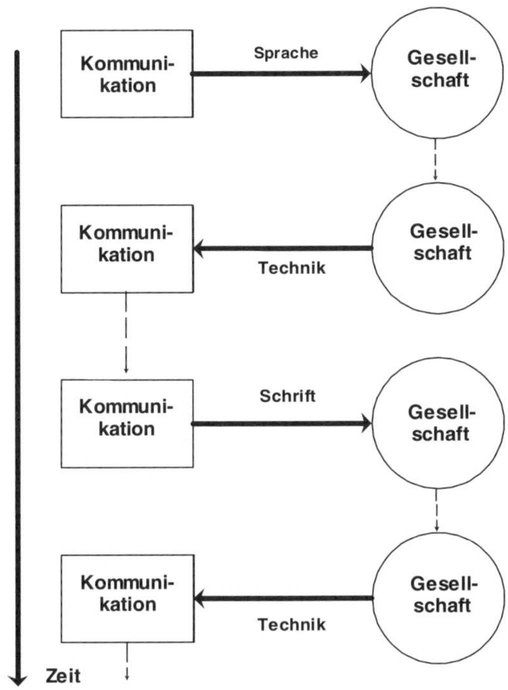

Abbildung 82 zeigt das allgemeine Prinzip: Dass der Nutzen *von* Kommunikation *für* Gesellschaft von dieser unmittelbar zurückgegeben (reflektiert) wird durch Prozesse, die hier summarisch als *Technik* bezeichnet werden: Techniken der Herstellung und Bearbeitung von Ton und Papyros ermöglichen die Schrift, Techniken der Herstellung von Papier und Lettern ermöglichen die Erfindung von Druck (Printmedien), Techniken der elektronischen Datenübertragung und -verarbeitung sind die Voraussetzung für die Erfindung elektronischer Medien etc.[222] Oder abstrakter: Die Verbesserung von Instrumenten (Werkzeugen) – und Kommunikation ist in diesem Sinn ein

[222] Die Stabilisierung von Gesellschaft durch Kommunikation hat zur Folge, dass auch deren Teilsysteme stabilisiert werden; demgemäß werden Techniken (der Produktion von Papier und Energie, Techniken des Rechnens, Schreiben, Lesens, Techniken der Normensetzung und der Normenkontrolle etc.) in den Teilsystemen gefördert und optimiert, auf die dann das Kommunikationssystem zurückgreifen kann, um *seine* weitere Optimierung zu betreiben.

basales Instrument – führt grundsätzlich über den Weg ihrer Reflexivisierung.[223]

Die wechselseitige Beeinflussung von Teilsystem und Gesamtsystem von Gesellschaft gilt selbstredend auch für alle anderen Teilsysteme. Aber sie ist nirgends so unmittelbar, so durchgreifend und so rapide wirksam wie beim Kommunikationssystem. Die im Folgenden präsentierte Chronologie der Kommunikation berücksichtigt daher auch Ereignisse (Erfindungen, Entdeckungen) von Techniken,[224] die sich erst *sekundär* auf das Kommunikationssystem ausgewirkt haben, wie z.B. die Erfindung der Dampfmaschine (1786), der elektrischen Beleuchtung (1883) oder die des Transistors (1948).

Weiterführende Literatur:

Bobrowsky/Langenbucher (1987); Bobrowsky/Duchkowitsch/Haas (1987); Stevens/Garcia (1980)

---

[223] Das gilt nicht nur für das älteste Werkzeug, die Hand, deren Reflexivisierung sich zuallererst in der Schaffung von Werkzeug durch Handarbeit zeigt, sondern das gilt auch für anspruchsvolle Instrumente, deren Reflexivisierung sogar mehrfach erfolgen kann: Anwendung von Handeln auf Handeln erzeugt das Instrument der Entscheidung, Anwendung von Entscheidungen auf Entscheidungen erzeugt Planung. Die Anwendung von Wahrnehmungen auf Wahrnehmung erzeugt Kommunikation, Anwendung von Kommunikation auf Kommunikation erzeugt Metakommunikation. Die Anwendung von Geld auf Geld erzeugt Zins, die Anwendung von Zins auf Zins erzeugt Zinseszins etc.

[224] Wie bereits an anderer Stelle angedeutet, verdankt sich die Entwicklung von Technik in immer stärkerem Maße der Ausbildung systemischer Struktur – sei es durch das Reflexiv-Werden von Werkzeugen (z.B. durch die Entwicklung der Werkzeugmaschinenindustrie), sei es durch die Einführung von selbstreferenten (technischen) Systemen wie der Watt'schen Dampfmaschine, sei es durch die Entwicklung von Algorithmen, die eine Selbststeuerung von Prozessen ermöglichen. Vgl. dazu Steinbuch (1966: 45ff.).

15.2 Chronologie der Kommunikation

Jahr	Ereignis
ca.3,5-1,5 Mio. Jahre v. Chr.	**Prähominide** (Australopithecus), aufrechter Gang, kennt einfache Werkzeuge und Lautbildung (Funde in Südostafrika, am Ostrand der Serengeti) (Oldoway I)
ca.1,5-0,1 Mio. Jahre v. Chr.	**Homo erectus** läuft aufrecht, verfügt über Lautsprache und Feuer, fertigt Werkzeuge (Funde u.a. in Heidelberg, Ungarn, China, Zimbabwe, Serengeti (Oldoway III))
100-35 000 v. Chr.	**Neandertaler** (Homo sapiens), bewohnt die Tundren der Nacheiszeit, kennt Lautsprache, Werkzeuge, Waffen, Hausbau und Feuer, Sozialordnung, Begräbnisriten (Funde u.a. in Süd- und Mitteleuropa, Nordafrika, Mittelasien)
100 000ff. v. Chr.	**Homo sapiens sapiens** (Cro Magnon-Mensch), entwickelt **Sprache** und Kultur (u.a. Höhlenmalerei, Schmuckherstellung, Beerdigungsriten), besitzt starke Sozialordnung, (Funde u.a. im Vezére-Tal [Frankreich], Nordafrika, Jordanien, Westasien, Sibirien), überquert in der Eiszeit (40 000 v. Chr.) die Beringstraße
ca. 25 000 v. Chr.	Homo sapiens sapiens *dokumentiert* Zahlen/Zählungen (Kerben in 5er Schritten, in Knochen geritzt)
7000 v. Chr.	Homo sapiens sapiens zähmt die ersten Haustiere
ca. 3 000 v. Chr.	In der fruchtbaren Euphratebene Bildung von Städten (Ur, Uruk, Babylon) mit bis zu 50 000 Einwohnern (*sumerische* Kultur); Entwicklung von **Rechnen** und **Schrift** (*Keilschrift*). Zur gleichen Zeit aber auch in China Entwicklung von Schrift
ab 2 900 v. Chr.	Entwicklung der **Bilderschrift** in Ägypten mit ca. 700 Zeichen (Hieroglyphen)
900 v. Chr.	Die Phönizier ersetzen die Bilderschrift durch eine **Buchstabenschrift** mit nur 22 Buchstaben (Alphabeth), die von den Hebräern und Griechen übernommen und Basis für alle europäischen Schriften wird
700 v. Chr.	Die Verarbeitung von Eisen wird erfunden ('Eisenzeit')
508 v. Chr.	Die **Demokratie** wird (in Athen) als Herrschaftsform zum ersten Mal eingeführt (*Perikles*)
440ff. v. Chr.	Reflexivisierung von Kommunikation als **Dialektik** (maßgeblich beteiligt daran sind *Gorgias*, *Kritias* und *Aristoteles*)
330 v. Chr.	Aristoteles entwickelt die erste Kommunikationstheorie (**Rhetorik**)
59 v. Chr.	Einrichtung der *acta publica* (Römischer Staatsanzeiger) durch *Julius Caesar*
ca. 20 v. Chr.	Einrichtung einer regelmäßigen und schnellen Verbindung (*cursus publicus*) durch Eilboten, später berittene Boten entlang den Heerstraßen mit Relaisstationen zwischen Rom und den Provinzen zur Nachrichten-, Personen- und Gepäckbeförderung durch *Kaiser Augustus*

Jahr	Ereignis
1452	*Johannes Gutenberg* erfindet den **Buchdruck** mit beweglichen Lettern
1471	*Newe Zeytung* (Einblattdruck, oft mit Schlagzeile und Illustration) als Vorläufer der Zeitung
1495	Einrichtung einer regelmäßigen Verkehrsverbindung zwischen Wien und Brüssel (*Von Taxis'sches* Postmonopol)
1568	Geschriebene Handelsbriefe (*Fugger-Zeitungen*)
1609	Gleich zwei erste **Zeitungen** (*Straßburger Relation* in Straßburg und *Aviso* in Wolfenbüttel)
1665	Gleich zwei erste **Zeitschriften** (*Journal des Savants*, Paris und *Philosophical Transactions*, London)
1695	**Pressefreiheit** in England
1786	Erfindung der selbstregelnden Dampfmaschine durch *Watt*
1789	Französische Revolution mit der Forderung nach **Presse- und Versammlungsfreiheit**
1811	*Stephenson* erfindet die Dampflokomotive, 1825 regulärer Betrieb
1814	Einsatz der Koenig'schen Schnellpresse bei der *Times* in London
1833	*The Sun* (London) als erster Typ der **Massenpresse**
1835	Erste **Nachrichtenagentur** von *Charles Havas* errichtet
1837	*Samuel Morse* erfindet den Schreibtelegraph (*Morseschrift*) Daguerre erfindet die **Photographie**
1844	Erster **Telegraph** (Washington - Baltimore)
1848-51	1848 *Harbour News Association* in New York 1849 *Telegr. Nachrichtenbüro* von *Wolff* in Berlin 1850 Nachrichtenagentur *Havas* in Paris 1851 Nachrichtenagentur *Reuters* in London
1860	Erfindung der Rotationsmaschine für Zeitungsdruck
1861	*Philipp Reis* erfindet das **Telefon**
1866	*Werner von Siemens* erfindet den elektrischen Dynamo
1876-83	Erfindungen von *Thomas A. Edison*: 1876 Kohlekörner-**Mikrophon**, 1877 Phonograph, 1879 Kohlefadenlampe, 1883 Glühlampe
1884	*Mergenthaler* erfindet die automatische Setzmaschine
1884	*Daimler* und *Maybach* erfinden den Benzinmotor
1888	Entdeckung der elektromagnetischen Wellen durch *Hertz*
1895	Erste öffentliche **Film**vorführung am 1.11. in Berlin (Gebrüder *Skladanovsky*) und am 28.12. in Paris (Gebrüder *Lumiére*)
1897	*Marconi* erfindet die drahtlose **Telegraphie**
1912	Erster Stummfilm (Autorenfilm) von *Mack*

Jahr	Ereignis
1922	Erster Lichttonfilm in Deutschland
1923	Ab 29.10. Sendung von Rundfunk (**Radio**) in Berlin
1928	Erfindung von **Tonband** (Magnetofon) und **Fernschreiber**
1937	*Konrad Zuse* erfindet den **elektronischen Rechner**
1935	ab 22.3. regelmäßige Sendung von **Fernsehen** in Berlin
1948	Erfindung des Transistors durch *Bardeen, Brattain* und *Shockley*
1957	Erste Erdsatelliten
1957	Bau eines Laserstrahlers durch *G. Gould*
1967	Farbfernsehen in Deutschland
1977	**Video** und **Bildschirmtext** (Btx) in Berlin
1979	Indienstnahme von **Telefax** (Fernkopierer)
1981	**PC** (Personal Computer)
1983	CD ROM (Compact Disk Read Only Memory)
1984	Europäischer Fernmeldesatellit ECS
1989	**Internet** (World Wide Web) am CERN in Genf konzipiert

Sigle: **Fettung** = Medium der Kommunikation

Weiterführende Literatur:

Brepohl (1974); Kuckenburg (1989); Opaschowski (1999: 16ff.); Ratzke (1984); Steinbuch (1966)

16. Zur Entstehung der Kommunikationswissenschaft

16.1 Die Genesis wissenschaftlicher Disziplinen

Wissenschaftliche Disziplinen entstehen umso eher, je

- mehr eine *kognitive* (und keine handwerkliche oder künstlerische) Bearbeitung erforderlich ist,
- gesellschaftlich relevanter der Objektbereich der jeweiligen Disziplin ist (Beispiel: Medizin, Wirtschaft),
- komplexer der Objektbereich ist (Beispiel: Biochemie),

- mehr der Objektbereich auf dem Wissen von Grundlagendisziplinen (etwa: der Mathematik) aufbaut und damit ebenfalls umfangreiches Basiswissen voraussetzt (Beispiel: Physik),
- mehr *praktische* Anwendungen damit eröffnet werden,
- mehr günstige Randbedingungen (Freiheit des Denkens, Interesse, Ressourcen wie Zeit und Geld) für Forschung zur Verfügung stehen und
- je weniger die Erforschung gegen soziale Werte oder Normen verstößt.

Darüber hinaus besteht im Gefolge des sozialen Wandels eine *generelle* Tendenz zur „Verwissenschaftlichung der Praxis" (Schelsky 1963: 204), was sich in Deutschland vor allem an der Gründung der Technischen Hochschulen und der Fachhochschulen gezeigt hat. Diese auf *fachspezifische* wissenschaftliche Qualifikation setzende Wurzel der Wissenschaft steht damit im direkten Gegensatz zum *Humboldtschen universalistischen* Bildungsideal „Bildung durch Wissenschaft" und erweist sich als ungleich stärker als das am neuhumanistischen Bildungsideal orientierte Wissenschaftsverständnis (vgl. Schelsky 1963: 79ff.). Damit ergibt sich eine erste Differenzierung von Lehre und Forschung wie folgt: Lehre ist tendenziell eher *praxisorientiert*, weil sie aktuelle Grundlagen (*Knowledge, Skills*) vermittelt, während Forschung eher *theorieorientiert* verfährt.

Die klassische Entwicklung einer Wissenschaft verläuft über die Ordnung kumulierenden Wissens zu ihrem Objektbereich mit den Grundprinzipien der Deskription durch Systematisierung (Klassifikation, Typenbildung) und durch Abstraktion – zumindest auf der Ebene des Spezifischen und des Allgemeinen. In den Geisteswissenschaften verrät sich dies z.B. in Begriffen wie 'Objekt'–Kunde oder 'Systematik', die bevorzugt in der Phase der Genesis einer Wissenschaft verwendet werden. Methoden werden fachspezifisch entwickelt – etwa als historische, als experimentelle oder als vergleichende Methode – mit jeweils am Erkenntnisgegenstand festzumachenden Spezifika und, manchmal geradezu eifersüchtig, zur Abgrenzung gegen andere Disziplinen genutzt.

Die Differenzierung der Wissenschaften folgte damit prinzipiell der Differenzierung von Zünften, d.h. sie verlief zunächst *segmentär* und zugleich binnendifferenzierend innerhalb der Segmente: Neben die Philosophie treten die Naturwissenschaften, aus diesen entwickelt sich u.a. die Medizin. Gleichzeitig differenziert sich die Medizin intern in Teildisziplinen wie Zahnmedizin oder Neurochirurgie aus etc.

Die moderne Entwicklung von Wissenschaften (vgl. Stichweh 1979) folgt nicht mehr dem Modell der segmentären Differenzierung, sondern orientiert sich an Problemstellungen, die in dem Maß den Zugriff *mehrerer* Disziplinen erfordern[225], in dem diese als solche komplex sind: Während etwa die Botanik über lange Zeit mit einfachen Typen phänotypischer Beschreibung und klassifikatorischen Ordnungsregeln auskommt, ist eine Hybriddisziplin wie etwa die mathematische Biophysik[226] eine Wissenschaft, die ihren Ausgang im Problem der Analyse von Mikro-Prozessen biologischer Selbstorganisation genommen hat und sich zudem einer etablierten, mit hohem Konsens und daher mit hohem Prestige arbeitenden Grundlagenwissenschaft, nämlich der Mathematik, versichert hat (vgl. Stichweh 1979: 91).

Die Reifung von Wissenschaft durch Kumulation von Wissen folgt dagegen einem Prozess, der durch die Evolution prototypisch modelliert werden kann und durch Prozesse der Variation (etwa: Kreativität), der Selektion (etwa: durch Zulassung zur Publikation als akzeptable, die Wahrheit vergrößernde Kommunikation) und der Stabilisierung durch Redundanz (etwa: der wiederholte Abdruck) die Basis für die Differenz von Wahr und Unwahr vergrößert (vgl. Campbell 1969 sowie Luhmann 1990: 585ff.). Der Verfall einer Wissenschaft kann unter diesem Aspekt nur den Verfall eines Paradigmas bedeuten, der das Aufkommen eines neuen Paradigmas bereits voraussetzt.

16.2 Verwissenschaftlichung von Kommunikation

Die Entwicklung der Kommunikationswissenschaft, die zuerst in den USA eingesetzt hat, folgt den oben skizzierten Kriterien für die Entstehung von Wissenschaft vergleichsweise spät und – anders als die Naturwissenschaften – vor allem mit Hinsicht auf *praktische* Anwendbarkeit: Wer sich auf das geschickte Reden versteht, kann *die* Wirkungen bei seinem Publikum erzielen, die er erzielen möchte – das war die folgenreiche Erkenntnis des *Aristoteles*, als er seine Rhetorik verfasste. Das gleiche wiederholt sich, 2300 Jahre später, als in den USA Schulen für *Journalism Research* entstanden: Auch hier lag – zumindest am Anfang – das Motiv der möglichst günstigen Aufnahme durch den Leser zugrunde. Und noch Katz/Lazarsfeld (1955: 18f.) verweisen entschieden darauf, dass der Glaube an die schnell und einfach zu erzielenden starken *Wirkungen* der Massenmedien der Motor der Massenkommunikationsforschung war – und ist.

Eine zweite Besonderheit ergab sich daraus, dass Kommunikation auch in anderen Disziplinen zumindest perspektivisch gepflegt wurde, vor allem von

---

225 Natürlich ist auch die Umkehrung denkbar: Dass die Lösung eines Problems für mehr als eine Wissenschaft relevant ist. Auf dieses Problem kann hier nicht eingegangen werden. Vgl. dazu Luhmann (1990: 459ff.).

226 Vgl. dazu erhellend die Beiträge in: *Journal of Mathematical Biophysics*.

der Soziologie, der Psychologie, den Literaturwissenschaften und der Politikwissenschaft.

> „Kommunikation in all ihren Formen und mit all ihren Inhalten war und ist unter spezifischem Aspekt jeweils Gegenstand zahlreicher Wissenschaften. Hervorzuheben sind Soziologie, Psychologie, Geschichte, Literatur- und Sprachwissenschaften sowie Wirtschaftswissenschaften. Sie haben in der Regel unabhängig voneinander, teilweise auch in Gegnerschaft zueinander, wohl aber unbeabsichtigt einer Kommunikationswissenschaft vorgearbeitet, die sich im deutschen Sprachbereich auf die mediengebundene Kommunikation bezog und über die Entwicklungsschritte Zeitungskunde, Zeitungswissenschaft, Publizistikwissenschaft entstand“ (Bohrmann 1981: 132).

Vor allem muss hier *Max Weber* genannt werden, der bereits 1910, auf dem 1. deutschen Soziologentag in Frankfurt, ein Programm zur Erforschung des Pressewesens vorgelegt hat:

> „[...] wir werden nun, deutlich gesprochen, ganz banausisch anzufangen haben damit, zu messen, mit der Schere und dem Zirkel, wie sich denn der Inhalt der Zeitungen in quantitativer Hinsicht verschoben hat im Lauf der letzten Generation [...] Es sind erst die Anfänge solcher Untersuchungen vorhanden, die das zu konstatieren suchen [...] und von diesen Anfängen werden wir zu den qualitativen übergehen“ (Weber 1911: 52).

Der Druck der Praxis begünstigt, in den USA noch stärker als in Deutschland (vgl. Bruch/Roegele 1986: 1; Reimann 1989: 39ff.), über die Forderung nach immer anspruchsvollerer Ausbildung im Bereich des Journalismus die Etablierung der Kommunikationswissenschaft – in den USA als *Journalism Research*. Die Zeitschrift *Journalism Quarterly* erscheint erstmalig 1924, das *Public Opinion Quarterly* erstmalig 1939 und das *Journal of Communication* erstmalig 1951. Und während der Start des *Journalism Quarterly*, getragen vom Verband der *AEJ* (*Association for Education in Journalism*) noch deutlich auf die Presse beschränkt erfolgt, geht der Start des *Public Opinion Quarterly* bereits von einer prominenten Universität (Princeton) aus, die für diese Zeitschrift prominente Wissenschaftler verpflichtet – darunter *Hadley Cantril, Harold D. Lasswell, Floyd H. Allport, Margaret Mead, Theodore Newcomb, George Gallup* und *Edward L. Bernays* – die aus sehr unterschiedlichen Disziplinen stammen und die vor allem das Interesse an der Erforschung von Kommunikation verbindet:

> „More than ever the press must be reckoned the Fourth Estate, but two new agencies of mass impression – the radio and motion picture – have appeared. The radio facilitates still further the spread of news and opinion, overleaping boundaries, creating new personal contacts, and raising difficult problems of private ownership and governmental control. Motion picture and radio alike stamp the mind with vivid flashes, and the full educational effect of this bombardement has yet to be experienced.

Under these conditions the clearest possible understanding of what public opinion is, how it generates, and how it acts becomes a vital need touching both public and private interests. The editorial staff of THE PUBLIC OPINION QUARTERLY undertakes to serve that need by creating a convenient medium for regularly bringing together from all the sources indicated above – scholarship, government, business, advertising, public relations, press, radio, motion pictures [...] The editors will endeavor to maintain a wholly objective and scientific point of view" (Foreword *Public Opinion Quarterly*, Vol. 1/1937, 1: 4).

Der Start des *Journal of Communication* (getragen von der *National Society for the Study of Communication, NSSC*) im Jahr 1951 zeigt eine noch weiter gesteigerte Orientierung hin zu einer Wissenschaft der Kommunikation. Im Vorspann wird die Herausgabe dieser Zeitschrift ausdrücklich an die Interessen der *NSSC* gebunden; diese werden explizit vorangestellt:

„(1) To study the nature of communication and its place in our society, (2) To aid and encourage those individuals or groups attempting to improve the communication process, (3) To evaluate the specific courses of training already existent, and, (4) To disseminate the results of our studies" (Nichols 1951: 1).

Der zwischenzeitlich eingetretenen weiteren Öffnung auf *alle* kommunikativen Phänomene versucht das *Journal of Communication* systematisch dadurch Rechnung zu tragen, dass es 15 themenspezifisch ausgerichtete wissenschaftliche Gremien bildet, die das gesamte Gebiet der Kommunikationswissenschaft in Lehre und Forschung abdecken sollen. Diese Gremien beschäftigen sich mit Kommunikationserziehung in der Schule und akademischer Ausbildung in Kommunikationswissenschaft, Methodologie, Massenmedien, Propaganda, interkulturellen Beziehungen u.a. und sind interdisziplinär besetzt. Mitglieder sind u.a. *Samuel I. Hayakawa*, *Rudolf Flesch* und *Norbert Wiener*.

Die Entwicklung der Kommunikationswissenschaft in den USA und – mit zeitlicher Verzögerung – auch in anderen Ländern wird durch die Entdeckung der empirischen Sozialforschung erheblich gefördert. Die Arbeiten von *George Gallup* zur verlässlichen Massenumfrage sind in diesem Zusammenhang ebenso zu erwähnen wie die Entwicklung der Inhaltsanalyse durch *Lasswell* oder die systematische Entwicklung und Anwendung statistischer Methoden durch *Lazarsfeld*.

Die entstehende Kommunikationswissenschaft war – auch das kennzeichnend für neue Wissenschaften – mangels etablierter *eigener* Begriffe und Konzepte, Methoden und Paradigmen auf Bestände von Nachbardisziplinen angewiesen, was den Start zwar erleichterte, aber später gelegentlich Probleme mit sich brachte – die unzulässige Adaption der mathematischen Informationstheorie für die Kommunikationswissenschaft durch Schramm (1955) (➔ Kap. 4.3) ist ein Beispiel dafür.

Die hier nur sehr grob beschriebene Entwicklung vor allem der amerikanischen Kommunikationswissenschaft spiegelt sich deutlich in einschlägigen wissenschaftlichen Buchpublikationen. Abb. 83 zeigt das Anwachsen der Kommunikationswissenschaft, gemessen über die Produktion von Büchern zur Kommunikationswissenschaft, in 5-Jahres-Schritten von 1935 bis 1976[227].

Abbildung 83: Boom der Kommunikationsforschung (Arnold/Bowers 1984: 4)

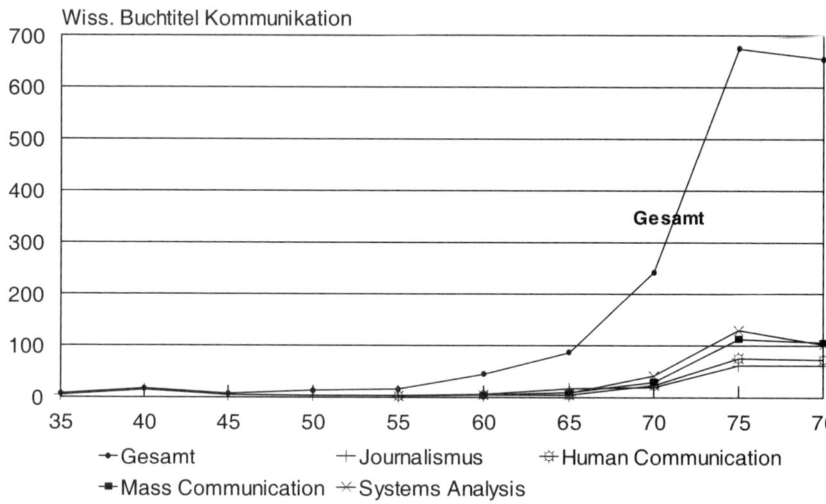

Die Differenzierung in einzelne Bereiche (Humankommunikation, Massenkommunikation, Journalismus und Systemanalyse (von Kommunikation!) zeigt des Weiteren, dass *alle* Bereiche boomen, allerdings unterschiedlich: Die etablierteren Zweige (Journalismus, Humankommunikation) weniger, die neuen Bereiche (Massenkommunikation, Systemanalyse) dagegen ungleich stärker. Da diese Statistik vom Jahre 1501 an geführt wurde, kann man daran die Entstehung der Kommunikationswissenschaft gut nachzeichnen; Von 1501 bis 1900 wurden 36 Titel gezählt, von 1901 bis 1930 37 Titel, von 1931 bis 1976 1764 Titel. Auch diese Entwicklung zeigt, dass die Kommunikationswissenschaft über vier Jahrhunderte de facto nicht existent war, dann aber – sozusagen ohne jede Vorwarnung – zu einem gewaltigen Aufschwung ansetzt.

[227] Dabei ist anzumerken, dass der letzte Wert nur die Titelproduktion aus 1976 erfasst, während alle anderen Messpunkte die über 5 Jahre erfassen. Der Boom bricht also ab 1975 nicht ab, sondern steigert sich, ganz im Gegenteil, massiv: Im Jahr 1976 erscheinen fast so viele Bücher wie in den 5 Jahren zuvor. Die bei Arnold/Bowers (1984: 4) weiter aufgeführten Bereiche (*Speech, Rhetoric, Semiotics, Information Theory* u.a.) sind in Abb. 83 nicht wiedergegeben.

Die Forschungsschwerpunkte der rasch wachsenden amerikanischen Kommunikationsforschung folgen – auch hier wieder anders als in Deutschland – den gesellschaftlich relevanten Themen, insbesondere der Frage nach den *Wirkungen* der Massenmedien.[228]

Als die Massenmedien in immer dichteren Abständen entstehen und immer intensiver genutzt wurden, kommt als zweite Wurzel der Kommunikationsforschung die Frage nach dem *Funktionieren und den Funktionen* des *Mediensystems* hinzu und mit dem Medienboom entwickelt sich ein weiterer Boom der Kommunikationsforschung. Zwar steht auch hier wieder die Frage nach den Wirkungen der Massenmedien im Hintergrund, aber sie wird nun viel globaler formuliert: Es wird nicht (mehr) nach individuellen Wirkungen der einzelnen Medien gefragt. Stattdessen wird pauschal eine *Mediengesellschaft* unterstellt, die dadurch gekennzeichnet ist, dass die Medien permanent und flächendeckend Modelle für die Wirklichkeitskonstruktion anbieten, für die es immer weniger Alternativen gibt, so dass deren Einfluss beständig steigt. Damit hängt auch die überraschende Tatsache zusammen, dass das Mediensystem mittlerweile in allen modernen Gesellschaften zum wichtigsten Teilsystem anvanciert ist.

Diese Entwicklung stellt neue Anforderungen an Theorien und Methoden der Kommunikationswissenschaft. Auf der Suche nach genügend komplexen Theorien, die diese Entwicklungen und ihre Folgen erklären können, stieß man auf die maßgeblich von *Norbert Wiener* entwickelte Systemtheorie zur Steuerung *technischer* Systeme, die Wiener 1947 mit dem Begriff *Kybernetik* geprägt hatte. Diese Theorie wurde von Sozialwissenschaftlern (darunter: *Kurt Lewin*) aufgegriffen und als *Theorie sozialer Systeme* auf Kommunikation angewendet. So beschreibt der Soziologe Niklas Luhmann (1972) Kommunikation als einfachstes, aber emergentes Sozialsystem, das alle komplexeren sozialen Systeme (Gruppen, Organisationen, Gesellschaften) erzeugt und aufrechterhält. Spätestens ab diesem Zeitpunkt entwickelte sich die theoretisch anspruchsvolle Kommunikationsforschung hin zu einem Typ angewandter Systemforschung.

16.3 Die Publizistikwissenschaft

Die Entstehung einer Wissenschaft der *Publizistik* im Deutschland der frühen 20er Jahre baut auf ihrem Vorläufer, der *Zeitungswissenschaft*, auf, die sich

[228] Wie stark dieser Bezug ist, kann man implizit daran erkennen, dass *Lowery/De Fleur* unter dem Titel *Milestones in Mass Communication Research* einen weithin beachteten und mehrfach aufgelegten Reader herausbringen, der (in der Vorstellung von dreizehn Studien) ausschließlich die Wirkungen der Massenmedien behandelt. Vgl. Lowery/De Fleur (1983).

bereits im 19. Jahrhundert aus der Zeitungskunde entwickelt hat und sich dann als wissenschaftliche Disziplin an den Universitäten von Leipzig (1916), Münster (1919), München (1924) und Berlin (1928) etabliert. Zeitungswissenschaft war – verkürzt gesagt – die Wissenschaft, die das Gebiet der Zeitungskunde zu systematisieren und zu analysieren hatte (vgl. etwa Mohr 1927: 6ff.; Groth 1928; Groth 1948: 332ff.; Groth 1960ff.). Anders als etwa in den USA, wo sich die Beschäftigung mit Medien von der *praktischen*, journalistischen Seite her entwickelt hat (*Journalism Research*), gingen in Deutschland die Anstöße zu einer wissenschaftlichen Beschäftigung vor allem von einer *historischen* Betrachtungsweise aus, die nicht oder nur sekundär einen Bezug zur Praxis ins Auge fasste (vgl. Weischenberg 1992: 13ff.).

Dass die Begründung der Zeitungswissenschaft relativ spät erfolgte, muss zudem gleich angemerkt werden. Denn bereits zu Beginn des 20. Jahrhunderts traten neben die Presse weitere 'Massenmedien' hinzu, nämlich Film (seit 1910) und Hörfunk (seit 1923), die nicht zur Rezeption des gedruckten Wortes, sondern zur Rezeption bewegter Bilder und/oder zur akustischen Rezeption von gesprochenem Wort oder Musik aufforderten, gleichwohl aber ein Informationsangebot bereitstellten, das dem der Presse strukturell verwandt war:

> „Von der fast ausschließlichen Beschäftigung mit dem Phänomen Zeitung wandte sich die Zeitungswissenschaft Ende der zwanziger Jahre stärker der Problematik des Lesers und den psychologischen Ursprüngen der Aussage zu. Dabei ergab sich die enge Verwandtschaft der Zeitung mit anderen Formen der öffentlichen Aussage, der Zeitschrift, dem Tagesschrifttum, dem Theater, dem Werbewesen, auch der Redekunst. Zur Kennzeichnung dieser Gemeinsamkeit griff man zum Begriff der ‚Publizistik', der bis dahin auf den Bereich des politischen Schrifttums beschränkt gewesen war. Es entstand die Forderung nach einer ‚Wissenschaft vom öffentlichen Leben' und damit nach einer Erforschung aller zeitungsähnlichen ‚publizistischen' Erscheinungen. Die Schaffung umfassender Grundbegriffe erwies sich als um so notwendiger, als sich gleichsam über Nacht wichtige neue Formen der publizistischen Aussage durchgesetzt hatten" (Hagemann/Prakke 1966: 15f.).

Und während im Jahr 1926 in den USA bereits 50 journalistische Fakultäten bestehen[229], wird in Deutschland in diesem Jahr die erste Professur für Zeitungswissenschaft eingerichtet (vgl. Jaeger 1926: 29ff.). Zugleich erscheint in diesem Jahr erstmalig die *Zeitungswissenschaft* (Untertitel: Monatsschrift für internationale Zeitungsforschung).

[229] Die Zahl der journalistischen Seminare an amerikanischen Universitäten und Colleges stieg von 33 (im Jahr 1911) auf 700 (im Jahr 1938) an (vgl. *Zeitungswissenschaft*, Jg. 14/1939, Heft 3: 196).

> „Die Zeitungswissenschaft ist noch jung; in allen Ländern kämpft sie mehr oder weniger um ihr Ansehen, hier und dort macht man Versuche, ohne daß der eine etwas vom andern weiß. Das kann und soll anders werden durch eine engere Verbindung, die vom einen Lande zum andern gesponnen wird, und das einigende Band soll eben eine Zeitschrift sein" (Adresse der Herausgeber, D'Ester und Heide, in: *Zeitungswissenschaft*, Jg. 1/1926, Heft 1: 1).

Die Erweiterung einer Wissenschaft von einem *einzigen* publizistischen Medium[230] (Zeitungswissenschaft) zu einer Wissenschaft, die für *alle* publizistischen Medien Gültigkeit beansprucht (Publizistikwissenschaft), hatte als erster Karl Jaeger (1926) vorgeschlagen. Aber sie wurde – sicherlich nicht unbeeinflusst durch Ära des Nationalsozialismus – *nicht* umgesetzt.

Die Vereinnahmung der Zeitungswissenschaft durch den Nationalsozialismus kam nicht von ungefähr: Die Einrichtung eines „Reichsministeriums für Volksaufklärung und Propaganda" zeigt, dass das NS-Regime den Wirkungen von Kommunikation eine neue, bislang nie gekannte Aufmerksamkeit zuwendete. Es war daher nur konsequent, dass auch die dafür zuständige Wissenschaft in die Dienste des NS-Regimes trat – oder in die Pflicht genommen wurde. Zahlreiche Zeugnisse belegen, dass die Vertreter der Zeitungswissenschaft dagegen keinen Widerstand leisteten, sondern ganz im Gegenteil die Entwicklung einer von oben gesteuerten Volksaufklärung und Propaganda gut hießen.[231] Der Name 'Zeitungswissenschaft' war daher – sowohl für die Wissenschaft als auch für die gleichnamige Zeitschrift – ruiniert und nach 1945 nicht mehr haltbar. Nicht aus wissenschaftlichen, sondern eher aus Gründen politischer Vergangenheitsbewältigung wird daher nach dem Krieg die Idee einer Publizistikwissenschaft umgesetzt – allerdings gegen den Wi-

---

230 Die Differenzierung der Presse in Zeitung und Zeitschrift ist in diesem Zusammenhang unerheblich.

231 Stellvertretend hier Emil Dovifat in der *Saarbrücker Landeszeitung* Nr. 274, 8, X zum Schriftleitergesetz des Reichsministeriums für Volksaufklärung und Propaganda vom 04.10.1933: „Denn es muß aus diesem Gesetz ein neues publizistisches Leben blühen. Überwunden ist die selbstmörderische Zerrissenheit und das Meinungschaos, aber die Meinungsbildung muß auch weiter gehen und ihre natürlichen Wege finden. Sie muß angeregt, geführt, zusammengefaßt, die illegalen Kanäle gefährlicher Gerüchte und üblen Geredes überwinden und im Geiste der Führung verantwortungsbewußt geformt sichtbar sein. Ist schon der Schriftleiter Dolmetsch des Staatswillens auch im engeren und begrenzten Kreis, so hat er Sorge zu tragen, daß dem starken Führungswillen von oben auch das Echo, die Meinungsbildung von unten, entgegengeführt wird und beides zum Nutzen der Nation in eine Einheit kommt" (hier zitiert nach: *Zeitungswissenschaft* Jg. 8/1933, Heft 6: 371). Vgl. für diese Epoche auch ein weiteres Beispiel bei Weischenberg (1995: 228ff.).

derstand der sich dadurch bedroht fühlenden Zeitungswissenschaft – herausbildet (vgl. Groth 1948: 334ff.; Starkulla 1963; Wagner 1978: 19ff.).

Man kann diesen längst fälligen Wandel von der Zeitungs- zur Publizistikwissenschaft als „Trend zu integrativen Wissenschaften" (Schöllgen 1960) beschreiben, also als integrativen Prozess, bei dem nicht die Entdeckung der differentia specifica, sondern vielmehr die Entdeckung des genus proximum die Innovation auslöst und damit eine Entdifferenzierung im Sinne eines *Paradigmas* leistet:

> „Ein Paradigma [...] stellt eine Mehrzahl bisher mehr oder minder unverbundener Gebiete auf eine gemeinsame Grundlage. Damit hat es zunächst einen hochgradig integrativen Effekt. Ähnliches gilt [...] häufig bereits für die Genese neuer Theorien" (Stichweh 1979: 98).

Dieser Sachverhalt scheint in der ersten Ausgabe der Zeitschrift *Publizistik* allerdings nicht auf. Statt einer programmatischen und zukunftsweisenden Absichtserklärung, wie sie bei den amerikanischen Zeitschriften zu finden ist, meldet sich *Emil Dovifat*, der im Dritten Reich vor allem auf die 'Gesinnungspublizistik' gesetzt hatte, mit einem Beitrag *Publizistik als Wissenschaft* zu Wort, der gerade durch das, was er verschweigt, einer impliziten Selbstauskunft gleichkommt:

> „Die wissenschaftliche Betrachtung publizistischer Vorgänge ist eine der ältesten akademischen Disziplinen. Ihr als einem ‚jungen Fach' väterlich auf die Schulter zu klopfen, entfällt also. Sie ist keine junge, und noch viel weniger ist sie eine neue, sie ist eine sehr alte Wissenschaft. So alt wie die *Staatslehre* (Politik), oder die *Poetik*, wenig jünger als die Philosophie. Heute ist sie eine wiedererstehende Wissenschaft, die Lehre von der Form, der Anlage und der Wirkung der in der Öffentlichkeit geistig führenden und gestaltenden Kräfte [...]
>
> In der wissenschaftlichen Grundlagenforschung sind es die publizistischen Hauptbegriffe, aus deren Zusammenspiel sich die Regeln und Gesetze, die Typen und Normen des publizistischen Lebens entfalten. *Öffentlichkeit*, das Element und unerläßliche Medium jeder Publizistik, *Aktualität*, die ihr Objekt spannungsgeladen macht, *Gesinnung* – positive oder negative, wahrhaftige oder vorgespielte – die jedem publizistischen Prozeß seinen Charakter gibt, *Überzeugung*, die ihn zu Tun und Handeln und damit zum Ziel aller Publizistik drängt. Schließlich dann noch die eindringliche und *packende Form*, ohne die die größte und niedrigste publizistische Absicht auf der Strecke bleibt" (Dovifat 1956: 3 und 7).

Dieser Übergang zur Publizistikwissenschaft nach dem Zweiten Weltkrieg, ersichtlich ein Akt zur Bewältigung des Nationalsozialismus, war von viel Eifer getragen: Die Umwidmung bestehender zeitungswissenschaftlicher Institute in

Institute für *Publizistik* (Berlin 1948; Münster 1949; Erlangen 1952)[232] die Gründung der gleichnamigen Zeitschrift *Publizistik* (1956) und der *Deutschen Gesellschaft für Publizistik und Zeitungswissenschaft* (1963), die später (1972) in *Deutsche Gesellschaft für Publizistik und Kommunikationswissenschaft* (*DGPuK*) umbenannt wird, sind wichtige Anzeichen hierfür.

Gleichwohl haftet der Publizistikwissenschaft ein Geburtsfehler an: Der Erkenntnisgegenstand der Publizistik – der Prozess der Kommunikation?, der Prozess medialer Kommunikation?, das publizistische Handeln? – blieb letztlich ungeklärt. Das zeigt sich auch in der späteren Binnendifferenzierung, die die 'Journalistik' und darauf aufbauende Studiengänge an den Universitäten Dortmund, München, Hannover, Hamburg, Eichstätt und Bamberg hervorbrachte, aber vom Begriff der Publizistik keinerlei Gebrauch mehr machte.

Mitte der 60er Jahre setzte dann verstärkt die Rezeption von Ergebnissen vor allem der amerikanischen *Kommunikationsforschung* ein (vgl. statt anderer etwa Dröge/Lerg 1965), so dass in der Folge dessen der Begriff der Publizistikwissenschaft durch den der Kommunikationswissenschaft ergänzt oder später ersetzt wurde.

Auf die Frage nach dem Fortbestehen der Berechtigung einer Publizistikwissenschaft[233] darf allerdings keine vorschnelle Antwort riskiert werden: Wissenschaftliche Redlichkeit gebietet es vielmehr, zuvor nach dem Erkenntnisgegenstand der Publizistikwissenschaft und dem Korpus ihrer *theoretischen* Bestände zu fragen.

16.3.1 Theoretische Bestände

Die Lebensfähigkeit einer Wissenschaft ist umso größer, je relevanter sie für die Gesellschaft ist und je mehr sie theoretischen und, daraus ableitbar, praktischen Fortschritt befördert. Theorie hat, was oft übersehen wird, nicht nur die Funktion der Erklärung und der Prognose, sondern zunächst eine Funktion der *Ordnung* durch *Abstraktion*. Die Frage erhebt sich also, welche *theoreti-*

---

232 Selbst in Leipzig wurde das ehemalige *Institut für Zeitungswissenschaft* (1947) in *Institut für Publizistik* umbenannt; diese Bezeichnung wurde später (1954) aus ideologischen Gründen wieder fallengelassen. Daneben gab es aber auch Vertreter, die am Begriff der Zeitungswissenschaft festhalten wollten (vgl. Groth 1960ff., Bd. I). So hieß das Münchener Institut bis 1974 *Institut für Zeitungswissenschaft* und führt auch heute (1999) noch diesen Begriff – wenn auch nur an zweiter Stelle und in Parenthese gesetzt.

233 Diese Frage wurde – zumindest implizit – mehrfach und aus sehr unterschiedlicher Perspektive diskutiert. Vgl. hierzu etwa Starkulla (1963); Stern-Rubarth (1965); Hardt (1980); Saxer (1980); Rühl (1985), Ronneberger (1986) sowie Glotz (1990).

schen Ansätze die Publizistikwissenschaft innerhalb der 70 Jahre seit ihrem Bestehen angesammelt, verarbeitet und fruchtbar gemacht hat. Einzuschließen bei dieser Betrachtung sind – selbstredend – auch die wissenschaftlichen Bestände der Zeitungswissenschaft.

Unter theoretischen Ansätzen sollen hier – in einem weiten Rahmen und im bewussten Versuch, sensibel vorzugehen – alle Versuche verstanden werden, 1) den Erkenntnisgegenstand (oder, wie man früher sagte: das 'Wesen' des Erkenntnisgegenstandes) zu *definieren,* 2) dessen Erscheinungen zu *systematisieren,* 3) Regelmäßigkeiten (Strukturen, Prozesse, Funktionen) zu *analysieren,* 4) diese in Form prüfbarer *Hypothesen* zu fassen, 5) diese durch (empirische) Prüfung in *Thesen* zu überführen und 6) die Zusammenführung der Thesen zu einer umfassenden *Theorie* zu betreiben.

Diese Modi verweisen zugleich auf die Methodik. Koszyk (1962) hat in einer Phase, in der die Frage, ob die Publizistikwissenschaft zu den Geistes- oder Sozialwissenschaften zu rechnen sei, intensiv und sehr kontrovers diskutiert wurde, im Sinn der Geisteswissenschaften eine sehr klare Antwort in Form eines 'Strukturschemas der Publizistikwissenschaft' gegeben (vgl. Tab. 29), indem er unterstellte, dass auf der Basis historischer Erforschung der *Medien* durch Deskription, Analyse von Normen und vergleichende Forschung eine Theorie entstehen könne (Koszyk 1962: 5).

Die Definition des Erkenntnisgegenstandes

Es ist – gerade für die spätere Diskussion – sinnvoll, den dafür gewählten Begriff 'Publizistik' auf seine Implikationen zu befragen. Meyers großes Konversations-Lexikon (1907, Bd. 16: 435) definiert nämlich Publizistik unter dem Rubrum 'Publizist' als „Wissenschaft des öffentlichen Rechts und der Politik" und ein Publizist ist hier noch ein „Gelehrter, der sich mit der Wissenschaft des öffentlichen Rechts und der Politik (Publizistik)" beschäftigt, „allgemeiner eine Person, die über öffentliche Angelegenheiten schreibt".

Der Begriff der Publizistik, der nach Noelle-Neumann (1975a: 744) seit mehr als 500 Jahren geläufig ist, hat damit freilich eine Implikation, die sich *nicht* auf Medien bezieht, sondern auf die *Öffentlichkeit* als Adressat relevanter Aussagen: Große Reden an die Nation, berühmt gewordene Verhandlungen vor Gericht, aufsehenerregende Kanzelreden werden als 'publizistisch' angesehen. Prakke erweitert – auf die Frage nach der Ur-Publizistik – diese Perspektive nochmals auf die nonverbale (bildliche) Kommunikation und gelangt dabei zu der – freilich bezweifelbaren – Ansicht, dass die in den frühen Felsmalereien nachgewiesene Gemeinschaft jagender Steinzeitmenschen als urpublizistische Aussage anzusprechen ist:[234] „Den kunstbegabten homo sapiens aus der Zeit vor etwa 30 000 Jahren, den wir als Cro-Magnon-Mensch bezeichnen, dürfen wir als ältesten Publizisten begrüßen" (Prakke 1964: 26).

Damit bindet sich die Publizistikwissenschaft auch an die *Rhetorik* und die nonverbale Kommunikation, also an den Bereich der informellen Kommunikation, allerdings nur soweit, wie diese *öffentlich* erfolgt. Aus Sicht der Kommunikationswissenschaft umgreift die Publizistikwissenschaft damit sowohl den Bereich der nonmedialen als auch den der medialen Kommunikation, allerdings stets gebunden an den Bezug zur Öffentlichkeit:

> „Von der Publizistikwissenschaft wird alle öffentlich gemachte und für die Öffentlichkeit bestimmte Aussage als Gegenstand behandelt, aber nicht alle Kommunikation. Kommunikation im weitesten Sinne als Verständigung zwischen Lebewesen umschrieben, liegt, soweit es sich nicht um für die Öffentlichkeit bestimmte Kommunikationsprozesse handelt, außerhalb ihres Kerngebietes: also die private Kommunikation jeder Art, auch die Kommunikation der Tiere, zum Beispiel die Sprache der Bienen" (Noelle-Neumann 1975a: 745).

Die Definition dessen, was Publizistik nun genau sein sollte, blieb gleichwohl offen, insbesondere der Bezug zur Praxis journalistischen Handelns. Der Beg-

234 Dieses Beispiel ist jedoch problematisch, weil es zum einen eine *Intention* des Kommunikators, eine 'öffentliche Aussage' zu machen, unterstellt und zum Zweiten das Problem aufwirft, ob die (spätere) Veröffentlichung einer möglicherweise privaten (weil ggf. religiös adressierten) Aussage eine öffentliche Aussage darstellt resp. aus dem Urheber posthum einen Publizisten machen kann.

riff 'Publizist' war also ein unglücklich gewählter Begriff, weil er zum einen eine Wesenseinheit von Wissenschaft und Praxis suggerierte – der Publizistikwissenschaftler verstand sich zugleich als 'Publizist'[235] – und zum anderen die Vorstellung beförderte, ein Publizist sei ein Typus von Elite-Journalist, ausgestattet mit der öffentlichen Aufgabe zur Verkündigung von Appellen, Meinungen und Wahrheiten, geradezu ein Rufer ins Volk:

> „Der Publizist wendet sich an das Publikum – unter Übernahme der Verantwortung für das, was er nicht nur meldet, sondern was er gleichsam verkündet. Freilich spricht der Publizist manchmal für Regierungen, Kirchen, Parteien, Organisationen und sonstige Gruppen im öffentlichen Leben. Im Idealfall aber wendet sich der Publizist im Namen der Allgemeinheit vor der Öffentlichkeit an die Gesamtheit. Solches Vortragen von Meinungen bedeutet gewiß das Übernehmen stärkerer Verantwortung, als es das bloße Weitergeben von Nachrichten verlangt. Publizist zu sein, das erfordert ein höheres Maß an charakterlichen Gaben und stilistischem Vermögen als die rein journalistische Tätigkeit" (Haacke 1961: 3; vgl. mit gleichem elitärem Anspruch auch Dovifat 1956: 3).

Auf solche Ansprüche – und damit auch auf das neue Fach 'Publizistikwissenschaft' – reagierte die journalistische Praxis deutlich pikiert.[236]

Bemerkenswert an der Wahl des Begriffes 'Publizistik' ist, dass die begriffliche Adaption 'Publizistik' nicht auf die Erweiterung durch neue Massenmedien Bezug nimmt: Wenn die Erweiterung von der Zeitungswissenschaft zur Publizistikwissenschaft durch die Vermehrung von *Medien* begründet wird (s.o.), dann wäre ein Begriff wie etwa *Medienwissenschaft* sicherlich der angemessenere gewesen.

Prakke greift den Begriff der Publizistik mit den Kriterien der *Aktualität* und der *Publizität* in Anlehnung an Walter Hagemann auf und findet auf seine fast unbescheidene Frage „Wo, wann und womit fing die Publizistik an" (Prakke 1964: 9) erst dadurch eine Antwort, dass er die Publizistik nicht als Lehre von der „öffentlichen Aussage aktueller Bewußtseinsinhalte" (Hagemann/Prakke 1966: 37) begreift, sondern sie generalisiert auf die „Ursprünge zwischenmenschlicher Kommunikation mit aktuellen Bezügen in irgendeiner Öffentlichkeit" (Prakke 1964: 9f.) und sie damit direkt an Kommunikation anbindet.

---

235 Vgl. dazu – stellvertretend für andere – die Implikationen der Impressionen einer Reise, die Prakke (1963) unter dem Titel *Als Publizist auf den Ruinen Karthagos* publiziert hat.

236 Es gibt aus dieser Zeit das vielsagende Bonmot des Chefredakteurs, der bei der Einstellung eines Volontärs zu diesem sagt: „Sie dürfen alles studiert haben, nur eines nicht: Publizistik".

Winfried Lerg (1970: 11) definiert Publizistikwissenschaft – konsequent im obigen Sinne – wie folgt:

> „Die Begriffe ‚Publizistik' und ‚Kommunikation' werden grundsätzlich gleichbedeutend verwendet. Wer ein Gespräch führt, handelt publizistisch. Und für eine solche kommunikative Aktivität ist die Unterscheidung zwischen ‚privat' und ‚öffentlich', wie sie bevorzugt als Kriterium der Publizistik bemüht wird, allenfalls juristisch interessant."

Die Bindung an den übergeordneten Begriff der Kommunikation bewirkt aber auch eine definitive Bindung an die *Kommunikationswissenschaft*. Darauf hatte implizit bereits *Hans Amandus Münster* (1939) verwiesen:

> „Die Publizistik ist eine Teilerscheinung jenes großen Bereichs der Zeichengebung von Mensch zu Mensch zum Zwecke der Verständigung, Aussprache und Mitteilung; und zwar ist unter Publizistik diejenige Zeichengebung zu verstehen, die Wirkungen erzielt, welche die politische Meinungsbildung und Meinungspflege der Menschen beeinflussen. Wir müssen demnach, wenn wir alle die Mittel, die einer solchen Betätigung dienen können, ihrem Wesen nach bestimmen und zusammenfassend überblicken wollen, auf die allgemeinen Grundlagen der Zeichengebung überhaupt zurückgreifen. Die auf die Zeichengebung abzielenden Betätigungen der Menschen können auf verschiedene Weise erfolgen: durch das Mittel der Gebärde, der Sprache, durch Geräusch und Ton, durch plastische Darstellung, durch Bild und Schrift" (Münster 1939: 66).

Damit liegen für die Publizistikwissenschaft disparate Definitionen mit problematischen Implikationen vor: Definiert man Publizistik ursprünglich nach Jaeger als „öffentliche Kommunikation", so wird die Publizistik zu einer Teilwissenschaft (Untermenge) der Kommunikationswissenschaft, wobei allerdings noch zu prüfen sein wird, ob das Kriterium der *Publizität* für die Eingrenzung logisch haltbar und forschungspraktisch sinnvoll ist. Definiert man sie nach Hagemann (1947), so tritt neben das Kriterium der Publizität das der *Aktualität;* definiert man sie im Sinne der Zeitungswissenschaft, so sind vier publizistische Kriterien anzuziehen: *Periodizität, Aktualität, Publizität* und *Universalität.* Verzichtet die Publizistik jedoch ganz auf diese Abgrenzung, wie dies als erster Lerg (1970) vorschlägt, so verzichtet sie damit auf ihre Eigenständigkeit als Wissenschaft überhaupt und wäre im Sinne des erkenntnistheoretischen Kriteriums der *Notwendigkeit* überflüssig – und daher zu tilgen.

Die Systematisierung des Erkenntnisgegenstandes

Mit Systematisierung ist die Sammlung und Sichtung all dessen, was unter Publizistik fällt, gemeint. Die Publizistikwissenschaft hat – mit beachtlichem Eifer – diese Systematisierung vorangetrieben, indem sie vor allem Anwendungsfelder definierte. Demgemäß entwickelte man – ähnlich wie in der Soziologie – eine Fülle von Bindestrich-Publizistiken – Mundpublizistik, Liedpublizistik, Flugblattpublizistik, Presse- und Rundfunkpublizistik –, aber auch eine „Publizistik der Postmarke" (Neumann-Neander 1962) oder man deutete „Heraldik als publizistische Erscheinung" (Rabbow 1962). Kriterium der Systematisierung waren zum einen offensichtlich die verschiedenen publizistischen Kanäle bzw. Medien und in diesem Sinne ist es fast konsequent, wenn Neumann-Neander (1962: 39) auch die Postmarke als „publizistisches Massenmedium" ansieht.

Ein zweites Kriterium der Systematisierung war – für die akademische Herkunft der frühen Publizistikwissenschaftler naheliegend – die Nutzung und Aufarbeitung der historischen Dimension. Die Fülle der dabei entstandenen Monographien über einzelne Medien oder publizistische Persönlichkeiten, insbesondere die für das Medium Presse, stellt den stärksten wissenschaftlichen Kumulus der Publizistikwissenschaft dar.[237]

Die weitere Systematisierung wurde vor allem von Hagemann geleistet (vgl. Hagemann/Prakke 1966: 23ff.). Er stellte die Aussage in den Mittelpunkt und relationierte sie auf a) das zugrundeliegende Ereignis, b) den Träger (Urheber) der Aussage, c) die Mittel (Medien) der Aussage und ergänzte diese Differenzierung durch eine prozessuale Betrachtung, die den Weg der Aussage vom Ereignis zum Rezipienten beschreibt und nach deren Wirkungen fragt (vgl. Hagemann/Prakke 1966: 99ff.).

Daran schließt er eine zweidimensionale, vertikale (historische) und horizontale (regionale) Darstellung der „publizistischen Erscheinung" an (vgl. Hagemann/Prakke 1966: 168ff.), die damit Antworten auf die Frage gibt, wann wo welche Medien resp. publizistische Erscheinungen aufgetreten sind. Diese mehrfache Klassifikation ist ganz offensichtlich an den publizistischen Prozess angelehnt und besitzt daher – was nicht überraschen kann – eine gewisse Ähnlichkeit zur *Lasswellformel*, die dem gleichen Prinzip folgt (vgl. Merten 1974).

Greifbar werden diese Versuche der Systematisierung nach dem Krieg in allen verfügbaren Lehrbüchern: Hagemann hatte 1947 ein vielbeachtetes Lehrbuch zur

[237] Beispielhaft sei hier genannt Martin Berger (1921): Görres als politischer Publizist [Bonn/Leipzig: Schroeder] oder Michael Schmolke (1966): Adolf Kolping als Publizist [Münster: Regensberg].

systematischen Publizistik verfasst, das 1966 mit Veränderungen in zweiter Auflage erschien (Hagemann/Prakke 1966); Emil Dovifat legte 1962 eine *Zeitungslehre* vor, die er explizit als „Teil der *Allgemeinen Publizistik*" verstanden wissen wollte (Dovifat 1962, Bd. I: 5) und die später, ebenfalls umgearbeitet, neu erschien (Dovifat/Wilke 1976). 1968 liefert Henk Prakke eine *Einführung in die funktionale Publizistik*, die die Publizistikwissenschaft erstmalig aus sozialwissenschaftlicher Perspektive zu begründen sucht (Prakke 1968).

Unabhängig davon hatte *Gerhard Maletzke* bereits 1963 eine weithin beachtete und mehrfach aufgelegte *Psychologie der Massenkommunikation* verfasst, die sich vom Begriff der Publizistikwissenschaft völlig absetzte und zum ersten Mal den gewaltigen Ertrag amerikanischer Kommunikationsforschung vor Augen führte. Die späteren Lehrbücher (etwa: Aufermann/Bohrmann/Sülzer 1973; Schreiber 1990) verwenden den Begriff der 'Publizistik' nicht mehr und selbst die *Einführung in die Publizistikwissenschaft* von Pürer (1978) und die von Langenbucher (1994) verwenden den Terminus 'Publizistikwissenschaft', gleichsam nur einem formalen Ritual folgend, simultan zu dem der Kommunikationswissenschaft und ohne irgendwelche Unterschiede zwischen diesen zu markieren.[238]

Die Analyse von Regelmäßigkeiten

Die historische Ausrichtung der Publizistikwissenschaft führte zwar, wie angemerkt, zu einem höchst umfangreichen und wertvollen Kumulus von Monographien publizistischer Organe und publizistischer Persönlichkeiten, doch die darauf aufzubauende *vergleichende* (und damit bereits auf einer höheren theoretischen Ebene angesiedelte) Analyse erfuhr weit weniger Beachtung: Die Publizistikwissenschaftler verstanden sich – sowohl historisch wie auch journalistisch vorbelastet – eher als dem Objekt verpflichtete Jäger und Sammler denn als Theoretiker, die auf die Sammlung ihrer Objekte Analysen hätten aufsetzen mögen. So fällt, ex post betrachtet, auf dieser Ebene der Ertrag merklich schmaler aus.

Allerdings hatte bereits die Zeitungswissenschaft – unter Rückgriff auf *Kaspar von Stielers* 1695 erschienenes Colleg *Zeitungs Lust und Nutz* (vgl. Stieler 1969: 51ff.) für das Medium Presse die (inneren) „Wesensmerkmale" *Aktualität, Publizität und Universalität* der Inhalte definiert (vgl. so Groth 1928: 26ff.; dazu des Weiteren Groth 1960ff., Bd. I: 102ff., aber auch Hagemann/Prakke 1966:

---

238 Aufschlussreich ist auch, dass das von Koszyk/Pruys (1969) stammende *Wörterbuch zur Publizistik* ebenso wie das von Noelle-Neumann et al. (1971) herausgegebene *Lexikon der Publizistik* in späteren Auflagen den Titel verändern in *Handbuch der Massenkommunikation* (Koszyk/Pruys 1980) bzw. *Publizistik/Massenkommunikation* (Noelle-Neumann/Schulz/Wilke 1989).

279), sowie das äußere Wesensmerkmal *Periodizität* (vgl. Groth 1960ff., Bd. I: 102ff.).

Auch auf dieser Ebene rächt sich für die Publizistikwissenschaft der Mangel an Aufwand und Sorgfalt, der für die Definition ihrer Grundbegriffe wichtig gewesen wäre: Blieb die Definition des Erkenntnisgegenstandes selbst (s.o.) vergleichsweise beliebig, so verblieb auch der Umgang mit den Grundbegriffen der Publizistik beliebig. Selbst wenn man in Rechnung stellt, dass eine im Werden begriffene Wissenschaft wie die Publizistikwissenschaft ihre Aktivitäten zunächst in der gesellschaftlichen Öffentlichkeit und in wissenschaftspolitische Unternehmungen – im Rahmen von Institutsgründungen, fachpolitischem Engagement und anderem – einbringen muss, so befremdet doch, mit welcher Sorglosigkeit die Fundamente der Publizistikwissenschaft definiert und verankert wurden. Gleiches gilt in noch stärkerem Maße für die Relikte der *Zeitungswissenschaft*, die nicht nur von ihrer Nomenklatur, sondern sogar von ihrem Wissenschaftsverständnis her heutzutage eher wie befremdliche Fossile wirken.[239]

Die Bildung von Hypothesen

Spätestens auf der Ebene der Bildung von Hypothesen muss das Objekt analytisch so aufbereitet sein, dass Variablen und Variablenzusammenhänge sichtbar und messbar werden. Da aber die Publizistikwissenschaft bereits auf der vorhergehenden Ebene der Analyse von Regelmäßigkeiten vergleichsweise wenig Anstrengungen unternommen hatte, darf auch auf der Ebene der Hypothesenbildung des Erkenntnisobjektes Publizistik kein merklicher Ertrag erwartet werden. Das lässt sich zum Beispiel an der mangelnden Präzision der Grundbegriffe (die ja die Voraussetzung für die Ableitung von Variablen ist) belegen: Die präzise Definition des Medienbegriffs etwa, die Präzisierung der „publizistischen Kriterien" Aktualität und Publizität und die anderer Begriffe wurde nicht geleistet (vgl. dazu Prakke 1968: 118ff. sowie kritisch Merten 1973).

Insbesondere fehlt auch hier der Aufweis eines relevanten *publizistischen* Sachzusammenhangs, der deutlich hätte machen können, dass der von der Publizistikwissenschaft laufend reklamierte spezifische Zugriff auch eingelöst wird

---

[239] Wenn Wagner (1978: 15) beispielsweise ausführt, dass die von ihm entwickelte Variante der Zeitungswissenschaft, von ihm als „Soziale Zeit-Kommunikation" definiert, „als Wahrheitserkenntnis Bestand über den Tag hinaus und jenseits der subjektiven Lehrmeinung eines einzelnen" habe, dann muss man sich mit Karl R. Popper (1966: 14ff.) resignierend fragen, wie es dann mit dem möglichen Fortschritt eines solchen Paradigmas, der ja nur durch Falsifikationsversuche möglich wäre, bestellt ist.

und gegenüber anderen Paradigmen evident zu machende Vorzüge besitzt. Stattdessen ist häufig festzustellen, dass Erkenntnisbestände aus anderen Disziplinen, insbesondere aus der Kommunikationswissenschaft, von der Publizistikwissenschaft okkupiert und einfach in publizistische Termini umdefiniert werden[240]. Dass auch dies keinen originären Zugriff bedeutet, sondern eher einer Selbstauskunft gleichkommt, sei vorsorglich angemerkt. Beispielsweise wird in der von Prakke (1968) begründeten funktionalen Publizistik, die – soweit absehbar – den letzten eigenständigen Entwurf eines publizistikwissenschaftlichen Paradigmas markiert, als theoretischer Entwurf ein *funktionalpublizistisches* Modell vorgestellt. Betrachtet man diesen Entwurf jedoch genauer und prüft die dort vorgelegten Annahmen, dann muss man erkennen, dass dieses Modell zwar heuristische Funktion besitzt, gleichwohl aber in seinen zentralen Annahmen viele Beschränkungen aufweist (➔ Kap. 4.2.2).

Diese Entwicklungen lassen sich freilich auch wissenschaftssoziologisch erklären: Die Publizistikwissenschaft gehört zu den *weichen* Disziplinen, die wenig etabliert sind und deren Vertreter daher „in Gefahr sind, ständig an einer defekten Identität zu leiden und tendenziell jeden Schritt am Ziel der Annäherung an die ‚harten' Wissenschaften auszurichten" (Stichweh 1979: 91).

Die Prüfung von Hypothesen

Was bereits für die Aufstellung von Hypothesen gesagt wurde, gilt evidenterweise auch für die Prüfung von Hypothesen: Soweit abzusehen, gibt es so gut wie keine Untersuchung, die zumindest im Ansatz – von den strengen Regeln Popper'scher Falsifikationsversuche einmal ganz abgesehen – *publizistikwissenschaftliche* Hypothesen geprüft hätte.[241]

---

[240] Bis 1960 ist eine solche starke Betonung des Begriffs der 'Publizistik' erkennbar. In dieser Zeit werden häufig Begriffe und Konzepte aus anderen Disziplinen entlehnt und in publizistikwissenschaftliche Termine gepresst. So wird beispielsweise der Begriff des „Two-step flow of communication" schlicht zum „Zwei-Stufenweg der publizistischen Aussage" umetikettiert (vgl. Dröge/Lerg 1965: 255).

[241] Die von Eberhard (1961) aufgestellten „Thesen zur Publizistikwissenschaft" sind in diesem Sinne Metathesen, d.h. sie sagen nichts über den Gegenstand an sich aus, sondern nur etwas über die Relevanz und den Umgang mit Publizistikwissenschaft. Und die von Dröge (in: Hagemann/Prakke 1966: 46f.) prätentiös vorgenommene Formalisierung des sozialen Einflusses auf Kommunikation ist schon deshalb untauglich, weil der Verfasser dort mit trigonometrischen Funktionen hantieren will, aber diese offenbar nicht zureichend zu deuten weiß.

Die Zusammenführung von Thesen zu einer Theorie

Zwar hat die Publizistikwissenschaft keine Hypothesen in nennenswertem Umfang hervorgebracht oder überprüft. Aber es wäre immerhin denkbar gewesen, dass sie auf Theoriebestände und Methoden anderer Disziplinen zurückgegriffen und diese *konsequent* auf die Publizistikwissenschaft angewendet hätte.

Diese Umorientierung hat in Bezug auf die *Methoden* stattgefunden. Wichtig für das wachsende Selbstverständnis der Publizistikwissenschaft war hier die Ablösung einer – insbesondere von *Emil Dovifat* vertretenen – *normativen* Publizistikwissenschaft (*Gesinnungspublizistik*), gegen die sich zu Recht zuerst Fritz Eberhard (1961) gewandt hatte. *Eberhard* war es auch (vgl. Eberhard 1961; Eberhard 1963), der die Beschränkung auf eine geisteswissenschaftliche Publizistik aufkündigte und den Einbezug empirischer Forschung forderte – ein Schritt, den *Elisabeth Noelle-Neumann* später konsequent vollzog:

> „Auch in der deutschen Publizistikwissenschaft sollten wir umwerten und das Interesse für *methodische* Fragen wachrufen, an dem es zur Zeit Max Webers gefehlt hat. Es ist verhängnisvoll, diese – zweifellos unbequemen und mühevollen – Arbeiten von sich wegzuschieben mit dem Argument, darum sollten sich die Techniker kümmern. Diese Techniker gibt es nicht. Dafür liefert aber die Wissenschaftsgeschichte viele Beispiele, daß Beobachtungsinstrumente entscheidend gewesen sind für die Entwicklung einer Wissenschaft" (Noelle-Neumann 1963: 321).

Das Referenzobjekt für die Adaption fremder Theorien ist die *publizistische Aussage*, die Hagemann zu Recht in den Mittelpunkt der Publizistikwissenschaft gestellt hat. Zumindest zu zwei Disziplinen lassen sich darüber Bezüge herstellen: zur Soziologie und zur Psychologie.

Die Affinität der publizistischen Aussage zum *sozialen Handeln*, dem erklärten Erkenntnisobjekt der Soziologie seit *Max Weber*, kommt nicht von ungefähr. Allerdings gibt es hier – wieder nicht zufällig, sondern im Gegenteil sozusagen naturwüchsig – eine stärkere Affinität, nämlich die zwischen *sozialer Interaktion* und *Kommunikation*.

Die Affinität zur Psychologie ergibt sich, wenn man nicht den publizistischen Prozess als Ganzen betrachtet, sondern nach der *Wirkung* der publizistischen Aussage fragt. An diesem Punkt kommt das Erkenntnisobjekt der Psychologie, der Mensch als denkendes, erlebendes und sich verhaltendes Wesen, ins Spiel: Aussagen sind hier spezifische 'Stimuli', die auf Wissen, Einstellung und Verhalten einwirken und Reaktionen (Wirkungen) hervorrufen. Doch analog zur Soziologie hat auch hier die Kommunikationswissenschaft die größere Affinität und die Publizistikwissenschaft das Nachsehen, weil die publizistische Aussage fossiliert ist und daher nur eine Untermenge aller Kommunikate darstellt.

Die Übernahme psychologischer oder soziologischer Konzepte oder Paradigmata und ihre passgenaue Zurichtung für die Probleme der Publizistikwissenschaft ist – sieht man von einigen zaghaften Hinweisen (vgl. etwa Dröge/ Lerg 1965) ab – von der Publizistikwissenschaft *nicht* unternommen worden.

Zwischenbilanz

Die Durchmusterung theoretischer Bestände der Publizistikwissenschaft zeigt ein ebenso klares wie ernüchterndes Bild, das sich in zwei Feststellungen ausdrücken lässt: 1) Je anspruchsvoller die Ebene theoretischer und methodischer Anstrengungen, umso weniger hat die Publizistikwissenschaft sich dort engagiert und 2) Je anspruchsvoller die von der Publizistik bemühten Konzepte und Ansätze, umso weniger sind sie als originär publizistikwissenschaftlich zu begründen.[242]

Die Publizistikwissenschaft befindet sich, wie hier skizziert, damit in einem Dilemma, weil es ihr offenbar nicht gelingt, aus dem Schatten der Kommunikationswissenschaft herauszutreten. Provokanter gesprochen: Die Vermutung steht im Raum, dass die Publizistikwissenschaft *von Anfang an* im Schatten der Kommunikationswissenschaft gestanden hat und sie es – aus unterschiedlichen Gründen – nicht vermocht hat, daraus hervorzutreten. Diese These soll im Folgenden systematisch geprüft werden.

16.3.2 Standortbestimmung der Publizistikwissenschaft

Die Standortbestimmung einer Wissenschaft ist wesentlich durch ihr Erkenntnisobjekt bestimmt. Hierzu gibt es keinen Konsens, sondern es gibt zumindest vier Ansätze, die zueinander ordinal sortiert sind:

1) Definition der Publizistikwissenschaft als Forschungsfeld, das durch die 'publizistischen Kriterien' der *Periodizität, Publizität, Universalität und Aktualität* aufgespannt ist.

---

[242] Als Beispiel: Sowohl die Theorie des symbolischen Interaktionismus (vgl. Rose 1967) als auch die Methode der Inhaltsanalyse (expressis verbis definiert als Beschreibung des manifesten Inhalts von *Kommunikation*, vgl. Berelson 1971: 18) sind von der (amerikanischen) Kommunikationswissenschaft längst vor der Publizistikwissenschaft als relevante Forschungsfelder entdeckt und bearbeitet worden. Die Publizistikwissenschaft hatte sozusagen stets den nacheilenden Hasen zu spielen, der von einer umfassenderen Kommunikationswissenschaft unbeabsichtigt, aber stets von neuem als Verlierer begrüßt wurde.

Die Definition über die publizistischen Kriterien Periodizität, Publizität, Universalität und Aktualität ist, wie bereits angedeutet, die am wenigsten haltbare Definition: Wenn 'Publizistik' als 'öffentliche Kommunikation' definiert ist (s.o.), dann lässt sich darunter auch *informelle Kommunikation* (etwa: Rede, Small talk, Gruppenkommunikation, Gerücht etc.) fassen. Dieser Typ von Kommunikation kann jedoch dem Kriterium der Periodizität, das für die Presse formuliert wurde, überhaupt nicht genügen.

Nimmt man diese Kriterien ernst, so kann nur das Gegenstand der Publizistikwissenschaft sein, was diese Kriterien erfüllt (vgl. Abb. 84). Hier wird deutlich, dass die Bindung an diese Kriterien keinen Fortschritt der Publizistikwissenschaft in Richtung einer umfassenden Kommunikationswissenschaft darstellt, sondern im Gegenteil einen Rückschritt: Der ursprüngliche Einbezug der informellen Kommunikation wird (zumindest durch das Kriterium der Periodizität) aufgegeben, der Gegenstandsbereich der Publizistikwissenschaft wird dadurch geradezu radikal verengt auf ein einziges von 16 Objektfeldern der Kommunikationswissenschaft.

Abbildung 84: Definition der Publizistikwissenschaft durch vier Kriterien

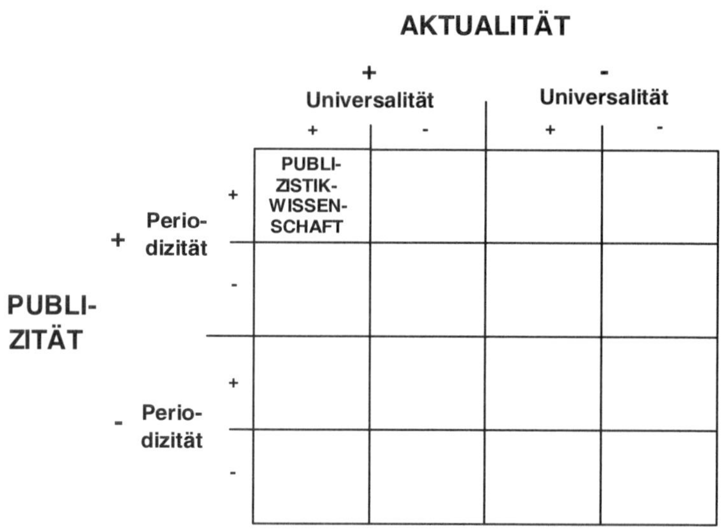

2) Definition der Publizistikwissenschaft als Forschungsfeld, das gemäß der Hagemann'schen Definition der Publizistik als '*Öffentliche Aussage aktueller Bewusstseinsinhalte*' durch die Kriterien der Aktualität und Publizität definiert ist.

Reduziert man die publizistischen Kriterien auf *Aktualität und Publizität*, so bleibt zwar die Zuständigkeit der Publizistikwissenschaft auch für informelle Kommunikation erhalten, doch es tritt ein anderes Problem auf: Wenn diese Kriterien für die Definition des Objekts *notwendig* sind, so müssen sie im Sinne der Wissenschaftstheorie auch voneinander unabhängig sein. Man kann jedoch leicht zeigen (vgl. Merten 1973), dass die Vergrößerung der Aktualität eines Ereignisses dessen Publikationschance entsprechend vergrößert, so dass die Bedingung der Unabhängigkeit der Kriterien verletzt ist: Publizität kann nicht Kriterium für die Publizistik sein.

3) Definition der Publizistikwissenschaft als Forschungsfeld für *öffentliche Kommunikation.*

Begnügt man sich jedoch mit dem alleinigen Kriterium der *Publizität*, wie es Jaeger (1926) ursprünglich vorgeschlagen hat, und definiert Publizistik als öffentliche Kommunikation bzw. als „jede öffentlich bedingte und öffentlich geübte geistige Einwirkung auf die Öffentlichkeit" (Dovifat 1968: 5), so definiert man sie unvermeidlich als Untermenge einer Wissenschaft, die notwendig 'Kommunikationswissenschaft' heißt.

Demgemäß kann (vgl. Maletzke 1967: 30) die Publizistikwissenschaft keinen Ausschließlichkeitsanspruch vertreten, denn all das, was sie vertritt, kann ex definitione auch eine Kommunikationswissenschaft vertreten. Zudem ist anzumerken, dass der Fortschritt der Publizistikwissenschaft, wie oben ausgeführt, vor allem durch die *Relationierung der publizistischen Aussage* in Bezug auf Kommunikator und Rezipient ermöglicht wurde, wozu aber erneut Anleihen bei der *Kommunikationswissenschaft* zu machen waren. Die Verknüpfung der Positionen von Kommunikator, Aussage, Medium, Rezipient und Wirkung gemäß der Lasswellformel (Lasswell 1948: 37) wird von der Publizistikwissenschaft kennzeichnenderweise als „bisher zweifellos methodisch leistungsfähigste(r) Ansatz einer empirischen *Publizistikwissenschaft*" (Dröge 1967: 190, Hervorhebung K.M.) deklariert.

Damit ist die bereits diskutierte Eingrenzung der Publizistikwissenschaft durch das Kriterium der Publizität hinfällig, was im Übrigen von Vertretern der Publizistikwissenschaft ebenso gesehen wird. Aktualität und Publizität wurden, so Dröge (1970: 185), „im Sinne einer überholten publizistischen Wissenschaftskonzeption als Definitionsmerkmale der Disziplin angenommen [...] wodurch der Objektbereich der sozialen Kommunikation willkürlich zerrissen wurde."

4) Definition der Publizistikwissenschaft als Forschungsfeld, das *identisch* ist mit dem der *Kommunikation.*

Diese Definition ist tragfähig und wird, wie beschrieben, offenbar von der gesamten Publizistikwissenschaft *stillschweigend* akzeptiert. Stillschweigend vermutlich deshalb, weil diese Gleichsetzung die Publizistikwissenschaft obsolet machen würde: Der seinerzeitige Schritt von der Zeitungs- zur Publizistikwissenschaft wäre demnach erneut fällig – als Schritt von der Publizistik- zur Kommunikationswissenschaft.

Gegenüber der Kommunikationswissenschaft, die eine Bindung an bestimmte Kriterien nicht kennt – es sei denn, man definierte solche beispielsweise über den Gebrauch von Zeichen – ist die Publizistikwissenschaft damit in einer fatalen Lage: Sie kann ihre Eigenständigkeit nur dadurch aufrechterhalten, dass sie ein logisch nicht haltbares und inhaltlich nicht sinnvolles Abgrenzungskriterium anzieht. Oder paradoxer gesagt: Die Publizistikwissenschaft verdankt ihre Berechtigung *als* wissenschaftliche Disziplin gerade dem Verstoß *gegen* wissenschaftliche Regeln.

16.3.3 Empirische Prüfung

Wenn die o.a. behauptete *Marginalisierung* der Publizistikwissenschaft (zugunsten von Kommunikations- bzw. Medienwissenschaft) stattfindet, dann müsste die Bezeichnung a) der Institute, b) der Lehrveranstaltungen, c) der Aufsatzpublikationen und d) das studierte Studienfach der Hochschullehrer der Deutschen Gesellschaft für Publizistik sich zugunsten der Bezeichnung 'Kommunikation' resp. 'Medien' verändern.

Zur Prüfung kann man vier unabhängige Indikatoren nutzen, die sich auf die Nomenklatur 1) publizistischer *Institute,* 2) publizistischer *Lehrveranstaltungen* 3) publizistischer *Forschung* (Titel von Aufsätzen) und 4) *der disziplinären Herkunft* der Hochschullehrer im Verzeichnis der Deutschen Gesellschaft für Publizistik beziehen. Dabei können Daten zur publizistischen Lehre und Forschung gerade da erhoben werden, wo sie nicht besser zu finden sind, nämlich in der von der *Deutschen Gesellschaft für Publizistik und Kommunikation* (*DGPuK*) herausgegeben Zeitschrift *Publizistik*. Die generelle Nullhypothese, die mit den genannten vier Indikatoren zu prüfen ist, lautet:

H_0 Der Anteil der publizistikwissenschaftlich definierten Objekte (Institute, Lehrveranstaltungen, Publikationsüberschriften und Dozenteneinschlägigkeit [Studium]) ändert sich *nicht*.

Die Analyse der Benennung publizistischer Institute, Lehrstühle oder verwandter Einrichtungen ergibt folgendes Bild (Tabelle 30):

Tabelle 30: Benennung publizistik-/kommunikationswiss. Einrichtungen

Name/ Gründungsjahr	Zeitungswissenschaft	Publizistik	Publizistik/ Kommunikation	Journalistik	Kommunikation	Komm./ Medien
1903	Zürich					
1916	Leipzig					
1919	Münster					
1923	Nürnberg					
1924	München Berlin					
1942	Wien					
1947		Leipzig*				
1948		Berlin*				
1949		Münster*				
1952		Nürnberg*				
1954				Leipzig*		
1963		Göttingen[243]				
1964		Mainz			Nürnberg[244]*	
1965			Bochum			
1969		Wien*	Salzburg			
1974			Göttingen* München*			
1975					Hohenheim	
1978			Salzburg*			
1980			Berlin*	Dortmund		
1983		Zürich*	Wien*	Eichstätt	Bamberg	
1984						Siegen
1985				Hannover		
1990				Hamburg		Lüneburg
1993			Münster*		Dresden	Leipzig*
1996			Berlin*			
1998					Münster*	

Sigle: * = Spätere Umbenennung eines bereits gegründeten Instituts

[243] Gegr. 1953 als Dozentur für Publizistik in Wilhelmshaven (vgl. *Publizistik* Jg. 1/1956: 108ff.)

[244] Das Institut in Erlangen/Nürnberg war das erste Institut, das bewusst nicht mehr den Begriff 'Institut für Publizistik' verwendete. Vgl. dazu Rühl (1985: 243, fn. 6).

Fasst man diese Tabelle in 'Institute für Publizistik (Zeitungswissenschaft)' und 'Andersnamige Institute' zusammen und nimmt als Zeiträume die Zeit bis 1964 (letzte Gründung eines Instituts für Publizistik 1964 an der Universität Mainz) und die Zeit danach, so erhält man eine Vierfeldertabelle, die die Nullhypothese „Die Benennung publizistikwissenschaftlicher Institute vor und nach 1964 unterscheidet sich nicht" höchstsignifikant ($\phi = 1.0$; $\alpha < .00001$) widerlegt. Besonders deutlich wird dies auch daran, dass von den ursprünglich neun originär publizistischen bzw. zeitungswissenschaftlichen Instituten (München) mittlerweile acht eine Namensänderung dadurch vollzogen haben, dass sie den Zusatz '/Kommunikationswissenschaft' in Namen führen.

Mit der neuen Betonung der Kommunikation bzw. Kommunikationswissenschaft war allerdings auch ein gezielter Versuch verbunden, sich öffentlichkeitswirksam als wissenschaftlich 'modern' darzustellen, ohne allerdings die bange Frage zu riskieren, was diese Erweiterung *inhaltlich* für die Publizistikwissenschaft bedeuten könnte:

> „Die anschließenden Prozesse der Um- und Neustrukturierung von Lehrstühlen und Instituten des Faches einschließlich der Fachgesellschaft (*nach* 1964, K.M!) ergaben eine Vielfalt kurioser Firmierungen, die unter das Motto gestellt werden könnten: Die Vergangenheit konservieren und gleichzeitig die Zukunft beanspruchen!" (Rühl 1985: 243).

Die Nennung der Begriffe 'Publizistik', 'Kommunikation' und 'Medien' in *Ankündigungen von Lehrveranstaltungen* publizistischer Institute an den Universitäten Berlin, Bochum, Göttingen, Mainz, München, Münster, Salzburg, Wien und Zürich sowie für Erlangen/Nürnberg wurde für die Jahre 1961, 1967, 1970, und 1980 aus der Zeitschrift *Publizistik* erhoben und für 1995 durch eine Zusatzerhebung anhand der Vorlesungsverzeichnisse dieser Institute ergänzt. Das Ergebnis zeigt die folgende Tabelle:

Während die Zahl der von den publizistischen Instituten angebotenen Veranstaltungen pro Semester von 47 (1961) auf 523 in 1995 zunimmt, geht der *Anteil* der Veranstaltungen, die den Begriff 'Publizistik', 'Publizistikwissenschaft' oder 'publizistisch' im Titel führen, von 25,5% (1961) auf 4,9% (1995) zurück.

Tabelle 31: Nennung der Begriffe 'Publizistik', 'Kommunikation' und 'Medium' sowie deren Adjektive in Lehrveranstaltungen publizistischer Institute 1961-1995[245] (absolut)

Begriff/Jahr	**1961**	**1967**	**1970**	**1980**	**1995**	Σ
Publizistik	12	16,33	20	20,83	26	95,6
Kommunikation	1,5	9,25	14,5	72,83	98,5	196,6
Medium	-	3,25	0,5	23,83	75,5	103,1
Rhetorik	-	-	-	-	-	-
Propaganda	1	1,5	-	-	-	2,5
Public Relations	1	1,25	3	5,5	42,5	53,25
Werbung	1	5	1	3,5	14,5	25
Meinungsbildung	1	2,25	1	6	4	14,25
Buch	-	-	-	-	1	1
Presse	17	19,2	14	34	22	106,2
Film	3,5	3,5	2,3	14	8,5	31,8
Hörfunk	0,5	2,5	3	13	12,5	31,5
Fernsehen	2	3,5	7	22,5	20,5	55,5
Andere	6,5	13,5	31,7	154	197,5	403,2
Σ	**47**	**81**	**98**	**370**	**523**	**1119**

Benutzt man die Anfangswerte (1961) und Endwerte (1995) und berechnet für die Prüfung der Nullhypothese den Koeffizienten ϕ, so muss diese auf einem Signifikanzniveau von $\alpha < 0.001$ verworfen werden ($\phi = .22$). Im gleichen Zeitraum steigt die Verwendung des Begriffes 'Kommunikation' bzw. 'kommunikativ' von 3,2% (1961) auf 18.8% (1995) und die des Begriffes 'Medium' oder 'medial' von 0,0% (1961) auf 14.4% (1995) an (vgl. Abb. 85).

Dieser Trend wird durch zwei verschiedene Entwicklungen gespeist: Einmal durch den Rückgang *originär* publizistikwissenschaftlicher Veranstaltungen, zum anderen – vermutlich stark überwiegend – durch die schlichte Ersetzung des Begriffes 'Publizistik' durch 'Kommunikation' bzw. 'Medien'. Hieß etwa

[245] Die neben den Begriffen Publizistik, Kommunikation und Medien in der Tabelle aufgeführten publizistischen Felder sind identisch mit denen, die im Untertitel der Zeitschrift *Publizistik* aufgeführt sind.

1961 eine Methodenveranstaltung 'Die *publizistische* Wirkung', so heißt die (inhaltlich mehr oder minder) identische Veranstaltung 1995 '*Medien*wirkungsforschung'. Beide Entwicklungen – die Veränderung der Inhalte als auch die mentale Ersetzung der Begriffe in den Köpfen Veranstalter – sind für die hier durchgeführte Analyse einschlägig. Dass der Begriff 'Publizistik' nicht völlig verschwindet, liegt allerdings vor allem daran, dass die aufgeführten Veranstaltungen Studiengänge der Publizistik oder der Publizistik/Kommunikationswissenschaft bedienen müssen, so dass Einführungsveranstaltungen diesen Begriff der reinen Orientierung halber im Titel weiter mitführen.

Abbildung 85: Gegensinnige Trends zwischen der Nennung von 'Publizistik', 'Kommunikation' und 'Medien' in publizistischen Lehrveranstaltungen

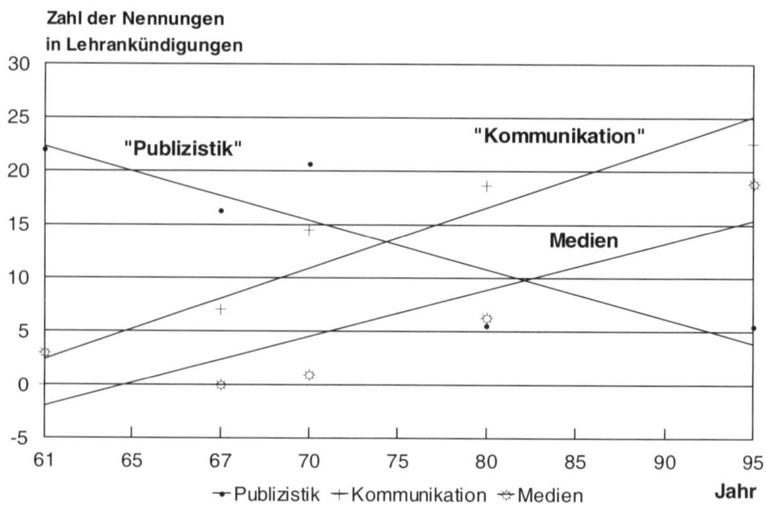

Die hier festgestellte Marginalisierung der Publizistikwissenschaft lässt zwei Erklärungen zu: Eine populistische Erklärung könnte den Gebrauch der Begriffe 'Kommunikation' resp. 'Medien' als wissenschaftliche *Mode* interpretieren, die ab 1960 um sich greift. Eine tiefenstrukturelle Erklärung dagegen würde an der Evolution von Kommunikation bzw. der Medien ansetzen und die daraus ableitbare gesteigerte Relevanz des Kommunikationssystems als Erklärung heranziehen.

Die Analyse der Begriffe 'Publizistik'[246], 'Kommunikation' und 'Medien' in Titeln von Aufsätzen und Berichten der Zeitschrift *Publizistik* wurde im Rahmen einer Totalerhebung, von 1956 bis 1995, durchgeführt. Das Ergebnis zeigt Tabelle 32:

Tabelle 32: Nennung der Begriffe 'Publizistik', 'Kommunikation' und 'Medium' im Titel von Aufsätzen der *Publizistik* 1956-1995

Begriff/Jahr	56-60	61-65	66-70	71-75	76-80	81-85	86-90	91-95	Σ
Publizistik	22	45,5[247]	15	14	12	8	5,83	2,1	124,5
Kommunikation	-	4	11	21	19,5	26	11,83	10,2	103,5
Medium	3	9	5	6,5	11,5	17	20	15,2	87,2
Rhetorik	3	2	1	1	-	-	0,5	1	8,5
Propaganda	4	2	1	4	1	1	2	1	16
Public Relations	-	1	1	4	1	1	2	4	14
Werbung	3	3	1	-	-	-	2	0,5	9,5
Meinungsbildung	6	7	3,5	1	1	1,5	4	1,5	25,5
Buch	1	2	-	-	-	0,5	1	0,5	5
Presse	79	81	50	35,5	22,3	20	15,5	20,8	324,1
Film	13	3	4,33	1,5	4	3,5	2	1	32,3
Hörfunk	9	2	4,83	4	3,83	3	3,75	0.66	31
Fernsehen	2	2	7,83	6,5	23,83	9,5	10,75	12,2	74,5
Andere	21	38,5	13,5	7	11	17	11	13	132
Σ	**166**	**205**	**119**	**106**	**111**	**90**	**92**	**84**	**973**

Führte bis 1965 noch knapp jeder vierte Beitrag (22,2%) den Begriff 'Publizistik'/'publizistisch' im Titel, so hat sich dies bis 1995 auf jeden vierzigsten Beitrag reduziert. In der gleichen Zeit hat sich das Auftreten der Begriffe 'Kom-

246 Zusätzlich wurde der sehr selten auftretende Begriff 'Zeitungswissenschaft' oder 'zeitungswissenschaftlich' erhoben und der Kategorie 'Publizistik' zugerechnet.

247 Formulierungen wie etwa 'Publizistik und Kommunikation' wurden anteilig bei den einschlägigen Begriffen verrechnet, so dass sich Stellen hinter dem Komma ergeben können.

munikation' bzw. 'Medien' von jedem 55. Beitrag (1,85%) von 1961 bis 1995 auf jeden dritten Beitrag (30,1%) erhöht.

Die in Tabelle 32 sichtbare Halbierung der *Zahl der Beiträge* der *Publizistik* von 1956 bis 1995 ist freilich positiv zu werten: Da sich die Zahl der gedruckten Zeichen pro Seite und auch der Heftumfang in diesem Zeitraum kaum verändert haben, kann dies nur heißen, dass der durchschnittliche *Umfang* der Beiträge sich verdoppelt hat. Dieser Befund ist erfreulich, lässt er sich doch als valider Hinweis für substantiellere wissenschaftliche Bearbeitung der Beiträge der *Publizistik* – und damit auch als Hinweis für substantiellere Argumentation in der 'Publizistikwissenschaft' – interpretieren. Vergleicht man wieder Anfangswerte (1961-65) und Endwerte (1990-95), so zeigt sich, dass auch hier die Nullhypothese hochsignifikant verworfen werden muss ($\phi = .15$; $\alpha < 0.01$).

Die Beiträge in der *Publizistik* waren anfangs – ausgenommen hiervon historische und presse- oder filmstatistische Abhandlungen – vergleichsweise kurz und ohne großen Literaturapparat verfasst, bis hin zum bloßen 'Gedankensplitter'. In späteren Jahren werden die in den Aufsätzen verhandelten Themen umfangreicher und ausgreifender dargestellt. Zugleich ändern sich *Stil* und *Thematik*: War der Stil der Beiträge bis in die 60er Jahre gelegentlich normativ oder auch elegisch getönt und oft mit erheblicher Redundanz[248] ausgestattet, so hat der Stil sich später erfreulich versachlicht und eine wissenschaftlich verträgliche Redundanz angenommen.

Allerdings kann diese Feststellung nicht darüber hinwegtäuschen, dass – wieder die historische Forschung ausgenommen – der Zugriff auf Bestände anderer Wissenschaften, insbesondere die der Soziologie, der Psychologie und der Kommunikationswissenschaft zunimmt, so dass der Fortschritt einer genuin publizistikwissenschaftlichen Disziplin nicht sichtbar wird. Im Gegenteil, der Begriff 'Publizistik' verliert, aus den bereits geschilderten unterschiedlichen Gründen, immer stärker an Attraktivität. Dem Anspruch oder Inhalt nach 'publizistikwissenschaftliche' Beiträge werden zur marginalen Erscheinung.

---

[248] Vgl. statt anderer etwa Volrad Deneke (1959): Arzt und Medizin in der Vor- und Frühgeschichte der modernen Publizistik, in: Publizistik, 4: 195-204 (mit 7 zeitgenössischen Stichen) oder Franz Dröge (1968): Politische Einstellungen Jugendlicher zur Bundestagswahl 1965. Hinweise zu einer wirkungsorientierten Aussageanalyse, in: Publizistik, 13: 65-69.

Abschließend ist nach der Professionalisierung des Fachs zu fragen. Als Indikator hierfür wurde die *disziplinäre Herkunft der Hochschullehrer* definiert.[249]

Im Jahr 1964 hatte die *Deutsche Gesellschaft für Publizistik und Zeitungswissenschaft* 46 Mitglieder,[250] von denen sich 28 als Publizistik/Zeitungswissenschaftler verstanden. Zehn der Mitglieder sind Hochschullehrer, sämtlich Publizistik- resp. Zeitungswissenschaftler. Im Verzeichnis der *Deutschen Gesellschaft für Publizistik und Kommunikationswissenschaft* (1995) sind 432 Mitglieder genannt, davon 153 Hochschullehrer/Innen; von diesen haben 45 das Fach Publizistik/Zeitungswissenschaft studiert.

Gemessen an den absoluten Zahlen stellt der Wert von 460% der Hochschullehrer/Innen einen ganz erheblichen Zuwachs dar. In dieser Zeit hat sich jedoch die Zahl der Mitglieder, die Hochschullehrer/Innen sind, aber das Fach Publizistik/Zeitungswissenschaft *nicht* studiert haben, von 0 auf 107 erhöht. Die Prüfung der Nullhypothese mit diesem Indikator fordert eine höchstsignifikante Ablehnung ($\phi = 0.39$; $\alpha < 0.001$). In Zahlen: Der *Anteil* der Hochschullehrer/Innen, die das Fach Publizistik studiert haben, ist von 100% (1964) auf 29,4% (1995) zurückgegangen. Oder anders gesagt: Sucht man heute (1995) den *typischen Wissenschaftler* im Fach Publizistik/Kommunikationswissenschaft, so ist der Modus – im Sinne einer Nominalskala – eindeutig: Dieser typische (häufigste) Fall hat das Fach 'Publizistikwissenschaft' gerade *nicht* studiert.

16.3.4 Sterbehilfe für die Publizistikwissenschaft?

Der wissenschaftliche Anlass, den Begriff der Publizistikwissenschaft einzuführen, nämlich die Gemeinsamkeiten stetig neu entstehender Medien zu sichten, zu analysieren und zu abstrahieren, war im Ansatz verheißungsvoll: Er hätte auf eine allgemeine *Medienwissenschaft* führen können, deren Gegenstand nicht die Vielfalt der Medien, sondern deren *selektive* Funktion für die Modellierung von Wirklichkeit ist – was im Begriff der 'Mediengesellschaft' aufscheint. Dabei wäre notwendig die besondere Rolle des Mediensystems in den Blick geraten: Wenn die Funktion der Teilsysteme einer Gesellschaft immer stärker über deren erfolgreiche Artikulation im Mediensystem definiert

---

249 Es liegt auf der Hand, dass zur damaligen Zeit (1964) Hochschullehrer im Fach Publizistik- bzw. Zeitungswissenschaft nicht auch schon dieses Fach studiert haben konnten. So waren Dovifat, Hagemann und Haacke ursprünglich Journalisten, die dann – in Gründerphasen zwangsläufig üblich – mit der Systematisierung und also mit der Verwissenschaftlichung des Fachs begannen.

250 Die Auszählung der Hochschullehrer des Faches erfolgt mangels eines noch zugänglichen Mitgliederverzeichnisses anhand der Notiz über die dritte Arbeitstagung der Deutschen Gesellschaft für Publizistik (vgl. dazu Publizistik 9/1964: 366).

wird, dann ist die Struktur des Mediensystems *konstitutiv* für die Leistungsfähigkeit einer Gesellschaft. Dass dies so ist, wird an ganz anderer Stelle sichtbar, nämlich beispielsweise an der Tatsache, dass über Kommunikation nur *selbstreferentiell* kommuniziert werden kann, dass die Kommunikationswissenschaft daher, verglichen mit anderen Wissenschaften[251], als selbstreferente Wissenschaft, als *Metawissenschaft* ausgezeichnet ist und gerade deshalb eine uneinholbare Relevanz besitzt.

Stattdessen tat die Publizistikwissenschaft den falschen Griff, indem sie, paradox gesagt, gleichzeitig zu eng und zu weit argumentierte. Zu eng, weil sie *zunächst* nicht den Gesamtzusammenhang der Kommunikation ins Visier wissenschaftlicher Analyse nahm, sondern voreilig Abgrenzungskriterien einführte, die zudem wissenschaftslogisch weder haltbar noch praktisch sinnvoll sein konnten und sich damit der Chance begab, theoriefähig zu werden. Wie die hier vorgelegte Analyse zeigt, hat es die Publizistikwissenschaft in den 70 Jahren seit ihrer begrifflichen Formulierung nicht vermocht, einen *originären* Erkenntnisgegenstand für sich zu begründen.

Auf der anderen Seite argumentierte sie innerhalb ihrer Grenzen zu weit: Die bloß phänotypische Etikettierung mit dem Begriff 'Publizistik' und die eilfertige Propagierung einer Vielzahl von Bindestrich-Publizistiken konnte kein Ersatz für die allemal notwendige Definition (wörtlich: Begrenzung!) des Erkenntnisgegenstandes sein, sondern allenfalls ein sich wissenschaftlich gerierendes Abstecken von *Claims*. Was *Hans Traub* schon 1933 beklagt hatte, dass nämlich „der Begriff ‚Publizistik' [...] in seinem Umfang sehr geweitet (ist) und [...] so, wie alle Begriffe mit weitem Umfang, zur Heimstätte für jene Worte, über die man sich keine volle Klarheit machen kann oder will (wird)" (Traub 1933: 1), ist nachgerade eingetreten.

Die Publizistikwissenschaft hatte bei der Ablösung einer wissenschaftlich und politisch ins Gerede gekommenen Zeitungswissenschaft eine Funktion. Diese war jedoch *politisch* und nicht wissenschaftlich definiert. Sie hat es jedoch nicht vermocht, ihre wissenschaftliche Bedeutung nachzuliefern, sie war sozusagen nur eine Wissenschaft auf Zeit. De facto hat sie – Stück für Stück und stillschweigend – bereits seit Ende der 60er Jahre ihren Anspruch auf Eigenständigkeit an die Kommunikationswissenschaft abgetreten. Zwar lebt der Begriff der Publizistik fort, aber dies ohne substantielle Begründbarkeit als *eigene* wissenschaftliche Disziplin.

---

[251] Wie eingangs angemerkt wurde, ist auch der Fortschritt in wissenschaftlichen Disziplinen nur ein Fortschritt, wenn er die Kraft hat, selektive und penetrierende Hürden der Publikation, also der *Kommunikation*, zu überwinden.

Eine Sterbehilfe für die Publizistikwissenschaft ist gleichwohl obsolet: Die Publizistikwissenschaft ist – in einem langwierigen, vom Fach stillschweigend hingenommenen Prozess wissenschaftlicher Unterernährung – letztlich ihren Geburtsfehlern erlegen.

Weiterführende Literatur:

Hagemann/Prakke (1966: 14-23); Prakke (1968); Langenbucher (1994)

16.4 Erkenntnisobjekt und Inhalte der Kommunikationswissenschaft

Der Exkurs in die Publizistikwissenschaft hat gezeigt, dass eine Wissenschaft ihre Daseinsberechtigung verliert, wenn sie kein eigenes, hinsichtlich seiner Relevanz gut und auch sozialverträglich begründetes Erkenntnisobjekt vorweisen kann. Für die Publizistikwissenschaft wurde aufgezeigt, dass die Kommunikationswissenschaft sich ihres Erkenntnisobjekts umfassender als auch fruchtbarer bemächtigt hat. Doch was ist ihr Erkenntnisobjekt und in welcher Richtung hin entwickelt es sich? Diese Frage soll abschließend diskutiert werden.

Das Erkenntnisobjekt der Kommunikationswissenschaft sind Bedingungen für, Prozesse der und Wirkungen von Kommunikation. Diese Formulierung ist allerdings unbefriedigend, weil sie klassifikatorisch verfährt und die Frage offen lässt, wo die Grenzen zwischen und neben den genannten drei Kategorien liegen. Man kann jedoch den Erkenntnisgegenstand auf der Ebene des *Zeichens* ansetzen und wie folgt formulieren:

Erkenntnisobjekt der Kommunikationswissenschaft sind alle Zustände und Prozesse, in denen *öffentliche Zeichenverwendung*[252] relevant ist.

Mit dieser Definition ist eine präzise Abgrenzung möglich. Schwieriger ist es jedoch, den Gegenstand der Kommunikationswissenschaft zu strukturieren. Die klassische Kommunikationsforschung ging, wie gezeigt, *klassifikatorisch* vor und die *Lasswellformel* gab das ordnende Modell dafür ab (➔ Kap. 4.2.2). Die ältere Kommunikationswissenschaft strukturierte ihren Erkenntnisgegenstand – aus einsichtigen Gründen – ebenfalls klassifikatorisch und auch

---

[252] Der Begriff des Zeichens grenzt den Begriff des 'Stimulus' bzw. des Signals aus und auch die damit verbundenen Disziplinen wie Nachrichtentechnik, Mechanik etc. Der Begriff *öffentlich* schließt, wie gezeigt, auch die private *Kommunikation* ein (vgl. Kap. 10.4.2). Von daher ist eine nichtöffentliche Zeichenverwendung praktisch kaum denkbar.

hier lieferten die fünf Positionen der Lasswellformel fünf Schubladen für Forschung (vgl. Abb. 86). Gleiches gilt für die Publizistikwissenschaft.[253]

Abbildung 86: Klassische Kommunikationswissenschaft

WHO	WHAT	WHICH CHANNEL	WHOM	WHAT EFFECT
1 Kommuni-kator-forschung	2 Aussage-forschung	3 Medien-forschung	4 Rezipienten-forschung	5 Wirkungs-forschung

Diese *klassische Kommunikationswissenschaft* hat sich mit der Bindung an die Logik der Klassifikation allerdings einen gravierenden Nachteil eingehandelt: Sie kann nur Positionen im Kommunikationsprozess, aber nicht den Prozess selbst beschreiben oder gar analysieren. Damit trifft sie das gleiche Schicksal wie das der Beschreibung von Kommunikationsprozessen: Sie ist auf (historische) Beschreibung verwiesen, ihr Konzept ist, um mit *Lewin* zu sprechen, *theoriefeindlich* (vgl. Tabelle 2, ➔ Kap. 4.2.1). Ersichtlich ist diese Bindung an Klassifikationen auch die Erklärung dafür, dass die Publizistikwissenschaft den Weg über historische Beschreibungen hinaus und hin zur Theoriebildung nicht gemeistert hat.

In Anlehnung an die Überlegungen von Kurt Lewin (1931) kann man *dann* von einer transklassischen Kommunikationswissenschaft sprechen, wenn diese nicht statisch-klassifikatorisch, sondern dynamisch-konstruktiv verfährt.

Zumindest im Ansatz kann man diese Veränderung dadurch erfassen, dass man die Lasswellformel zu einem zweidimensionalen Schema erweitert und dadurch nicht nur die *Positionen* P_{xx} sondern auch die *Relationen* R_{xy} zwischen den Positionen erfassen kann (vgl. Abb. 87). So umfasst in diesem Schema z.B. die Kommunikatorforschung nicht nur die Darstellung des Kommunikators

---

253 Das lässt sich z.B. an der Gliederung des damaligen Standardwerks, den *Grundzügen der Publizistik* von Walter Hagemann zeigen. Hagemann stellt hier die Kategorie der *Aussage* (= Position 2 der Lasswellformel) an den Anfang, beschreibt sodann den Prozess der Aussagen-Entstehung (= Positionen 1, 4 und 5 der Lasswellformel) und schließlich Geschichte und Typologie der Medien (= Position 3 der Lasswellformel).

(Zelle 11), sondern auch die der *Relationen* zwischen Kommunikator und allen anderen Positionen (Zelle 21, 31, 41 und 51).

Abbildung 87: Transklassische Kommunikationswissenschaft

WHO	WHAT	WHICH CHANNEL	WHOM	WHAT EFFECT
11 Kr	12	13	14	15
21	22 A	23	24	25
31	32	33 M	34	35
41	42	43	44 Rt	45
51	52	53	54	55 W
Kr-forschung	Auss. forschung	Medien-forschung	Rez.-forschung	Wirk.-forschung

Sigle: Kr = Kommunikator, A = Aussage; M = Medium; Rt = Rezipient; W = Wirkung

Die Relationierung der Positionen durch zweidimensionale Darstellung ist ein Typ *externer* Differenzierung, der den Bezug der Positionen zueinander greifbar macht – eine erste Voraussetzung, um nicht nur statische, sondern auch dynamische Strukturen erfassen zu können.

Die externe Differenzierung lässt sich durch eine interne Differenzierung von Positionen und Relationen ergänzen. Wenn man beispielsweise fragt, auf welche Weise sich der Kommunikator (Zelle 11) den notwendigen Informationsinput beschafft, so kann man Zelle 11 intern nach Informations- bzw. Einflussströmen strukturieren (vgl. Abb. 88). So zeigt sich, dass der Kommunikator bei der Produktion von Information grundsätzlich von fremden Instanzen abhängig ist und auch, dass diese durchgängig[254] von Public Relations (PR) – direkt und indirekt – kontrolliert werden können.

Abbildung 88: Interne Differenzierung von Positionen im Kommunikationsprozess

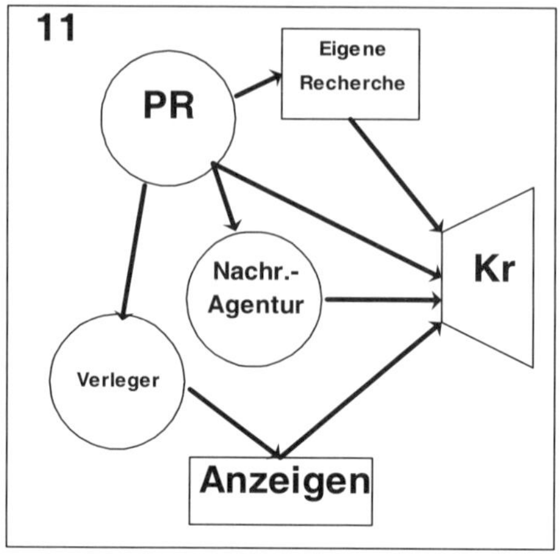

Die interne Differenzierung lässt sich aber auch für *Relationen* konzipieren. Wenn man z.B. die *Journalistenausbildung* in ein solches Modell einbringen wollte, so ließe sich diese am Kommunikator (Feld 11) festmachen, aber auch an der Aussage (Feld 22), mithin optimal an der Beziehung *zwischen* Kommunikator und Aussage (Relation als Zelle 21), die sich dann zu einer Relation R_{xyz} erweitern ließe.[255]

Analog ist es denkbar, das Modell um weitere Positionen oder Beziehungen zu erweitern – etwa um informelle Kommunikation, Kommunikationsberufe, Technik, Ethik etc. Dass die moderne Kommunikationswissenschaft solche externen und internen Differenzierungen berücksichtigt, kann man an den Inhalten des von De Fleur/Dennis (1994) verfassten, prominenten und aktuellen Readers zur Massenkommunikation ablesen:

---

254 Auch die eigene Recherche des Kommunikators (Journalisten) kann durch PR gefördert oder verhindert werden – was z.B. Unternehmen, die über große Anzeigenetats verfügen, systematisch zu nutzen wissen.

255 Die logische Darstellung des Erkenntnisobjekts der Kommunikationswissenschaft als intern und extern zu differenzierender n-Tupel ist möglich, erlaubt aber keine *graphische* Darstellung mehr.

Die Verfasser definieren zunächst den Begriff 'Massenkommunikation' unter Rückgriff auf einen historischen Abriss zur Geschichte der Kommunikation, stellen sodann *positional* sechs *Medien* vor, wobei die interne Differenzierung im Prinzip stets die gleiche Struktur besitzt: Sie beginnt mit einem historischen Abriss, fragt nach den gegenwärtigen Existenz- und Produktionsbedingungen und nach medienspezifischen Besonderheiten. Daran schließen sich mehrere Kapitel mit *relationalen* Beschreibungen an (etwa: Politische Kontrolle der Medien, Werbung, PR), gefolgt von Kapiteln zur funktionalen Differenzierung der Inhalte (Prozess der Nachrichtenproduktion, Unterhaltung, Musik), zwei Kapiteln über Wirkungsforschung und einem abschließenden Kapitel zur Medienethik. Auch diese werden intern ebenfalls in historischer Perspektive nachgezeichnet.

Es ist einsichtig, dass die Kommunikationswissenschaft, die neben der Massenkommunikation auch die informelle Kommunikation zum Gegenstand hat, nochmals komplexer verfahren muss. Insbesondere muss ein weiterer Gesichtspunkt, der sich paradoxerweise aus der Differenzierung der Medien ergibt, berücksichtigt werden, nämlich die *integrative*, synoptische Darstellung der Medien, üblicherweise in aggregierter Form und dies meist als *System*.[256] Neben den spezifischen Eigenschaften und Besonderheiten, die jedes Medium besitzt, gibt es generelle Eigenschaften und Funktionen, die *alle* Medien besitzen und die durch die Ausdifferenzierung in ihrer Wirksamkeit bzw. in ihrem Einfluss nicht geschwächt, sondern im Gegenteil sogar verstärkt werden.

Beispiel 54: Die Entstehung des Mediensystems – und seine Folgen

Die Entwicklung der ersten Massenmedien war – jede für sich – eine so große Sensation, dass die Aufmerksamkeit der jeweiligen Öffentlichkeit fast immer und fast vollständig durch die spezifischen Eigenheiten des jeweiligen Mediums blockiert war (vgl. dazu instruktiv für das Medium Zeitung Stieler 1969). Wissenschaftlich hatte dies zur Folge, dass die *gemeinsame* Struktur, die *gemeinsamen* Funktionen, die *ähnlichen* Wirkungen und vor allem der wechselseitige Verstärkereffekt der Medien, soweit dieser feststellbar war, immer erst sehr spät erkannt wurden. So spricht man erst seit jüngstem von der sehr abstrakten Funktion der 'Wirklichkeitskonstruktion' der Medien und meint damit eine Leistung, die insgesamt dem Mediensystem zuzusprechen ist und deren langfristige und latente Wirkungen – um nur einen Aspekt herauszugreifen – bislang noch gar nicht analysiert worden sind.

Ein weiterer Aspekt, der erst durch die molare Betrachtung des Mediensystems sichtbar wird, ist die ständige Steigerung des täglichen Informationsangebots, die radikale Konsequenzen nach sich zieht: Nicht nur, dass nun Metamedien (Programmzeitschriften, Adressbücher, Kataloge, Datenbanken etc.) entstehen, sondern dass die dadurch gestufte

---

256 Das weist erneut daraufhin, dass das Denken in Systemen auf einer anderen Ebene liegt und demgemäß andere Erkenntnisse freisetzen kann.

und zugleich gesteigerte Selektivität neue Risiken entfaltet. Oder anders gesagt: Die Vergrößerung von Quantität (des Informationsangebots) hat qualitativ neue Folgen.

Von besonderem Interesse sind – gerade wenn man den öffentlichen Zeichengebrauch als Objekt der Kommunikationswissenschaft versteht – alle Typen und Prozesse der Erzeugung von *Selektivität*. Selektivität bezeichnet eine Relation, die als *Reduktion von Komplexität* (*Luhmann*) das Verhältnis der möglichen zu den realisierten Alternativen beschreibt. Sie ist eine abstrakte, aber zentrale Größe des Kommunikationsprozesses, die von der klassischen Publizistikwissenschaft – aus den bezeichneten Gründen heraus – gar nicht wahrgenommen werden konnte.[257]

Noch ungewöhnlicher für die klassische Kommunikationswissenschaft ist der Umgang mit *reflexiven* Strukturen. Das kann man schon daran erkennen, dass der im Kommunikationsprozess am häufigsten wahrgenommene Typ, das *Feedback*, eher als Relikt kommunikativer Autonomie des Rezipienten denn als strategisch operierende Struktur aller Kommunikationsprozesse erkannt wurde.[258]

Für eine transklassische Kommunikationswissenschaft ist die Kategorie der Reflexivität (Selbstreferenz, Feedback) dagegen eine basale Größe, die sich durch alle Kommunikation hindurchzieht. Die *Systemtheorie* hat ja nicht deshalb ihren Siegeszug in der Kommunikationswissenschaft angetreten, weil sie in anderen Disziplinen Erfolg hatte und nun im Wege des nacheilenden

---

257 Das Konzept der Selektivität wurde – soweit abzusehen –, erstmals durch Lazarsfeld et al. (1944: 76) in die Kommunikationsforschung eingeführt; das erste Kommunikationsmodell, das diese Struktur berücksichtigt, ist das von Maletzke (1963: 41) entwickelte *Feldschema der Massenkommunikation*. Die theoretische Fundierung von Selektivität lieferte Niklas Luhmann mit dem Begriff der *Reduktion von Komplexität*, die er vor allem in ihrer besonderen Leistung als *Reflexivität* im Kommunikationsprozess beschrieb (vgl. Luhmann 1966; Luhmann 1972).

258 Die 'Funktionale Publizistik', der letzte und von daher wohl aktuellste Entwurf einer Publizistikwissenschaft, definiert Feedback (Rückmeldung) bezeichnenderweise als „Übertragung der Inhalte der Bedürfnispräsenz zum Kommunikator" (Prakke 1968: 160).

Nachahmens sozusagen als modisches Paradigma auf Resonanz stieß,[259] sondern *weil sie der einzige Theorietyp ist, der sinnvoll mit reflexiven Strukturen umgehen kann.*

Für die Kommunikationswissenschaft folgen daraus eine ganze Fülle von Erkenntnissen und Konzepten, angefangen von der Reflexivisierung von Wahrnehmung (als *Basis* für Kommunikation), von Aussagen (als Kommentar), von Erwartungen (als Erwartenserwartungen), von Vorstellungen (als *Basis* für Öffentlichkeit und öffentliche Meinung) bis hin zu der Erkenntnis, dass das Mediensystem autopoetisch verfährt, dass Images *laufende* Unterfütterung benötigen, dass starke Wirkungen reflexive Struktur besitzen und dass Wirkungen gerade *nicht* nomologisch, also von Zeit und Raum unabhängig, zu erklären sind (➔ Kap. 13.10).

Letztlich im Gefolge reflexiver Strukturierung ist ein weiterer wichtiger Gesichtspunkt moderner Kommunikationswissenschaft zu nennen, nämlich der noch immer sich *beschleunigende Wandel* des Kommunikationssystems. Dieser hat ihm nicht nur den Primat unter den Teilsystemen der Gesellschaft eingetragen hat, sondern die bisherigen Erkenntnisse über Medien, Rezipientenverhalten und Medienwirkungen systematisch entwertet und sie mit einem *Verfallsdatum* ausgestattet, das immer kürzer zu werden scheint.

Der Gegenstand der Kommunikationswissenschaft unterliegt mithin selbst einem Wandel, was dessen Ortung und Vermessung nicht erleichtert, sondern ganz im Gegenteil erheblich erschwert. Stark verkürzt lassen sich dem Erkenntnisobjekt der Kommunikationswissenschaft und ihren darauf zu richtenden Aktivitäten 12 Felder zuweisen (Tabelle 33).

---

259 Mit der beziehungsreichen Frage „Fortschritt als Rückschritt?" versuchte Ulrich Saxer 1992 die Publizistikwissenschaft gegenüber dem Konstruktivismus in seiner „Eignung für die Medientheorie" zu verteidigen. Dabei wirft er dem Konstruktivismus zunächst vor, er verdanke sich einer „gewisse(n) Konjunktur konstruktivistischer Vorstellungen" und sei eine „imperiale Theorie, zu der man sich vollumfänglich bekennt oder als 'Objektivist' ausgegrenzt wird" (vgl. Saxer 1993: 65f.). Auch den Vorwurf des erkenntnistheoretischen Solipsismus (sic!) spart Saxer nicht aus und folgert, dass der Konstruktivismus „im Gefolge der Abschaffung der Vorstellung einer objektiven Wirklichkeit Wahrheit als Kriterium der Wissenschaft zugunsten desjenigen der Nützlichkeit preisgibt (vgl. Saxer 1993: 70f.). Die Funktion dieser Kritik liegt, aus der Distanz gesehen, weniger in der Viabilität ihrer Argumentation, sondern eher in ihrer latenten Funktion der Selbstauskunft über den aktuellen Zustand der Publizistikwissenschaft.

Tabelle 33: Felder der Kommunikationswissenschaft

	Informelle Kommunikation	**Massen-kommunikation**	**Kommunikations-system**
12) Theorie	Theorien informeller Kommunikation	Medientheorien	Kommunikations-theorie
11) Wandel	E-Mail, Internet, Erreichbarkeit	Neue Medien, Veränderung von Wirkungen	Mediengesellschaft
10) Lösungen		Medienpädagogik, Medienrecht	Ethik
9) Probleme	Wahrheit, Verfall des Privatraums	Zensur, Informationsüberlastung, Medien-konzentration, Fiktion	Wirklichkeits-konstruktion
8) Wirkungen	direkt	direkt	indirekt, langfristig
7) Rezipient	du, ich, wir	man (Publikum)	man
6) Kommunikator	Selbstdarstellung	Journalismus	Public Relations
5) Prozesse	face-to-face, Klatsch, Rede, Gerücht	Information, Kommentar, Unterhaltung	Öffentliche Meinung
4) Beschreibung	**Sprache** Entstehung, Funktionen, Struktur (Rollen, Organisation etc.)	**Massenmedien** Entstehung, Funktionen, Struktur (Rollen, Organisation etc.)	**Kommunikation** Entstehung, Funktionen, Struktur (Rollen, Organisation etc.)
3) Entstehung	Evolution von Kommunikation		
2) Grundbegriffe	a) *Positionen*: Kommunikator, Aussage, Medium, Rezipient u.a. b) *Relationen*: Struktur, Funktion, Wirkung a/a u.a. c) *System*: Selektivität, Reflexivität, Kontingenz u.a.		
1) Gegenstand	öffentliche Zeichenverwendung		

Weiterführende Literatur:

De Fleur/Dennis (1994); Merten/Schmidt/Weischenberg (1994); Saxer (1980)

17. Perspektiven

Die bislang in sechzehn Kapiteln verhandelten theoretischen und methodischen Grundlagen, Perspektiven und Probleme von Kommunikation bestimmen – weit mehr als ursprünglich vorauszusehen – das Funktionieren der Gesellschaft und ihrer Teilsysteme, Tendenz: steigend. Abschließend soll daher versucht werden, die wichtigsten Perspektiven und Probleme, die die Zukunft von Kommunikation und Gesellschaft bestimmen werden, zu sammeln, zu sichten und zu resümieren.

17.1 Szenarios künftiger Kommunikation

Der Wahnsinn ist das Scheffel Salz,
das den Verstand am Verfaulen hindert.

N. Kazantzakis

Die Zukunft ist schon immer Gegenstand einer alltagswissenschaftlichen Metaphysik der Spekulation gewesen – seien es bange Erwartungen, seien es kühne Entwürfe. Dies gilt in einem ganz besonderen Sinn für die Zukunft der Kommunikation, denn hierfür liegen – quer durch die Jahrtausende – viele prognostische Spuren vor. Interessanterweise hat die Kommunikationswissenschaft, insonderheit die Publizistikwissenschaft, davon nur zögerlich und wenn, dann nur abwehrend Kenntnis genommen. Es lohnt sich jedoch, die 'Orte wilden Denkens' aufzusuchen und zu erkunden, welche Szenarios kommunikativer Zukunft verfügbar sind und, in einem zweiten Schritt, die Validität dieser Prognosen mit theoretischen oder empirischen Befunden zu konfrontieren.

Im Folgenden werden daher zunächst *Szenarios*[260] vorgestellt, die die Folie liefern, vor der sodann die reale resp. absehbare Entwicklung des Kommunikationssystems skizziert wird.

---

[260] Die *Szenario-Methode* gilt als unsicherste, gleichwohl schillerndste der prognostischen Methoden. Ihre vollständig fehlende empirische Datenbasis kompensiert sie jedoch allemal mit einem Überschuss an Kreativität, so dass ihr Vorteil vor allem darin liegt, dass sie zukünftige Entwicklungen und Ereignisse, für die es noch keine empirische Basis gibt, einfach generiert. Die hier vorgestellten Szenarios werden gelegentlich auch als „Medientheorie" bezeichnet (vgl. so Kloock/Spahr 1997). Da die in Kap. 1.3 formulierten Anforderungen an eine Theorie von den Autoren der Szenarios aber bewusst nicht eingehalten werden, wird hier der Begriff 'Medientheorie' vermieden.

Die erste Fundstelle geben die Schriften von *Platon* (427-347 v. Chr.) ab, der nicht nur die Darstellung von Gewalt in Gedichten und Gesängen kategorisch ablehnte, sondern schon vor der *Schrift* warnte:

> Im Dialog des *Sokrates* mit *Phaidros* lässt *Platon* den *Sokrates* vom ägyptischen Mondgott *Theuth* (*Thoth*) erzählen, der nach ägyptischer Lehre die Schrift erfunden hat und darüber mit dem Gottkönig *Thamus* diskutiert. *Platon* schreibt dazu: „Als er aber bei der Schrift war, sagte Theuth: ‚Dieser Lehrgegenstand, o König, wird die Ägypter weiser und gedächtnisfester machen, denn als Mittel für Weisheit und Gedächtnisfestigkeit ist er erfunden worden.' Doch *Thamus* erwiderte: ‚O du Meister der Kunstfertigkeit, Theuth [...] Auch Du hast jetzt, als Vater der Schrift, aus Voreingenommenheit das Gegenteil von dem angegeben, was sie vermag. Denn diese Kunst wird Vergessenheit schaffen in den Seelen derer, die sie erlernen, aus Achtlosigkeit gegen das Gedächtnis, da die Leute im Vertrauen auf das Schriftstück von außen sich werden erinnern lassen durch fremde Zeichen, nicht von innen heraus durch Selbstbesinnen'" (Platon 1993a: Phaidros, St. 274f.).

Das prominenteste Szenario zukünftiger Kommunikation hat *McLuhan* (1968; 1968a) mit der *Gutenberg-Galaxis* geliefert: McLuhan entwirft hier eine Folge von Epochen der Medienentwicklung, die er *Gutenberg-Galaxis* nennt und der Epochen gesellschaftlicher Entwicklung korrespondieren:

1) **Epoche der oralen Stammeskultur** (illiterate Gesellschaft, bis 5. Jhdt. n. Chr.): Die erste Epoche ist die *Welt des Ohres*, die durch Dynamik, Simultanität und Chaos (das simultane Hören vieler Töne und Geräusche) gekennzeichnet ist. Analog ist die zugehörige Gesellschaft (Stämme, Clans) charakterisiert durch totale wechselseitige Abhängigkeit, die keine Individualität zulässt. McLuhan (1968: 29) bezeichnet die Welt des Ohres als heiße, hyperästhetische Welt, die Welt des Auges dagegen als kühl und neutral. Aus dieser Unterscheidung leitet er seine Unterscheidung in *heiße und kalte Medien* ab: *Heiße* Medien (phonetisches Alphabeth, Radio, Film) erweitern nur einen der Sinne und verlangen wenig persönliche Beteiligung des Rezipienten. *Kalte* Medien (hieroglyphische oder ideographische Schriftzeichen, Telefon, Fernsehen) verlangen dagegen eine hohe Beteiligung des Publikums (McLuhan 1968a: 29f.)

2) **Epoche der Manuskript-Kultur** (5.-15. Jhdt.): Die Einführung der *Schrift* gibt dem Menschen 'ein Auge für ein Ohr' und führt in die Zivilisation. Das Chaos weicht der Ordnung, denn der visuelle Wahrnehmungskanal ist linear und kausal zurechenbar, er wird zum beherrschenden Modus, weil er das Erkennen von Struktur (Regeln, Gesetzmäßigkeiten) fördert. Da in der Epoche der Manuskript-Kultur im Kreis der Zuhörer laut (vor)gelesen wird, wird hier ein Zusammenhang zwischen Auge und Ohr hergestellt. Das Lesen war in dieser Epoche ein aktiver, sinnlicher und kreativer Akt, es entsteht eine *Do it yourself-Kultur*, die, weil die Manuskripte stets Unikate waren, den Kon-

sum nicht kennt, sondern stattdessen Anstrengung bei der Rezeption (McLuhan 1968: 134ff.).

3) **Epoche des Buchdrucks** ('Mechanisierung der Schreibkunst'): Die Erfindung des Drucks durch Gutenberg schafft die Mechanisierung der Schreibkunst und stellt – so McLuhan – den Anfang der industriellen Produktion dar, das Druckprodukt ist das erste uniforme, in Serie produzierbare Konsumgut.[261] Das Buch gilt nach McLuhan als *heißes* Medium (weil es die visuelle Anstrengung fordert). Die Auswirkungen auf die Gesellschaft sind enorm: Je stärker der Druck das Schreiben formt, desto mehr beziehen Autoren einen Standpunkt, der sich auch in der Entdeckung eines Fixpunkts beim räumlichen Malen äußert und den starren Gesichtspunkt, den der Rezipient jetzt einnehmen kann, begreift McLuhan auch als (eine) Ursache für Individualismus und Nationalismus, für die Entwicklung rationaler Wissenschaften und der Technik. Da das Auge jetzt den Primat über die Wahrnehmung besitzt, wandern die anderen Wahrnehmungskanäle ins Unterbewusste ab, so dass die Zunahme technischer Rationalität mit der Zunahme individueller Irrationalität gekoppelt ist.

4) **Epoche der Elektrizität**: Mit der Entdeckung der Krümmung des Raumes (Einstein 1905) endet, so McLuhan (1968: 341) die *Gutenberg-Galaxis*. Das elektrische Netz versteht McLuhan als Analogie des Zentralnervensystems, d.h. der Mensch verlegt seine zentrale Steuerinstanz nach außen, die elektrische Vernetzung überwindet Raum und Zeit, die Welt wird zum globalen Dorf (*Global Village*). Das Fernsehen als neues Medium ist ein *kühles* Medium, weil der Rezipient aus mosaikartigen Punkten aktiv eine Wahrnehmung konstruieren muss. Die Bedrohung, die von der Technik und den Medien ausgeht, kann nach McLuhan (1968a: 375ff.) gemeistert werden – wenn er sich auf die Technik einlassen kann.

Bolz (1990) nimmt die Idee der Gutenberg-Galaxis auf, sieht jedoch angesichts der Eskalation der Medienevolution längst das Ende der Gutenberg-Galaxis gekommen:

> „Um 1800 setzt die Beschleunigung der technischen Entwicklung Prozesse frei, die in den Kategorien der Gutenberg-Galaxis nicht mehr zureichend zu beschreiben sind. Von nun an wird Geschwindigkeit eigens hergestellt und erzeugt einen kinematischen Rausch. Der Stil wird von der Mode, die Kunst von der Reklame ersetzt, und an die Stelle des schönen Scheins tritt die ‚Filmwirklichkeit' [...] Und der Schrecken der Zeitgenossen dieser Medieninnovation war tief genug, ihnen

[261] Bolz (1993: 193) betont die von McLuhan prononciert attestierte Sinnlichkeit der Manuskriptkultur. Durch den Buchdruck wird die frühere Sinnlichkeit beschnitten. In den Worten von Bolz (1993: 193): „Der Druck ist der Schließmuskel der Schrift."

zu einer Einsicht zu verhelfen, die erst ein Jahrhundert später wieder gewonnen wurde: daß das Medium selbst die Botschaft ist" (Bolz 1990: 89f.).

Bolz (1993: 188) sieht die Schrift, die in der Gutenberg-Galaxis beherrschend ist, bereits abgelöst: „Denn alle Zeichen sind auf den Tod bezogen". Die Technisierung der Schrift durch Schreibmaschine und Tastatur entwertet das Schreiben und Denken:

„Die Bildungsstrategien der Gutenberg-Galaxis haben ausgespielt. Die Kinder der neuen Medienwelt beugen sich nicht mehr über Bücher, sondern sitzen vor Bildschirmen. Ihr Suchen und Forschen folgt nicht mehr Zeile für Zeile der Weisheit phonetischer Schrift, sondern läuft über Gestalterkennung. Die Welt erscheint ihnen unter völlig veränderten Kategorien: Der Begriff der Wirklichkeit wird durch den der Funktion ersetzt, Konfigurationen treten an die Stelle von Kausalität, die Bedeutung erlischt im Effekt, und ein *fine-tuning* übernimmt das Pensum der Synthesis" (Bolz 1993: 201f.).

Von einer anderen Perspektive aus – dem drohenden Verlust der *Schrift* – setzt *Vilém Flusser* sein Szenario an:

„Es gibt mittlerweile Codes, die besser als die der Schriftzeichen Informationen übermitteln. Was bisher geschrieben wurde, kann besser auf Tonbänder, Schallplatten, Filme, Videobänder, Bildplatten oder Disketten übertragen werden [...] Es sieht ganz so aus, als ob die Schriftcodes, ähnlich den ägyptischen Hieroglyphen oder den indianischen Knoten, abgelegt werden würden. Nur noch Historiker und andere Spezialisten werden in Zukunft Schreiben und Lesen lernen müssen. Viele Menschen wollen das nicht wahrhaben. Sie haben bereits einmal das Schreiben gelernt und sind zu alt, die neuen Codes zu lernen" (Flusser 1990: 7).

„Wir müssen zurück in den Kindergarten, wir müssen auf das Niveau jener zurück, die das Schreiben und Lesen noch nicht gelernt haben. In diesem Kindergarten müssen wir mit Computern, Plottern und ähnlichen ‚gadgets' infantile Spiele lernen. Wir müssen die komplexen und raffinierten Apparate, die Frucht einer tausendjährigen geistigen Entwicklung sind, für kindische Zwecke verwenden. Es geht um eine Entwürdigung, der wir uns zu unterziehen haben [...] Hat Jesus zum Beispiel nicht etwa empfohlen, daß wir wie Kleinkinder werden sollen, falls wir ins Himmelreich kommen wollen?" (Flusser 1990: 154).

Virilio (1989) begreift die Geschwindigkeit der Information als kritische Variable. Der von ihm kreierte Begriff *Dromologie* sieht die Geschwindigkeit, mit der eine bestimmte Masse (Menge) über eine bestimmte Strecke in einer bestimmten Region transportiert werden kann, als kritische Variable an. Nach dieser Variable ordnet Virilio drei Epochen: 1) Die Beschleunigung des Verkehrswesens im 19. Jahrhundert, 2) der Einsatz lichtgeschwinder Übertragungstechniken von Information im 20. Jahrhundert und 3) die noch zu erwartende Epoche der Transplantationen (Implantation von Mikro-Prozessoren in den menschlichen Körper) (vgl. Virilio 1994). Daraus folgt, so Virilio, dass Ort und Zeit aufhören werden wichtig zu sein. Dieses Szenario endet, anders als bei

McLuhan, hoffnungslos, die Technik wird als die große Zerstörerin auf Mikro- und Makro-Ebene gesehen (vgl. Virilio 1994: 145ff.).

Sehr viel nüchterner, aber auch sehr viel präziser beschreibt Meyrowitz (1990) eine neue Funktion der Massenmedien, nämlich die *Auflösung des Ortes*, die auch bei Virilio als „Ästhetik des Verschwindens" (Virilio 1989: 91ff.) bereits gesehen wird. „Überall und nirgends dabei" ist seine erste, zentrale Aussage, in der er beschreibt, wie einfach man Räume elektronisch verlassen kann. Meyrowitz unterstellt weiter, dass die Mediengesellschaft eine Veränderung von Identitäten, sozialen Rollen und Herrschaftsstrukturen mit sich bringt (vgl. Meyrowitz 1990, Bd. II). Die Durchmischung von öffentlichen und privaten Räumen schafft nicht nur eine gewisse Gleichheit zwischen Geschlechtern und zwischen sozialen Schichten, sondern sie könnte die Renaissance einer archaischen Gesellschaftsform der „Jäger und Sammler im Informationszeitalter" sein (Meyrowitz 1990, Bd. II: 230ff.). Ob sich das letztlich positiv oder negativ auswirken wird, lässt Meyrowitz allerdings offen.

Sehr nahe an der bereits bei der Gewaltdiskussion geschilderten Furcht vor den Massenmedien bewegt sich der Pädagoge und Medienökologe *Neil Postman* (1989; 1992). Er unterstellt, dass die Medien eine gänzliche Verflachung, ein Laissez-faire nach dem „Prinzip der geringsten Anstrengung" (Zipf 1972) erzeugt haben und diese massiv fördern: Der Rezipient erwartet von den Medien nurmehr Unterhaltung und lacht sich zu Tode.

> „Denn Amerika hat sich auf ein Experiment zur Anpassung an die Zerstreuungen aus der Steckdose eingelassen, wie es ehrgeiziger anderswo auf der Welt nicht betrieben wird. Dieses Experiment begann langsam und bescheiden in der zweiten Hälfte des 19. Jahrhunderts und hat in der zweiten Hälfte des 20. Jahrhunderts in Amerikas verzehrender Liebe zum Fernsehen ein fatales Reifestadium erreicht. Wie es nirgendwo sonst auf der Welt geschehen ist, haben die Amerikaner alles dafür getan, das Zeitalter des gedruckten Wortes zu beenden, und dabei haben sie dem Fernsehen die Vorherrschaft über ihre sämtlichen Institutionen eingeräumt" (Postman 1992: 190).

Postman argumentiert als Medienökologe: Medien erzeugen eine Umwelt, die die öffentliche Kommunikation verschmutzen oder sogar vergiften kann. Die einzige Lösung, die er sieht, wäre „den jungen Menschen [bereits in der Schule, K.M.] beizubringen, wie sie von den dominierenden Informationsformen ihrer Kultur Abstand gewinnen können" (Postman 1992: 198). Allerdings sieht Postman natürlich, dass ein solches Programm nur mit Hilfe der Medien realisiert werden könnte und sich damit selbst ad absurdum führt.

Der Tenor der hier skizzierten Szenarien ist eindeutig: Man kann nicht hoffen, sondern nurmehr fürchten – fürchten, dass eine mediale Apokalypse (wie immer diese beschaffen sein mag) bereits ihre Schatten wirft. Die Frage ist nicht einfach zu beantworten: Nutzen die Autoren dieser Szenarios das Instrument des intellektuellen Pessimismus als Masche für ihre Medienauftritte, oder ist es mehr als Zufall, dass hier latente Ängste vor den Medien in vielerlei Szenarien artikuliert werden, die in einer unübersehbaren Nähe zu der beschriebenen latenten Urfurcht stehen, die man den Medien generell entgegenbringt? Auch diese Frage muss offenbleiben.

17.2 Entwicklungen und Prognosen

Es ist jedoch reizvoll, die in den o.a. Szenarios sichtbar gewordenen Prognosen mit alten und neuen, aber *empirisch gestützten* Prognosen zu vergleichen.

Schon 1966 – seitdem ist eine ganze Generation vergangen – hat *Karl Steinbuch* die *„informierten Gesellschaft„* vorgestellt:

> „In Zukunft werden die Menschen nicht nur über mehr materielle Güter und mehr Energie verfügen, sondern auch über sehr viel mehr Information. Der Besitz an Wissen wird mit unvorstellbarer Geschwindigkeit vergrößert werden, Informationen über Ereignisse an entfernten Orten werden durch Telegraphie, Fernsprecher und Fernseher überallhin transportiert werden, diese werden in Computern miteinander verknüpft und auf ihre Wirkungen hin analysiert, das gesamte Wissen wird in riesigen, allen Menschen zugänglichen Informationsbanken gespeichert sein [...] Die informierte Gesellschaft ist eine Umwelt, deren Wirkung bisher auf den Menschen noch nicht untersucht werden konnte [...] Der kritische Blick orientiert sich dann weniger an der Vergangenheit, mehr an der Zukunft [...] Das Grundgesetz wird sein: Zukunft geht vor Vergangenheit! Wo immer eine aus der Vergangenheit stammende Denkweise in Kollision gerät mit Entwürfen, welche die Verbesserung menschlicher Existenz in der Zukunft ermöglichen, muß die Denkweise der Vergangenheit zurücktreten" (Steinbuch 1966: 358).

Diese Prognose ist ersichtlich noch geprägt von einem ungebrochenen Fortschrittsglauben und unbelastet von ökologischen Entwicklungen, an denen ja zum ersten Mal Grenzen und auch Gefahren der Weltgesellschaft aufgezeigt und erlebt werden konnten.

Ebenfalls vor einer Generation hat *Colin Cherry*, gestützt auf technische Entwicklungen der Kommunikation, versucht, Aussagen über deren Beitrag für die Zukunft der Gesellschaft zu machen: *World communication – threat or promise?* – das war die Frage, die Cherry (1971) sich damals noch ohne Kenntnis von PC, Internet und virtuellen Realitäten stellte. Cherry beantwortet diese Frage im Grunde damit, dass er sie nicht beantwortet, weil sie – so Cherry – (1971: 201) nicht auf der Fakten-, sondern auf der Werte-Ebene liege. Er sieht das wachsende Auseinanderdriften von reichen und armen Ländern, das durch die Kommunikationsexplosion noch gefördert wird; als Möglichkeit der Gegensteuerung setzt er auf das Entstehen *internationaler* Gremien wie der Vereinten Nationen bei gleichzeitiger Betonung regionaler Freiheiten und

Unterschiede, auf die Akzeptanz des 'Anders-Seins' und auf die Chance, dies *kommunikativ* zu befestigen. Cherry weigert sich, hier im Sinne des *Technological Forecasting*, das er Organisationen wie der *RAND Corporation* überlässt, Prognosen zu stellen und verweist stattdessen – nicht zufällig? – auf die besondere Rolle der nächsten Generation, denn diese muss in und mit der Zukunft leben.

> „I can only speak of the present and express *hope* for the future. Nevertheless, there is one thing about the future that can be stated with absolute certainty: it will be peopled by those whom we today often refer to pompously as the ‚young'" (Cherry 1971: 205).

Wie diese Generation aussieht und was sie macht, hat Opaschowski (1999) unter dem Slogan *„Generation@: Die Medienrevolution entläßt ihre Kinder: Leben im Informationszeitalter"* versucht zu beantworten. *Horst W. Opaschowski* beobachtet das Kommunikationsverhalten von Jugendlichen und jungen Erwachsenen, die er als „Generation@" bezeichnet und skizziert ein sehr differenziertes Bild:

- der Computer [wird] zum „homo s@piens" aufgewertet (: 16),
- „Die sich neu entwickelnde Generation@ könnte eine erste konkrete Antwort auf das Phänomen der Exklusion sein: Sie schafft sich eine eigene (mediale) Lebenskultur, von der nun ihre Elterngeneration ausgegrenzt wird, weil sie mit dem Lebenstempo nicht mehr mitkommt" (: 18),
- „Das Zeitbudget wird in Zukunft mindestens so knapp und kostbar wie das Geldbudget sein" (: 21),
- „Computer-Freaks sind jung und dynamisch, sportlich aktiv und viel unterwegs. Sie leben zwischen den beiden Spannungspolen Konzentration und Bewegung" (: 44),
- „Die Angst vor der Medienflut sinkt" (: 49),
- „Die Bevölkerung erwartet von der Zukunft nicht das ganz große Glück. Es sind eher die kleinen Glücksmomente des Lebens in einer entspannten und störungsfreien Atmosphäre: Stimmung, Harmonie, Geborgenheit [...] Dem viel kritisierten Bild der *Null-Bock*-Generation steht ein anderes Bild der *Just-do-it*-Generation gegenüber, das für die Zukunft hoffen läßt" (: 187).

Hinter diesen und vielen anderen Aussagen steht eine Entwicklung der Gesellschaft zur Erlebnisgesellschaft, deren Mitglieder auf Individualität, Erleben („Tu was für Dich selbst") und Freiheit – und auf einen neuen Altruismus – setzen. In dieser hedonistischen Gesellschaft gibt es Großgruppen, die sich voneinander nicht nur nach Alter und Bildung, sondern auch nach ihrer Art der Mediennutzung unterscheiden. Dies hat eine Studie von Kombüchen (1999) gezeigt, der anhand einer empirischen Untersuchung die Entwicklung von der Erlebnis- zur Mediengesellschaft nachweisen konnte. So hat Kombüchen u.a.

die Nutzung der Neuen Medien mit den Alters-Bildungsgruppen in Verbindung gesetzt:

Tabelle 34: Milieuspezifische Nutzung der Neuen Medien (Kombüchen 1999: 87)

	Gruppenspezifische Anteile						
	Jüngere Personen (bis 40 Jahre)		Ältere Personen (über 40 Jahre)				
Vergleichs-merkmale: 'Neue Medien'	Untere Bildungs grade (Unter-haltung)	Gehobene Bildungs-grade (Selbst-verwirkli-chung)	Untere Bildungs grade (Har-monie)	Mittlere Bildungs grade (Integra-tion)	Gehobe-ne Bil-dungs-grade (Niveau)	Positive Korrela-tion Pearsons r	Negative Korrela-tion Pearsons r
Besitz PC	35,3%	65,9%	15,6%	25,6%	48,1%	.15***	-.13***
Besitz Internet	6,5%	13,9%	0,6%	2,3%	9,1%	.28***	-.16***
Nutzung Internet	6,5%	25,0%	0,6%	1,2%	10,4%	.32***	-.26***

Durch die unterschiedlichen Grautöne wird eine Beziehung hergestellt zwischen den Korrelationswerten und den Variablen, auf die sie sich beziehen. Der helle Grauton kennzeichnet eine positive und der dunkle Grauton eine negative Korrelation.

Während sich im Harmoniemilieu weniger als ein Prozent mit dem Internet beschäftigen, ist es im Selbstverwirklichungsmilieu schon jeder Vierte. So kann man den Zusammenhang zwischen den Variablen 'Nutzung Internet' und 'Selbstverwirklichungsmilieu' als gut bezeichnen, was durch den Koeffizienten Pearsons r = .32 zum Ausdruck kommt. Auch der negative Zusammenhang zwischen 'Nutzung Internet' und dem Harmoniemilieu ist mit r = -.26 relativ stark. Es scheint die Kombination aus Jugend und Bildung zu sein, die den Zugang zu den neuen Medien erleichtert, ältere Menschen tun sich hier schwerer. Weitere Ergebnisse dieser Untersuchung bestätigen, dass es vor allem die jungen Gebildeten sind, die die neuen Medien häufig und kompetent nutzen und wenig Angst vor der Zukunft haben. Darauf weist auch Opaschowski hin: „Die neue Generation@ will Subjekt ihres Handelns bleiben" (Opaschowski 1999: 187).

Diese von Opaschowski (1999) zusammengetragenen, empirisch unterfütterten Befunde sprechen – bei allen pädagogischen Untertönen – doch eine andere, sehr viel positiver getönte Sprache.

Speziell auf die deutschen Verhältnisse sind die Überlegungen zugeschnitten, die Tauss et al. (1996) unter dem Titel *Deutschlands Weg in die Informationsgesellschaft* kompiliert haben. Chancen und Gefahren vieler Entwicklungen und Fehlentwicklungen werden gegeneinander gestellt, im Resümee wird sehr deutlich, dass diese Entwicklungen und deren Konsequenzen vom politischen System bislang viel zu wenig wahrgenommen werden.

Schließlich kann man auch bei der Kommunikationswissenschaft selbst fündig werden. Fragt man nach *theoretischen* Beständen, die Aussagen über die Entwicklung zukünftiger Kommunikation und daraus ableitbarer Folgen machen können, so lassen sich zumindest vier Entwicklungen skizzieren:

1) die Vergrößerung des Informationsangebots,

2) die Fiktionalisierung von Information,

3) die 'Entfesselung' des Rezeptionsverhaltens und

4) die an Definitionsmacht weiter zunehmende Funktion der Wirklichkeitskonstruktion durch Medien.

Die Bewältigung der ständig steigenden *Informationsüberlastung* stellt ein erstes Problem dar: Die Generation des Jahres 1990 hat gegenüber der vorhergehenden Generation ein um das 38,5fache größeres Informationsangebot zu bewältigen (vgl. Merten 1994a: 154f.). Damit findet ein weiteres Paradoxon seinen Ausdruck: Die starke Vergrößerung des Informationsangebots schafft eine neue *Unübersichtlichkeit*, die tendenziell die gleichen Folgen hat wie ein vollkommen defizitäres Informationsangebot: Der Mensch fühlt sich nicht ausreichend informiert, weil er nicht sicherstellen kann, wie die für ihn relevante Information herauszufiltern ist.[262]

Die Lösung liegt allerdings gerade *nicht* in der Medienabstinenz oder gar im Medienverzicht, sondern sie erfordert paradoxerweise ganz im Gegenteil[263] die intensive Nutzung zusätzlicher **Metamedien**.

Die *Fiktionalisierung* von Information stellt eine Entwicklung dar, die ebenfalls an der Differenzierung von Gesellschaften, genauer: an ihrem Größenwachstum ansetzt. Mit steigender Vergrößerung von Gesellschaften ist der Einzelne nicht mehr – wie noch in archaischen Gesellschaften – in der Lage, alle ihm zugetragenen Informationen autoptisch zu prüfen, sondern er muss den In-

[262] Die Frage der Organisation relevanter Information wird bereits von Maruyama (1966) diskutiert. Er fordert anstelle unnützer klassifikatorischer Information individuell nützliche Information und versteht diese als Relationierung relationaler Information. Sinngemäß dazu Bell (1975: 353): „Nun ist aber *mehr* Information keineswegs gleichbedeutend mit umfassender Information – eher im Gegenteil".

[263] Die Prognose zukünftiger Entwicklungen ist auf paradoxe (systemische) Lösungen in der Regel nicht geeicht. *Marshall McLuhan* berichtet in diesem Zusammenhang, dass man anlässlich der Erfindung des Autos dessen Verwendung in Kanada zunächst verbieten wollte, weil man ausgerechnet hatte, dass nicht genügend Pferde zum Herausziehen steckengebliebener Autos zur Verfügung stehen würden.

formationen auch dann vertrauen, wenn eine Prüfung unmöglich ist. Moderne Gesellschaften haben auf diese Entwicklung längst durch Installation einer weiteren reflexiven Struktur, nämlich der *Differenzierung von Information und Meinung*, reagiert. Das erlaubt es in vielen Fällen, auf eine konkrete Prüfung zugrundeliegender Information zu verzichten und sich definitiv nur an Meinungen, also an fiktionalen, nicht wahrheitsfähigen Metainformationen zu orientieren. Dies gilt insbesondere dort, wo Entscheidungen mehrheitlich zustande kommen und die Berücksichtigung von Meinungen *anderer* unausweichlich wird. Demokratien sind demgemäß der ideale Nährboden für die Nutzung fiktionaler Informationsangebote.

Die *Entfesselung* des Rezipientenverhaltens resultiert aus wachsenden Freiheitsgraden selektiven Verhaltens – sichtbar etwa im Rückgang familiärer Bindungen, in der Freiheit der Berufswahl, der vergrößerten Mobilität und anderen – erlauben eine Individualisierung persönlicher Lebensführung, die mit dem Begriff der *Erlebnisgesellschaft* (Schulze 1992) nur vorläufig zu umschreiben ist.[264] Diese Entwicklung zeigt sich geradezu erwartbar an der Veränderung des Informationsverhaltens: Das Anwachsen verfügbarer Freizeit verläuft parallel zum Anwachsen des Medienkonsums. Der qualitative und weit wichtigere Aspekt besteht darin, dass der Rezipient eine aufwendige, gemäß seinen Interessen *individuell* gesteuerte Selektivität für Information entwickelt.

Das Potential zur Durchsetzung von *Wirklichkeitskonstruktionen* durch die Medien[265] vergrößert sich. Verkürzt gesagt bedeutet dies, dass die Medien für den Einzelnen zunehmend die richtungsweisenden Entwürfe für Wirklichkeitskonstruktion liefern. Die Relevanz, aber auch die Wirkung der medialen Informationsangebote wird daher für den Rezipienten weiter zunehmen.

Dies führt tendenziell dazu, dass nicht mehr das wahr oder relevant ist, was *wirklich* wahr oder relevant ist, sondern das, was die Medien als wahr oder relevant erklären. Daraus folgt auch, dass Wahrheiten immer weniger Chancen haben, aus sich heraus (selbstexplikativ) bekannt oder relevant zu werden; stattdessen sind sie immer mehr auf eine publizistische Unterfütterung angewiesen. Diese Inkongruenz öffnet einer neuen Profession – Public Relations – ein neuartiges und wichtiges Betätigungsfeld, nämlich die flächende-

---

[264] Schulze (1992: 34) spricht in diesem Zusammenhang von „Individualisierung als moderne Bedingung von Gemeinsamkeit".

[265] Es ist gerade in diesem Zusammenhang nicht unerheblich, dass man auf diesen Aspekt – von der Theorie des Konstruktivismus her (vgl. Schmidt 1987; Merten/Schmidt/Weischenberg 1994) – erst im letzten Jahrzehnt aufmerksam geworden ist.

ckende Penetration von *Images* und die damit verbundene Produktion von Vertrauen in der Öffentlichkeit (vgl. Merten 1992).

Resümiert man die vorgenannten vier Entwicklungen der Informationsgesellschaft, so wird deutlich, dass sie die gesellschaftliche Wirklichkeit und die gesellschaftliche Entwicklung massiv und flächendeckend bestimmen und verändern werden. Darin liegen Chancen, aber auch Gefahren, die im Folgenden zu skizzieren sind.

17.2.1 Zukunft der Kommunikation: Chancen

Die riesige Vermehrung des Informationsangebots, das stetig gesteigerte Recht des Rezipienten, nicht nur zu rezipieren, sondern auch zu kommunizieren, die durch das Internet mittlerweile rund um die Uhr verfügbare Möglichkeit, sich *instant und aktuell* über vieles, was die Welt Wissenswertes zu bieten hat, zu informieren – das sind Leistungen, die der Rezipient auf unterschiedliche Weise lernen wird zu nutzen: Kaum eine andere Entwicklung wurde in der letzten Zeit so häufig als Indikator für globalen sozialen Wandel genannt als die durch **Internet** mögliche globale Vernetzung (also: eine *kommunikative* Veränderung). Sproull/Kiesler (1991) sehen die globale Vernetzung als Beginn großer revolutionärer Umwälzungen, vergleichbar allenfalls mit der Erfindung des Buchdrucks. Die weltweite Entwicklung zeigt einen derzeitigen Zuwachs von etwa 50 Millionen Teilnehmern pro Jahr, in Deutschland hat sich die Zahl der Nutzer allein im letzten Halbjahr um 25% auf 9,9 Millionen Nutzer (Stand: 18.8.99) vergrößert und insgesamt liegt die Zahl der Nutzer bei 180 Millionen.

Die erste positive Funktion dieser Entwicklung liegt vermutlich in der Steigerung der *Bildungschancen*, die durch den derzeit einsetzenden Boom an Fernstudiengängen entsteht. Die vollständige Aufbereitung von Literatur und Vorlesungen vorausgesetzt, ist der ideale Student in naher Zukunft der, der sich nicht um Parkplätze, Sitzplätze, Seminarplätze oder Literatur sorgen muss, weil er sich Literatur, Veranstaltungen und Prüfungsvorbereitung über das Internet in die häuslichen vier Wände holen kann.

> „Das Internet als ‚neues' Medium fusioniert mit bestehenden Medien und wird ein alltäglicher Bestandteil moderner Informationsgesellschaften sein. Dies wird auch weitreichende Folgen haben für den Lehr- und Lernbereich, wie erste Projekte zeigen (Virtuelle Universität, Transatlantisches Klassenzimmer). Mit dem Internet ist ein Kommunikationsraum gegeben, der zum Kommunizieren, zum Entwickeln gemeinsamer Arbeiten, zum kooperativen Produzieren neuer Ideen herausfordert und in einem bislang nicht vorhandenen Maße unterstützen kann. Multimediale Anwendungen werden hierbei zunehmend konstruktivistisches Lernen unterstützen" (Runkehl/Schlobinski/Siever 1998: 208).

Das *Center for Media Education* (Washington) hat in diesem Zusammenhang in Zusammenarbeit mit 70 *Interest Groups* sieben Prinzipien verabschiedet, die dem Umgang mit Information gelten. Deren erstes lautet:

> „Universeller Zugang: Alle Menschen müssen einen erschwinglichen Zugang zur NII (Nationale Informations-Infrastruktur) erhalten [...] Eine Grundlage des Lebens, der Freiheit und des Strebens nach Glück im Informationszeitalter ist der Zugang zu Video-, Audio und Datennetzen, die eine große Vielfalt von Neuigkeiten, Informationen über öffentliche Angelegenheiten, Bildung, Gesundheit und Verwaltungswissen und -dienste bieten. Diese Dienste müssen in einem verbraucherfreundlichen Format angeboten werden und für jeden, einschließlich Behinderter, zur Verfügung stehen" (Kubicek 1996: 167).

Die schnellere, präzisere und passgenauere Verfügbarkeit von Information aufgrund neuer technologischer Entwicklungen wird sich vor allem im Wirtschaftssystem positiv auswirken. Dieser (quantitative) Vorteil schlägt darüber hinaus auch qualitativ um, weil die erzielte Beschleunigung resp. Präzision es erlaubt, *qualitativ* ganz neue Möglichkeiten ins Auge zu fassen. Die Nutzung von Datenbänken kann bei einer Fülle von komplizierten *Entscheidungsprozessen*, z.B. der Rechtsprechung, eine wesentliche Vergrößerung der Rechts- und Verfahrenssicherheit bewirken. Das Verfahren der *Computersimulation* – ein weiterer Typus fiktionaler Informationsnutzung – erlaubt es, unter Verwendung von in Datenbanken gespeicherten Datenbeständen, auf dem Bildschirm politisch und wirtschaftlich brisante Entscheidungen zu simulieren. Daran knüpft die Möglichkeit der laufenden Erstellung präziserer *Prognosen* und zügigerer Planung direkt an.[266]

Viele *Arbeitsplätze* können durch Informationsvernetzung *standortunabhängig*, insbesondere zu Hause eingerichtet werden, was sowohl ökologisch (weniger Verbrauch von Energie, weniger Verschmutzung der Umwelt) als auch volkswirtschaftlich (geringere Kosten) von erheblichem Vorteil sein dürfte (dazu aber konträr: Opaschowski 1999: 59f.).

Eine weitere aussichtsreiche Möglichkeit betrifft die Vernetzung wissenschaftlicher Institutionen, die die Grenzen zwischen akademischer und industrieller Forschung auflösen und den Transfer wissenschaftlicher Erkenntnisse, unter

---

[266] Als Beispiel: Für die 1995 in Dayton (USA) tagenden Parteien im Bosnienkonflikt wurden alle Vorschläge zur Lösung des Konflikts in eine Computersimulation eingefüttert, so dass sich die möglichen Auswirkungen auf die Beilegung des Konflikts – für alle Beteiligten gleichermaßen wahrnehmbar – sofort demonstrieren ließen. Dies hat nach Ansicht beteiligter Experten maßgeblich zur Verabschiedung des Friedensplanes beigetragen.

Einbezug leistungsfähiger Datenbanken, erheblich beschleunigen kann.[267] Davon schließlich profitieren neue Formen virtueller *Teamarbeit*. Der durch die zu erwartende *Vernetzung heterogener Wissensbestände* ermöglichte Zugriff auf Wissen aller Art (z.B. durch das World Wide Web) dürfte dabei insgesamt die größten Synergieeffekte erzeugen.

Betrachtet man resümierend diese sich abzeichnenden Möglichkeiten der verstärkten und vernetzten Kommunikation, so müsste man – euphorisch gewendet – sagen: *Wer die Kommunikation hat, hat die Zukunft.*

17.2.2 Zukunft der Kommunikation: Gefahren

Die Gegenrechnung, die einer rosig modellierten Zukunft der Kommunikation aufgemacht werden kann, ist allerdings umfangreich: Während die durch die Informatisierung der Gesellschaft sich einstellenden Chancen vergleichsweise deutlich zu erkennen sind, trifft dies für die daraus erwachsenden Gefahren weit weniger zu. Die Erklärung dafür liegt unter anderem in der Tatsache, dass die Chancen individuell, auf der Ebene des Individuums zurechenbar sind, während mögliche Großrisiken sich auch auf einer aggregierten, kollektiven Ebene einstellen.

Aus den oben geschilderten Folgen der Informatisierung lassen sich mehrere Bereiche möglicher Risiken ableiten: 1) die Verringerung sozial gemeinsam und verbindlich unterstellbaren Wissens, daraus folgend 2) die sinkende Homogenität und Verbindlichkeit von Normen und Werten, 3) die sich vergrößernde Abhängigkeit von Informationsangeboten und deren medialen Trägern und 4) die sich vergrößernde *Wirkung* von Informationsangeboten.[268] Opaschowski (1999) zählt hier folgende Probleme auf:

- „Die *mediale Klassengesellschaft* steht vor der Tür, weil sie die Ungleichverteilung des Wissens eher fördert als verhindert „ (: 52),
- „Der Versorgungskonsument von heute wandelt sich zum Erlebniskonsumenten von morgen und stellt dabei immer höhere Ansprüche" (: 53)
- „Die Zukunft gehört der Jugend, der Kaufkraft und der Wissenselite" (: 103)

---

[267] Da neue wissenschaftliche Erkenntnisse zum größten Teil aus der Rekombination bereits vorliegender Wissensbestände gewonnen werden (vgl. Luhmann 1990: 122ff.), ist diese Möglichkeit von besonderem Interesse.

[268] Der Schutz der Intimsphäre und die Beeinträchtigung der Gesundheit sind weitere wichtige Aspekte, die jedoch längst thematisiert worden sind und bereits zu entsprechenden gesetzlichen Regelungen – etwa zur Schaffung des Datenschutzgesetzes – geführt haben und daher an dieser Stelle nicht diskutiert werden müssen.

- „Die hochindustrialisierten Länder entwickeln sich immer mehr zu Informationsgesellschaften [...] Aber – nüchtern betrachtet – sind die Arbeitsmarkt-Effekte der Multimediabranche gleich Null" (: 60),
- „Je mehr zeitsparende Maschinen es gibt, desto mehr stehen die Menschen unter Zeitdruck" (: 139),
- „Orientierungslosigkeit als Normalität" (: 169).

Mit besonderer Besorgnis werden die Möglichkeiten effektiven Datenschutzes betrachtet, die sowohl im immer stärkeren Zugriff auf das Privatleben ('Der gläserne Mensch') als auch in der Anonymisierung durch Technisierung liegen.

Beispiel 55:

Im Zeitalter der totalen Rechnervernetzung ist ein menschlicher Eingriff überflüssig und daher ausgeschlossen. Einem braven Mitmenschen wird per Zufall durch einen Versandhauscomputer das Buch *Kidnapping* von Robert L. Stephenson (1850-1894) zugesandt, das der brave Mitmensch aber gar nicht bestellt hat und zurücksendet. Nach einer ausgiebigen Korrespondenz mit daten- und maschinenlesbaren Schriftsätzen geht die Angelegenheit vor Gericht. Der Gerichtscomputer verurteilt den Mitmenschen zum Tod, weil nach Aktenlage klar erwiesen sei, dass dieser Robert L. Stephenson getötet habe, was ja schon deshalb zutreffe, weil dieser (1980!) nicht mehr lebe. Zwar spricht der Gouverneur eine Begnadigung aus, doch das Urteil wird gleichwohl vollstreckt, weil der Mitmensch nicht das vom Gefängniscomputer vorgeschriebene Begnadigungsformular verwendet hat (Dickson 1965, hier zitiert nach Banse 1996: 251).

Ein weiteres, damit zusammenhängendes Problem ist die technisch mittlerweile perfekt ausgebaute Möglichkeit zur Fälschung von Texten, Bildern und Daten aller Art. Sie sind vor Entdeckung zudem dadurch geschützt, dass, wie bereits angemerkt, der Rezipient sich immer stärker auf die Nichtnachprüfbarkeit von Texten und Bildern einrichtet. Opaschowski (1999) macht darauf aufmerksam, dass kein Inhalt, der über Telefon, Fax, E-Mail oder Internet nach 'draußen' geht, überhaupt noch sicher zu schützen ist: „Wir müssen mit Digitalvandalismus, Softwarepiraterie und Datendiebstahl leben lernen" (Opaschowski 1999: 94).

Das größte Risiko liegt offenbar in der *Langzeitveränderung* des Medienverhaltens, das sowohl mentale (individuelle) als auch soziale Folgen hat, auf die die obigen Szenarios auf verschiedene Weise aufmerksam gemacht haben.

Die sprunghafte Vervielfältigung aktueller und kumulierter Informationsangebote führt, wie bereits angemerkt, möglicherweise zu einer 'informierten Gesellschaft', aber offenbar nicht notwendig zu einem 'informierten Bürger'.

Die sich dadurch langfristig einstellende *Segmentierung von Wissen* bewirkt, dass die *Schnittmenge gemeinsam geteilten Wissens* sich stark verringern wird. Das wiederum erzeugt Verständigungs- und Konsensprobleme und führt auf der sozialen Ebene zu einer Abnahme sozialer Integration in einem bislang nicht abschätzbaren Umfang, was unter gesellschaftlicher und insbesondere demokratietheoretischer Perspektive allemal erhebliche Sorgen machen muss.

Das Problem verstärkt sich, wenn man in Rechnung stellt, dass die zu erwartende Segmentierung des Wissens auch zu einer Segmentierung von Normen und Werten führen wird und damit letztlich zu einem *sozialen Orientierungsverlust*, der – folgerichtig und unausweichlich – neue Heils- und Glaubenslehren auf den Plan ruft. Die Entstehung und Verbreitung neuer sozialer Bewegungen, fundamentalistischer Strömungen und Sekten, die derzeit global zu beobachten ist, lässt sich als eine erste Folge dieser Entwicklung deuten.

Ebenfalls damit hängen Entwicklungen zusammen, die in der Kommunikationsforschung als „zunehmende Wissenskluft" (vgl. Bonfadelli 1985, ➔ Kap. 13.5.6) geortet worden sind. Darunter ist zu verstehen, dass der Grad 'vernünftigen' Gebrauchs von Information langfristig auf die Chancen des Einzelnen zur erfolgreichen Lebensfristung progressiven Einfluss nimmt, so dass sich eine Schere öffnet zwischen denen, die von Information klugen Gebrauch machen können und denen, die dies nicht vermögen. Damit kann die Informatisierung der Gesellschaft – entgegen der landläufig verbreiteten Meinung, dass die Massenmedien demokratische Strukturen festigen – *Ungleichheiten verstärken* und auf diese Weise zu einer ganz anderen 'neuen Armut' führen.

Des Weiteren bringt die *Fiktionalisierung* gleich in mehrfacher Hinsicht Probleme mit sich: Der Mensch richtet sich, sozusagen der Not gehorchend, auf die Nichtüberprüfbarkeit von Informationsangeboten ein. Die Kehrseite dieser Entwicklung ist jedoch, dass bereits die Unwahrscheinlichkeit der Überprüfung von Wirklichkeitsentwürfen zu einer *Manipulation von Wirklichkeit* durch interessierte Manipulateure einladen wird.[269] Das Zeitalter der Postmoderne, so könnte man sagen, ist längst durch das Zeitalter der Fiktionen und der virtuellen Realitäten abgelöst worden – ablesbar zuerst etwa an der wachsenden politischen Rolle, die die *öffentliche Meinung* seit Mitte des 19. Jahrhunderts spielt.

Zum anderen erfolgt die Konstruktion von Wirklichkeit durch Medien a priori *verzerrt*, verzerrt in Richtung des Außergewöhnlichen, des Negativen. Dar-

---

[269] Als Beispiel: Die derzeitige starke Vermehrung von Fernsehprogrammen hat nicht nur zu einer Vielzahl neuer Programmzeitschriften geführt, die als Metamedien die notwendige Selektion leisten, sondern sie hat seit 1993 auch dazu geführt, dass diese Selektivität durch *Bewertungen*, also fiktionale, nicht prüfbare Informationen, weiter gesteigert wird. Berücksichtigt man, dass aufgrund der Medienkonzentration Anbieter von Fernsehprogrammen und Verleger von Programmzeitschriften identisch sein können, so muss man sich fragen, ob solche Bewertungen interessenfrei sein können.

aus folgt, dass die Chance von Wahrheiten (über Ereignisse, Personen oder wissenschaftliche Ergebnisse) sich durchzusetzen, grundsätzlich geringer ist oder sein wird als die der von den Medien verbreiteten Wahrheiten. Was das beispielsweise für die Durchsetzung neuer, nach Expertenmeinung verträglicher Technologien in einer falsch informierten Öffentlichkeit bedeutet, haben Ergebnisse der **Risikokommunikation** längst deutlich gemacht (vgl. Ruhrmann 1996: 238f.).

Schließlich werden die *Wirkungen* von Informationsangeboten, ebenfalls durch die aufzubringende gesteigerte Selektivität unterstützt, unkontrollierbarer und tendenziell auch stärker ausfallen als bisher: Während man bis in die 60er Jahre hinein die These von den starken Wirkungen der Massenkommunikation vertrat und diese später unter dem Eindruck neuer Befunde – wenngleich zögerlich – aufgeben musste (vgl. etwa Maletzke 1963: 226ff.), so wird man zukünftig gut daran tun, sich auf stärkere und vor allem *erratischere* Wirkungen der Massenkommunikation einzustellen. Dahinter steht die theoretisch begründete Überlegung, dass Wirkungen der Massenmedien nicht von Raum und Zeit unabhängig sind, sondern dass sie sich – ganz im Gegenteil – mit der Veränderung von Gesellschaften mitverändern werden. Unsere Erkenntnisse über die Entwicklung von Kommunikation, aber auch über die *Wirkung* von Kommunikation haben ein *Verfallsdatum* und eine *Halbwertzeit*, die beständig abnimmt.

Daraus folgt möglicherweise – und dies wird in vielen Szenarios und Prognosen sehr deutlich und im Tenor sehr identisch ausgeführt – dass zukünftig die *Medienpädagogik* (verstanden als didaktische Information über den Umgang mit Information) mehr denn je gefragt ist und gleichsam den Rang eines systematisch einzuübenden *kognitiven Überlebenstrainings* gewinnen wird.

17.2.3 Resümee

Die Durchmusterung von Entwürfen und Trends zur Zukunft der Kommunikation führen, stark verkürzt, auf folgende Feststellungen:

1) Schrift ist schädlich (*Platon*)
2) Technisierung entwertet das Schreiben und Denken
3) Die Informationsgesellschaft wird zur schriftlosen Gesellschaft
4) Medientechnik zerstört alle Kultur
5) Mediengesellschaft hebt den Ortsbezug auf
6) Mediengesellschaft ist nicht steuerbar
7) Mediengesellschaft wird Bewusstseine und Mentalitäten radikal verändern

8) Zeit wird als Folge des Einsatzes zeitsparender Technik noch knapper

9) Das Informationsangebot wächst ins Unendliche

10) Der Schutz vor Informationsmissbrauch fehlt

11) Fiktionen ersetzen Fakten

12) Die Definitionsmacht der Medien bei der Wirklichkeitskonstruktion nimmt beständig zu

13) Medienwirkungen werden stärker

14) Das Bewusstsein für Zukunft fehlt

15) Der kommunikative Wandel verläuft schneller als dessen Erforschung

Dies sind Feststellungen, die die Zukunft von Gesellschaften *zentral* berühren und bestimmen werden. Und sie zeigen den Stellenwert, den die *Kommunikationsforschung* zukünftig haben muss, um hier problemlösend aufzutreten. Unglücklicherweise verläuft die Evolution der Information bereits heutzutage schneller als die Forschung *über* die Evolution von Information und Kommunikation. Trotz der erstaunlichen Selbstheilungskräfte moderner Gesellschaften stellt diese Entwicklung eine aktuelle und offenbar bislang wenig beachtete Gefahr dar.

Die weitere Entwicklung der Medien wird in bestimmter Hinsicht Vorteile, in bestimmter Hinsicht Nachteile mit sich bringen, über deren Eintrittswahrscheinlichkeit und Ausmaß wir derzeit noch nichts sagen können. Wir können aber eines: Unsere heutige Kommunikation sensibel und aufmerksam auf die Kommunikation von morgen einstellen.

Die absehbaren Chancen der Mediengesellschaft wurden oben eher euphorisch mit dem Slogan 'Wer die Kommunikation hat, hat die Zukunft' beschrieben. Doch auch wenn man die Zukunft der Kommunikation eher pessimistisch einschätzt, gilt: *Wer keine Kommunikation hat, hat keine Zukunft.*

LITERATUR

Abbott, Eric A./Lynn T. **Brassfield** (1989): Comparing decisions on releases by TV and Newspaper Gatekeepers, in: Journalism Quarterly, 66: 853-856.

Adoni, Hanna (1979): The function of mass media in the political socialization of adolescents, in: Communication Research, 6: 84-106.

Adoni, Hanna/Akiba A. **Cohen** (1978): Television news and the social construction of economic reality, in: Journal of Communication, 28: 61-70.

Adoni, Hanna/Sherill **Mane** (1984): Media and the Social Construction of Reality. Toward an Integration of Theory and Research, in: Communication Research, 11: 323-340.

Adorno, Theodor W. (1972): Resumé über Kulturindustrie. In: Dieter **Prokop** (Hrsg.): Massenkommunikationsforschung. Bd. I: Produktion. Frankfurt/M.: S. Fischer: 347-355.

Adorno, Theodor W./Max **Horkheimer** (1947): Dialektik der Aufklärung. Amsterdam: Querido.

Albert, Hans (1967): Wertfreiheit als methodisches Prinzip. In: Ernst **Topitsch** (Hrsg.): Logik der Sozialwissenschaften. Köln: Kiepenheuer & Witsch: 181-210.

Albert, Hans/Ernst **Topitsch** (1971): Werturteilsstreit. Darmstadt: Wissenschaftliche Buchgesellschaft.

Albig, William (1938): The Content of Radio Programs, 1925-1935, in: Social Forces, 16: 338-349.

Albrecht, Günther (1975): Nicht-reaktive Messung und Anwendung historischer Methoden. In: Jürgen van **Koolwijk**/Maria **Wieken-Mayser** (Hrsg.): Techniken der empirischen Sozialforschung. Bd. 2: Untersuchungsformen. München, Wien: Oldenbourg: 9-81.

Alemann, Heine von (1977): Der Forschungsprozeß. Eine Einführung in die Praxis der empirischen Sozialforschung. Stuttgart: Teubner.

Allen, Chris T./Judith D. **Weber** (1983): How Presidential Media Use Affects Individuals' Belief about Conversation, in: Journalism Quarterly, 60: 98-104.

Allen, Irving L. (1969): Social Relations and the Two-Step Flow: A defense of the tradition, in: Journalism Quarterly, 46: 492-498.

Allen, Richard L. (1981): The Reliability and Stability of Television Exposure, in: Communication Research, 8: 233-256.

Allen, William (1971): Instructional Media Research: Past, Present, and Future, in: Audio-Visual Communication Review, 19: 5-18.

Allerbeck, Klaus (1978): Meßniveau und Analyseverfahren – das Problem „strittiger Intervallskalen", in: Zeitschrift für Soziologie, 7: 199-214.

Allport, Floyd H. (1937): Toward a Science of Public Opinion, in: Public Opinion Quarterly, 1: 7-23.

Allport, Floyd H. (1947): The j-curve hypothesis of conforming behavior. In: Theodore **Newcomb** et al. (Hrsg.): Readings in social psychology. New York: Holt: 55-67.

Allport, Floyd H. (1954): The Structuring of Events: Outline of a general Theory with Applications to Psychology, in: Psychological Review, 61: 281-303.

Allport, Floyd H. (1967): Social Psychology. New York: Johnson. (Reprint der Ausgabe Boston 1924).

Allport, Gordon W. (1935): Attitudes. In: Carl **Murchinson** (Hrsg.): Handbook of Social Psychology. Worcester/Massachusetts: Clarke University Press: 798-884.

Allport, Gordon W. (1946): A Secondary Principle of Learning, in: Psychological Review, 53: 335-347.

Altenloh, Emilie (1914): Zur Soziologie des Kino. Jena: Eugen Diederichs.

Altheide, David L. (1977): Creating Reality. How TV News Distorts Events. Beverly Hills, London: SAGE.

Altheide, David L. (1985): Symbolic Interaction and 'Uses and Gratifications': Towards a Theoretical Integration, in: Communications, 11: 73-82.

Altheide, David L./Robert P. **Snow** (1988): Toward a theory of mediation. In: James A. **Anderson** (Hrsg.): Communication Yearbook. Vol. 11. Newbury Park, Beverly Hills, London, New Delhi: SAGE: 194-223.

An der Heiden, Uwe (1992): Selbstorganisation in dynamischen Systemen. In: Wolfgang **Krohn**/Günther **Küppers** (Hrsg.): Emergenz. Die Entstehung von Ordnung, Organisation und Bedeutung. Frankfurt/M.: Suhrkamp: 57-88.

Anderson, C.C./T.O. **McGuire** (1978): The effect of TV-viewing on the educational performance of elementary school children, in: Alberta Journal of Educational Research, 24: 156-163.

Anderson, James A. (1969): Single-Channel and Multi-Channel Messages: A Comparison of Connotative Meaning, in: Audio-Visual Communication Review, 17: 428-434.

Anderson, James A. (1981): Research on Children and Television: A Critique, in: Journal of Broadcasting, 25: 395-400.

Anderson, Norman (1957): The Representation of Order Effects in Communication Research. In: Carl I. **Hovland** (Hrsg.): The Order of Presentation in Persuasion. New York, London: Yale University Press: 158-169.

Anderson, Norman (1959): Test of a Model for Opinion Change, in: Journal of Abnormal and Social Psychology, 59: 371-381.

Anderson, Norman (1964): Order Effects in Impression Formation in Four Classes of Stimuli, in: Journal of Abnormal and Social Psycholgy, 64: 467-471.

Anderson, Oskar et al. (1976): Schätzen und Testen. Eine Einführung in die Wahrscheinlichkeitsrechnung und schließende Statistik. Berlin, Heidelberg, New York: Springer.

Anderson, Oskar et al. (1978): Grundlagen der Statistik. Amtliche Statistik und beschreibende Methoden. Berlin, Heidelberg, New York: Springer.

Anderson, Peter A. (1978): Media Consumption and Population Characteristics of Political Opinion Leaders, in: Communication Quarterly, 26: 40-48.

Andreoli, Virginia A./Stephen **Worchel** (1978): Effects of Media, Communicator, and Message Position on Attitude Change, in: Public Opinion Quarterly, 42: 59-70.

Applbaum, Ronald L. et al. (1973): Fundamental Concepts in Human Communication. San Francisco: Canfield Press.

Arbeitsgemeinschaft Rundfunkwerbung (Hrsg.) (1981): Kinder, Medien, Werbung. Frankfurt/M.: Metzner.

Arbeitsgruppe Bielefelder Soziologen (Hrsg.) (1973): Alltagswissen, Interaktion und soziale Wirklichkeit. 2 Bde. Reinbek: Rowohlt.

ARD (Hrsg.) (1969ff.): ARD-Jahrbuch. Hamburg: Hans-Bredow-Institut.

ARD (Hrsg.) (1984): ARD-Presseinformation vom 21.12.1984. Stellungnahme der ARD-Hörfunk-Chefredakteure aller ARD-Anstalten sowie Deutsche Welle und **Deutschlandfunk**.

Argyle, Michael (1972): Soziale Interaktion. Köln: Kiepenheuer & Witsch.

Argyle, Michael/Mansur **Lalljee**/Mark **Cook** (1968): The Effects of Visibility on Interaction in a Dyad, in: Human Relations, 21: 3-17.

Arida, Persio (1985): Soziale Differenzierung und Wirtschaftstheorie. In: Niklas **Luhmann** (Hrsg.): Soziale Differenzierung. Zur Geschichte einer Idee. Opladen: Westdeutscher Verlag: 68-95.

Arimond, Heinrich (1935): Einführung in die Wissenschaft von der Publizistik. München: Insitut für Zeitungswissenschaft.

Aristoteles (1959): Rhetorik. Paderborn: Schöningh. (Hrsg. von Paul **Gohlke**)

Aristoteles (1959a): Rhetorik an Alexander. Paderborn: Schöningh. (Hrsg. von Paul **Gohlke**)

Armbrecht, Wolfgang/Ulf **Zabel** (Hrsg.) (1994): Normative Aspekte der PR: Grundlegende Fragen und Perspektiven. Eine Einführung. Opladen: Westdeutscher Verlag.

Arndt, Johan (1968): A Test of the Two-Step Flow in diffusion of a New Product, in: Journalism Quarterly, 45: 457-465.

Arndt, Johan (1968a): Insights into Consumer Behavior. Boston: Allyn an Bacon.

Arnheim, Rudolf (1974): Film als Kunst. München: Hanser.

Arnold, C.C./J.W. **Bowers** (Hrsg.) (1984): Handbook of Rhetorical and Communication Theory. Boston: Allen & Bacon.

Aronson, Elliot (1968): Dissonance Theory: Progress and Problems. In: Robert P. **Abelson**/Elliot **Aronson**/William J. **McGuire**/Theodor **Newcomb**/Milton **Rosenberg**/Percy H. **Tannenbaum** (Hrsg.): Theories of Cognitive Consistency: A Sourcebook. Chicago: McNally: 5-27.

Aronson, Elliot (1978): The Theory of Cognitive Dissonance. In: Leonard **Berkowitz** (Hrsg.): Cognitive Theories in Social Psychology. New York: Academic Press: 181-220.

Aronson, Elliot/Judith A. **Turner**/Merrill **Carlsmith** (1963): Communicator Credibility and Communicator Discrepancy as Determinants of Opinion Change, in: Journal of Abnormal and Social Psychology, 67: 31-37.

Asch, Solomon E. (1948): The Doctrine of Suggestion, Prestige and Imitation in Social Psychology, in: Psychological Review, 55: 250-276.

Asch, Solomon E. (1951): The Effects of Group Pressure Upon the Modification and Distortion of Judgements. In: Harald **Guetzkow** et al.: Groups, Leadership and Men. Pittsburgh: Carnegie Press: 177-190. (Dt. in: Martin **Irle** (Hrsg.) (1969): Texte aus der experimentellen Sozialpsychologie. Neuwied: Luchterhand: 57-73.).

Asch, Solomon E. (1954): Effects of Group Pressure Upon the Modification and Distortion of Judgements. In: Dorwin **Cartwright**/Alvin **Zander** (Hrsg.): Group Dynamics. Research and Theory. London: Tavistock: 151-162.

Asendorpf, Jens/Harald G. **Wallbott** (1979): Maße der Beobachterübereinstimmung: Ein systematischer Vergleich, in: Zeitschrift für Sozialpsychologie, 10: 243-252.

Asp, Kent (1983): The Struggle for the Agenda: Party Agenda, Media Agenda and Voter Agenda in the 1979 Swedish Election Campaign, in: Communication Research, 10: 333-335.

Atkin, Charles K. (1971): How Imbalanced Campaign Coverage Affects Audience Exposure Patterns, in: Journalism Quarterly, 48: 235-244.

Atkin, Charles K. (1972): Anticipated Communication and Mass Media Information Seeking, in: Public Opinion Quarterly, 36: 188-199.

Atkin, Charles K. (1972a): The Relationship between Television Violence Viewing Patterns and Aggressive Behavior in Two Samples of Adolescents. Ph.D., University of Madison/Wisconsin.

Atkin, Charles K. (1976): News Media Exposure. Political Knowledge and Campaign Interest, in: Journalism Quarterly, 53: 231-237.

Atkin, Charles K. (1977): Effects of Campaign Advertising and Newscast on Children, in: Journalism Quarterly, 54: 503-508.

Atkin, Charles K. (1978): Effects of Drugs Commercials on Young Viewers, in: Journal of Communication, 28: 71-79.

Atkin, Charles K. (1979): Research Evidence on Mass Mediated Health Communication Campaigns. In: Dan **Nimmo** (Hrsg.): Communication Yearbook. Vol. 3. New Brunswick: Transaction Books: 655-669.

Atkin, Charles K. (1979a): Selective Exposure to Televised Violence, in: Journal of Broadcasting, 23: 5-13.

Atkin, Charles K. (1983): Effects of Realistic TV Violence vs. Fictional Violence on Aggression, in: Journalism Quarterly, 60: 615-621.

Atkin, Charles K. (1983a): Television and Race Role Socialization, in: Journalism Quarterly, 60: 407-414.

Atkin, Charles K. et al. (1973): Quality Versus Quantity In Televised Political Ads, in: Public Opinion Quarterly, 37: 209-224.

Atkin, Charles K./Walter **Gantz** (1978a): Television News and Political Socialization, in: Public Opinion Quarterly, 42: 183-198.

Atkin, Charles K./Garry **Heald** (1976): Effects of Political Advertising, in: Public Opinion Quarterly, 40: 216-288.

Atkin, Charles K./Ogut B. **Nayman** (1971): Television and Social Behavior: An Annotated Bibliography of Research Focusing on Televison's Impact on Children. Washington: Government Printing Office.

Atteslander, Peter ([6]1991): Methoden der empirischen Sozialforschung. Berlin, New York: de Gruyter.

Atteslander, Peter/Hans-Ulrich **Kneubühler** (1975): Verzerrungen im Interview. Zu einer Fehlertheorie der Befragung. Opladen: Westdeutscher Verlag.

Aufermann, Jörg (1971): Kommunikation und Modernisierung. München-Pullach, Berlin: Verlag Dokumentation.

Aufermann, Jörg/Hans **Bohrmann**/Rolf H. **Sülzer** (Hrsg.) (1973): Gesellschaftliche Kommunikation und Information. 2 Bde. Frankfurt/M.: Athenäum-Fischer.

Austin, John L. ([2]1979): Zur Theorie der Sprechakte (How to do things with words). Stuttgart: Reclam.

Avenarius, Horst (1994): Die Ethik des Kommunizierens. Praktische Erfahrungen mit PR-Kodizes. In: Wolfgang **Armbrecht**/Ulf **Zabel** (Hrsg.): Normative Aspekte der PR: Grundlegende Fragen und Perspektiven. Eine Einführung. Opladen: Westdeutscher Verlag: 297-305.

Avenarius, Horst (1995): Public Relations. Die Grundform der gesellschaftlichen Kommunikation. Darmstadt: Wissenschaftliche Buchgesellschaft.

Avenarius, Horst/Wolfgang **Armbrecht** (Hrsg.) (1992): Ist PR eine Wissenschaft? Opladen: Westdeutscher Verlag.

Baacke, Dieter (1973): Kommunikation und Kompetenz. München: Juventa.

Baacke, Dieter/Hans-Dieter **Kübler** (1991): Lernen und Erziehen in der Medienumwelt. Konzepte der Medienpädagogik. In: **Deutsches Institut für Fernstudien** (Hrsg.): Funkkolleg Medien und Kommunikation, Heft 12: 15-50.

Bachmair, Ben/Erich **Mohn**/Stephan **Müller-Doohm** (Hrsg.) (1985): Qualitative Medien- und Kommunikationsforschung. Kassel: Gesamthochschule-Bibliothek.

Back, Kurt W. (1962): The Behavior of Scientists: Communication and Creativity, in: Sociological Inquiry, 32: 82-87.

Backhaus, Klaus et al. ([4]1987): Multivariate Analysemethoden. Eine anwendungsorientierte Einführung. Heidelberg, New York: Springer.

Badura, Bernhard (1981): Gegenexpertise als wissenschaftssoziologisches und wissenschaftspolitisches Problem, in: Soziale Welt, 32: 459-473.

Baerns, Barbara (1985): Öffentlichkeitsarbeit oder Journalismus? Zum Einfluß im Mediensystem. Köln: Verlag Wissenschaft & Politik.

Baerns, Barbara (Hrsg.) (1995): PR-Erfolgskontrolle. Messen und Bewerten in der Öffentlichkeitsarbeit. Verfahren, Strategien, Beispiele. Frankfurt/M.: F.A.Z.-Institut.

Baerns, Barbara/Michael **Höffken** (1991): Der Zugang der Öffentlichkeitsarbeiter zur Information – Versuche systematischer Annäherung an ein praktisches Problem, in: prmagazin, 22 (Heft 8): 35-42.

Bales, Robert F. (1950): Interaction Process Analysis. Cambridge/Massachusetts: Cambridge University Press.

Ball-Rokeach, Sandra J./Melvin L. **DeFleur** (1976): A Dependency Model of Mass-Media Effect, in: Communication Research, 3: 3-21.

Bamberg, Günter/Franz **Baur** ([5]1987): Statistik. München, Wien: Oldenbourg.

Bandura, Albert ([2]1972): Der Erwerb aggressiver Verhaltensweisen durch soziales Lernen. In: Amelie **Schmidt-Mummendey**/Hans Dieter **Schmidt**: Aggressives Verhalten. München: Juventa: 107-129.

Banse, Gerhard (1996): Technizismus oder Humanismus? In: Jörg **Tauss**/Johannes **Kollbeck**/Jan **Mönikes** (Hrsg.): Deutschlands Weg in die Informationsgesellschaft. Herausforderungen und Perspektiven für Wirtschaft, Wissenschaft, Recht und Politik. Baden-Baden: Nomos: 248-269.

Bantz, Charles/Suzanne **McCorkle**/Roberta C. **Baade** (1981): The news factory. In: G. Cleveland **Wilhoit** (Hrsg.): Mass Communication Review Yearbook, Vol. 2: 366-389.

Barber, Bernard (1972): Der Widerstand von Wissenschaftlern gegen wissenschaftliche Entdeckungen. In: Peter **Weingart** (Hrsg.): Wissenschaftssoziologie I. Frankfurt/M.: Äthenäum-Fischer: 205-221.

Bardeleben, Hans (1985): Conclus. Ein sozialwissenschaftliches Clusteranalyseprogramm, in: Soziologisches Forum, 11. (Institut für Soziologie der Universität Gießen).

Bar-Hillel, Yoshua/Rudolf **Carnap** (1953): Semantic Information, in: British Journal of Philosophical Science, 4: 147-157.

Barnes, S.B./R.G.A. **Dolby** (1972): Das wissenschaftliche Ethos: Ein abweichender Standpunkt. In: Peter **Weingart** (Hrsg.): Wissenschaftssoziologie I. Frankfurt/M.: Äthenäum-Fischer: 263-286.

Barnett, George A./Kim B. **Serota**/James A. **Taylor** (1976): Campaign Communication and Attitude Change: A Multidimensional Analysis, in: Human Communication Research, 2: 227-244.

Bartel, Hans (1974): Statistik I. Stuttgart: Fischer.

Bauer, Raymond A. (1958): The Communicator and the Audience, in: Journals of Conflict Resolution, 2: 67-77.

Bauer, Raymond A. (1961): American Society and Mass Media, in: Journal of Social Issues, 17: 3-84.

Bauer, Raymond A. (1964): The Obstinate Audience, in: American Psychologist, 19: 319-328. (Neu abgedruckt in: Wilbur **Schramm**/Ithiel de **Sola Pool**/ Frederick W. **Frey**/Nathan **Maccoby**/Edwin **Parker** (Hrsg.) (1973): Handbook of Communication. Chicago: Rand McNally: 141-152.). (Dt.: Das widerspenstige Publikum. Der Einflußprozeß aus der Sicht sozialer Kommunikation. In: Dieter **Prokop** (Hrsg.) (1973): Massenkommunikationsforschung. Bd. 2: Konsumtion. Frankfurt/M.: S. Fischer: 152-166.).

Bauer, Raymond A. (1967): Source Effect and Persuability: A New Look. In: Donald F. **Cox** (Hrsg.): Risk Taking and Information Handling in Consumer Behavior. Boston: Division of Research, Graduate School of Business Administration, Harvard University: 559-578.

Bauer, Raymond A./Alice H. **Bauer** (1960): America, Mass society and Mass media, in: Journal of Social Issues, 16: 3-66.

Bauer, Wilhelm (1914): Die öffentliche Meinung und ihre geschichtlichen Grundlagen. Tübingen: Mohr.

Bauer, Wilhelm (1930): Die öffentliche Meinung in der Weltgeschichte. Potsdam-Wildpark: Akademische Verlagsgesellschaft.

Baum, Achim (1994): Journalistisches Handeln. Opladen: Westdeutscher Verlag.

Bausch, Hans (1987): Wege zur Kommunikationsgeschichte. In: Manfred **Bobrowsky**/Wolfgang R. **Langenbucher** (Hrsg.): Wege zur Kommunikationsgeschichte. München: Ölschläger. (= Schriften der Dt. Gesellschaft für Publizistik und Kommunikationswissenschaft, Bd. 13): 19-25.

Bausch, Hans (1980): Rundfunkpolitik nach 1945. 2 Bde. München: dtv.

Bayerische Landeszentrale für Neue Medien (Hrsg.) (1990): BLM Rundfunkkongress 89: Rundfunk in den 90er Jahren. München: R. Fischer.

Bayerische Landeszentrale für Neue Medien (Hrsg.) (1990a): Grundlagenstudie zu Image und Akzeptanz des Hörfunks in Bayern. 2 Bde. München: Bayer.

Bayerische Landeszentrale für Neue Medien (Hrsg.) (1990b): Landesweiter Hörfunk in Bayern. Programm, Publikumswünsche und Bewertungen. München: R. Fischer.

Beck, Klaus (1989): Telefongeschichte als Sozialgeschichte: Die soziale und kulturelle Aneignung des Telefons im Alltag. In: **Forschungsgruppe Telefonkommunikation** (Hrsg.): Telefon und Gesellschaft. Berlin: Spiess: 45-75.

Becker, Jerome D. (1969): Media Usage and Political Activity, in: Journalism Quarterly, 46: 129-134.

Becker, Lee B. (1975): How Repetition Affects Evaluations of an Information Seeking About Candidates, in: Journalism Quarterly, 52: 611-617.

Becker, Lee B. (1979): Measurement of Gratifications, in: Communication Research, 6: 54-73.

Becker, Lee B. (1979a): Influence on Public Agendas. In: Sidney **Kraus** (Hrsg.): The Great Debates. Bloomington: Indiana University Press: 418-428.

Becker, Lee B. (1983): The Mass Media and Citizen Assessment of Issue Importance. A Reflection of Agenda-Setting Research. In: Ulrich **Saxer** (Hrsg.): Politik und Kommunikation. München: Ölschläger: 53-68.

Becker, Lee B./Charles D. **Whitney** (1980): The Effects of Media Dependencies: Audience Assessment of Government, in: Communication Research, 7: 95-121.

Beger, Rudolf/Hans-Dieter **Gärtner**/Rainer **Mathes** (1990): Unternehmenskommunikation. Frankfurt/M.: F.A.Z.-Institut.

Behr, Roy L./Shanto **Iyengar** (1985): Television News, Real World Cues, and Changes in the Public Agenda, in: Public Opinion Quarterly, 49: 38-57.

Beike, Peter (1981): Kontaktqualität. Vergleich der aktuellen Forschungskonzepte. Hamburg: Springer.

Bell, Daniel (1976): Welcome to the Post-Industrial Society, in: Physics Today, 29: 46-49.

Bell, Daniel (1975): Die Nachindustrielle Gesellschaft. Frankfurt/M., New York: Campus.

Beltz, Walter (1987): Die Schiffe der Götter. Ägyptische Mythologie. Berlin: Der Morgen.

Benninghaus, Hans (1976): Ergebnisse und Perspektiven der Einstellungs-Verhaltens-Forschung. Meisenheim: Hain.

Benninghaus, Hans ([3]1979): Deskriptive Statistik. Stuttgart: Teubner.

Bense, Max (1967): Semiotik. Allgemeine Theorie der Zeichen. Baden-Baden: Nomos.

Bense, Max (1969): Einführung in die informationstheoretische Ästhetik. Reinbek: Rowohlt.

Bentele, Günter (1988): Der Faktor Glaubwürdigkeit. Forschungsergebnisse und Fragen für die Sozialisationsperspektive, in: Publizistik, 33: 406-426.

Bentele, Günter (1992): Ethik der Public Relations als wissenschaftliche Herausforderung. In: Horst **Avenarius**/Wolfgang **Armbrecht** (Hrsg.): Ist PR eine Wissenschaft? Eine Einführung. Opladen: Westdeutscher Verlag: 151-170.

Bentele, Günter/Thomas **Liebert**/Stefan **Seeling** (1997): Von der Determination zur Intereffikation. Ein integriertes Modell zum Verhältnis von Public Relations und Journalismus. In: Günter **Bentele**/Michael **Haller** (Hrsg.): Aktuelle Entstehung von Öffentlichkeit. Akteure, Strukturen, Veränderungen. Konstanz: Universitätsverlag: 225-250.

Bentele, Günter/Manfred **Rühl** (Hrsg.) (1993): Theorien öffentlicher Kommunikation. München: Ölschläger. (= Schriftenreihe der Deutschen Gesellschaft für Publizistik- und Kommunikationswissenschaft, Bd. 19).

Bentele, Günter/Horst **Steinmann**/Ansgar **Zerfaß** (Hrsg.) (1996): Dialogorientierte Unternehmenskommunikation. Grundlagen – Praxiserfahrungen – Perspektiven. Berlin: Vistas. (= Serie Öffentlichkeitsarbeit/Public Relations und Kommunikationsmanagement, Bd. 4).

Bentele, Günter/Peter **Szyszka** (Hrsg.) (1995): PR-Ausbildung in Deutschland. Opladen: Westdeutscher Verlag.

Benton, Marc/P. Jean **Frazier** (1976): The Agenda Setting Function of Mass Media at the Three Levels of Information Holding, in: Communication Research, 3: 261-274.

Berelson, Bernard (1949): What Missing the Newspaper Means. In: Paul F. **Lazarsfeld**/Frank **Stanton** (Hrsg.): Communications Research 1948-1949. New York: Harper: 111-129.

Berelson, Bernard (1949a): Events as an Influence upon Public Opinion, in: Journalism Quarterly, 26: 145-148.

Berelson, Bernard (1954): Communication and public opinion: In: Wilbur **Schramm**/Donald F. **Roberts** (Hrsg.): The Process and Effects of Mass Communication. Urbana, Chicago, London: University of Illinois Press: 342-356.

Berelson, Bernard (1954a): What Missing the Newspaper means. In: Wilbur **Schramm** (Hrsg.): The Process and Effects of Mass Communication. Urbana, Chicago, London: University of Illinois Press: 36-47.

Berelson, Bernard (²1971): Content analysis in communication research. New York: Hafner Publishing Company.

Berelson, Bernard/Paul F. **Lazarsfeld** (1948): The analysis of communication content. Als Man. verv.: University of Chicago.

Berelson, Bernard/Paul F. **Lazarsfeld** (1952): Die Bedeutungsanalyse von Kommunikationsmaterialien. In: René **König** (Hrsg.): Praktische Sozialforschung. Dortmund, Zürich: Ardey-Verlag: 141-168.

Berelson, Bernard/Gary A. **Steiner** (1964): Human Behavior. New York: Harcourt.

Berg, Klaus/Marie-Luise **Kiefer** (Hrsg.) (1987): Massenkommunikation II. Eine Langzeitstudie zur Mediennutzung und Medienbewertung 1964-1985. Frankfurt/M.: Alfred Metzner (= Schriftenreihe Media Perspektiven, Bd. 9).

Berg, Klaus/Marie-Luise **Kiefer** (Hrsg.) (1992): Massenkommunikation IV. Eine Langzeitstudie zur Mediennutzung und Medienbewertung 1964-1990. Baden-Baden: Nomos.

Berg, Klaus/Marie-Luisie **Kiefer** (Hrsg.) (1996): Massenkommunikation V. Eine Langzeitstudie zur Mediennutzung 1964-1995. Baden-Baden: Nomos.

Berger, Peter/Thomas **Luckmann** (⁴1974): Die gesellschaftliche Konstruktion der Wirklichkeit. Frankfurt/M.: S. Fischer.

Bergler, Reinhold (1962): Psychologie des Marken- und Firmenbildes. Göttingen: Vandenhoek & Ruprecht.

Bergmann, Jörg R. (1987): Klatsch. Zur Sozialform der diskreten Indiskretion. Berlin, New York: de Gruyter.

Berkowitz, Dan (1990): Refining the gatekeeping metaphor for local television news, in: Journal of Broadcasting, 34: 55-68.

Berkowitz, Leonard/Donald R. **Cottingham** (1960): The interest value and relevance of fear arousing communication, in: Journal of Abnormal and Social Psychology, 60: 37-43.

Bernays, Edward L. (1928): Propaganda. New York: Liveright.

Bernays, Edward L. (³1961): Crystallizing public opinion. New York: Boni & Liverlight.

Berndt, Ralph (1991): Einführung in das Sponsoring, in: Werbeforschung & Praxis, 36 (Nr. 138): 13-15.

Bernsdorf, Wilhelm (Hrsg.) (^{2}1969): Wörterbuch der Soziologie. Stuttgart: Enke.

Bessler, Hansjörg (1977): Positionsmeldungen aus dem „Bermuda-Dreieck" der Wahlforschung 1976, in: epd/Kirche und Rundfunk, Nr. 4: 1ff.

Bessler, Hansjörg (1980): Hörer- und Zuschauerforschung. München: dtb.

Beth, Hanno/Harry **Pross** (1976): Einführung in die Kommunikationswissenschaft. Stuttgart: Kohlhammer.

Bibliographisches Institut (^{6}1904ff.): Meyers großes Konversations-Lexikon. 20 Bde. Leipzig/Wien: Bibliographisches Institut.

Billeter-Frey, Ernst P./Vladimir **Vlach** (1982): Grundlagen der statistischen Methodenlehre. Stuttgart, New York: Fischer.

Binder, Elisabeth (1983): Die Entstehung unternehmerischer Public Relations in der Bundesrepublik Deutschland. Münster [u.a.]: Lit.

Birdwell, A. E. (1968): A Study of the Influence of Image Congruence On Consumer Choice, in: Journal of Business, 41: 76-88.

Blalock, Hubert M. (1961): Causal Inferences in Nonexperimental Research. Chapel Hill: University of North Carolina Press.

Blalock, Hubert M. (^{2}1972): Social Statistics. New York: McGraw Hill.

Bleymüller, Josef/Günther **Gehlert**/Herbert **Gülicher** (^{11}1998): Statistik für Wirtschaftswissenschaftler. München: Vahlen.

Blinkert, Baldo (1978): Methodische Realitätskonstruktionen oder soziale Tatbestände? Eine empirische Untersuchung über die Instrumentenabhängigkeit von Befragungsdaten, in: Soziale Welt, 29: 358-372.

Blumer, Herbert A. (1969): Symbolic interactionism. Englewood Cliffs: Prentice-Hall.

Blumler, Jay G. (1979): The Role of Theory in Uses and Gratification Studies, in: Communication Research, 6: 9-36.

Blumler, Jay G./Elihu **Katz** (Hrsg.) (1974): The Uses of Mass Communications. Current Perspectives in Gratification Research. Beverly Hills: SAGE.

Blumler, Jay G./Denis **McQuail** (1968): Television in politics: its uses and influences. London: Faber [and] Faber.

Bobrowsky, Manfred/Wolfgang **Duchkowitsch**/Hannes **Haas** (Hrsg.) (1987): Medien- und Kommunikationsgeschichte. Wien: Braumüller.

Bobrowsky, Manfred/Wolfgang R. **Langenbucher** (Hrsg.) (1987): Wege zur Kommunikationsgeschichte. München: Ölschläger. (= Schriften der Dt. Gesellschaft für Publizistik und Kommunikationswissenschaft, Bd. 13).

Bochenski, Joseph M. ([3]1965): Die zeitgenössischen Denkmethoden. Bern, München: Francke.

Bogardus, Emery ([3]1942): Fundamentals of Social Psychology. New York, London: Appleton Century Company.

Bohrmann, Hans (1981): Kommunikationswissenschaft. Stichwort. In: Kurt **Koszyk**/Karl Hugo **Pruys**: Handbuch der Massenkommunikation. München: dtv: 132-137.

Bollinger, Günter/Alfred **Herrmann**/Volker **Möntmann** (1983): BMDP – Statistikprogramme für die Bio-, Human- und Sozialwissenschaften. Stuttgart: Fischer.

Böltken, Ferdinand (1976): Auswahlverfahren. Eine Einführung für Sozialwissenschaftler. Stuttgart: Teubner.

Bolz, Norbert (1990): Theorie der neuen Medien. München: Raben.

Bolz, Norbert (1993): Am Ende der Gutenberg-Galaxis. Die neuen Kommunikationsverhältnisse. München: Fink.

Bonfadelli, Heinz (1978): Zur „increasing knowledge gap" Hypothese, in: Buch und Lesen. Bertelsmann Texte, 7: 71-90.

Bonfadelli, Heinz (1980): Neue Fragestellungen in der Wirkungsforschung: Zur Hypothese der wachsenden Wissenskluft, in: Rundfunk und Fernsehen, 28: 173-193.

Bonfadelli, Heinz (1981): Die Sozialisationsperspektive in der Massenkommunikationsforschung. Berlin: Spiess.

Bonfadelli, Heinz (1983): Der Einfluß des Fernsehens auf die Konstruktion der sozialen Realität: Befunde aus der Schweiz zur Kultivierungshypothese, in: Rundfunk und Fernsehen, 31: 415-430.

Bonfadelli, Heinz (1985): Die Wissenskluft-Konzeption. Stand und Perspektiven der Forschung. In: Ulrich **Saxer** (Hrsg.): Gleichheit oder Ungleichheit durch Massenmedien. München: Ölschläger: 65-86.

Bonfadelli, Heinz (1986): Jugend und Medien. Frankfurt/M.: Metzner.

Boorstin, Daniel J. (1962): The Image: or what happened to the American Dream. New York: Athenäum.

Borg, Ingwer/Peter Ph. **Mohler** (1994): Trends and Perspectives in Empirical Social Research. Berlin, New York: de Gruyter.

Bortz, Jürgen (1984): Lehrbuch der empirischen Forschung für Sozialwissenschaftler. Berlin: Springer.

Bortz, Jürgen ([3]1989): Statistik. Für Sozialwissenschaftler. Berlin: Springer.

Bos, Wilfried/Christian **Tarnai** (Hrsg.) (1989): Angewandte Inhaltsanalyse in Empirischer Pädagogik und Psychologie. Münster, New York: Waxmann.

Botan, Carl (1989): Theory development in Public Relations. In: Carl **Botan**/ Vincent **Hazleton** (Hrsg.): Public Relations Theory. Hillsdale/New Jersey: Lawrence Erlbaum: 99-110.

Botan, Carl (1992): Public Relations as a Science – Implications of Cultural Differences and International Events. In: Horst **Avenarius**/Wolfgang **Armbrecht** (Hrsg.): Ist PR eine Wissenschaft? Opladen. Westdeutscher Verlag: 17-31.

Boulding, Kenneth (1956): The Image: Knowledge in Life and Society. Ann Arbor: Michigan University Press. (Dt.: Kenneth **Boulding** (1958): Die neuen Leitbilder. Düsseldorf: Econ.).

Brähler, Elmar (1975): Die automatische Analyse des Sprechverhaltens in psychoanalytischen Erstinterviews mit der Gießener Sprachenanalyse. Med. Diss., Universität Gießen.

Brecht, Bertolt (1927): Radiotheorie [1927-32]. (Unter diesem Titel veröffentlicht in: Bertolt **Brecht** (1967): Gesammelte Werke. Bd. 18. Frankfurt/M.: Suhrkamp: 119-134.).

Brecht, Bertolt (1967): Gesammelte Werke. Frankfurt/M.: Suhrkamp.

Brepohl, Klaus (1974): Die Massenmedien. Ein Fahrplan durch das Zeitalter der Information und Kommunikation. München: Nymphenburger.

Brepohl, Klaus (1992): Medien – Fakten und Zahlen. Köln: Deutscher Instituts-Verlag.

Brinkmann, Donald (1943): Das Gerücht als massenpsychologisches Phänomen, in: Schweizerische Zeitung für Psychologie und ihre Anwendungen, 2: 203.

Broadbent, Daniel E. (1958): Perception and Communication. Oxford, London: Pergamon Press.

Brockhaus ([17]1966-1974): Enzyklopädie in zwanzig Bänden. Wiesbaden: Verlag F.A. Brockhaus.

Brockhaus ([19]1986-1994): Enzyklopädie in vierundzwanzig Bänden. Mannheim: Verlag F.A. Brockhaus.

Brosius, Hans-Bernd (1994): Integrations- oder Einheitsfach? Die Publikationsaktivitäten von Autoren der Zeitschriften „Publizistik" und „Rundfunk und Fernsehen", in: Publizistik, 39: 73-90.

Brosius, Hans-Bernd (1994a): Agenda-Setting nach 25 Jahren Forschungsaktivität: Methodischer und theoretischer Stillstand?, in: Publizistik, 39: 269-288.

Brosius, Hans-Bernd/Dirk **Engel** (1997): Die Medien beeinflussen vielleicht die anderen, aber mich doch nicht, in: Publizistik, 42: 325-345.

Brosius, Hans-Bernd/Frank **Esser** (1995): Eskalation durch Berichterstattung? Massenmedien und fremdenfeindliche Gewalt. Opladen: Westdeutscher Verlag.

Brosius, Hans-Bernd/Frank **Esser** (1998): Mythen in der Wirkungsforschung, in: Publizistik, 43: 341-361.

Brosius, Hans-Bernd/Hans M. **Kepplinger** (1990): The agenda-setting function of television news: static and dynamic view, in: Communication Research, 17: 183-211.

Brown, Ralph A. (1982): Die Deutsche Public Relations-Gesellschaft (DPRG) und ihre Ausbildungsvorstellungen. In: Günther **Haedrich**/Günter **Barthenheier**/Horst **Kleinert** (Hrsg.): Öffentlichkeitsarbeit. Berlin: de Gruyter: 425-432.

Bruch, Rüdiger vom/Otto B. **Roegele** (Hrsg.) (1986): Von der Zeitungskunde zur Publizistik. Biographisch-institutionelle Stationen der deutschen Zeitungswissenschaft in der ersten Hälfte des 20. Jahrhunderts. Frankfurt/M.: Haag + Herchen.

Bruner, Jerome S./Cecil C. **Goodman** (1947): Value and Need as Organizing Factors in Perception, in: Journal of Abnormal und Social Psychology, 42: 33-44.

Bruner, Jerome S./Leo **Postman** (1947): Emotional Selectivity in Perception and Reaction, in: Journal of Personality, 16: 69-77.

Buchanan, William/Hadley **Cantril** (1953): How nations see each other: a study in pulic opinion. Urbana: University of Illinois Press.

Bücher, Karl (1919): Die Entstehung der Volkswirtschaft. Tübingen: Laupp.

Bücher, Karl (1926): Gesammelte Aufsätze zur Zeitungskunde. Tübingen: Laupp.

Buchholz, Axel (1990): Privatfunk wohin? München: R. Fischer. (Medienskripten, Bd. 10).

Buchler, J. (1941): The philosophy of Peirce. London. Francke.

Bungard, Walter/Helmut E. **Lück** (1974): Forschungsartefakte und nichtreaktive Meßverfahren. Stuttgart: Teubner.

Bürger, Joachim H. (1995): PR. Gebrauchsanleitung für praxisorientierte Öffentlichkeitsarbeit. Landsberg/Lech: Verlag Moderne Industrie.

Burkart, Roland (1983): Kommunikationswissenschaft. Grundlagen und Problemfelder. Wien, Köln: Böhlau.

Burkart, Roland (1993): Public Relations als Konfliktmanagement. Ein Konzept für verständigungsorientierte Öffentlichkeitsarbeit. Wien: Braumüller.

Burkart, Roland ([2]1995): Kommunikationswissenschaft. Grundlagen und Problemfelder. Wien, Köln: Böhlau.

Burkart, Roland/Walter **Hömberg** (Hrsg.) (1992): Kommunikationstheorien. Ein Textbuch zur Einführung. Wien: Braumüller (Studienbücher zur Publizistik- und Kommunikationswissenschaft, Bd. 8).

Busby, Linda J./Greg **Leichty** (1993): Feminism and Advertisung in traditional and nontraditional Women's Magazines 1950-1980, in: Journalism Quarterly, 70: 247-265.

Buselmeier, Michael (Hrsg.) (1974): Das glückliche Bewußtsein. Anleitung zur materialistischen Medienkritik. Darmstadt, Neuwied: Luchterhand.

Bush, Robert D./Eugene **Galanter/**R. Duncon **Luce** (Hrsg.) (1963): Handbook of mathematical psychology. Bd. 1. New York. Wiley: 1-76.

Buß, Eugen (1992): Propaganda. Anmerkungen zu einem diskreditierten Begriff. Wuppertal. (Herausgegeben von **DPRG-Landesgruppe NRW**, Schriftenreihe „PR-Kolloquium", Heft 4.)

Cahnmann, Werner J. (1948): A note on marriage announcements in the New York Times, in: American Sociological Review, 13: 96-97.

Campbell, Donald T. (1969): Variation and Selective Retention in Socio-Cultural Evolution, in: General Systems, 14: 69-85.

Campbell, Donald T./Julian C. **Stanley** (1963): Experimental and quasiexperimental Designs for Research. New York: Rand Mc Nally.

Cantril, Hadley (1966): Invasion from Mars. A study in the psychology of panic. New York: Harper, Row.

Capon, Noel/James **Hulbert** (1973): The Sleeper-Effect – An Awakening, in: Public Opinion Quarterly, 37: 333-358.

Carley, Michael (1981): Social measurement and social indicators. London: Allen & Unwin.

Carnap, Rudolf (1946): Introduction to Semantics. Cambridge/Massachusetts: Harvard University Press.

Carnap, Rudolf (1950): Logical foundations of probability. Chicago: University of Chicago Press.

Carnap, Rudolf (1968): Die logische Syntax der Sprache. Wien: Springer.

Cauter, T./J.S. **Downham** (1954): The Communication of Ideas. A Study of Contemporary Influences on Urban Life. London: Chatto and Windus.

Chaffee, Steven H. (1967): Salience and Homeostasis in Communication Processes, in: Journalism Quarterly, 44: 439-444, 453.

Chaffee, Steven H. (1972): Television and Adolescent Aggression. In: George A. **Comstock**/Eli A. **Rubinstein** (Hrsg.): Television and Social Behavior. Vol. 3: Television and Adolescent Aggressivement. Washington: Government Printing Office: 1-34.

Chaffee, Steven H. (1972a): The Interpersonal Context of Mass Media Communication. In: F. Gerald **Kline**/Philip J. **Tichenor**, (Hrsg.): Current Perspectives in Mass Communication Research. Beverly-Hills, London: SAGE: 95-120.

Chaffee, Steven H. (1973): Individual vs. Social Predictors of Information Seeking, in: Journalism Quarterly, 50: 237-245.

Chaffee, Steven H./Jack M. **McLeod** (1973): Interpersonal perception and communication, in: American Behavioural Scientist, 16: 4.

Charlton, Michael (1997): Rezeptionsforschung als Aufgabe einer interdisziplinären Medienwissenschaft. In: Michael **Charlton**/Silvia **Schneider** (Hrsg.): Rezeptionsforschung. Theorien und Untersuchungen zum Umgang mit Massenmedien. Opladen: Westdeutscher Verlag: 16-39.

Charlton, Michael/Klaus **Neumann** (1988): Mediensozialisation im Kontext. Der Beitrag des Kontextualismus und der Strukturanalyse für die Medienforschung, in: Publizistik, 33: 297-315.

Charters, Werrett W. (1933): Motion pictures and youth. New York: Macmillan. (Neudruck 1970).

Cherry, Colin (1957): On Human Communication. Cambridge, London: MIT Presss.

Cherry, Colin ([2]1967): Kommunikationsforschung – eine neue Wissenschaft. Frankfurt/M.: S. Fischer.

Cherry, Colin (1971): World Communication: Threat Or Promise? A Socio-Technical Approach. London, New York: Wiley-Interscience.

Cicourel, Aaron (1974): Methode und Messung in der Soziologie. Frankfurt/M.: Suhrkamp.

Cochran, William G. ([3]1977): Sampling techniques. New York [u.a.]: Wiley.

Cohen, Akiba A. (1976): Radio Versus TV: The Effect of the Medium, in: Journal of Communication, 26: 29-35.

Cohen, Akiba A. (1978): Television Economic News and the Social Construction of Economic Reality, in: Journal of Communication, 28: 4-61.

Cohen, Arthur R. (1959): Communication Discrepancy and Attitude Change: A Dissonance Theory Approach, in: Journal of Personality, 27: 386-396.

Cohen, Arthur R. (1959a): Need for Cognition and Order of Communication as Determinants of Opinion Change. In: Carl I. **Hovland** (Hrsg.): The Order of Presentation in Persuasion. New Haven, London: Yale University Press: 79-97.

Cohen, Arthur R. (1962): A Dissonance Analysis of the Boomerang Effect, in: Journal of Personality, 30: 75-88.

Cohen, Arthur R. (1964): Attitude Change and Social Influence. New York, London.

Cohen, Jacob ([2]1977): Statistical power analysis for the behavioral sciences. New York: Academy Press.

Comstock, George (1976): Television and its viewers: What social science sees. Santa Monica: Rand.

Comstock, George (1978): The Impact of Television on American Institutions, in: Journal of Communication, 28: 2-12.

Comstock, George (1980): Television in America. Beverly Hills: SAGE.

Cooley, Charles Horton (1909): Social Organization: A Study of the Larger Mind. New York: Scribner.

Cooley, Charles Horton (1922): Human Nature and the Social Order. New York: Scribner.

Coombs, Clyde H. (1964): A theory of data. New York: Wiley.

Coy, Wolfgang (1996): Bauelemente der Informationsgesellschaft - folgt der Gutenberg-Galaxis eine Turing-Galaxis? In: Jörg **Tauss**/Johannes **Kollbeck**/ Jan **Mönikes** (Hrsg.): Deutschlands Weg in die Informationsgesellschaft. Herausforderungen und Perspektiven für Wirtschaft, Wissenschaft, Recht und Politik. Baden-Baden: Nomos: 285-310.

Cranach, Mario von (1971): Über die Signalfunktion des Blickes in der Interaktion. In: Hans **Albert** (Hrsg.): Sozialtheorie und soziale Praxis. Festschrift für Eduard Baumgarten. Meisenheim: Hain: 201-224.

Crookes, Philip/Patrick **Vittet-Philippe** (Hrsg.) (1986): Local Radio and Regional Development in Europe. Manchester: European Institute for the Media in association with the European Centre for Political Studies.

Cutlip, Scott et al. (^{6}1994): Effective Public Relations. New York: Prentice-Hall.

Dale, Edgar (1970): Children's Attendance at Motion Pictures. New York: Arno Press [u.a.] (Nachdruck der Ausgabe New York 1935).

Davison, W. Phillips (1959): On the Effects of Communication, in: Public Opinion Quarterly, 23: 343-360.

Dean, Heward H./Kenneth D. **Bryson** (^{2}1961): Effective Communication. Englewood Cliffs: Prentice Hall.

Decker, Horst/Wolfgang R. **Langenbucher**/Günter **Nahr** (1976): Die Massenmedien in der postindustriellen Gesellschaft. Göttingen: Schwartz.

Dees, Matthias (1996): Public Relations als Managementaufgabe, in: Publizistik, 41: 155-171.

DeFleur, Melvin L. (^{2}1970): Theories of mass communication. New York: McKay.

DeFleur, Melvin L. (1981): Understanding Mass Communication. Boston, Dallas: Houghton Mifflin.

DeFleur, Melvin L./Sandra **Ball-Rokeach** (^{3}1975): Theories of mass communication. New York: McKay.

DeFleur, Melvin L./Everett E. **Dennis** (1994): Understanding Mass Communication. A Liberal Arts Perspective. Boston/Toronto: Houghton Mifflin.

Dehm, Ursula (1984): Fernsehunterhaltung: Zeitvertreib, Flucht oder Zwang? Mainz: v. Hase & Köhler.

Deichsel, Alexander/Philipp **Stone** (1975): Newspaper Headlines: A Multinational Project on Textual Indicators from Mass Media, in: Social Science Information, 14: 112-116.

Delhees, Karl H. (1994): Soziale Kommunikation. Psychologische Grundlagen für das Miteinander in der Gesellschaft. Opladen: Westdeutscher Verlag.

Den Hollander, A. N. J. (1965): Soziale Beschreibung als Problem, in: Kölner Zeitschrift für Soziologie und Sozialpsychologie, 17: 201-233.

Denk, Friedrich (^{3}1979): Die verborgenen Nachrichten. Eberfing (Selbstverlag).

Dethlefsen, Hans A./Johannes **Klass** (1998): Erfahrungsberichte zur Stichprobenbildung innerhalb der Zielhaushalte sowie zur Akzeptanz von Nachbefragungen bei repräsentativen CATI-Studien. In: Siegfried **Gabler**/Sabine **Häder**/Jürgen H.P. **Hoffmeyer-Zlotnik** (Hrsg.): Telefonstichproben in Deutschland. Opladen: Westdeutscher Verlag: 157-172.

Deutsch, Karl W. (1952): On Communication Models in the Social Sciences, in: Public Opinion Quarterly, 16: 356-380.

Deutsch, Karl W. (1963): The Nerves of Government: Models of Political Communication and Control. New York: The Free Press.

Deutsch, Karl W. (1966): On Theories, Taxonomies, and Models as Communication Codes for Organizing Information, in: Behavioral Science, 11: 1-17.

Deutsche Forschungsgemeinschaft (1986): Medienwirkungsforschung in der Bundesrepublik Deutschland. 2 Bde. Weinheim: VCH Verlag.

Deutsche Public Relations-Gesellschaft (Hrsg.) (1995): Mitgliederverzeichnis der DPRG 1994/1995. Königswinter: 19 u. 21.

Deutsche Shell (Hrsg.) (1995): Die Ereignisse um Brent Spar in Deutschland. Darstellung und Dokumentation mit Daten und Fakten. Hamburg: Deutsche Shell AG.

Deutschmann, Paul/Wayne A. **Danielson** (1960): Diffusion of Knowledge of the Major News Story, in: Journalism Quarterly, 37: 345-355.

Dewey, John (1896): The Reflex Arc Concept in Psychology, in: Psychological Review, 3: 357-370.

Dewey, John (1916): Democracy and Education. London, New York: Macmillan Company.

Dickson, G.R. (1965): Computer streiten nicht. In: Eric **Simon** (Hrsg.) (1980): Maschinenmenschen. Science-fiction aus Großbritannien und den USA. Berlin: Das neue Berlin: 30-47.

Dietrich, Rainer/Wolfgang **Klein** (1974): Computerlinguistik. Eine Einführung. Stuttgart, Berlin, Köln, Mainz: v. Hase & Köhler.

DLM (Direktorenkonferenz der Landesmedienanstalten) (Hrsg.) (1989/90ff.): Jahrbuch der deutschen Landesmedienanstalten. München: R. Fischer.

Dohrendorf, Rüdiger (1992): Die Leitglossen der Frankfurter Allgemeinen Zeitung - Praxis der computerunterstützten Inhaltsanalyse. In: Cornelia **Züll**/ Peter Ph. **Mohler** (Hrsg.): Textanalyse. Opladen: 155-184.

Donohew, Lewis (1967): Newspaper Gatekeepers and Forces in the News Channel, in: Public Opinion Quarterly, 31: 61-68.

Donohew, Lewis/Philip **Palmgreen** (1971): A Reappraisal of Dissonance and the Selective Exposure Hypothesis, in: Journalism Quarterly, 48: 412-420.

Donsbach, Wolfgang (1987): Die Theorie der Schweigespirale. In: Michael **Schenk**: Medienwirkungsforschung. Tübingen: Mohr: 324-343.

Donsbach, Wolfgang (1987a): Journalismusforschung in der Bundesrepublik: Offene Fragen trotz 'Forschungsboom'. In: Jürgen **Wilke** (Hrsg.): Zwischenbilanz der Journalistenausbildung. Nationale und internationale Vergleiche. München: Ölschläger: 105-142.

Doob, Leonhard W. (1950): Goebbel's Principles of Propaganda, in: Public Opinion Quarterly, 14: 419-442.

Dorer, Johanna (1994): Public Relations-Forschung im Wandel? Öffentlichkeitsarbeit im Spannungsfeld zwischen Verwissenschaftlichung und Professionalisierung der Berufspraxis, in: Publizistik, 39: 13-26.

Dorsch, Petra/Konrad **Teckentrup** (Hrsg.) (1981): Buch und Lesen international. Gütersloh: Verlag für Buchmarktforschung.

Dorsch-Jungsberger, Petra E./Otto B. **Roegele**/Wolfgang **Stolte** (1985): Konfliktpotentiale im Nachrichtenproduktionsprozeß, in: Publizistik, 30: 280-298.

Dovifat, Emil (1934): Die Erweiterung der zeitungskundlichen zur allgemeinpublizistischen Lehre und Forschung, in: Zeitungswissenschaft, 9 (Heft 1): 12-20.

Dovifat, Emil (1956): Publizistik als Wissenschaft. Herkunft - Wesen - Aufgabe, in: Publizistik, 1: 3-7.

Dovifat, Emil (1962): Zeitungslehre. 2 Bde. Berlin: Göschen.

Dovifat, Emil (1966): Das Ende der Publizistik, in: Publizistik, 11: 221-225.

Dovifat, Emil (Hrsg.) (1968): Handbuch der Publizistik. Berlin: de Gruyter.

Dovifat, Emil/Jürgen **Wilke** (^{6}1976): Zeitungslehre. 2 Bde. Berlin: de Gruyter.

Drengberg, Joachim (1996): N-joy-Radio: Ein öffentlich-rechtliches Erfolgsradio, in: Media Perspektiven, Heft 3: 134-143.

Dröge, Franz (1967): Publizistik und Vorurteil. Münster: Regensberg.

Dröge, Franz (1967a): Einige Voraussetzungen für die Wirksamkeit politischer Meinungsbildung durch das Fernsehen. In: Christian **Longolius** (Hrsg.): Fernsehen in Deutschland. Mainz: v. Hase & Koehler: 269-281.

Dröge, Franz (1967b): Theorie und Erkenntnistheorie in der Publizistikwissenschaft, in: Publizistik, 12: 219-231.

Dröge, Franz (1968): Die Aussagequelle in der Fernseh-Wirkungsforschung, in: Rundfunk und Fernsehen, 18: 34-47.

Dröge, Franz (1970): Der zerredete Widerstand. Soziologie und Publizistik des Gerüchts im 2. Weltkrieg. Düsseldorf: Bertelsmann Universitätsverlag.

Dröge, Franz (1972): Wissen ohne Bewußtsein – Materialien zur Medienanalyse. Frankfurt/M.: Athenäum-Fischer.

Dröge, Franz (1973): Wissensvermittlung in der bürgerlichen Gesellschaft. In: Jörg **Aufermann**/Hans **Bohrmann**/Rolf **Sülzer** (Hrsg.): Gesellschaftliche Kommunikation und Information. Bd. 1. Frankfurt/M.: Athenäum-Fischer: 174-189.

Dröge, Franz W./Winfried B. **Lerg** (1965): Kritik der Kommunikationswissenschaft, in: Publizistik, 10: 251-284.

Dröge, Franz/Rainer **Weissenborn**/Henning **Haft** (1969): Wirkungen der Massenkommunikation. Münster: Regensberg.

Droysen, Johann Gustav ([7]1974): Historik. Vorlesungen über Enzyklopädie und Methodologie der Geschichte [gehalten 1857-1883]. Darmstadt: Wissenschaftliche Buchgesellschaft. (Herausgegeben von Rudolf Hübner).

Duden ([5]1990): Fremdwörterbuch. Mannheim: Dudenverlag.

Dukes, William F. (1965): N = 1., in: Psychological Bulletin, 64: 74-79.

Eberhard, Fritz (1961): Thesen zur Publizistikwissenschaft, in: Publizistik, 6: 259ff.

Eberhard, Fritz (1963): Franz Adam Löffler und Max Weber - zwei Pioniere der Publizistikwissenschaft, in: Publizistik, 8: 436-445.

Ecke, Jörg-Oliver (1991): Motive der Hörfunknutzung. Nürnberg: Verlag der Kommunikationswissenschaftlichen Forschungsvereinigung.

Eco, Umberto (1972): Einführung in die Semiotik. München: Fink.

Ehling, William P. (1975): PR administration, management science, and purposive systems, in: Public Relations Review, 1 (2): 15-42.

Einhorn, Hillel J. (1972): Alchemy in the behavioral sciences, in: Public Opinion Quarterly, 36: 367-378.

Eisenhut, Werner ([5]1994): Einführung in die antike Rhetorik und ihre Geschichte. Darmstadt: Wissenschaftliche Buchgesellschaft.

Eisenstein, Cornelia (1994): Meinungsbildung in der Mediengesellschaft. Opladen: Westdeutscher Verlag.

Ekman, Paul (1965): Communication Through Behaviour. In: Sylvan S. **Tomkins**/Carroll E. **Izard** (Hrsg.): Affect, Cognition, and Personality. Empirical Studies. New York: Springer: 390-442.

Ekman, Paul (1965a): Differential Communication of Affect by Head and Body Cues, in: Journal of Personality and Social Psychology, 2: 726-735.

Ekman, Paul (1976): Movements with Precise Meanings, in: Journal of Communication, 26: 14-25.

Ekman, Paul/Wallace V. **Friesen** (1969): The Repertoire of Nonverbal Behavior: Categories, Origins, Usage and Coding, in: Semiotica, 1: 48-96.

Elliott, Philipp H. (1974): Uses and Gratifications Research. A Critique and a Sociological Alternative. In: Jay G. **Blumler**/Elihu **Katz** (Hrsg.): The Uses of Mass Communication: Current Perspectives on Gratification Research. Beverly Hills, London: SAGE: 249-268.

Elpelt, Bärbel/Joachim **Hartung** (1987): Grundkurs Statistik. Lehr- und Übungsbuch der angewandten Statistik. München, Wien: Oldenbourg.

Enzensberger, Hans Magnus (1972): Baukasten zu einer Theorie der Medien. In: Dieter **Prokop** (Hrsg.): Massenkommunikation. Bd. 2: Konsumtion. Frankfurt/M.: S. Fischer: 420-434. (zuerst abgedruckt in: Kursbuch, 20: 159-186).

Enzensberger, Hans Magnus (1988): Die vollkommene Leere. Das Nullmedium: Oder warum alle Klagen über das Fernsehen gegenstandslos sind, in: DER SPIEGEL, 16.5.88/Nr.20: 234-236.

Erbring, Lutz/Edie N. **Goldenberg**/Arthur H. **Miller** (1980): Front-Page News and Real-World Cues: A New Look at Agenda-Setting by the Media, in: American Journal of Political Science, 24: 16-49.

Erbslöh, Jürgen (1972): Interview. Stuttgart: Teubner.

Eschenauer, Barbara (1989): Medienpädagogik in den Lehrplänen. Eine Inhaltsanalyse zu den Curricula der allgemeinbildenden Schulen im Auftrag der Bertelsmann-Stiftung. Gütersloh: Mohn.

Esser, Hartmut (1975): Zum Problem der Reaktivität bei Forschungskontakten, in: Kölner Zeitschrift für Soziologie und Sozialpsychologie, 27: 257-272.

Esser, Hartmut (1977): Response-Set. Methodische Problematik und soziologische Interpretation, in: Zeitschrift für Soziologie, 6: 253-263.

Esser, Hartmut (1986): Können Befragte lügen?, in: Kölner Zeitschrift für Soziologie, 38: 314-336.

Esser, Hartmut/Klaus **Klenovitz**/Helmut **Zehnpfennig** (1977): Wissenschaftstheorie. 2 Bde. Stuttgart: Teubner.

Ettema, James S. (1977): Deficits, Differences, and Ceilings. Contingent Conditions for Understanding the Knowledge Gap, in: Communication Research, 4: 179-202.

Fabian, Rainer (1970): Die Meinungsmacher. Eine heimliche Großmacht. Hamburg: Hoffmann und Campe.

Fahrmeir, Ludwig/Alfred **Hammerle** (Hrsg.) (1984): Multivariate statistische Verfahren. Berlin, New York: de Gruyter.

Faßler, Manfred/Wulf R. **Halbach** (1998): Geschichte der Medien. München: Fink.

Faulbaum, Frank (Hrsg.) (1983): Statistik Analyse System. Bd. 1: Eine anwendungsorientierte Beschreibung des Statistikprogrammsystems SAS. Stuttgart [u.a.]: Fischer.

Faulstich, Werner (1992): Grundwissen Öffentlichkeitsarbeit: Kritische Einführung in Problemfelder. Bardowick: Wissenschaftler-Verlag.

Feldmann, Erich (1962): Theorie der Massenmedien. München, Basel: Reinhardt.

Feshbach, Seymour (1969): The Catharsis Effect: Research and other view. In: Robert K. **Baker**/Sandra **Ball**: Violence and the Media. Washington: Government Printing Office: 461-472.

Feshbach, Seymour/Robert D. **Singer** (1971): Television and Aggression – An Experimental Field Study. San Francisco: Jossey-Bass.

Festinger, Leon (1951): Interpersonal Communication in Small Groups, in: Journal of Abnormal and Social Psychology, 46: 92-99.

Festinger, Leon (1957): A Theory of Cognitive Dissonance. Evanston: University of Illinois Press.

Festinger, Leon (1960): The Arousal and Reduction of Dissonance in Social Contexts. In: Dorwin **Cartwright**/Alvin F. **Zander** (Hrsg.): Group Dynamics. London: Tavistock: 214-231.

Festinger, Leon (1973): Die Lehre von der „kognitiven Dissonanz." In: Wilbur **Schramm** (Hrsg.): Grundfragen der Kommunikationsforschung. München: Juventa: 27-39.

Festinger, Leon/Kurt **Back**/Stanley **Schachter** (1950): Social Pressures in Informal Groups. New York: Harper & Brothers.

Feyerabend, Paul K. (1978): Der wissenschaftstheoretische Realismus und die Autorität der Wissenschaften. Braunschweig, Wiesbaden: Vieweg.

Feyerabend, Paul K. (1978a): Von der beschränkten Gültigkeit methodologischer Regeln. In: Paul K. **Feyerabend**: Der wissenschaftstheoretische Realismus und die Autorität der Wissenschaften. Braunschweig, Wiesbaden: Vieweg: 205-248.

Fiehler, Reinhard/Rüdiger **Weingarten** (1988): Einleitung. In: Rüdiger **Weingarten**/Richard **Fiehler** (Hrsg.): Technisierte Kommunikation. Opladen: Westdeutscher Verlag: 1-7.

Fischer, Arthur/Werner **Fuchs**/Jürgen **Zinnecker** (1985): Jugendliche und Erwachsene. 5 Bde. Opladen: Westdeutscher Verlag.

Fischer, H.H. et al. (1988): Verdrängt der Sponsor den Mäzen?, in: Absatzwirtschaft, 31, Sondernummer Oktober 1988: 72-74.

Fischer, Heinz D./Ulrike G. **Wahl** (Hrsg.) (1993): Public Relations. Öffentlichkeitsarbeit: Geschichte – Grundlagen – Grenzziehungen. Frankfurt/M., Berlin, Bern, New York, Paris, Wien: Lang.

Fishbein, Martin H. (1967): Readings in Attitude Theory and Measurement. New York: Wiley.

Fleck, Florian (Hrsg.) (1986): Zukunftsaspekte des Rundfunks. Stuttgart: Kohlhammer.

Flesch, Rudolf (1951): How to test Readability. New York: Harper.

Fliegenbaum, Andreas (1996): Das Wahre in das Glaubhaftere. Die 'Rhetorik' des Aristoteles: Eine Vorgeschichte der PR?, in: Public Relations Forum, 2 (Heft 1): 38-41.

Flusser, Vilém (^{3}1990): Die Schrift. Immatrix Publicationis. Göttingen: Verlag European Photography.

Fodor, Jerry A. (1965): Could meaning be an p_m?, in: Journal of Verbal Learning and Verbal Behavior, 4: 73-81.

Fodor, Jerry A. (1971): Could meaning be an r_m ? In: Danny D. **Steinberg**/Leon A. **Jakobovits** (Hrsg.): Semantics. An Interdisciplinary Approach. Cambridge: MIT Press: 558-569.

Foerster, Heinz von (1985): Sicht und Einsicht. Braunschweig: Vieweg. (= Reihe Wissenschaftstheorie, Wissenschaft und Philosophie, Bd. 21).

Foerster, Heinz von (Hrsg.) (1950): Cybernetics: Circular-Causal and Feedback Mechanisms in Biological and Social Systems. Transactions of the Sixth Conference, Josiah Macy jr. Foundation. New York: Macy.

Förster, Hans-Peter (1990ff.): Presse- und Medienarbeit für Praktiker. Loseblattsammlung. Neuwied: Luchterhand.

Freud, Sigmund (1925): Selbstdarstellung. Leipzig: Meiner.

Frey, James A./Gerhard **Kunz**/Günther **Lüschen** (1990): Telefonumfragen in der Sozialforschung. Methoden, Techniken, Befragungspraxis. Opladen: Westdeutscher Verlag.

Frey, Siegfried/Gary **Bente** (1989): Mikroanalyse medienvermittelter Informationsprozesse. Zu Anwendung zeitreihenbasierter Notationsprinzipien auf die Untersuchung von Fernsehnachrichten. In: Max **Kaase**/Winfried **Schulz** (Hrsg.): Massenkommunikation. Theorien, Methoden, Befunde. Opladen: Westdeutscher Verlag: 508-526. (= Sonderheft 30 Kölner Zeitschrift für Soziologie und Sozialpsychologie).

Friedrichs, Jürgen (1974): Situation als soziologische Erhebungseinheit, in: Zeitschrift für Soziologie, 3: 44-53.

Friedrichs, Jürgen ([14]1990): Methoden empirischer Sozialforschung. Opladen: Westdeutscher Verlag.

Friedrichs, Jürgen/Hartmut **Lüdtke** ([3]1977): Teilnehmende Beobachtung. Zur Grundlegung einer sozialwissenschaftlichen Methode empirischer Feldforschung. Weinheim: Beltz.

Frings, Hubert/Mable **Frings** (1964): Animal Communication. New York: Blaisdell.

Frisch, Karl von (1965): Tanzsprache und Orientierung der Bienen. Berlin, New York: Springer.

Früh, Werner (1981): Inhaltsanalyse. Theorie und Praxis. München: Ölschläger.

Früh, Werner (1989): Semantische Struktur- und Inhaltsanalyse (SSI). Eine Methode zur Analyse von Textinhalten und Textstrukturen und ihre Anwendung in der Rezeptionsanalyse. In: Max **Kaase**/Winfried **Schulz** (Hrsg.): Massenkommunikation. Theorien, Methoden, Befunde. Opladen: Westdeutscher Verlag: 490-507. (= Sonderheft 30 Kölner Zeitschrift für Soziologie und Sozialpsychologie).

Früh, Werner (1991): Medienwirkungen: Das dynamisch-transaktionale Modell. Opladen: Westdeutscher Verlag.

Früh, Werner/Klaus **Schönbach** (1982): Der dynamisch-transaktionale Ansatz. Ein neues Paradigma der Medienwirkung, in: Publizistik, 27: 74-88.

Fuchs, Dieter/Jürgen **Gerhards**/Friedhelm **Neidhardt** (1991): Öffentliche Kommunikationsbereitschaft. Ein Test zentraler Bestandteile der Theorie der Schweigespirale, in: Zeitschrift für Soziologie, 21: 284-295.

Fuchs, Werner/Rolf **Klima**/Rüdiger **Lautmann**/Ottheim **Rammstedt**/Hanns **Wienold** ([2]1978): Lexikon zur Soziologie. Opladen: Westdeutscher Verlag.

Fucks, Wilhelm (1965): Formeln zur Macht. Stuttgart: dva.

Fucks, Wilhelm (1968): Nach allen Regeln der Kunst. Stuttgart: dva.

Fühlau, Ingunde/Heide **Wohlers** (1977): Tagesschauerliches aus Hamburg. Vom Gebrauchswert der Studie des Hans-Bredow-Instituts zu „Nachrichtensendungen im Fernsehen", in: Publizistik, 27: 74-88.

Fulda, Ekkehard (1994): Reflexive Voraussagen. Frankfurt/M.: Lang.

Funkhouser, G. Ray (1971): The Rise and Fall of News Diffusion, in: Public Opinion Quarterly, 35: 107-113.

Funkhouser, G. Ray (1973): The Issues of the Sixties: An exploratory study in the Dynamics of Public Opinion, in: Public Opinion Quarterly, 37: 62-75.

Funkhouser, G. Ray (1973a): Trends in Media Coverage of the Issues of the Sixties, in: Journalism Quarterly, 50: 535-538.

Gabler, Siegfried/Sabine **Häder**/Jürgen H.P. **Hoffmeyer-Zlotnik** (Hrsg.) (1998): Telefonstichproben in Deutschland. Opladen: Westdeutscher Verlag.

Gabriel, Gottfried (1972): Definitionen und Interessen. Stuttgart: Frommann-Holzboog.

Galtung, John/Marie Holmboe **Ruge** (1965): The Structure of Foreign News, in: Journal of Peace Research, 2: 64-91.

Garfinkel, Harold D. (1967): „Studies in Ethnomethodology". Englewood Cliffs: Prentice Hall.

Garfinkel, Harold D. (1973): Das Alltagswissen über soziale und innerhalb sozialer Strukturen und innerhalb sozialer Strukturen. In: **Arbeitsgruppe Bielefelder Soziologen** (Hrsg.): Alltagswissen, Interaktion und gesellschaftliche Wirklichkeit 1. Symbolischer Interaktionismus und Ethnomethodologie. Reinbek: rororo: 189-262.

Garramone, Gina M./Charles K. **Atkin** (1986): Mass communication and political socialization: Specifying the effects, in: Public Opinion Quarterly, 50: 76-86.

Garz, Detlef/Klaus **Kraimer** (Hrsg.) (1991): Qualitativ-empirische Sozialforschung. Opladen: Westdeutscher Verlag.

Gaziano, Cecilie (1983): Social Stratification and Knowledge Gap: Some Influences on Knowledge Disparities. (Paper presented to the International Communication Association, Dallas (May 29)).

Gaziano, Cecilie (1983a): The Knowledge Gap: An Analytical Review of Mass Media Effects, in: Communication Research, 10: 447-486.

Gehlen, Arnold (1962): Der Mensch. Seine Natur und seine Stellung in der Welt. Frankfurt/M., Bonn: Athenäum-Fischer.

Gerbner, George (1956): Toward a General Model of Communication, in: Audio-Visual Communication Review, 4: 171-199.

Gerbner, George (1967): An Institutional Approach to Mass Communication Research. In: Lee **Thayer** (Hrsg.): Communication: Theory and Research. Springfield/Illinois: Charles C. Thomas: 429-451.

Gerbner, George (1973): Massenmedien formen unsere Gesellschaft. In: **Umschau-Verlag** (Hrsg.): Kommunikation. Frankfurt/M.: Umschau-Verlag: 173-184.

Gerbner, George et al. (1979): The Demonstration of Power: Violence Profile No. 10, in: Journal of Communication, 29: 177-196.

Gerbner, George et al. (1986): Living with television: The dynamics of the cultivation process. In: Jennings **Bryant**/Dolf **Zillmann** (Hrsg.): Perspectives on media effects. Hillsdale: Erlbaum: 17-40.

Gerbner, George/Larry **Gross** (1976): Living with Television: The Violence Profile, in: Journal of Communication, 26: 173-199.

Gerbner, George/Larry **Gross**/Michael **Morgan**/Nancy **Signorelli** (1982): Charting the Mainstream: Television's Contributions to Political Orientations, in: Journal of Communication, 32: 100-127.

Gerhards, Jürgen/Friedhelm **Neidhardt** (1991): Strukturen und Funktionen moderner Öffentlichkeit. In: Stefan **Müller-Doohm**/Klaus **Neumann-Braun** (Hrsg.): Öffentlichkeit, Kultur, Massenkommunikation. Oldenburg: Bibliotheks- und Informationssystem der Universität Oldenburg: 31-89.

Giesecke, Michael (1991): Der Buchdruck in der frühen Neuzeit. Eine historische Fallstudie über die Durchsetzung neuer Informations- und Kommunikationstechnologien. Frankfurt/M.: Suhrkamp.

Glasersfeld, Ernst von (1996): Radikaler Konstruktivismus. Ideen, Ergebnisse, Probleme. Frankfurt/M.: Suhrkamp.

Glasser, Theodore L./James S. **Ettema** (1989): Investigative Journalism and the Moral Order, in: Critical Studies in Mass Communication, 6: 1-20.

Glogauer, Werner (³1993): Kriminalisierung von Kindern und Jugendlichen durch Medien. Baden-Baden: Nomos.

Glotz, Peter (1990): Von der Zeitungs- über die Publizistik- zur Kommunikationswissenschaft, in: Publizistik, 35: 249-256.

Goffman, Erving (1959): The Presentation of Self in Everyday Life. New York: Doubleday.

Goffman, Erving (1971): Verhalten in sozialen Situationen. Gütersloh: Fachverlag Bertelsmann. (Übersetzung von 'Behavior in Public Places', New York, ³1969).

Goffman, Erving (1972): Relations in Public. Microstudies of the Public Order. Harmondsworth: Penguin. (Dt.: Erving **Goffman** (1974): Das Individuum im öffentlichen Austausch. Mikrostudien zur öffentlichen Ordnung. Frankfurt/M.: Suhrkamp.).

Goffman, Erving (1974): Das Individuum im öffentlichen Austausch. Mikrostudien zur öffentlichen Ordnung. Frankfurt/M.: Suhrkamp.

Goody, Jack/Ian **Watt** (1963): The Consequences of Literacy, in: Comparative Studies in Society and History, 5: 304-345.

Göpfert, Winfried (1991): Hinterher sind alle klüger. Kommentar zu Ruß-Mohl. In: Jens **Krüger**/Stefan **Ruß-Mohl** (Hrsg.): Risikokommunikation. Technikakzeptanz, Medien und Kommunikationsrisiken. Berlin: Edition Sigma: 245-250.

Görlitz, Axel/Rainer **Prätorius** (Hrsg.) (1987): Handbuch der Politikwissenschaft. Reinbek: Rowohlt: 327-337.

Gottschlich, Maximilian (1985): Ökologie und Medien. Ein Neuansatz zur Überprüfung der Thematisierungsfunktion von Medien, in: Publizistik 30: 314-329.

Graber, Doris A. (1984): Processing the News. New York. Longman.

Grajczyk, Andreas/Walter **Klingler** (1999): Mediennutzung der ab 50jährigen. Daten zur Nutzung elektronischer Medien und Tageszeitungen, in: Media Perspektiven, Heft 4: 202-216.

Graumann, Carl F. (1981): Interpersonale Kommunikation. In: Hans **Werbik**/ Heinz Jürgen **Kaiser** (Hrsg.): Kritische Stichwörter zur Sozialpsychologie. München: Fink: 174-191.

Greenberg, Bradley S./Walter **Gantz** (Hrsg.) (1993): Desert Storm and the Mass Media. Creskill/New Jersey: Hampton Press.

Gregor, Ulrich/Enno **Patalas** (1962): Geschichte des Films. Gütersloh: Mohn.

Greve, Jens (1999): Sprache, Kommunikation und Strategie in der Theorie von Jürgen Habermas, in: Kölner Zeitschrift für Soziologie und Sozialpsychologie, 51: 232-259.

Grewe-Partsch, Marianne/Jo **Groebel** (1987): Mensch und Medien. Zum Stand von Wissenschaft und Praxis in nationaler und internationaler Perspektive. München: Saur.

Grimm, Jürgen (1993): Der kultivierte Schrecken? Erlebniswelten von Horrorfilmen im Rahmen eines Zuschauerexperiments, in: Publizistik, 38: 206-217.

Grimm, Jürgen (1997): Physiologische und psychosoziale Aspekte der Fernsehgewalt-Rezeption, in: Medienpsychologie, 9 (Heft 2): 127-166.

Groebel, Jo/Uli **Gleich** (1993): Gewaltprofil des Deutschen Fernsehprogramms. Opladen: Leske & Budrich.

Groebel, Jo/Peter H. **Winterhoff-Spurk** (1989): Empirische Medienpsychologie. München: Psychologie-Verlag-Union.

Groeben, Norbert/Ruth **Rustemeyer** (1994): On the Integration of Quantitative and Qualitative Methodological Paradigms (Based on the Example of Content Analysis). In: Ingwer **Borg**/Peter Ph. **Mohler**: Trends and Perspectives in Empirical Social Research. Berlin/New York: de Gruyter: 308-326.

Groth, Otto (1928): Die Zeitung. Ein System der Zeitungskunde (Journalistik). Mannheim, Berlin, Leipzig: Bensheimer.

Groth, Otto (1948): Die Geschichte der Deutschen Zeitungswissenschaft. München: Weinmayer.

Groth, Otto (1960ff.): Die Unerkannte Kulturmacht. Grundlegung der Zeitungswissenschaft. 7 Bde. Berlin: de Gruyter.

Grunig, James E./Larissa A. **Grunig** (1989): Toward a Theory of the Public Relations Behavior of Organizations: Review of a Program of Research, in: Public Relations Research Annual, 1.

Grunig, James E./Larissa A. **Grunig**/David M. **Dozier** (1996): Das situative Modell exzellenter Public Relations: Schlußfolgerungen aus einer internationalen Studie. In: Günter **Bentele**/Horst **Steinmann**/Ansgar **Zerfaß** (Hrsg.): Dialogorientierte Unternehmenskommunikation. Grundlagen – Praxiserfahrungen – Perspektiven. Berlin: VISTAS: 199-228.

Grunig, James E./Todd **Hunt** (1984): Managing Public Relations. New York, Chicago: Holt, Rinehart & Winston.

Günther, Gotthard (1963): Das Bewußtsein der Maschinen. Krefeld: Agis.

Guttman, Louis (1977): What is not what in statistics, in: The Statistician, 26: 81-107.

Haacke, Wilmont (1957): Das Vertrauen der Öffentlichkeit („Public Relations"), in: Jahrbuch der Absatz- und Verbrauchsforschung, 3: 129-153.

Haacke, Wilmont (1961): Publizistik - Handwerk oder Kunst? in: Publizistik, 6: 3-7.

Habermas, Jürgen (1968): Erkenntnis und Interesse. Frankfurt/M.: Suhrkamp.

Habermas, Jürgen ([4]1969): Strukturwandel der Öffentlichkeit. Neuwied: Luchterhand.

Habermas, Jürgen (1971): Vorbereitende Bemerkungen zu einer Theorie der kommunikativen Kompetenz. In: Jürgen **Habermas**/Niklas **Luhmann**: Theorie der Gesellschaft oder Sozialtechnologie. Frankfurt/M.: Suhrkamp: 101-141.

Habermas, Jürgen (1971a): Erkenntnis und Interesse. In: Hans **Albert**/Ernst **Topitsch** (Hrsg.): Werturteilsstreit. Darmstadt: Wissenschaftliche Buchgesellschaft: 342ff.

Habermas, Jürgen (1981): Theorie des kommunikativen Handelns. Bd. I: Handlungsrationalität und gesellschaftliche Rationalisierung. Frankfurt/M.: Suhrkamp.

Habermas, Jürgen (1981a): Theorie des kommunikativen Handelns. Bd. II: Zur Kritik der funktionalistischen Vernunft. Frankfurt/M.: Suhrkamp.

Habermas, Jürgen/Niklas **Luhmann** (1971): Theorie der Gesellschaft oder Sozialtechnologie - Was leistet die Systemforschung? Frankfurt/M.: Suhrkamp.

Hackforth, Josef (1988): Diffusion von Innovation im Kabelpilotprojekt Dortmund. Abschlußbericht. Als Man. verv.: Universität Münster: 197 gez. S.

Haedrich, Günther (1982): Öffentlichkeitsarbeit und Marketing. In: Günther **Haedrich**/Günter **Barthenheier**/Horst **Kleinert** (Hrsg.): Öffentlichkeitsarbeit. Berlin: de Gruyter: 67-75.

Haedrich, Günther (1994): Aktueller Stand und Entwicklungen der Öffentlichkeitsarbeit in deutschen Unternehmen – Ergebnis einer empirischen Untersuchung. Arbeitspapier Nr. 29/94 des Instituts für Marketing im FB Wirtschaftswissenschaft der FU Berlin.

Haedrich, Günther/Günter **Barthenheier**/Horst **Kleinert** (Hrsg.) (1982): Öffentlichkeitsarbeit. Berlin: de Gruyter.

Hagemann, Walter (1947): Grundzüge der Publizistik. Münster: Regensberg.

Hagemann, Walter (1956): Fallen Journalisten vom Himmel?, in: Publizistik, 1: 147-157.

Hagemann, Walter (1957): Dankt die Presse ab? München: Isar.

Hagemann, Walter (1957a): Die Rede als Gegenstand der Forschung, in: Publizistik, 2: 67-73.

Hagemann, Walter/Hendricus **Prakke** (^{2}1966): Grundzüge der Publizistik. Münster: Regensberg.

Hall, Edward T. (1966): The Hidden Dimension. Man's Use of Space in Public an Private. New York: Doubleday.

Haller, Michael (^{4}1991): Recherchieren. Ein Handbuch für Journalisten. München: Ölschläger.

Haller, Michael (1994): Recherche und Nachrichtenproduktion als Konstruktionsprozesse. In: Klaus **Merten**/Siegfried J. **Schmidt**/Siegfried **Weischenberg** (Hrsg.): Die Wirklichkeit der Medien. Eine Einführung in die Kommunikationswissenschaft. Opladen: Westdeutscher Verlag: 277-290.

Harding, Swann T. (1942): The sad estate of scientific publication, in: American Journal of Sociology, 47: 593-601.

Hardt, Hanno (1980): Publizistikwissenschaft: dead or alive?, in: Publizistik, 25: 544-546.

Harlow, Rex (1976): Building a Public Relations Definition, in: Public Relations Review, 2: 34-41.

Hartley, R.V.L. (1928): Transmission of Information, in: Bell Systems Technological Journal, 7: 535-563.

Hartmann, Heinz (Hrsg.): (1967): Moderne amerikanische Soziologie. Stuttgart: Enke.

Hartmann, Heinz/Eva **Dübbers** (1984): Kritik in der Wissenschaftspraxis. Buchbesprechungen und ihr Echo. Frankfurt/M. [u.a.]: Campus.

Hartung, Joachim/Bärbel **Elpelt** (^{3}1989): Multivariate Statistik. Lehr- und Handbuch der angewandten Statistik. München, Wien: Oldenbourg.

Hatch, David L./Mary G. **Hatch** (1947): Criteria of social status as derived from marriage announcements in the New York Times, in: American Sociological Review, 12: 396-403.

Haug, Wolfgang F. (1971): Kritik der Warenästhetik. Frankfurt/M.: Suhrkamp.

Havelock, Eric A. (1980): The Coming of Literature Communication to Western Culture, in: Journal of Communication, 30: 90-98.

Hazleton, Vincent (Hrsg.) (1989): Public Relations Theory. Hillsdale: Erlbaum: 99-110.

Hazleton, Vincent (1992): Toward a Systems Theory of Public Relations. In: Horst **Avenarius**/Wolfgang **Armbrecht** (Hrsg.): Ist Public Relations eine Wissenschaft? Eine Einführung. Opladen: Westdeutscher Verlag: 33-45.

Hebb, Donald O. (1967): Einführung in die moderne Psychologie. Weinheim: Beltz.

Heider, Fritz (1926): Ding und Medium, in: Symposion: Philosophische Zeitschrift für Forschung und Aussprache, 1 (Heft 2): 109-157.

Heider, Fritz (1944): Social Perception and Phenomenal Causality, in: Psychological Review, 51: 358-374.

Heider, Fritz (1946): Attitudes and Cognitive Organization, in: Journal of Psychology, 21: 107-112.

Heider, Fritz (1958): The Psychology of Interpersonal Relations. New York: Wiley & Sons.

Heinze, Thomas (1990): Medienanalyse. Ansätze zur Kultur- und Gesellschaftskritik. Opladen: Westdeutscher Verlag.

Heisenberg, Werner (1927): Über den anschaulichen Inhalt der quantentheoretischen Kinematik und Mechanik, in: Zeitschrift für Physik, 43: 172-198.

Held, Karl (1973): Kommunikationsforschung – Wissenschaft oder Ideologie. München: Hanser.

Helregel, Brenda K./James B. **Weaver** (1989): Mood-Management During Pregnancy Through Selective Exposure to Television, in: Journal of Broadcasting, 33: 15-33.

Hempel, Carl G. (1974): Grundzüge der Begriffsbildung in der empirischen Wissenschaft. Düsseldorf: Bertelsmann-Universitäts-Verlag.

Hensel, Matthias (1990): Die Informationsgesellschaft. München: R. Fischer.

Hermanns, Arnold (1979): Konsument und Werbewirkung. Das phasenorientierte Werbewirkungsmodell. Bielefeld, Köln: Gieseking.

Hermanns, Arnold (1990): Image- und Markentransfer, in: Werbeforschung & Praxis, 35: 68-69.

Herzig, Oliver A. (1990): Imagemessung bei Markenartikeln – ein integrativer Ansatz, in: Werbeforschung & Praxis, 35: 116-118.

Herzog, Herta (1941): On Borrowed Experience. An Analysis of Listening to Daytime Sketches, in: Studies of Philosophy and Social Science, 9: 65-95.

Hewes, Dean (1978): „Levels of measurement" problem in communication research. A review, critique, and partial solution, in: Communication Research, 5: 87-127.

Himmelweit, Hilde T. (1962): Television Revisited, in: New Society, 5: 17ff.

Himmelweit, Hilde T./Abraham N. **Oppenheim**/Pamela **Vince** (1958): Television and the Child. London: Oxford University Press.

Hinde, Robert A. (Hrsg.) (1966): Animal Behaviour: A Synthesis of Ethology and Comparative Psychology. New York: Mc Graw Hill.

Hinde, Robert A. (1972): Nonverbal Communication. Cambridge: Cambridge University Press.

Hoag, Wendy J. (1986): Der Bekanntenkreis als Universum: Das Quotenverfahren der Shell-Studie, in: Kölner Zeitschrift für Soziologie und Sozialpsychologie, 38: 123-132.

Hoffmann, Hans Joachim (1983): Psychologie der Werbekommunikation. Berlin: de Gruyter.

Hofstetter, C. Richard (1983): Mass Media and Political Issue Perception, in: Journal of Broadcasting, 27: 345-358.

Hofstetter, C. Richard/Cliff **Zukin**/Terry F. **Buss** (1978): Political Imagery and Information in an Age of Television, in: Journalism Quarterly, 55: 562-569.

Holm, Kurt (Hrsg.) (1975): Die Befragung. Bd. 1. München: Francke.

Holsti, Ole R./Robert C. **North** (1966): Comparative data from content analysis: Perceptions of hostility and economic variables in the 1914 crisis. In: Richard L. **Merritt**/Rokkon **Stein** (Hrsg.): Comparing nations. The use of quantitative data in crossnational research. New Haven: Yale University Press: 169-190.

Holzer, Horst (1973): Kommunikationssoziologie. Reinbek: Rowohlt.

Holzer, Horst (1994): Medienkommunikation. Eine Einführung. Opladen: Westdeutscher Verlag.

Homans, George Caspar (1967): Soziales Verhalten als Austausch. In: Heinz **Hartmann** (Hrsg.): Moderne Amerikanische Soziologie. Stuttgart: Enke: 173-185.

Hömberg, Walter (Hrsg.) (1978): Journalistenausbildung. Modelle, Erfahrungen, Analysen. München: Ölschläger.

Hopf, Christel/Elmar **Weingarten** (1979): Qualitative Sozialforschung. Stuttgart: Klett-Cotta.

Hopfenbeck, Waldemar/Peter **Roth** (1994): Öko-Kommunikation. Wege zu einer neuen Kommunikationskultur. Landsberg/Lech: Verlag Moderne Industrie.

Horkheimer, Max (1937): Traditional and Critical Theory, in: Zeitschrift für Sozialforschung, 6: 245-295.

Horton, Donald/Richard R. **Wohl** (1956): Mass Communication and Parasocial Interaction, in: Psychiatry, 19: 215-229.

Hovland, Carl Iver (1948): Social Communication, in: Proceedings of the American Phil. Society, 92: 371-375.

Hovland, Carl Iver (1954): Effects of the Mass Media of Communication. In: Gardner **Lindzey**/Elliot **Aronson** (Hrsg.) ([2]1968): Handbook of Social Psychology. Vol. 2. Reading/Massachusetts: Addison-Wesley: 1062-1103.

Hovland, Carl Iver (Hrsg.) (1957): The order of presentation in persuasion. New Haven, London: Yale University Press.

Hovland, Carl Iver/Irving L. **Janis**/Harold H. **Kelley** (1953): Communication and Persuasion: Psychological studies of opinion change. New Haven: Yale University Press.

Hovland, Carl Iver/Arthur A. **Lumsdaine**/Fred D. **Sheffield** (1949): Experiments on Mass Communication. Studies in Social Psychology in World War II. Vol. 3. Princeton: Princeton University Press.

Hovland, Carl Iver/Wallace **Mandell** (1952): An experimental comparison of conclusion drawing by the communicator and by the audience, in: Journal of Abnormal and Social Psychology, 47: 581-588.

Hovland, Carl Iver/Milton J. **Rosenberg** (Hrsg.) (1960): Attitude Organization and Change. New Haven, London: Yale University Press.

Hovland, Carl Iver/Muzafer **Sherif** (1961): Social Judgement. Assimilation and Contrast Effects in Communication and Attitude Change. New Haven, London: Yale University Press.

Hovland, Carl Iver/Walter **Weiss** (1951): The influence of Source Credibility on Communication Effectiveness, in: Public Opinion Quarterly, 15: 635-650.

Hubbard, Jeffrey C./Melvin L. **DeFleur**/Lois B. **DeFleur** (1975): Mass Media Influences on Public Conceptions of Social Problems, in: Social Problems, 23: 22-34.

Huber, Günter L. (1989): Qualität versus Quantität in der Inhaltsanalyse. In: Wilfried **Bos**/Christian **Tarnai** (Hrsg.): Angewandte Inhaltsanalyse in empirischer Pädagogik und Psychologie. Münster, New York: Waxmann: 32-47.

Huber, Kurt (1990): Image: Global Image, Corporate Image, Marken Image. Köln:Verlag Moderne Industrie.

Hulett, J. Edward jr. (1966): A Symbolic Interactionist Model of Human Communication, in: Audio Visual Communication Research, 14: 5-33, 203-220.

Hund, Wulf D. (1970): Kommunikation in der Gesellschaft. Frankfurt/M.: Europäische Verlagsanstalt.

Hund, Wulf D. (1973): Kommunikationstopologie in der Gesellschaft. Frankfurt/M.: Europäische Verlagsanstalt.

Hund, Wulf D. (1976): Ware Nachricht und Informationsfetisch. Zur Theorie der gesellschaftlichen Kommunikation. Darmstadt, Neuwied: Luchterhand.

Hund, Wulf D./Bärbel **Kirchhoff-Hund** (1980): Soziologie der Kommunikation. Arbeitsbuch zu Struktur und Funktion der Medien. Grundbegriffe und exemplarische Analysen. Reinbek: Rowohlt.

Hundhausen, Carl (1951): Werben um öffentliches Vertrauen. Essen: Girardet.

Hundhausen, Carl (1969): Public Relations. Berlin: de Gruyter. (= Göschen, Bd. 1233).

Hundhausen, Carl (1993): Begriff, Grundsätze und Aufgaben von Public Relations. In: Heinz-Dietrich **Fischer**/Ulrike **Wahl** (Hrsg.): Public Relations. Öffentlichkeitsarbeit. Geschichte, Grundlagen, Grenzziehungen. Frankfurt/M.: Lang: 33-45. (= gekürzte Fassung v. 1983).

Hunziker, Peter (1976): Fernsehen und interpersonale Kommunikation in der Familie, in: Publizistik, 21: 180-195.

Hunziker, Peter (1977): Fernsehen in der Familie, in: Fernsehen und Bildung, 11: 269-285.

Hunziker, Peter (1983): Ko-Referat zu Elisabeth Noelle-Neumann: Öffentliche Meinung als wissenschaftlicher Begriff. In: Ulrich **Saxer** (Hrsg.): Politik und Kommunikation. München: Ölschläger: 145-152.

Hunziker, Peter (1988): Medien, Kommunikation und Gesellschaft. Einführung in die Soziologie der Massenkommunikation. Darmstadt: Wiss. Buchgesellschaft.

Hurrelmann, Bettina (1989): Fernsehen in der Familie. Weinheim, München: Juventa.

Hyman, Herbert H. (1954): Interviewing in social research. Chicago: University of Chicago Press.

Hyman, Herbert H. (1954a): The Current Status of American Public Opinion. In: Daniel **Katz**/Dorwin **Cartwright**: Public Opinion and Propaganda. New York [u.a.]: Holt, Rinehart and Winston: 33-48.

Inglis, Ruth A. (1938): An objective approach to the relationship between fiction and society, in: American Sociological Review, 3: 526-533.

Iser, Wolfgang (1970): Die Appellstruktur der Texte. Unbestimmtheit als Wirkungsbedingung literarischer Prosa. Konstanz: Universitätsverlag.

Ito, Youichi (1989): Information Society Studies Today, in: Michel **Schenk**/Joachim **Donnerstag** (Hrsg.): Medienökonomie. Einführung in die Ökonomie der Informations- und Mediensysteme. München: R. Fischer: 13-34.

Jackson-Beeck, Marilyn (1979): Interpersonal and Mass Communication and Political Socialization, in: Journalism Quarterly, 56: 48-53.

Jackson-Beeck, Marilyn/Robert G. **Meadow** (1979): The Triple Agenda of Presidential Debates, in: Public Opinion Quarterly, 43: 173-180.

Jaeger, Karl (1926): Von der Zeitungskunde zur publizistischen Wissenschaft. Jena: G. Fischer.

Jaeger, Karl (1926a): Zeitungswissenschaft (Journalistik). Dessau: Duennhaupt.

Jahoda, Marie/Paul F. **Lazarsfeld**/Hans **Zeisel** (1933): Die Arbeitslosen von Marienthal. Leipzig: Hirzel. (Neudruck: dies. ([11]1994): Die Arbeitslosen von Marienthal. Frankfurt/M.: Suhrkamp).

Janis, Irving L. (1953): Effects of fear-arousing communications, in: Journal of Abnormal and Social Psychology, 48: 78-92.

Janis, Irving L. (1954): The influence of role-playing on opinion change, in: Journal of Abnormal Social Psychology, 49: 211-218.

Janis, Irving L. (1954a): Personality differences associated with responsiveness to fear-arousing communications, in: Journal of Psychology, 23: 154-166.

Janis, Irving L. (1957): Effects of alternative way of ordering pro and con arguments in persuasive communications. In: Carl I. **Hovland** (Hrsg.): The order of presentation in persuasion. New York, London: Yale University Press: 115-128.

Janis, Irving L. (1967): Effects of Fear Arousal on Attitude Change: Recent Developments in Theory and Experimental Research. In: Leonard **Berkowitz** (Hrsg.): Advances in Experimental Social Psychology. New York, London: Academic Press: 166-224.

Janis, Irving L. (1971): Kommunikation und Meinungswandel. In: Otto Walter **Haseloff** (Hrsg.): Kommunikation. Berlin: Colloquium: 126-138.

Janis, Irving L./Carl I. **Hovland** (Hrsg.) (1958): Personality and Persuability. New Haven, London: Yale University Press.

Jaspers, Karl (1948): Die geistige Situation der Zeit. Berlin: Göschen.

Jensen, Klaus Bruhn (1995): The Social Semiotics of Mass Communication. London: SAGE.

Jensen, Stefan (1980): Zur Theorie der sozialen Interaktionsmedien. Opladen: Westdeutscher Verlag.

Jensen, Stefan/Jens **Naumann** (1980): Aspekte der Medientheorie. Welche Funktion haben Medien im Handlungssystem?, in: Zeitschrift für Soziologie, 9: 79-99.

Johnson, Wendell (1961): The spoken Word and the Great Unsaid, in: Quarterly Journal of Speech, 32: 419-429.

Johnson, F.Craig/George R. **Klare** (1961): General Models of Communication Research: A Survey of the Developments of a Decade, in: Journal of Communication, 11: 13-26 u. 45.

Jolles, Andre ([2]1958): Einfache Formen: Legende, Sage, Mythe, Rätsel, Spruch, Kasus, Memorabile, Märchen, Witz. Darmstadt: Wissenschaftliche Buchgesellschaft.

Jöreskog, Karl G. (1970): A general method for the analysis of covariance structures, in: Biometrika, 57: 239-251.

Jöreskog, Karl G./Dag **Sörbom** (1988): LISREL 7 – Guide to the program and application. Chicago: Ed. SPSS Inc.

Jourard, Sidney M. (1973): Brief einer Vp an einen Vl, in: Gruppendynamik, 4: 27-30.

Jungermann, Helmut/Roger E. **Kasperson**/Peter M. **Wiedemann** (1988): Risk Communication. Proceedings of the International Workshop on Risk Communication, October 17-21, Jülich.

Kaase, Max/Wolfgang R. **Langenbucher** (1986): Medienwirkungen auf Gesellschaft und Politik. In: **Deutsche Forschungsgemeinschaft** (Hrsg.): Medienwirkungsforschung in der Bundesrepublik Deutschland. Bd. 1. Weinheim: Acta Humaniora, VCH: 14ff.

Kaase, Max/Winfried **Schulz** (Hrsg.) (1989): Massenkommunikation. Theorien, **Methoden**, Befunde. Opladen: Westdeutscher Verlag. (= Sonderheft 30 Kölner Zeitschrift für Soziologie und Sozialpsychologie).

Kalt, Gero (1989): Öffentlichkeitsarbeit und Werbung. Frankfurt/M.: F.A.Z.-Institut.

Kammeyer, Kenneth C.W./Julius A. **Roth** (1971): Coding responses to openended questions. In: Herbert C. **Costner** (Hrsg.): Sociological methodology 1971. San Francisco: Jossey-Bass: 60-78.

Kant, Immanuel (1781): Kritik der reinen Vernunft. (Hier zitiert nach der von Willhelm **Weischedel** edierten Ausgabe, Frankfurt/M. (1992): Suhrkamp. Werkausgabe IV: 69ff.

Kant, Immanuel (1968): Beantwortung der Frage: Was ist Aufklärung? Königsberg: Hartung 1775. (Hier zitiert nach **Weischedel** (1968): Immanuel Kant. Werke in zehn Bänden. Darmstadt: Verlag Wissenschaftliche Buchgesellschaft.).

Kant, Immanuel (1992): Kritik der Urteilskraft. Frankfurt/M.: Suhrkamp. (Hrsg. von Wilhelm **Weischedel**).

Katz, Daniel (1942): Do interviewer bias polls, in: Public Opinion Quarterly, 6: 248-268.

Katz, Elihu (1957): The two-step flow of communication: an up-to-date report on an hypothesis, in: Public Opinion Quarterly, 21: 61-78.

Katz, Elihu (1960): Communication Research and the Image of Society: Convergences of Two Traditions, in: American Journal of Sociology, 65: 435-440.

Katz, Elihu (1962): Persönlicher Einfluß und Meinungsbildung. München: Oldenbourg.

Katz, Elihu (1968): On Re-Opening the Question of Selectivity in Exposure to Mass Communication. In: Robert P. **Abelson**/Elliot **Aronson**/William J. **McGuire**/Theodor **Newcomb**/Milton **Rosenberg**/Percy H. **Tannenbaum** (Hrsg.): Theories of Cognitive Consistency: A Sourcebook. Chicago: McNally: 788-796.

Katz, Elihu (1977): Remembering the News. What Pictures Add to Recall, in: Journalism Quarterly, 54: 231-239.

Katz, Elihu (1977a): Das Verstehen von Nachrichten, in: Publizistik, 22: 359-370.

Katz, Elihu (1979): The uses of Becker, Blumler, and Swanson, in: Communication Research, 6: 74-83.

Katz, Elihu (1981): Publicity and Pluralistic Ignorance. Notes on the 'Spiral of Silence'. In: Horst **Baier**/Hans Mathias **Kepplinger**/Kurt **Reumann** (Hrsg.): Öffentliche Meinung und sozialer Wandel. Public Opinion and Social Change. Opladen: Westdeutscher Verlag: 28-38.

Katz, Elihu/Jay G. **Blumler**/Michael **Gurevich** (1974): The uses and gratifications approach to mass communication. Beverly Hills: SAGE.

Katz, Elihu/Daniel **Foulkes** (1962): On the Use of the Mass Media as „Escape“: Clarification of a Concept, in: Public Opinion Quarterly, 26: 377-388.

Katz, Elihu/Paul F. **Lazarsfeld** (1955): Personal Influence – The Part Played by People In the Flow of Mass Communication. Glencoe: The Free Press.

Katz, Elihu/Paul F. **Lazarsfeld** (1956): Personal influence. In: Morris **Janowitz** et al. (Hrsg.): Political behaviour. Glencoe: The Free Press: 149-159.

Katz, Elihu/Martin L. **Levin**/Herbert **Hamilton** (1970): Traditions of Research on the Diffusion of Innovation, in: American Sociological Review, 28: 237-252. (Neu abgedruckt in: Kenneth K. **Sereno**/C. David **Mortinson** (1970): Foundations of Communication Theory. New York: Harper & Row: 342-364.).

Katzer, Jeffrey/James **Sodt** (1973): An analysis of the use of statistical testing in communication research, in: Journal of Communication, 23: 251-265.

Kausch, Michael (1988): Kulturindustrie und Populärkultur. Kritische Theorie der Massenmedien. Frankfurt/M.: S. Fischer.

Kazee, Thomas A. (1981): Television Exposure and Attitude Change. The Impact of Political Interest, in: Public Opinion Quarterly, 45: 507-518.

Kean, Victor J. (1990): The Disk from Phaistos. Athen: Efstathiatis.

Keidel, Wolf-Dieter (1963): Kybernetische Systeme des menschlichen Organismus. Köln, Opladen: Westdeutscher Verlag. (= Heft 118 Arbeitsgemeinschaft Forschung NRW).

Keller, Michael (1992): Affektive Dimensionen der Hörfunknutzung. Nürnberg: Verlag der Kommunikationswissenschaftlichen Forschungsvereinigung.

Kellermann, Kathy (1985): Memory Processes in Media Effects, in: Communication Research, 12: 83-131.

Kendall, Patricia L./Katherine M. **Wolf** (1949): The Analysis of Deviant Cases in Communication Research. In: Paul F. **Lazarsfeld**/Fred N. **Stanton** (Hrsg.): Communications Research 1948-49. New York: Harper: 152-157.

Kenny, David A. (1979): Correlation and Causality. New York: Wiley.

Kepplinger, Hans Mathias (1973): Kommunikation in der Ölkrise des Winters 1973. Ein Paradigma für Wirkungsstudien, in: Publizistik, 23: 337-356.

Kepplinger, Hans Mathias (1980): Optische Kommentierung in der Fernsehberichterstattung über den Bundestagswahlkampf 1976. In: Thomas **Ellwein** (Hrsg.): Politikfeld-Analysen. Opladen: Westdeutscher Verlag: 163-179.

Kepplinger, Hans Mathias (1982): Die Grenzen des Wirkungsbegriffs, in: Publizistik, 27: 98-113.

Kepplinger, Hans Mathias (1985): Die aktuelle Berichterstattung des Hörfunks. Eine Inhaltsanalyse der Abendnachrichten und politischen Magazine. Freiburg, München: Alber.

Kepplinger, Hans Mathias (1985a): Meinungsverteilung und Medienwirkung. Eine empirische Untersuchung zur Balancetheorie Fritz Heiders. In: Ulrich **Saxer** (Hrsg.): Gleichheit oder Ungleichheit durch Massenmedien. München: Ölschläger: 33-48.

Kepplinger, Hans Mathias/Joachim Friedrich **Staab** (1992): Das Aktuelle in RTL Plus. München: R. Fischer.

Kepplinger, Hans Mathias/Klaus **Gotto**/Hans-Bernd **Brosius**/Dietmar **Haak** (1989): Der Einfluß der Fernsehnachrichten auf die politische Meinungsbildung. Freiburg, München: Alber.

Kepplinger, Hans Mathias/Verena **Martin** (1986): Die Funktionen der Massenmedien in der Alltagskommunikation, in: Publizistik, 31: 118-128.

Kepplinger, Hans-Mathias (1994): Nonverbale Kommunikation: Darstellungseffekte. In: Elisabeth **Noelle-Neumann**/Winfried **Schulz**/Jürgen **Wilke** (Hrsg.) (²1994): Fischer Lexikon Publizistik. Massenkommunikation. Frankfurt/M.: S. Fischer: 337-365.

Kerlinger, Fred N. (1979:) Grundlagen der Sozialwissenschaften. Bd. 2. Weinheim: Beltz.

Key, Vladimir O. (1961): Public Opinion and American Democracy. New York: Knopf.

Kiefer, Marie-Luise (1987): Trendanalyse zur Mediennutzung und Medienbewertung, in: Media Perspektiven, Heft 3: 137-148.

Kirchner, Joachim (1958ff.): Das Deutsche Zeitschriftenwesen - seine Geschichte und seine Probleme. Wiesbaden (Bd. 1 1958, Bd. 2 1962).

Kittler, Friedrich A. (1993): Draculas Vermächtnis. Technische Schriften: Leipzig: Reclam.

Klapper, Joseph T. (1948): Mass Media and the Engineering of Consent, in: American Scholar, 17: 419-429.

Klapper, Joseph T. (1949): The Effects of Mass Media. New York: The Free Press.

Klapper, Joseph T. (1954): Studying the Effects of Mass Communication, in: Teachers College Record, 16: 95-103.

Klapper, Joseph T. (1957): What we know about the effects of mass communication. The brink of hope, in: Public Opinion Quarterly, 21: 453-474.

Klapper, Joseph T. (1967): Mass Communication, Attitude Stability, and Change. In: Carolyn W. **Sherif**/Muzafer **Sherif** (Hrsg.): Attitude, Ego-Involvement, and Change. New York: Wiley: 297-310.

Klapper, Joseph T. (1973): Massenkommunikation – Einstellungskonsonanz und Einstellungsänderung. In: Jörg **Aufermann**/Hans **Bohrmann**/Rolf **Sülzer** (Hrsg.): Gesellschaftliche Kommunikation und Information. Frankfurt/M.: Athenäum-Fischer: 49-63.

Klapper, Joseph T. ([5]1973a): Die gesellschaftlichen Auswirkungen der Massenkommunikation. In: Wilbur **Schramm** (Hrsg.): Grundfragen der Kommunikationsforschung. München: Juventa: 85-98.

Klein, Harald (1996): Computerunterstützte Inhaltsanalyse mit INTEXT. Münster [u.a.]: Lit.

Kleinsteuber, Hans J. (1991): Das globale Netz. Nationale und internationale Mediensysteme. In: **Deutsches Institut für Fernstudien** (Hrsg.): Funkkolleg Medien und Kommunikation. Bd. 11. Weinheim: Beltz: 47-85.

Kleinsteuber, Hans J./Roger **Bendisch** (Hrsg.) (1991): Radio, das unterschätzte Medium. Berlin: Vistas.

Klimke, Robert/Barbara **Schott** (1993): Die Kunst der Krisen-PR. Paderborn: Junfermann.

Klingemann, Hans D./Klaus **Schönbach** (1980): Die Vercodung offener Antworten in der Umfrageforschung. In: Ekkehart **Mochmann**: Computerstrategien für die Kommunikationsanalyse. Frankfurt/M.: Campus: 131-216.

Klix, Friedhart (1993): Erwachendes Denken. Geistige Leistungen aus evolutionspsychologischer Sicht. Heidelberg, Berlin, Oxford: Spektrum.

Kloock, Daniela/Angela **Spahr** (1997): Medientheorien. Eine Einführung. München: Fink.

Knilli, Friedrich (Hrsg.) (1971): Die Unterhaltung der deutschen Fernsehfamilie. Ideologische Untersuchungen. München: Hanser.

Knilli, Friedrich (Hrsg.) (1974): Semiotik des Films. München: Hanser.

Knilli, Friedrich/Erwin **Reiss** (1971): Einführung in die Film- und Fernsehanalyse. Steinbach: Anabas-Verlag Kämpf.

Köcher, Alfred/Eliane **Birchmeier** (1992): Public Relations? Public Relations! Konzepte, Instrumente und Beispiele für erfolgreiche Unternehmenskommunikation. Zürich: Industrielle Organisation, Köln: TÜV Rheinland.

Kocks, Klaus/Herbert **Riehl-Heyse** (1997): Grauzonen der Loyalität, in: MediumMagazin, 12: 58-62.

Kombüchen, Stefan (1999): Von der Erlebnisgesellschaft zur Mediengesellschaft. Die Evolution der Kommunikation und ihre Folgen für den sozialen Wandel. Münster [u.a.]: Lit.

Koolwijk, Jürgen van (1969): Unangenehme Fragen, in: Kölner Zeitschrift für Soziologie und Sozialpsychologie, 21: 864-875.

Koolwijk, Jürgen van/Maria **Wieken-Mayser** (Hrsg.) (1974): Techniken der empirischen Sozialforschung. Bd. 3: Erhebungsmethoden: Beobachtung und Analyse von Kommunikation. München, Wien: Oldenbourg.

Koolwijk, Jürgen van/Maria **Wiecken-Mayser** (Hrsg.) (1976): Techniken der empirischen Sozialforschung. Bd. 5: Testen und Messen. München, Wien: Oldenbourg.

Koschnick, Wolfgang J. (1995): Standard-Lexikon für Mediaplanung und Mediaforschung in Deutschland. München: Saur.

Koschnick, Wolfgang J. (1996): Standard-Lexikon Werbung, Verkaufsförderung, Öffentlichkeitsarbeit. 2 Bde. München: Saur.

Koszyk, Kurt (1962): Das Axiom der Publizistikwissenschaft. Eine geistes- oder sozialwissenschaftliche Disziplin?, in: Publizistik, 7: 3-5.

Koszyk, Kurt (1966): Deutsche Presse im 19. Jahrhundert. Berlin: Colloquium.

Koszyk, Kurt (1968): Zur Funktion und Struktur der Publizistik. Berlin: Spiess. (= Schriftenreihe zur Publizistikwissenschaft, Heft 2).

Koszyk, Kurt (1989): Kommunikationsgeschichte als Sozialgeschichte. In: Max **Kaase**/Winfried **Schulz** (Hrsg.): Massenkommunikation. Theorien, Methoden, Befunde. Opladen: Westdeutscher Verlag: 46-56. (= Sonderheft 30 Kölner Zeitschrift für Soziologie und Sozialpsychologie).

Koszyk, Kurt/Karl Hugo **Pruys** (1969): Wörterbuch zur Publizistik. München: dtv.

Koszyk, Kurt/Karl Hugo **Pruys** (1981): Handbuch der Massenkommunikation. München: dtv.

Kracauer, Siegfried (1952): The Challenge of Qualitative Content Analysis, in: Public Opinion Quarterly, 16: 631-642.

Krämer, Walter (1991): So lügt man mit Statistik. Frankfurt/M., New York: Campus.

Krause, Detlef (1996): Luhmann-Lexikon. Stuttgart: Enke.

Kreimeier, Klaus (1972): Grundsätzliche Überlegungen zu einer materialistischen Theorie der Massenmedien. In: Dieter **Prokop** (Hrsg.): Kritische Kommunikationsforschung. Bd. 1. Frankfurt/M.: S. Fischer: 409-422.

Kreimeier, Klaus (1974): Kommentar zu Dieter Prokop: Chancen spontaner Gegenöffentlichkeit. In: Dieter **Baacke** (Hrsg.): Kritische Medientheorien. München: Juventa: 213-225.

Kreutz, Henrik (1971): Die tatsächliche Repräsentativität von soziologischen Befragungen, in: Angewandte Sozialforschung, 3/4 (1970/71): 242-262.

Krieger, Karl-Friedrich (1979): Die Lehnshoheit der deutschen Könige im Spätmittelalter. Aalen: Scientia.

Krippendorff, Klaus (1980): Content analysis. Beverly Hills: SAGE.

Krippendorff, Klaus (1989): On the Ethics of Constructing Communication. In: Brenda **Dervin**/Lawrence **Grossberg**/Barbara J. **O'Keefe**/Ellen **Wartella** (Hrsg.): Rethinking Communication. Vol. I: Paradigm Issues. Newbury Park, London, New Delhi: SAGE: 66-96.

Krippendorff, Klaus (1994): Der verschwundene Bote. In: Klaus **Merten**/Siegfried J. **Schmidt**/Siegfried **Weischenberg** (Hrsg.): Die Wirklichkeit der Medien. Eine Einführung in die Kommunikationswissenschaft. Opladen: Westdeutscher Verlag: 79-113.

Kriz, Jürgen (1972): Statistische Signifikanz und sozialwissenschaftliche Relevanz. Eine Kritik statistischer Entscheidungsmodelle, dargestellt am Beispiel des t-Test-Modells, in: Zeitschrift für Soziologie, 1: 47-51.

Kriz, Jürgen (1973): Statistik in den Sozialwissenschaften. Einführung und kritische Diskussion. Reinbek: Rowohlt.

Kriz, Jürgen (1981): Methodenkritik empirischer Sozialforschung. Eine Problemanalyse sozialwissenschaftlicher Forschungspraxis. Stuttgart: Teubner.

Kroeber-Riel, Werner ([3]1984): Konsumentenverhalten. München: Vahlen.

Kroeber-Riel, Werner (1986): Wirkung von Werbungs- und Aufklärungskampagnen. In: **Deutsche Forschungsgemeinschaft** (Hrsg.): Medienwirkungsforschung in der Bundesrepublik Deutschland. Bd. 1. Weinheim: Beltz: 61-81.

Kroeber-Riel, Wolfgang ([4]1993): Strategie und Technik der Werbung. Stuttgart: Kohlhammer.

Kroeber-Riel, Wolfgang ([6]1996): Konsumentenverhalten. München: Vahlen.

Krohn, Wolfgang/Günther **Küppers** (Hrsg.) (1992): Emergenz. Die Entstehung von Ordnung, Organisation und Bedeutung. Frankfurt/M.: Suhrkamp.

Kromrey, Helmut ([8]1998): Empirische Sozialforschung. Opladen: Leske & Budrich.

Krotz, Friedrich (1992): Kommunikation als Teilhabe. Der „Cultural Studies Approach", in: Rundfunk und Fernsehen, 40: 412-431.

Krug, G.J. (1993): The Day the earth stood still: Media messages and local life in a predicted Arkansas earthquake, in: Critical Studies in Mass Communication, 10 (3): 273-285.

Krüger, Christiane (1995): Journalistische Berichterstattung im Stil der Zeit. Münster [u.a.]: Lit.

Krugman, Herbert E. (1965): The impact of television advertising, in: Public Opinion Quarterly, 29: 349-356.

Krugman, Herbert E. (1973): The Impact of Television: Learning Without Involvement. In: Harold H. **Kassarjian**/Thomas S. **Robertson** (Hrsg.): Perspectives in Consumer Behavior. New Jersey: Prentice Hall: 98-104.

Kubicek, Herbert (1996): Allgemeiner Zugang und informationelle Grundversorgung in der Informationsgesellschaft. In: Jörg **Tauss**/Johannes **Kollbeck**/Jan **Mönikes** (Hrsg.): Deutschlands Weg in die Informationsgesellschaft. Herausforderungen und Perspektiven für Wirtschaft, Wissenschaft, Recht und Politik. Baden-Baden: Nomos: 156-182.

Kübler, Hans-Dieter (1990): Glogauers Horroszenario, in: Medien Praktisch, Heft 2: 71-72.

Kübler, Hans-Dieter (1994): Kommunikation und Massenkommunikation. Ein Studienbuch. Münster [u.a.]: Lit.

Kuchenbuch, Ludolf (1987): Schriftlichkeitsgeschichte als methodischer Zugang: Das Prümer Urbar von 893-1983. Kurseinheit 2. Hagen: Fernuniversität.

Küchler, Manfred (1979): Multivariate Analyseverfahren. Stuttgart: Teubner.

Kuckenburg, Martin (1989): Die Entstehung von Sprache und Schrift. Köln: DuMont.

Kuckenburg, Martin (1996): ...und sprachen das erste Wort. Die Entstehung von Sprache und Schrift. Eine Kulturgeschichte der menschlichen Verständigung. Düsseldorf: Econ.

Kuhn, Thomas S. (1967): Die Struktur wissenschaftlicher Revolutionen. Frankfurt/M.: Suhrkamp.

Kunczik, Michael (1984): Kommunikation und Gesellschaft. Theorien zur Massenkommunikation. Köln, Wien: Böhlau.

Kunczik, Michael (1990): Die manipulierte Meinung. Nationale Image-Politik und Internationale Public Relations. Köln, Weimar, Wien: Böhlau.

Kunczik, Michael (1993): Public Relations. Konzepte und Theorien. Köln, Weimar, Wien: Böhlau.

Kunczik, Michael (1997): Geschichte der Öffentlichkeitsarbeit in Deutschland. Köln, Weimar, Wien: Böhlau.

Künzler, Jan (1989): Medien und Gesellschaft. Die Medienkonzepte von Talcott Parsons, Jürgen Habermas und Niklas Luhmann. Stuttgart: Enke.

Lambeck, Alfred (1981): Zwischen Tabu und Toleranz. Handbuch der Medienarbeit. Würzburg: Vogel.

Lamnek, Siegfried (1988): Qualitative Sozialforschung. Bd. 1: Methodologie. Weinheim: Beltz.

Lamnek, Siegfried (1989): Qualitative Sozialforschung. Bd. 2: Methoden und Techniken. Weinheim: Beltz.

Lamnek, Siegfried (Hrsg.) (1995): Jugend und Gewalt. Devianz und Kriminalität in Ost und West. Opladen: Westdeutscher Verlag.

Landesanstalt für Rundfunk (Hrsg.) (1991): Dokumentation des LfR-Workshops „Das Fernsehen im Alltag von Kindern". Information für die Medienerziehung in Kindergarten und Grundschule, 26.10.1990 in Münster. Düsseldorf: 74-94.

Lang, Gladys E. (1959): The Mass Media and Voting. In: Eugene **Burdick**/Arthur J. **Brodbeck** (Hrsg.): American Voting Behavior. Glencoe: The Free Press: 217-235.

Lang, Kurt (1962): Reactions of Viewers. In: Sidney **Kraus** (Hrsg.): The Great Debates. Bloomington: Indiana University Press.

Lang, Kurt (1985): Longterm Effects of Mass Media. In: Walter A. **Mahle** (Hrsg.): Fortschritte der Medienwirkungsforschung? Berlin: Spiess: 35-40.

Lange, Ulrich (1989): Telefon und Gesellschaft. Eine Einführung in die Soziologie der Telefonkommunikation. In: **Forschungsgruppe Telefonkommunikation**. Berlin: Spiess: 9-44.

Langenbucher, Wolfgang R. (Hrsg.) (1974): Zur Theorie der politischen Kommunikation. München: Piper.

Langenbucher, Wolfgang R. (1991): PR und Journalismus in der Risikogesellschaft. In: Johanna **Dorer**/Klaus **Lojka** (Hrsg.): Öffentlichkeitsarbeit. Theoretische Ansätze, empirische Befunde und Berufspraxis der Public Relations. Wien: Braumüller: 28-37.

Langenbucher, Wolfgang R. (1994): Publizistik- und Kommunikationswissenschaft. Ein Textbuch zur Einführung. Wien: Braumüller.

Lasswell, Harold D. (1927): Propaganda-Technique in the World War. New York: Knopf.

Lasswell, Harold D. (1927a): The Theory of Political Propaganda, in: American Political Science Review, 21: 627-631.

Lasswell, Harold D. (1934): World Politics and Personal Insecurity. New York: Mc Graw Hill.

Lasswell, Harold D. (1934a): Propaganda. In: Encyclopedia of the Social Sciences. Bd. 12. New York: 512-528.

Lasswell, Harold D. (1935): Verbal References and Physiological Changes During (Psychoanalytic-)Interviews, in: Psychoanalytic Review, 23: 241-247.

Lasswell, Harold D. (1936): Politics: Who Gets What, When, How. New York: Mc Graw Hill.

Lasswell, Harold D. (1942): The Political Significant Content of the Press: Coding Procedures, in: Journalism Quarterly, 19: 12-23.

Lasswell, Harold D. (1946): Describing the Content of Communication. In: Bruce L. **Smith** et al.: Propaganda, Communication and Public Opinion. Princeton: Princeton University Press: 74-94.

Lasswell, Harold D. (1947): The Analysis of Political Behavior. London: Routledge & Kegan Paul.

Lasswell, Harold D. (1947a): Public Attention, Opinion and Action, in: International Journal of Opinion and Attitude, 1: 3-11.

Lasswell, Harold D. (1948): The Structure and Function of Communication in Society. In: Lyman **Bryson** (Hrsg.): The Communication of Ideas. New York: Harper: 37-52.

Lasswell, Harold D. (1957): Politik und Moral. Analyse des politisch-sozialen Verhaltens. Stuttgart, Düsseldorf: Ring-Verlag.

Lasswell, Harold D. (1965): Why be Quantitative? In: Harold D. **Lasswell**/ Nathan **Leites** et al.: Language of Politics. Studies in quantitative Semantics. Cambridge: MIT Press: 40-52.

Lasswell, Harold D. (1971): A Pre-View of Policy Sciences. New York: Elsevier.

Lasswell, Harold D. (1972): Communications Research and Public Policy, in: Public Opinion Quarterly, 36: 301-310.

Lauf, Edmund (1990): Gerücht und Klatsch. Berlin: Spiess.

Lausberg, Heinrich ([3]1990): Handbuch der literarischen Rhetorik. Wiesbaden, Stuttgart: Steiner.

Lazarsfeld, Paul F. (1940): Radio and the Printed Page. New York: Duell, Sloan and Pearce.

Lazarsfeld, Paul F. (1941): Remarks On Administrative and Critical communication Research, in: Studies in Philosophy and Science, 9: 2-16.

Lazarsfeld, Paul F. (1942): The Effects of Radio on Public Opinion. In: Douglas **Waples** (Hrsg.): Print, Radio and Film in a Democracy. Chicago: University of Chicago Press: 66-78.

Lazarsfeld, Paul F. (1959): Latent Structure Analysis. In: Siegmund **Koch** (Hrsg.): Psychology. A Study of Science. New York, Toronto: Mc Graw Hill: 476-543.

Lazarsfeld, Paul F. (1963): Mass Media and Personal Influence. In: Wilbur **Schramm** (Hrsg.): The Science of Human Communication. New York: Basic Books. (Dt. in: Wilbur **Schramm** (Hrsg.) (1973): Grundfragen der Kommunikationsforschung. München: Juventa: 117-140.).

Lazarsfeld, Paul F. (1972): Qualitative Analysis. Boston: Allen & Bacon.

Lazarsfeld, Paul F. (1973): Bemerkungen über administrative und kritische Sozialforschung. In: Dieter **Prokop** (Hrsg.): Kritische Kommunikationsforschung. München: Hanser: 7-27. (= Übersetzung von Lazarsfeld 1941).

Lazarsfeld, Paul F. (1973a): Soziologie. Hauptströmungen der sozialwissenschaftlichen Forschung. Frankfurt/M., Berlin, Wien: Ullstein.

Lazarsfeld, Paul F./A.H. **Barton** (1951): Qualitative Measurement in the Social Sciences: Classification, Typologies, and Indices. In: Daniel **Lerner**/Harold D. **Lasswell** (Hrsg.): The Policy Sciences. Stanford: Stanford University Press: 155-192.

Lazarsfeld, Paul F./Bernard **Berelson**/Hazel **Gaudet** (1944): The People's Choice – How The Voter makes up his Mind in a Presidential Campaign. New York: Columbia Press. (Dt.: Paul F. **Lazarsfeld**/Bernard **Berelson**/Hazel **Gaudet** (1969): Wahlen und Wähler. Soziologie des Wahlverhaltens. Neuwied, Berlin: Luchterhand.).

Lazarsfeld, Paul F./Bernard **Berelson** (1948): The analysis of communication content. Chicago: University of Chicago.

Lazarsfeld, Paul F./Bernhard **Berelson** (1952): Die Bedeutungsanalyse von Kommunikationsmaterialien. In: René **König** (Hrsg.): Praktische Sozialforschung. Dortmund, Zürich: Ardey-Verlag: 141-168.

Lazarsfeld, Paul F./Herbert **Menzel** (1961): On the Relation between Individual and Collective Properties. In: Amitai **Etzioni** (Hrsg.): Complex Organizations. New York: Holt: 422-440.

Lazarsfeld, Paul F./Robert K. **Merton** (1948): Mass Communication, Popular Taste and Organized Social Action. In: Lyman **Bryson** (Hrsg.): The Communication of Ideas. New York: Harper: 95-118.

Lazarsfeld, Paul F./Morris **Rosenberg** (Hrsg.) (1955): The Language of Social Re-search. Glencoe: The Free Press.

Lazarsfeld, Paul F./Fred N. **Stanton** (Hrsg.) (1949): Communications Research 1948-49. New York: Harper.

Lenneberg, Eric H. (1967): Biological Foundations of Language. New York: Wiley.

Lenneberg, Eric H. (1968): Language in the Light of Evolution. In: Thomas A. **Sebeok** (Hrsg.): Animal Communication. Bloomington, London: Indiana University Press: 592-613.

Lepsius, Rainer Maria (1964): Kritik als Beruf, in: Kölner Zeitschrift für Soziologie und Sozialpsychologie, 16: 75ff.

Lerg, Winfried B. (1965): Die Entstehung des Rundfunks in Deutschland. Frankfurt/M.: Knecht.

Lerg, Winfried B. (1970): Das Gespräch. Theorie und Praxis der unvermittelten Kommunikation. Düsseldorf: Bertelsmann.

Leroi-Gourhan, André (1980): Hand und Wort. Die Evolution von Technik, Sprache und Kunst. Frankfurt/M.: Suhrkamp.

Lewin, Kurt (1931): Der Übergang von der aristotelischen zur galileischen Denkweise in Biologie und Psychologie, in: Erkenntnis, 1: 421-466.

Lewin, Kurt (1935): A dynamic theory of personality. New York: Mc Graw-Hill.

Lewin, Kurt (1936): Principles of topological psychology. New York: Mc Graw-Hill. (Dt.: Kurt **Lewin** (1969): Grundzüge der topologischen Psychologie. Bern, Stuttgart: Huber.).

Lewin, Kurt (1943): Forces behind food habits and methods of change, in: Bulletin of the National Research Council, 108: 35-65. (Neu abgedruckt in: Kurt **Lewin** (1951): Field Theory in Social Science. New York: Harper: 170-187.).

Lewin, Kurt (1947): Field Theory in the Social Sciences. New York: Macmillan.

Lewin, Kurt (1951): Field Theory in Social Science. New York: Harper.

Lewin, Kurt (1963): Feldtheorie in den Sozialwissenschaften. Bern, Stuttgart: Huber.

Lindemann, Margot (1969): Deutsche Presse bis 1815. Berlin: Colloquium.

Lippmann, Walter (1922): Public Opinion. New York: MacMillan.

Lippmann, Walter (1964): Die öffentliche Meinung: München: Rütten und Loenig.

Lisch, Ralf/Jürgen **Kriz** (1978): Grundlagen und Modelle der Inhaltsanalyse. Reinbek: rororo.

Löffler, Martin/Reinhard **Ricker** (^{3}1994): Handbuch des Presserechts. München: Beck.

Lowery, Shearon/Melvin L. **DeFleur** (1983): Milestones in Mass Communication Research. Media Effects. New York: Longman.

Lück, Helmut E./Wolfgang **Manz** (1973): Die Technik der verlorenen Briefe - ein neues Instrument verhaltensbezogener Einstellungsmessung?, in: Zeitschrift für Soziologie, 2: 352-365.

Luhmann, Niklas (1962): Funktion und Kausalität, in: Kölner Zeitschrift für Soziologie, 14: 617-644. (Neu abgedruckt in: Niklas **Luhmann** (1970): Soziologische Aufklärung 1. Opladen: Westdeutscher Verlag: 9-30.).

Luhmann, Niklas (1964): Funktionale Methode und Systemtheorie, in: Soziale Welt, 15: 1-25. (Neu abgedruckt in: Niklas **Luhmann** (1970): Soziologische Aufklärung 1. Opladen: Westdeutscher Verlag: 31-53.).

Luhmann, Niklas (1964a): Funktionen und Folgen formaler Organisation. Berlin: Duncker & Humblot.

Luhmann, Niklas (1966): Reflexive Mechanismen, in: Soziale Welt, 17: 1-23. (Neu abgedruckt in: Niklas **Luhmann** (1970): Soziologische Aufklärung 1. Opladen: Westdeutscher Verlag: 92-112.).

Luhmann, Niklas (1968): Vertrauen. Ein Mechanismus der Reduktion sozialer Komplexität. Stuttgart: Enke.

Luhmann, Niklas (1969): Moderne Systemtheorien als Form gesamtgesellschaftlicher Analyse. In: Theodor W. **Adorno** (Hrsg.): Spätkapitalismus oder Industriegesellschaft? Verhandlungen des Deutschen Soziologentages. Stuttgart: Enke: 253-266.

Luhmann, Niklas (1970): Soziologische Aufklärung 1. Aufsätze zur Theorie sozialer Systeme. Opladen: Westdeutscher Verlag.

Luhmann, Niklas (1971): Sinn als Grundbegriff der Soziologie. In: Jürgen **Habermas**/Niklas **Luhmann**: Theorie der Gesellschaft oder Sozialtechnologie - Was leistet die Systemforschung? Frankfurt/M.: Campus: 25-100.

Luhmann, Niklas (1971a): Öffentliche Meinung. In: Niklas **Luhmann**: Politische Planung. Aufsätze zur Soziologie von Verwaltung und Politik. Opladen: Westdeutscher Verlag: 9-34.

Luhmann, Niklas (1972): Einfache Sozialsysteme, in: Zeitschrift für Soziologie, 1: 51-65.

Luhmann, Niklas (1973): Weltzeit und Systemgeschichte. In: Peter Christian **Ludz** (Hrsg.): Soziologie und Sozialgeschichte. Opladen: Westdeutscher Verlag: 81-115 (= Sonderheft 16 Kölner Zeitschrift für Soziologie und Sozialpsychologie).

Luhmann, Niklas (²1975): Politische Planung. Opladen: Westdeutscher Verlag.

Luhmann, Niklas (1975a): Systemtheorie, Evolutionstheorie und Kommunikationstheorie. In: Niklas **Luhmann**: Soziologische Aufklärung 2. Opladen: Westdeutscher Verlag: 193-203.

Luhmann, Niklas (1975b): Einführende Bemerkungen zu einer Theorie symbolisch generalisierter Kommunikationsmedien. In: Niklas **Luhmann**: Soziologische Aufklärung 2. Opladen: Westdeutscher Verlag: 170-192.

Luhmann, Niklas (1975c): Die Weltgesellschaft. In: Niklas **Luhmann**: Soziologische Aufklärung 2. Opladen: Westdeutscher Verlag: 51-71.

Luhmann, Niklas (1975d): Veränderungen im System gesellschaftlicher Kommunikation und die Massenmedien. In: Oskar **Schatz** (Hrsg.): Die elektronische Revolution. Köln, Graz: Styria: 85-107. (Neu abgedruckt in: Niklas **Luhmann** (1981): Soziologische Aufklärung 3. Opladen: Westdeutscher Verlag: 309-320.).

Luhmann, Niklas (1975e): Komplexität. In: Niklas **Luhmann** (1975): Soziologische Aufklärung 2. Opladen: Westdeutscher Verlag: 204-220.

Luhmann, Niklas (1981): Veränderungen im System gesellschaftlicher Kommunikation und die Massenmedien. In: Niklas **Luhmann**: Soziologische Aufklärung 3. Opladen: Westdeutscher Verlag: 309-320.

Luhmann, Niklas (1981a): Kommunikation mit Zettelkästen. In: Horst **Baier**/ Hans Mathias **Kepplinger**/Kurt **Reumann** (Hrsg.): Öffentliche Meinung und sozialer Wandel. Festschrift für Elisabeth Noelle-Neumann. Opladen: Westdeutscher Verlag: 222-228.

Luhmann, Niklas (1981b): Die Unwahrscheinlichkeit der Kommunikation. In: Niklas **Luhmann**: Soziologische Aufklärung 3. Opladen: Westdeutscher Verlag: 25-34.

Luhmann, Niklas (1987): Soziale Systeme. Grundriß einer allgemeinen Theorie. Frankfurt/M.: Suhrkamp.

Luhmann, Niklas (1987a): Autopoiesis als soziologischer Begriff. In: Hans **Haferkamp**/Michael **Schmid** (Hrsg.): Sinn, Kommunikation und soziale Differenzierung. Beiträge zu Luhmanns Theorie sozialer Systeme. Frankfurt/M.: Suhrkamp: 307-324.

Luhmann, Niklas (1987b): Soziologische Aufklärung 4. Beiträge zur funktionalen Differenzierung der Gesellschaft. Opladen: Westdeutscher Verlag.

Luhmann, Niklas (1990): Die Wissenschaft der Gesellschaft. Frankfurt/M.: Suhrkamp.

Luhmann, Niklas (1990a): Gesellschaftliche Komplexität und öffentliche Meinung. In: Niklas **Luhmann**: Soziologische Aufklärung 5. Konstruktivistische Perspektiven. Opladen: Westdeutscher Verlag: 170-182.

Luhmann, Niklas (1991): Soziologie des Risikos. Berlin: de Gruyter.

Luhmann, Niklas (^{2}1996): Die Realität der Massenmedien. Opladen: Westdeutscher Verlag.

Lumsdaine, Arthur A. (1953): Resistance to „counterpropaganda" produced by one-sided and two-sided propaganda presentation, in: Public Opinion Quarterly, 17: 311-318.

Mach, Ernst (1904): Die Analyse der Empfindungen und das Verhältnis des Physischen zum Psychischen. Jena: G. Fischer. (Neudruck: Darmstadt: Verlag Wissenschaftliche Buchgesellschaft 1991).

Machlup, Fritz (1962): The Production and Distribution of Knowledge in the United States. Princeton: Princeton University Press.

Machlup, Fritz (1980): Knowledge: Its Creation, Distribution, and Economic Significance. Princeton: Princeton University Press.

MacKay, Donald M. (1961): The informational analysis of questions and commands. In: Colin **Cherry** (Hrsg.): Information theory. London: Butterworth: 469-476.

MacKay, Donald M. (1969): Information, Mechanism and Meaning. London: MIT Press.

MacKay, Donald M. (1972): Formal Analysis of Communication Processes. In: Robert H. **Hinde** (Hrsg.): Nonverbal Communication. Cambridge: Cambridge University Press: 3-25.

Mahle, Walter A. (Hrsg.) (1993): Journalisten in Deutschland. Nationale und internationale Vergleiche und Perspektiven. München: Ölschläger.

Maletzke, Gerhard (1959): Fernsehen im Leben der Jugend. Hamburg: Verlag Hans-Bredow-Institut.

Maletzke, Gerhard (1963): Psychologie der Massenkommunikation. Theorie und Systematik. Hamburg: Verlag Hans-Bredow-Institut.

Maletzke, Gerhard (1964): Grundbegriffe der Massenkommunikation. München: Institut für Film und Bild in Wissenschaft und Unterricht.

Maletzke, Gerhard (1967): Publizistikwissenschaft zwischen Geistes- und Sozialwissenschaften. Zum Standort der Wissenschaft von der öffentlichen Kommunikation. Berlin: Spiess. (= Schriftenreihe zur Publizistikwissenschaft, Heft 1).

Maletzke, Gerhard ([2]1972): Psychologie der Massenkommunikation. Hamburg: Verlag Hans-Bredow-Institut.

Maletzke, Gerhard (1972a): Einführung in die Massenkommunikationsforschung. Berlin: Spiess.

Maletzke, Gerhard (1980): Kommunikationsforschung als empirische Sozialwissenschaft. Berlin: Spiess.

Maletzke, Gerhard (1981): Medienwirkungsforschung. Grundlagen, Möglichkeiten, Grenzen. Tübingen: Niemeyer.

Maletzke, Gerhard (1988): Kulturverfall durch Fernsehen? Berlin: Spiess.

manager magazin (Hrsg.) (1988): Imageprofile. Düsseldorf: Econ

Marcinkowski, Frank (1993): Publizistik als autopoietisches System. Opladen: Westdeutscher Verlag.

Marler, Peter (1968): Visual Systems. In: Thomas A. **Sebeok**: Animal Communication. Bloomington, London: Indiana University Press: 103-126.

Marrow, Alfred J. (1977): Kurt Lewin, Leben und Werk. Stuttgart: Klett.

Martindale, Colin/Anne **Keeley** (1988): Historical Trends of Twentieth-Century Hungarian and American Short Stories. In: Colin **Martindale** (Hrsg.): Psychological Approaches to the study of literary narratives. Hamburg: Buske: 42-65.

Maruayma, Magoroh (1966): Metaorganization of Information, in: General Systems, 11: 55-60.

Marx, Karl (1880): Beilage Revue Socialiste. Zitiert in: Planung und Analyse, 10 (1983): 248 f.

Maser, Siegfried (1971): Grundlagen der allgemeinen Kommunikationswissenschaft. Berlin: Kohlhammer.

Mast, Claudia (Hrsg.) (1990): Rivalen im Äther. Radioprofile und Hörerwünsche. Konstanz: Universitäts-Verlag Konstanz.

Matthes, Hans Joachim/Fritz **Schütze** (1973): Zur Einführung: Alltagswissen, Interaktion und gesellschaftliche Wirklichkeit. In: **Arbeitsgruppe Bielefelder Soziologen** (Hrsg.): Alltagswissen, Interaktion und gesellschaftliche Wirklichkeit. Reinbek: Rowohlt: 11-53.

Maturana, Humberto R. (1982): Erkennen: Die Organisation und Verkörperung von Wirklichkeit. Braunschweig, Wiesbaden: Vieweg.

Maturana, Humberto R./Francesco J. **Varela** (1979): Autopoiesis and Cognition. Dordrecht, Boston: Reidel.

Mayntz, Renate/Kurt **Holm**/Peter **Hübner** (^{5}1978): Einführung in die Methoden der empirischen Soziologie. Opladen: Westdeutscher Verlag.

Mayring, Philipp (1983): Qualitative Inhaltsanalyse. Grundlagen und Techniken. Weinheim: Beltz.

McClure, Robert D./Thomas E. **Patterson** (1976): Print vs. Network News, in: Journal of Communication, 26: 23-28.

McCombs, Maxwell E. (1968): Negro Use of television and newspapers for Political Information, 1952-1964, in: Journal of Broadcasting, 12: 216-266.

McCombs, Maxwell E. (1972): Mass Communication in Political Campaigns; Information, Gratification and Persuasion. In: F. Gerald **Kline**/Philip J. **Tichenor** (Hrsg.): Current Perspectives in Mass Communication Research. Beverly Hills, London: SAGE: 169-194.

McCombs, Maxwell E. (1977): Newspaper versus Television: Mass Communication Effects Across Time. In: Donald L. **Shaw**/Maxwell E. **McCombs** (Hrsg.): The Agenda-Setting Function of the Press. The Emergence of American Political Issues. St. Paul: West: 89-106.

McCombs, Maxwell E. (1981): The agenda-setting approach. In: Dan D. **Nimmo**/ Keith R. **Sanders** (Hrsg.): Handbook of political Communication. Beverly Hills: SAGE: 121-140.

McCombs, Maxwell E. (1985): Toward a Merger of Gratifications and Agenda-Setting Research. In: Karl E. **Rosengren**/Philip **Palmgreen**/Lawrence A. **Wenner** (Hrsg.): Media Gratifications Research. Beverly Hills: SAGE: 9-10.

McCombs, Maxwell E. (1986): News Influence on Our Pictures of the World. In: Jennings **Bryant**/Dolf **Zillmann** (Hrsg.): Perspectives on Media effects. Hillsdale: Erlbaum: 1-16.

McCombs, Maxwell E./Donald L. **Shaw** (1972): The Agenda-Setting Function of Mass Media, in: Public Opinion Quarterly, 36: 176-187.

McCombs, Maxwell E./Lee B. **Becker**/David **Weaver** (1975): Measuring the Cumulative Agenda-Setting-Influence of the Mass Media. (Paper presented at the Speech Communication Association Convention).

McCombs, Maxwell E./Sh. **Gilbert**/Ch. **Eyal** (1982): The State of the Union Address and the Press Agenda: A Replication, in: Paper, 32nd Conference, International Communication Association. Boston.

McCombs, Maxwell E./Paula **Poindexter** (1983): The duty to keep informed: News Exposure and Civil Obligation, in: Journal of Communication, 33: 88-96.

McCulloch, Warren S. (1965): Embodiments of Mind. Cambridge: M.I.T Press.

McCulloch, Warren S./W. **Pitts** (1943): A Logical Calculus of the ideas immanent in Nervous Activity, in: Bulletin of Mathematical Biophysics, 5: 115-155.

McGuire, William J. (1957): Order of Presentation as a Factor in „Conditioning" Persuasiveness. In: Carl I. **Hovland** (Hrsg.): The Order of Presentation in Persuasion. New Haven, London: Yale University Press: 98-114.

McGuire, William J. (1960): A Syllogistic Analysis of Cognitive Relationships. In: Carl I. **Hovland**/Milton **Rosenberg** (Hrsg.): Attitude Organisation and Change. New Haven, London: Yale University Press: 65-111.

McGuire, William J. (1960a): Direct and Indirect Persuasive Effects of Dissonance Producing Messages, in: Journal of Abnormal and Social Psychology, 60: 354-358.

McGuire, William J. (1960b): Cognitive Consistency and Attitude Change, in: Journal of Abnormal and Social Psychology, 60: 345-354.

McGuire, William J. (1961): The Effectiveness of Supportive and Refutational Defenses in Immunizing and Restoring Beliefs Against Persuasion, in: Sociometry, 24: 184-197.

McGuire, William J. (1962): Persistence of Resistance to Persuasion Induced by Various Types of Prior Belief Defenses, in: Journal of Abnormal and Social Psychology, 64: 241-248.

McGuire, William J. (1962a): Effectiveness of Forewarning in Developing Resistance to Persuasion, in: Public Opinion Quarterly, 26: 24-34.

McGuire, William J. (1964): Inducing Resistance to Persuasion. In: Leonard **Berkowitz** (Hrsg.): Advances in Experimental Social Psychology. Vol. 1. New York, London: Academic Press: 191-229.

McGuire, William J. (1966): Attitudes and Opinions, in: Annual Review of Psychology, 17: 475-514.

McGuire, William J. (1967): The Current Status of Cognitive Consistency Theories, In: Martin H. **Fishbein** (Hrsg.): Readings in Attitude Theory and Measurement. New York: Wiley: 401-421.

McGuire, William J. (1968): Selective Exposure: A Summing up. In: Robert P. **Abelson**/Elliot **Aronson**/William J. **McGuire**/Theodor **Newcomb**/Milton **Rosenberg**/Percy H. **Tannenbaum** (Hrsg.): Theories of Cognitive Consistency: A Sourcebook. Chicago: McNally: 797-800.

McGuire, William J. (1968a): Personality and Susceptibility to Social Influence. In: Edgar F. **Borgatta**/William W. **Lambert** (Hrsg.): Handbook of Personality Theory and Research. Chicago: Rand McNally: 1130-1187.

McGuire, William J. (1968b): Personality and Attitude Change: An Information-Processing Theory. In: Anthony G. **Greenwald**/Timothy C. **Brook**/Thomas M. **Ostrom** (Hrsg.): Psychological Foundations of Attitudes. New York: Academic Press: 171-196.

McGuire, William J. ([2]1969): The Nature of Attitudes and Attitude Change. In: Gardner **Lindzey**/Elliot **Aronson** (Hrsg.): Handbook of Social Psychology. Vol. 3. Reading/Massachusetts: Addison-Wesley: 136-314.

McGuire, William J. (1969a): Suspiciousness of experimenter's intent. In: Robert **Rosenthal**/Ralph L. **Rosnow** (Hrsg.): Artifact in behavioral research. New York: Academic Press: 13-57.

McGuire, William J. (1973): Persuasion, Resistance, and Attitude Change. In: Wilbur **Schramm**/Ithiel de **Sola Pool**/Frederick W. **Frey**/Nathan **Maccoby**/ Edwin **Parker** (Hrsg.): Handbook of Communication. Chicago: Rand McNally: 216-252.

McGuire, William J. (1974): Psychological Motives and Communication Gratification. In: Jay G. **Blumler**/Elihu **Katz** (Hrsg.): The uses of mass communications. Beverly Hills: SAGE: 167-196.

McLeod, Jack M. (1965): Alienation and Uses of the Mass Media, in: Public Opinion Quarterly, 29: 583-594.

McLeod, Jack M. (1981): The Uses and Gratification Approach. In: Dan D. **Nimmo**/Keith R. **Sanders** (Hrsg.): The Handbook of Political Communication. Beverly Hills, London: SAGE: 67-99.

McLeod, Jack M./Charles **Atkin**/Steven H. **Chaffee** (1972): Adolescents, Parents, and Television Use. In: George A. **Comstock**/Eli A. **Rubinstein** (Hrsg.): Television and Social Behavior. Vol. 3. Washington: Government Printing Office: 173-313.

McLeod, Jack M./Lee B. **Becker** (1974): Testing the validity of gratification measures through political effects analysis. In: Jay G. **Blumler**/Elihu **Katz** (Hrsg.): The uses of mass communications: Current perspectives on gratifications research. Beverly Hills: SAGE: 137-164.

McLeod, Jack M./Lee B. **Becker**/James A. **Byrnes** (1974): Another look at the Agenda-Setting Function of the Press, in: Communication Research, 1: 131-165.

McLeod, Jack M./Steven H. **Chaffee** (1972): The Construction of Social Reality. In: James T. **Tedeschi** (Hrsg.): The Social Influence Processes. Chicago, New York: Aldine-Atherton: 50-99.

McLeod, Jack M./Garrett J. **O'Keefe** (1972): The socialization perspective and communication behavior. In: F. Gerald **Kline**/Phillip J. **Tichenor** (Hrsg.): Current Perspectives in Mass Communication Research. Beverly Hills: SAGE: 121-168.

McLuhan, Marshall (1962): The Gutenberg galaxy. Toronto: University of Toronto Press.

McLuhan, Marshall (1968): Die Gutenberg-Galaxis. Düsseldorf, Wien: Econ.

McLuhan, Marshall (1968a): Die magischen Kanäle. Düsseldorf, Wien: Econ.

McLuhan, Marshall (1970): From cliché to archetype. New York: Viking Press.

McLuhan, Marshall/Quentin **Fiore** (1969): Das Medium ist Massage. Frankfurt/M.: Ullstein.

McQuail, Denis (1969): Uncertainty about the audience and the organisation of mass communication, in: Sociological Review Monograph, 13.

McQuail, Denis (1974): Explaining Audience Behavior: Three Approaches Considered. In: Jay G. **Blumler**/Elihu **Katz** (Hrsg.): The Uses of Mass Communication. Beverly Hills: SAGE: 287-301.

McQuail, Denis (1983): Mass Communication Theory. An Introduction. London: SAGE.

McQuail, Denis/Jay G. **Blumler** (1972): The television Audience: A revised Perspective. In: Dennis **McQuail**: Sociology of Mass Communication. Harmondsworth: Penguin Books: 135-165.

McQuail, Denis/Sven **Windahl** (1981): Communication Models for the Study of Mass Communications. London: Longman.

Mead, George Herbert (1934): Mind, Self and Society. Chicago: University of Chicago Press. (Dt.: George Herbert **Mead** (1975): Geist, Identität und Gesellschaft aus der Sicht des Sozialbehaviorismus. Frankfurt/M.: Suhrkamp.).

Meckel, Miriam/Markus **Kriener** (Hrsg.) (1996): Internationale Kommunikation. Eine Einführung. Opladen: Westdeutscher Verlag.

Mees, Ulrich/Herbert **Selg** (Hrsg.) (1977): Verhaltensbeobachtung und Verhaltensmodifikation. Stuttgart: Klett.

Meffert, Heribert (^{3}1978): Marketing. Einführung in die Absatzpolitik. Wiesbaden: Gabler.

Meffert, Heribert (^{7}1991): Marketing: Grundlagen der Absatzpolitik, mit Fallstudien Einführung und Relaunch des VW-Golf. Wiesbaden: Gabler.

Mehrabian, Albert (1971): Silent Messages. Belmont: Wadsworth.

Meinefeld, Werner (1985): Die Rezeption empirischer Forschungsergebnisse – eine Frage von Treu und Glaube?, in: Zeitschrift für Soziologie, 14: 297-314.

Mendelsohn, Everett (1974): Revolution und Reduktion: Die Soziologie methodologischer und philosophischer Interessen in der Biologie des 19. Jahrhunderts. In: Peter **Weingart** (Hrsg.): Wissenschaftssoziologie II. Frankfurt/M.: Äthenäum-Fischer: 241-261.

Mendelsohn, Harold (1962): Measuring the Process of Communications effect, in: Public Opinion Quarterly, 26: 411-416.

Mendelsohn, Harold (1964): Broadcast vs. Personal Sources of Information in Emergent Public Crises: The Presidential Assassination, in: Journal of Broadcasting, 8: 147-156.

Menges, Günter (1982): Die Statistik. 12 Stationen des statistischen Arbeitens. Wiesbaden: Gabler.

Menne, Albert (1966): Einführung in die Logik. Bern, München: Francke.

Merrill, John C. (1962): The Image of the United States in Ten Mexican Dailies, in: Journalism Quarterly, 39: 203-209.

Merten, Klaus (1973): Aktualität und Publizität. Zur Kritik der Publizistikwissenschaft, in: Publizistik, 18: 216-235.

Merten, Klaus (1974): Vom Nutzen der Lasswellformel – oder Ideologie in der Kommunikationsforschung, in: Rundfunk und Fernsehen, 22: 143-165.

Merten, Klaus (1976): Reflexivität als Grundbegriff der Kommunikationsforschung, in: Publizistik, 21: 171-179.

Merten, Klaus (1977): Kommunikation. Eine Begriffs- und Prozeßanalyse. Opladen: Westdeutscher Verlag.

Merten, Klaus (1977a): Reflexivity in Human Communication. In: Brent D. **Ruben** (Hrsg.): Communication Yearbook. Vol. 1. New Brunswick: Transaction Books: 121-131.

Merten, Klaus (1978): Von den Schwierigkeiten der Kommunikationsforschung, in: Bertelsmann Briefe Nr. 95: 9-15.

Merten, Klaus (1978a): Reaktivität und Reflexivität. Sozialwissenschaftliche Datenerhebung als interferierende Kommunikationsprozesse. Als Man. veröff.: Universität Bielefeld: 37 gez. S. (Abgedruckt in: Wienand, Edith/Joachim Westerbarkey/Armin Scholl (Hrsg.) (2005): Kommunikation über Kommunikation. Theorien, Methoden und Praxis. Festschrift für Klaus Merten. Wiesbaden: VS Verlag für Sozialwissenschaften: 102-128.).

Merten, Klaus (1982): Wirkungen der Massenkommunikation. Ein theoretisch-methodischer Problemaufriß, in: Publizistik, 27: 26-48.

Merten, Klaus (1982a): Der wahlentscheidende Einfluß des Fernsehens auf die Bundestagswahl 1976 – oder Alchemie in der empirischen Sozialforschung. In: Heribert **Schatz**/Klaus **Lange** (Hrsg.): Massenkommunikation und Politik. Frankfurt/M.: Haag + Herchen: 121-139.

Merten, Klaus (1983): Zweierlei Einfluß der Medien auf die Wahlentscheidung, in: Media Perspektiven, Heft 7: 449-461. (Neu abgedruckt in Dieter **Prokop**, (Hrsg.) (1985): Medienforschung, Bd. 2. Frankfurt/M.: S. Fischer: 116-135.).

Merten, Klaus (1984): Vom Nutzen des „Uses and Gratifications Approach", in: Rundfunk und Fernsehen, 32: 66-72.

Merten, Klaus (1985): Gesellschaftliche Differenzierung und gesellschaftliche Integration. Zur Struktur und Funktion kommunikativer Evolution. In: Ulrich **Saxer** (Hrsg.): Gleichheit oder Ungleichheit durch Massenmedien. München: Ölschläger: 49-60.

Merten, Klaus (1985a): Re-Rekonstruktion von Wirklichkeit durch Zuschauer von Fernsehnachrichten, in: Media Perspektiven, Heft 10: 753-763.

Merten, Klaus (1985b): Some silence in the spiral of silence. In: Keith R. **Sanders**/Lynda Lee **Kaid**/Dan **Nimmo** (Hrsg.): Political Communication Yearbook 1984. Carbondale, Edwardsville: Southern Illinois University Press: 31-42.

Merten, Klaus (1986): Methoden der Medienwirkungsforschung. In: Winfried **Schulz**/Jo **Groebel**/**Deutsche Forschungsgemeinschaft** (Hrsg.): Enquete zur Medienwirkungsforschung (DFG). Bd. 2. Weinheim: Acta Humaniora, VCH: 101-109.

Merten, Klaus (1986a): Hierarchische Medienwirkungen. In: Walter A. **Mahle** (Hrsg.): Langfristige Medienwirkungen. Berlin: Spiess: 111-117.

Merten, Klaus (1987): Öffentlichkeit/Öffentliche Meinung. In: Axel **Görlitz**/Rainer **Prätorius** (Hrsg.): Handbuch der Politikwissenschaft. Reinbek: Rowohlt: 327-337.

Merten, Klaus (1988): Aufstieg und Fall des „Two-Step-Flow of Communication". Kritik einer sozialwissenschaftlichen Hypothese, in: Politische Vierteljahresschrift, 29: 610-635.

Merten, Klaus (1990): Allmacht oder Ohnmacht der Medien. In: **Deutsches Institut für Fernstudien** (Hrsg.): Funkkolleg Medien und Kommunikation. Bd. 10. Weinheim: Beltz: 38-73.

Merten, Klaus (1990a): Wirken sie wirklich, die Wirkungen der Massenkommunikation? In: **Deutsches Institut für Fernstudien** (Hrsg.): Funkkolleg Medien und Kommunikation. Einführungsbrief. Weinheim: Beltz: 49-55.

Merten, Klaus (1990b): Inszenierung von Alltag: Kommunikation, Massenkommunikation. In: **Deutsches Institut für Fernstudien** (Hrsg.): Funkkolleg Medien und Kommunikation. Bd. 1. Weinheim: Beltz: 79-108.

Merten, Klaus (1990c): Wissensveränderung durch Medien: Aufriß und Kritik. In: Karin **Böhme-Dürr** et al.: Wissensveränderung durch Medien. München, London, New York: Saur: 21-39.

Merten, Klaus (1990d): Paul Felix Lazarsfeld und die Inhaltsanalyse. In: Wolfgang R. **Langenbucher** (Hrsg.): Paul F. Lazarsfeld. Die Wiener Tradition der empirischen Sozial- und Kommunikationsforschung. München: Ölschläger: 192-203.

Merten, Klaus (1991): Artefakte der Wirkungsforschung. Kritik klassischer Annahmen, in: Publizistik, 36: 36-55.

Merten, Klaus (1991a): Allmacht oder Ohnmacht der Medien? Erklärungsmuster der Medienwirkungsforschung. In: **Deutsches Institut für Fernstudien** (Hrsg.): Funkkolleg Medien und Kommunikation. Bd. 9. Weinheim: Beltz: 38-73.

Merten, Klaus (1991b): Django und Jesus. Verbal-nonverbales Verhalten der Kanzlerkandidaten Kohl und Rau im Bundestagswahlkampf 1987. In: Manfred **Op de Hipt**/Erich **Latniak** (Hrsg.): Sprache als Politik. Sozialwissenschaftliche Semantik- und Rhetorikforschung. Opladen: Westdeutscher Verlag: 188-210.

Merten, Klaus (1992): Begriff und Funktion von Public Relations, in: prmagazin, 23 (Heft 11): 35-46.

Merten, Klaus (1992a): Fiktionen für flüchtige Images, in: Markenartikel, 54: 122-123.

Merten, Klaus (1993): Die Entbehrlichkeit des Kommunikationsbegriffs – oder: Systemische Konstruktion von Kommunikation. In: Günter **Bentele**/Manfred **Rühl** (Hrsg.): Theorien öffentlicher Kommunikation. Problemfelder, Positionen, Perspektiven. München: Ölschläger: 188-201.

Merten, Klaus (1994): Teaching Communications during an accelerating media evolution. In: David **French** (Hrsg.): Media Education across Europe. London: Routledge: 149-159.

Merten, Klaus (1994a): Evolution der Kommunikation. In: Klaus **Merten**/Siegfried J. **Schmidt**/Siegfried **Weischenberg** (Hrsg.): Die Wirklichkeit der Medien. Eine Einführung in die Kommunikationswissenschaft. Opladen: Westdeutscher Verlag: 141-162.

Merten, Klaus (1994b): Kataster Medienwirkungsforschung. Abschlußbericht zum DFG-Forschungsprojekt. Als Man. verv.: Universität Münster.

Merten, Klaus (1994c): Wirkungen von Kommunikation. In: Klaus **Merten**, Klaus/Siegfried J. **Schmidt**/Siegfried **Weischenberg** (Hrsg.): Die Wirklichkeit der Medien. Eine Einführung in die Kommunikationswissenschaft. Opladen: Westdeutscher Verlag: 291-328.

Merten, Klaus (1994d): Konvergenz der deutschen Fernsehprogramme. Eine Langzeituntersuchung 1980-1993. Münster [u.a.]: Lit.

Merten, Klaus (^{2}1995): Inhaltsanalyse. Eine Einführung in Theorie, Methode und Praxis. Opladen: Westdeutscher Verlag.

Merten, Klaus (1995a): Veränderungen im Dualen Hörfunksystem. Vergleichende Inhaltsanalyse öffentlich-rechtlicher und privater Hörfunkprogramme in Norddeutschland. Münster [u.a.]: Lit.

Merten, Klaus (1996): Chancen und Risiken der Informationsgesellschaft. In: Jörg **Tauss**/Johannes **Kolbeck**/Jan **Mönikes** (Hrsg.): Deutschlands Weg in die Informationsgesellschaft. Baden-Baden. Nomos: 82-96.

Merten, Klaus (1996a): Reactivity in Content Analysis, in: Communications, 21: 65-76.

Merten, Klaus (1997): PR als Beruf. Anforderungsprofile und Trends für die PR-Ausbildung, in: prmagazin, 28 (Heft 1): 43-50.

Merten, Klaus (1997a): Lob des Flickenteppichs. Zur Genesis von Public Relations, in: Public Relations Forum, 3 (Heft 4): 22-31.

Merten, Klaus (1998): Wer die Kommunikation hat, hat die Zukunft. In: Klaus **Merten**/Rainer **Zimmermann** (Hrsg.): Das Handbuch der Unternehmenskommunikation. Köln, Neuwied, Kriftel: Verlag Deutscher Wirtschaftsdienst, Luchterhand: 5-13.

Merten, Klaus (1999): Gewalt durch Gewalt im Fernsehen? Opladen: Westdeutscher Verlag.

Merten, Klaus (1999a): Öffentlichkeit in systemtheoretischer Perspektive. In: Peter **Szyszka** (Hrsg.): Öffentlichkeit. Diskurs zu einem Schlüsselbegriff der Organisationskommunikation. Opladen: Westdeutscher Verlag: 49-67.

Merten, Klaus (1999b): Image und Meinung, in: prmagazin, 30 (Heft 10), (in Druck).

Merten, Klaus/Petra **Gansen**/Markus **Götz** (^{2}1995): Veränderungen im Dualen Hörfunksystem. Vergleichende Inhaltsanalyse öffentlich-rechtlicher und privater Hörfunkprogramme in Norddeutschland. Münster [u.a.]: Lit.

Merten, Klaus/Georg **Ruhrmann** (1982): Die Entwicklung der inhaltsanalytischen Methode, in: Kölner Zeitschrift für Soziologie, 34: 696-716.

Merten, Klaus/Siegfried J. **Schmidt**/Siegfried **Weischenberg** (Hrsg.) (1994): Die Wirklichkeit der Medien. Eine Einführung in die Kommunikationswissenschaft. Opladen: Westdeutscher Verlag.

Merten, Klaus/Petra **Teipen** (1991): Empirische Kommunikationsforschung. Darstellung, Kritik, Evaluation. München: Ölschläger.

Merten, Klaus/Joachim **Westerbarkey** (1994): Public Opinion und Public Relations. In: Klaus **Merten**/Siegfried J. **Schmidt**/Siegfried **Weischenberg** (Hrsg.): Die Wirklichkeit der Medien. Eine Einführung in die Kommunikationswissenschaft. Opladen: Westdeutscher Verlag: 188-211.

Merten, Klaus/Rainer **Zimmermann** (Hrsg.) (1998): Das Handbuch der Unternehmenskommunikation. Köln, Neuwied, Kriftel: Verlag Deutscher Wirtschaftsdienst, Luchterhand.

Merton, Robert K. (1946): Mass Persuasion. New York: Harper.

Merton, Robert K. (1949): Patterns of influence: A study of interpersonal influence and communication behaviour in a local community. In: Paul F. **Lazarsfeld**/Fred N. **Stanton** (Hrsg.): Communications Research 1948-1949. New York: Harper: 180-219. (Neu abgedruckt in: Robert K. **Merton** (³1968): Social Theory and Social Structure. New York: The Free Press: 441-474.).

Merton, Robert K. (1967): Funktionale Analyse. In: Heinz **Hartmann** (Hrsg.): Moderne Amerikanische Soziologie. Stuttgart: Enke: 119-152.

Merton, Robert K. (³1968): Social Theory and Social Structure. New York: The Free Press. (Enlarged Edition).

Merton, Robert K. (1968a): The Matthew Effect in Science, in: Science, 159: 56-63.

Merton, Robert K. (1972): Wissenschaft und demokratische Sozialstruktur. In: Peter **Weingart** (Hrsg.): Wissenschaftssoziologie I. Frankfurt/M.: Athenäum-Fischer: 45ff.

Merton, Robert K./Paul F. **Lazarsfeld** (1968a): Studies in Radio and Film Propaganda. In: Robert K. **Merton** (³1968): Social Theory and Social Structure. New York: The Free Press: 563-582.

Meutsch, Dietrich (1990): Ein Bild sagt mehr als tausend Worte. In: **Deutsches Institut für Fernstudien** (Hrsg.): Funkkolleg Medien und Kommunikation. Konstruktionen von Wirklichkeit. Bd. 4. Weinheim: Beltz: 45-83.

Meyers großes Konversationslexikon (⁶1906): Leipzig, Wien: Bibliographisches Institut.

Meyn, Hermann (²1996): Massenmedien in der Bundesrepublik Deutschland. Berlin: Colloquium.

Meyrowitz, Joshua (1990): Überall und nirgends dabei. Die Fernsehgesellschaft. 2 Bde. Weinheim: Beltz.

Milburn, M.A. (1979): A Longitudinal Test of the Selective Exposure Hypothesis, in: Public Opinion Quarterly, 43: 507-517.

Milgram, Stanley (1961): Nationality and Conformity, in: Scientific American, 205: 45-51.

Milgram, Stanley (1963): Behavioral Study of Obedience, in: Journal of Abnormal and Social Psychology, 67: 371-378.

Miller, James Greer (1963): Living Systems: Basic Concepts, in: Behavioral Science, 10: 193-237.

Möbus, Claus/Wolfgang **Schneider** (Hrsg.) (1986): Strukturmodelle für Längsschnittdaten und Zeitreihen. LISREL, Pfad- und Varianzanalyse. Bern, Stuttgart, Toronto: Huber.

Mochmann, Ekkehart (1974): Automatisierte Datenverarbeitung. In: Jürgen van **Koolwijk**/Maria **Wieken-Mayser** (Hrsg.): Techniken der empirischen Sozialforschung. Bd. 3. München: 192-202.

Mochmann, Ekkehart (1980): Computerstrategien für die Kommunikationsanalyse. Frankfurt/M.: Campus.

Mohr, Martin (1927): Zeitungskunde und Zeitungswissenschaft. Leipzig: Quelle und Meyer.

Morris, Charles (1946): Signs, Language, Behavior. New York: Prentice-Hall.

Mulder, Ronald (1980): Media Credibility: A Uses-Gratifications Approach, in: Journalism Quarterly, 57: 474-477.

Müller, Gernot (1971): Das Image des Markenartikels. Die Erforschung und die Gestaltung des Image als Dominante des Markenartikel-Marketing. Opladen: Westdeutscher Verlag.

Müller-Doohm, Stefan (1974): Medienanalyse zwischen Systemimmanenz und Ökonomismus. Zu Horst Holzers Politökonomie der Massenmedien, in: Ästhetik und Kommunikation, 5 (Heft 18): 50-59.

Münch, Richard (1972): Zur Kritik der empiristischen Forschungspraxis, in: Zeitschrift für Soziologie, 1: 317-332.

Münster, Hans Amandus (1939): Publizistik. Leipzig: Bibliographisches Institut.

Nauck, Bernhard (1974): Kommunikationsinhalte von Jugendbüchern. Weinheim: Beltz.

Navazio, Robert (1977): An Experimental Approach to Bandwaggon Research, in: Public Opinion Quarterly, 41: 217-225.

Nederhof, Antonius J. (1981): Some sources of artifact in social science research: Nonresponse, volunteering and research experience of subjects. Diss., Leiden.

Negt, Oskar (1973): Massenmedien: Herrschaftsmittel oder Instrument der Befreiung? In: Dieter **Prokop** (Hrsg.): Kritische Kommunikationsforschung. Aufsätze aus der Zeitschrift für Sozialforschung. München: Hanser: I-XXVIII.

Negt, Oskar/Alexander **Kluge** (1972): Öffentlichkeit und Erfahrung. Frankfurt/M.: Suhrkamp.

Neidhardt, Friedhelm (1985): Meinungsbefragung und Meinungsmache. Zur Methodik einer Untersuchung des Institutes für Demoskopie Allensbach über „Extremistische Einstellungspotentiale junger Menschen", in: Kölner Zeitschrift für Soziologie und Sozialpsychologie, 37: 768-775.

Neuberger, Christoph/Jan **Tonnemacher** (Hrsg.) (1999): Online die Zukunft der Zeitung? Das Engagement deutscher Tageszeitungen im Internet. Opladen: Westdeutscher Verlag.

Neuberger, Oswald/Walter **Conradi**/Walter **Maier** (1985): Individuelles Handeln und sozialer Einfluß. Einführung in die Sozialpsychologie. Opladen: Westdeutscher Verlag.

Neuhaus, Johannes (Hrsg.) (1902): Das erste gedruckte Buch Gutenbergs in deutscher Sprache. Kopenhagen: Bernsteen.

Neuman, Walter R. (1976): Patterns of Recall among Television News Viewers, in: Public Opinion Quarterly, 40: 112-123.

Neumann, John von (1966): The Theory of Self-Reproducing Automata. Urbana: University of Illinois Press.

Neumann, Odmar (1985): Perspektiven der Kognitionspsychologie. Berlin, Heidelberg, New York: Springer.

Neumann-Neander, Bernhard L. (1962): Publizistik der Postmarke. Ein Beitrag zur Organlehre der Publizistikwissenschaft, in: Publizistik, 7: 39-46.

Newcomb, Theodore M. (1953): An Approach to the Study of Communicative Acts, in: Psychological Review, 60: 393-404.

Newman, John B. (1960): A Rationale for a Definition of Communication, in: Journal of Communication, 10: 115-124.

Newsom, Doug/Judy **VanSlyke Turk**/Dean **Kruckeberg** (1996): This is PR. The Realities of Public Relations. Belmont/California: Wadsworth.

Nichols, Ralph G. (1951): Developoment and Grwoth of NSSC. A Progress report, in: Journal of Communication, Vol.1 (1): 1-11.

Nieschlag, Robert/Erwin **Dichtl**/Hans **Hörschgen** (^{5}1972): Marketing. Ein entscheidungstheoretischer Ansatz. Berlin: Duncker & Humblot.

Noelle, Elisabeth (1940): Amerikanische Massenbefragungen über Politik und Presse. Phil. Diss.: Limburger Vereinsdruckerei.

Noelle, Elisabeth (1963): Demoskopie. Umfragen in der Massengesellschaft. Reinbek: rororo.

Noelle-Neumann, Elisabeth (1963): Meinung und Meinungsführer. Über den Fortschritt der Publizistikwissenschaft durch Anwendung empirischer Forschungsmethoden, in: Publizistik, 8: 316-323.

Noelle-Neumann, Elisabeth (1973): Kumulation, Konsonanz und Öffentlichkeitseffekt. Ein neuer Ansatz zur Analyse der Wirkung der Massenmedien, in: Publizistik, 18: 26-55.

Noelle-Neumann, Elisabeth (1974): Die Schweigespirale. Über die Entstehung der öffentlichen Meinung. In: Ernst **Forsthoff**/Reinhard **Hörstel** (Hrsg.): Standorte im Zeitstrom. Festschrift für Arnold Gehlen zum 70. Geburtstag am 29. Januar 1974. Frankfurt/M.: Athenäum: 299-330.

Noelle-Neumann, Elisabeth (1974a): Spiral of silence. A Theory of Public Opinion, in: Journal of communication, 24: 43-51.

Noelle-Neumann, Elisabeth (1975): Der Einfluß der Massenmedien auf die quasistatistische Wahrnehmung des Meinungsklimas als Beispiel, warum die Wirkungsforschung neue Fragen stellen muß. In: Oskar **Schatz** (Hrsg.): Die elektronische Revolution. Wie gefährlich sind die Massenmedien. Graz, Wien, Köln: Böhlau: 177-196.

Noelle-Neumann, Elisabeth (1975a): Publizistik- und Kommunikationswissenschaft - Wissensbereich oder Themenkatalog?, in: Publizistik, 20: 743-748.

Noelle-Neumann, Elisabeth (1976): Kommunikation und Öffentliche Meinung, in: Umschau 76: 194.

Noelle-Neumann, Elisabeth (1977): Das doppelte Meinungsklima. Der Einfluß des Fernsehens im Wahlkampf 1976, in: Politische Vierteljahresschrift, 18: 408-451.

Noelle-Neumann, Elisabeth (1977): Der Getarnte Elefant. Über die Wirkung des Fernsehens. In: Elisabeth **Noelle-Neumann**: Öffentlichkeit als Bedrohung. Beiträge zur empirischen Kommunikationsforschung. Freiburg: Alber: 115-126.

Noelle-Neumann, Elisabeth (1979): Massenmedien und sozialer Wandel – Methodenkombination in der Wirkungsforschung, in: Zeitschrift für Soziologie, 8: 164-182.

Noelle-Neumann, Elisabeth (1980): Die Schweigespirale. Öffentliche Meinung – unsere soziale Haut. München: Piper.

Noelle-Neumann, Elisabeth (1982): Die Schweigespirale. Öffentliche Meinung unsere soziale Haut. Frankfurt/M.: Ullstein.

Noelle-Neumann, Elisabeth (1982a): Der Einfluß des Fernsehens auf die Wahlentscheidung, in: Media Perspektiven, Heft 10: 609-617. (Kommentar zu Michael **Buß**/Renate **Ehlers**: Mediennutzung und politische Einstellung im Bundestagswahlkampf 1980, veröffentlicht in Media Perspektiven, Heft 4 (1982)).

Noelle-Neumann, Elisabeth (1983): Neue Forschungen im Zusammenhang mit der Schweigespiralen-Theorie. In: Ulrich **Saxer** (Hrsg.): Politik und Kommunikation. München: Ölschläger: 133-144.

Noelle-Neumann, Elisabeth (1983a): Persönlichkeitsstärke. Ein neuer Maßstab zur Bestimmung von Zielgruppenpotentialen. (Untersuchung des Instituts für Demoskopie, Allensbach 1983 für den Spiegel-Verlag).

Noelle-Neumann, Elisabeth (1989): Wirkung der Massenmedien. In: Elisabeth **Noelle-Neumann**/Winfried **Schulz**/Jürgen **Wilke** (Hrsg.): Fischer Lexikon Publizistik. Massenkommunikation. Frankfurt/M.: S. Fischer: 360-400.

Noelle-Neumann, Elisabeth/Winfried **Schulz**/Jürgen **Wilke** ([2]1994): Fischer Lexikon Publizistik. Massenkommunikation. Frankfurt/M.: S. Fischer.

Nora, Simon/Alain **Minc** (1979): Die Informatisierung der Gesellschaft. Frankfurt/M.: Campus.

Nordenstreng, Kaarle E. (1970): Comments on „Gratifications Research" in Broadcasting, in: Public Opinion Quarterly, 34: 130-132.

North, Robert C. et al. (1963): Content analysis. Evanston: Northwestern University Press.

Nüse, Ralf/Norbert **Groeben**/Burkhard **Freitag**/Margrit **Schreier** (1991): Über die Erfindung/en des radikalen Konstruktivismus. Weinheim: Deutscher Studienverlag.

Nusser, Peter (Hrsg.) (1975): Anzeigenwerbung. München: Fink.

Oeckl, Albert (1964): Handbuch der Public Relations. München: Süddeutscher Verlag.

Oeckl, Albert (1967): PR in Deutschland. Ihre Entwicklung, ihr gegenwärtiger Stand und ihre Aussichten in der Zukunft. Hamburg: Märkte & Medien Verlags-Gesellschaft.

Oeckl, Albert (1976): PR-Praxis. Der Schlüssel zur Öffentlichkeitsarbeit. Düsseldorf: Econ.

Oeckl, Albert (1993): Anfänge und Entwicklung der Öffentlichkeitsarbeit. In: Heinz D. **Fischer**/Ulrike G. **Wahl** (Hrsg.): Public Relations. Öffentlichkeitsarbeit. Geschichte, Grundlagen, Grenzziehungen. Frankfurt/M.: Lang: 15-31.

Ogden, Charles/Ivar A. **Richards** (1974): Die Bedeutung der Bedeutung. Frankfurt/M.: Suhrkamp. (Original: Charles K. **Ogden**/Ivar A. **Richards** ([10]1960): The Meaning of Meaning. A Study of the Influence of Language Upon Thought and of the Science of Symbolism. New York, London: Routledge.).

Ogilvie, Daniel M./Philip J. **Stone**/Edwin **Shneidman** (1966): Some Characteristics of Genuin versus Simulated Suicid Notes. In: Philipp J. **Stone** et al.: The General Inquirer. A Computer Approach to Content Analysis. Cambridge/London: 527-535.

O'Gorman, Hubert J. (1975): Pluralistic Ignorance and White Estimates of White Support for Racial Segregation, in: Public Opinion Quarterly, 39: 313-330.

O'Gorman, Hubert J. (1979): White and Black perceptions of racial values, in: Public Opinion Quarterly, 43: 48-59.

O'Gorman, Hubert/Stepen L. **Garry** (1976): Pluralistic Ignorance – A Replication and Extension, in: Public Opinion Quarterly, 40: 449-458.

Olien, Clarice N./George A. **Donohue**/Phillip J. **Tichenor** (1983): Structur, Communication and Social Power. In: Ellen **Wartella**/D. Charles **Whitney**/ Sven **Windahl** (Hrsg.): Mass communication review yearbook. Vol. 4. Beverly Hills, London: SAGE: 455-461.

Ong, Walter J. (1987): Oralität und Literalität. Opladen: Westdeutscher Verlag.

Opaschowski, Horst W. (1999): Generation @. Die Medienrevolution entläßt ihre Kinder: Leben im Informationszeitalter. Hamburg: British-American Tobacco.

Opp, Karl-Dieter/Peter **Schmidt** (1976): Einführung in die Mehrvariablenanalyse. Grundlagen der Formulierung und Prüfung komplexer sozialwissenschaftlicher Aussagen. Reinbek: Rowohlt.

Orwell, George (1976): 1984. Frankfurt/M., Berlin: Ullstein.

Osgood, Charles E. (1967): The principle of congruity in the prediction of attitude change. In: Martin H. **Fishbein** (Hrsg.): Readings in attitude theory and measurement. New York: Wiley: 301-311.

Osgood, Charles E./Sol **Saporta**/Jum **Nunnally** (1956): Evaluative Assertion Analysis, in: Litera, 3: 47-102.

Osgood, Charles E./George J. **Suci**/Percy H. **Tannenbaum** (1967): The Measurement of Meaning. Chicago, Urbana, London: University of Illinois Press.

Palmgreen, Philip (1977): Agenda-setting with local and national issues, in: Communication Research, 4: 435-452.

Palmgreen, Philip (1979): Uses and gratifications and exposure to television. A discrepancy approach, in: Communication Research, 6: 115-180.

Palmgreen, Philip (1980): Relations Between Gratifications Sought and Obtained. A Study of Television News, in: Communication Research, 7: 161-192.

Palmgreen, Philip (1984): Der „Uses and Gratifications Approach", in: Rundfunk und Fernsehen, 32: 51-62.

Palmgreen, Philip/J.B. **Rayburn** (1981): Gratifications, discrepancies and news program choice, in: Communication Research, 8: 451-478.

Park, Robert Ezra (1939): Reflections on Communication and Culture, in: American Journal of Sociology, 44: 187-205.

Parsons, Talcott (1951): The Social System. Glencoe: The Free Press.

Parsons, Talcott (1959): General Theory in Sociology. In: Robert K. **Merton** et al. (Hrsg.): Sociology Today. Bd. 1. New York: Harper: 3-38.

Parsons, Talcott (1963): On the Concept of Influence, in: Public Opinion Quarterly, 27: 37-92.

Parsons, Talcott (1964): Evolutionary Universals, in: American Sociological Review, 29: 339-357.

Parsons, Talcott (1968): Soziologische Theorie. Neuwied: Luchterhand.

Parsons, Talcott (1980): Zur Theorie der sozialen Interaktionsmedien. Opladen: Westdeutscher Verlag.

Patterson, Thomas E. (1983): Money Rather Than TV Ads. 'Root Cause' of Election Costliness, in: Television/Radio, 44: 130-132.

Patterson, Thomas E. (1989): The Press and Candidate Images, in: International Journal of Public Opinion Research, 12: 123-135.

Patterson, Thomas E./Robert D. **MacClure** (1976): The unseeing eye. New York: Putnam.

Pavlik, John V. (1987): Public Relations. What Research tells us. Newbury Park/California: SAGE.

Payne, A.P./H.H. **Swanson** (1972): The Effect of Supra-Normal Threat Stimulus on the Growth Rates and Dominance Relationships of Pairs of Male and Female Golden Hamsters, in: Behaviour, 42: 1-7.

Pearlin, Leonard I. (1959): Social and Personal Stress and Escape Television Viewing, in: Public Opinion Quarterly, 23: 255-259.

Perloff, Richard M. (1993): Third-person effect research 1983-1992: A review ans synthesis, in: International Journal of Public Opinion Research, 5: 167-184.

Petermann, Franz (1978): Veränderungsmessung. Stuttgart, Berlin, Köln, Mainz: Kohlhammer.

Pfab, Reinhard/Friedrich von **Stachelsky**/Jan **Tonnemacher** (1980): Technische Kommunikation und gesellschaftlicher Wandel. Tendenzen in Japan und der Bundesrepublik. Berlin: Spiess.

Pflaum, Dieter/Wolfgang **Pieper** (Hrsg.) (1989): Lexikon der Public Relations. Landsberg/Lech: Verlag Moderne Industrie.

Piontkowski, Ursula (1976): Psychologie der Interaktion. München: Juventa.

Pitts, Walter/Warren S. **McCulloch** (1947): How We Know Universials, the Perception of Auditory and Visual Forms, in: Bulletin of Mathematical Biophysics, 9: 127.

Platon (1993): Der Staat, 10. Buch. In: **Platon**: Sämtliche Dialog. Bd. 5: Der Staat. Übersetzt und erläutert von Otto Apelt. Hamburg: Meiner: 388-428.

Platon (1993a): Phaidros. In: **Platon**: Sämtliche Dialoge. Bd. 2: Menon, Kratylos, Phaidon, Phaidros. Übersetzt und erläutert von Otto Apelt. Hamburg: Meiner: 29-110.

Poehlmann, Andreas von (1913): Isokrates und das Problem der Demokratie. München: Sitzungsberichte der bayrischen Akademie, philosophisch-philologische Klasse.

Pokropp, Fritz (1980): Stichproben: Theorie und Verfahren. Königstein/Taunus: Athenäum.

Pöltner, Günther (1972): Zu einer Phänomenologie der Frage. Freiburg, München: Alber.

Pool, Ithiel de Sola (1959): Trends in Content Analysis. Urbana: University of Illinois.

Pope, Maurice (1978): Die Rätsel alter Schriften. Bergisch Gladbach: Lübbe.

Popper, Karl R. ([2]1966): Logik der Forschung. Tübingen: Mohr.

Popper, Karl R. ([5]1979): Das Elend des Historizismus. Tübingen: Mohr.

Postman, Neil (1989): Das Verschwinden der Kindheit. Frankfurt/M.: S. Fischer.

Postman, Neil (1992): Wir amüsieren uns zu Tode. Urteilsbildung im Zeitalter der Unterhaltungsindustrie. Frankfurt/M.: S. Fischer.

Prakke, Henk (1961): Über die Entgrenzung der Publizistik und die Rückblende als publizistisches Element im Kulturwandel. Assen: Van Gorcum. (= Bd. 1 der Münsteraner Marginalien zur Publizistik).

Prakke, Henk (1961a): Thesen zu einer Neuen Definition der Publizistikwissenschaft, in: Publizistik, 6: 81-84.

Prakke, Henk (1963): Als Publizist auf den Ruinen Karthagos, in: Publizistik, 8: 329-336.

Prakke, Henk (1964): Zur Frage der Ur-Publizistik. Assen: Van Gorcum (= Bd. 5 der Münsteraner Marginalien zur Publizistik).

Prakke, Henk (1965): Die Lasswellformel und ihre rhetorischen Ahnen, in: Publizistik, 10: 285-291.

Prakke, Henk (1968): Kommunikation der Gesellschaft. Einführung in die funktionale Publizistik. Münster: Regensberg.

Presse- und Informationsamt der Bundesregierung (Hrsg.) (1998): Bericht der Bundesregierung über die Lage der Medien in der Bundesrepublik Deutschland 1998. Bonn: Drucksache 13/0650 des Deutschen Bundestages.

Price, Vincent/Donald F. **Roberts** (1987): Public Opinion Processes. In: Charles R. **Berger**/Steven H. **Chaffee** (Hrsg.) ([2]1987): Handbook of Communication Science. Newbury Park: SAGE: 781-816.

Prikker, Jan T. (1980): Vorformen der Zensur. In: Michael W. **Thomas** (Hrsg.): Ein anderer Rundfunk – eine andere Republik. Berlin, Bonn: J.H.W. Dietz-Verlag: 116ff.

Prim, Rolf/Heribert **Tilmann** (1979): Grundlagen einer kritisch-rationalen Sozialwissenschaft. Heidelberg: Quelle & Meyer.

Pringle, John William Sutton (1951): On the Parallel between Learning and Evolution, in: Behavior, 3: 174-215.

Prokop, Dieter (Hrsg.) (1972): Massenkommunikationsforschung. Frankfurt/M.: S. Fischer.

Prokop, Dieter (Hrsg.) (1973): Kritische Kommunikationsforschung. München: Hanser.

Prokop, Dieter (1981): Medienforschung. 3 Bde. Frankfurt/M.: S. Fischer.

Pross, Harry (1970): Publizistik. Thesen zu einem Grundcolloquium. Neuwied, Berlin: Luchterhand.

Prott, Jürgen (1994): Ökonomie und Organisation der Medien. In: Klaus **Merten**/Siegfried J. **Schmidt**/Siegfried **Weischenberg** (Hrsg.): Die Wirklichkeit der Medien. Eine Einführung in die Kommunikationswissenschaft. Opladen: Westdeutscher Verlag: 481-505.

Publizistik (1982): Sonderheft Medienwirkungsforschung, 27 (Heft 1-2).

Pürer, Heinz (1972): Erinnerungen an Günter Kieslich, in: Publizistik, 17: 28-32.

Pürer, Heinz (1978): Einführung in die Publizistikwissenschaft. München: Ölschläger (^{4}1990).

Rabbow, Arnold (1962): Die Heraldik als publizistische Erscheinung, in: Publizistik, 7: 217-223.

Ratzke, Dietrich (^{2}1984): Handbuch der Neuen Medien. Stuttgart: Deutsche Verlags-Anstalt.

Rauen, Birgid (1995): Rundfunkpolitik, Partei- und Konzerninteressen - ein italienisches Zusammenspiel, in: Media Perspektiven, Heft 3: 115-127.

Ray, Michael L. (1968): Biases in Selection of Messages Designed to Induce Resistance to Persuasion, in: Journal of Personality and Social Psychology, 9: 335-339.

Ray, Michael L. (1971): Repetition in media models: A laboratory technique, in: Journal of Marketing Research, 8: 20-29.

Ray, Michael L. (1973): Marketing communication and the hierarchy-of-effects. In: Peter **Clarke** (Hrsg.): New models of mass communication research. Beverly Hills, London: SAGE: 147-176.

Rechenberg, Ingo (1973): Evolutionsstrategie. Stuttgart: Fromann-Holzboog.

Reese, E.P. (1961): Relative effectiveness of presenting information to selected sense modalities, res. abstr., in: Audio-Visual Communication Review, 9: 230.

Reese, S.D. (1981): Political attitude holding and structure: The effects of newspaper and television news, in: Communication Research, 8: 167-188.

Regnier, Henri (1967): Die Unterhaltung im Fernsehen. Beschreibung eines Mißverständnisses. In: Christian **Longolius** (Hrsg.): Fernsehen in Deutschland. Gesellschaftspolitische Aufgaben und Wirkungen eines Mediums. Mainz: v. Hase & Köhler: 171-177.

Reichardt, Helmut ([6]1976): Statistische Methodenlehre für Wirtschaftswissenschaftler. Opladen: Westdeutscher Verlag.

Reichenbach, Hans (1938): Experience and prediction. An analysis of the foundations and structure of knowledge. Chicago: University of Chicago Press. (Dt.: Hans **Reichenbach** (1983): Erfahrung und Prognose. Eine Analyse der Grundlage und der Struktur der Erkenntnis. Braunschweig: Vieweg.).

Reidt, Olaf (1990): Rundfunkwerbung im lokalen Hörfunk. Untersuchung auf der Grundlage des Landesrundfunkgesetzes für Nordrhein-Westfalen. Baden-Baden: Nomos.

Reimann, Horst (1968): Kommunikationssysteme. Umrisse einer Soziologie der Vermittlungs- und Mitteilungsprozesse. Tübingen: Mohr.

Reimann, Horst (1989): Die Anfänge der Kommunikationsforschung. In: Max **Kaase**/Winfried **Schulz** (Hrsg.): Massenkommunikation. Theorien, Methoden, Befunde. Opladen: Westdeutscher Verlag: 28-45. (= Sonderheft 30 Kölner Zeitschrift für Soziologie und Sozialpsychologie).

Reineke, Wolfgang/Hans **Eisele** ([2]1994): Taschenbuch Öffentlichkeitsarbeit. Public Relations in der Gesamtkommunikation. Heidelberg: Sauer. (= Reihe Taschenbücher für die Wirtschaft, Bd. 51).

Renckstorf, Karsten (1973): Alternative Ansätze der Massenkommunikationsforschung: Wirkungs- vs. Nutzenansatz, in: Rundfunk und Fernsehen, 23: 183-197.

Renckstorf, Karsten (1973a): Zur Hypothese des 'two-step flow' der Massenkommunikation. In: Dieter **Prokop** (Hrsg.): Massenkommunikationsforschung, Bd. 2: Konsumtion. Frankfurt/M.: S. Fischer: 167-186.

Renckstorf, Karsten (1977): Neue Perspektiven in der Massenkommunikationsforschung. Berlin: Spiess.

Renckstorf, Karsten (1980): Nachrichtensendungen im Fernsehen. Berlin: Spiess.

Renckstorf, Karsten (1989): Mediennutzung als soziales Handeln. In: Max **Kaase**/Winfried **Schulz** (Hrsg.): Massenkommunikation. Theorien, Methoden, Befunde. Opladen: Westdeutscher Verlag: 314-336. (= Sonderheft 30 Kölner Zeitschrift für Soziologie und Sozialpsychologie).

Rendtel, Ulrich (1990): Teilnahmeentscheidung in Panelstudien: Zwischen Beeinflussung, Vertrauen und sozialer Selektion, in: Kölner Zeitschrift für Soziologie und Sozialpsychologie, 42: 280-299.

Rescher, Nicholas (1982): Wissenschaftlicher Fortschritt. Berlin: de Gruyter.

Revesz, Geza (1946): Ursprung und Vorgeschichte der Sprache. Bern: Francke.

Riefler, Stefan (1988): Public Relations als Dienstleistung. Eine empirische Studie über Berufszugang, Berufsbild und berufliches Selbstverständnis von PR-Beratern in der Bundesrepublik Deutschland, in: prmagazin, 19 (Heft 5): 33-44.

Riepl, Wolfgang (1913): Das Nachrichtenwesen des Altertums mit besonderer Rücksicht auf die Römer. Leipzig, Berlin: Teubner.

Ries, Curt (1950): Joseph Goebbels. Baden-Baden: Dreieck-Verlags-Buchhandlung.

Riley, John W./Mathilda W. **Riley** (1959): Mass Communication and the Social System. In: Robert K. **Merton** (Hrsg.): Sociology Today. Problems and Perspectives. Bd. 2. New York, Evanston: Harper: 537-578.

Riley, Mathilda W./John W. **Riley** (1951): A Sociological Approach to Mass Communication Research, in: Public Opinion Quarterly, 15: 444-450.

Riley, John W./K.F. **Ruttiger** (1949): Some Observations on the Social Effects of Television, in: Public Opinion Quarterly, 13: 223-234.

Ritsert, Jürgen (1972): Inhaltsanalyse und Ideologiekritik. Frankfurt/M.: Suhrkamp.

Robes, Jochen (1990): Die Vergessene Theorie: Historischer Materialismus und gesellschaftliche Kommunikation. Stuttgart: Silberburg.

Robes, Jochen (1991): Stand und Aufgaben kritischer Medientheorie nach der Wende, in: Medium, Heft 3: 68-71.

Robinson, Duane/Sylvia **Rhode** (1946): Two experiments with an antisemitism poll, in: Journal of Abnormal and Social Psychology, 41: 136-144.

Roegele, Otto B. (1966): Die Zeitungswissenschaft im Streit der Fakultäten, in: Publizistik, 11: 390-398.

Roethlisberger, Fritz J./William J. **Dickson** (1939): Management and the Worker. An Account of a Research Program Conducted by the Western Electric Company, Hawthorne works, Chicago. Cambridge/Massachusetts: Harvard University Press.

Rokeach, Milton (1966): Attitude Change and Behavioral Change, in: Public Opinion Quarterly, 30: 529-550.

Rolf, Nina (1995): Special Interest-Zeitschriften. Münster [u.a.]: Lit.

Ronneberger, Franz (1971): Sozialisation durch Massenmedien. In: Franz **Ronneberger** (Hrsg.): Sozialisation durch Massenkommunikation. Stuttgart: Enke: 32-101.

Ronneberger, Franz (1986): Zur Lage der Publizistikwissenschaft. In: Wolfgang R. **Langenbucher**: Publizistik- und Kommunikationswissenschaft. Wien: Braumüller: 82-89. (Zuerst in: Gertraude **Steindl** (Hrsg.) (1978): Publizistik aus Profession. Festschrift für Johannes Binkowski aus Anlaß der Vollendung seines 70. Lebensjahres. Düsseldorf: Droste: 11-20).

Ronneberger, Franz (1989): Theorie der Public Relations. In: Dieter **Pflaum**/ Wolfgang **Pieper** (Hrsg.): Lexikon der Public Relations. Landsberg/Lech: Verlag Moderne Industrie: 426-430.

Ronneberger, Franz (1990): Kritik am Fernsehen und soziokultureller Wandel, in: Publizistik, 35: 30-44.

Ronneberger, Franz (1991): Legitimation durch Information. Ein kommunikationswissenschaftlicher Ansatz zur Theorie der PR. In: Johanna **Dorer**/Klaus **Lojka** (Hrsg.): Öffentlichkeitsarbeit. Theoretische Ansätze, empirische Befunde und Berufspraxis der Public Relations. Wien: Braumüller: 8-19.

Ronneberger, Franz/Manfred **Rühl** (1992): Theorie der Public Relations. Opladen: Westdeutscher Verlag.

Röper, Horst (1991): Mächte, Märkte, Monopole. In: **Deutsches Institut für Fernstudien** (Hrsg.): Funkkolleg Medien und Kommunikation. Bd. 11. Weinheim: Beltz: 11-46.

Röper, Horst (1994): Das Mediensystem der Bundesrepublik. In: Klaus **Merten**/Siegfried J. **Schmidt**/Siegfried **Weischenberg** (Hrsg.): Die Wirklichkeit der Medien. Eine Einführung in die Kommunikationswissenschaft. Opladen: Westdeutscher Verlag: 506-543.

Rose, Arnold M. (1967): Systematische Zusammenfassung der Theorie der sozialen Interaktion. In: Heinz **Hartmann** (Hrsg.): Moderne Amerikanische Soziologie. Stuttgart: Enke: 219-231.

Rosenberg, Milton J. (1954): Some determinants of political apathy, in: Public Opinion Quarterly, 18: 349-366.

Rosenberg, Milton J. (1959): The Effects of External Commitment on Response to an Attempt to Change Opinions, in: Public Opinion Quarterly, 23: 247-254.

Rosenberg, Milton J. (1960): An Analysis of Affective-Cognitive Consistency. In: Carl I. **Hovland**/Milton J. **Rosenberg** (Hrsg.): Attitude Organization and Change. New Haven: Yale University Press: 15-64.

Rosenberg, Milton J. (1960a): An Analysis of Cognitive Balancing. In: Carl I. **Hovland**/Milton J. **Rosenberg** (Hrsg.): Attitude Organization and Change. New Haven: Yale University Press: 112-163.

Rosenberg, Milton J./Carl I. **Hovland** (1960): Cognitive, Affective and Behavioral Components of Attitudes. In: Carl I. **Hovland**/Milton J. **Rosenberg** (eds): Attitude Organization and Change. New Haven: Yale University Press: 1-14.

Rosenblith, Walther A. (Hrsg.) (1961): Sensory Communication. Cambridge, New York: MIT Press.

Rosengren, Karl E. (1973): News Diffusion: An Overview, in: Journalism Quarterly, 50: 83-91.

Rosengren, Karl E. (1974): Uses and gratifications: A paradigm outlined. In: Jay G. **Blumler**/Elihu **Katz** (Hrsg.): The Uses of Mass Communication: Current Perspectives on Gratifications Research: Beverly Hills: SAGE: 269-286.

Rosengren Karl E. (Hrsg.) (1981): Advances in content analysis. Beverly Hills: SAGE.

Rosengren, Karl E. (1981a): Mass media and social change: some current approaches. In: Elihu **Katz**/Thomas **Szecsko** (Hrsg.): Mass media and social change. London: SAGE: 247-263.

Rosenthal, Robert/Ralph L. **Rosnow** (Hrsg.) (1969): Artifact in behavioral research. New York, London: Academy Press.

Roß, Dieter (Hrsg.) (1982): Die Zukunft des Hörfunkprogramms. Hamburg: Verlag Hans-Bredow-Institut.

Rota, Franco P. (1991): PR- und Medienarbeit im Unternehmen – Mittel, Möglichkeiten und Wege effizienter Öffentlichkeitsarbeit. München: dtb.

Roth, Erwin/Klaus **Heidenreich** (1984): Sozialwissenschaftliche Methoden. Lehr- und Handbuch für Forschung und Praxis. München, Wien: Oldenbourg.

Roth, Gerhard (1978): Die Bedeutung der biologischen Wahrnehmungsforschung für die philosophische Erkenntnistheorie. In: Peter M. **Hejl**/Wolfram K. **Köck**/Gerhard **Roth** (Hrsg.): Wahrnehmung und Kommunikation. Frankfurt/M., Bern, Las Vegas: Lang: 65-78.

Roth, Gerhard/Helmut **Schwegler** (Hrsg.) (1987): Self-organizing systems. An interdisciplinary approach. Frankfurt/M., New York: Campus

Roth, Peter (1988): Kultur-Sponsoring: Meinungen, Chancen und Probleme. Konzepte, Beispiele: Landsberg/Lech: Verlag Moderne Industrie.

Rothstein, Jerome (1958): Communication, Organization, and Science. New York: Falcon's Wing Press.

Rubin, Alan M. (1977): Television usage, attitudes and viewing behaviors of children and adolescents, in: Journal of Broadcasting, 21: 355-369.

Rubin, Alan M. (1979): Television use by children and adolescents, in: Human Communication Research, 5: 109-120.

Rubin, Alan M. (1983): Television uses and gratifications: The interactions of viewing patterns and motivations, in: Journal of Broadcasting, 27: 37-51.

Rubin, Alan M. (1984): Ritualized and instrumental television viewing, in: Journal of Communication, 34: 67-77.

Rubin, David M./Constance **Cummings** (1989): Nuclear war and its consequences on television news, in: Journal of Communication, 39: 39-58.

Rubin, Alan M./Elisabeth M. **Perse**/Robert A. **Powell** (1985): Loneliness, parasocial interaction, and local television news viewing, in: Human Communication Research, 14: 155-180.

Ruesch, Juergen (1953): Synopsis of the Theory of Human Communication, in: Psychiatry, 16: 215-243.

Ruesch, Juergen (1955): Nonverbal Language and Therapy, in: Psychiatry, 18: 323-330.

Ruesch, Juergen (1961): Therapeutic Communication. New York: Norton.

Rüger, Bernhard (1985): Induktive Statistik. Einführung für Wirtschafts- und Sozialwissenschaftler. München, Wien: Oldenbourg.

Rugg, Donald/Hadley **Cantril** (1942): The wording of questions, in: Journal of Abnormal and Social Psychology, 37: 469-495.

Rühl, Manfred (1969): Die Zeitungsredaktion als organisiertes soziales System. Bielefeld: Bertelsmann Universitätsverlag.

Rühl, Manfred (^{2}1979): Die Zeitungsredaktion als organisiertes soziales System. Freiburg, Schweiz: Universitäts-Verlag.

Rühl, Manfred (1985): Kommunikationswissenschaft zwischen Wunsch und Machbarkeit, in: Publizistik, 30: 229-246.

Rühl, Manfred (1989): Organisatorischer Journalismus. Tendenzen der Redaktionsforschung. In: Max **Kaase**/Winfried **Schulz** (Hrsg.): Massenkommunikation. Theorien, Methoden, Befunde. Opladen: Westdeutscher Verlag: 253-269. (= Sonderheft 30 Kölner Zeitschrift für Soziologie und Sozialpsychologie).

Rühl, Manfred (1991): Zwischen Information und Unterhaltung. Funktionen der Medienkommunikation. In: **Deutsches Institut für Fernstudien** (Hrsg.): Funkkolleg Medien und Kommunikation. Bd. 9. Weinheim: Beltz: 11-37.

Rühl, Manfred (1992): Public Relations ist, was Public Relations tut. Fünf Schwierigkeiten, eine allgemeine Theorie zu entwerfen, in: prmagazin, 23 (Heft 4): 35-46.

Rühl, Manfred (1992a): Public Relations – Innenansichten einer emergierenden Kommunikationswissenschaft. In: Horst **Avenarius**/Wolfgang **Armbrecht** (Hrsg.): Ist PR eine Wissenschaft? Eine Einführung. Opladen: Westdeutscher Verlag: 79-102.

Ruhrmann, Georg (1989): Rezipient und Nachricht. Struktur und Prozeß der Nachrichtenkonstruktion. Opladen: Westdeutscher Verlag.

Ruhrmann, Georg (1994): Ereignis, Nachricht und Rezipient. In: Klaus **Merten**/ Siegfried J. **Schmidt**/Siegfried **Weischenberg** (Hrsg.): Die Wirklichkeit der Medien. Eine Einführung in die Kommunikationswissenschaft. Opladen: Westdeutscher Verlag: 237-256.

Ruhrmann, Georg (1994a): Risikokommunikation. Habilitationsschrift. Phil.Fak. Universität Münster: 520 gez. S.

Ruhrmann, Georg (1996): Multimedia im Alltag: Zur Differenzierung der Chancen- und Risikodiskussion in der Informationsgesellschaft. In: Jörg **Tauss**/Johannes **Kollbeck**/Jan **Mönikes** (Hrsg.): Deutschlands Weg in die Informationsgesellschaft. Herausforderungen und Perspektiven für Wirtschaft, Wissenschaft, Recht und Politik. Baden-Baden: Nomos: 230-246.

Ruhrmann, Georg/Dagmar **Schütte** (1991): Öffentlichkeitsarbeit und Risiko-Kommunikation. Teil 1, in: prmagazin, 22 (Heft 1): 27-34.

Ruhrmann, Georg/Dagmar **Schütte** (1991a): Öffentlichkeitsarbeit und Risiko-Kommunikation. Teil 2, in: prmagazin, 22 (Heft 2): 27-29.

Runkehl, Jens/Peter **Schlobinski**/Torsten **Siever** (Hrsg.) (1998): Sprache und Kommunikation im Internet. Überblick und Analysen. Opladen: Westdeutscher Verlag.

Ruppel, Aloys (1947): Johannes Gutenberg, sein Leben und sein Werk. Berlin: Mann.

Ruß-Mohl, Stephan (1989): Wohl dosiert und leicht verdaulich, in: DIE ZEIT, Nr. 40 vom 29.09.1989.

Rust, Holger (1980): Struktur und Bedeutung. Studien zur qualitativen Inhaltsanalyse. Berlin: Spiess.

Rust, Holger (1981): Methoden und Probleme der Inhaltsanalyse. Tübingen: Narr.

Rustemeyer, Ruth (1992): Praktisch-Methodische Schritte der Inhaltsanalyse. Münster: Aschendorff.

Sahner, Heinz (1978): Empirische Sozialforschung. Ein Instrument zur Bestätigung der Vorurteile des Forschers? Eine Analyse veröffentlichter empirischer Sozialforschung, in: Zeitschrift für Soziologie, 8: 267-278.

Sahner, Heinz (1982): Theorie und Forschung. Zur paradigmatischen Struktur der westdeutschen Soziologie und zu ihrem Einfluß auf die Forschung. Opladen: Westdeutscher Verlag.

Salomon, Gavriel (1972): Can We Affect Cognitive Skills Through Visual Media? An Hypothesis and Initial Findings, in: Audio-Visual Communication Review, 20: 401-422.

Salomon, Gavriel/Akiba A. **Cohen** (1978): On the meaning and validitiy of television viewing, in: Human Communication Research, 4: 265-270.

Salomon, Gavriel/T. **Leigh** (1984): Predispositions about Learning from Print and Television, in: Journal of Communication, 1: 119-135.

Sanders, Andries F. (1963): The Selective Process in the Functional Visual field. Assen: Van Gorcum.

Sanders, Keith R./Lynda Lee **Kaid**/Dan **Nimmo** (Hrsg.) (1984): Political Communication Yearbook 1984. Carbondale, Edwardsville: Southern Illinois University Press: 31-42.

Savage, Jay M. (1973): Evolution. München, Bern, Wien: BLV-Verlagsgesellschaft.

Saxer, Ulrich (1974): Publizistik und Unterhaltung. In: Ruprecht **Kurzrock** (Hrsg.): Medienforschung. Berlin: Colloquium: 77-89.

Saxer, Ulrich (1978): Medienverhalten und Wissensstand. Zur Hypothese der wachsenden Wissenskluft, in: Buch und Lesen, Bertelsmann Texte, 7: 35-70.

Saxer, Ulrich (1980): Grenzen der Publizistikwissenschaft, in: Publizistik, 25: 525-543.

Saxer, Ulrich (Hrsg.) (1985): Gleichheit oder Ungleichheit durch Massenmedien. München: Ölschläger.

Saxer, Ulrich (1987): Medienwirkungsforschung und Erfahrung. In: Manfred **Rühl** (Hrsg.): Kommunikation und Erfahrung. Nürnberg: Verlag der Kommunikationswissenschaftlichen Forschungsvereinigung: 67-114.

Saxer, Ulrich (1987a): Kommunikationswissenschaftliche Thesen zur Werbung, in: Media Perspektiven, Heft 10: 650-656.

Saxer, Ulrich (1987b): Public Relations als Innovation, in: Media Perspektiven, Heft 5: 273-290.

Saxer, Ulrich (1988): Zur Sozialisationsperspektive in der Publizistik-/Kommunikationswissenschaft, in: Publizistik, 33: 197-222.

Saxer, Ulrich (1992): Public Relations als Innovation. In: Horst **Avenarius**/Wolfgang **Armbrecht** (Hrsg.): Ist PR eine Wissenschaft? Eine Einführung. Opladen: Westdeutscher Verlag: 47-76.

Saxer, Ulrich (1993): Fortschritt als Rückschritt? Konstruktivismus als Epistemologie einer Medientheorie. In: Günter **Bentele**/Manfred **Rühl** (Hrsg.): Theorien öffentlicher Kommunikation. München: Ölschläger. (= Schriftenreihe der Deutschen Gesellschaft für Publizistik- und Kommunikationswissenschaft, Bd. 19): 65-73.

Saxer, Ulrich/Jürg **Rathgeb** (1992): Lokalradiowerbung als Innovation. Der Einführungsprozeß eines neuen Werbeträgers in der Schweiz. Eine empirische Studie. München: R. Fischer.

Schaff, Adam (1974): Sprache und Erkenntnis. Reinbek: Rowohlt.

Scheff, Thomas J. (1967): Toward a Sociological Model of Consensus, in: American Sociological Review, 32: 32-46.

Schelsky, Helmut (1963): Einsamkeit und Freiheit. Idee und Gestalt der deutschen Universität und ihrer Reformen. Reinbek: rororo.

Schelsky, Helmut (1965): Auf der Suche nach Wirklichkeit. Düsseldorf, Köln: Diedrichs.

Schenk, Michael (1978): Publikums- und Wirkungsforschung. Theoretische Ansätze und empirische Befunde der Massenkommunikationsforschung. Tübingen: Mohr.

Schenk, Michael (1983): Meinungsführer und Netzwerke persönlicher Kommunikation, in: Rundfunk und Fernsehen, 31: 326-336.

Schenk, Michael (1983a): Das Konzept des sozialen Netzwerkes. In: Friedrich **Neidhardt** (Hrsg.): Gruppensoziologie. Opladen: Westdeutscher Verlag: 88-104. (= Sonderheft 25 Kölner Zeitschrift für Soziologie und Sozialpsychologie).

Schenk, Michael (1987): Medienwirkungsforschung. Tübingen: Mohr.

Schenk, Michael (1987a): Medienwirkungen. Kommentierte Auswahlbibliographie der anglo-amerikanischen Forschung. Tübingen: Mohr.

Schenk, Michael (1987b): Soziokulturelle Effekte. In: Walter A. **Mahle** (Hrsg.): Langfristige Medienwirkungen. Berlin: Spiess: 55-61.

Schenk, Michael (1989): Perspektiven der Werbewirkungsforschung, in: Rundfunk und Fernsehen, 37: 447-457.

Schenk, Michael (1989a): Kommunikationstheorien. In: Elisabeth **Noelle-Neumann**/Winfried **Schulz**/Jürgen **Wilke** (Hrsg.): Fischer Lexikon Publizistik. Massenkommunikation. Frankfurt/M.: S. Fischer: 123-133.

Schenk, Michael/Joachim **Donnerstag**/Joachim **Höflich** (1990): Wirkungen der Werbekommunikation. Köln, Wien: Böhlau.

Scherer, Helmut (1990): Massenmedien, Meinungsklima und Einstellung. Eine Untersuchung zur Theorie der Schweigespirale. Opladen: Westdeutscher Verlag.

Scherer, Karlfriedrich (1988): Öffentlichkeitsarbeit mit gutem Gewissen. Verantwortungsbewußter Journalismus – auch auf dem PR-Sektor. In: Hans **Wagner** (Hrsg.): Idee und Wirklichkeit des Journalismus. München: Olzog: 273-278.

Scheuch, Erwin K. (1962): Das Interview in der Sozialforschung. In: René **König** (Hrsg.): Handbuch der empirischen Sozialforschung. Bd. 1. Stuttgart: Enke: 136-196.

Schiwy, Peter/Walter J. **Schütz** (^{3}1994): Medienrecht. Lexikon für Wissenschaft und Praxis. Neuwied: Luchterhand.

Schlautmann, Christoph (1992): Wirkung nach Innen. PR als Aufgabe auf Führungsebene, in: Der Journalist, 7: 14-17.

Schmidt, Claudia (1988): Medien – Menschen. Frankfurt/M.: Gemeinschaftswerk der Evangelischen Publizistik.

Schmidt, Claudia (1989): Die biographische Prägung ist der bestimmende Faktor. Fallstudien zur Bedeutung des Fernsehens bei Kabelzuschauern, in: Media Perspektiven, Heft 8: 506-521.

Schmidt, Paul F. (1959): Ethical norms in scientific method, in: The Journal of Philosophy, 56: 644-652.

Schmidt, Siegfried J. (Hrsg.) (1987): Der Diskurs des radikalen Konstruktivismus. Frankfurt/M.: Suhrkamp.

Schmidt, Siegfried J. (1989): Die Selbstorganisation im Literatursystem im 18. Jahrhundert. Frankfurt/M.: Suhrkamp.

Schmidt, Siegfried J. (1990): Wir verstehen uns doch? Von der Unwahrscheinlichkeit gelingender Kommunikation. In: **Deutsches Institut für Fernstudien** (Hrsg.): Funkkolleg Medien und Kommunikation. Bd. 1. Weinheim: Beltz: 50-78.

Schmidt, Siegfried J. (1994): Konstruktivismus in der Medienforschung. In: Klaus **Merten**/Siegfried J. **Schmidt**/Siegfried **Weischenberg** (Hrsg.): Die Wirklichkeit der Medien. Eine Einführung in die Kommunikationswissenschaft. Opladen: Westdeutscher Verlag: 592-623.

Schmidt, Siegfried J. (1994a): Kognitive Autonomie und Soziale Kontrolle. Frankfurt/M.: Suhrkamp.

Schmidt, Siegfried J. (1998): Medien: Die Kopplung von Kommunikation und Kognition. In: Sybille **Krämer** (Hrsg.): Medien, Computer, Realität. Frankfurt/M.: Suhrkamp: 55-72.

Schmidt, Siegfried J. (1999): Werbung. In: Jürgen **Wilke** (Hrsg.): Mediengeschichte der Bundesrepublik Deutschland. Bonn: Bundeszentrale für politische Bildung. (Schriftenreihe, Bd. 361): 518-544.

Schmidt, Siegfried J./Siegfried **Weischenberg** (1994): Mediengattungen, Berichterstattungsmuster, Darstellungsformen. In: Klaus **Merten**/Siegfried J. **Schmidt**/Siegfried **Weischenberg** (Hrsg.): Die Wirklichkeit der Medien. Eine Einführung in die Kommunikationswissenschaft. Opladen: Westdeutscher Verlag: 212-235.

Schmidtchen, Gerhard (1962): Die Evolution der Rundfunkmedien, in: Publizistik, 12: 293-302.

Schnabl, Hermann (1972): Sprache und Gehirn. Zu einem kybernetischen Modell der menschlichen Nachrichtenverarbeitung. München: Goldmann.

Schneider, Karl/Dieter **Pflaum** (1993): Werbung in Theorie und Praxis. Waiblingen: M & S-Verlag für Marketing und Schulung.

Schneirla, Theodore C. (1962): Psychological Comparison of Insect and Mammal, in: Psychologische Beiträge, 6: 509-520.

Schnell, Rainer/Paul B. **Hill**/Elke **Esser** (1988): Methoden der empirischen Sozialforschung. München, Wien: Oldenbourg.

Scholl, Armin (1993): Die Befragung als Kommunikationssituation. Zu Reaktivität im Forschungsinterview. Opladen: Westdeutscher Verlag.

Schöllgen, Werner (1960): Integrierende Wissenschaften als neuer Typus von Wissenschaft, in: Publizistik, 5: 195-204.

Schönbach, Klaus (1977): Trennung von Nachricht und Meinung. Empirische Untersuchung eines journalistischen Qualitätskriteriums. Freiburg: Alber.

Schönbach, Klaus (1981): Agenda-Setting im Europawahlkampf 1979: Die Funktion von Presse und Fernsehen, in: Media Perspektiven, Heft 7: 537-547.

Schönbach, Klaus (1982): „The issues of the seventies." Elektronische Inhaltsanalyse und die langfristige Beobachtung von Agenda-Setting-Wirkungen von Massenmedien, in: Publizistik, 27: 129-140.

Schönbach, Klaus (1983): Das unterschätzte Medium: Politische Wirkungen von Presse und Fernsehen im Vergleich. München [u.a.]: Saur.

Schönbach, Klaus (1984): Der „Agenda-Setting-Approach": Theoretische Perspektiven und praktische Relevanz. In: Karsten **Renckstorf**/Will **Teichert** (Hrsg.): Empirische Publikumsforschung, Hamburg: Verlag Hans-Bredow-Institut: 88-97.

Schönbach, Klaus (1984a): Der dynamisch-transaktionale Ansatz II. Konsequenzen, in: Rundfunk und Fernsehen, 32: 314-329.

Schönbach, Klaus (1986): Medienberichterstattung als Indikator öffentlicher Meinung: Ein Vorschlag, Medienwirkungen langfristig zu untersuchen. In: Walter A. **Mahle** (Hrsg.): Langfristige Medienwirkungen. Berlin: Spiess: 101-109.

Schönbach, Klaus/Lutz **Goertz** (1995): Radionachrichten: Bunt und flüchtig? Eine Untersuchung zu Präsentationsformen von Hörfunknachrichten und ihren Leistungen. Berlin: Vistas.

Schorb, Bernd (1995): Medienalltag und Handeln. Medienpädagogik im Spiegel von Geschichte, Forschung und Praxis. Opladen: Westdeutscher Verlag.

Schott, Rüdiger (1968): Das Geschichtsbewußtsein schriftloser Völker, in: Archiv für Begriffsgeschichte, 12: 166-205.

Schottenloher, Karl (1922): Flugblatt und Zeitung. Berlin: Schmidt.

Schramm, Wilbur (1946): What Radio News Means to Middleville, in: Journalism Quarterly, 23: 173-181.

Schramm, Wilbur (1949): The Nature of News, in: Journalism Quarterly, 26: 259-269.

Schramm, Wilbur (1949a): Age, Education, Economic Status-Factors in Newspaper Reading, in: Journalism Quarterly, 26: 149-159.

Schramm, Wilbur (1949b): The Effects of Mass Communication: A Review, in: Journalism Quarterly, 26: 397-409.

Schramm, Wilbur (1949c): Memory in a Radio News Listening, in: Journal of Abnormal and Social Psychology, 33: 265-274.

Schramm, Wilbur (1954): The Process and Effect of Mass Communication. Urbana: University of Illinois Press.

Schramm, Wilbur (1955): Information Theory and Mass Communication, in: Journalism Quarterly, 32: 131-146

Schramm, Wilbur (1962): Studies of innovation and of communication to the public. Stanford: Stanford University Press.

Schramm, Wilbur (1963): The science of human communication. New York: Basic Books.

Schramm, Wilbur (1964): Mass media and national development. Stanford: Stanford University Press.

Schramm, Wilbur (1971): The Process and Effects of Mass Communication. Revisited Edition. Urbana: University of Illinois Press.

Schramm, Wilbur (^{5}1973): Grundfragen der Kommunikationsforschung. München: Juventa.

Schramm, Wilbur (1973a): Channels and Audiences. In: Wilbur **Schramm**/ Ithiel de **Sola Pool**/Frederick W. **Frey** et al. (Hrsg.): Handbook of Communication. Chicago: Rand McNally: 116-140.

Schramm, Wilbur (1981): What is a long Time? In: G. Cleveland **Wilhoit**/Johan Harold **De Bock** (Hrsg.): Mass Communication Review Yearbook. Vol. 2. Beverly Hills, London: SAGE: 202-206.

Schramm, Wilbur/Daniel **Lerner** (1976): Communication and Change. Honolulu: University of Hawaii Press.

Schramm, Wilbur/Edwin B. **Parker**/Jack **Lyle** (1961): Television in the lives of our children. Stanford: Stanford University Press.

Schramm, Wilbur/Donald F. **Roberts** (^{2}1972): The process and effects of mass communication, Urbana: University of Illinois Press.

Schreiber, Erhard (^{3}1990): Repetitorium Kommunikationswissenschaft. München: Ölschläger.

Schrott, Peter R./David J. **Lanoue** (1994): Trends and Perspectives in Content Analysis. In: Ingwer **Borg**/Peter Ph. **Mohler**: Trends and Perspectives in Empirical Social Research. Berlin, New York: de Gruyter: 327-346.

Schulz, Winfried (1970): Kausalität und Experiment in den Sozialwissenschaften. Mainz: v. Haase & Köhler.

Schulz, Winfried (1971): Medienwirkung und Medienselektion. Hamburg: Gruner + Jahr.

Schulz, Winfried (1974): Zum Stand der Inter-Media-Forschung, in: ZV + ZV, Media Journal, 49: 1605-1610.

Schulz, Winfried (1975): Wirkungsqualitäten verschiedener Medien. Experimentelle Untersuchungen über die Vermittlung von konnotativer Bedeutung durch unterschiedliche Formen medialer Darstellung, in: Rundfunk und Fernsehen, 23: 57-72.

Schulz, Winfried (1976): Die Konstruktion von Realität in den Nachrichtenmedien: Analyse der aktuellen Berichterstattung. Freiburg, München: Alber.

Schulz, Winfried (1982): Ausblick am Ende des Holzweges. Eine Übersicht über die Ansätze der neuen Wirkungsforschung, in: Publizistik, 27: 49-73.

Schulz, Winfried (1983): News structure and people's awareness of political events, in: Gazette, 30: 139-153.

Schulz, Winfried (1984): „Agenda – setting" und andere Erklärungen. In: Karsten **Renckstorf**/Will **Teichert** (Hrsg.): Empirische Publikumsforschung. Hamburg: Verlag Hans-Bredow-Institut: 98-106.

Schulz, Winfried (1985): Fortschritte der Medienwirkungsforschung. In: Walter A. **Mahle** (Hrsg.): Fortschritte der Medienwirkungsforschung. Berlin: Spiess: 67-70.

Schulz, Winfried (1989): Massenmedien und Realität. In: Max **Kaase**/Winfried **Schulz** (Hrsg.) Massenkommunikation. Theorien, Methoden, Befunde. Opladen: Westdeutscher Verlag: 135-149. (= Sonderheft 30 Kölner Zeitschrift für Soziologie und Sozialpsychologie).

Schulze, Gerhard (1992): Die Erlebnisgesellschaft. Frankfurt/M.: Campus.

Schuman, Howard (1981): Questions and answers in attitude surveys. Experiments on question form, wording, and context. New York: Academy Press.

Schuman, Howard/Stanley **Presser** (1979): The open and closed question, in: American Sociological Review, 44: 692-712.

Schütte, Dagmar (1996): Das schöne Fremde. Anglo-amerikanische Einflüsse auf die Sprache der deutschen Zeitschriftenwerbung. Opladen: Westdeutscher Verlag.

Schütz, Astrid (1998): Assertive, Offensive, Protective, and Defensive Styles of Self-Presentation: A Taxonomy, in: Journal of Psychology, 132: 611-628.

Schütz, Walter (1969): Zeitungsstatistik. In: Emil **Dovifat** (Hrsg:) Handbuch der Publizistik. Bd. 3. Berlin: de Gruyter: 348-369.

Schütz, Walter (1994): Deutsche Tagespresse 1993, in: Media Perspektiven, Heft 4: 168-198.

Schwab, Ingo (1983): Das Prümer Urbar. Publikation der Gesellschaft für Rheinische Geschichtskunde XX, Rheinische Urbare. Bd. 5. Düsseldorf: Droste.

Schwanitz, Dietrich (1995): Der Campus. Frankfurt/M.: Eichborn.

Schwarz, Norbert/Seymour **Sudman** (Hrsg.) (1992): Context Effects in Social and Psychological Research. New York, Berlin, Heidelberg: Springer.

Schweiger Günter/Gertraud **Schrattenecker** ([4]1995): Werbung. Eine Einführung. Stuttgart, Jena: G. Fischer.

Scott, William A. (1955): Reliability of content analysis: The case of nominal scaling, in: Public Opinion Quarterly, 19: 321-325.

Searle, John R. (1982). Ausdruck und Bedeutung. Untersuchungen zur Sprechakttheorie. Frankfurt/M.: Suhrkamp

Sears, David O. (1965): Selective Exposure. In: Leon **Berkowitz** (Hrsg.): Advances in Experimental Social Psychology. Vol. 2. New York, London: Academic Press: 58-97.

Sears, David O. (1969): Attitudes and Opinions, in: Annual Review of Psychology, 20: 253-288.

Sears, David O. (1973): Political Persuasion. In: Wilbur **Schramm**/Ithiel de **Sola Pool**/Frederick W. **Frey** (Hrsg.): Handbook of Communication. Chicago: Rand McNally 253-289.

Sears, David O. (1979): Uses and effects of the 1976 debates: An overview of empirical studies. In: Sidney **Kraus** (Hrsg.): The great debates. Bloomington, London: Indiana University Press: 223-261.

Sears, David O./J. **Freedman** (1967): Selective Exposure to Information: A Critical Review, in: Public Opinion Quarterly, 31: 194-213.

Sebeok, Thomas A. (Hrsg.) (1968): Animal Communication. Bloomington, London: Indiana University Press.

Seiffert, Helmut (1975): Einführung in die Wissenschaftstheorie. Sprachanalyse, Deduktion, Induktion in Natur und Sozialwissenschaften. München: Beck.

Sereno, Kenneth/C. David **Mortensen** (Hrsg.) (1970): Foundations of Communication Theory. New York: Harper & Row: 181-196.

Shands, Harley C. (1967): Novelty as Object: Precis for a General Psychological Theory, in: Archives of General Psychiatry, 17: 1-4.

Shannon, Claude E./Warren **Weaver** (1949): The Mathematical Theory of Communication. Urbana: University of Illinois Press.

Shaw, Eugene F. (1977): The agenda-setting hypothesis reconsidered: Interpersonal factors, in: Gazette, 23: 230-240.

Shaw, Eugene F. (1977a): The Interpersonal Agenda. In: Donald L. **Shaw**/Maxwell E. **McCombs** (Hrsg.): The emergence of American Political Issues. St. Paul: West: 69-87.

Shaw, J. (1971): Selective Attention in Learning Compound Social Structures, in: Journal of Social Psychology, 85: 293-297.

Shaw, Marvin E. (1964): Group Effectiveness as a Function of Amount of „Legitimate" Information, in: Journal of Social Psychology, 62: 241-246.

Shaw, Marvin E./Jack M. **Wright** (1967): Scales for the Measurement of Attitudes. New York, San Francisco, St. Louis, Toronto, Sidney: McGraw-Hill.

Shepard, Walter J. (1909): Public Opinion, in: American Journal of Sociology, 15: 32-60.

Sherif, Carolyn W./Roger E. **Nebergall** (1965): Attitude and Attitude Change. The Social Judgement-Involvement Approach. Philadelphia, London: Saunders.

Sherif, Muzafer/Carl I. **Hovland** (1961): Social Judgement. Assimilation and Contrast Effects in Communication and Attitude Change. New Haven, London: Yale University Press.

Shibutani, Tamotsu (1966): Improvised News. Indianapolis, New York: Bobbs-Merrill.

Siebert, Fred/Theodore **Peterson**/Wilbur **Schramm** (Hrsg.) (1956): Four Theories of the Press. Urbana: University of Illinois Press

Signitzer, Benno (1990): Umrisse einer künftigen Public Relations-Wissenschaft: ihre Funktion im Professionalisierungsprozeß. In: Klaus **Dörrbecker**/Thomas **Rommerskirchen** (Hrsg.): Blick in die Zukunft – Kommunikations-Management: Perspektiven und Chancen der Public Relations. Remagen: Rommerskirchen: 282-295.

Signitzer, Benno (1992): Theorie der Public Relations. In: Roland **Burkart**/Walter **Hömberg** (Hrsg.): Kommunikationstheorien. Ein einführendes Textbuch. Wien: Braumüller: 134-152.

Sigrist, Johannes (1970): Das Consensus-Modell. Studien zur Interaktionstheorie und zur kognitiven Sozialisation. Stuttgart: Enke.

Silbermann, Alphons (1969): Massenkommunikation. In: René **König** (Hrsg.): Handbuch der empirischen Sozialforschung. Bd. 2. Stuttgart: Enke: 675-734.

Silbermann, Alphons (1970): Die Konzentration der Massenmedien und ihre Wirkungen. Düsseldorf: Econ.

Silbermann, Alphons (1972): Schwächen und Marotten der Massenmedienforschung, in: Kölner Zeitschrift für Soziologie, 24: 118-131.

Silbermann, Alphons (1982): Handwörterbuch der Massenkommunikation und Medienforschung. 2 Bde. Berlin: Spiess.

Simon, Herbert A. (1964): The Architecture of Complexity, in: General Systems, 6: 281-300.

Simon, Raymond (^{2}1980): Public Relations. Concepts and Practices. Columbus/Ohio: Grid Publishing.

Singer, Jerome C. (1980): The power and limitations of television: A cognitive-affective analysis. In: Percy H. **Tannenbaum** (Hrsg.): The entertainment functions of television. Hillsdale: Erlbaum: 31-65.

Skinner, Burrhus F. (1957): Verbal Behaviour. New York: Appleton Century.

Sondel, Bess (1958): The Humanity of Words. A Primer of Semantics. Cleveland: World Pub. Co.

Sowinski, Bernhard (1980): Werbeanzeigen und Werbesendungen. München: Oldenbourg.

Sowinski, Bernhard (1998): Werbung. Tübingen: Niemeyer (= Grundlagen der Medienkommunikation, Bd. 4, herausgegeben von Erich **Straßner**).

Spector, Paul E. (1981): Research Designs. Beverly Hills, London: SAGE.

Sperber, Dan/Deirdre **Wilson** (1986): Relevance. Communication and Cognition. Oxford: Basil Blackwell.

Spinner, Helmut F. (1984): Zur Soziologie des Rezensionswesens, in: Soziologische Revue, Heft 1: 49-77.

Sproull, Lee/Sarah **Kiesler** (1991): Connections: New Ways of working in networked organisations. Cambridge: MIT Press.

Staab, Joachim Friedrich (1990): Nachrichtenwert-Theorie. Formale Struktur und empirischer Gehalt. Freiburg, München: Alber.

Stamm (1950-1995): Leitfaden für Presse und Werbung. Essen: Stamm-Verlag.

Stammler, Eberhard (1959): Die Kirche und ihre Presse. München: Evangelischer Presseverband für München.

Starch, Daniel (1966): Anzeigenwirkung richtig planen und messen. Landsberg/Lech: Verlag Moderne Industrie.

Starkulla, Heinz (1963): Publizistik und Kommunikation, in: Publizistik, 8: 562-571.

Statistisches Bundesamt (Hrsg.) (1990): Statistisches Jahrbuch 1990 für die Bundesrepublik Deutschland. Stuttgart: Metzler-Poeschel.

Statistisches Bundesamt (Hrsg.) (1992): Bildung und Kultur. Fachserie 11, Reihe 5: Presse 1990: Wiesbaden.

Stegmüller, Wolfgang (1974): Theorie und Erfahrung. Bd. 2: Theorienstrukturen und Theoriendynamik. Berlin, Heidelberg, New York: Springer.

Stegmüller, Wolfgang (1996): Das Problem der Induktion: Humes Herausforderung und moderene Antworten. Der sogenannte Zirkel des Verstehens. Darmstadt: Wissenschaftliche Buchgesellschaft.

Steinbuch, Karl (1966): Die informierte Gesellschaft. Stuttgart: Deutsche Verlagsanstalt.

Steinmann, Horst et al. (1983): Ethische Problemfelder der Public Relations-Beratung, in: prmagazin, 14 (Heft 10): 33-40.

Stelzl, Ingeborg (1982): Fehler und Fallen der Statistik für Psychologen, Pädagogen und Sozialwissenschaftler. Bern, Stuttgart, Wien: Huber.

Stern-Rubarth, Edgar (1965): Ist die Disziplin der Publizistik richtig?, in: Publizistik, 20: 213-216.

Stevens, John D./Hazel Dicken **Garcia** (1980): Communication History. Berverly Hills, London: SAGE.

Stevens, Stuart S. (1946): On the theory of scales of measurement, in: Science, 103: 667-680.

Stichweh, Rudolf (1979): Differenzierung der Wissenschaft, in: Zeitschrift für Soziologie, 8: 82-101.

Stieler, Kaspar von ([2]1969): Zeitungs Lust und Nutz. Bremen: Schünemann.

Stone, Philipp J./Dexter C. **Dunphy**/Marshall S. **Smith**/Daniel **Ogilvie** (1966): The General Inquirer. A Computer Approach to Content Analysis. Cambridge/London: MIT Press.

Storer, Norman (1966): The social system of science. New York: Holt, Rinehart und Winston.

Stroh, Wilbert (1982): Sozialer Bedingungsrahmen süchtigen Trinkverhaltens. Phil. Diss., Universität Gießen: 227 gez. S.

Strothmann, Karl-Heinz/Manfred **Busche** (Hrsg.) (1992): Handbuch Messemarketing. Wiesbaden: Gabler.

Stuiber, Heinz-Werner (1992): Theorieansätze für Public Relations – Anmerkungen aus sozialwissenschaftlicher Sicht. In: Horst **Avenarius**/Wolfgang **Armbrecht** (Hrsg.): Ist PR eine Wissenschaft? Eine Einführung. Opladen: Westdeutscher Verlag: 207-220.

Stumm, Mascha-Maria (1996): Unterhaltungstheoreme bei Platon und Aristoteles. Berlin: Vistas.

Sukale, M. (1971): Zur Axiomatisierung der Balancetheorie, in: Zeitschrift für Sozialpsychologie, 2: 40-57.

Suppes, Patrick/J.L. **Zinnes** (1963): Basic measurement theory. In: Robert Duncan **Luce**/Robert R. **Bush**/Eugene **Galanter** (Hrsg.): Handbook of Mathematical Psychology. New York, London: Wiley.

Swanson, David L. (1977): The uses and misuses of uses and gratifications, in: Human Communication Research, 3: 214-221.

Swanson, David L. (1979): Political Communication Research and the Uses and Gratifications Model. A Critique, in: Communication Research, 6: 37-53.

Swanson, David L. (1988): Feeling the Elephant. Some Observations on Agenda-Setting Research. In: James A. **Anderson** (Hrsg.): Communication Yearbook, 11. Newbury Park: SAGE: 603-619.

Szyszka, Peter (Hrsg.) (1997): Auf der Suche nach Identität. PR-Geschichte als Theoriebaustein. Berlin: Vistas.

Tan, Alexis S. (1973): A Role Theory: A Dissonance Analysis of Message Content Preferences, in: Journalism Quarterly, 50: 278-284.

Tan, Alexis S. (1982): Television Use and Social Stereotypes, in: Journalism Quarterly, 59: 119-123.

Tannenbaum, Percy H. (1956): Initial Attitude towards Source and Concept as Factors in Attitude Change through Communication, in: Public Opinion Quarterly, 20: 413-425.

Tannenbaum, Percy H. (1963): Public communication of science information, in: Science, 140: 579-583.

Tannenbaum, Percy H. (1963a): Structural versus Individual Effects, in: American Journal of Sociology, 69: 585-595.

Tannenbaum, Percy H. (1965): Mood change as a function of stress of protagonist and degree of identification in a film viewing situation, in: Journal of Personality and Social Psychology, 2: 612-616.

Tannenbaum, Percy H. (1967): The Congruity Principle Revisited: Studies in the Reduction, Induction, and Generalization of Persuasion. In: Leonard **Berkowitz** (Hrsg.): Advances in Experimental Social Psychology. Vol. 3. New York, London: Academic Press: 271-320.

Tannenbaum, Percy H. (1968): Mass Communication, in: Annual Review of Psychology, 19: 351-386.

Tannenbaum, Percy H. (1968a): The Congruity Principle: Retrospective Reflections and Recent Research. In: Robert P. **Abelson**/Elliot **Aronson**/William J. **McGuire**/Theodor **Newcomb**/Milton **Rosenberg**/Percy H. **Tannenbaum** (Hrsg.): Theories of Cognitive Consistency: A Sourcebook. Chicago: McNally: 52-72.

Tannenbaum, Percy H. (1975): Emotional arousal in the facilitation of aggression through communication. In: Leonard **Berkowitz** (Hrsg.): Advances in experimental social psychology. Vol. 8. New York, San Francisco, London: Academic Press: 150-192.

Tannenbaum, Percy H. (1985): The role of entertainment content in media effect. In: Walter A. **Mahle** (Hrsg.): Fortschritte der Medienwirkungsforschung. Berlin: Spiess: 41-50.

Täubert, Anne (1998): Untrnehmenspublizität und Investor Relations. Analyse von Auswirkungen der Medienberichterstattung auf Aktienkurse. Münster [u.a.]: Lit.

Tauss, Jörg/Johannes **Kollbeck**/Jan **Mönikes** (Hrsg.) (1996): Deutschlands Weg in die Informationsgesellschaft. Herausforderungen und Perspektiven für Wirtschaft, Wissenschaft, Recht und Politik. Baden-Baden: Nomos.

Tavolga, William N. (1970): Levels of Interaction in Animal Communication. In: Lester R. **Aronson** et al. (Hrsg.): Development and Evolution of Behavior. San Francisco: Freeman: 281-302.

Taylor, D. Garth (1972): Public opinion and collective action. Chicago: University of Chicago Press.

Taylor, D. Garth (1982): Pluralistic Ignorance and the Spiral of Silence: A Formal Analysis, in: Public Opinion Quarterly, 46: 311-335.

Taylor, Shelley E./Susan T. **Fisk** (1978): Salience, attention and attribution: Top of the head phenomena. In: Leonard **Berkowitz** (Hrsg.): Advances in Experimental Social Psychology. Vol. 11. New York, San Fransisco, London: Academic Press: 249-288.

Tenbruck, Friedrich (1973): Die Soziologie vor der Geschichte. In: Peter Christian **Ludz** (Hrsg.): Soziologie und Sozialgeschichte. Opladen: Westdeutscher Verlag: 29-58 (= Sonderheft 16 Kölner Zeitschrift für Soziologie und Sozialpsychologie).

Thayer, Lee (1962): Administrative Communication. Homewood: Irwin.

Thayer, Lee (1967): Communication. Theory and Research. Proceedings of the First International Symposium. Springfiled/Illinois: Charles C. Thomas.

Thomas, William I. (1965): Person und Sozialverhalten. Neuwied: Luchterhand. (Herausgegeben von Edmund H. **Volkart)**.

Thomas, William I./Florian **Znaniecki** (1918): The Polish Peasant in Europe and America. New York: Dover Publications.

Tichenor, Phillip J. et al. (1973): Community Issues, Conflict and Public Affairs Knowledge. In: Peter **Clarke** (Hrsg.): New Models of Mass Communication Research. Beverly Hills, London: SAGE: 45-79.

Tichenor, Phillip J./George A. **Donohue** (1967): Predicting a Source`s Success in Placing News in the Media, in: Journalism Quarterly, 44: 32-42.

Tichenor, Phillip J./George A. **Donohue**/Clarice N. **Olien** (1970): Mass Media Flow and Differential Growth in Knowledge, in: Public Opinion Quarterly, 34: 159-170.

Tietz, Bruno (1982): Die Werbung. Handbuch der Kommunikations- und Werbewirtschaft. 2 Bde. Landsberg/Lech: Verlag Moderne Industrie.

Timaeus, Ernst (1975): Untersuchungen im Laboratorium. In: Jürgen van **Koolwijk**/Maria **Wieken-Mayser** (Hrsg.): Techniken der empirischen Sozialforschung. Bd. 2. München: 195-229.

Tocqueville, Alexis de (1857): Das alte Staatswesen und die Revolution. Leipzig: Mendelssohn.

Topitsch, Ernst (Hrsg.) (1968): Logik der Sozialwissenschaften. Köln [u.a.]: Kiepenheuer & Witsch.

Traub, Hans (1933): Grundbegriffe des Zeitungswesens. Stuttgart: Poeschel.

Trommsdorff, Volker (1975): Die Messung von Produktimages für das Marketing. Grundlagen und Operationalisierung. Köln, Berlin: Heymanns.

Tuchman, Gay (1973): Making News by Doing Work. Routinizing the Unexpected, in: American Journal of Sociology, 79: 110-131.

Tuchman, Gay (1978): Making News. A Study in the Construction of Reality. New York: The Free Press.

Tustin, Arnold (1953): The Mechanism of Economic Systems. Cambridge/Massachusetts: MIT Press.

Uekermann, Heinz R. (1983): Agenda-Setting: Zurück zu einem medienzentrierten Wirkungskonzept? In: Ulrich **Saxer** (Hrsg.): Politik und Kommunikation. München: Ölschläger: 69-79.

Uekermann, Heinz R. (1984): Massenmedien und Jungwähler. Frankfurt/M.: Haag + Herchen.

Uekermann, Heinz R./Hans-Jürgen **Weiss** (1980): Die Themenstrukturierungsfunktion der Massenmedien. Systematische Analyse der angelsächsischen Agenda-Setting-Forschung. Kommunikationswissenschaftliches Gutachten für das Presse- und Informationsamt der Bundesregierung. München: Institut für Kommunikationswissenschaft.

UNESCO (Hrsg.) (1981): Viele Stimmen, eine Welt. Kommunikation heute und Morgen. Konstanz: Universitätsverlag.

Unger, Fritz (1994): Multiplikator-Effekte durch Media-Mix, in: Markenartikel, 2: 75-79.

Varela, Francisco J. (1990): Kognitionswissenschaft – Kognitionstechnik. Frankfurt/M.: Suhrkamp.

Vernon, P.E./Gorden W. **Allport** (1931): A test for personal values, in: Journal of Abnormal and Social Psychology, 26: 231-248.

Vickers, Geoffrey (1954): Human Communication, in: Brit. Management Review, 12: 71-79.

Virilio, Paul (1989): Der negative Horizont. Bewegung - Geschwindigkeit - Beschleunigung. München, Wien: Hanser.

Virilio, Paul (1994): Die Eroberung des Körpers. Vom Übermenschen zum überreizten Menschen. München, Wien: Hanser.

Voigt, Rüdiger (Hrsg.) (1989): Symbole der Politik – Politik der Symbole. Opladen: Leske & Budrich.

Wade, Serena (1971): Adolescents, Creativity, and Media, in: American Behavioral Scientist, 14: 341-351.

Wade, Serena (1973): Media Effects on Changes in Attitudes Toward the Rights of Young People, in: Journalism Quarterly, 50: 292-296 u. 347.

Wade, Serena/Wilbur **Schramm** (1969): Mass Media as Sources of Public Affairs, Science, and Health Knowledge, in: Public Opinion Quarterly, 33: 197-209.

Wagner, Hans (1965): Ansätze zur Zeitungswissenschaft. Faktoren und Theorien, in: Publizistik, 10: 217-238.

Wagner, Hans (1977): Vermittlungsverfassung in der Massenkommunikation. Zeitungswissenschaftliche Theorie der journalistischen und publizistischen Darstellungsformen, in: Publizistik, 22: 5-13.

Wagner, Hans (1978): Kommunikation und Gesellschaft I. München: Olzog.

Walter, William Grey (1961): Das lebende Gehirn. Köln, Berlin: Kiepenheuer & Witsch.

Walter-Busch, Emil (1975): Probleme der Wissenschaftstheorie in der Methodenlehre der empirischen Sozialforschung, in: Zeitschrift für Soziologie, 4: 46-69.

Waples, Douglas (1942): Communications, in: The American Journal of Sociology, 47: 907.

Waples, Douglas/Bernard **Berelson**/Franklin R. **Bradshaw** (1940): What Reading does to People. Chicago: University of Chicago Press.

Wartella, Ellen (1974): A Cognitive Developmental Study of Children's Attention to Television Commercials, in: Communication Review, 1: 69-88.

Wartella, Ellen/D. Charles **Whitney**/Sven **Windahl** (1983): Mass communication review yearbook. Vol. 4. Beverly Hills, London: SAGE.

Watson, John B. (1913): Psychology as the Behaviorist views it, in: Psychological Review, 20: 158-177.

Watt, James H./Sjef **Van den Berg** (1981): How Time Dependency Influences Media Effects in a Community Controversy, in: Journalism Quarterly, 58: 43-50.

Watzlawick, Paul F. (1981): Die erfundene Wirklichkeit. Wie wissen wir, was wir zu wissen glauben? Beiträge zum Konstruktivismus. München: Piper.

Watzlawick, Paul F./Janet H. **Beavin**/Don D. **Jackson** (²1971): Menschliche Kommunikation. Formen, Störungen, Paradoxien. Bern, Stuttgart, Wien: Huber.

Weaver, David H. (1980): Audience Need Orientation and Media Effects, in: Communication Research, 7: 361-376.

Weaver, David H. (1984): Media Agenda-Setting and Public Opinion: Is there a link? In: Robert N. **Bostrom** (Hrsg.): Communication Yearbook, 8. Berverly Hills, London, New Delhi: SAGE: 680-691.

Weaver, David H./Maxwell **McCombs**/C. **Spellman** (1975): Watergate and the media: a case study of agenda-setting, in: American Politics Quarterly, 3: 485-471.

Weaver, David H./S. **Elliott** (1985): Who Sets the Agenda for the Local Agenda-Building, in: Journalism Quarterly, 62: 87-94.

Webb, Eugene J. et al. ([2]1981): Nonreactive measures in the social sciences. Chicago: Rand McNally.

Weber, Max (1911): Zu einer Soziologie des Zeitungswesens, in: Verhandlungen des ersten Deutschen Soziologentages vom 19.-22. Oktober in Frankfurt/M. 1910. Tübingen: Mohr: 42-52.

Wehler, Ulrich (1973): Soziologie und Geschichte aus der sicht des Sozialhostorikers. In: Peter Christian **Ludz** (Hrsg.): Soziologie und Sozialgeschichte. Opladen: Westdeutscher Verlag: 59-80 (= Sonderheft 16 Kölner Zeitschrift für Soziologie und Sozialpsychologie).

Weick, Karl E. (1968): Systematic observational methods. In: Gardner **Lindzey**/ Elliot **Aronson** (Hrsg.) ([2]1968): Handbook of Social Psychology. Vol. 2. Reading/Massachusetts: Addison-Wesley: 357-451.

Weidner, Lutz (Hrsg.) (1994ff.): Kommunikationspraxis. Loseblattsammlung. Landsberg/Lech: Verlag Moderne Industrie.

Weingart, Peter (Hrsg.) (1974): Wissenschaftssoziologie. 2 Bde. Frankfurt/M.: Athenäum-Fischer.

Weischenberg, Siegfried (1988): Nachrichtenschreiben. Journalistische Praxis zum Studium und Selbststudium. Opladen: Westdeutscher Verlag.

Weischenberg, Siegfried (1989): Der enttarnte Elefant, in: Media Perspektiven, Heft 4: 227-240.

Weischenberg, Siegfried (1991): Der Kampf um die Köpfe. Affären und die Spielregeln der Mediengesellschaft. In: **Deutsches Institut für Fernstudien** (Hrsg.): Funkkolleg Medien und Kommunikation. Bd. 1. Weinheim: Beltz: 11-49.

Weischenberg, Siegfried (1992): Journalistik. Theorie und Praxis aktueller Medienkommunikation. Bd. 1: Mediensysteme, Medienethik, Medieninstitutionen. Opladen: Westdeutscher Verlag.

Weischenberg, Siegfried (1995): Journalistik. Theorie und Praxis aktueller Medienkommunikation. Bd. 2: Medientechnik, Medienfunktionen, Medienakteure. Opladen: Westdeutscher Verlag.

Weischenberg, Siegfried (1997): Selbstbezug und Grenzverkehr. Zum Beziehungsgeflecht zwischen Journalismus und Public Relations, in: Public Relations Forum, 3 (Heft 1): 6-9.

Weischenberg, Siegfried/Susanne von **Bassewitz**/Armin **Scholl** (1989): Konstellationen der Aussagenentstehung. Zur Handlungs- und Wirkungsrelevanz journalistischer Kommunikationsabsichten. In: Max **Kaase**/Winfried **Schulz** (Hrsg.): Massenkommunikation. Theorien, Methoden, Befunde. Opladen: Westdeutscher Verlag: 280-300. (= Sonderheft 30 Kölner Zeitschrift für Soziologie und Sozialpsychologie).

Weischenberg, Siegfried/Ulrich **Hienzsch** (1994): Die Entwicklung der Medientechnik. In: Klaus **Merten**/Siegfried J. **Schmidt**/Siegfried **Weischenberg** (Hrsg.): Die Wirklichkeit der Medien. Eine Einführung in die Kommunikationswissenschaft. Opladen: Westdeutscher Verlag: 455-480.

Weischenberg, Siegfried/Armin **Scholl** (1989): Kommunikationserwartungen und Medieneffekte. Wie Publikumsvariablen Wirkungsabläufe beeinflussen können, in: Rundfunk und Fernsehen, 37: 421-434.

Weiss, Hans J. (1978): Medium Buch. Ein Forschungsbericht über Kommunikationsbedürfnisse und Einstellungen gegenüber Medien, in: Buch und Lesen, Bertelsmann Texte 7: Gütersloh: 91-119.

Weiss, Hans. J. (1978a): Kommunikationsbedürfnisse und Medienfunktionen. In: Klaus **Berg**/Marie-Luise **Kiefer** (Hrsg.): Massenkommunikation. Mainz: v. Hase & Koehler: 345-390.

Weiss, Hans J. (1980): Die Thematisierungsfunktion der Tagespresse, in: Media Perspektiven, Heft 9: 613-620.

Weiss, Robert F. (1964): Number of Exposures to persuasive Communication in the Instrumental Conditioning of Attitudes, in: Journal of Social Psychology, 63: 373-382.

Weiss, Robert F./Benjamin **Pasamanic** (1964): Social Consensus in Persuasive Communication, in: Psychological Review, 14: 95-98.

Weiss, Walter (1953): A „Sleeper" Effect in Opinion Change, in: Journal of Abnormal and Social Psychology, 48: 173-180.

Weiss, Walter (1955): Opinion change as a function of some intrapersonal attributes of communication, in: Journal of Abnormal and Social Psychology, 51: 246-254.

Weiss, Walter (1956): The Effect of Induced Aggressiveness on Opinion Change, in: Journal of Abnormal and Social Psychology, 52: 109-114.

Weiss, Walter (1959): The Effects of „Emotional" Language on the Induction and Change of Opinions, in: JSP, 50: 129-141.

Weiss, Walter (1969): Effects of the Mass Media of Communication. In: Garndner **Lindzey**/Elliot **Aronson** (Hrsg.): Handbook of Social Psychology. Vol. 5. Reading/Massachusetts: Addison-Wesley: 77-195.

Weiss, Walter (1971): Mass communication, in: Annual Review of Psychology, 22: 309-336.

Wersig, Gernot (1971): Information-Kommunikation-Dokumentation. Ein Beitrag zur Orientierung der Informations- und Dokumentationswissenschaft. Berlin: Verlag Dokumentation.

Wersig, Gernot (1973): Informationssoziologie. Frankfurt/M.: Athenäum-Fischer.

Wersig, Gernot/Karl-Heinz **Meyer-Uhlenried** (1969): Versuche zur Terminologie in der Dokumentation: Kommunikation und Information, in: Nachrichten für Dokumentation, 20: 116-123 u. 199-204.

Wertham, Frederick (1954): Seduction of the Innocent. New York: Rinehart.

Westerbarkey, Joachim (1991): Das Geheimnis. Zur funktionalen Ambivalenz von Kommunikationsstrukturen. Opladen: Westdeutscher Verlag.

Westerbarkey, Joachim/Frank **Winkelbrandt** (1996): Quo vadis? Abschlüsse im Fach Publizistik. Münster [u.a.]: Lit.

Westley, Bruce H./Malcolm **Mac Lean** jr. (1954): A Conceptual Model for Communication Research, in: Audio-Visual Communication Review, 2: 3-12.

Wettstein, Hannes (1980): Der Einfluß politischer Images auf das Wahlverhalten. Bern: Haupt.

White, David Manning (1950): The gatekeeper: A case study in the selection of news, in: Journalism Quarterly, 27: 383-390.

White, John Henry (1973): History of the Phlogiston Theory. New York: AMS Print. (Reprint der Ausgabe London 1932).

Whorf, Benjamin L. (1963): Sprache, Denken, Wirklichkeit. Reinbek: Rowohlt.

Wiener, Norbert (1948): Cybernetics or Control and Communication in the animal and the machine. Princeton: MIT Press.

Wiener, Norbert (1963): Kybernetik. Regelung und Nachrichtenübertragung im Lebewesen und in der Maschine. Düsseldorf: Econ.

Wiener, Norbert (1968): Kybernetik. Reinbek: Rowohlt.

Wilensky, Harold L. (1972): Jeder Beruf eine Profession? In: Thomas **Luckmann**/ Walter Michael **Sprondel** (Hrsg.): Berufssoziologie. Köln: Kiepenhauer & Witsch: 198-215.

Wilke, Helmut (1986): Eine Analyse der Nutzung statistischer Programmpakete in der Sozialforschung. Berlin: Quorum.

Wilke, Jürgen (1984): Nachrichtenauswahl und Medienrealität in vier Jahrhunderten. Berlin: de Gruyter.

Wilke, Jürgen (Hrsg.) (1987): Zwischenbilanz der Journalistenausbildung. Nationale und internationale Vergleiche. München: Ölschläger.

Wilke, Jürgen (Hrsg.) (1991): Telegraphenbüros und Nachrichtenagenturen in Deutschland. Untersuchungen zu ihrer Geschichte bis 1949. München, New York, London, Paris: Saur.

Wilke, Jürgen (1994): Presse. In: Elisabeth **Noelle-Neumann**/Winfried **Schulz**/ Jürgen **Wilke** (Hrsg:) ([2]1994): Publizistik. Massenkommunikation. Frankfurt/M.: S. Fischer: 382-417.

Wilke, Jürgen (Hrsg.) (1999): Mediengeschichte der Bundesrepublik Deutschland. Bonn: Bundeszentrale für politische Bildung. (Schriftenreihe, Bd. 361).

Wilke, Jürgen/Elisabeth **Noelle-Neumann** (1994): Pressegeschichte. In: Elisabeth **Noelle-Neumann**/Winfried **Schulz**/Jürgen **Wilke** (Hrsg.) ([2]1994): Fischer Lexikon Publizistik. Massenkommunikation. Frankfurt/M.: S. Fischer: 417-452.

Wilkins, Lee/Philip **Patterson** (1987): Risk Analysis and the Construction of News, in: Journal of Communication, 37 (3): 80ff.

Williams, W./W.D. **Semlak** (1978): Structural Effects of TV Coverage on Political Agendas, in: Journal of Communication, 28: 114-119.

Willke, Helmut ([3]1991): Systemtheorie. Stuttgart: Fischer.

Winn, Marie (1979): Die Droge im Wohnzimmer. Reinbek: Rowohlt.

Wirth, Louis (1938): Urbanism as a way of life, in: American Journal of Sociology, 44: 20ff.

Wittgenstein, Ludwig ([6]1969): Tractatus Logico-Philosophicus. Frankfurt/M.: Suhrkamp.

Wottawa, Heinrich (1981): Die Kunst der manipulativen Berichtlegung in der Evaluationsforschung, in: Zeitschrift für Entwicklungspsychologie und Pädagogische Psychologie, 13: 45-60.

Wottawa, Heinrich (1981): Die Kunst der manipulativen Berichtlegung, in: Zeitschrift für Entwicklungspsychologie und Pädagogische Psychologie, 13: 45-60.

Wright, Charles R. (1960): Functional Analysis and Mass Communication, in: Public Opinion Quarterly, 24: 605-620. (Neu abgedruckt in: Lewis A. **Dexter**/David Manning **White** (Hrsg.) (1964): People, Society and Mass Communication. New York: The Free Press: 91-109.).

Wright, Charles R. (1974): Functional Analysis and Mass Communication revisited. In: Jay G. **Blumler** et al. (Hrsg.): The Uses of Mass Communications. Beverly Hills, London: SAGE: 197-212.

Wright, Georg H. von (1974): Erklären und Verstehen. Frankfurt/M.: Athenäum-Fischer.

Wulff, Hans J. (1996): Parasozialität und Fernsehkonsum, in: Medienpsychologie, 8: 163-181.

Wunden, Wolfgang (1989): Medien zwischen Markt und Moral. Beiträge zur Medienethik. Stuttgart: Steinkopf.

Wunderlich, Otto (Hrsg.) (1993): Entfesselte Wissenschaft. Opladen: Westdeutscher Verlag.

Zajonc, Robert B. (1954): Some Effects of „Space" Serials, in: Public Opinion Quarterly, 18: 367ff.

Zajonc, Robert B. (1960): The Concepts of Balance, Congruity, and Dissonance, in: Public Opinion Quarterly, 24: 280-296.

Zajonc, Robert B. (1968): Attitudinal Effects of Mere Exposure, in: Journal of Personality and Social Psychology, Monograph Supplement, 9: 1-27.

Zajonc, Robert B. (1970): The Concepts of Balance, Congruity, and Dissonance. In: Kenneth **Sereno**/C. David **Mortensen** (Hrsg.): Foundations of Communication Theory. New York: Harper, Row: 181-196.

Zajonc, Robert B. (1971): Limiting Conditions of the Exposure Effect: Satiation and Relativity, in: Journal of Personality and Social Psychology, 18: 384-391.

Zebhauser, Helmuth (1980): Messen und Ausstellungen. Medien der Kommunikation. München: Thiemig.

Zedtwitz-Arnim, Georg-Volkmar Graf von (1961): Tu Gutes und rede darüber. Berlin: Ullstein.

Zedtwitz-Arnim, Georg-Volkmar Graf von (1982): Degen gegen Maschinenpistole. Düsseldorf: Verlag für Deutsche Wirtschaftsbiographien: Flieger.

Zerfaß, Ansgar (1996): Unternehmensführung und Öffentlichkeitsarbeit. Grundlegung zu einer Theorie der Unternehmenskommunikation und Public Relations. Opladen: Westdeutscher Verlag.

Zerfaß, Ansgar/Andreas Georg **Scherer** (1993): Die Irrwege der Image-Konstrukteure. Ein Plädoyer gegen die sozialtechnische Verkürzung der Public-Relations-Forschung. Nürnberg. (= Diskussionsbeitrag 77 Lehrstuhl Betriebswirtschaft der Universität Erlangen-Nürnberg).

Zetterberg, Hans L. (^{3}1973): Theorie, Forschung und Praxis in der Soziologie. In: Réne **König** (Hrsg.): Handbuch der empirischen Sozialforschung. Bd. 1. Stuttgart: Enke: 103-160.

Ziegler, Rolf (1972): Theorie und Modell. Der Beitrag der Formalisierung zur soziologischen Theoriebildung. München, Wien: Oldenbourg.

Ziemke, Dean A. (1980): Selective Exposure in a Presidential Campaign Contingent on Certainty and Salience. In: Dan **Nimmo** (Hrsg.): Communication Yearbook. Vol. 4. New Brunswick, London: Transaction Books: 497-511.

Zillessen, Renate (1991): Umweltsponsoring. Frankfurt/M.: F.A.Z-Institut.

Zimmermann, Ekkehart (1972): Das Experiment in den Sozialwissenschaften. Stuttgart: Teubner.

Zimmermann, Rainer (1998): Public Relations als Führungsdisziplin. In: Klaus **Merten**/Rainer **Zimmermann** (Hrsg.): Das Handbuch der Unternehmenskommunikation. Köln, Neuwied, Kriftel: Verlag Deutscher Wirtschaftsdienst, Luchterhand: 57-63.

Zipf, George Kingsley ([2]1972): Human behavior and the principle of least effort: an introduction to human ecology. New York: Hafner.

Zoll, Ralf/Eike **Hennig** (1970): Massenmedien und Meinungsmanipulation. München: Juventa.

Zubayr, Camille/Heinz **Gerhard** (2006): Tendenzen im Zuschauerverhalten, in: Media Perspektiven, Heft 3: 125-137.

Züll, Cornelia/Peter Ph. **Mohler**/Alfons **Geis** (1991): Computerunterstützte Inhaltsanalyse mit TEXTPACK PC. Stuttgart, New York: Fischer.

Züll, Cornelia/Peter Ph. **Mohler** (Hrsg.) (1992): Textanalyse. Opladen. Westdeutscher Verlag.

ZUMA (Hrsg.) (1983ff.): ZUMA-Handbuch sozialwissenschaftlicher Skalen. 3 Bde. Bonn: Informationszentrum Sozialwissenschaft.

STICHWORTVERZEICHNIS

A

B

C

D

E

F

G

H

I

J

K

L

M

N

O

P

Q

R

S

T

U

V

Z